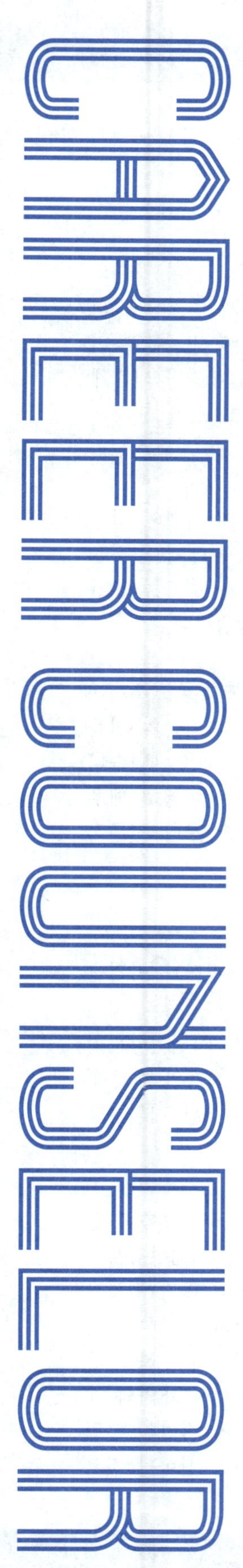

직업상담사 1급 2차 실기 완벽대비

중요핵심이론 ✛ 기출·예상문제

이시현 지음

BM (주)도서출판 성안당

2003년 처음으로 실시된 이후, 직업상담사 1급 자격은 지난 20여 년간 큰 변화 없이 시행되어왔으나 2025년 출제기준이 변경되면서 이제까지와는 매우 다른 모습으로 크게 변모하게 되었습니다. 5과목의 명칭을 비롯하여 세부 항목도 상당 부분 변경되면서, 직업상담사 2급과 비교하여 평가 내용뿐 아니라 평가 수준의 차별화가 점차 진행될 것으로 예상되며 이러한 자격체계의 변화에 따라 직업상담사 1급 자격이 채용시장에서 분명한 신호기능과 선별기능을 담당하게 될 것으로 기대됩니다.

직업상담사 1급 자격은 본 저자가 1급 강의를 시작한 2019년부터 합격률이 2배 가까이 상승하고, 최초로 직업상담사 1급 1차 필기 대비 수험서가 발간된 2020년부터는 1차 필기 합격률 또한 급격하게 상승하여 최근에는 1차 필기시험 응시자 중 80% 이상이 합격하는 결과들을 가져오면서 2025년 현재 직업상담사 1급 자격 취득자가 비로소 2,000명을 넘어섰습니다.

하지만 직업상담사 2급의 자격 취득자가 85,000여 명인 것에 비하면 1급 취득자는 겨우 2% 정도에 불과합니다. 관련 자료에 따르면, 다른 상담 관련 자격증의 경우 2급 대비 1급의 비율이 약 10%를 차지하고 있어, 2급 10명당 1명의 1급 선배 상담자가 배출된 것을 알 수 있습니다. 이렇게 다른 상담 자격의 상황에 비추어 보면, 직업상담사 1급 자격 취득자는 여전히 매우 적은 수임을 알 수 있고, 이는 직업상담사 1급 경력자가 관리자로서 지위를 갖고 보다 전문적인 역할을 담당하도록 하는 제도를 마련하고 그 제도를 안정적으로 시행해나가는 데에 가장 큰 걸림돌이 되고 있다고 생각됩니다.

이미 수년 전부터 고용노동부에서는 직업상담사 1급 자격자를 대폭 늘리고, 경력과 자격을 갖춘 선배 상담사가 경력이 상대적으로 짧은 후배 상담사를 지도, 감독하도록 하는 관리 체계를 마련하기 위한 연구와 관련 회의를 지속적으로 진행해오고 있습니다. 특히, 직업상담사의 전문성 제고에 대한 시장의 요구와 관련 기관의 필요성 인식을 바탕으로 '고용서비스의 전문화'에서 더 나아가 '직업상담서비스 전문성의 고도화'라는 정책 방향에 발맞추어 2025년 직업상담사 자격 개편도 이루어진 것이라 할 수 있습니다.

1995년 우리나라에 직업상담원 제도가 처음으로 실시되었던 당시에는 주로 구직 등록과 실업급여 지급 그리고 채용정보 제공 및 알선 등 비교적 행정업무 위주의 실무를 직업상담사가 담당하였습니다. 하지만 최근 우리나라 노동시장은 전 연령층에서 이직 및 전직의 주기가 짧아지고, 한 번 취업하면 60대가 되어 퇴직하던 과거와는 달리 40~50대에도 조기퇴직을 하게 되면서 성인이 된 이후에도 각 개인의 생애발달단계를 고려하여 새롭게 진로를 설정해야 하는 상황으로 크게 변화되었고, 직업상담사들은 이제 단순 행정처리 위주의 업무가 아니라 개인의 개별 상황에 맞는 맞춤형 진로 및 직업상담 서비스를 제공해야 하는 환경의 요구에 직면하고 있습니다. 이러한 시장의 변화는 거스를 수 없는 시대의 변화이며 이는 앞으로 더욱 심화될 것으로 전망됩니다. 결국 직업상담사 스스로 상담자로서의 정체성을 갖고, 직업상담 전문가로 확고히 자리매김할 수 있도록 전문 지식과 기술 그리고 상담 실무 능력을 향상해 나가는 것이 가장 발전적인 대응이 되지 않을까 생각됩니다.

2025년 직업상담사 자격 전면 개정은 이러한 배경에서 이루어진 것으로, 기존의 시험출제 경향에 비해 보다 더 고용서비스 현장의 직업상담 실무에 근접하고, 좀 더 전문성을 요구하는 방향으로의 개편이라 할 수 있습니다. 많은 실증연구들은 상담의 전문성이 단순히 경력의 누적에서 오는 것이 아니라, 이론적 지식과 기술 및 실무에의 적용 그리고 지속적인 실습훈련과 슈퍼비전 경험의 누적에서 온다고 보고하고 있습니다.

직업상담사 1급 자격시험 관련 학습을 통해 직업상담 전문성 향상의 기초를 다지는 기회가 되시기를 그리고 이러한 이론적 지식을 바탕으로 명실공히 직업상담 전문가로 발전해나가시기를 바라는 마음으로 본 수험서를 출간하였습니다. 아무쪼록 본 수험서가 직업상담사 1급 자격 취득에 지름길이 되시기를 간절히 바랍니다. 그리고 모든 직업상담사 선생님들의 건승을 그리고 직업상담사 1급의 동차 합격을 기원합니다.

저자 이시현

　직업상담사 1급 자격의 기존 출제기준과 2025년 개정 출제기준을 비교하면 아래와 같습니다. 가장 특징적인 것은 주요 항목의 수가 4가지에서 14가지로 늘어났다는 것입니다. 다음으로 교과목 또한 '직업상담 실무'에서 '직업상담 및 전직지원 실무'로 변경되면서 '변화동기지원', '전직역량분석', '생애설계지원', '전직목표설정' 등 퇴직을 준비하는 전직지원 대상자들을 지원하는 실무 내용이 추가되었습니다. 그리고 기존에 작업형(컴퓨터 작업 : 노동시장분석과 박람회 기획안 작성)이 제외되면서 2025년부터 작업형 형태가 아니라 필답형(서술형) 형태로 변경되었다는 점이 가장 특징적이라 할 수 있습니다.

〈 직업상담사 1급 2차 실기 출제기준 신구대조표 〉

구 출제기준		신 출제기준	
과목명	주요항목	과목명	주요항목
직업상담 실무	1. 심층직업상담	직업상담 및 전직지원 실무	1. 직업상담 진단
	2. 직업상담연구		2. 직업상담 초기면담
	3. 직업심리검사		3. 진로상담
	4. 직업상담 마케팅		4. 취업상담
			5. 직업훈련상담
			6. 직업정보 분석
			7. 변화동기지원
			8. 전직역량분석
			9. 생애설계지원
			10. 전직목표설정
			11. 심층직업상담
			12. 직업상담 슈퍼비전
			13. 직업정보 가공
			14. 취업지원 행사운영

　2024년도까지의 시험 유형은 필답형(서술형)으로 11~12개 정도를 작성하도록 하였고, 작업형(컴퓨터 작업) 문제를 모두 제한 시간에 맞추어 완성하여야 했기 때문에 컴퓨터 문제로 여러 변수를 겪으면서 하드웨어의 문제나 시간 초과를 문제로 많은 어려움을 겪기도 하였습니다. 2025년부터는 필답형으로 변경되어 이러한 어려움은 해소되었습니다. 그런데 반면에 출제범위가 대폭 확대되었고, 전직지원 실무까지 포함되었다는 점에서 크게 변화되었다고 할 수 있겠습니다.

　이는 기존의 기출문제 범위에서 출제될 가능성이 매우 낮다는 것을 의미합니다. 표를 보시면 심층직업상담, 직업심리검사 정도가 개정된 출제기준과 일부 겹치지만 개정된 출제기준을 전체적으로 살펴보았을 때, 대부분 새로운 내용이 추가되어 기존과는 다른 학습 전략이 필요하다고 하겠습니다. 또한 모든 주요항목이 직업상담사 1급 과정평가형의 출제범위와 동일하며 이는 관련 정부의 연구보고서에서 강조하였던 바와 같이 검정형 자격시험을 과정평가형 자격시험과 일치시킬 필요가 있다는 내용이 실제 적용된 것으로 판단됩니다.

　본 수험서는 이러한 개정 배경 및 방향을 고려하여 NCS 내용으로 책의 이론 내용을 구성하였고, 기존의 기준으로 출제되었던 직업상담사 1급 2차 실기 기출복원문제와 직업상담사 2급 2차 실기 기출복원문제를 비롯하여 NCS의 내용을 기준으로 출제되었던 최근의 직업상담사 1, 2급 과정평가형의 기출복원문제를 함께 수록하여 학습한 내용을 확인하실 수 있도록 하였습니다. 그 외에도 출제예상문제를 함께 수록하여 14개의 NCS 교과목에 대한 심화 및 적용 학습을 하실 수 있도록 구성하였습니다.

　개정 전의 직업상담사 1급 2차 실기 대비 학습은 기출문제 풀이를 중심으로 진행하시는 것이 가장 효과적이면서 효율적인 방법이었습니다. 그러나 전면 개정된 출제기준 하에서 확대된 내용 범위와 기출문제의 미비로 인해 기존의 방법으로 학습하시는 것은 불가능한 상황입니다. 여러 훈련기관에서 NCS 학습모듈을 교재로 채택하고 있고, 타사 직업상담사 1급 수험서 또한 학습모듈의 내용을 중심으로 수험서를 출판한 바와 같이 본 수험서 또한 NCS의 학습모듈의 내용을 기준으로 일부 기타 관련 내용을 추가하여 본문을 구성하였고, 관련 문제들을 수록하였습니다.

　본 수험서의 구성에 따라 본문의 이론들을 숙독 및 암기하신 후, 기출·예상문제를 통해 학습 내용을 확인하시는 과정을 3회 이상 반복하시기를 권해드립니다. 전문 지식과 기술을 갖추고 어떤 내담자를 상담하더라도 이러한 지식과 기술을 활용하여 직업상담을 하실 수 있는 실질적인 실무 능력을 향상시킨다는 관점에서 학습 및 시험대비를 하신다면 충분히 합격선에 드시리라 생각됩니다. 학습해가는 과정이 비록 힘들더라도 중도에 포기하지 마시고, 합격하는 그날까지 끝까지 도전해나가시기를 진심으로 응원합니다.

국가직무능력표준(NCS)

■ 국가직무능력표준(NCS)란?

국가직무능력표준(NCS, National Competency Standards)은 산업현장에서 직무를 수행하기 위해 요구되는 지식·기술·태도 등의 내용을 국가가 체계화한 것이다.

■ 직무능력

- 일을 할 수 있는 On-spec인 능력
- 직업인으로서 기본적으로 갖추어야 할 공통 능력
- 해당 직무를 수행하는데 필요한 역량(지식, 기술, 태도)

■ 국가직무능력표준(NCS)이 왜 필요한가요?

- 능력 있는 인재를 개발해 핵심인프라를 구축하고, 나아가 국가경쟁력을 향상시키기 위해 국가직무능력표준이 필요합니다.
- 기업은 직무분석자료, 인적자원관리 도구, 인적자원개발 프로그램, 특화자격 신설, 일자리 정보제공 등을 원합니다.
- 기업교육훈련기관은 산업현장의 요구에 맞는 맞춤형 교육훈련과정을 개설하여 운영하기를 원합니다.

■ NCS 기반 직업상담분야 분류

대분류		중분류		소분류		세분류
사회복지·종교	▶	상담	▶	직업상담서비스	▶	01. 직업상담 02. 취업알선 03. 전직지원

■ 직업정보

세분류		01. 직업상담/02. 취업알선/03. 전직지원			
직업명		직업상담사 및 취업알선원		헤드헌터	전직지원 종사자
		공공고용서비스기관	민간고용서비스		
종사자수		4,827	27,619		500
종사현황	연령	38.7세	41.7세	평균 45세	
	임금	월 187.9만 원	월 208.1만 원	월 250만 원	
	학력	대졸 이상	초대졸 이상	초대졸 이상	
	성비	29.1(남) : 70.9(여)	74.2(남) : 25.9(여)		
	근속년수	4.95년	4.33년	평균 6.5년	
관련자격		직업상담사 2급 이상	직업상담사 2급 이상		

※ 출처 : 한국고용정보원(2009) '산업·직업별 고용구조조사'

■ **세분류 직무 정의 및 능력단위**

① 직업상담

• 직무정의 : 직업상담은 인간의 생애진로주기와 관련하여 개인의 특성에 따라 진로탐색, 직업선택, 직업적응, 직업유지, 직업전환, 은퇴 등에서 발생하는 직업적 논점을 진단하고 상담·처치하는 일이다.

• 능력단위

> 직업상담 기획, 직업상담 홍보, 직업상담 진단, 직업상담 초기면담, 비대면 직업상담, 진로상담, 취업상담, 직업복귀상담, 직업적응상담, 다문화직업상담, 재활 직업상담, 해외취업상담, 창직상담, 직업훈련상담, 집단상담프로그램 운영, 심층직업상담, 직업상담 수퍼비전, 직업상담연구, 직업정보 수집, 직업정보 분석, 직업정보 체계화, 직업정보 가공, 직업정보 제공, 취업지원 행사운영, 직업상담서비스 협업체계 구축, 직업상담행정, 직업능력평가, 직무개발

② 취업알선

• 직무정의 : 취업알선은 고용관련정보를 수집하고 분류하여 구직자에게는 취업에 필요한 서비스를 제공하고, 구인자에게는 충족되는 구직자를 소개하기 위한 업무를 지원하는 일이다.

• 능력단위

> 직업훈련 상담, 구인자 초기상담, 구인자 일반상담, 구직자 초기상담, 구직자 일반상담, 직업심리검사 준비, 직업심리검사 운영, 구직기술상담준비, 구직기술 클리닉, 취업알선사업기획, 취업알선사업운영, 취업역량강화프로그램기획, 취업역량강화프로그램운영, 구직자 발굴, 구인개척, 구인구직매칭, 취업알선정보관리, 취업알선 사례관리

③ 전직지원

• 직무정의 : 전직지원이란 고객의 요구를 분석하여 전직지원을 기획하고 전직대상자의 역량을 진단하여 전직 목표를 세우고 이에 따른 변화관리, 생애설계, 취창업 등을 지원하며 전직심화상담과 전직지원관리 등을 수행하는 일이다.

• 능력단위

> 고객창출, 대상기업 요구 분석, 전직지원 서비스 기획, 전직 초기면담, 변화동기 지원, 전직 논점진단, 전직 역량분석, 전직 목표설정, 생애설계 지원, 전직지원 프로그램 운영, 재취업상담, 창업상담, 전직 훈련 상담, 전직 심화상담, 전직지원 상담 감독, 전직지원 정보관리, 전직지원 연구, 전직지원 사후관리, 전직행정

핵심이론부터 기출·예상문제까지 한 번에 합격한다!
직업상담사 전문 강사진이 만든 최고의 합격서!

1 2025년부터 개정되는 한국산업인력공단의 직업상담사 1급 출제기준을 모두 반영하였습니다.

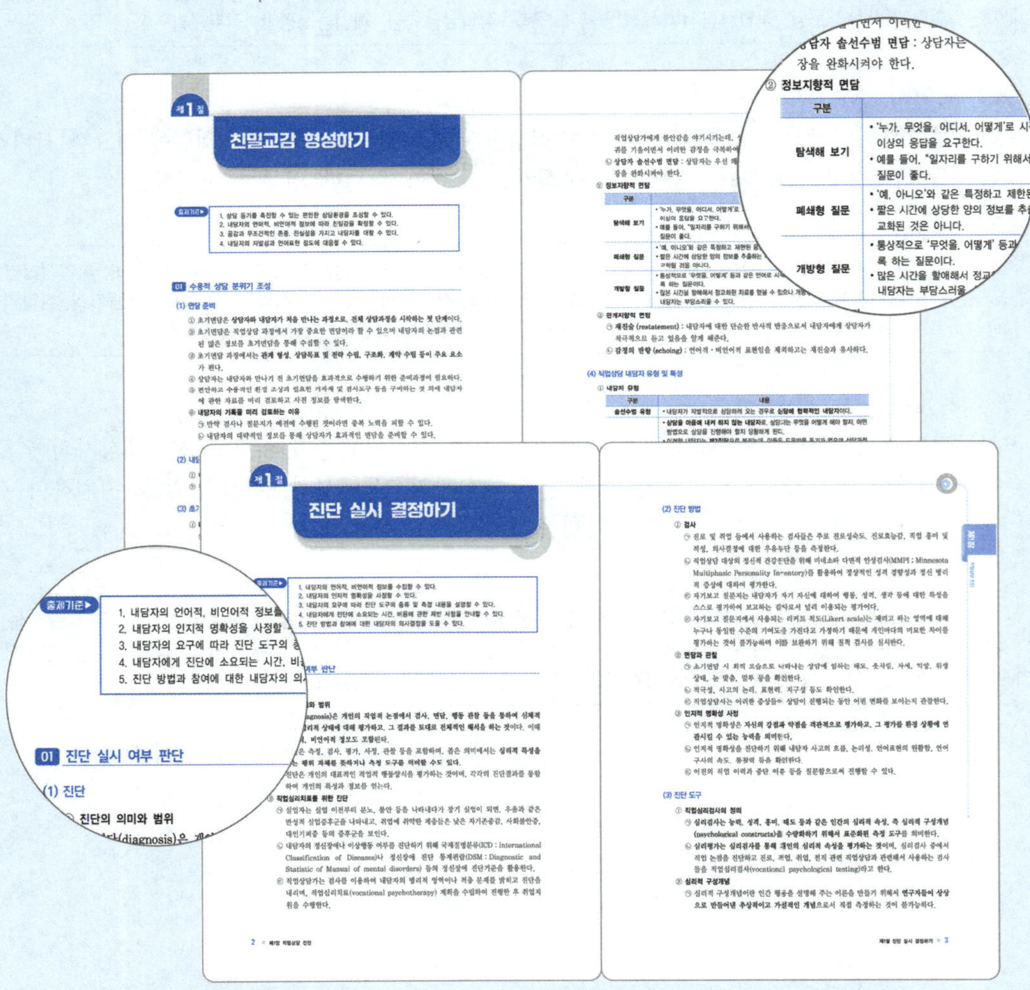

2 개정된 출제기준과 관련 있는 직업상담사 1급 검정형 기출문제뿐 아니라 직업상담사 1·2급 과정평가형 자격시험의 기출복원문제를 함께 수록하여 NCS(국가직무능력표준)의 세부 내용의 평가 문제 유형을 함께 학습할 수 있도록 구성하였습니다.

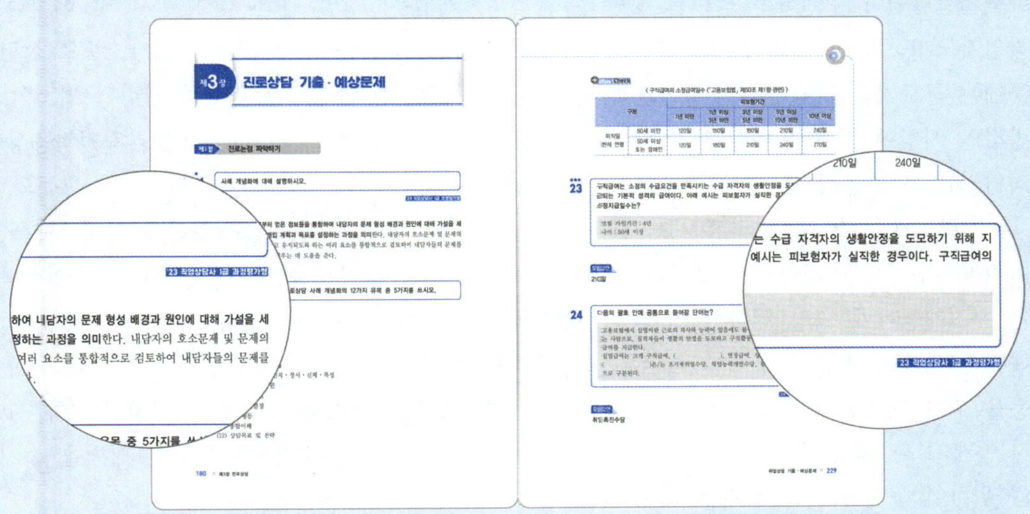

3 직업상담사 자격 개편 관련 연구보고서에서 명시하고 있는 개편 방향에 부합되도록 직업상담 실무를 평가하는 내용을 중심으로 예상문제를 개발하여 수록하였습니다.

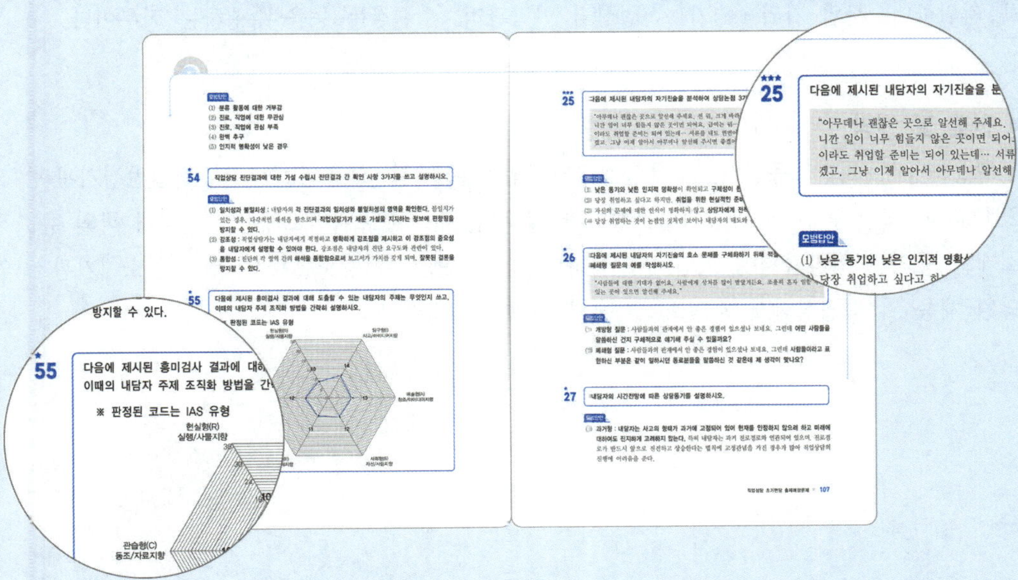

■ 개요

직업상담원이 수행하는 업무는 상담업무, 직업소개업무, 직업 관련 검사 실시 및 해석업무, 직업지도 프로그램 개발과 운영업무, 직업상담행정업무 등으로 구별지을 수 있다. 주요 상담업무에는 근로기준법을 비롯한 노동관계법규 등 노동시장에서 발생되는 직업과 관련된 법적인 일반적인 사항에 대한 일반상담 실시와 구인·구직상담, 창업상담, 경력개발상담, 직업적응상담, 직업전환상담, 은퇴 후 상담 등의 각종 직업상담이 있다. 직업상담원은 구직자들이 그들의 교육, 경력, 기술, 자격증, 구직직종, 원하는 임금 등을 포함한 구직표를 정확하게 작성하도록 도와주며, 구직표를 제출하면 정확하게 되었는지를 검토하며 필요하면 수정을 한다. 직업상담원은 구직자들에게 가장 적합한 직업이 무엇인지를 찾는데 도와주며, 적성, 흥미검사 등을 실시하여 구직자의 적성과 흥미에 알맞은 직업정보를 제공하고 청소년, 여성, 중·고령자, 실업자 등을 위한 직업지도 프로그램 개발과 운영을 한다. 그리고 취업이 곤란한 구직자(장애자, 고령자)에게 보다 많은 취업기회를 제공하고, 구인난을 겪고 있는 기업에게 다양한 인력을 소개하기 위하여 구인처 및 구직자를 개척하기도 한다.

■ 수행직무

노동시장, 신직업, 직업 논점, 직업상담기법, 직업상담정책 등의 관련 정보를 생산·가공하고, 내담자의 직업 논점 진단, 역량분석, 심층상담과 전직지원의 변화동기, 생애설계, 목표설정을 지원하며, 사업 기획·평가, 직업상담 인력관리, 수련감독 등을 수행하는 직무이다.

■ 진로 및 전망

고용노동부 지방노동관서, 고용안정센터, 인력은행 등 전국 19개 국립직업안정기관과 전국 281개 시·군·구 소재 공공직업안정기관 및 민간 유·무료직업소개소 및 24개 국외 유료직업소개소 등의 직업상담원에 취업이 가능하다. 고용노동부 지방노동관서 등 직업소개기관 직업상담원 채용 시 직업상담사 자격소지자에게 우대할 예정이다.

■ 취득방법

① 시행처 : 한국산업인력공단

② 관련 학과 : 대학 및 전문대학의 심리학과, 경영·경계학과, 법정계열학과, 교육심리학과 등

③ 출제경향

- 필기시험의 내용은 고객만족＞자료실의 출제기준을 참고한다.
- 실기시험의 내용은 구인, 구직, 취업알선상담, 진흥·상담, 직업적응상담 등 노동법규 관련 상담 노동시장, 직업세계 등과 관련된 직업정보의 수집·분석을 통하여 상담자에게 이들 정보를 제공하고 직업적성검사, 흥미검사 실시 및 해석을 수행하는 업무능력을 평가한다.

④ 시험과목

- 필기 : 1. 직업심리 및 전직지원(20문제)
   2. 심층직업상담 및 슈퍼비전(20문제)
   3. 직업정보가공(20문제)
   4. 노동시장분석(20문제)
   5. 고용노동관계법규 Ⅱ(20문제)
- 실기 : 직업상담 및 전직지원 실무

⑤ 검정방법

- 필기 : 객관식 4지 택일형 과목당 20문항(2시간 30분)
- 실기 : 필답형(3시간 정도, 100점)

⑥ 합격기준

- 필기 : 100점을 만점으로 하여 과목당 40점 이상, 전 과목 평균 60점 이상
- 실기 : 100점을 만점으로 하여 60점 이상

⑦ 시험 수수료

- 필기 : 19,400원
- 실기 : 20,800원

직무 분야	사회복지 · 종교	중직무 분야	사회복지 · 종교	자격 종목	직업상담사 1급	적용 기간	2025.1.1.~2027.12.31.

직무내용 : 노동시장, 신직업, 직업논점, 직업상담기법, 직업상담정책 등의 관련 정보를 생산 · 가공하고, 내담자의 직업논점 진단, 역량분석, 심층상담과 전직지원의 변화동기, 생애설계, 목표설정을 지원하며, 사업 기획 · 평가, 직업상담인력 관리, 수련감독 등을 수행하는 직무이다.

수행준거 : 1. 내담자의 직업논점을 발견하고, 진단도구를 선택하도록 지원하며, 매뉴얼에 따라 진단을 실시하고, 진단결과를 판정하고 해석하며 보고서를 작성할 수 있다.

2. 내담자와 첫 대면으로서 내담자의 기초정보를 확인하고 특성분석, 진단결과 통합, 상담목표, 가설설정, 상담전략 수립을 할 수 있다.

3. 진로논점을 파악하고, 내담자가 자기탐색을 하도록 지원하며, 직업정보를 제공하고, 진로에 대한 의사결정을 하도록 도우며 진로계획서를 작성하여 실행하도록 지원할 수 있다.

4. 신규 노동시장 진입자를 대상으로 취업효능감과 구직역량을 분석한 결과에 따라 취업프로그램 운영, 이력서 · 면접 컨설팅, 상담 등을 진행하고 취업지원 할 수 있다.

5. 내담자의 직업능력개발 관련 진단 및 역량분석을 통하여 생애진로주기에 적합한 훈련과정에 대한 정보를 제공하고, 훈련과정에 대한 의사결정을 지원하며, 훈련과정 이수와 자격취득에 대한 목표달성을 지지하여 취업에 연계될 수 있도록 상담을 할 수 있다.

6. 분석목표를 설정하고 그 목표에 따라 산업, 고용, 기업, 직무분석 등의 범위를 정하여 분석을 실행하고 분석된 정보를 평가할 수 있다.

7. 전직대상자의 변화에 대한 수용정도와 변화동기 의지를 확인하고 전직대상자가 변화를 위한 보유 자원과 필요 자원을 파악하여 구체적인 변화 목표와 계획을 수립할 수 있도록 지원하고 전직을 구체화하기 위하여 다음 단계로 나아갈 수 있도록 지원할 수 있다.

8. 전직대상자의 진로자본, 직무역량에 대한 분석결과를 통합하고, 이를 통해 전직대상자의 강점과 가능직무분야를 구체화할 수 있다.

9. 전직대상자의 생애진로주기별 진로, 건강, 재무, 거주, 관계, 여가 등에 대한 전 생애를 계획하도록 정보를 제공하여 의사결정하도록 지원할 수 있다.

10. 전직대상자의 직무경력, 진로욕구, 역량, 진로자본 등을 종합하여 전직대안을 도출하고 이에 대한 정보를 제공하여 전직대안에 대한 의사결정을 지원하고 장 · 단기 전직목표를 설정하고 활동계획서를 작성할 수 있도록 지원할 수 있다.

11. 직업에서 오는 심리적 논점에 대한 개입이 필요하다고 판단된 내담자를 대상으로 호소문제를 통하여 가설을 설정하고 상담목표에 따라 기법과 전략을 통하여 직업심리치료 등을 실시할 수 있다.

12. 직업상담원의 역량강화 및 직업상담의 질적 제고를 위해 직업상담의 과정에서 드러난 전략과 목표, 개입과 상담기법, 상담결과 등에 대하여 슈퍼바이지를 도와 점검하고 평가할 수 있다.

13. 대상자의 요구도, 정보 격차, 정보매체이해력(literacy) 등의 특성에 따라 분석하여 체계화된 직업정보를 매체별 특성을 반영하여 형식과 내용의 측면에서 대상자에게 최적화된 정보로 만들 수 있다.

14. 취업지원을 위하여 박람회, 동아리, 카페 등의 형식을 빌려 구인자와 내담자가 한 장소에서 만나 서류접수, 면접 등을 진행하며, 동시에 직업정보 게시, 취업 관련 홍보 및 특강 등의 행사를 운영할 수 있다.

실기검정방법	필답형	시험시간	3시간 정도

실기과목명	주요 항목	세부항목	세세항목
직업상담 및 전직지원 실무	1. 직업상담 진단	1. 진단 실시 결정하기	1. 내담자의 언어적, 비언어적 정보를 수집할 수 있다. 2. 내담자의 인지적 명확성을 사정할 수 있다. 3. 내담자의 요구에 따라 진단도구의 종류 및 측정내용을 설명할 수 있다. 4. 내담자에게 진단에 소요되는 시간, 비용에 관한 제반사항을 안내할 수 있다. 5. 진단방법과 참여에 대한 내담자의 의사결정을 도울 수 있다.
		2. 진단하기	1. 내담자가 진단실시에 대한 편견이나 지나친 기대감을 갖고 있는지 확인할 수 있다. 2. 내담자의 진단을 위해 물리적, 심리적 환경을 조성할 수 있다. 3. 진단도구 매뉴얼에 따라 선택된 진단도구의 목적, 실시방법, 주의점 등을 설명할 수 있다. 4. 진단도구 매뉴얼에 따라 제시된 소요시간 내에 진단할 수 있다. 5. 진단해석 등 다음 상담을 위해 내담자에게 일정을 안내하고 진단을 종료할 수 있다. 6. 채점기준에 따라 진단결과를 평정할 수 있다.
		3. 진단결과 해석하기	1. 진단항목별 평정에 따라 내담자에게 의미 있는 내용을 도출할 수 있다. 2. 내담자의 이해수준과 반응을 고려하여 진단결과의 의미를 설명할 수 있다. 3. 진단결과 해석에 내담자 참여를 유도하기 위해 구조화된 질문을 사용할 수 있다. 4. 진단도구의 결과에 대한 한계점을 설명할 수 있다.
		4. 진단결과 보고서 작성하기	1. 내담자의 경험, 중요한 타인, 자신에 대한 지각과 진술, 관찰된 행동, 성별과 연령특성을 포함하여 진단결과를 통합할 수 있다. 2. 보고양식에 따라 진단결과 보고서를 작성할 수 있다. 3. 대상에 따라 추후 직업상담 과정을 설명하고 안내할 수 있다.
	2. 직업상담 초기면담	1. 친밀교감 형성하기	1. 상담 동기를 촉진할 수 있는 편안한 상담환경을 조성할 수 있다. 2. 내담자의 언어적, 비언어적 정보에 따라 친밀감을 확장할 수 있다. 3. 공감과 무조건적인 존중, 진실성을 가지고 내담자를 대할 수 있다. 4. 내담자의 자발성과 언어표현 정도에 대응할 수 있다.

실 기 출 제 기 준

실기과목명	주요 항목	세부항목	세세항목
직업상담 및 전직지원 실무	2. 직업상담 초기면담	2. 호소논점 파악하기	1. 내담자가 상담신청서를 작성할 수 있도록 지원한다. 2. 상담신청서의 내용을 근거로 내담자의 신상이나 호소문제를 질문하고 경청할 수 있다. 3. 내담자의 언어적, 비언어적 행동의 불일치를 식별하고 직면시킬 수 있다. 4. 내담자가 호소하는 1차적 문제와 2차적 문제를 구분하여 파악할 수 있다. 5. 내담자가 호소하는 문제와 수집한 정보를 종합하여 내담자의 문제를 요약할 수 있다.
		3. 구조화하기	1. 상담내용의 비밀보장과 상담자와 내담자의 역할에 대해 설명할 수 있다. 2. 상담시간, 회기, 비용 등에 대하여 설명하고 합의할 수 있다. 3. 현실적 상황에 근거한 단기적 목표, 근본적 욕구에 근거한 장기적 목표를 구분하여 설정할 수 있다. 4. 상담목표가 현실적이고 실현 가능한지 검토하고 합의할 수 있다.
		4. 전략 수립하기	1. 상담목표에 적합한 이론과 모형을 선택할 수 있다. 2. 이론과 모형에 따라 상담개입방법을 결정할 수 있다. 3. 상담성과의 평가기준과 평가방법을 정할 수 있다.
		5. 초기면담 종결하기	1. 상담의 과정을 요약하고 내담자의 생각과 일치하는지 확인할 수 있다. 2. 다음 상담회기까지 실천해 볼 수 있는 간단한 과제를 줄 수 있다. 3. 다음 상담에 올 수 있도록 내담자의 자존심을 배려하고 격려할 수 있다.
	3. 진로상담	1. 진로논점 파악하기	1. 초기면담 결과에 따라 내담자의 자각을 돕고 상담동기를 파악할 수 있다. 2. 내담자 행동에 대하여 다른 관점에서의 해석하기를 할 수 있다. 3. 내담자의 경험과 상황을 바탕으로 진로논점의 중요도 순위를 정할 수 있다.
		2. 자기탐색 지원하기	1. 내담자 특성을 다양한 방법으로 파악할 수 있다. 2. 내담자의 가족의 영향, 자원을 확인할 수 있다. 3. 내담자의 가족직업가계도 등으로 정리할 수 있다. 4. 내적 외적 자원을 바탕으로 내담자의 개인자원목록을 만들 수 있다.

실기과목명	주요 항목	세부항목	세세항목
직업상담 및 전직지원 실무	3. 진로상담	3. 직업정보 탐색 지원하기	1. 가장 최신의 정확한 직업정보의 중요성을 설명할 수 있다. 2. 내담자 특성에 부합하는 다양한 직업정보목록을 제시할 수 있다. 3. 내담자의 관심있는 진로에 대하여 정보를 탐색할 수 있도록 지원할 수 있다. 4. 선택한 진로에 대하여 강점, 약점, 가능성과 전망을 표로 정리하여 비교할 수 있다.
		4. 진로설계 지원하기	1. 내담자의 진로의사결정수준에 따라 대안을 마련하고 제시할 수 있다. 2. 내담자가 합리적 의사결정을 할 수 있도록 지원할 수 있다. 3. 내담자의 장·단기 진로목표를 수립할 수 있다. 4. 내담자의 의미있는 타인과 진로설계에 대하여 공유할 수 있도록 지원할 수 있다. 5. 객관적이고 유의미한 준거에 의해 내담자의 진로계획을 평가할 수 있다.
		5. 실행 지원하기	1. 진로목표와 현재 역량의 차이를 알아보고 개발해야 할 역량을 확인할 수 있다. 2. 진로 역량 확장을 위한 지지체제와 교육기회를 탐색할 수 있다. 3. 실행과정을 수시로 점검하고 지속할 수 있도록 동기를 부여할 수 있다. 4. 실행을 방해하는 것이 있는지 확인할 수 있다. 5. 실행에 장애가 되는 내적인 갈등과 상황적 변인을 파악하고 도움을 줄 수 있다.
	4. 취업상담	1. 내담자역량 파악하기	1. 내담자의 강점과 약점, 취업욕구를 파악할 수 있다. 2. 사회적 경제적 취약성분석에 따라 취업장애요인을 파악할 수 있다. 3. 내담자가 희망하는 취업분야 및 근로조건을 파악할 수 있다. 4. 내담자의 전공, 경력, 일경험, 교육내용, 자격정보를 파악하여 직무수행 역량 여부를 확인할 수 있다. 5. 내담자의 입사지원횟수 및 구직활동 정도와 방법을 파악할 수 있다.

실기과목명	주요 항목	세부항목	세세항목
직업상담 및 전직지원 실무	4. 취업상담	2. 취업목표 설정하기	1. 내담자가 산업수요에 따른 채용동향을 분석하여 현재의 노동시장, 희망 직종의 채용 수요를 파악할 수 있도록 지원한다. 2. 직무분석사이트의 특징을 파악하고 희망 직무에 관해 다양한 사이트를 활용하여 정확한 직무를 분석할 수 있고 희망 직무군을 좁힐 수 있도록 지원한다. 3. 희망기업의 기업정보를 적합한 기업정보사이트를 활용하여 수집하고 분석, 가공할 수 있도록 지원할 수 있다. 4. 채용동향, 직무분석, 기업분석을 통하여 취업목표를 설정하고 취업계획을 작성하도록 지원한다.
		3. 구인처 확보하기	1. 취업포털사이트 등 직업정보원을 활용하여 구인업체정보를 수집할 수 있다. 2. 지역기업체 현황파악 및 채용 가능업체정보를 수집, 분류할 수 있다. 3. 내담자가 구인정보를 습득할 수 있도록 지원하고, 적합한 구인정보를 제공할 수 있다. 4. 구인업체와 구인조건을 확인할 수 있고, 적합한 내담자를 추천할 수 있다. 5. 구인업체에게 고용지원정책 등 기업활동에 유용한 정보를 제공할 수 있다.
		4. 구직활동 지원하기	1. 내담자의 이력서 및 자기소개서 작성을 지원할 수 있다. 2. 구인업체에 대한 기업분석과 직무분석을 지원할 수 있다. 3. 역량면접, PT면접, 토론면접, 인성면접, AI면접, 비대면면접 등 면접 준비를 지원할 수 있다. 4. 발굴한 구인업체와 준비된 내담자를 연계하기 위해 채용조건을 조율하고 설득할 수 있다. 5. 필요시 내담자의 채용확률을 높이기 위해 동행면접이나 추천서 등을 활용하여 내담자를 적극적으로 추천할 수 있다. 6. 주기적으로 구인정보를 제공하여 지속적인 취업연계를 유지시킬 수 있다.

실기과목명	주요 항목	세부항목	세세항목
직업상담 및 전직지원 실무	4. 취업상담	5. 내담자 사후관리하기	1. 취업한 경우 직장예절 등 적응에 필요한 기본적인 내용을 내담자에게 제공하고 상담할 수 있다. 2. 내담자의 취업 성공 이후 직장에 안정적으로 적응할 수 있도록 확인하며, 직무만족도를 수시로 점검할 수 있다. 3. 내담자의 직업능력 향상을 위해 재직자 직업훈련과정을 추천할 수 있다. 4. 취업이 지연되어도 내담자를 격려하고 지지하며 지속적으로 취업정보 및 구인정보를 제공할 수 있다. 5. 취업이 어렵거나 직장적응에 실패하면 다른 취업지원프로그램을 추천하고 안내할 수 있다.
	5. 직업훈련상담	1. 내담자 직무역량 파악하기	1. 내담자의 직업능력개발 참여이력을 확인할 수 있다. 2. 내담자를 진단하여 적합훈련분야를 분석할 수 있다. 3. 내담자의 직무역량을 분석할 수 있다. 4. 내담자의 생애진로주기별 직업능력개발계획을 확인할 수 있다.
		2. 직업훈련정보 수집하기	1. 내담자의 직업훈련분야에 적합한 훈련기관, 훈련지역, 훈련기간 등의 자료를 수집할 수 있다. 2. 국가 및 민간 직업훈련의 정보를 수집 장·단점을 비교 설명할 수 있다. 3. 내담자가 훈련하고자 하는 훈련분야 전망, 난이도와 수준에 관한 자료를 수집, 제공할 수 있다. 4. 국가자격증(www.qnet.or.kr), 민간자격증(www.pqi.or.kr) 검색사이트 활용하여 자격정보를 제공할 수 있다. 5. 훈련 성공사례를 수집하여 내담자에게 제공할 수 있다.
		3. 훈련과정 선택 지원하기	1. 산업동향 분석, 훈련직종의 전망, 직업훈련정보 등을 바탕으로 직업훈련 가능성을 진단할 수 있다. 2. 훈련 종료 후 진출할 수 있는 분야, 도움이 되는 분야 등을 설명할 수 있다. 3. 내담자의 직업훈련 대안직종을 2~3개로 좁혀 훈련과정을 선택하도록 지원할 수 있다. 4. 내담자가 선택한 훈련과정에 대한 목표를 수립하도록 지원할 수 있다.

실기과목명	주요 항목	세부항목	세세항목
직업상담 및 전직지원 실무	5. 직업훈련상담	4. 훈련목표달성 촉진하기	1. 훈련참여자가 훈련과정에서 호소하는 제반문제를 진단하고 평가할 수 있다. 2. 훈련참여자와 협의를 통하여 훈련목표를 단계별로 점검할 수 있다. 3. 훈련과 자격증 취득을 지속할 수 있도록 커뮤니티 모임을 구성하고 참여를 지원할 수 있다. 4. 훈련과정 수행을 통하여 스스로 변화유지계획을 수립하여 행동변화를 촉진할 수 있다. 5. 훈련 종료 후 취업상담으로 연계할 수 있다.
	6. 직업정보 분석	1. 직업정보 분석목표 설정하기	1. 직업정보 분석의 의미와 필요성을 파악할 수 있다. 2. 직업정보 분석의 필요성에 따라 분석목표를 수립할 수 있다. 3. 직업정보 분석의 기준에 따라 분석목표를 수립할 수 있다.
		2. 직업정보 분석범위 설정하기	1. 산업, 고용, 기업, 직무 등 직업정보의 영역을 파악할 수 있다. 2. 직업정보 영역별 분석범위를 결정할 수 있다. 3. 결정된 범위에 따라 정보의 질과 양, 장단점과 한계를 파악할 수 있다.
		3. 직업정보 분석 실행하기	1. 경제동향보고서 및 중장기 인력수급전망서 등을 통해 산업동향을 파악할 수 있다. 2. 고용정책, 고용전망, 채용정보 등을 통해 고용시장을 분석할 수 있다. 3. 산업동향, 직업별 임금정보, 구인정보 통계 등을 통해 직업전망을 분석할 수 있다. 4. 기업평가, 주식시장자료, 재무제표 등을 통해 기업정보를 분석할 수 있다. 5. 작업자중심방법, 작업중심방법, 혼합방법 등을 통해 직무를 분석할 수 있다.
		4. 분석정보 평가하기	1. 각 영역의 분석된 정보들을 통합하여 분석보고서를 작성할 수 있다 2. 분석목표와 범위에 따라 직업정보가 분석됐는지 평가할 수 있다. 3. 통합된 분석결과 중에 대상에 맞는 시사점을 도출해낼 수 있다.
	7. 변화동기지원	1. 변화동기 확인하기	1. 전직대상자의 심리적·물리적 변화 상태를 확인할 수 있다. 2. 전직대상자에게 변화관리의 성공 또는 실패사례를 공유할 수 있다. 3. 전직대상자의 변화동기의지를 확인할 수 있다.

실기과목명	주요 항목	세부항목	세세항목
직업상담 및 전직지원 실무	7. 변화동기지원	2. 변화계획 수립하기	1. 초기 변화목표를 구상하도록 지원할 수 있다. 2. 변화목표 달성을 위한 전직대상자의 자원을 확인할 수 있다. 3. 전직대상자의 최종 변화목표를 확정할 수 있다. 4. 변화목표에 따라 장·단기 실행계획을 작성하도록 지원할 수 있다.
		3. 변화 지원하기	1. 변화를 위한 참고자료를 제공할 수 있다. 2. 변화를 위한 행동방법을 제공할 수 있다. 3. 변화를 위한 성공사례를 제공할 수 있다. 4. 변화를 위한 전직대상자의 장애요인을 확인할 수 있다. 5. 변화 지원활동을 기록할 수 있다.
		4. 변화 점검하기	1. 변화를 위한 실천사항을 점검하여 변화결과를 확인할 수 있다. 2. 변화과정의 문제점을 확인하여 극복방안을 제시할 수 있다. 3. 변화목표와 계획을 수정·보완할 수 있다.
	8. 전직역량분석	1. 진로자본 파악하기	1. 전직대상자의 주요 직무, 만족도, 주요 성과 등 경력자본을 기술하도록 지원할 수 있다. 2. 전직대상자의 보유자격, 학위, 어학, 전문교육 등 자격자본을 기술하도록 지원할 수 있다. 3. 전직대상자의 사내·사외관계, 가족관계, 전문가그룹과의 관계 등 관계자본을 기술하도록 지원할 수 있다. 4. 전직대상자의 주요 관심, 흥미, 직업가치 등을 기술하도록 지원할 수 있다. 5. 파악된 진로자본을 토대로 전직대상자가 직업선택 우선순위를 확인하도록 지원할 수 있다.
		2. 직무역량 분석하기	1. 역량진단검사 결과에 따라 전직대상자의 핵심역량을 분석하여 관련 직업을 도출할 수 있다. 2. 전직대상자가 기술한 경력자본의 내용을 분석하여 성과가 우수했던 주요 직무를 중심으로 관련 직업을 도출할 수 있다. 3. 전직대상자가 기술한 자격자본의 내용을 분석하여 관련 직업을 도출할 수 있다. 4. 전직대상자가 기술한 관계자본, 관심, 흥미, 직업가치 등의 분석내용을 통합하여 관련 직업을 도출할 수 있다.

실기과목명	주요 항목	세부항목	세세항목
직업상담 및 전직지원 실무	8. 전직역량분석	3. 역량진단 결과 통합하기	1. 역량진단결과에 따른 핵심 역량과 진로자본 분석결과를 종합하여 정리할 수 있다. 2. 역량진단결과에 대한 전직대상자의 역량평가를 검토하고 직무분야를 탐색할 수 있도록 지원할 수 있다. 3. 역량평가결과에 따라 탐색의 범위를 조정하고 전직대상자의 강점과 가능직무분야를 구체화할 수 있다.
	9. 생애설계지원	1. 생애주기별 주요 과제 점검하기	1. 전직대상자의 생애 주요 영역에 대한 현상태를 파악할 수 있다. 2. 전직대상자의 성애 주요 영역에 대한 기대수준을 점검할 수 있다. 3. 생애 주요 영역별 주요 과제를 도출할 수 있다.
		2. 생애주기별 주요 과제 상담하기	1. 도출된 주요 과제를 우선순위화할 수 있다. 2. 주요 과제순위에 따라 실행을 위해 필요한 자원을 검토할 수 있다. 3. 우선순위화된 과제 실행을 위한 생애계획서 작성을 지원할 수 있다.
		3. 생애설계계획서 작성 지원하기	1. 실행을 위한 자료와 사례를 제공할 수 있다. 2. 실천과정에서 발생 가능한 문제점을 점검할 수 있다. 3. 생애설계계획서를 작성하고 수정·보완하도록 지원할 수 있다.
	10. 전직목표설정	1. 전직대안 도출하기	1. 면담을 통해 전직대상자의 직무경력과 진로욕구를 파악할 수 있다. 2. 진단과 역량분석결과를 종합하여 전직대안을 도출할 수 있다. 3. 전직대안들에 대한 정보를 수집하여 제공할 수 있다. 4. 전직대상자와 전직대안별 타당성을 비교 검토할 수 있다.
		2. 전직목표 확정하기	1. 비교 검토한 결과를 토대로 전직대안을 결정할 수 있다. 2. 전직대안의 진입경로를 분석할 수 있다. 3. 진입을 위한 보유 진로자본의 활용 가능성을 파악할 수 있다. 4. 장단기 전직목표를 설정할 수 있다.
		3. 실행계획 수립하기	1. 전직목표 달성에 필요한 정보를 수집할 수 있다. 2. 자격증, 교육훈련, 취업 등 필요한 실행계획을 결정할 수 있다. 3. 장단기 전직목표 실행계획서를 작성할 수 있다.

실기과목명	주요 항목	세부항목	세세항목
직업상담 및 전직지원 실무	11. 심층직업상담	1. 심층직업상담논점 진단하기	1. 상담신청서 및 기초자료를 확인하여 내담자의 특성을 파악하고 심층상담에 대한 내담자의 요구를 파악할 수 있다. 2. 내담자의 언어적·비언어적 표현과 태도를 관찰하여 상담동기와 인지적 명확성을 분석할 수 있다. 3. 검사가 필요한 경우 표준화된 검사도구 활용지침에 따라 검사를 실시하고 검사결과를 평정할 수 있다. 4. 면담기법을 통해 내담자의 진로자본과 진로장벽을 확인할 수 있다.
		2. 심층직업상담 구조화하기	1. 초기면담과 진단결과를 종합하여 내담자의 특성을 분석하여 가설을 설정할 수 있다. 2. 가설에 따라 상담목표를 결정하고 상담방법, 기간, 회기, 기법 등 상담전략을 수립할 수 있다. 3. 상담전략에 따라 상담계획을 설계하고 내담자의 동기를 촉진할 수 있다. 4. 상담목표 달성을 확인하기 위한 평가준거와 평가방법 등에 대해 내담자와 협의하고 결정할 수 있다.
		3. 직업심리치료하기	1. 인지적·행동적·정서적 논점에 따라 적절한 개입방법을 선택하고 상담기법을 활용하여 상담을 진행할 수 있다. 2. 내담자의 심리적 상황을 점검하고 현실성과 보편타당성을 검토하여 그 정도에 따라 변경된 상담기법을 적용할 수 있다. 3. 효과적인 상담결과를 위해 과제나 활동을 부여하고 수행여부를 확인할 수 있다.
		4. 변화분석하기	1. 상담을 통한 내담자의 변화를 분석하기 위해 논점에 대한 관점변화, 부정적 사고의 변화, 행동의 변화 등에 대한 지각을 확인할 수 있다. 2. 상담목표 달성을 위해 상담의 올바른 방향성을 검토하고 내담자의 변화수용 의지와 자신감을 점검하여 상담회기 및 상담기법을 변경할 수 있다. 3. 상담결과를 분석함에 있어 내담자의 긍정적 변화를 도출하기 위해 개입의 방법이 적절하였는지 평가할 수 있다.

실기과목명	주요 항목	세부항목	세세항목
직업상담 및 전직지원 실무	11. 심층직업상담	5. 사후관리하기	1. 상담 종결 이후 내담자의 원활한 적응을 돕기 위해 정보수집과 처리, 선택 등을 통한 합리적 의사결정을 지원할 수 있다. 2. 내담자가 미래지향적 사고와 탐색을 지속할 수 있도록 목표설정과 실행을 점검할 수 있다. 3. 내담자가 복합적인 어려움을 해결해나가는 과정에서 도움받을 수 있도록 사회적 지지체계 구축을 지원할 수 있다. 4. 내담자가 진로경로(직업훈련, 취업, 창업, 귀농 등)를 추구해나가는데 필요한 정보를 제공할 수 있다.
	12. 직업상담 슈퍼비전	1. 직업상담 슈퍼비전 준비하기	1. 직업상담 슈퍼비전을 시작하기 전에 슈퍼바이저로서의 자신을 점검할 수 있다. 2. 슈퍼바이저로서의 자기점검 결과에 따라 자신이 도움을 줄 수 있는 슈퍼바이지의 범위를 파악할 수 있다. 3. 효과적인 직업상담 슈퍼비전을 위해 제반환경과 도구, 시스템 등을 점검하여 준비할 수 있다. 4. 직업상담 슈퍼비전을 진행하기 위해 슈퍼바이지가 사전에 준비하여 제출해야 할 내용을 정리하여 슈퍼바이지에게 안내할 수 있다.
		2. 직업상담 슈퍼비전 논점 파악하기	1. 슈퍼바이지와 존중과 신뢰의 상호협력적 관계를 형성할 수 있다. 2. 슈퍼바이지의 요구사항을 점검하고 슈퍼비전의 목적과 필요성에 대해 협의할 수 있다. 3. 직업상담 슈퍼비전을 통해 다루고 싶은 슈퍼바이지의 특별한 요구가 무엇인지 확인하고 논점을 구체화할 수 있다. 4. 슈퍼비전의 주요 목적과 논점, 슈퍼바이지의 전문적인 성장을 위해 적절한 슈퍼비전의 목표를 설정할 수 있다.
		3. 직업상담 슈퍼비전 구조화하기	1. 슈퍼바이지의 상담기술과 발달수준을 평가하고 적합한 슈퍼비전의 목표를 합의할 수 있다. 2. 슈퍼바이저와 슈퍼바이지의 역할과 책임을 논의하고 구체화할 수 있다. 3. 슈퍼비전 방법과 절차, 평가에 관한 전반적인 사항을 논의하여 구체화할 수 있다. 4. 슈퍼바이저와 슈퍼바이지가 서로 동의한 내용을 확인하여 약정서(계약서)를 작성할 수 있다.

실기과목명	주요 항목	세부항목	세세항목
직업상담 및 전직지원 실무	12. 직업상담 슈퍼비전	4. 직업상담 슈퍼비전 실행하기	1. 축어록, 녹화, 녹음 등 사전에 준비된 자료에 따라 상담과정을 점검하고 사례를 개념화할 수 있다. 2. 사례개념화에 따른 슈퍼바이지의 의견과 느낌을 점검하고 슈퍼바이지의 반응을 고려하여 적절한 개입을 할 수 있다. 3. 슈퍼바이지의 학습목표, 경험수준, 발달적 문제, 학습양식, 슈퍼비전의 목표 등을 고려하여 직업상담 슈퍼비전의 개입방법을 결정하고 수정할 수 있다. 4. 슈퍼바이지가 직업상담윤리를 준수하여 상담을 실시하였는지 점검할 수 있다. 5. 슈퍼바이지와 함께 슈퍼비전 과정과 내용을 요약정리하고 그 결과를 기록할 수 있다.
		5. 직업상담 슈퍼비전 평가하기	1. 슈퍼비전의 매 회기를 종결하며 슈퍼바이지와 소감을 나누고 피드백을 통해 회기별 평가를 실시할 수 있다. 2. 슈퍼비전 참여 전·후의 변화와 슈퍼비전 목표 달성 여부에 대해 슈퍼바이지의 지각과 느낌을 확인하고 슈퍼비전에 대한 종합적인 평가를 실시할 수 있다. 3. 슈퍼비전 종결 시 슈퍼바이저로서 이론적 접근방법의 선택, 슈퍼바이지와의 관계, 개입의 적절성, 개선사항 등을 점검하고 자기평가를 실시할 수 있다.
	13. 직업정보 가공	1. 직업정보 요구도 분석하기	1. 직업정보격차, 직업정보매체이해력(literacy), 진로발달수준 등 대상자의 특성을 파악할 수 있다. 2. 대상자의 직업정보의 동기와 필요 단계를 파악할 수 있다. 3. 대상자의 직업정보 관련 특성을 분석하여 직업정보요구도를 정리할 수 있다.
		2. 직업정보 가공 기획하기	1. 내담자의 요구도 분석에 따라 직업정보 내용과 범위 및 매체선택 등 계획을 수립할 수 있다. 2. 직업정보에 필요한 예산과 인력 등을 고려할 수 있다. 3. 직업정보의 필요성, 계획, 예산과 인력 등을 반영한 직업정보기획서를 작성할 수 있다.

실기과목명	주요 항목	세부항목	세세항목
직업상담 및 전직지원 실무	13. 직업정보 가공	3. 직업정보 가공 실행하기	1. 직업정보기획서에 따라 매체 특성을 고려하여 직업정보를 할 수 있다. 2. 대상자의 가독성과 사용성을 고려하여 직업정보를 할 수 있다. 3. 직업정보의 활용과 제공방식을 고려하여 범위를 조정할 수 있다. 4. 확인된 정보에 따라 직업정보를 재구성할 수 있다.
		4. 가공 결과 품질 검증하기	1. 대상자에게 사전검사를 통해 가독성과 사용성 등에 문제가 없는지 확인할 수 있다. 2. 전문가의 자문과 평가를 통해 산출물을 점검할 수 있다. 3. 가공된 직업정보의 최신성과 신뢰성에 문제가 없는지 점검할 수 있다. 4. 점검결과를 통합하여 수정·보완할 수 있다.
	14. 취업지원 행사운영	1. 행사범위 결정하기	1. 행사주최의 취업지원 요구를 분석하여 행사의 목적을 명확히 할 수 있다 2. 취업지원 대상자의 특성, 행동방식, 요구에 따라 행사내용을 결정할 수 있다. 3. 행사 참가 기업과 강사 등 섭외 범위를 결정할 수 있다. 4. 행사 기획 관련 법규, 규제, 정책을 조사하고 분석할 수 있다. 5. 정보수집과 분석한 결과를 통하여 행사계획을 위한 범위를 결정할 수 있다.
		2. 행사 계획하기	1. 분석결과에 따라 구체적 행사의 계획 및 목표를 설정할 수 있다. 2. 목표에 따라 행사 내용을 구성할 수 있다. 3. 행사 기획에 따라 조직과 인력운영계획을 편성할 수 있다. 4. 행사 기획에 따라 예산, 일정, 홍보전략 등 계획할 수 있다.
		3. 행사 홍보하기	1. 홍보매체 및 대행업체를 선정할 수 있다. 2. 매체별 특성이 따라 홍보초안 및 문안을 작성할 수 있다. 3. 매체 특성과 참여자 대상별 선호 매체에 따라 홍보를 실행할 수 있다. 4. 참가 안내 발송 대상 데이터베이스를 취합하고 분류할 수 있다.

실기과목명	주요 항목	세부항목	세세항목
직업상담 및 전직지원 실무	14. 취업지원 행사운영	4. 행사 운영하기	1. 행사진행을 위한 물품/기자재의 체크리스트를 만들고 준비할 수 있다. 2. 사전 리허설을 통하여 진행상의 문제점을 파악하여 대처할 수 있다. 3. 각 프로그램의 운영시간을 조절하여 계획된 일정대로 운영할 수 있다. 4. 현장상황에 따라 발생하는 요구사항과 돌발상황에 대처할 수 있다.
		5. 행사 평가하기	1. 행사 운영 회의를 통한 행사 진행상의 결과를 분석할 수 있다. 2. 행사참여자의 특성과 만족도를 측정하고 분석할 수 있다. 3. 분석된 내용을 중심으로 성공요인과 개선방안들을 도출할 수 있다. 4. 결과보고서를 작성하여 차기 행사를 위한 자료로 활용할 수 있다.

목차

목차

제1장

직업상담 진단

진단 실시 결정하기

출제기준▶
1. 내담자의 언어적, 비언어적 정보를 수집할 수 있다.
2. 내담자의 인지적 명확성을 사정할 수 있다.
3. 내담자의 요구에 따라 진단 도구의 종류 및 측정 내용을 설명할 수 있다.
4. 내담자에게 진단에 소요되는 시간, 비용에 관한 제반 사항을 안내할 수 있다.
5. 진단 방법과 참여에 대한 내담자의 의사결정을 도울 수 있다.

01 진단 실시 여부 판단

(1) 진단의 의미와 범위

① 진단(diagnosis)은 개인의 직업적 논점에서 검사, 면담, 행동 관찰 등을 통하여 신체적 혹은 심리적 상태에 대해 평가하고, 그 결과를 토대로 전체적인 해석을 하는 것이다.
② 진단에는 언어적, 비언어적 정보도 포함된다.
③ 진단은 측정, 검사, 평가, 사정, 관찰 등을 포함한다.
④ **좁은 의미에서는 심리적 특성을 재는 행위 자체를 뜻하거나 측정 도구를 의미할 수도 있다.**
⑤ 진단은 개인의 대표적인 직업적 행동양식을 평가하는 것이며, 각각의 진단결과를 통합하여 개인의 특성과 정보를 얻는다.

(2) 진단 방법 (검사, 면담과 관찰, 인지적 명확성 사정)

① **검사** : 진로 및 취업 등에서 사용하는 검사들은 **주로 진로성숙도, 진로효능감, 직업 흥미 및 적성, 의사결정에 대한 우유부단 등을 측정한다.** 직업상담 대상의 정신적 건강 진단을 위해 미네소타 다면적 인성검사(MMPI : Minnesota Multiphasic Personality Inventory)를 활용하여 정상적인 성격 경향성과 정신 병리적 증상에 대하여 평가한다.
② **면담과 관찰** : **초기면담 시 외적 모습으로 나타나는 상담에 임하는 태도,** 옷차림, 자세, 억양, 위생 상태, **눈 맞춤, 말투** 등을 확인하고, **적극성, 사고의 논리,** 표현력, 지구성 **등을 확인한다.** 직업상담사는 이러한 증상들이 상담이 진행되는 동안 어떤 변화를 보이는지 관찰한다.
③ **인지적 명확성 사정** : 인지적 명확성은 자신의 강점과 약점을 객관적으로 평가하고, 그 평가

를 환경 상황에 연관시킬 수 있는 능력을 의미한다. **인지적 명확성을 진단하기 위해 내담자 사고의 흐름, 논리성, 언어표현의 원활함, 언어 구사의 속도, 통찰력 등을 확인한다.** 이전의 직업 이력과 중단 이유 등을 질문함으로써 진행할 수 있다.

(3) 진단 도구

① **직업심리검사의 정의**
　　㉠ 심리검사는 능력, 성격, 흥미, 태도 등과 같은 인간의 심리적 속성, 즉 심리적 구성개념 (psychological constructs)을 수량화 의해서 표준화된 측정 도구를 의미한다.
　　㉡ 심리평가는 심리검사를 통해 개인의 심리적 속성을 평가하는 것이며, 심리검사 중에서 직업 논점을 진단하고 진로, 직업, 취업, 전직 관련 직업상담과 관련해서 사용하는 검사들을 직업심리검사(vocational psychological testing)라고 한다.

② **심리적 구성개념**
　　㉠ 심리적 구성개념이란 인간 행동을 설명해 주는 이론을 만들기 위해서 **연구자들이 상상으로 만들어낸 추상적이고 가설적인 개념으로서 직접 측정하는 것이 불가능**하다.
　　㉡ 한 개인의 추상적이고 심리적인 속성들은 직접적으로 측정할 수 없고, 다만 **그 사람의 행동을 관찰함으로써 추론**할 수 있다.

③ **표준화 (standard)**
　　㉠ 표준화란 검사의 실시와 채점 절차의 동일성을 유지하기 위하여 검사재료, 시간제한, 검사의 순서, 검사장소, 지시문 읽기 등 검사실시의 모든 과정과 응답한 내용을 어떻게 점수화하는가 하는 채점 절차를 세부적으로 명시하는 것을 말한다.
　　㉡ 표준화는 측정 과정과 채점 과정에서 생길 수 있는 편차를 줄일 수 있어 정확한 측정이 가능하도록 해준다.
　　㉢ 표준화 검사란 검사 매뉴얼에 해당 검사의 이론적 배경, 검사 제작 과정, 신뢰도와 타당도에 관한 정보, 실시와 채점 요령 및 주의점, 그리고 규준이 포함되어 있는 검사를 의미한다.
　　㉣ 표준화를 위해 수집한 **자료가 정규분포에서 벗어나는 것을 해결하기 위한 방법 3가지**

구분	특징
완곡화	검사 점수가 정규분포와 비교적 유사한 경우 절선도표나 주상도표에서 **정규분포의 모양을 갖추도록 점수를 가감**한다.
절미법	검사 점수가 **편포를 이루는 경우 그 꼬리를 잘라내는 방법**이다.
면적환산법	각 검사 점수들의 백분위를 통해 그 **백분위에 해당하는 Z점수를 찾는 방법**이다.

④ **측정 (measurement)**
　　㉠ 측정이란 어떤 대상이나 사건에 대해 일정한 규칙에 따라 수치를 할당하는 과정을 말한다.
　　㉡ 대상 자체보다 대상의 속성에 수치를 할당하는 과정이다.

⑤ 척도의 종류 4가지

구분	특징
명명척도	숫자의 차이가 **속성이 대상에 따라 다르다는 것만을 나타내는 척도**이다. 📵 성별을 나타내기 위해 여자를 1, 남자를 2로 정리한 경우, 운동선수의 등번호
서열척도	숫자의 차이가 **속성의 차이뿐만 아니라 순위관계에 대한 정보도 포함하고 있는 척도**이다. 숫자의 크기 차이가 속성의 크기 차이와 다를 수 있다는 문제점이 있다. 📵 학급의 석차
등간척도	숫자의 차이가 실제 측정한 속성 간의 차이와 동일한 숫자집합을 말한다. 수의 차이가 '다르다'의 정보와 서열정보 외에도 **수의 차이가 반영하는 속성의 차이가 동일하다는 등간정보도 포함**하고 있다. 📵 온도계의 0℃와 5℃의 차이는 15℃와 20℃의 차이와 같다.
비율척도	차이정보, 서열정보, 등간정보 외에 **수의 비율에 관한 정보도 담고 있는 척도**이다. 절대 '0'이 있으며, 모든 통계적 분석방법에 적용해서 분석할 수 있다. 📵 몸무게나 키

(4) 심리검사의 용도

① **교육 및 직업훈련 분야** : 학생들의 진로 상황 진단, 의사결정 유형 분류, 상급 학교 진학 시 진로 선택, 계열 선택, 전공 선택, 직업훈련 기관에서 훈련생 선발을 위해 사용한다.
② **직업상담 분야** : 개인의 직업 논점에서 비롯한 정신병리적 현상을 진단, 직업 및 취업에 대한 예언, 실업으로 인한 다양한 정서적 혼란, 전공이나 직업의 적합성, 직업훈련 선택, 전직 및 진로 전환, 대인관계의 어려움을 돕기 위해 사용한다.
③ **산업체 분야** : 인사선발과 분류, 채용, 업무 배정, 부서 이동·승진·퇴직 등의 문제, 군대의 인사선발 및 배치를 위해 사용한다.
④ **기초 연구 분야** : 자료 수집을 위한 수단, 개인의 진로발달의 변화, 진로계획과 선택에 대한 효율성, 직업심리치료의 성과, 직업상담 프로그램의 효과 등에 대한 연구에 사용한다.

(5) 심리검사의 사용 목적

① **자기이해 증진** : 표준화된 검사를 통해 자기 자신에 대한 올바른 이해와 합리적인 의사결정을 내릴 수 있도록 돕는다.
② **분류 및 진단** : 적성, 흥미 등 내담자에 대한 자료를 수집하여 문제의 원인을 파악하고, 이를 해결하기 위한 도구로 활용한다.
③ **행동의 예측** : 검사를 통해 내담자의 특성을 밝혀냄으로써 미래의 행동이나 성취 등을 예측하여 그에 대한 대안적 조치를 마련한다.
④ **조사 및 연구** : 심리적인 문제들을 해결하기 위한 기초 조사 및 연구 장면에서 측정도구로서 활용된다.

⑤ **인사선발 및 배치** : 산업장면에서 적합한 인재를 선발하고, 그에 맞는 직무에 배치하기 위해 측정도구로서 활용된다.

(6) 심리검사의 기본 통계 개념

① **평균**

㉠ 한 집단의 특성을 가장 간편하게 표현하기 위해 개발된 개념 중의 하나이다.

㉡ 집단의 특성을 이해하는데 유용한 **중심경향치로서의 대푯값 종류 3가지**

구분	특징
중앙치 (median)	모든 점수를 크기순으로 배열했을 때 서열상 가장 중앙에 해당하는 점수
최빈치 (mode)	모든 점수들 중에서 가장 많이 발생한 점수
평균치 (mean)	집단에 속한 모든 점수를 합해서 사례의 수로 나눈 값

㉢ 평균치는 분포의 모양이 정상분포에서 벗어나는 경우 집단 내의 극단적인 값에 의해 많은 영향을 받는다는 단점이 있다. 이 때는 중앙치나 최빈치가 집단의 특성을 더 잘 묘사해 주는 것일 수 있다.

② **표준편차와 분산**

㉠ **표준편차** : 집단의 각 수치들이 그 집단의 평균치로부터 평균적으로 얼마나 떨어져 있는가, 즉 **점수들이 평균에서 벗어난 평균거리를 나타내는 통계치**이다. 따라서 이 값이 클수록 해당 집단의 사례들이 서로 이질적이라는 것을 알 수 있다.

㉡ **분산** : 편차를 제곱하여 총합한 다음 이것을 전체 사례 수로 나눈 값으로, **표준편차를 제곱한 값**에 해당한다.

③ **표준점수와 표준화점수**

㉠ **표준점수 (Z점수)** : 원점수를 평균이 0이고 표준편차가 1이 되도록 변환한 값이며, 원점수에서 평균을 뺀 후 표준편차로 나누어 계산한다. 서로 다른 체계로 측정한 점수들을 동일한 조건에서 비교할 수 있게 해준다.

$$Z = (원점수 - 평균) \div 표준편차$$

㉡ **표준화점수 (T점수)** : 표준점수는 음수 값을 가질 뿐만 아니라 소수점으로 표현되는 경우가 많기 때문에 이를 보완한 것이 표준화점수이며, T점수가 대표적이다. T점수는 원점수를 변환해서 평균이 50이고 표준편차가 10인 분포로 만든 것이다.

$$T = 10 \times Z점수 + 50$$

(7) 발달 규준

① **연령규준** : 개인의 점수를 **규준집단 사람들의 연령과 비교해서 몇 살에 해당되는지를** 비교할 수 있게 하는 방법
② **학년규준** : 주로 성취검사에서 이용하기 위해 **학년별 평균이나 중앙치를 이용해서 발달수준**을 확인하는 방법
③ **서열규준** : 개인 점수의 발달수준을 **집단 내 서열적 위치에 초점을 두어 순위나 상대적 위치**로 나타내는 규준

(8) 집단 내 규준

① **백분위점수** (percentile scores)
　㉠ 표준화 집단에서 **특정 원점수 이하인 사례의 비율**이라는 측면에서 표시한 것이다.
　㉡ 개인이 표준화 집단에서 차지하는 상대적 위치를 가리킨다.
② **표준점수** (standard score)
　㉠ 원점수를 주어진 집단의 평균을 중심으로 **표준편차를 이용하여 개인이 평균으로부터 벗어난 거리를 표시하는** 것이다.
　㉡ 원점수를 표준점수로 변환함으로써 상대적인 위치를 짐작할 수 있으며, 검사결과를 비교할 수 있다.
　㉢ 원점수가 정상분포라는 것을 확보하여야 표준점수를 활용한 해석이 가능하며, 이를 위해 가장 쉬운 방법은 규준집단의 규모를 늘리는 것이다.
③ **표준등급** (stanine)
　㉠ **원점수를 비율에 따라 1에서 9까지의 범주로 나누는 것**이다. 즉, 원점수를 크기순서에 따라 배열한 후 백분율에 맞추어 표준등급을 매긴다.
　㉡ 학교에서 실시하는 성취도검사나 적성검사의 결과를 나타낼 때 주로 사용한다.
④ **편차IQ** (deviation IQ)
　㉠ 초기 지능검사에 도입된 비율IQ는 정신연령 대 신체연령의 비율에 100을 곱하여 소수점을 없애버린 것으로, 비율IQ의 가장 큰 문제는 지능지수 분포의 표준편차 크기가 연령대별로 서로 달라서 서로 다른 연령수준의 지능지수를 곧바로 비교할 수 없다는 것이었다.
　㉡ **편차IQ란 표준점수 개념을 이용한 것으로, 평균이 100이고 표준편차는 16에 근접하는 하나의 표준점수를** 말한다.

(9) 표본 표집 방법

① 규준은 기본적으로 특정의 모집단을 대표하는 표본을 구성하고 이들에게 검사를 실시해서 얻은 점수를 체계적으로 분석해서 만들게 된다. 이러한 표본을 규준집단 또는 표준화집단이라고 하는데, 이 때 가장 중요한 것은 모집단에 대한 대표성을 확보할 수 있는 표본추출 방법을 이용하는 것이다.

② 표본추출 방법에는 크게 두 가지가 있다. 확률표집은 모집단의 구성원이 표본으로 선택될 동일한 확률을 가지도록 무작위(random)로 표본을 추출하는 방식이고, 비확률표집은 모집단의 모든 구성원이 표본으로 선택될 동일한 확률을 갖지 않는 표집 방식이다.

〈 확률표집 방법의 종류 〉

구분	특징
단순무선표집 (simple random sampling)	• 모집단의 구성원들이 **표본에 속할 확률이 동일하도록 표집**하는 방법 • 구성원들에게 일련번호를 부여하고, 무선적으로 필요한 만큼 표집하는 방법
층화표집 (stratified sampling)	• 단순무선표집을 응용한 방법으로 모집단이 규모가 다른 몇 개의 이질적인 **하위집단으로 구성되어 있는 경우 사용** • 여러 종교를 가진 모집단인 경우 **각 종파별로 나누어 무선표집**하는 방법
집락(군집)표집 (cluster sampling)	• 모집단을 서로 **동질적인 하위집단으로 구분해서 집단 자체를 표집**하는 방법 • 초등학교 1학년용 검사의 규준 개발 시, 전국의 1학년 반을 일련번호를 갖도록 정리한 후 필요한 표본수를 채울 수 있도록 반을 표집
체계적 표집 (systematic sampling)	모집단이 어떤 특징에 따라 체계적으로 정리되어 있는 경우, 정리된 목록에 일련번호를 부여하고 **임의로 첫 번째 대상을 선정한 다음 매 K번째에 해당하는 번호를 추출**

〈 비확률표집 방법의 종류 〉

구분	특징
편의표집 (convenience sampling)	**연구자가 접근 가능한 대상을 이용해 표본을 구성하는 방식**으로 심리검사의 예비연구나 파일럿 연구(pilot study) 단계에서 주로 사용
목적표집 (purposive sampling)	**연구 목적에 맞추어 특성 있는 대상을 의도적으로 선정하는 방식**으로 표본이 특정 조건을 충족하도록 설계
할당표집 (quota sampling)	모집단의 인구통계적 특성을 고려해 **하위그룹의 비율(quota)을 맞춰 비확률적으로 표본 구성**
눈덩이표집 (snowball sampling)	**처음 참여한 대상이 주변의 유사한 대상을 소개하여 표본이 확대되는 방식**으로 접근이 어려운 특수집단들 대상으로 표본을 추출할 때 적합

(10) 검사 분류 방법

① **검사실시 방식에 따른 분류**

㉠ 속도검사와 역량검사 (실시 시간 기준)

구분	내용
속도검사 (speed test)	시간제한을 두는 검사이며, 보통 쉬운 문제로 구성되는 것이 일반적이다. 숙련도를 측정한다. 수검자는 답을 몰라서 문제를 못 푸는 것이 아니고 시간이 부족해서 풀지 못하는 경우가 많다. 예 지능검사의 바꿔쓰기 소검사
역량검사 (power test)	어려운 문제로 구성되며, 사실상 시간제한이 없고, 문제해결력을 측정한다. 문제의 답을 몰라서 못 푸는 문제들로 구성되어 있다. 예 각종 수학경시대회

㉡ 개인검사와 집단검사 (수검자의 수 기준)

구분	내용
개인검사	검사를 할 때 한 사람씩 해야 하는 검사를 말한다. 1 : 1로 검사를 실시해서 심층적 연구를 하고자 하는 용도로 사용된다. 예 한국판 웩슬러 지능검사(K-WAIS), 일반직업적성검사(GATB), 로샤검사, 주제통 각검사(TAT)
집단검사	한 번에 여러 명에게 실시할 수 있는 검사를 말한다. 예 미네소타 다면적 인성검사(MMPI), MBTI성격유형검사, 캘리포니아 성격검사 (CPI) 등

㉢ 지필검사와 수행검사 (검사의 도구 기준)

구분	내용
지필검사 (paper- pencil test)	종이에 인쇄된 문항에 응답하는 방식이다. 따라서 물리적 조작이나 신체 행동이 필요치 않다. 예 운전면허시험의 필기시험, 각종 자기보고식 검사, K-WAIS의 바꿔쓰기 검사 등
수행검사 (performance test)	수검자가 대상이나 도구를 직접 다루어야 하는 검사이며, 일상생활을 모사한 상황 (simulation)에서 직접 행동을 하는 방식도 있다. 예 운전면허시험의 주행검사, K-WAIS의 토막짜기, 차례맞추기, 모양맞추기, 평가 센터 평가 등

② **검사 내용에 따른 분류**

㉠ **인지적 검사(능력검사)** : 인지능력을 평가하기 위한 검사로서 **시간제한이 엄격**하고, 수 검자의 능력을 최대한 발휘할 것을 요구하기 때문에 '**극대수행검사(최대수행검사)**'라고 도 한다.

구분	내용
지능검사	일반적인 정신능력을 측정한다. 예 한국판 웩슬러 성인용 지능검사(K-WAIS-IV)

구분	내용
적성검사	지능검사보다 더 특수하·고 광범위한 영역의 능력을 시간제한 하에서 측정하며, 특수한 직종에 맞는 사람을 선발할 목적으로 사용하는 것이 일반적이다. 예 노동부의 성인용 직업적성검사
성취도검사	시험 형태로 현재까지 배운 수준 즉, 성취도를 측정한다. 예 학교의 다양한 시험 대입수학능력시험 등

ⓒ 정서적 검사(성향검사) : 인지능력 이외의 정서, 동기, 흥미, 태도, 가치 등을 재는 검사로서, 일반적으로 정답이 없기 때문에 '~검사'라고 부르기보다는 '~목록 또는 항목표(Inventory)'라고 부른다. **시간제한이 없으며**, 습관적으로 하는 전형적 행동을 선택하도록 하기 때문에 '**습관적 수행검사**'라고도 한다.

구분	내용
성격검사	개인의 독특한 성향이나 기질을 측정한다. 예 MMPI, CPI, 16성격요인검사(16 PF), MBTI성격유형검사, 이화방어기제검사
흥미검사	특정 분야에 대해 가지고 있는 흥미를 비교하기 위한 검사이다. 예 스트롱-캠벨 흥미검사, 쿠더직업흥미검사, 노동부의 직업선호도검사
태도검사	특정 분야나 대상에 대한 태도 또는 의견을 측정한다. 예 구직욕구검사, 직무만족도검사, 부모양육태도검사 등

〈 직업상담용 심리 검사의 분류체계와 그 특징 〉

구분		심리검사의 종류	특징
인지적 검사 (능력검사)	지능검사	아동용 웩슬러 지능검사 (K-WISC-IV) 한국판 웩슬러 지능검사 (K-WAIS-IV)	• 극대수행검사 • 문항에 정답이 있음 • 응답의 시간제한 있음 • 최대한의 능력발휘 요구
	적성검사	GATB 일반적성검사 성인용 직업적성검사 기타 다양한 특수적성검사들	
	성취도검사	다양한 시험들 (학교시험, 대학수학능력시험, SAT, TOEFL, TCEIC 등)	
정서적 검사 (성격검사)	성격검사	직업선호도검사 중 성격검사 (Big 5) 다면적 인성검사 (MMPI) 캘리포니아 성격검사 (CPI) 성격유형검사 (MBTI)	• 습관적 수행검사 • 문항에 정답이 없음 • 응답의 시간제한 없음 • 최대한의 정직한 응답 요구
	흥미검사	스트롱흥미검사 쿠더직업흥미검사 직업선호도검사 L형 중 흥미검사 직업카드 심리검사	
	태도검사	구직욕구검사, 직무만족도검사 등	

③ 검사의 사용 목적에 따른 분류

구분	내용
규준참조검사 (norm- reference Test)	• 일반적으로 심리검사들은 규준참조검사이다. • 개인의 점수를 **다른 사람의 점수와 비교해서 상대적으로 어떤 수준인지를 알아보는 것이 목적**이다. • 비교기준이 되는 점수들을 규준이라고 하며, 이는 규준집단(norm group) 또는 표준화 집단이라고 하는 대표적 표본집단을 통해 얻는다.
준거참조검사 (criterion- reference Test)	• 당락점수(cut-off score)가 정해져 있는 대부분의 국가자격시험이 대표적인 준거참조검사이다. • 검사점수를 **어떤 기준점수와 비교해서 이용하기 위한 절대평가의 목적**을 가진다. • 준거참조검사는 규준을 가지고 있지 않으며, 기준점수는 검사, 기관의 특성, 검사의 시기나 목적에 따라 달라질 수 있다.

④ 구조화 정도(여부)에 따른 분류

구분	내용
객관적 검사	• 구조적 검사라고도 하며, 제시되는 문항의 내용이나 그 의미가 객관적으로 명료화되어 있으므로 모든 사람에게서 동일한 방식의 해석이 내려질 것을 기대하는 검사이다. • 객관적 형태의 자기보고식 검사가 많이 사용된다. 예 미네소타 다면적 인성검사(MMPI), MBTI성격유형검사, 인지능력검사(CAT)
투사적 검사	• 비구조화된 과제를 피검자에게 제시하여 그들의 욕구, 경험, 내적 상태, 사고과정 등이 이러한 과제를 통해 나타나도록 하는 검사이므로, 비구조적 검사라고도 한다. • 무제한으로 개인들의 다양한 반응을 허용해 주기 위해 검사 지시 방법이 간단하고, 일반적인 방식으로 주어지며 검사 자극이 불분명하고 모호한 특징을 지니고 있다. • 채점 과정이 매우 복잡하고 주관적인 측면이 있어 많은 훈련과 경험이 필요하다. 예 로샤 잉크반점 검사, 주제통각검사, 문장완성검사, 집-나무-사람 그림검사(HTP)

(11) 직업상담에 사용되는 주요 질적 측정도구

① **자기효능감 척도** : 자기효능감 측정은 먼저 수행대상 과제를 결정하고, 과제 난이도와 수행 가능성에 대한 확신도를 내담자의 입장에서 측정한 후, 관련 상황들에서의 수행수준을 측정하도록 한다.

② **역할놀이** : 내담자의 수행행동을 나타낼 수 있는 업무상황을 제시해 준 다음 그 상황의 역할 연기를 하거나 다시 바꾸어서 진행함으로써 내담자의 사회적 기술들을 측정하기 위해 활용된다.

③ **(직업)카드분류** : 내담자의 가치관, 흥미, 직무기술, 라이프스타일 등의 선호형태를 측정하는 데 유용하다.

④ **직업가계도** (제노그램, Genogram) : 내담자의 가족이나 선조들의 직업 특징에 대한 시각적 표상을 얻기 위해 도표를 만드는 것을 말한다. 내담자의 자기 제한적 편향된 태도의 원인, 경력선택의 산출물에 대한 기대, 직업가치와 흥미의 원천 등을 측정하는데 쓰일 수 있다.

※ 암기 Tip : 자 – 역 – 카 – 계

(1) 일반적성검사 (GATB : General Aptitude Test Battery)

① GATB의 개요

㉠ 적성은 개인이 가지고 있는 일반능력으로서 지능과 구분되는 특수한 능력을 말한다.

㉡ 적성은 개인이 어떤 직업에서 얼마만큼 그 직무를 성공적으로 수행할 수 있을지를 예측해주는 요인이 된다.

㉢ GATB는 한 개인이 특정 분야에 적성이 있는지를 파악함으로써 전공 선택, 직업 선택, 산업체의 인력 선발 등에 유용한 정보를 준다.

㉣ 미국에서 개발한 일반 적성검사는 가장 널리 알려진 적성검사이다.

② GATB의 9개 적성 분야 및 구성요소

적성요인	의미	검사
지능 (G) 일반학습능력 General Intelligence or General Learning Ability	일반적인 학습능력, 설명이나 지도내용과 원리를 이해하는 능력, 추리 판단하는 능력, 새로운 환경에 빨리 순응하는 능력	**입체공간검사** **어휘검사** **산수추리검사**
형태지각 (P) Form Perception	실물이나 도해 또는 표에 나타나는 것을 세부까지 바르게 지각하는 능력, 시각으로 비교·판별하는 능력, 도형의 형태나 음영, 근소한 선의 길이나 넓이 차이를 지각하는 능력, 시각의 예민도	기구대조검사 형태대조검사
사무지각 (Q) Clerical Perception	문자나 인쇄물, 전표 등의 세부를 식별하는 능력, 잘못된 문자나 숫자를 찾아· 교정하고 대조하는 능력, 직관적인 인지 능력의 정확도나 비교·판별하는 능력	명칭비교검사
운동반응 (K) Motor Coordination	눈과 손 또는 눈과 손가락을 함께 사용해서 빠르고 정확한 운동을 할 수 있는 능력, 눈으로 겨누면서 정확하게 손이나 손가락의 운동을 조절하는 능력	타점속도검사 표식검사 종선기입검사
공간적성 (S) Spatial Aptitude	공간상의 형태를 이해하고 평면과 물체의 관계를 이해하는 능력, 기하학적 문제해결 능력, 2차원이나 3차원의 형체를 시각으로 이해하는 능력	평면도판단검사 입체공간검사
언어능력 (V) Verbal Aptitude	언어의 뜻과 그에 관련된 개념을 이해하고 사용하는 능력, 언어 상호 간의 관계와 문장의 뜻을 이해하는 능력, 보고 들은 것이나 자신의 생각을 발표하는 능력	어휘검사
수리능력 (N) Numerical Aptitude	빠르고 정확하게 계산하는 능력	산수추리검사 계수검사
손 재치 (M) Manual Dexterity	손을 마음대로 정교하게 조절하는 능력, 작은 물건을 정확·신속히 다루는 능력	환치검사 회전검사
손가락 재치 (F) Finger Dexterity	손가락을 정교하게 조절하는 능력, 물건을 집고, 놓고 뒤집을 때 손과 손목을 정교하고 자유롭게 운동할 수 있는 능력	조립검사 분해검사

(2) 직업선호도검사 L형

① 흥미검사 – 6가지 흥미 유형의 특징

구분	내용
현실형 (Realistic Type)	**몸으로 야외에서 하는 활동을 선호하고, 대인관계 기술이 부족하고 혼자 혹은 현실형 사람들과 일하기를 선호한다.** 유형 특성상 블루칼라가 많고 일반적으로 6가지 유형 중 사회경제적으로 가장 낮은 위치에 속하는 편이며, 사람 지향적이거나 아이디어 지향적이기보다는 사물 지향적 특성을 가진다. 예 기술자, 항공기 조종사, 엔지니어, 운동선수, 운전기사, 농부, 목수, 조사연구원 등
탐구형 (Investigative Type)	**탐구하고 연구하는 활동을 선호하고 사람보다는 아이디어를 강조하고 추상적인 사고를 선호한다.** 사회적인 관계에 무관심하고, 정서적인 상황에서 불화를 일으킬 수 있으며 다른 사람이 보기에 차갑게 느낄 수 있다. 6가지 유형 중 학력 수준이 가장 높고, 높은 지적 능력을 가지고 있으며, 사회적 지위도 가장 높은 특징을 가진다. 예 의사, 과학자, 물리학자, 교수 등
예술형 (Artistic Type)	**창의성을 지향하며 자신을 새로운 방식으로 표현하는 활동을 선호한다.** 예술형의 사회적 지위는 중간에서 높은 정도이며, 학력 수준은 6가지 유형 중 두 번째로 높다. 관습과 보수성을 거부하고 매우 민감하고 감정적이며, 일반인보다 정서장애가 많다. 예술형의 환경은 팀 단위보다는 개인 작업이 많고, 동료 간에 상호 의존도가 낮다. 예 예술가, 작곡가, 작가, 디자이너 등
사회형 (Social Type)	**다른 사람들과 함께 일하고 돕고 육성하고 계발하는 것을 좋아하며, 대인관계 기술이 좋으며 심리적으로 의존적인 특성이 있다.** 다른 사람을 가르치고 지원하는 활동을 선호하므로 청소년들을 돕고 문화적인 규범을 심어주며 대대로 이어지는 가치에 대해 관심과 중요성을 부여한다. 예 사회복지사, 상담사, 교사, 간호사, 바텐더 등
진취형 (Enterprising Type)	물질이나 아이디어보다는 사람에게 관심이 많으며, **특정 목표를 달성하기 위해 타인을 통제하고 지배하는 데 관심이 있다.** 조직의 위계 구조에서 책임을 지는 직위에 오르는 것을 선호하며, 통제와 위계가 중요하므로 권위나 권력의 위계가 잘 구조화된 체계를 선호한다. 예 사업가, 정치가, 법관, 영업사원 등
관습형 (Conventional Type)	**구조화된 환경에서 일하는 것을 선호하고, 세밀하고 꼼꼼한 일에 능숙하다.** 현실형보다는 높은 사회적 지위와 학력 수준을 가지며 숫자와 관련된 업무를 선호한다. 여성의 비율이 다른 유형에 비해 많은 편이다. 이들은 고위직을 추구하지 않으며, 목표나 수단이 명백하게 제시되는 구조화된 상황을 선호한다. 예 사서, 은행원, 비서, 세무사, 공인회계사 등

② 성격검사

㉠ 이론적 배경 (Big-five 이론)

구분	내용
외향성	**타인과의 상호작용을 원하고 타인의 관심을 끌고자 하는 정도를 의미**하며 외향성이 높은 경우 **사교적이고 활달하고 말을 많이 하며, 자기주장적**이다. 자극을 좋아하고 명랑하며 낙관적이다. 내향적인 사람은 외향성의 반대라기보다 외향성 특징이 없는 것으로 보아야 하며 그들은 말수가 적고 독립적이다.

구분	내용
호감성	**타인과 편안하고 조화르운 관계를 유지하는 정도를 의미**하며, 호감성이 높은 경우 이타적 성향을 가지며 타인을 공감하고 도와주며 상대방도 도움을 줄 것이라고 생각한다. 호감성이 낮은 사람은 자기중심적이고 타인의 의도를 의심하고 경쟁적이다. 호감성이 매우 높거나 매우 낮은 양극단 모두 바람직하지 않다. 호감성의 **낮은 점수는 자기애적, 반사회적, 편집증적 성격장애와 관련되고, 높은 점수는 의존적 성격장애와 관련**된다.
성실성	**사회적 규칙, 규범, 원칙들을 기꺼이 지키려는 정도를 의미**하며, 꼼꼼히 계획하고 끝까지 과제를 수행하는 자기 통제력과 관련된다. 높은 점수는 학문적, 직업적 성취와 관련되지만 까다로움, 강박적인 청결, 일중독의 증상을 보일 수도 있다. 낮은 점수는 성실성의 측면이 비교적 덜하다고 볼 수 있다.
정서적 불안정성	**정서적으로 얼마나 안정되어 있고 자신이 세상을 얼마나 통제할 수 있으며, 세상을 위협적이지 않다고 생각하는지의 정도를 의미**하며, 두려움, 슬픔, 당혹감, 분노, 죄책감 등 부정적인 정서의 경험과 관련되고, 심리적 고통을 당할 가능성 이상의 것을 포함한다. 이러한 부정적 정서의 경험은 부적응, 불합리한 사고, 충동 억제의 어려움, 스트레스 대처의 어려움, 정신 병리적 문제들과 관련된다.
경험에 대한 개방성	**자기 자신을 둘러싼 세계에 관한 관심, 호기심, 다양한 경험에 대한 추구 성향을 의미**하며, 개방성이 높은 사람은 자기 자신과 자신을 둘러싼 세계에 관심이 많고, 새로운 사상들을 기꺼이 받아들인다. 새로운 아이디어와 가치를 받아들이며, 경험 개방성은 창의성과 관계있는 지능과 상관이 있지만 지능과 동일한 개념은 아니다.

※ 암기 Tip : 외 – 호 – 성 – 정 – 경

ⓛ 성격검사의 소검사 구성

성격 5요인	외향성	호감성	성실성	정서적 불안정성	경험에 대한 개방성
하위 요인	온정성 사교성 리더십 적극성 긍정성	타인에 대한 믿음 도덕성 타인에 대한 배려 수용성 겸손 휴머니즘	유능성 조직화 능력 책임감 목표지향 자기통제력 완벽성	불안 분노 우울 자의식 충동성 스트레스 취약성	상상력 문화 정서 경험 추구 지적 호기심

ⓒ 해석

구분		내용
외향성	높은 점수	사교적일 뿐 아니라 활달하고 말을 많이 하며 자기주장을 잘한다. 흥분과 자극을 좋아하고 명랑하며 힘이 넘치고 선천적으로 낙관적이다.
	낮은 점수	꾸준하며 말수가 적고 독립적이다. 혼자 있기를 좋아하지만 사회적 불안을 겪지는 않는다. 명랑하거나 활달하지 않지만, 우울하거나 비관적이지도 않다.

구분		내용
호감성	**높은 점수**	기본적으로 이타적이다. 타인과 공감을 잘하고 남을 잘 도와주며 상대방도 자신에게 도움을 줄 것이라고 생각한다.
	낮은 점수	자기중심적이고 타인의 의도를 의심하며 경쟁적이다. 그러나 회의적이며 비판적인 사고는 과학 분야에서 정확한 분석을 하는데 필수적인 특성이다.
성실성	**높은 점수**	꼼꼼하고 정확하여 신뢰롭다. 목표를 갖고 행동하며 의지가 강하다. 학문적, 직업적 성취와 관련되지만 까다로움, 강박적 깔끔함 또는 일중독자의 증상을 보일 수도 있다.
	낮은 점수	점수가 높은 사람들에 비해 비교적 덜 정확하다고 볼 수 있다. 목표를 갖고 행동하려는 의지가 약하다.
정서적 불안정성	**높은 점수**	쉽게 적응하지 못하고 스트레스를 잘 받으며 욕구 통제에 어려움을 느낀다. 정신병리적 문제들을 경험하기 쉽다.
	낮은 점수	심리적으로 안정되어 있고 어려운 상황에 큰 두려움 없이 대처할 수 있다.
경험에 대한 개방성	**높은 점수**	다양한 일들을 경험하기 좋아하고 관습에 얽매이지 않으며 새로운 가치관을 기꺼이 받아들이기도 한다.
	낮은 점수	행동이나 외모에서 보수적인 경향이 있지만 권위주의적인 사람은 아니다.

③ 생활사검사

　㉠ 생활사검사는 개인의 **과거 및 현재의 생활경험을 묻는 검사**로 9개 하위요인으로 구성된다.

　㉡ 생활사검사의 9가지 요인

구분	내용
대인관계지향	사람들과 어울려 지내는 것을 편안하고 즐겁게 여기는 정도
독립심	자기문제를 스스로 해결하는 정도
가족친화	성장기 때 가족의 심리적 지지와 관심 정도
야망	자신에게 사회적 부와 명예가 얼마나 중요한지 정도
학업성취	학창시절의 학업성적 정도
예술성	예술적인 자질, 경험 및 관심 정도
운동선호	운동에 관한 선호와 능력 정도
종교성	생활 속에서 종교의 중요성 정도
직무만족	과거 또는 현재의 직무에 대한 만족 정도

(3) 진로성숙도 검사 (CMI : Career Maturity Inventory)

① **Crites의 진로성숙도 검사**

　㉠ Crites(1978)의 진로발달 모델에 기초한다.

ⓛ 초등학교 6학년부터 고등학교 3학년 학생들을 대상으로 표준화되었다.

ⓒ 태도 영역

구분	내용
참여도 (Involvement)	진로선택 과정에서 능동적 참여 정도
타협성 (Compromise)	진로선택 시 욕구와 현실을 타협하는 정도
독립성 (Independence)	진로선택을 독립적으로 할 수 있는 정도
결정성 (Decisiveness)	선호하는 진로방향에 대한 확신 정도
성향/지향성 (Orientation)	진로결정에 필요한 사전 이해와 준비의 정도

ⓔ 능력 영역

구분	내용
자기평가 (Self-appraisal)	자신의 능력, 흥미, 욕구 및 가치 등에 대해 알고 있는 정도
직업정보 (Occupational Information)	특정 조업의 직무 내용에 대한 개인의 지식 정도
목표선정 (Goal Selection)	개인(자신)과 직업을 매칭시키는 정도
계획 (Planning)	진로결정을 단계에 맞게 이행하는 능력
문제해결 (Problem Solving)	진로의사결정에서 발생하는 문제 및 장애를 해결하는 능력

② **한국교육개발원(1991)의 진로성숙도 검사**

㉠ 중학교 2~3학년, 고등학교 1~3학년 등을 대상으로 실시가 가능하다.

ⓛ 태도 영역

구분	내용
계획성	자신의 진로 방향 선택 및 직업 결정을 위한 사전 준비와 계획의 정도
독립성	자신의 진로를 탐색, 준비, 선택하는 데 있어서 스스로 할 수 있는 정도
결정성	자신의 진로 방향 및 직업 선택에 대한 확신의 정도

ⓒ 능력 영역

구분	내용
직업세계 이해 능력	직업의 종류, 직업의 특성, 작업조건, 교육 수준, 직무 및 직업 세계의 변화 경향과 직업정보 획득 등 6개 분야에 대한 지식과 이해의 정도
직업선택 능력	자신의 적성, 흥미, 학력, 신체적 조건, 가정환경 등과 직업 세계에 대한 지식과 이해를 토대로 자신에게 적합한 직업을 선택할 수 있는 능력
합리적 의사결정 능력	자기 자신 및 직업 세계에 대한 올바른 이해와 지식을 바탕으로 진로와 관련된 의사결정과정에서 부딪히는 갈등 상황을 합리적으로 해결하는 능력

(4) 직업카드 심리검사

① **의의**

　㉠ 내담자가 언어로 표현한 생각, 가치, 태도, 자신과 타인, 세상에 대한 신념을 분석하여 **사고 체계를 명료화**할 수 있다.

　㉡ 내담자는 **직업 세계에 대한 이해를 넓히고 자신이 의식하거나 의식하지 못하는 흥미와 직업적 욕구, 가치관 등에 대해 생각해보는 기회**를 제공하고 **선택의 과정을 체험**한다.

　㉢ 상담자는 학생, 일반인 등 **내담자에 대한 심상이 형성되고, 행동의 흐름과 개인적 논리를 인식**하게 된다.

　㉣ 현재 가지고 있거나 예상되는 **직장 내 역할갈등이나 직무 불만족의 근거를 발견**할 수 있다.

　㉤ **직업 대안 탐색의 초석**을 마련할 수 있다.

② **활용**

　㉠ **생애진로주제 분석**

　　• 생애진로주제(life career theme)는 개인의 생각, 가치, 태도, 자신에 대한 신념, 타인에 대한 신념, 세상에 대한 신념 등을 모두 포괄하는 개념이다.

　　• 생애진로주제를 이해하는 것은 스스로의 사고 과정을 관찰하는 것이고, 주제는 개인의 표현적 체계를 보여주고 행동을 통찰하도록 도와준다.

　　• 직업카드 분류 활동을 통해 상담자뿐 아니라 **내담자 스스로 표현된 주제를 분석함으로써 자신의 신념 체계에 대해 명료화할 수 있다.**

　　• 생애진로주제 분석은 의사결정이나 탐색의 시발점으로 내담자를 더 잘 이해하고, 그 내용을 풍부하게 하는 데 의미가 있다.

　㉡ **가치 사정** : 가치는 사람의 기본 신념에 해당하는 것으로 동기의 원천이며 **개인적 충족의 근거, 일정 영역의 개인적인 수행기준, 개인적인 목표의 원천**이 되기도 한다.

　㉢ **흥미 사정** : 흥미는 개인의 관심이나 호기심을 자극하거나 일으키는 어떤 것이며 **개인이 하고 싶어하는 것, 즐기거나 좋아하는 것의 지표**이다.

> **▶ 가치사정의 용도(목적)**
>
> 1) 자기인식의 발전
> 2) 현재의 직업불만족 근거에 대한 확인
> 3) 역할 갈등의 근거에 대한 확인
> 4) 저수준의 동기 및 성취의 근거 확인
> 5) 다른 사정의 예비 단계
> 6) 직업선택 및 직업전환을 위한 전략

> ▶ 흥미사정의 목적

1) 자기인식 발전시키기
2) 직업대안 규명하기
3) 여가 선호와 직업 선호 구별하기
4) 직업 및 교육상 불만족의 원인 규명하기
5) 직업탐색 구체화하기

> ▶ 성격사정의 목적

1) 자기인식 증진
2) 좋아하는 일역할, 작업기능, 작업환경 등 확인
3) 직업 불만족의 근원 확인

(5) 미네소타 다면적 인성검사 (MMPI : Minnesota Muliphasic Personality Inventory)

① 개요

㉠ MMPI의 1차 기능은 정신과적 진단과 분류를 위한 것이다. 그러나 정상인의 행동을 설명하거나 일반적 성격특성을 유추하고 비정상성이나 그 징후의 평가를 위해 활용된다.

㉡ 직업상담 장면에서는 직업심리치료 대상을 분류하기 위한 척도로 이용된다.

㉢ MMPI-II의 문항은 총 567문항이며, MMPI-III가 개발되어 국내 출판 준비 중이다.

② 타당도 척도

㉠ 문항 내용과 무관한 응답 평가 척도

구분	내용
무응답(?) 척도 Cannot Say	무응답 척도는 **대답을 누락했거나 '그렇다' 또는 '아니다' 모두에 응답한 문항의 수**이다. 검사를 회피하려는 경우, 우유부단한 경우, 의미 있는 답변에 요구되는 정보나 경험 부족, 질문이 내담자에게 해당하지 않을 때 나타나며, 무응답이 30개 이상이면 해석을 보류한다.
무선반응 비일관성 (VRIN) 척도 Variable Response Inconsistency	전형적으로 문항의 내용을 제대로 읽지 않고 응답했거나 **문항에 완전히 혹은 대부분 무선적으로 응답한 사람들을 구별해 내는 것**으로, T점수가 80점 이상일 때 검사자료의 타당성을 의심할 수 있다.
고정반응 비일관성 (TRIN) 척도 True Response Inconsistency	문항 내용과 상관없이 **무분별하게 '그렇다'로 응답하거나 '아니다'로 응답하는 경향 때문에 비일관적인 반응을 보인 사람들을 탐지**하기 위해 개발되었다. 상반되는 문항어 대해 '그렇다' 응답 쌍이 많으면 그래프에 'T', '아니다' 응답 쌍이 많으면 'F'가 표시된다.

ⓛ 문항 내용 관련 왜곡 응답 평가 척도

구분	내용
부인(L) 척도 Lie	**자신을 실제보다 더 좋게 드러내려는 의도를 탐지하는 척도**이다. 즉 방어적인 태도를 감지하는 것으로 사소한 결점이나 성격적 결점을 묻는 문항들로 구성된다. 점수가 높으면 정직하고 성실하게 응답하지 않았을 가능성, 자신의 부정적 특성 부인, 통찰력이 제한되고 사고의 유창성이 부족, 스트레스나 압력에 대한 인내력이 약함을 보이고, 점수가 낮으면 자신감이 있고 허용적인 사람, 가벼운 결점이나 단점을 인정하면서 각 문항에 솔직하게 답함을 의미한다.
교정(K) 척도 Correction	**정신병리를 부인하고 자신을 매우 좋게 드러내려는 수검자의 시도 혹은 이와 반대로 이를 과장하거나 자신을 매우 나쁘게 드러내려는 수검자의 시도를 좀 더 효과적으로 탐지**할 수 있다. 즉, 교정 척도는 방어적 태도가 임상 척도 점수에 미치는 영향을 교정하기 위해 개발되었으며, 환자 집단과 정상 집단의 반응을 변별해 주는 문항으로 구성되어 있다.
과장된 자기 제시 (S) 척도 Superlative Self-Presentation	자기 자신을 매우 정직하고 책임감이 있고 심리적인 문제가 없고 도덕적인 결점이 거의 없고 다른 사람들과 매우 잘 어울리는 사람인 것처럼 드러내려는 경향을 평가한다. **인사선발 장면에서 자신을 좋게 보이고자 하는 사람을 선별하기 위해 개발**되었다.
비전형(F) 척도 Infrequency	문항 내용을 제대로 읽지 않고 응답하거나 무선적으로 응답하는 것과 같은 **이상 반응 경향 혹은 비전형적인 반응 결과를 탐지하기 위해 개발하였다. 검사 전반부의 비전형 반응을 탐지**한다. 점수가 높으면 모든 문항에 '그렇다'로 응답한 반응 편향 혹은 부정적 방향으로 왜곡하거나 꾀병으로 과장하려는 시도를 나타낸다.
비전형-후반부 (FB) 척도 Back Infrequency	표준적인 F 척도에 속하는 문항들은 시험용 검사지의 전반부에 배치되어 있어 후반부에 위치한 문항들에 수검자가 타당하게 응답했는지를 평가하기 위해 사용한다. **검사 후반부의 과대보고를 탐지**한다.
비전형-정신병리 (FP) 척도 Infrequency Psychopathology	F 척도 점수가 상승하는 이유는 내담자가 실제로 심각한 정신병리를 지니고 있기 때문일 수 있다는 점을 인식하여 F 척도의 보완으로 설계하였다. **정신병리에 의해 상승되지 않는 비전형 반응을 탐지**하며, 점수가 높을 경우 과대보고 가능성이 있다.
증상 타당도 (FBS) 척도 Symptom Validity	개인 상해 소송 장면에서 증상을 과장하는 사람의 반응을 탐지한다. 즉, **신체에 대한 과대보고를 탐지**한다. 신체적, 인지적 증상에 대한 과대보고 가능성을 탐지하므로 건강염려증 척도와 관련된다.

③ **임상 척도**

고유 번호	척도명	척도의 의미
1	Hs 건강염려증 (Hypochondriasis)	**수검자의 신체적 기능 및 건강에 대한 과도하고 병적인 관심**을 반영한다. 일반적으로 모호하고 불특정적인 신체적 불편감을 호소하고, 건강문제에 자주 집착하며 스트레스를 받으면 신체 증상을 보이는 경향이 있다.

고유 번호	척도명	척도의 의미
2	D 우울증 (Depression)	**검사 수행 당시 수검자의 우울한 기분, 슬픔 정도를 알아보기 위한 척도**이다. 사기가 저하되고 미래에 대한 희망을 상실하며 자신의 상황에 대해 전반적인 불만족감을 반영한다. 자신감이 부족하고 스트레스에 직면하여 쉽게 포기하며, 자살 시도의 가능성도 반영한다.
3	Hy 히스테리 (Hysteria)	**스트레스 상황에서 히스테리 반응을 보이는 환자들을 가려내기 위한 척도**로 현실적 어려움이나 갈등을 회피하는 방법으로 부인기제를 사용하는 성향 및 정도를 반영한다. **스트레스 시 신체적 증상을 나타내고 그 증상을 이용하여 책임회피 경향**(두통, 위장불편감, 흉통, 쇠약감 등)이 있으며, 미성숙한 인간관계를 맺는 특징이 있다.
4	Pd 반사회성 (Psychopathic Deviate)	가정이나 권위적 대상 일반에 대한 불만, 자신 및 사회와의 괴리, 권태, 반항, 충동성, 학업이나 진로문제, 범법행위, 알코올이나 약물남용 등 **비도덕적인 성향으로 표현하는 정도를 반영**한다. 반사회성이 높은 사람은 적대적이며 반항심이 강하며, 매우 충동적, 이기적, 자기중심적, 공격적 특성을 나타낸다.
5	Mf 남성성-여성성 (Masculinity- Femininity)	동성애 남성을 가려내는 도적으로 개발되었으며, **흥미 양상이 남성적 성향에 가까운지 여성적 성향에 가까운지를 나타내는 지표로서, 성 정형화된 관심과 다른 정도를 측정**한다. 예를 들어, 점수가 높은 남성은 남성적 역할에 대해 불안정한 태도를 보이며 여성적 역할을 동일시하는 경향이 있다는 것을 의미하고, 여성은 전통적인 여성의 역할을 강하게 거부하는 특징을 나타낸다.
6	Pa 편집증 (Paranoia)	**대인관계에서의 민감성, 의심증, 경계심, 집착증, 피해의식, 경직된 의견 및 태도, 자기 정당성 등을 반영**한다. 점수가 높으면 의심이 많고 적대적이며 피해망상, 과대망상 등 정신병적 행동을 보이는 경향이 있다.
7	Pt 강박증 (Psychasthenia)	**만성적인 불안 정도를 측정**하며, 병리적인 공포, 불안, 강박관념, 강박 행동, 자기비하, 이치에 맞지 않는 두려움 등을 측정한다. 신경질적이고 과민하며 주의집중 곤란을 호소하기도 한다.
8	Sc 조현병 (Schizophrenia)	**수검자의 정신적 혼란과 불안정 상태, 자폐적 사고와 왜곡된 행동을 반영**하는 지표이다. 점수가 높으면 잘못된 해석, 망상, 환각을 볼 수 있으며 위축된 행동, 공격적 행동, 기터적 행동 등을 보인다.
9	Ma 경조증 (Hypomania)	**심리적 · 정신적 에너지의 수준을 반영**하며, 사고나 행동에 대한 효율적 통제의 지표이다. 고양된 기분, 빠른 속도의 말과 행동, 사고의 비약 등의 증상을 가려내기 위해 개발되었다. 점수가 높으면 목적 없는 과도한 활동, 환각이나 과대망상, 정서적 불안, 심리적 혼란, 사고의 비약, 안절부절못하는 경향, 약물 남용의 가능성 등이 있다.
0	Si 내향성 (Social Introversion)	**사회적 활동 및 사회에 대한 흥미 정도를 나타내는 지표**로서 점수가 높으면 내향적이며 수줍음이 많고 사회적인 접촉이나 책임으로부터 현실 도피적 경향을 보이며, 긴정이 많고 과민하며 불안해하는 경향이 있다.

※ **암기 Tip : 건우**가 **히**하고 **반응**하니 **남편**이 **강정**을 **건(경)**내었다.

④ MMPI-2의 정신병리 5요인 척도 (Psy-5 척도)

척도명	척도의 의미
공격성 척도 (Aggressiveness : AGGR)	공격성, 지배 욕구, 권력 욕구, 목표 달성 혹은 타인에 대한 지배와 통제를 위해 폭력적, 위협적, 공격적 행동 사용 등 시사
정신증 척도 (Psychoticism : PSYC)	기태적 감각 및 지각 경험, 현실 검증력 결여, 관계 사고, 비현실적인 두려움, 특이한 생각이나 행동, 대인관계에서의 부적절성 및 소외감 등 시사
통제 결여 척도 (Disconstraint : DISC)	자기통제 능력 결여, 충동성, 모험적이고 감각적, 자극 추구적인 성향, 학교 장면에서의 문제행동, 약물남용, 체포 및 구속 등의 과거력 등 시사. 낮은 점수는 자기절제 및 통제력, 안전 지향, 규칙과 규범 준수 등 시사
부정적 정서성 / 신경증 척도 (Negative Emotionality / Neuroticism : NEGE)	불쾌감, 불안, 걱정, 죄책감 등 부정적 정서 경험의 소인 반영, 자기비판적, 죄책감, 우울감, 신체증상 호소, 대인관계 지지체계 빈약함.
내향성 / 낮은 긍정적 정서성 척도 (Introversion / Low Positive Emotionality : INTRO)	내향적, 낮은 성취욕구와 포부 수준, 추진력 및 에너지 부족, 비관적, 염세적, 정서적 반응성이 낮음. 낮은 점수는 기쁨, 즐거움, 유쾌함 같은 긍정적 정서성 소인을 반영. 사교적, 포부가 크고 심신 에너지 수준 및 정서적 반응성이 높음.

(6) 한국판 웩슬러 성인지능검사

① K-WAIS의 검사 구성

언어성 검사 (6)	동작성 검사 (5)
기본지식 숫자 외우기 어휘문제 산수문제 이해문제 공통성 문제	빠진 곳 찾기 차례 맞추기 토막 짜기 모양 맞추기 바꿔 쓰기

② 웩슬러 지능검사에 동작성 척도를 포함함으로써 얻게 되는 장점

　㉠ 언어적·문화적·교육적 요인들로 인한 편향의 가능성을 극복할 수 있다.

　㉡ 수검자의 행동을 관찰함으로써 수검자의 문제해결 전략을 직접 관찰할 수 있다.

　㉢ 수검자의 정서장애가 검사 수행에 미치는 영향을 파악할 수 있다.

③ K-WAIS-Ⅳ 지표와 소검사의 구성 (핵심 소검사 10개, 보충 소검사 5개)

구분	전체 지능지수 FSIQ (Full Scale Intelligence Quotient)			
	일반능력지표 (GAI) (General Ability Index)		인지효능지표 (CPI) (Cognitive Proficiency Index)	
	언어이해지표 (VCI) (Verbal Comprehension Index)	지각추리지표 (PRI) (Perceptual Reasoning Index)	작업기억지표 (WMI) (Working Memory Index)	처리속도지표 (PSI) (Processing Speed Index)
핵심 소검사	공통성, 어휘, 상식	토막짜기* 행렬추리, 퍼즐*	숫자, 산수*	동형찾기* 기호쓰기*
보충 소검사	이해	무게비교* 빠진곳찾기*	순서화	지우기*

* 표시된 소검사는 시간제한이 있음.

④ K-WAIS-Ⅳ 소검사 구성과 실시 순서

실시 순서	소검사	설명	핵심/보충
1	*** 토막짜기 / BD** (Block Design)	빨간색과 흰색 토막을 사용해서 제한 시간 내에 제시된 자극과 똑같은 형태를 만드는 과제	핵심검사 (지각추론)
2	**공통성 / SI** (Similarity)	제시된 두 단어에 대해 유사점을 설명하는 과제	핵심검사 (언어이해)
3	**숫자 / DS** (Digit Span)	평가자가 읽어 준 일련의 숫자를 동일한 순서로 따라 하는 과제, 역순으로 따라하는 과제 및 제시된 숫자를 작은 숫자부터 순서대로 따라하는 과제	핵심검사 (작업기억)
4	**행렬추론 / MR** (Matrix Reasoning)	가로 배열 혹은 2×2 배열의 행렬 매트릭스 위에서 빈칸을 완성하기 위해 제시된 보기 중 하나를 선택하는 과제	핵심검사 (지각추론)
5	**어휘 / VC** (Vocabulary)	시각적으로 제시된 사물의 이름을 말하거나 인쇄된 글자와 동시에 구두로 제시된 단어의 뜻을 설명하는 과제	핵심검사 (언어이해)
6	*** 산수 / AR** (Arithmetic)	제한 시간 내에 일련의 산수 문제를 암산으로 푸는 과제	핵심검사 (작업기억)
7	*** 동형찾기 / SS** (Simbol Search)	제한 시간 내에 표적 기흐와 동일한 기호를 보기에서 찾아내는 과제	핵심검사 (처리속도)
8	*** 퍼즐 / VP** (Visual Puzzles)	제한 시간 내에 제시된 목표 자극과 동일한 형태를 재구성할 수 있도록 보기의 퍼즐 조각들 중 3개를 선택하는 과제	핵심검사 (지각추론)
9	**상식 / IN** (Information)	다양한 분야의 일반 지식에 관한 질문에 응답하는 과제	핵심검사 (언어이해)
10	*** 기호쓰기 / CD** (Coding)	1에서 9까지의 숫자와 ㄱ 호가 짝지어 제시되면, 제한 시간 동안 보기와 동일하게 숫자 밑의 빈칸에 대응되는 기호를 모사하는 과제	핵심검사 (처리속도)

실시 순서	소검사	설명	핵심/보충
11	**순서화 / LN** (Letter-Number Sequencing)	숫자와 글자가 섞여있는 일련의 항목을 들려주면, 숫자는 오름차순으로, 글자는 어순대로 회상하는 과제	보충검사 (작업기억)
12	**＊무게비교 / FW** (Figure Weight)	제한 시간 내에 균형이 맞지 않는 양팔 저울 그림을 보고, 보기 중 균형을 맞출 수 있는 추를 찾아내는 과제	보충검사 (지각추론)
13	**이해 / CO** (Comprehension)	일반적인 원칙과 사회적 상황에 대해 자신이 이해하고 있는 바에 기초해 질문에 답하는 과제	보충검사 (언어이해)
14	**＊지우기 / CA** (Cancellation)	제한 시간 내에 구조화시켜 놓은 여러 가지 모양과 형태 배열에서 표적 자극과 동일한 모양들을 찾아 표시하는 과제	보충검사 (처리속도)
15	**＊빠진곳찾기 / PCm** (Picture Completion)	제한 시간 내에 중요한 부분이 빠져 있는 그림을 보고 그 빠진 부분을 찾아내는 과제	보충검사 (지각추론)

※ 출처 : 이우경, 이원혜 (2012)

(7) 스트롱 흥미검사 (SII : Strong Interest Inventory)

① **일반직업분류 (GOT : General Occupational Theme)** : 홀랜드의 6가지 유형 분류로서 흥미에 대한 포괄적인 정보를 제공한다.
② **기본흥미척도 (BIS : Basic Interest Scales)** : 일반직업분류의 하위척도로서 특정한 활동이나 주제에 대한 흥미를 측정하는 25개 척도로 구성된다.
③ **개인특성척도 (PSS : Personal Style Scales)** : 일상생활과 일의 세계와 관련된 광범위한 특성에 대하여 개인이 선호하고 편안하게 느끼는 것을 측정한다. 업무, 학습, 리더십, 모험심 유형을 측정한다.

(8) 자기보고식 가치사정법

① **체크목록의 가치에 순위 매기기** : 체크목록 중 가치에 대해 중요하거나 중요하지 않다고 생각되는 가치에 +, – 표시를 하도록 하여 순위를 매긴다.
② **과거의 선택 회상하기** : 과거 선택에 있어서의 가치들을 조사한다.
③ **절정경험 조사하기** : 내담자에게 삶에서 가장 희열을 느끼고 충만함을 느꼈던 시기를 찾아보게 한다.
④ **자유시간과 금전의 사용** : 자유시간이 주어지거나 예상치 못한 금전을 어떻게 사용할 것인가 계획을 짜보도록 한다.
⑤ **백일몽 말하기** : 백일몽을 통해 환상을 밝혀내고 이를 가치라는 측면에서 분석할 수 있다.
⑥ **존경하는 사람 기술하기** : 내담자들이 존경하고 본받고 싶어 하는 사람들이 내담자의 가치에 대한 단서를 제공한다.

(9) 고용24(워크넷)의 직업심리검사

① 청소년 대상 심리검사

연번	심리검사명	검사시간	실시 방법
1	고등학생 적성검사	65분	인터넷
2	고등학생 진로발달검사 (커리어UP)	15분	인터넷, 지필
3	중학생 진로발달검사 (커리어UP)	15분	인터넷, 지필
4	중학생 진로적성검사	63분	인터넷
5	직업흥미탐색검사 (간편형)	5분	인터넷
6	청소년 인성검사	25분	인터넷, 지필
7	청소년 직업가치관검사 (개정)	20분	인터넷, 지필
8	청소년 직업흥미검사 (개정)	20분	인터넷, 지필
9	초등학생 진로인식검사	30분	인터넷, 지필

② 대학생 및 성인 대상 심리검사

연번	심리검사명	검사시간	실시 방법
1	직업선호도검사 S형 (개정)	25분	인터넷, 지필
2	직업선호도검사 L형 (개정)	60분	인터넷
3	구직준비도검사	20분	인터넷, 지필
4	창업적성검사	20분	인터넷, 지필
5	성인용 직업가치관검사 (개정)	20분	인터넷, 지필
6	영업직무 기본역량검사	50분	인터넷
7	IT직무 기본역량검사	95분	인터넷
8	준고령자 직업선호도검사	20분	인터넷
9	대학생 진로준비도검사	20분	인터넷, 지필
10	이주민 취업준비도검사	60분	인터넷
11	중장년 직업역량검사	25분	인터넷
12	성인용 직업적성검사 (개정)	80분	인터넷

(10) 진단 도구 선택의 유의 사항

① 규준

㉠ 진단 도구의 원점수는 다른 수검자에 비해 어떤지 수검자의 수준을 평가할 수 있는 정보를 제공하지 않기 때문에 이를 위해 규준을 활용한다.

㉡ 규준은 절대적이거나 보편적인 것이 아니며, 영구적인 것도 아니다.

㉢ 규준집단이 모집단을 잘 대표하는 것이었는지를 확인하는 것은 매우 중요하다.

② 규준 제작과정은 진단 도구 매뉴얼에 기록되어 있으므로 이를 검토해서 규준집단이 충분히 다양한 변인들을 잘 고려해서 구성된 것인지 살펴보아야 한다.
⑩ 규준 제작 시기가 오래된 것은 해석에 특히 주의한다.

② **진단 도구 선택 시 유의점**
㉠ **내담자에게** 진단 도구를 안내할 때에는 객관적으로 의사결정을 돕도록 **모든 진단 도구에 대하여 정확한 정보를 제시하고 결정**하도록 해야 한다.
㉡ **진단 도구의 신뢰도를 확인**한다. 신뢰도는 측정치의 일관성을 의미하는 것으로 신뢰도 계수가 .60 이상이면 신뢰성이 있다고 보며, 주로 Cronbach's alpha(α) 계수(크론바하 알파 계수)를 사용한다.
㉢ **진단 도구의 타당도를 확인**한다. 검사 타당도는 그 검사 검수를 이용해서 검사가 측정하려는 속성에 관해 추론하는 것이 타당한 일인가를 결정해 주는 것이다.

③ **진단 도구 선택 시 윤리적 문제**
㉠ 진단을 실시할 때 **내담자에게 사전에 충분한 정보를 제공하고 동의를 받아야** 한다.
㉡ 심리평가 기법을 개발, 출판, 활용할 때 모든 노력을 기울여 **내담자의 최대 이익과 복지를 증진**한다.
㉢ 평가 결과와 해석, **결론과 제언의 근거를 알 내담자의 권리를 존중**한다.
㉣ 법령의 한계 내에서 진단이나 다른 **평가 기법의 기밀을 유지하기 위한 모든 노력**을 한다.
㉤ 평가 기법이 바르게 사용될 수 있도록 노력하며 **평가 결과의 오용을 방지**한다.
㉥ 진단 도구가 내담자를 차별하는 도구로 사용되어서는 안 되며, **진단 도구의 한계를 인식하고 이러한 도구의 질적 향상을 위해 노력**하여야 한다.

03 검사의 신뢰도와 타당도

(1) 검사 신뢰도의 종류

① **검사-재검사 신뢰도 (안정성 계수)**
㉠ **동일한 사람에게 서로 다른 시기에 두 번 실시한 검사점수들의 상관계수**를 검사-재검사 신뢰도(test-retest reliability)라고 한다.
㉡ 검사-재검사 신뢰도가 높다는 것은 그 검사가 수검자의 조건이나 환경조건들의 영향을 덜 받는다는 것을 뜻한다.

② **동형검사 신뢰도 (동등성 계수)**
㉠ 새로 개발된 **동등한 두 개의 검사점수 간의 상관을 구하거나 이미 신뢰성이 입증된 유사한 검사 점수와의 상관계수를 검토하는 것**이며, 이 상관계수를 두 검사의 동등성 정도를 나타낸다는 면에서 동등성 계수(coefficient of equivalence)라고 한다.
㉡ 검사문항이 다르기 때문에 기억효과 및 이월효과가 감소되나 2개의 검사가 정말 균등한가의 문제와 2개의 좋은 검사를 만들어 내는 것이 어렵다는 문제점이 있다.

③ **반분 신뢰도 (내적합치도 계수)**

㉠ 검사를 한 번 실시한 후, 해당 **검사를 문항수가 같도록 반씩 나누어 두 점수간의 상관계수를 계산한 것**이며, 둘로 구분된 문항들의 내용이 얼마나 일관성이 있는가를 측정한 것으로 내적합치도 계수(coefficient of internal consistency)라고 부른다.

㉡ 반분 신뢰도는 속도검사의 신뢰도 계수로는 적당하지 않다. 속도검사의 경우 수검자들이 뒷부분의 문항들은 다 풀지 못하는 경우가 있는데, 많은 수검자들이 0점을 받은 문항들은 반분신뢰도를 계산할 때 양쪽으로 나뉘어져서 상관계수의 값을 증가시키기 때문이다.

㉢ 반분하는 방법

구분	내용
전후양분법	전반부와 후반부로 반분
기우양분법	짝수 문항과 홀수 문항으로 반분
짝진 임의배치법	문항의 난이도와 문항과 총점 간의 상관계수로 반분

④ **문항내적 합치도 (동질성 계수)**

㉠ 컴퓨터로 가능한 **모든 반분한 경우의 반분 상관계수의 평균값을 이용한 것**으로 한 검사의 문항 각각의 반응의 일치도를 나타낸다. 이 신뢰도 계수는 검사의 **모든 문항 간의 내적 상관의 평균으로부터 얻어진다.**

㉡ 한 검사에 포함된 문항들에 대한 반응의 일관성이 문항의 동질성 여부에 따라 결정되므로, 동질성 계수(coefficient of homogeneity)라고도 한다.

㉢ 검사도구의 반응유형에 따라 2개의 반응 질문(진위형, ○×형)에는 Kuder-Richardson Formula 20(쿠더 리차드슨 공식 20)을 쓰고, 2개 이상의 반응 질문에는 Cronbach's alpha(α) 계수(크론바흐 알파 계수)를 사용한다.

⑤ **채점자 신뢰도**

㉠ 투사적 성격검사와 같이 검사 종류에 따라서 채점자에게 많은 재량권이 있는 검사가 있다. 채점자가 누구냐에 따라 동일한 수검자에 대해서도 다른 점수가 나타날 수 있는데 이를 채점자에 따른 오차변량이라고 한다.

㉡ **두 명의 검사자가 독립적으로 채점한 점수를 가지고 상관관계를 계산한 것**이 채점자 신뢰도이다. 이는 주관적으로 채점해야 하는 검사도구들을 연구에 이용할 때 사용한다.

㉢ **채점자(평정자)에 따른 오차의 유형**

구분	내용
후광효과로 인한 오차	수검자에 대한 채점자의 인상으로 인한 오차
관용의 오차	채점자가 가급적 후한 점수를 주는 경향으로 인한 오차
중앙집중경향의 오차	아주 높거나 아주 낮은 점수를 피하고 중간 점수를 주는 경향으로 인한 오차
논리적 오차	어떤 한 특성의 점수를 알고 있으면 다른 특성의 평정에 영향을 미치는 것

(2) 검사-재검사를 통해 신뢰도를 추정할 경우 충족되어야 할 조건

① 측정내용 자체는 일정 시간이 경과하더라도 변하지 않는다고 가정할 수 있어야 한다.
② 앞서 받은 검사 경험이 뒤에 받은 검사의 점수에 영향을 미치지 않는다는 확신이 있어야
한다.
③ 검사와 재검사 사이의 어떤 학습활동이 두 번째 검사의 점수에 영향을 미치지 않는다고
가정할 수 있어야 한다.

(3) 신뢰도 계수에 영향을 미치는 요인

① **개인차** : 검사대상 집단의 개인차가 클수록 검사점수의 변량은 커지며 신뢰도 계수도 커지
게 된다.
② **검사의 문항 수** : 검사문항이 많을수록 검사점수의 총점은 커지고 점수들의 표준편차는 증
가할 가능성이 높다. 따라서 검사의 변량이 커지게 되며 신뢰도 계수는 높아지게 된다.
③ **문항의 반응 수** : 신뢰도를 확보를 위해 대부분 5점 또는 7점 리커트(Likert) 척도를 사용하
게 되는데, 연구에 따르면 문항에 대한 반응 수가 5점이나 7점을 넘게 되면 검사의 신뢰도
는 더 이상 올라가지 않고 평행선을 긋게 된다고 한다.
④ **검사유형** : 속도검사의 경우 전후반분법을 이용해 신뢰도를 추정하는 경우, 전반부와 후반
부의 점수 사이의 상관계수는 낮아지게 되기 때문에 적합하지 않다. 속도검사는 검사-재
검사 신뢰도가 적합하다.
⑤ **신뢰도의 종류** : 같은 검사라도 어떤 종류의 신뢰도를 측정했는가에 따라 신뢰도 계수가 다
를 수 있다. 문항내적 합치도가 동형법보다 신뢰도 계수가 더 높고, 동형법은 검사-재검
사법보다 신뢰도 계수가 더 높을 수 있다.

> ※ 암기 Tip : 개 – 문 – 반 – 검 –신

(4) 측정의 표준오차 (Standard Error of Measurement : SEM)

① **측정의 표준오차의 이해**
　㉠ 측정의 표준오차는 **수검자의 이론적 진점수를 포함하는 오차범위를 말하는 것으로서, 어**
　　떤 검사를 매번 실시할 때마다 달라질 수 있는 오차의 범위를 제시한다.
　㉡ 어떤 검사에서 표준화된 학생들의 진점수가 40점이고 측정의 표준오차가 3이라면, 그
　　검사를 여러 번 반복 측정할 때 개개인의 측정 점수 중 68%는 37~43점 사이에 위치하
　　며, 95%의 신뢰구간에서 어떤 개인의 진점수가 34~46점 사이에 있다고 말할 수 있다.
　㉢ 어떤 수검자의 지능검사 결과가 IQ 110이고 해당 검사의 측정의 표준오차를 5로 가정
　　하면, 95% 신뢰수준에서 약 ±10의 오차한계를 가지게 되어 실제 IQ가 100~120의 범
　　위에 존재할 것이라고 예측할 수 있다.

② **검사의 측정오차를 줄이기 위한 방법**

ㄱ 검사의 실시와 채점 과정을 표준화한다.

ㄴ 검사의 문항 수와 문항반응 수를 늘린다.

ㄷ 검사의 신뢰도에 나쁜 영향을 미치는 문항들을 제거한다.

ㄹ 신뢰성이 입증된 도구를 사용한다.

ㅁ 문항 내용이 수검자에게 동일한 의미로 해석될 수 있도록 명확히 한다.

ㅂ 조사대상자가 모르거나 관심이 없는 내용에 대한 측정은 배제한다.

(5) 검사 타당도의 종류

① **내용타당도 (content validity)**

ㄱ 검사의 문항들이 그 검사가 측정하고자 하는 내용영역을 얼마나 잘 반영하고 있는지를 말한다. 흔히 성취도검사의 타당도를 평가하는 방법으로 많이 쓰인다.

ㄴ **안면타당도(face validity)**는 실제로 무엇을 재는가의 문제가 아니라 **수검자에게 그 검 사가 '타당한 것처럼 보이는가'**를 뜻한다.

② **준거타당도 (criterion-related validity)**

ㄱ 어떤 심리검사가 특정 준거와 어느 정도 관련성이 있는가를 말한다.

ㄴ 준거타당도의 종류

구분	내용
예언타당도 (predictive validity)	검사 점수를 가지고 다른 준거 점수들을 얼마나 예측해 낼 수 있는가를 말한다. 예 신입사원의 적성검사 점수와 1년 후 인사고과점수(준거점수)의 상관계수를 계산하견 그것이 예언타당도 계수이다.
동시타당도/ 공인타당도 (concurrent validity)	해당 검사의 점수와 준거점수를 동시에 얻어서 나온 상관계수로, 일정기간이 필요한 예언타당도의 약점을 해결할 수 있는 방법이다. 예 재직자를 대상으로 가발한 심리검사와 준거점수를 동시에 측정하여 상관계수를 계산하면 그것이 동시타당도 계수이다.

ㄷ **범위제한에 따른 상관계수의 축소 현상** : 계산해서 얻은 타당도 계수가 실제 타당도 계수에 비해 더 낮을 수 있다는 점을 고려해야 한다. 준거측정이 선발된 사람들만을 대상으로 하게 되면 이러한 표본집단이 모집단을 잘 대표하지 못할 수 있기 때문에 점수범위의 제한에 따른 상관계수의 축소현상이 있을 수 있다.

ㄹ 준거의 종류

구분	내용
개념준거	• 이론적 개념이며 실질적으로 측정할 수 없는 **추상적인 개념**이다. • 연구자가 **연구를 통해 이해하고자 하는 이론적인 기준**을 말한다. 예 성공하는 학생의 준거가 ㅈ 적 성장, 정서적 성장, 시민의식의 향상이라고 할 때 이는 개념준거게 속한다.

구분	내용
실제준거	• 개념준거를 측정하고 평가하는 데 사용하는 **실제적인 기준**이다. • **개념준거를 측정 가능한 준거들로 전환한 것**을 의미한다. 📋 지적 성장은 평균학점으로, 정서적 성장은 지도교수의 평점으로, 시민의식은 활동하고 있는 자원봉사기관의 수 등을 들 수 있다.

③ **구성타당도/구인타당도 (construct validity)**

    ㉠ 검사가 해당 이론적 구성개념이나 특성을 잘 측정하는 정도를 말한다. 즉, 심리검사가 포함하고 있는 행동표본들이 실제 그 검사로 측정하고자 하는 구성개념을 잘 반영하는 가 하는 것이다.

    ㉡ 구성타당도의 종류

구분	내용
수렴타당도 (convergent validity)	이론적으로 관계가 있는 변인과의 상관관계가 높을 때, 수렴타당도가 높다. 📋 지능과 학업 성적간의 상관
변별타당도 (discriminant validity)	이론적으로 관계가 없는 변인과의 상관계수가 낮을 때, 변별타당도가 높다. 📋 지능과 체육시험 성적간의 상관
요인분석 (factor analysis)	검사개발 시 가정했던 이론적 구성개념이 얼마나 정확하게 나타나는지를 요인분석을 통해 분석한다.

(6) 준거타당도 계수의 크기에 영향을 미치는 요인

① **표집오차** : 표본이 모집단을 대표하지 못하는 경우 표집오차가 커지고 그 결과 타당도 계수가 낮아진다.

② **준거측정치의 신뢰도** : 준거타당도 계산을 위해 사용한 준거측정치의 신뢰도가 낮은 경우 검사의 준거타당도도 낮아진다.

③ **준거측정치의 타당도** : 준거측정도구가 개념준거를 충분히 반영하지 못하는 경우 준거타당도는 낮아진다.

④ **범위 제한** : 준거타당도 계산을 위해 얻은 자료들이 검사 점수와 준거 점수의 전체범위를 포괄하지 않고 일부만을 포괄하는 경우, 상관계수의 크기는 실제 상관계수보다 작게 된다.

진단하기

출제기준▶

1. 내담자가 진단 실시에 대한 편견이나 지나친 기대감을 갖고 있는지 확인할 수 있다.
2. 내담자의 진단을 위해 물리적, 심리적 환경을 조성할 수 있다.
3. 진단 도구 매뉴얼에 따라 선택된 진단 도구의 목적, 실시방법, 주의점 등을 설명할 수 있다.
4. 진단 도구 매뉴얼에 따라 제시된 소요시간 내에 진단할 수 있다.
5. 진단해석 등 다음 상담을 위해 내담자에게 일정을 안내하고 진단을 종료할 수 있다.
6. 채점기준에 따라 진단결과를 평정할 수 있다.

01 진단 실시 준비

(1) 평가자로서 유념할 점

① 평가 동맹 형성

㉠ 심리평가를 위해서는 상담자와 내담자 간의 적절한 관계형성이 중요하며, 이를 평가 동맹(assessment alliance)이라 한다.

㉡ 평가 동맹 형성은 평가자의 개입으로 이루어지며, **내담자가 진단에 대해 관심과 흥미를 갖고 협조적으로 임하도록 돕는다.**

② 내담자 상태

㉠ 검사에 대해 불안을 느끼는 경우, 심리검사는 시험이 아니며 정답이 없음을 제시한다.

㉡ 검사의 실시 목적과 방법에 대해 상세히 설명함으로써 **내담자가 안정된 상태로 평가에 임할 수 있도록 돕는다.**

③ 진단 상황

㉠ 내담자가 **정서적으로 안정된 시간이나 장소, 피로감 등이 고려**되어야 한다.

㉡ 예를 들어, 직업카드 심리검사를 실시할 때 분류 활동이 끝나면, 쉬는 시간을 가졌다가 주제를 작성하도록 함으로써 피로도를 감소시킬 수 있다.

(2) 진단 도구 선택 시 고려사항

① **평가자** : 자기보고식 진단 도구를 통해 내담자 스스로 평가하도록 할 것인지 타인의 보고에 의한 측정으로 평가할 것인지를 고려한다.

② **진단 도구의 주제** : 심리적 평가, 정서적 특성, 인지적 변인, 행동 반응 등 어떤 측면을 측정하는 것인지에 대해 판단한다.

③ **진단 실시 장소 및 방법** : 조용하고 독립되어 소음이나 외부 상황으로부터 방해받지 않는 검사실에서 실시하는 것이 좋으며, 지필, 컴퓨터 등 진단을 실시할 방법도 고려한다.

④ **진단 실시일** : 내담자가 신체적으로나 정신적으로 어려움을 겪고 있는 상태인지 고려하여 내담자가 좋은 상태에 있을 때 실시하여야 한다.

⑤ **진단 실시 이유** : 동일한 진단 도구라도 다양한 목적으로 활용될 수 있으므로 이를 고려한다. 예를 들어, 직업카드분류 검사의 경우, 적합한 직업탐색, 직업흥미, 진로 갈등, 진로 신화, 의사결정 등을 평가하기 위해 사용할 수 있다.

02 진단 실시

(1) 진단의 도입

① **친밀교감 형성** : 진단 도입 과정에서 친밀교감은 내담자가 성실하고 솔직하게 답하고자 하는 동기를 결정하는 요인이 되기 때문에 중요하다.

② **내담자의 진단 불안** : 검사를 받는다는 것은 누구에게나 위협적으로 느껴질 수 있으므로 진단을 시작하기에 앞서 검사에 대한 내담자의 불안을 완화시켜 주는 것이 중요하다.

③ **속이기** : 내담자는 여러 이유로 검사에 최선을 다하지 않거나 솔직하지 않게 답할 가능성이 있으며 이런 행위를 속이기(faking)라고 한다. 진단은 기본적으로 개인의 특성을 드러내는 것이기 때문에 의식적, 무의식적으로 속이기가 작용할 가능성이 있다.

(2) 양적 검사 실시

① 양적 검사는 최근 주로 컴퓨터를 기반으로 한 온라인 검사가 증가하는 추세이며, 그 이유는 내담자가 즉시 검사 결과를 받아 볼 수 있기 때문이다.

② 컴퓨터 기반 사정과 연관된 문제들은 도구의 타당도, 채점, 탐색, 해석 기능이 해당되며, 이 또한 다른 심리측정 도구들에 사용되는 것과 동일한 기준에 맞아야 한다는 것을 명심해야 한다.

③ 컴퓨터 기반 검사는 잠재적 오류와 이로 인한 오도적인 결과가 있을 수 있으므로 검사체계가 산출하는 해석 진술들의 타당성을 주의 깊게 따져보아야 한다.

④ 해석 진술들이 세심하게 평가된 것인지, 내담자가 전적으로 이해할 수 있고, 탐색 과정에 적절히 응용할 수 있는 타당한 결과인지를 확인해야 한다.

(3) 질적 검사 실시 (직업카드분류 검사 실시)

① **준비**
- ㉠ 직업카드를 분류하기 위한 장소는 조용하고 방해받지 않는 곳으로 집단이 준비 도구를 설치할 수 있을 정도의 공간이 필요하다.
- ㉡ 카드분류가 가능한 면적의 책상 또는 테이블, 직업카드, 워크시트 등의 도구와 필기를 돕기 위하여 연필, 지우개, 볼펜 등을 별도르 마련한다.

② **1단계 – 출발(시작)**
- ㉠ 내담자에게 직업카드 분류 활동의 목표를 정확하게 인지시켜 내담자가 흥미를 갖고 능동적으로 참여할 수 있도록 유도한다.
- ㉡ 직업카드 분류 도구들이 배열되었는지를 내담자가 작업을 시작하기 전에 확인할 필요가 있다.

③ **2단계 – 카드 분류**
- ㉠ 주어진 카드를 '좋아함', '모르겠음', '싫어함' 등으로 분류하도록 하는 과정이다.
- ㉡ 직업명만 기재된 앞면을 보고 분류하고, 잘 모르는 직업의 경우는 뒷면에 적힌 설명을 읽고 분류하도록 한다.
- ㉢ **좋아함** : 평소 긍정적으로 생각한 직업, 마음에 와닿는 직업, 좋다고 느끼는 직업, 추구하고 싶은 직업, 선택할 확률이 높은 직업
- ㉣ **싫어함** : 관심이 없는 직업, 선택을 고려하지 않는 직업, 자신에게 적합한 것 같지 않은 직업, 종사하고 싶지 않은 직업
- ㉤ **모르겠음** : '좋아함'이나 '싫어함'으로 분류하기가 명확하지 않은 직업
- ㉥ **소요 시간** : 오래 생각하지 않고 직관적으로 분류한다. 상담자는 내담자가 선택하는 데에 걸리는 시간은 그대로 허락하고 내담자가 마음이 다급해져 검사 결과에 영향을 미치지 않도록 시간을 충분히 주도록 한다.
- ㉦ 직업카드 1차 분류를 끝내고 워크시트에 '좋아함', '싫어함', '모르겠음' 카드의 수를 세서 쓰도록 한다.

④ **3단계 – '모르겠음' 카드 재분류**
- ㉠ '모르겠음'으로 분류한 카드를 다시 분류하도록 한다.
- ㉡ 카드분류가 올바른 직업의 선택에 초점을 두는 것이 아니라 자신, 타인, 세계 등에 대한 자신의 주제를 탐구하도록 돕는 데 있음을 주지시켜야 한다.
- ㉢ 재분류할 직업들 중에서 자신을 표현할 수 있는 직업들이 있음을 인식시킬 필요가 있다.

⑤ **4단계 – 주제 찾기**
- ㉠ 특정 직업에 대해 '좋다' 혹은 '싫다'고 생각한 이유를 구체적으로 명료화시킴으로써 자신의 직업적 흥미를 심층적으로 탐색하는 핵심적인 과정이다.

ⓛ 상담자는 내담자들이 충분히 자신의 직업 선호의 이유에 대해서 탐색할 수 있도록 도와 주어야 하며, **이를 통해 내담자의 생활방식을 파악할 수 있는 주제들을 확인할 수 있다.**

ⓒ 추가적인 질문을 통해 내담자가 가진 직업에 대한 비합리적 신념이나 진로 신화 등을 확인할 수 있다.

⑥ **5단계 – 직업의 선호도 순위 결정하기**

㉠ 좋아하는 직업 선정하기

ⓛ 좋아하는 직업 우선순위 결정하기

ⓒ 홀랜드 부호 확인 및 계산 : 좋아하는 직업에 3개씩 부여되어있는 홀랜드 코드를 6개 코드별로, 각 제1문자, 제2문자, 제3문자에 몇 개씩 존재하는지 숫자를 세어 각각 가중 치를 부여한 후 총계를 계산한다.

㉣ 3코드 선정 : 총계가 가장 높은 순으로 3코드를 최종 선정한다. 이는 내담자의 적합 직 업을 나타내는 코드이다.

〈 우선순위별 선호 직업 예시와 홀랜드 코드 계산 예시 〉

순위	직업명	홀랜드 코드
1	여행 상품 개발자	AEI
2	호텔리어	ESC
3	무역 사무원	CES
4	쇼핑 호스트	AES
5	이미지 컨설턴트	SAE
6	의료 코디네이터	SEC
7	이벤트 기획 전문가	AES
8	사진작가	AIR
9	항공기 승무원	SRE
10	회의 기획자	ECI
11	카피라이터	AEI
12	네일 아티스트	SAR

홀랜드 기호	제1문자의 개수 (×3)+	제2문자의 개수 (×2)+	제3문자의 개수 (×1)=	총계 (72점)
R (현실적)	$(0 \times 3) +$	$(1 \times 2) +$	$(2 \times 1) =$	4
I (탐구적)	$(0 \times 3) +$	$(1 \times 2) +$	$(3 \times 1) =$	5
A (예술적)	$(5 \times 3) +$	$(2 \times 2) +$	$(0 \times 1) =$	19
S (사회적)	$(4 \times 3) +$	$(1 \times 2) +$	$(3 \times 1) =$	17
E (진취적)	$(2 \times 3) +$	$(6 \times 2) +$	$(2 \times 1) =$	20
C (관습적)	$(1 \times 3) +$	$(1 \times 2) +$	$(2 \times 1) =$	7
최종 판정	EAS			

⑦ **결과 요약 및 정보 제공**

㉠ 직업 흥미 적합 수준별 코드 제시

최종 판정 예시	가장 적합한 직업	적합한 직업	고려해 볼 만한 직업
EAS	EAS, ESA	AES, ASE	SEA, SAE

㉡ 내담자가 활동을 통해 알게 된 여러 정보들을 스스로 정리하고 요약하도록 돕고, 진로 정보를 찾는 방법을 알려주는 단계이다.

㉢ 진로 정보 요약 워크시트를 통해 내담자가 주제를 요약하도록 돕고, 미래를 위한 계획을 세우도록 한다.

진단결과 해석하기

1. 진단 항목별 평정에 따라 내담자에게 의미 있는 내용을 도출할 수 있다.
2. 내담자의 이해 수준과 반응을 고려하여 진단결과의 의미를 설명할 수 있다.
3. 진단결과 해석에 내담자 참여를 유도하기 위해 구조화된 질문을 사용할 수 있다.
4. 진단 도구의 결과에 대한 한계점을 설명할 수 있다.

01 진단결과 해석

(1) 채점과 해석의 조건

① 채점은 진단 도구의 매뉴얼(지침서)에서 정한 판단 기준과 절차를 따르는 것이 가장 중요하다.
② 해석은 매우 전문적으로 실시하여야 하고, 규준을 활용할 때 주의해야 한다. 불완전한 규준 개발 과정을 거친 검사들이 의외로 많기 때문이다.
③ 채점에 채점자의 주관적 판단이 개입하는 경우에는 검사의 채점과 해석에 전문가의 감독을 통한 많은 수련이 필요하다.

(2) 진단결과 통합

① 진단결과는 내담자의 직업 논점의 중요한 단서가 된다.
② 내담자의 진단결과는 단순히 내용을 전달하기 위한 것이 아니라 직업 논점에 대한 해결 또는 의사결정을 돕는 데 목적이 있기 때문에 진단결과를 조직화하고 통합하여 해석하여야 한다.
③ 진단결과는 직업심리치료에서 가설을 세우고 전략을 수립하여 개입하는 방법을 제공한다.

(3) 해석 수준

구분	내용
구체적 수준 (concrete level)	**진단결과 점수에 초점을 두어 결과를 기술**하는 것으로 어떠한 해석이나 결론을 제시하지 않는다.

구분	내용
기계적 수준 (mechanical level)	**소검사와 요인 점수 간의 차이에 초점을 두어 기술**하고 이에 대한 결론을 제시한다.
개별적 수준 (individual level)	진단검사 결과를 통합하여 결론을 내리되 **내담자에 초점을 맞추어 진단결과 점수를 해석**한다. 검사점수와 내담자에 대한 질적 정보까지 포함하여 의뢰 문제를 충분히 탐색한다. 가장 유용한 방법이다.

(4) 진단결과 보고서 조직화

① **진단의 조직화** : 상담자가 통합한 내용을 앞에 제시하고, 각 진단결과와 검사 응답 내용을 차례대로 제시하여 한 묶음으로 보고한다.

② **내담자 직업 논점에 대한 조직화** : 내담자가 이해를 점점 높이도록 구성한다. 검사에 임하는 태도에 대한 해석과 내담자 관심 영역에서 가벼운 주제로부터 무거운 주제로 구성하고 전체적으로 통합된 내용을 제시한다.

③ **진단 도구의 특성에 따른 기능별 조직화** : 진단 도구로 측정하려는 다양한 영역에 대해 기능별로 구성하여 제시한다. 직업 판정, 직업 성격, 직업 가치, 적합 전공 등의 영역이라면 직업 가치와 성격을 제시하고 이에 적합한 전공과 직업을 기능별로 구분하여 조직화한다.

(5) 검사해석 시 주의사항

① 해석에 대한 **내담자의 반응 고려**
② 검사 결과에 대해 **이해하기 쉬운 언어 사용**
③ 내담자의 **점수 범위 고려**
④ 검사 결과에 대한 **중립적 판단**
⑤ 검사 결과에 대한 **내담자의 방어 최소화**
⑥ 검사의 **대상과 용도의 명확화**

(6) 홀랜드검사 프로파일의 해석

구분	내용
일관성	**성격유형이나 환경모형 간의 관련 정도를 의미한다. 유형의 어떤 쌍들은 다른 유형의 쌍들보다 공통점을 더 많이 가지고 있다.** 일관성을 알아보는 가장 간단한 방법은 홀랜드 코드의 첫 두 문자를 살펴보는 것이다. 높은 일관성은 첫 번째 두 문자가 육각형에 인접할 때 나타난다.
차별성 (변별성)	**사람이나 환경이 얼마나 잘 구별되는지를 의미하며, 개인의 직업적 흥미 특성이 얼마나 뚜렷하게 나타나는가를 설명하는 개념이다.** 어떤 사람들은(또는 환경은) 아주 단순하다. 어떤 사람들은(또는 환경은) 1개의 유형에는 유사성이 많이 나타나지만, 다른 유형에는 별로 유사성이 나타나지 않는다. 또 다른 사람들은(또는 환경은) 여러 유형에 똑같은 유사성을 나타낸다. 차별성은 6가지 유형에 대한 점수를 검토하여 평가할 수 있다.

구분	내용
정체성	개인의 목표, 흥미, 재능이 명확하고 일관될 때, 조직의 투명성, 안정성, 목표 · 일 · 보상이 일관될 때 정체성이 높다고 할 수 있다.
일치성	개인과 직업환경 간의 적합성에 대한 것으로, 자신의 유형과 비슷하거나 정체성을 갖게 하는 환경유형에서 일할 때 일치성이 높아진다. 개인은 자신에게 중요한 보상을 제공해주는 환경에서 능력을 최대한 발휘한다. 서로 다른 성격유형의 사람들은 각기 다른 환경을 필요로 하므로 일치성이 높을수록 개인은 자신의 직업에 더 만족하고 더 많은 보상을 받게 된다.
계측성	흥미유형들 간 또는 환경유형들 간의 관계가 육각형 모형에 따라 결정될 수 있으며, 육각형 모형에서의 **흥미유형 또는 환경유형 간의 거리는 그들의 이론적 관계와 반비례한다는 것을 시사하는 개념이다.** 육각형은 개인(환경) 간 또는 개인 내에 있는 일관성의 정도를 나타내주는 도형이다. 즉, 그것은 이론의 본질적 관계를 설명해 준다.

※ 암기 Tip : 일 – 차(변) – 정 – 치 – 계

(7) 틴슬리와 브래들리(Tinsley & Bradley)가 제시한 검사결과 검토 및 해석의 단계

① 검사결과 검토 및 해석준비의 2단계

구분	내용
1단계 이해단계	• 상담자는 점수가 의미하는 것이 무엇인지에 대한 질문에 대답할 수 있어야 한다. • 이전에 내담자로부터 얻은 정보에 의거해서 결과를 검토하고, 해석을 실시하는 회기에서 논의될 의미에 대한 생각이나 가설을 발전시킨다.
2단계 통합단계	• 상담자가 내담자에 대해 알고 있는 다른 정보들(가족배경, 이전 직업경험, 자신에 대한 내담자의 진술)과 검사결과를 통합한다. • 이 단계에서의 과제 중 하나는 자료의 일관성을 확정짓는 것이다. • 상담자는 점수가 다른 자료와 상충된다고 해서 그 점수를 자동적으로 수용해서는 안 되며, 점수가 예측을 지지하지 않는다고 그 점수를 거부해서도 안 된다.

② 진단결과 해석의 4단계

구분	내용
1단계 해석 준비하기	내담자가 검사 자체와 점수의 의미를 충분히 이해하고 있는지 심사숙고한다.
2단계 내담자 준비시키기	내담자가 검사결과에 대한 해석을 듣고 받아들일 수 있도록 준비시킨다.
3단계 정보 전달하기	검사결과 및 그와 관련된 정보들을 내담자에게 전달한다.
4단계 추후활동	상담결과에 대한 의견을 같이 나누고, 내담자가 결과를 어떻게 이해했는지 확인한다.

(8) 심리검사 결과를 내담자에게 통보하는 방법

① 검사결과는 기계적으로 전달해서는 안 되며, **적절한 해석을 담은 설명과 함께 전달**되어야 한다.

② 통계적인 숫자나 용어를 사용하는 것보다는 **쉽고 일상적인 용어를 사용**한다.

③ 검사전달 과정에서 그 정보를 받고 **이용할 당사자의 특성 즉, 교육수준, 지식수준 등을 참작해보는 것**이 바람직하다.

④ 검사결과를 **통보받는 사람이 경험하게 될 정서적인 반응**까지도 고려할 필요가 있다.

⑤ 검사점수의 통보를 **상담의 한 부분**으로 간주하고 전반적인 상담자-내담자 관계 속으로 끌어들인다.

⑥ 검사결과를 가능한 한 **내담자가 제기한 특정 문제에 대한 설명이나 해결책으로 활용**한다.

진단결과 보고서 작성하기

01 진단결과 보고서

(1) 진단결과 보고서 구성 절차

① **1단계 – 자료 분석** : 분석한 자료들을 통합하여 보고서에 가설을 나열하되, 그 가설 중 하나일 수 있음을 명시한다. 또 다른 가설을 발견하면 추가하고, 이 내용이 타당한지 지도감독(supervision)을 받는 것이 좋다.

〈 직업카드심리검사 카드분류 속도별 가설 〉

구분	분류 속도	분류 시간	가설
1집단	매우 빠름	10분 이내	• 분류 활동에 대한 거부감 • 진로, 직업에 대한 무관심 • 자신보다 다른 세상과의 교류에 몰두
2집단	빠름	10~19분	• 직관력 발달, 의사결정 빠름. • 직업탐색 부족 • 진로, 직업에 관심 부족
3집단	평균	20~29분	• 자기 존중감, 자기정체감 발달 • 합리적 의사결정 유형 • 자신의 꿈을 이루고자 진로 · 직업에 관심 많음.
4집단	느림	30~39분	• 검사에 대한 기대가 큼. • 완벽 추구 • 우유부단
5집단	매우 느림	40분 이상	• 인지적 명확성이 낮은 경우 • 의사결정에 어려움이 있는 경우 • 검사 결과를 조작하려는 경우

② **2단계 – 주제 확인** : 내담자의 진단결과와 초기면담지, 검사 태도 등에서 일관되게 나타나는 **주제를 도출**한다. 내담자가 판정받은 3코드가 비일관성이 있다면, 다재다능하여 어느 진로를 선택할지 갈등을 갖게 된다. 이와 같이 주제 분석을 통한 육각형 모형 해석과 도출된 주제가 어떤 연관이 있는지에 대해서도 확인해야 한다.

③ **3단계 – 내담자 주제 조직화** : 검사결과 내담자에 관한 주제들이 일치하지 않는다면, 이에 대한 원인을 파악해야 한다.

④ **4단계 – 개념화** : 직업상담가는 내담자의 검사자료에 대해 **전체를 통합하고, 내담자에 대한 가설을 만들어 그 가설을 기초로 검사 보고서의 전체 맥락을 구성**하여 구조를 만든다. 즉, 내담자의 통합된 맥락을 개념화한다.

(2) 진단결과 간의 일치성과 통합성 (진단결과 가설 수립 시 확인 사항)

① **일치성과 불일치성** : 내담자의 **각 진단결과의 일치성과 불일치성의 영역**을 확인한다. 불일치가 있는 경우, 그 이유를 명확히 설명할 수 있도록 다각적인 해석을 함으로써 직업상담가가 세운 가설을 지지하는 정보에 편향됨을 방지할 수 있다.

② **강조성** : 내담자에게 적절하고 명확하게 강조점을 제시하고 이 강조점의 중요성을 내담자에게 설명할 수 있어야 한다. 강조점은 내담자의 진단 요구도와 관련이 있다.

③ **통합성** : 진단의 각 영역 간의 해석을 통합함으로써 보고서가 가치를 갖게 되며, 잘못된 결론을 방지할 수 있다. 만약, 내담자가 요구하는 진단결과가 명확하지 않다면, 이 점도 이유를 들어 명백히 밝혀야 한다.

02 진단결과 보고서 작성

(1) 진단결과 보고서 작성 시 유의점

① **간단명료한 내용**이어야 한다. 보고서는 범위가 제한적일 수밖에 없으므로 너무 장황하게 서술할 경우, 그 의미나 의도가 제대로 전달되지 못할 수 있다.

② **정확한 사실에 근거**해야 한다.

③ **객관적인 근거에 기초**해야 한다.

④ **분명한 결론이 제시**되어야 한다.

(2) 진단결과 보고서 작성 양식

① **경험한 직무** : 그동안 내담자가 종사한 직무를 망라하여 작성

② **실시한 진단 도구** : 진단 도구명을 작성

③ **진단 의뢰 사유** : 내담자와 진단 실시 전 면담에서 나타난 내담자의 진단 요구도 및 직업상담가가 관찰한 진단 의뢰 사유를 기재

④ **관찰된 행동** : 진단실시의 태도, 속도, 몰입도 등에 대하여 제시하고, 특히 검사점수에 영향을 줄 정도의 정서적 상황도 제시

⑤ **평가 결과** : 진단 도구 매뉴얼에 제시된 검사 평가 결과를 그대로 제시

⑥ **진단적 인상** : 진단 실시 전 면담, 검사실시의 태도, 검사결과 등에서 나타난 특징들을 제시

⑦ **결론** : 진단결과 전체를 통합하여 결론을 제시

⑧ **요약** : 내담자의 진단 목적에 부합한 내용을 요약

⑨ **제언** : 내담자의 진단결과 다른 진단실시가 요청되거나, 아니면 상담을 실시해야 되는 점 등을 제시

직업상담 진단 기출 · 예상문제

제1절 진단 실시 결정하기

01 직업상담을 실시할 때 진단을 위한 방법 3가지를 쓰고 설명하시오.

모범답안

(1) **검사** : 진로 및 취업 등에서 사용하는 **검사들을 통해 진로성숙도, 진로효능감, 직업 흥미 및 적성, 의사결정에 대한 우유부단, 정신적 건강 상태 등을 측정**한다.
(2) **면담과 관찰** : 초기면담 시 외적 모습으르 나타나는 **상담에 임하는 태도, 옷차림, 자세, 억양, 위생 상태, 눈 맞춤, 말투 등을 확인**하고 또한 **눈 맞춤, 적극성, 사고의 논리, 표현력, 지구성 등을 확인**한다. 그리고 직업상담사는 이러한 증상들이 상담이 진행되는 동안 어떤 변화를 보이는지 관찰한다.
(3) **인지적 명확성 사정** : 인지적 명확성을 진단하기 위해 **내담자 사고의 흐름, 논리성, 언어 표현의 원활함, 언어 구사의 속도, 통찰력 등을 확인**하며, 이전의 직업 이력과 중단 이유 등을 질문함으로써 진행할 수 있다.

02 대부분의 객관적 심리검사는 자기보고 질문지로 리커트 척도(Likert scale)를 주로 사용한다. 이러한 심리검사의 단점을 쓰시오.

모범답안

자기보고 질문지에서 사용되는 리커트 척도(Likert scale)는 **재려고 하는 영역에 대해 누구나 동일한 수준의 기여도(중요도)를 가진다고 가정**하기 때문에 개인마다의 미묘한 차이를 평가하는 것이 **불가능**하며 이를 보완하기 위해 질적 검사를 실시한다.

03 표준화된 심리검사의 의미를 설명하시오.

표준화 검사란 검사 매뉴얼에 해당 검사의 이론적 배경, 검사 제작 과정, 신뢰도와 타당도에 관한 정보, 실시와 채점 요령 및 주의점, 그리고 규준이 포함되어있는 검사를 의미한다.

➕ Plus Check

표준화(standard)란 검사의 실시와 채점 절차의 동일성을 유지하기 위하여 검사재료, 시간제한, 검사의 순서, 검사장소, 지시문 읽기 등 검사실시의 모든 과정과 응답한 내용을 어떻게 점수화하는가 하는 채점 절차를 세부적으로 명시하는 것을 말한다. 표준화는 측정 과정과 채점 과정에서 생길 수 있는 편차를 줄일 수 있어 정확한 측정이 가능하도록 해준다.

★★ 04

표준화를 위해 수집한 자료가 정규분포에서 벗어나는 것을 해결하기 위한 방법 3가지를 쓰고, 각각에 대해 설명하시오.

'24, '22, '19, '16, '13, '11 직업상담사 2급 검정형

(1) **완곡화** : 검사점수가 정규분포와 비교적 유사한 경우 절선도표나 주상도표에서 **정규분포의 모양을 갖추도록 점수를 가감**한다.
(2) **절미법** : 검사점수가 **편포를 이루는 경우 그 꼬리를 잘라내는 방법**이다.
(3) **면적환산법** : 각 검사점수들의 백분위를 통해 그 **백분위에 해당하는 Z점수를 찾는 방법**이다.

★★ 05

직업심리검사에서 측정의 기본단위인 척도의 4가지 유형을 쓰고, 각각에 대해 설명하시오.

'24, '20, '16, '12, '06, '03 직업상담사 2급 검정형

(1) **명명척도** : 숫자의 차이가 대상에 따라 측정한 **속성이 다르다는 것만을 나타내는 척도**이다.
(2) **서열척도** : 숫자의 차이가 측정한 속성의 차이에 관한 정보뿐 아니라, 그 **순위관계에 대한 정보도 포함하고 있는 척도**이다.
(3) **등간척도** : 할당된 수의 차이가 차이정보와 서열정보 외에도, **속성의 차이가 동일하다는 등간정보도 포함하고 있는 척도**이다.
(4) **비율척도** : 차이정보와 서열정보, 등간정보 외에 **수의 비율에 관한 정보도 담고 있는 척도**이다.

06 심리검사의 사용 목적 3가지를 쓰고 설명하시오.

'22, '20, '07, '03 직업상담사 2급 검정형

모범답안

(1) **자기이해 증진** : 표준화된 검사를 통해 **자기 자신에 대한 올바른 이해와 합리적인 의사결정을** 내릴 수 있도록 돕는다.
(2) **분류 및 진단** : 적성, 흥미 등 내담자에 대한 자료를 수집하여 **문제의 원인을 파악하고, 이를** 해결하기 위한 도구로 활용한다.
(3) **행동의 예측** : 검사를 통해 내담자의 특성을 밝혀냄으로써 **미래의 행동이나 성취 등을 예측하** 여 그에 대한 대안적 조치를 마련한다.
(4) 조사 및 연구 : 심리적인 문제들을 해결하기 위한 기초 조사 및 연구 장면에서 측정도구로서 활용된다.
(5) 인사선발 및 배치 : 산업장면에서 적합한 인재를 선발하고, 그에 맞는 직무에 배치하기 위해 측정도구로서 활용된다.

➕ Plus Check

[심리검사의 용도]

(1) **교육 및 직업훈련 분야** : 학생들의 진로 상황 진단, 의사결정 유형 분류, 상급 학교 진학 시 진로 선택, 계열 선택, 전공 선택, 직업훈련 기관에서 훈련생 선발을 위해 사용한다.
(2) **직업상담 분야** : 개인의 직업 논점에서 비롯한 정신병리적 현상을 진단, 직업 및 취업에 대한 예언, 실업으로 인한 다양한 정서적 혼란, 전공이나 직업의 적합성, 직업훈련 선택, 전직 및 진로 전환, 대인관계의 어려움을 돕기 위해 사용한다.
(3) **산업체 분야** : 인사선발과 분류, 채용, 업무 배정, 부서 이동 · 승진 · 퇴직 등의 문제, 군대의 인사선 발 및 배치를 위해 사용한다.
(4) **기초 연구 분야** : 자료 수집을 위한 수단, 개인의 진로발달의 변화, 진로계획과 선택에 대한 효율성, 직업심리치료의 성과, 직업상담 프로그램의 효과 등에 대한 연구에 사용한다.

07 집단 심리검사 점수의 중심경향치로서 대푯값의 종류 3가지를 쓰고, 각각에 대해 설명 하시오.

'15 직업상담사 2급 검정형

모범답안

(1) **중앙치** : 모든 점수를 크기순으로 배열했을 때 **서열상 가장 중앙에 해당하는 점수**이다.
(2) **최빈치** : 모든 점수들 중에서 **가장 많이 발생한 점수**이다.
(3) **평균치** : 집단에 속한 **모든 점수를 합해서 사례의 수로 나눈 값**이다.

08

직업상담사가 구직자 A와 B에게 동형검사인 직무능력검사(I형)과 직무능력검사(II형)을 실시한 결과, A는 115점, B는 124점을 얻었으나 검사유형이 다르기 때문에 두 사람의 점수를 직접 비교할 수 없다. A와 B 중 누가 더 높은 직무능력을 갖추었는지 각각 표준점수인 Z점수를 산출하고 이를 비교하시오. (단, 각각의 Z점수는 반올림하여 소수점 둘째 자리까지 산출하며, 계산과정을 반드시 기재하시오.)

> A : 직무능력검사(I형) 표준화 집단 평균 : 100, 표준편차 : 7
> B : 직무능력검사(II형) 표준화 집단 평균 : 100, 표준편차 : 15

'14, '07 직업상담사 2급 검정형

모범답안

Z = (원점수 − 평균) ÷ 표준편차

A의 Z점수 $= (115 - 100) \div 7 ≒ 2.14$

B의 Z점수 $= (124 - 100) \div 15 = 1.60$

따라서 A의 Z점수가 B의 Z점수보다 높기 때문에 **A가 B보다 더 높은 직무능력을 갖춘 것으로 볼 수 있다.**

09

어느 내담자 C의 심리검사 점수가 7점이라고 할 때, 내담자 C의 표준점수 Z를 구하시오. (단, 소수점 셋째 자리에서 반올림하고, 계산과정을 제시하시오.)

수검자	A	B	C	D	E	F
원점수	3점	6점	7점	10점	14점	20점

(단, 평균은 10, 표준편차는 5.77)

'20 직업상담사 2급 검정형

모범답안

Z점수 = (원점수 − 평균) ÷ 표준편차

Z점수 $= (7 - 10) \div 5.77 ≒ -0.52$

따라서 C의 Z점수는 −0.52점이다.

10 어떤 집단의 심리검사 점수가 분산되어 있는 정도를 판단하기 위하여 사용되는 기준 3가지를 쓰고, 그 의미를 설명하시오.

'25, '14, '11, '08 직업상담사 2급 검정형

모범답안

(1) **범위** : 점수 분포에 있어서 **최고점수와 최저점수까지의 거리**를 말한다.
(2) **표준편차** : 점수들 간의 상이한 정도, 즉 **평균에서 각 점수들이 평균적으로 이탈된 정도**를 말한다.
(3) **분산** : 편차를 제곱하여 총합한 다음 이것을 전체 사례 수로 나눈 값으로, **표준편차를 제곱한 값**에 해당한다.

11 발달규준의 종류 3가지를 쓰시오.

'25 직업상담사 1급 검정형 / '25, '12 직업상담사 2급 검정형

모범답안

(1) **연령규준**
(2) **학년규준**
(3) **서열규준**

➕ Plus Check

(1) **연령규준** : 개인의 점수를 규준집단에 있는 사람들의 연령에 비교해서 몇 살에 해당되는지를 해석할 수 있게 하는 방법
(2) **학년규준** : 주로 성취검사에서 이용하기 위해 학년별 평균이나 중앙치를 이용해서 규준을 제작하는 방법
(3) **서열규준** : 개인 점수의 발달수준을 집단 내 서열적 위치에 초점을 두어 순위나 상대적 위치로 나타내는 규준

12 표준화된 심리검사에는 집단 내 규준이 포함되어 있다. 집단 내 규준의 종류 3가지를 쓰고, 각각에 대해 설명하시오.

'25, '24, '23, '21, '20, '19, '18, '17, '15, '14, '12, '10, '09, '08, '07 직업상담사 2급 검정형

모범답안

(1) **백분위 점수** : 특정 원점수 이하인 사례의 비율을 통해 나타내는 상대적 위치이다.
(2) **표준점수** : 분포의 표준편차를 이용하여 개인이 평균으로부터 벗어난 거리를 표시하는 것이다.
(3) **표준등급** : 원점수를 비율에 따라 1에서 9까지의 범주로 나누는 것이다.

★★★
13 규준 제작 시 사용되는 확률표집방법의 종류 3가지를 쓰고, 각각에 대해 설명하시오.

'25, '24, '22, '20, '18, '16, '15, '10 직업상담사 2급 검정형

모범답안

(1) **단순무선표집** : 모집단의 **구성원들이 표본에 속할 확률이 동일**하도록 표집한다.
(2) **층화표집** : 모집단이 규모가 다른 몇 개의 **이질적인 하위집단으로 구성**되어 있는 경우 각 하위집단 내에서 **필요한 만큼 무선표집**한다.
(3) **집락표집 (군집표집)** : 모집단을 서로 **동질적인 하위집단으로 구분**하여 집단 자체를 표집한다.
(4) 체계적 표집 : 조사대상자 목록에서 일정한 순서에 따라 매 K번째 요소를 추출하는 방법이다.

★★
14 모집단에서 규준집단을 구성하기 위한 표본추출 방법에는 확률표집과 비확률표집 방법이 있다. 비확률표집 방법의 종류 3가지를 쓰고, 각각에 대해 설명하시오.

'24 직업상담사 2급 검정형

모범답안

(1) **편의표집** : 연구자가 **접근 가능한 대상을 이용**해 표본을 구성하는 방식이다.
(2) **목적표집** : **연구 목적에 맞추어 특성 있는 대상을 의도적으로 선정**하는 방식으로 표본이 특정 조건을 충족하도록 설계한다.
(3) **할당표집** : 모집단의 인구통계적 **특성을 고려해 하위그룹의 비율(quota)을 맞춰 비확률적으로 표본을 구성**한다.
(4) 눈덩이표집 : 참여한 대상이 주변의 유사한 대상을 소개하여 표본이 확대되는 방식이다.

15 심리검사의 실시방식에 따른 분류 3가지를 쓰시오.

'17 직업상담사 2급 검정형

모범답안

(1) **실시 시간**에 따라 **속도검사와 역량검사**로 분류한다.
(2) **수검자 수**에 따라 **개인검사와 집단검사**로 분류한다.
(3) **검사 도구**에 따라 **지필검사와 수행검사**로 분류한다.

16 검사의 분류 방법 중 실시 시간에 따른 분류인 속도검사와 역량검사의 특징을 설명하시오.

'20, '15, '12 직업상담사 2급 검정형

모범답안

(1) **속도검사** : 검사실시에 **시간제한을 두는 검사로 쉬운 문제로 구성**되는 것이 일반적이다. 주로 **숙련도를 측정**한다.
  예 지능검사의 바꿔쓰기 소검사
(2) **역량검사** : 검사실시에 **시간제한을 두지 않는 검사로 어려운 문제로 구성**된다. 주로 **문제해결력을 측정**한다.
  예 각종 수학경시대회

17 직업심리검사의 분류에서 극대수행검사와 습관적 수행검사에 대해 설명하고, 각각의 대표적인 유형 2가지를 쓰시오.

'20, '13, '10, '09 직업상담사 2급 검정형

모범답안

(1) **극대수행검사 (성능검사)** : 시간제한이 엄격하고, **수검자의 능력을 최대한 발휘할 것을 요구**하는 검사로 **지능검사, 적성검사, 성취도검사** 등이 대표적이다.
(2) **습관적 수행검사 (성향검사)** : 정답이 없고 시간제한이 없으며, **습관적으로 하는 전형적 행동을 선택하도록 요구**하는 검사로 **성격검사, 흥미검사, 태도검사** 등이 대표적이다.

18 성능검사와 성향검사에 해당하는 검사명을 각각 3가지씩 쓰시오.

'18, '12, '06, '01 직업상담사 2급 검정형

모범답안

(1) **성능검사** : **한국판 웩슬러 성인용 지능검사**(K-WAIS), **일반직업적성검사**(GATB), **학업성취도검사**
(2) **성향검사** : **마이어스-브릭스 성격유형검사**(MBTI), **미네소타 다면적 인성검사**(MMPI), **직업선호도검사**(VPI)

19 심리검사는 검사내용에 따라 성능검사와 성향검사로 구분된다. 그 중 성향검사의 종류 6가지를 쓰시오.

'23 직업상담사 2급 검정형

모범답안

(1) **성격**검사, (2) **흥미**검사, (3) **태도**검사, (4) **동기**검사, (5) **가치**검사, (6) **욕구**검사

20 심리검사는 검사내용에 따라 성능검사와 성향검사로 구분된다. 그 중 성능검사의 종류 6가지를 쓰시오.

'24 직업상담사 2급 검정형

모범답안

(1) **지능**검사, (2) **적성**검사, (3) **성취도**검사, (4) **인지능력**검사, (5) **사고능력**검사, (6) **특수능력**검사

21 검사의 분류 방법 중 검사 내용에 따른 분류 2가지를 설명하고 각각 검사 종류의 예를 3가지씩 쓰시오.

'24 직업상담사 2급 과정평가형

모범답안

(1) **인지적 검사** : 인지능력을 평가하기 위한 검사로서 **시간제한이 엄격**하고, 수검자의 능력을 최대한 발휘할 것을 요구하기 때문에 '**극대수행검사**(최대수행검사)'라고도 한다. **지능검사, 적성검사, 성취도검사**가 해당한다.
(2) **정서적 검사** : 정서, 동기, 흥미, 태도, 가치 등을 재는 검사로서 **시간제한이 없으며**, 일반적으로 정답이 없고 습관적으로 하는 전형적 행동을 선택하도록 하기 때문에 '**습관적 수행검사**'라고도 한다. **성격검사, 흥미검사, 태도검사 및 욕구검사** 등이 해당한다.

➕ Plus Check

[검사 내용별 심리검사의 분류체계와 특징]

구분		심리검사의 종류	특징
인지적 검사 (능력검사)	지능검사	아동용 웩슬러 지능검사 (K-WISC-IV) 한국판 웩슬러 지능검사 (K-WAIS-IV)	• 극대수행검사 • 문항에 정답이 있음 • 응답의 시간제한 있음 • 최대한의 능력발휘 요구
	적성검사	GATB 일반적성검사 성인용 직업적성검사 기타 다양한 특수적성검사들	
	성취도검사	다양한 시험들 (학교시험, 대학수학능력시험, SAT, TOEFL, TOEIC 등)	
정서적 검사 (성격검사)	성격검사	직업선호도검사 중 성격검사 (Big 5) 다면적 인성검사 (MMPI) 캘리포니아 성격검사 (CPI) 성격유형검사 (MBTI)	• 습관적 수행검사 • 문항에 정답이 없음 • 응답의 시간제한 없음 • 최대한의 정직한 응답 요구
	흥미검사	스트롱흥미검사 쿠더직업흥미검사 직업선호도검사 L형 중 흥미검사 직업카드 심리검사	
	태도검사	구직욕구검사, 직무만족도검사, 부모양육태도검사 등	

★★★
22 심리검사의 사용 목적에 따라 규준참조검사와 준거참조검사로 구분할 수 있다. 각각의 의미를 예를 들어 설명하시오.

'23 직업상담사 1급 과정평가형 / '21, '19, '18, '16, '11, '10, '05 직업상담사 2급 검정형

모범답안

(1) **규준참조검사** : 개인의 점수를 다른 사람의 점수와 비교해서 상대적으로 어떤 수준인지 알아보기 위한 목적의 검사이다. 일반적으로 심리검사들은 이에 해당한다.

(2) **준거참조검사** : 개인의 점수를 어떤 기준점수와 비교하기 위한 절대평가 목적의 검사이다. 당락점수가 정해져 있는 대부분의 국가자격시험이 이에 해당한다. 기준점수는 검사, 기관, 검사 시기나 목적에 따라 달라질 수 있다.

심리검사에는 객관적 형태의 자기보고형 검사가 가장 많이 사용된다. 이와 같은 형태의 검사가 가지는 장점을 5가지 쓰시오.

'24, '22, '21, '19, '17, '14, '09 직업상담사 2급 검정형

모범답안

(1) 검사 **실시의 간편성**
(2) **시간과 노력의 절약**
(3) **객관성**의 증대
(4) **신뢰도 및 타당도의 확보**
(5) **상황적 요인의 영향 최소화**

➕ Plus Check

구분	객관적 검사	투사적 검사
장점	① 검사실시의 간편성 ② 시간과 노력의 절약 ③ 객관성의 증대(보장) ④ 신뢰도 및 타당도의 확보 ⑤ 검사자 및 상황적 요인의 영향 최소화	① 반응의 독특성 ② 방어의 어려움 (솔직한 응답 유도) ③ 반응의 풍부함 ④ 무의식적 내용의 반영 ⑤ 제한적인 언어 기능의 수검자 적합
단점	① 사회적 바람직성, 반응 경향성 영향 ② 문항 내용 및 응답 범위 제한 ③ 감정 및 무의식적 요인 간과 ④ 일정한 흐름에 따른 응답 가능성	① 낮은 신뢰도와 타당도 ② 상황적 요인들의 영향 ③ 채점 및 해석에 높은 전문성 요구
검사 예시	• 미네소타 다면적 인성검사 (MMPI) • MBTI성격유형검사 • 스트롱흥미검사 (SII) • 인지능력검사 (CAT)	• 로샤 잉크반점 검사 • 주제통각검사 (TAT) • 문장완성검사 (SCT) • 집–나무–사람 그림검사 (HTP)

★★★
24

심리검사 유형 중 투사적 검사의 장점 및 단점을 각각 3가지 쓰시오.

'24, '20, '18, '16, '14, '13, '10, '08 직업상담사 2급 검정형

모범답안

(1) **장점**
　① 반응의 독특성
　② 방어의 어려움
　③ 무의식적 내용의 반영

(2) 단점
　① 낮은 신뢰도와 타당도
　② 상황적 요인들의 영향
　③ 채점 및 해석에 높은 전문성 요구

★★★ 25

직업상담시 내담자 이해를 위한 질적 측정도구 3가지를 쓰고, 각각에 대해 설명하시오.

'24, '22, '17, '13 직업상담사 2급 검정형

모범답안

(1) **자기효능감 척도** : 어떤 **과제의 수행 가능성에 대한 확신도와 실제 수행수준을 측정**한다.
(2) **역할놀이** : 가상 상황을 제시하여 **역할연기를 해보도록 함으로써, 내담자의 사회적 기술들을 측정**한다.
(3) **(직업)카드분류** : 카드 분류 활동을 통해 내담자의 직업에 대한 선호 및 흥미, 가치관 등을 측정한다.
(4) 직업가계도 (제노그램) : 내담자의 가족이나 선조들의 직업 특징에 대한 시각적 표상을 얻기 위해 도표를 만드는 것이다.

★★★ 26

일반적성검사(GATB)에서 측정하는 9가지 적성 요인을 모두 쓰고, 그 중 5가지를 설명하시오.

'25, '22, '15, '02, '01 직업상담사 2급 검정형

모범답안

(1) **지능** : 일반적인 학습능력, **설명이나 지도내용과 원리를 이해하는 능력**을 의미한다.
(2) **형태지각** : 실물이나 도해 또는 표에 나타나는 것을 세부까지 **바르게 지각하는 능력**을 의미한다.
(3) **사무지각** : 문자나 인쇄물, 전표 등의 세부 사항을 **식별하는 능력**을 의미한다.
(4) **운동반응** : 눈과 손 또는 눈과 손가락을 함께 사용해서 빠르고 정확한 운동을 할 수 있는 능력을 의미한다.
(5) **공간적성** : **공간상의 형태를 이해하고 평면과 물체의 관계를 이해하는 능력**을 의미한다.
(6) **언어능력** : 언어의 뜻과 개념을 이해하고 사용하는 능력을 의미한다.
(7) **수리능력** : 빠르고 정확하게 계산하는 능력을 의미한다.
(8) **손 재치** : 손을 마음대로 정교하게 조절하는 능력을 의미한다.
(9) **손가락 재치** : 손가락을 정교하게 조절하는 능력을 의미한다.

[일반적성검사(GATB)의 9가지 적성 요인과 검사의 종류]

적성 요인	검사
지능	입체공간검사, 어휘검사, 산수추리검사
형태지각	기구대조검사, 형태대조검사
사무지각	명칭비교검사
운동반응	타점속도검사, 표식검사, 종선기입검사
공간적성	평면도판단검사, 입체공간검사
언어능력	어휘검사
수리능력	산수추리검사, 계수검사
손 재치	환치검사, 회전검사
손가락 재치	조립검사, 분해검사

★★
27 홀랜드의 인성이론에서 제안된 직업선호도검사 L형 흥미검사의 6가지 유형과 특징 그리고 직업을 예를 들어 기술하시오.

'25, '23, '20, '19, '18, '14, '09, '08 직업상담사 2급 검정형

모범답안

(1) **현실형** : **몸이나 도구를 사용하여 야외에서 하는 활동을 선호**하고, 대인관계 기술이 부족하다.
 예 기술자, 항공기 조종사, 엔지니어, 운동선수 등

(2) **탐구형** : **탐구하고 연구하는 활동을 선호**하고 사람보다는 아이디어를 강조하고 추상적인 사고를 선호한다.
 예 의사, 과학자, 교수 등

(3) **예술형** : 창의성을 지향하며 **자신을 새로운 방식으로 표현하는 활동을 선호**한다.
 예 예술가, 작곡가, 디자이너 등

(4) **사회형** : **다른 사람들과 함께 일하고 돕고 육성하고 계발하는 것을 선호**하며, 대인관계 기술이 좋다.
 예 사회복지사, 상담사, 교사, 간호사 등

(5) **진취형** : 특정 **목표를 달성하기 위해 타인을 통제하고 지배하는 데 관심**이 있다.
 예 사업가, 정치가, 법관, 영업사원 등

(6) **관습형** : **구조화된 환경에서 일하는 것을 선호**하고, 세밀하고 꼼꼼한 일에 능숙하다.
 예 사서, 은행원, 비서, 세무사 등

28 ★★★

Big-5 이론의 5가지 성격 요인을 쓰고, 설명하시오.

'25, '24, '21, '19 직업상담사 2급 검정형

모범답안

(1) **외향성** : 타인과의 상호작용을 원하고, 타인의 관심을 끌고자 하는 **정도**를 의미한다.

(2) **호감성** : 타인과 편안하고 조화로운 관계를 유지하는 **정도**를 의미한다.

(3) **성실성** : 사회적 규칙, 규범, 원칙들을 기꺼이 **지키려는 정도**를 의미한다.

(4) **정서적 불안정성** : 정서적으로 얼마나 안정되어 있고 자신이 세상을 얼마나 통제할 수 있으며, **세상을 얼마나 위협적이지 않다고 생각하는지의 정도**를 의미한다.

(5) **경험에 대한 개방성** : 자기 자신을 둘러싼 세계에 관한 관심, 호기심, **다양한 경험에 대한 추구 성향**을 의미한다.

➕ Plus Check

[직업선호도검사 L형 성격검사에서 성격의 5요인과 소검사 구성]

요인	소검사
외향성	온정성, 사교성, 리더십, 적극성, 긍정성
호감성	타인에 대한 믿음, 드덕성, 타인에 대한 배려, 수용성, 겸손, 휴머니즘
성실성	유능성, 조직화 능력, 책임감, 목표지향, 자기통제력, 완벽성
정서적 불안정성	불안, 분노, 우울, 자의식, 충동성, 스트레스 취약성
경험에 대한 개방성	상상력, 문화, 정서, 경험 추구, 지적 호기심

29 ★★★

직업선호도검사 L형의 생활사검사의 요인 7가지를 쓰시오.

'25 직업상담사 1급 검정형

모범답안

(1) **대인관계지향**

(2) **독립심**

(3) **가족친화**

(4) **야망**

(5) **학업성취**

(6) **예술성**

(7) **운동선호**

(8) 종교성

(9) 직무만족

[생활사검사의 9가지 요인]

구분	내용
대인관계지향	사람들과 어울려 지내는 것을 편안하고 즐겁게 여기는 정도
독립심	자기문제를 스스로 해결하는 정도
가족친화	성장기 때 가족의 심리적 지지와 관심 정도
야망	자신에게 사회적 부와 명예가 얼마나 중요한지 정도
학업성취	학창시절의 학업성적 정도
예술성	예술적인 자질, 경험 및 관심 정도
운동선호	운동에 관한 선호와 능력 정도
종교성	생활 속에서 종교의 중요성 정도
직무만족	과거 또는 현재의 직무에 대한 만족 정도

★30

진로성숙도 검사(CMI)의 태도 척도 5가지를 쓰고 설명하시오.

'15 직업상담사 2급 검정형

모범답안

(1) **참여도** : 진로선택 과정에서 능동적으로 참여하는 정도를 측정한다.

(2) **타협성** : 진로선택 시 욕구와 현실을 타협하는 정도를 측정한다.

(3) **독립성** : 진로선택을 독립적으로 할 수 있는 정도를 측정한다.

(4) **결정성** : 선호하는 진로방향에 대한 확신 정도를 측정한다.

(5) **성향**(지향성) : 진로결정에 필요한 사전 이해와 준비의 정도를 측정한다.

[진로성숙도 검사(CMI)의 능력 척도 5가지]

(1) **자기평가** : 자신의 능력, 흥미, 욕구 및 가치 등에 대해 알고 있는 정도를 측정한다.

(2) **직업정보** : 특정 직업의 직무 내용에 대한 개인의 지식 정도를 측정한다.

(3) **목표선정** : 개인(자신)과 직업을 매칭시키는 정도를 측정한다.

(4) **계획** : 진로결정을 단계에 맞게 이행하는 능력을 측정한다.

(5) **문제해결** : 진로의사결정에서 발생하는 문제 및 장애를 해결하는 능력을 측정한다.

※ **주의** : 진로성숙도 검사(CMI)는 미국의 Crites가 개발한 검사와 한국교육개발원에서 개발한 검사 2가지가 시험문제에 출제되며, 태도척도와 능력척도에서 각 5가지의 하위척도를 질문하는 경우는 미국의 검사 그리고 각 3가지의 하위척도를 질문하는 경우는 한국교육개발원의 진로성숙도 검사에 대해 묻고 있는 것이므로 이를 주의하여야 한다.

★★
31

한국교육개발원에서 개발한 진로성숙도 검사(CMI : Career Maturity Inventory)의 태도 영역과 능력 영역에서 측정하는 요인을 각각 3가지씩 쓰시오.

'22, '17, '13, '09 직업상담사 2급 검정형

모범답안

(1) 태도 영역 : 계획성, 독립성, 결정성
(2) 능력 영역 : 직업세계 이해 능력, 직업 선택 능력, 합리적 의사결정 능력

★★★
32

진로성숙도 검사(CMI)의 능력 척도를 3가지 쓰고 설명하시오.

'25, '20, '15 직업상담사 2급 검정형

모범답안

(1) **직업세계 이해 능력** : **직업의 종류**, **직업의 특성**, **작업조건**, 교육 수준, 직무 및 직업 세계의 변화 경향과 직업정보 획득 **등에 대한 지식과 이해의 정도**
(2) **직업 선택 능력** : 자신의 적성, 흥미, 학력, 신처적 조건, 가정환경 등과 직업 세계에 대한 지식과 이해를 토대로 **자신에게 적합한 직업을 선택할 수 있는 능력**
(3) **합리적 의사결정 능력** : 자기 자신 및 직업 세계에 대한 올바른 이해와 지식을 바탕으로 **진로와 관련된 의사결정과정에서 부딪히는 갈등 상황을 합리적으로 해결하는 능력**

★★★
33

진로성숙도 검사(CMI)의 태도 척도를 3가지 쓰고 설명하시오.

'24, '22, '20, '17, '15 직업상담사 2급 검정형

모범답안

(1) **계획성** : 자신의 진로 방향 선택 및 **직업 결정을 위한 사전 준비와 계획의 정도**
(2) **독립성** : 자신의 **진로를** 탐색, 준비, 선택하는 데 있어서 스스로 할 수 있는 정도
(3) **결정성** : 자신의 진로 방향 및 **직업 선택에 대한 확신의 정도**

34 직업상담 장면에서 사용할 수 있는 질적 검사인 직업카드 심리검사의 의의를 쓰시오.

모범답안

(1) 내담자가 언어로 표현한 생각 및 신념을 분석하여 **사고 체계를 명료화**할 수 있다.
(2) 내담자는 **직업 세계에 대한 이해**를 넓히고 자신의 **흥미와 직업적 욕구, 가치관 등에 대해 생각해보는 기회를 제공**하고 선택의 과정을 체험한다.
(3) 상담자는 학생, 일반인 등 **내담자에 대한 심상이 형성**되고, 행동의 흐름과 개인적 논리를 인식하게 된다.
(4) 현재나 앞으로 예상되는 **직장 내 역할갈등이나 직무 불만족의 근거를 발견**할 수 있다.
(5) **직업 대안 탐색의 초석을 마련**할 수 있다.

★
35 직업카드 심리검사의 활용 방법 3가지를 쓰시오.

모범답안

(1) **생애진로주제 분석**
(2) **가치 사정**
(3) **흥미 사정**

★
36 가치사정의 용도 3가지를 쓰시오.

'11 직업상담사 2급 검정형

모범답안

(1) **자기인식의 발전**
(2) 현재의 **직업불만족 근거에 대한 확인**
(3) **역할 갈등의 근거에 대한 확인**
(4) 저수준의 동기 및 성취의 근거 확인
(5) 다른 사정의 예비 단계
(6) 직업선택 및 직업전환을 위한 전략

37 내담자의 흥미를 사정하는 목적 5가지를 쓰시오.

'25 직업상담사 1급 검정형 / '22, '18, '15, '12 직업상담사 2급 검정형

모범답안

(1) **자기인식 발전**시키기
(2) **직업대안 규명**하기
(3) **여가 선호와 직업 선호 구별**하기
(4) **직업 및 교육상 불만족의 원인 규명**하기
(5) **직업탐색 구체화**하기

38 성격사정의 목표를 3가지 쓰시오.

'14, '11, '09 직업상담사 2급 검정형

모범답안

(1) **자기인식 증진**
(2) **좋아하는 일역할, 작업기능, 작업환경 등 확인**
(3) **직업불만족의 근원 확인**

39 MMPI의 타당도 척도 중 문항 내용과 무관한 응답 평가 척도 3가지를 쓰고 설명하시오.

'25 직업상담사 1급 검정형

모범답안

(1) **무응답 척도 (? 척도)** : 무응답 척도는 대답을 누락했거나 '그렇다' 또는 '아니다' 모두에 응답한 문항의 수이다.
(2) **무선반응 비일관성 척도** (VRIN 척도) : 전형적으로 문항의 내용을 **제대로 읽지 않고 응답했거나** 문항에 완전히 혹은 대부분 **무선적으로 응답한 사람들을 구별해 내기 위한 것**이다.
(3) **고정반응 비일관성 척도** (TRIN 척도) : 문항 내용과 상관없이 무분별하게 '그렇다'로 응답하거나 '아니다'로 응답하는 **고정반응 경향 때문에 비일관적인 반응을 보인 사람들을 탐지하기 위한 것**이다.

40 ★★★

MMPI의 타당도 척도 중 ?, L, F, K 척도에 대해 설명하시오.

모범답안

(1) **? 척도 (무응답 척도)** : 무응답 척도는 대답을 누락했거나 '그렇다' 또는 '아니다' 모두에 응답한 문항의 수이다.
(2) **L 척도 (부인 척도)** : 자신을 실제보다 더 좋게 드러내려는 의도를 탐지하는 척도이다.
(3) **F 척도 (비전형 척도)** : 이상 반응 경향 혹은 비전형적인 반응 결과를 탐지하는 척도이다.
(4) **K 척도 (교정 척도)** : 수검자의 방어적 태도가 임상 척도 점수에 미치는 영향을 교정하기 위한 척도이다.

41 ★★

MMPI-2에서 자신의 증상에 대한 과장된 보고를 탐지하는 척도를 3가지 쓰고, 각각에 대해 설명하시오.

모범답안

(1) **F 척도** (비전형 척도) : **비전형적인 반응 결과를 탐지**한다.
(2) **FB 척도** (비전형-후반부 척도) : **검사 후반부의 과대보고를 탐지**한다.
(3) **FP 척도** (비전형-정신병리 척도) : **정신병리에 의해 상승되지 않는 비전형 반응을 탐지**한다.
(4) **FBS 척도** (증상 타당도 척도) : **자신의 신체증상에 대한 과대보고를 탐지**한다.

42 ★

MMPI 검사의 임상척도 10가지를 고유번호와 함께 쓰시오.

모범답안

(1) 1 : **건강염려증** (Hs)
(2) 2 : **우울증** (D)
(3) 3 : **히스테리** (Hy)
(4) 4 : **반사회성** (Pd)
(5) 5 : **남성성-여성성** (Mf)
(6) 6 : **편집증** (Pa)
(7) 7 : **강박증** (Pt)
(8) 8 : **조현병** (Sc)
(9) 9 : **경조증** (Ma)
(10) 0 : **내향성** (Si)

43 MMPI-2의 정신병리 5요인 척도(PSY-5 척도)를 쓰시오.

모범답안

(1) **공격성 척도** (Aggressiveness : AGGR)
(2) **정신증 척도** (Psychoticism : PSYC)
(3) **통제 결여 척도** (Disconstraint : DISC)
(4) **부정적 정서성/신경증 척도** (Negative Emotionality/Neuroticism : NEGE)
(5) **내향성/낮은 긍정적 정서성 척도** (Introversion/Low Positive Emotionality : INTRO)

44 MMPI-2에서 ? 척도의 상승을 야기할 수 있는 이유를 5가지 쓰시오.

모범답안

(1) **강박성**으로 인해 수검자가 정확한 응답에 집착하는 경우
(2) **수검자가 정신적 부주의나 혼란**으로 인해 응답을 빠뜨린 경우
(3) **수검자의 방어적 태도**로 인해 검사나 검사자를 불신하는 경우
(4) 수검자가 **불안이나 우울 증상**을 가지고 있는 경우
(5) 수검자가 **비협조적인 태도**를 가지고 있는 경우

★45 웩슬러 지능검사에 동작성 척도를 포함시킴으로써 얻게 된 장점을 3가지 기술하시오.

'18 직업상담사 2급 검정형

모범답안

(1) **언어적·문화적·교육적 요인들**로 인한 편향의 가능성을 극복할 수 있다.
(2) 수검자의 행동을 관찰함으로써 **수검자의 문제해결 전략을 직접 관찰**할 수 있다.
(3) 수검자의 **정서장애**가 검사 수행에 미치는 영향을 파악할 수 있다.

★★★46 한국판 웩슬러 성인지능검사(K-WAIS-IV)의 지표 4가지를 쓰고, 각 지표별 핵심 소검사를 2개씩 그리고 보충 소검사를 1개씩 쓰시오.

'25 직업상담사 1급 검정형

(1) **언어이해지표** (VCI) : 핵심 – 공통성, **어휘, 상식** / 보충 – **이해**
(2) **지각추리(론)지표** (PRI) : 핵심 – 토막짜기, **행렬추리, 퍼즐** / 보충 – 무게비교, **빠진곳찾기**
(3) **작업기억지표** (WMI) : 핵심 – **숫자, 산수** / 보충 – **순서화**
(4) **처리속도지표** (PSI) : 핵심 – **동형찾기, 기호쓰기** / 보충 – **지우기**

---

47 한국판 웩슬러 성인지능검사(K–WAIS–IV)의 핵심소검사 10개 중 시간제한이 있는 검사 5가지를 쓰시오.

(1) **토막짜기**
(2) **퍼즐**
(3) **산수**
(4) **동형찾기**
(5) **기호쓰기**

➕ Plus Check

[K–WAIS–IV에서 시간제한이 있는 소검사 8가지]
(1) 핵심소검사 : 토막짜기, 퍼즐, 산수, 동형찾기, 기호쓰기
(2) 보충소검사 : 무게비교, 빠진곳찾기, 지우기

★★★
48 스트롱(Strong) 직업흥미검사의 하위척도 3가지를 쓰고 설명하시오.

'25, '21, '20, '18, '14, '11, '09 직업상담사 2급 검정형

(1) **일반직업분류 (GOT)** : 홀랜드의 6가지 유형분류로서 **흥미에 대한 포괄적인 정보를** 제공한다.
(2) **기본흥미척도 (BIS)** : 일반직업분류의 하위척도로서 **특정한 활동이나 주제에 대한 흥미를 측정**하는 25개 척도로 구성된다.
(3) **개인특성척도 (PSS)** : 일상생활과 일의 세계와 관련된 **광범위한 특성에 대하여 개인이 선호하고 편안하게 느끼는 것을 측정**한다.

★ 49

자기보고식 가치사정법 6가지를 쓰시오.

'24, '19, '16, '12, '11, '10 직업상담사 2급 검정형

모범답안

(1) 체크목록 가치에 순위 매기기
(2) 과거의 선택 회상하기
(3) 절정경험 조사하기
(4) 자유시간과 금전의 사용
(5) 백일몽 말하기
(6) 존경하는 사람 기술하기

50

고용24에서 제공하는 성인용 직업심리검사 중 지필로 가능한 검사를 5가지 쓰시오.

모범답안

(1) 직업선호도검사 S형
(2) 구직준비도검사
(3) 창업적성검사
(4) 성인용 직업가치관검사
(5) 대학생 진로준비도검사

➕ Plus Check

[대학생 및 성인 대상 심리검사]

연번	심리검사명	검사시간	실시 방법
1	**직업선호도검사 S형 (개정)**	25분	인터넷, **지필**
2	직업선호도검사 L형 (개정)	60분	인터넷
3	**구직준비도검사**	20분	인터넷, **지필**
4	**창업적성검사**	20분	인터넷, **지필**
5	**성인용 직업가치관검사 (개정)**	20분	인터넷, **지필**
6	영업직무 기본역량검사	50분	인터넷
7	IT직무 기본역량검사	95분	인터넷
8	준고령자 직업선호도검사	20분	인터넷
9	**대학생 진로준비도검사**	20분	인터넷, **지필**
10	이주민 취업준비도검사	60분	인터넷
11	중장년 직업역량검사	25분	인터넷
12	성인용 직업적성검사 (개정)	80분	인터넷

★★ 51

진단 도구 선택 시 유의점 3가지를 쓰시오.

'23, '20, '13, '10, '07, '00 직업상담사 2급 검정형

모범답안

(1) **내담자에게** 진단 도구를 안내할 때에는 모든 진단 도구에 대하여 **정확한 정보를 제시하고 결정하도록 해야 한다.**
(2) **진단 도구의 신뢰도를** 확인한다.
(3) **진단 도구의 타당도를** 확인한다.

★★ 52

진단 도구 선택 시 윤리적 문제에 대해 5가지를 제시하시오.

'23, '22, '19, '16, '10 직업상담사 2급 검정형

모범답안

(1) 내담자에게 **사전에 충분한 정보를 제공하고 동의를 받아야** 한다.
(2) 모든 노력을 기울여 **내담자의 최대 이익과 복지를 증진**한다.
(3) 평가 결과와 해석에 대해 **내담자의 알 권리를 존중**한다.
(4) 평가 기법이 바르게 사용될 수 있도록 노력하며 **평가 결과의 오용을 방지**한다.
(5) **진단 도구의 한계를 인식하고** 이러한 도구의 **질적 향상을 위해 노력**하여야 한다.
(6) 법령의 한계 내에서 진단이나 다른 평가 기법의 기밀을 유지하기 위한 모든 노력을 한다.
(7) 적절한 훈련이나 감독을 받지 않은 사람들이 심리검사를 이용하지 않도록 한다.

★★★ 53

직업심리검사의 신뢰도를 추정하는 방법을 3가지 쓰고, 각각에 대해 설명하시오.

'24, '23, '21, '20, '18, '13, '10, '09, '06 직업상담사 2급 검정형

모범답안

(1) **검사-재검사 신뢰도** : 동일한 사람에게 서로 다른 시기에 **두 번 실시한 검사점수들의 상관계수**를 구한다.
(2) **동형검사 신뢰도** : 새로 개발된 동등한 두 개의 검사 점수간의 상관을 구하거나 이미 신뢰성이 입증된 유사한 검사 점수와의 상관계수를 검토한다.
(3) **반분 신뢰도** : 검사를 한 번 실시하여 문항수가 같도록 반씩 나누어 두 점수간의 상관계수를 계산한다.

★ 54 검사-재검사를 통해 신뢰도를 추정할 경우 충족되어야 할 조건을 3가지 쓰시오.

'16, '15 직업상담사 2급 검정형

모범답안

(1) 측정내용 자체는 일정 시간이 경과하더라도 변하지 않는다고 가정할 수 있어야 한다.
(2) 앞서 받은 검사 경험이 뒤에 받은 검사의 점수에 영향을 미치지 않는다는 확신이 있어야 한다.
(3) 검사와 재검사 사이의 어떤 학습활동이 두 번째 검사의 점수에 영향을 미치지 않는다고 가정할 수 있어야 한다.

★★ 55 신뢰도 검증 방법 중 검사-재검사법의 단점을 4가지 쓰시오.

'25, '22, '18, '14, '13, '12, '09 직업상담사 2급 검정형

모범답안

(1) 성숙효과
(2) 반응민감성
(3) 이월효과 (기억효과)
(4) 시간 및 비용 소요

★ 56 검사-재검사 신뢰도에 영향을 미치는 요인을 4가지 쓰시오.

'23, '20, '18 직업상담사 2급 검정형

모범답안

(1) 성숙효과
(2) 반응민감성
(3) 이월효과 (기억효과)
(4) 수검자의 상태 및 검사 실시 환경의 변화

★ 57 반분신뢰도 추정을 위해 가장 많이 사용하는 방법을 3가지 쓰고, 각각에 대해 설명하시오.

'24, '19, '17, '12 직업상담사 2급 검정형

(1) **전후양분법** : 문항을 **전반부와 후반부으로 반분**한다.
(2) **기우양분법** : 문항을 **짝수 문항과 홀수 문항으로 반분**한다.
(3) **짝진 임의배치법** : 문항을 **문항의 난이도와 문항과 총점 간의 상관계수로 반분**한다.

58 어떤 사람의 직업적성을 알아보기 위해 같은 명칭의 A 적성검사와 B 적성검사를 두 번 반복 실시했는데, 두 검사의 점수가 차이를 보여 이 사람의 정확한 적성을 판단하기 매우 어려운 상황이 발생하였다. 이와 같은 동일한 유형의 유사한 심리검사에서 결과가 서로 다르게 나타날 수 있는 원인을 5가지 쓰시오.

(1) 검사 **내용 및 난이도 차이**
(2) 검사 **시행 조건 및 절차 차이**
(3) **수검자의** 신체적·심리적·정신적 **상태**
(4) 검사 **수행 환경의 차이**
(5) **문항 수와 문항반응 수** 차이

59 지필검사나 평정이 요구되는 관찰 혹은 면접 시 채점자, 평정자로 인해 발생하는 오차의 유형 3가지를 쓰고 설명하시오.

(1) **후광효과로 인한 오차** : 수검자에 대한 **채점자의 인상으로 인한 오차**이다.
(2) **관용의 오차** : 채점자가 **후한 점수를 주는 경향으로 인한 오차**이다.
(3) **중앙집중경향의 오차** : 가급적 **중간 점수를 주는 경향으로 인한 오차**이다.
(4) 논리적 오차 : 어떤 한 특성의 점수를 알고 있으면 다른 특성의 평정에 영향을 미치는 것이다.

60 심리검사의 신뢰도에 영향을 주는 요인을 5가지 쓰고, 각각에 대해 설명하시오.

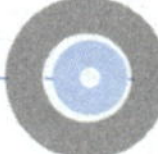

모범답안

(1) **개인차** : 집단의 **개인차가 클수록** 신뢰도 계수도 커진다.
(2) **문항 수** : 문항 수가 많은 경우 신뢰도는 어느 정도 높아진다.
(3) **문항반응 수** : 문항반응 수는 적정한 크기를 유지하는 것이 바람직하다.
(4) **신뢰도의 종류** (신뢰도 추정방법) : 신뢰도 **추정방법에 따라 신뢰도 계수는 각기 다르다.**
(5) **검사유형** : 속도검사의 경우 전후반분법을 이용하여 신뢰도를 추정하는 것은 **바람직하지 못하다.**

★★
61

측정의 신뢰성(Reliability)을 높이기 위해서는 측정오차(Measurement Error)를 최대한 줄여야 한다. 측정오차를 최대한 줄이기 위한 구체적인 방법을 6가지 기술하시오.

'25, '22, '19, '13, '10, '01 직업상담사 2급 검정형

모범답안

(1) **검사의 실시와 채점 과정을 표준화**한다.
(2) 검사의 **문항 수와 문항반응 수를 늘린다.**
(3) 검사의 **신뢰도에 나쁜 영향을 미치는 문항들을 저거**한다.
(4) **신뢰성이 입증된 도구를 사용**한다.
(5) 문항 내용이 **동일한 의미로 해석될 수 있도록 명확히** 한다.
(6) 조사대상자가 **모르거나 관심이 없는 내용에 대한 측정은 배제**한다.

62

검사점수의 변량에 영향을 미치는 요인 중 개인의 일시적이고 일반적인 특성을 5가지 쓰시오.

'17 직업상담사 2급 검정형

모범답안

(1) **건강상태**
(2) **피로도**
(3) **동기**
(4) **정서적 긴장**
(5) **검사요령**
(6) 검사의 메커니즘에 대한 이해
(7) 온도, 조명, 환기 등의 외적 요소

63 실험실 연구의 장점을 3가지 쓰시오.

'23 직업상담사 2급 검정형

모범답안

(1) **인과관계를 밝히는 가장 좋은 방법**이다.
(2) **엄격한 측정**이 가능하므로 **정확성이 매우 높다.**
(3) 다른 연구자들이 **쉽게 반복 확인**할 수 있어서 연구결과의 **객관성을 높일 수 있다.**

★★★
64 타당도의 종류 4가지를 쓰고 설명하시오.

'25, '22, '20, '07, '05 직업상담사 2급 검정형

모범답안

(1) **내용타당도** : 문항들이 그 검사가 **측정하고자 하는 내용영역을 얼마나 잘 반영**하고 있는지를 나타낸다.
(2) **안면타당도** : 실제로 무엇을 측정하는가의 문제가 아니라 **검사가 잰다고 말하는 것을 재는 것처럼 보이는가**의 문제이다.
(3) **준거타당도** : 어떤 **심리검사가 특정 준거와 어느 정도 연관성이 있는지**를 나타내는 것이다.
(4) **구성타당도** (구인타당도) : 검사가 해당 **이론적 구성개념이나 특성을 잘 측정하는 정도**를 말한다.

★★★
65 준거타당도의 의미와 준거타당도의 종류 2가지를 쓰고, 각각에 대해 설명하시오.

'23, '21, '17, '14, '13, '11, '10, '08, '06 직업상담사 2급 검정형

모범답안

(1) **준거타당도의 의미**
   어떤 심리검사가 **특정 준거와 어느 정도 연관성이 있는가**를 말한다.
(2) **준거타당도의 종류**
   ① **예언타당도** : **검사 점수**를 가지고 다른 준거 점수들을 얼마나 **예측해 낼 수 있는가**를 말한다.
   ② **동시타당도** (공인타당도) : 해당 **검사의 점수와 준거점수를 동시에 얻어서 나온 상관계수**로 상관관계를 평가하는 것이다.

66 예언타당도와 동시타당도를 예를 들어 설명하시오.

'23, '18, '12, '06 직업상담사 2급 검정형

모범답안

(1) **예언타당도** : 예를 들어, **인적성검사에서 높은 점수를 얻어 선발된 직원**이 이후 인사고과 점수에서도 높은 점수를 받았다면 해당 검사는 **예언타당도가 높다**고 할 수 있다.

(2) **동시타당도** : 예를 들어, 현재 재직자에게 **선발용 인적성검사를 실시**하였을 때 근무실적이 좋은 재직자가 높은 점수를 얻었다면, 해당 검사는 **등시타당도가 높다**고 할 수 있다.

67 어떤 사람이나 사물을 평가하는 기준을 준거라고 한다. 개념준거와 실제준거의 의미를 설명하시오.

'25, '09 직업상담사 2급 검정형

모범답안

(1) **개념준거** : 연구자가 **연구를 통해 이해하고자 하는 이론적인 기준**을 말한다.
   예 성공하는 학생의 준거가 지적 성장, 정서적 성장, 시민의식의 향상이라고 할 때 이는 개념준거에 속한다.

(2) **실제준거** : **개념준거를 측정 가능한 준거들로 전환한 것**을 의미한다.
   예 지적 성장은 평균학점으로, 정서적 성장은 지도교수의 평점으로, 시민의식은 활동하고 있는 자원봉사기관의 수 등을 들 수 있다.

68 구성타당도를 분석하는 방법 3가지를 제시하고, 각 방법에 대해 설명하시오.

'25, '23, '20, '19, '16, '15, '10, '09, '08, '06, '03, '01 직업상담사 2급 검정형

모범답안

(1) **수렴타당도** : 이론적으로 **관계가 있는 변인과의 상관계수를 측정**한다. 상관계수가 높을 때, 수렴타당도가 높다.

(2) **변별타당도** : 이론적으로 **관계가 없는 변인과의 상관계수를 측정**한다. 상관계수가 낮을 때, 변별타당도가 높다.

(3) **요인분석** : 검사를 구성하는 문항들 간의 상호 상관관계를 분석해서 **상관이 높은 문항들을 묶어 주는 방법**이다.

69 심리검사에서 준거타당도 계수의 크기에 영향을 미치는 요인을 3가지만 쓰고, 각각에 대해 설명하시오.

'24, '22, '18, '12, '11 직업상담사 2급 검정형

모범답안

(1) **표집오차** : 표본이 모집단을 대표하지 못하는 경우 표집오차가 커지고 그 결과 타당도 계수가 낮아진다.
(2) **준거측정치의 신뢰도** : 준거타당도 계산을 위해 사용한 준거측정치의 신뢰도가 낮은 경우 검사의 준거타당도도 낮아진다.
(3) **준거측정치의 타당도** : 준거측정도구가 개념준거를 충분히 반영하지 못하는 경우 준거타당도는 낮아진다.
(4) 범위제한 : 준거타당도 계산을 위해 얻은 자료들이 검사 점수와 준거 점수의 전체범위를 포괄하지 않고 일부만을 포괄하는 경우, 상관계수의 크기는 실제 상관계수보다 작게 된다.

제2절 진단하기

70 직업상담에서 진단실시를 준비할 때 평가자로서 유념할 점을 3가지 쓰시오.

모범답안

(1) **평가 동맹 형성** : 내담자가 진단에 대해 관심과 흥미를 갖고 협조적으로 임하도록 돕는다.
(2) **내담자 상태** : 내담자가 안정된 상태로 평가에 임할 수 있도록 돕는다.
(3) **진단 상황** : 내담자가 정서적으로 안정된 시간이나 장소, 내담자의 피로감 등 진단실시 상황을 고려하여야 한다.

71 진단실시 준비 단계에서 진단 도구 선택 시 고려사항 5가지를 쓰시오.

모범답안

(1) **평가자** : 자기보고식 진단 도구를 통해 내담자 스스로 평가하도록 할 것인지 타인의 보고에 의한 측정으로 평가할 것인지를 고려한다.
(2) **진단 도구의 주제** : 심리적 평가, 정서적 특성, 인지적 변인, 행동 반응 등 어떤 측면을 측정하는 것인지에 대해 판단한다.

(3) **진단실시 장소 및 방법** : 조용하고 독립되어 소음이나 외부 상황으로부터 방해받지 않는 검사실에서 실시하는 것이 좋으며, 지필, 컴퓨터 등 진단을 실시할 방법도 고려한다.

(4) **진단 실시일** : 내담자가 신체적으로나 정신적으로 어려움을 겪고 있는 상태인지 고려하여 내담자가 좋은 상태에 있을 때 실시하여야 한다.

(5) **진단실시 이유와 목적** : 동일한 진단 도구라도 다양한 목적으로 활용될 수 있으므로 이를 고려한다. 예를 들어, 직업카드분류 검사의 경우, 조합한 직업탐색, 직업흥미, 진로 갈등, 진로 신화, 의사결정 등을 평가하기 위해 사용할 수 있다.

72 직업상담에서 대표적인 질적 검사인 직업카드분류 검사를 실시하는 단계를 5단계로 쓰고 설명하시오.

모범답안

(1) **1단계 - 출발** : 내담자에게 **직업카드 분류 활동의 목표를 정확하게 인지시켜 내담자가 흥미를 갖고 능동적으로 참여**할 수 있도록 유도한다.

(2) **2단계 - 카드 분류** : 주어진 **카드를 '좋아함', '모르겠음', '싫어함' 등으로 분류**하도록 한다. 직업명만 기재된 앞면을 보고 분류하고, 잘 모르는 직업의 경우는 뒷면에 적힌 설명을 읽고 분류하도록 한다.

(3) **3단계 - '모르겠음' 카드 재분류** : **'모르겠음'으로 분류한 카드를 다시 분류**하도록 한다. 카드분류가 직업의 선택에 초점을 두는 것이 아니라 자신, 타인, 세계 등에 대한 자신의 주제를 탐구하도록 돕는 데 있음을 주지시켜야 한다.

(4) **4단계 - 주제 찾기** : 특정 **직업에 대해 좋다 혹은 싫다고 생각한 이유를 구체적으로 명료화**시킴으로써 자신의 직업적 흥미를 심층적으로 탐색하는 핵심적인 과정이다.

(5) **5단계 - 직업의 선호도 순위 결정하기** : 좋아하는 직업을 선정하고 우선순위를 결정한다.

직업상담 시 내담자의 직업카드분류 검사결과가 그림과 같을 때 최종 코드와 가장 적합한 직업, 적합한 직업, 고려해 볼 만한 직업 순으로 흥미코드를 제시하시오.

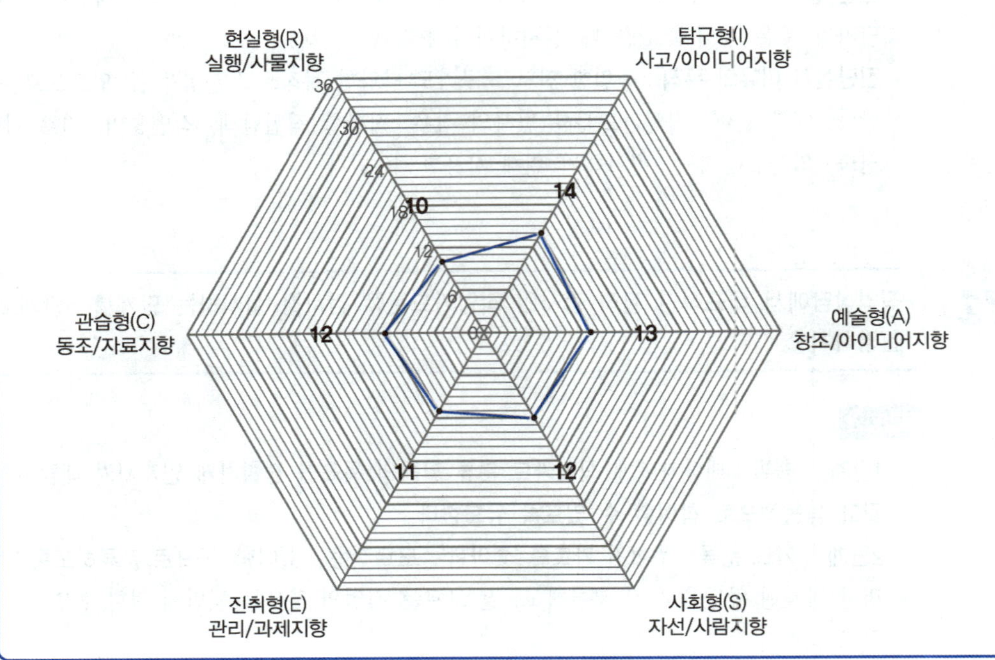

모범답안

(1) 최종 흥미 코드 : IAS

(2) 가장 적합한 직업 : IAS, ISA

(3) 적합한 직업 : AIS, ASI

(4) 고려해 볼 만한 직업 : SAI, SIA

★★ 74

다음의 괄호 안에 알맞은 말을 쓰시오.

> • (　　　　) 수준은 진단결과 점수에 초점을 맞추어 기술하는 데 그치며, 해석이나 결론을 제시하지 않는다.
> • (　　　　) 수준은 소검사와 요인 검사 간의 차이에 초점을 맞추어 기술하고 이에 대한 결론을 제시한다.
> • (　　　　) 수준은 진단결과 점수를 통합하여 결론을 내리되, 내담자에 초점을 맞추어 진단결과 점수를 해석한다.

'25 직업상담사 2급 과정평가형

모범답안

구체적, 기계적, 개별적

➕ Plus Check

[진단결과의 해석 수준]

구분	내용
구체적 수준 (concrete level)	**진단결과 점수에 초점**을 두어 결과를 기술하는 것으로 **어떠한 해석이나 결론을 제시하지 않는다.**
기계적 수준 (mechanical level)	**소검사와 요인 점수 간의 차이에 초점**을 두어 기술하고 이에 대한 결론을 제시한다.
개별적 수준 (individual level)	진단 검사 결과를 통합하여 결론을 내리되 **내담자에 초점을 맞추어 진단결과 점수를 해석**한다. 검사점수와 내담자에 대한 질적 정보까지 포함하여 의뢰 문제를 충분히 탐색한다.

★ 75

진단결과 보고서 조직화의 3가지 측면을 설명하시오.

모범답안

⑴ **진단의 조직화** : 상담자가 통합한 내용을 앞에 제시하고, **각 진단결과와 검사 응답 내용을 차례대로 제시하여 한 묶음으로 보고**한다.

⑵ **내담자 직업 논점에 대한 조직화** : 내담자가 이해를 점점 높이도록 구성한다. 검사에 임하는 태도에 대한 해석과 **내담자 관심 영역에서 가벼운 주제로부터 무거운 주제로 구성**하고 전체적으로 통합된 내용을 제시한다.

(3) **진단 도구의 특성에 따른 기능별 조직화** : 진단 도구로 측정하려는 **다양한 영역에 대해 기능별
로 구성하여 제시**한다. 직업 판정, 직업 성격, 직업 가치, 적합 전공 등의 영역이라면 직업
가치와 성격을 제시하고 이에 적합한 전공과 직업을 기능별로 구분하여 조직화한다.

★★ 76

직업상담에서 심리검사 해석 시 주의사항에 대해 6가지를 쓰시오.

'23 직업상담사 1급 과정평가형

모범답안

(1) 해석에 대한 **내담자의 반응 고려**
(2) 검사 결과에 대해 **이해하기 쉬운 언어 사용**
(3) 내담자의 **점수 범위 고려**
(4) 검사 **결과에 대한 중립적 판단**
(5) 검사 결과에 대한 **내담자의 방어 최소화**
(6) 검사의 **대상과 용도의 명확화**

★★★ 77

홀랜드 이론의 개인과 개인 간의 관계, 개인과 환경 간의 관계, 환경과 환경 간의 관계를
설명하는 개념 5가지를 쓰고, 각각에 대해 설명하시오.

'22, '20, '18, '15 직업상담사 1급 검정형 / '23, '22 직업상담사 1급 과정평가형 / '25, '21, '16, '13, '10 직업상담사 2급 검정형

모범답안

(1) **일관성** : **성격유형이나 환경모형 간의 관련 정도**를 의미한다. 유형의 어떤 쌍들은 다른 유형의
쌍들보다 공통점을 더 많이 가지고 있다.
(2) **차별성**(변별성) : **사람이나 환경이 얼마나 잘 구별되는지**를 의미한다. 개인의 직업적 흥미 특성
이 얼마나 뚜렷하게 나타나는가를 설명하는 개념이다.
(3) **정체성** : 개인의 목표, 흥미, 재능이 명확하고 일관될 때, 조직의 투명성, 안정성, 목표 · 일 · 보
상이 일관될 때 정체성이 높다고 할 수 있다.
(4) **일치성** : 개인과 직업환경 간의 적합성에 대한 것으로, **사람의 직업적 흥미가 직업환경과 어느
정도 일치하는가**를 의미한다. 서로 다른 성격유형의 사람들은 각기 다른 환경을 필요로 한다.
(5) **계측성** : 육각형 모형에서의 **흥미유형 또는 환경유형 간의 거리는 그들의 이론적 관계와 반비례
한다는 것을 시사하는 개념**이다. 즉, 계측성을 통해 육각형은 개인 흥미에 대한 일관성의 정도
를 나타내주는 모형으로 활용될 수 있다.

★★ 78

직업상담사는 내담자의 걸사결과를 해석하기에 앞서 검사결과를 검토해야 한다. 틴슬리와 브래들리(Tinsley & Bradley)가 제시한 검사결과 검토의 2단계를 설명하시오.

'21, '12, '07 직업상담사 2급 검정형

모범답안

(1) **1단계 – 이해단계** : 이전에 내담자로부터 얻은 정보에 의거해서 결과를 검토하고, **해석을 실시하는 회기에서 논의될 의미에 대한 생각이나 가설을 발전시킨다.**

(2) **2단계 – 통합단계** : 상담자가 **내담자에 대해 알고 있는 다른 정보들과 검사결과를 통합한다.**

★★ 79

틴슬리와 브래들리(Tinsley & Bradley)가 제시한 검사결과 해석의 4단계를 설명하시오.

'23, '20, '07 직업상담사 2급 검정형

모범답안

(1) **1단계 – 해석 준비하기** : 내담자가 **검사 자체와 점수의 의미를 충분히 이해하고 있는지 심사숙고한다.**

(2) **2단계 – 내담자 준비시키기** : 내담자가 **검사결과에 대한 해석을 듣고 받아들일 수 있도록 준비시킨다.**

(3) **3단계 – 정보 전달하기** : **검사결과 및 그와 관련된 정보들을 내담자에게 전달**한다.

(4) **4단계 – 추후활동** : 상담결과에 대한 의견을 같이 나누고, **내담자가 결과를 어떻게 이해했는지 확인**한다.

★★ 80

부정적인 심리검사 결과가 나온 내담자게게 검사결과를 통보하는 방법을 5가지 기술하시오.

'25, '22, '20, '17, '02 직업상담사 2급 검정형

모범답안

(1) 검사결과는 **기계적으로 전달해서는 안 되며, 적절한 해석을 담은 설명과 함께 전달**한다.

(2) 통계적인 숫자나 용어를 사용하는 것보다는 **쉽고 일상적인 용어를 사용**한다.

(3) 검사전달 과정에서 그 정보를 받고 이용할 **당사자의 특성 즉, 교육수준, 지식수준 등을 참작**해 보는 것이 바람직하다.

(4) 검사결과를 통보받는 사람이 경험하게 될 **정서적인 반응까지도 고려**할 필요가 있다.

(5) **검사점수의 통보를 상담의 한 부분으로 간주**하고 전반적인 상담자–내담자 관계 속으로 끌어들인다.

(6) 검사결과를 가능한 한 내담자가 제기한 특정 문제에 대한 설명이나 해결책으로 활용한다.

81

다음에 제시된 내담자의 직업선호도 검사의 흥미검사 결과를 바탕으로 질문에 답하시오.

구분	R	I	A	S	E	C
원점수	9	10	19	15	18	12
표준점수	54	51	53	46	58	48

(1) 주 코드(2자리까지만 작성)
(2) 원점수의 의미를 작성하시오.
(3) 표준점수의 의미를 작성하시오.

'23 직업상담사 1급 과정평가형

모범답안

(1) 주 코드 : AE
(2) **원점수의 의미 : 표준점수로 전환하기 위한 기초점수**이며, 스스로가 좋아하거나 싫어한다고 주관적으로 여기는 흥미 정도를 의미한다. 원점수는 다른 수검자에 비해 수검자의 수준이 어떤지 평가할 수 있는 정보를 제공하지 못한다.
(3) **표준점수의 의미 : 타인과의 비교를 위해 원점수를 해석하기 편리하게 전환한 검사점수**이며, 타인과 비교하였을 때의 흥미 수준을 말하며 보조적으로 활용할 수 있다.

제4절 진단결과 보고서 작성하기

82

직업상담 진단결과 보고서를 구성하는 절차의 4단계를 쓰고 설명하시오.

모범답안

(1) **1단계 - 자료 분석** : 내담자의 초기면담지에 나타난 상담의 **주요 호소문제를 확인하고**, 진단 실시에서 나타난 내담자의 **행동을 분석**한다. **분석한 자료들을 통합하여 직업상담가는 보고서에 가설을 나열**하되, 그 가설 중 하나일 수 있음을 명시하고 이 내용이 타당한지 지도 감독(supervision)을 받는다.
(2) **2단계 - 주제 확인** : 내담자의 **진단결과와 초기면담지, 검사 태도 등에서 일관되게 나타나는 주제를 도출**한다. 육각형 모형 해석과 도출된 주제가 어떤 연관이 있는지에 대해서도 확인해야 한다.
(3) **3단계 - 내담자 주제 조직화** : 검사 결과 **내담자에 관한 주제들이 일치하지 않는다면**, 이에 대한 **원인을 파악**하여 내담자의 주제를 조직화한다.
(4) **4단계 - 개념화** : 직업상담가는 내담자의 **검사자료에 대한 전체를 통합**하고, 내담자에 대한 가설을 만들어 그 가설을 기초로 검사 **보고서의 전체 맥락을 구성**하여 구조를 만든다.

83 직업상담 진단결과에 대한 가설 수립 시 진단결과 간 확인 사항 3가지를 쓰고 설명하시오.

모범답안

(1) **일치성과 불일치성** : 내담자의 **각 진단결과의 일치성와 불일치성의 영역을 확인한다.** 불일치가 있는 경우, 다각적인 해석을 함으로써 직업상담가가 세운 가설을 지지하는 정보에 편향됨을 방지할 수 있다.
(2) **강조성** : 직업상담가는 내담자에게 적절하고 **명확하게 강조점을 제시하고 이 강조점의 중요성을 내담자에게 설명할 수 있어야 한다.** 강조점은 내담자의 진단 요구도와 관련이 있다.
(3) **통합성** : 진단의 각 영역 간의 **해석을 통합함으로써** 보고서가 가치를 갖게 되며, **잘못된 결론을 방지할 수 있다.**

★84 진단결과 보고서 작성 시 유의점 4가지를 쓰시오.

모범답안

(1) **간단명료한 내용**이어야 한다.
(2) **정확한 사실에 근거**해야 한다.
(3) **객관적인 근거에 기초**해야 한다.
(4) **분명한 결론이 제시**되어야 한다.

85 직업상담 진단결과 보고서 작성 양식에 포함되어야 하는 내용을 9가지 쓰시오.

모범답안

(1) **경험한 직무**
(2) **실시한 진단 도구**
(3) **진단 의뢰 사유**
(4) **관찰된 행동**
(5) **평가 결과**
(6) **진단적 인상**
(7) **결론**
(8) **요약**
(9) **제언**

[진단결과 보고서 작성 양식]

(1) **경험한 직무** : 그동안 내담자가 종사한 직무를 망라하여 작성

(2) **실시한 진단 도구** : 진단 도구명을 작성

(3) **진단 의뢰 사유** : 내담자와 진단 실시 전 면담에서 나타난 내담자의 진단 요구도 및 직업상담가가 관찰한 진단 의뢰 사유를 기재

(4) **관찰된 행동** : 진단 실시의 태도, 속도, 몰입도 등에 대하여 제시하고, 특히 검사점수에 영향을 줄 정도의 정서적 상황도 제시

(5) **평가 결과** : 진단 도구 매뉴얼에 제시된 검사 평가 결과를 그대로 제시

(6) **진단적 인상** : 진단 실시 전 면담, 검사실시의 태도, 검사 결과 등에서 나타난 특징들을 제시

(7) **결론** : 진단결과 전체를 통합하여 결론을 제시

(8) **요약** : 내담자의 진단 목적에 부합한 내용을 요약

(9) **제언** : 내담자의 진단결과 다른 진단 실시가 요청되거나, 아니면 상담을 실시해야 되는 점 등을 제시

제2장

직업상담 초기면담

친밀교감 형성하기

> **출제기준▶**
> 1. 상담 동기를 촉진할 수 있는 편안한 상담환경을 조성할 수 있다.
> 2. 내담자의 언어적, 비언어적 정보에 따라 친밀감을 확장할 수 있다.
> 3. 공감과 무조건적인 존중, 진실성을 가지고 내담자를 대할 수 있다.
> 4. 내담자의 자발성과 언어표현 정도에 대응할 수 있다.

01 수용적 상담 분위기 조성

(1) 면담 준비

① 초기면담은 **상담자와 내담자가 처음 만나는 과정으로, 전체 상담과정을 시작하는 첫 단계이다.**
② 초기면담은 직업상담 과정에서 가장 중요한 면담이라 할 수 있으며 내담자의 논점과 관련된 많은 정보를 초기면담을 통해 수집할 수 있다.
③ 초기면담 과정에서는 **관계 형성, 상담목표 및 전략 수립, 구조화, 계약 수립 등이 주요 요소**가 된다.
④ 상담자는 내담자와 만나기 전 초기면담을 효과적으로 수행하기 위한 준비과정이 필요하다.
⑤ 편안하고 수용적인 환경 조성과 필요한 기자재 및 검사도구 등을 구비하는 것 외에 내담자에 관한 자료를 미리 검토하고 사전 정보를 탐색한다.
⑥ **내담자의 기록을 미리 검토하는 이유**
　㉠ 만약 검사나 질문지가 예전에 수행된 것이라면 중복 노력을 피할 수 있다.
　㉡ 내담자의 대략적인 정보를 통해 상담자가 효과적인 면담을 준비할 수 있다.

(2) 내담자와의 만남 및 관계 형성

① 내담자가 상담을 하러 오면 상담자는 내담자를 반갑게 맞을 준비를 해야 한다.
② 첫 만남에서 이러한 준비가 잘되지 않으면 내담자와의 관계 발달이 어려워진다.

(3) 초기면담 유형과 요소

① **내담자 대 상담자의 솔선수범 면담**
　㉠ **내담자 솔선수범 면담** : 상담사는 내담자의 목적을 확신하지 못하고 이러한 불확실성은

직업상담가에게 불안감을 야기시키는데, 상담사는 가능한 열심히 내담자가 하는 말에 귀를 기울이면서 이러한 감정을 극복하여야 한다.

ⓒ **상담자 솔선수범 면담** : 상담자는 우선 왜 상담을 실시하는지를 설명하여 내담자의 긴장을 완화시켜야 한다.

② **정보지향적 면담**

구분	내용
탐색해 보기	• '누가, 무엇을, 어디서, 어떻게'로 시작되는 질문이다. 이러한 질문은 한두 마디 단어 이상의 응답을 요구한다. • 예를 들어, "일자리를 구하기 위해서 당신은 어떤 계획을 가지고 있습니까?"와 같은 질문이 좋다.
폐쇄형 질문	• '예, 아니오'와 같은 특정하고 제한된 응답을 요구하는 질문이다. • 짧은 시간에 상당한 양의 정보를 추출하는 데 효과적이나 도움이 될 수 있을 만큼 정교화된 것은 아니다.
개방형 질문	• 통상적으로 '무엇을, 어떻게' 등과 같은 언어로 시작하여 응답자가 자유롭게 응답하도록 하는 질문이다. • 많은 시간을 할애해서 정교화된 자료를 얻을 수 있으나 개방형 질문에 익숙하지 않은 내담자는 부담스러울 수 있다.

③ **관계지향적 면담**

ⓐ **재진술 (restatement)** : 내담자에 대한 단순한 반사적 반응으로서 내담자에게 상담자가 적극적으로 듣고 있음을 알게 해준다.

ⓑ **감정의 반향 (echoing)** : 언어적·비언어적 표현임을 제외하고는 재진술과 유사하다.

(4) 직업상담 내담자 유형 및 특성

① **내담자 유형**

구분	내용
솔선수범 유형	• 내담자가 자발적으로 상담하러 오는 경우로 **상담에 협력적인 내담자**이다.
유보적인 태도를 보이는 유형	• **상담을 마음에 내켜 하지 않는 내담자**로, 상담자는 무엇을 어떻게 해야 할지, 어떤 방법으로 상담을 진행해야 할지 당황하게 된다. • 이러한 내담자는 **제3집단**으로 불리는데, 이들은 도움받을 동기가 없으며 상담과정에 참여하는 것을 원하지 않고 그저 혼자 자신에 대해서 이야기하도록 내려버 두기를 원한다. • 대부분 완료되지 않은 상태로 상담과정을 끝내며, 상담과정이 불만족스러웠다고 보고한다.
반항적이거나 변화를 꺼리고 거부하는 유형	• **상담에 적극적으로 참여할 수 있지만** 자신의 요구를 변화시키는 고통을 경험하고 싶어 하지 않는다. 대신 **현재 행동의 명확성에 집착**한다. • 반항적인 경우, 결정 내리기를 거부하고 문제를 피상적으로 다루며, **문제해결의 어떠한 행동도 거부하고 상담자기 말하는 어떤 행위도 거부**한다.

② 내담자를 상담에 임하도록 도와주는 방법

⊙ **가설 구상** : 내담자가 보이는 분노, 좌절, 방어 등을 예상하여 가설을 구상한다.

ⓒ **설득** : 상담에 비협조적인 내담자의 경우 설득 방법을 활용한다.

ⓒ **철저한 대면** : 내담자가 현재 무엇을 하고 있는지에 대해 상담자가 정확하게 지적한다.

(5) 수용적 상담 분위기 조성하기

① **초기면담을 위한 환경을 준비한다.**

⊙ 초기면담을 위한 서식과 자료, 환경을 준비한다.

ⓒ 이전 상담기록이나 심리검사 결과가 있다면 미리 확인한다.

> ▶ 효과적 상담을 위한 상담실 환경
>
> 1) 부드러운 조명과 침착한 색조
> 2) 정돈된 분위기
> 3) 조화 있게 배치된 안락한 가구들
> 4) 면담 거리를 고려한 가구 배치
> 5) 직업정보 서적 비치
> 6) 쾌적한 느낌의 온도와 채광
> 7) 청결함 유지
> 8) 상담 진행 중임을 알리는 표지판

② **내담자의 사전 정보를 검토하여 종합한다.**

⊙ 사전 자료를 통해 내담자의 특성을 확인한다.

- **사전에 검토할 수 있는 기록들** : 상담신청서, 이전의 상담 기록, 이전의 검사 기록, 구직 신청 관련 내용, 구조화된 질문지에 대한 내담자의 답변 내용 등
- 심층상담이 필요한 내담자인지 검토하고 심층상담으로 연계하거나 추가적인 지원을 위해 준비해야 할 사항을 미리 점검한다.

  예 저소득층, 청년, 고령자, 여성가장, 장애인, 장기실업자, 출소자 및 출소예정자 등

ⓒ 내담자의 사전 정보 검토 결과를 종합하여 특별히 주목할 내용이 있는지 확인한다.

- 검토 결과를 종합하여 상담과정과 결과에 영향을 미칠 수 있다고 판단되는 주목할 만한 내용이 있는지 확인한다.
- 주목할 내용이 확인된 경우에는 상담 진행 시 이를 다루도록 하고, 상담목표 설정 및 전략 수립에도 참고하도록 한다.

▶ 내담자 관련 자료 검토 시 주목할 내용

1) 경제적 시급성
2) 심신 건강문제의 지속
3) 지지 및 진로자원의 부족
4) 과도한 몰두(특정 직업에만 몰두, 상담에만 몰두, 자격증 취득에만 몰두 등)
5) 반복적으로 나타나는 행동의 패턴(이·전직의 반복, 짧은 입·퇴사의 반복 등)
6) 실업기간
7) 퇴사 사유 등

02 관계형성 기법 적용

(1) 상담자의 기본 태도 3가지

① **공감적 이해**
 ㉠ 상담자가 내담자와 상호작용하는 동안에 발생하는 내담자의 경험과 감정들을 이해하려고 노력하는 것을 말한다.
 ㉡ 동정이나 동일시와 다르며, **마치 내담자의 입장이 되어 내담자를 깊이 주관적으로 이해하면서도 상담자 본연의 자세는 잊어버리지 않는 것이다.**
 ㉢ 공감적 이해의 수준

구분	내용
1, 2수준 (인습적 수준)	• 상담자가 내담자의 말을 듣고 그에 반응을 보이기는 하지만 **주로 자신의 생각에 사로잡혀 있기 때문에 자기 주장만을 할 뿐 내담자의 생각이나 느낌과 일치된 의사소통을 하지 못하는 경우**이다. • 내담자의 이야기를 듣고 난 후 성급하게 판단하여 섣부른 조언이나 상투적인 충고를 하게 되는 경우가 이에 해당한다.
3수준 (기본적 수준)	• 상담자는 대체로 내담자의 행동이나 말에 주의를 기울여 **내담자의 현재 마음 상태나 전달하려는 내용을 정확하게 파악하고 그에 맞는 반응**을 보인다. • 내담자의 의견에 대하여 재언급이나 요약 등을 하면서 반응을 보이는 경우가 이에 해당한다.
4, 5수준 (심층적 수준)	• 상담자가 언어적으로 **명백히 표현되지 않은 내담자의 내면적 감정, 사고를 지각하고 이를 자신의 개념 틀에 의하여 왜곡 없이 충분히 표현**함으로써 내담자의 적극적인 성장 동기를 이해하고 표출한다.

② **수용적 존중**
 ㉠ 상담자가 **내담자를 평가, 판단하지 않고 내담자의 어떤 감정이나 행동도 있는 그대로 수용하여 존중하는 태도**를 말한다.
 ㉡ 기본적으로는 내담자의 감정, 경험 및 잠재력에 대해 긍정적인 존중과 관심을 전달하는 것이고, 궁극적으로는 내담자를 한 인간으로서의 가치와 자유인으로서의 잠재력에 대해 매우 깊은 긍정적 존중을 전달하는 것이다.

ⓒ 수용적 존중의 수준

구분	내용
1수준	• 상담자의 언어와 행동 표현에서 내담자에 대한 **존중이 명백히 결여되어 있거나 부정적 배려만이 있는 수준**으로 내담자의 감정, 경험 및 잠재력에 대해 전혀 존중하지 않는 경우이다.
2수준	• 내담자의 감정, 경험 및 잠재력에 대해 **거의 존중하지 않으며 별로 관심을 두지 않거나 존중하지 않는다.**
3수준	• 내담자의 감정, 경험 및 잠재력에 대해 **기본적으로 긍정적인 존중과 관심을 전달하는 수준**이며, 대인관계 기능을 촉진하는 기초적인 수준이다.
4수준	• 내담자에 대해 **깊은 긍정적 존중과 관심을 표명하는 수준**이며, 내담자의 감정, 경험 및 잠재력에 대해 깊은 관심을 전달한다.
5수준	• 내담자에게 가진 한 인간으로서의 가치와 자유인으로서의 잠재력에 대해 매우 깊은 긍정적인 존중을 전달하는 수준으로 **내담자의 인간적 가치에 몰입되어 의사소통**을 한다.

③ **일관적 성실성(일치성)**

　㉠ 상담자가 내담자와의 관계에서 순간순간 경험하는 자신의 감정이나 태도를 있는 그대로 솔직하게 인정하고, 경우에 따라 솔직하게 표현하는 태도를 말한다.

　㉡ 이러한 상담자의 진실한 태도는 **내담자와 순수한 인간 간의 만남을 가능하게 하고, 내담자의 개방적인 자기탐색을 촉진·격려하게 된다.**

　㉢ 일관적 성실성의 수준

구분	내용
1수준	• **자신이 느끼는 감정과는 무관한 표현을 하거나 부정적인 것에만 진지하게 반응**하기 때문에 상당히 모순적으로 보이거나 내담자에게 파괴적인 영향을 미칠 수 있다.
2수준	• 자신이 느끼는 감정과 **거의 관계가 없는 표현을 하거나 주로 부정적인 반응에 대해서만 진지함이 나타나는 수준**이다. • 상담자는 개인적으로 느끼고 의미하는 바를 표현하기보다는 **상담자 역할에 따라 통상적인 반응**을 한다.
3수준	• 말하고 느끼는 것 중에서 **부정적인 단서를 보이지는 않지만 정말 진지한 반응을 나타내는 긍정적인 단서를 제공하지 못하는 수준**이다. • 불성실하게 보이지는 않지만 진정한 몰입이나 반영도 되지 않은 반응을 한다.
4수준	• 내담자에게 **긍정적이든 부정적이든 진지한 반응**을 나타내며 긍정적인 반응 단서를 건설적인 방식으로 제시한다. • 비록 자신의 감정을 충분히 표현하는 것은 좀 주저하지만 표현한 내용 자체는 자신의 감정과 일치한다.
5수준	• 내담자와의 비타산적인 관계에서 자유롭고 깊게 자기 자신의 모습이 되는 수준이다. • 내담자에게 상처를 입힐 수 있는 반응의 경우라도 **보다 깊은 수준에서 내담자에게 개방적이 되도록 자신의 견해를 내담자에게 건설적으로 제시**한다.

(2) 초기면담의 주요 요소

⊙ **친밀교감 (라포) 형성** : 라포(rapport) 형성은 내담자가 갖고 있는 긴장감을 풀어주도록 노력하고 상담관계에서 유지되는 윤리적 문제와 비밀유지의 원칙을 설명함으로써 불안을 감소시키고 친밀감을 형성시키는 과정이다.

② **감정이입 (공감)** : 직업상담가가 길을 전혀 잃어버리지 않고 마치 자신이 내담자 세계에서의 경험을 갖는 듯한 능력을 말한다.

③ **언어적 행동 및 비언어적 행동**

　㉠ 언어적 행동은 내담자에게 중요한 것이 무엇인가를 논의하거나 이해시키려는 상담자의 열망을 보여주는 의사소통을 포함한다.

　㉡ 면담에서 중요한 것은 비언어적 행동인데, 미소, 몸짓, 기울임, 눈맞춤, 끄덕임 등은 상담자가 관심을 갖고 열린 상태가 되어 내담자를 끌어들이는 매우 효과적인 비언어적 방법이다.

　㉢ 해명, 재진술, 종합적인 느낌 등을 포함한 이러한 행동은 상담자가 내담자 개인에게 초점을 맞추고 있음을 의미한다.

　㉣ 도움이 되는 면담 행동

언어적 행동	비언어적 행동
• 이해 가능한 언어 사용 • 적절한 해석 • 언어적 강화 사용 • 내담자에 대한 적절한 호칭 사용 • 적절한 정보제공 • 가끔 유머 사용 • 비판단적	• 내담자와 유사한 언어의 톤 • 기분 좋은 눈의 접촉 유지 • 가끔 고개 끄덕임 • 가끔 미소를 지음 • 가끔 손짓을 함 • 이야기의 부드러움 • 내담자에게 몸을 기울임

　㉤ 도움이 되지 않는 면담 행동

언어적 행동	비언어적 행동
• 충고하는 것 • 타이름 • 달래기 • 비난 • 감언 • 권유 • 광범위한 시도와 질문, '왜' 질문 • 지시적, 요구적 태도 • 생색내는 태도 • 과도한 해석 • 내담자가 이해하지 못하는 단어 사용 • 화젯거리에 머무름 • 지적인 것 • 과도한 분석 • 너무 많이 자신에 관하여 이야기함	• 내담자를 멀리 쳐다보는 것 • 내담자로부터 떨어져 앉거나 돌아앉는 것 • 조소하는 것 • 얼굴을 찡그리는 것 • 언짢은 얼굴을 하는 것 • 입을 꽉 다문 것 • 손가락질을 하는 것 • 몸짓이 흐트러져 있는 것 • 하품하는 것 • 눈을 감는 것 • 목소리가 즐겁지 않은 것 • 너무 빠르게 또는 너무 느리게 이야기하는 것

④ **상담자 자기 노출** : 내담자의 측면에서 볼 때 자기 노출은 성공적 상담을 위해서 필요하지만 상담자는 자기 노출이 항상 필요한 것은 아니다.

⑤ **즉시성 (immediacy)**

　㉠ 즉시성은 직업상담가가 상담자 자신의 바람은 물론 내담자의 느낌, 인상, 기대 등에 대해서 이를 깨닫고 대화를 나누는 것을 의미한다.

　㉡ 즉시성의 종류

구분	내용
관계 즉시성 (relationship immediacy)	상담자와 내담자 관계의 질에 대해서 그것이 긴장되어있는 것인지, 지루한 것인지, 생산적인 것인지 등에 대해 내담자와 이야기를 나누는 직업상담가의 능력을 의미한다.
지금 여기 즉시성 (hear-and-now immediacy)	상담에서 현재 발생하고 있는 어느 특정 교류에 대해서 의논하는 것을 말한다.

　㉢ 즉시성이 유용한 경우
- 방향감이 없는 관계의 경우
- 긴장이 감돌고 있을 경우
- 신뢰성에 의문이 제기될 경우
- 상담자와 내담자 간에 친화력이 있을 경우
- 내담자가 의존성이 있을 경우
- 역의존성이 있을 경우
- 상담자와 내담자 간에 상당한 사회적 거리가 있을 경우

⑥ **유머**

　㉠ 직업상담가의 입장에서 볼 때 유머는 민감성과 시간성을 동시에 요구한다.

　㉡ 유머를 통해 내담자의 저항을 우회할 수 있고 긴장을 없앨 수 있을 뿐만 아니라 내담자의 심리적 고통에서 벗어나도록 도울 수도 있으며, 상황을 보다 분명하게 지각할 수도 있다.

⑦ **직면**

　㉠ 내담자가 인정하고 싶지 않은 자신의 모순된 모습을 똑바로 바라볼 수 있도록 하기 위한 상담자의 지적이다.

　㉡ 직면은 사람들이 무엇이 일어나고 있고 그 결과를 분명하게 알도록 하고, 보다 효율적인 생활과 더불어 타인과 보다 훌륭한 관계를 맺을 수 있도록 변화를 모색하는 행동에 대해서 어떻게 책임을 져야 하는가를 알 수 있도록 한다.

　㉢ 적절한 직면은 성장을 유도하고 자신을 솔직하게 돌아볼 수 있는 용기를 주지만, 실패할 경우 내담자에게 매우 해로울 수 있다.

⑧ **계약**

　㉠ 계약은 목표 달성에 포함된 과정과 최종결과에 초점을 두는 것이다.

ⓒ 상담을 위한 계약은 내담자와 관련된 변화를 위한 것이라는 점에서 매우 중요하다.
ⓓ 통찰만으로는 행위를 유발하기가 어렵다. 따라서 상담자는 내담자의 행동, 사고 혹은 느낌상의 변화를 촉진하는 계약을 강조해야 한다.

⑨ **리허설**

㉠ 일단 계약이 설정되면, 직업상담가는 리허설(rehearsal)을 통하여 내담자에게 선정된 행동을 연습하거나 실천토록 함으로써 내담자가 계약을 실행하는 기회를 최대화하도록 도울 수 있다.

㉡ **리허설의 종류**

구분	내용
명시적 리허설	내담자가 하고자 하는 것을 말로 표현하거나 행위로 나타낼 것을 요구하는 것이다.
암시적 리허설	원하는 목표를 상상하거나 숙고해 보는 것이다.

(3) 관계형성 기법 적용하기

① **촉진적 관계 형성을 위해 내담자를 따뜻하게 맞이한다.**

㉠ 내담자를 반갑게 맞이하고 가벼운 인사를 전하여 내담자의 긴장감을 완화한다.

> ▶ 워밍업을 위한 가벼운 대화 주제들
>
> 1) 상담에 참여하기 위해 **방문한 노력을 격려**
> 2) 계절, 날씨, 최근 이슈나 뉴스 등 **일상적인 소재**
> 3) **다과나 차를 권유**하는 등 시간적 여유를 제공

㉡ 개방적이고 전문적인 태도로 상담자 자신을 소개하고 상담에 대한 긍정적 기대감을 갖도록 한다.

> ▶ 상담자 소개
>
> 1) 수행하고 있는 **직무의 내용**
> 2) 상담자의 **전문성에 대한 신뢰감** 형성
> 3) 상담자의 **자기 개방을 통한 공감대 구축**
> 4) 상담에 대한 **긍정적 기대감 제공**

㉢ 존중의 의미를 담아 서로 간에 호칭을 정하고 비공식적 역할을 수립한다.

② **초기면담에서 나타나는 내담자의 비언어적 태도를 관찰한다.**

㉠ 내담자의 행동과 태도를 관찰한다.
㉡ 내담자의 표정을 분석한다.
㉢ 내담자의 언어 표현의 비언어적 요소를 분석한다.

③ 초기면담에서의 상담기법을 적용하여 내담자와 촉진적 상담 관계를 형성한다.
  ㉠ 수준 높은 공감을 통해 내담자의 입장에서 내담자를 이해한다.
  ㉡ 높은 수준의 수용적 존중을 통해 내담자를 있는 그대로 인정한다.
  ㉢ 높은 수준의 일관적 성실성을 통해 내담자와 진솔한 관계를 형성한다.
④ 상담에 참여하는 내담자의 동기와 기대를 조정하고 불안을 완화한다.
  ㉠ **타의에 의해 참여한 경우** : 상담에 참여하기는 했지만 상담의 목적, 상담과정, 상담자와의 관계 등 앞으로 어떻게 상황이 전개될지 잘 모르고 상당히 낯설고 불안한 상황에 놓이게 된다.
  ㉡ **자발적으로 참여한 경우** : 내담자가 스스로 문제를 인식하고 이를 해결하고 싶은 요구에 의해 자발적으로 상담을 신청하고 참여하게 된다. 이때 내담자의 동기는 높은 편이나 지나친 기대를 하고 상담에 임할 수 있다.
  ㉢ **내담자의 기대가 높은 경우** : 상담을 신청한 경위를 확인하여 내담자의 요구를 분석하고 상담 과정에서 관련 문제를 어디까지 다룰 수 있는지에 대해 내담자와 함께 조정할 필요가 있다.
  ㉣ **내담자의 불안이 높은 경우** : 내담자의 불안을 낮추고 동기를 높여 상담에 참여할 수 있도록 상담의 목적, 과정, 내용 등을 구체적으로 설명할 필요가 있다.

호소논점 파악하기

1. 내담자가 상담신청서를 작성할 수 있도록 지원한다.
2. 상담신청서의 내용을 근거로 내담자의 신상이나 호소문제를 질문하고 경청할 수 있다.
3. 내담자의 언어적, 비언어적 행동의 불일치를 식별하고 직면시킬 수 있다.
4. 내담자가 호소하는 1차적 문제와 2차적 문제를 구분하여 파악할 수 있다.
5. 내담자가 호소하는 문제와 수집한 정보를 종합하여 내담자의 문제를 요약할 수 있다.

01 내담자 정보수집과 초기면담

초기면담에서 정보수집은 주로 **상담신청서, 내담자의 태도와 행동에 대한 관찰, 내담자의 자기진술** 등을 통해 이루어진다. 수집된 정보를 분석하여 내담자의 논점을 구체화하는 것이 초기면담의 목표이다. Gysbers와 Moore(1987)는 직업상담의 단계를 전반부와 후반부로 나누고, 상담 전기 단계에서는 내담자의 논점을 명료화하는 것을 목표로 보았다.

(1) 상담 전기 단계 : 내담자의 목적(목표), 논점 확인, 논점 명료화, 논점 상세화

① 들어가기 (직업 관련 맺기)	㉠ 내담자의 목표와 문제 확인하기 ㉡ 내담자의 내적인 사고, 느낌 역량 듣기 ㉢ 상담자와 내담자 각각의 책임을 포함한 상호 간의 관계 확립하기
② 내담자 정보 수집하기 (내담자의 목표, 문제를 표현하는 것을 분류하고 세분화하기)	㉠ 내담자가 타인과 자신의 세계를 보는 견해 탐색하기 • 내담자가 타인과 자신의 세계를 나타내는 언어 탐색 • 내담자가 이러한 관점을 표현하기 위해 사용하는 주제 탐색 ㉡ 내담자의 생애역할, 주변상황, 사태(과거, 현재, 미래)를 만드는 감각 등에 대한 내담자의 방법 탐색하기 ㉢ 개인적 가능성, 환경적 장벽 또는 강제성 탐색하기 ㉣ 내담자의 의사결정 방법·형태 탐색하기
③ 내담자 행동 이해 및 가정하기	㉠ 내담자의 목표와 문제에 관련하여 개입 선택하기 ㉡ 내담자 행동에 영향을 줄 수 있는 특수한 변인들에 초점 맞추기 ㉢ 가능성이 있는 내담자 저항에 반응하거나 듣기

(2) 상담 후기 단계 : 내담자의 목적(목표) 및 논점 해결

① 행동 취하기	진단에 기초한 개입 선정, 직업상담 기법을 이용한 개입, 심리검사, 질적 및 양적 사정, 직업 관련 맺기를 위한 직업정보 및 노동시장 정보수집, 직업 관련 맺기를 위한 문제해결, 목표성취를 위한 내담자 지원하기
② 직업목표 및 행동계획 발전시키기	내담자의 진로 목적을 발전시키고 진로성취를 위한 행동을 계획하며 문제를 해결하고, 환경과 현재의 시간과 장소의 장벽에 대한 편견 극복하기
③ 사용된 개입의 영향 평가하기	개입을 통해 내담자의 목적 또는 문제를 해결하였는가 확인하기 ㉠ 목적 또는 목표가 해결되어 있지 않았으면 다시 한번 순환하기 ㉡ 목적 또는 문제가 해결되었으면 상담 관계를 끝내기

02 내담자의 인지적 명확성 및 동기 사정

내담자의 직업 관련 논점 사정은 내담자의 자기진단에 의한 초기진술을 사정하는 것에서 출발한다. **면담에 의존한 내담자 사정 시 전제되어야 할 두 가지 요소는 내담자의 인지적 명확성과 상담에 대한 동기 여부이다.**

(1) 직업상담의 2가지 과정 (Brown & Brooks, 1990)

① **특성·요인 지향적 직업상담 과정** : 인지적 명확성과 상관없이 직업 선택의 논점에 따라 개인과 직업을 적절히 연결하고자 하는 것을 상담의 목표로 한다.

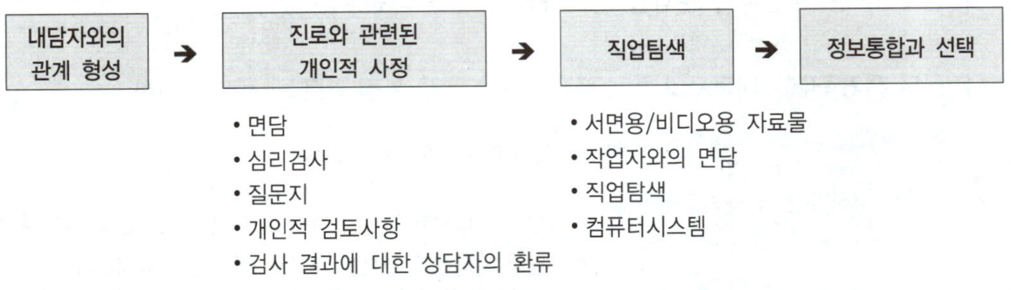

② **인지적 명확성을 위한 직업상담 과정** : 내담자가 인지적 명확성이 없으면 개인상담 후에 직업상담을 실시하며, 인적 명확성이 있으면 직업상담을 실시한다. 직업상담가는 개인상담도 직업상담 과정에 포함한다.

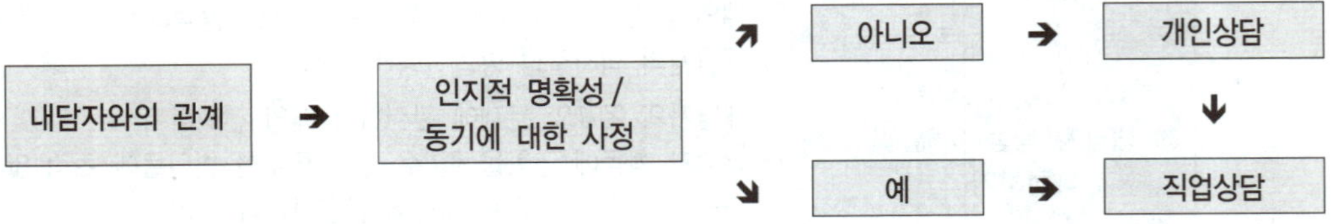

(2) 인지적 명확성의 범위와 문제

① 인지적 명확성 문제의 원인과 특성

	인지적 명확성 문제의 원인과 특성	직업 상담	심리 치료 후 직업 상담	개인 상담 후 직업 상담
정보결핍	자신과 직업에 대한 **지식 부족에서 오는 단순 결핍**	○		
	읽기 문제, 학습장해 등으로 **정보 사용 불능과 같은 성장 결핍**	○		
	필요한 정보와 불필요한 정보 간의 **변별력 불능에서 오는 과도한 정보**	○		
고정관념	**경험 부족에서 오는 고정관념**(역할모델의 부족)	○		
	심한 **가치관 고착**에 따른 고정성(예 종교적 가르침)	○		
	어느 정도의 **심리적 문제에 따른 고정성**(자기가 경험한 역할들 이외의 역할에 대해선 생각하지 못하는 데서 오는 낮은 자기효능감)	○		
	어느 정도의 **의무감**이 다른 선택 사항에 대한 고려를 제외시킴.	○		
경미한 정신건강 문제	**잘못된 결정 방식**이 진지한 결정 방해			○
	낮은 효능감이 다른 선택 사항에 대한 고려 방해			○
	비논리적 사고가 명령이나 다른 배제적 사고 유형에서 나옴			○
	공포증이나 말더듬 같은 문제가 다른 직업 선택 방해(예 비행 공포증이 항공 여행을 필요로 하는 직업을 제오시킴.)			○
심각한 정신건강 문제	직업선택 능력이 **심각하게 손상된 정신증**(만성 정신분열증이나 주정동장애)		○	
	심각한 약물남용 장애		○	
기타 외적 요인들	**일시적 위기**(예 주변 사람과의 사별이나 부부간의 불화)			○
	일시적 또는 장기적 스트레스로 직업 문제에 대해 집중하는 데 따르는 어려움(예 실업 충격)			○

② 인지적 명확성이 부족한 내담자의 유형에 따른 면담 방법

ㄱ **단순 오정보** : 예 '그 대학은 부자들만 갈 수 있어요.' → 정보제공

ㄴ **복잡한 오정보** : 예 '○○대학에 다니는 4명의 학생을 아는 데 그들은 모두 강남출신이에요.' → 논리적 분석

ㄷ **구체성의 결여** : 예 '사람들은 요즘은 교수직을 얻기가 어렵다고들 해요.' → 구체화시키기

ㄹ **가정된 불가능/불가피성** : 예 '난 자격시험에 합격할 수 없을 것 같아요.' → 논리적 분석, 격려

ㅁ **원인과 결과의 착오** : 예 '난 사업을 할까 생각 중이에요. 그런데 그 분야에서 일하는 여성들은 대부분 이혼한대요.' → 논리적 분석

ⓑ **파행적 의사소통** : 예 '제가 과제하는 데에 어떤 문제가 있을 수 있다는 걸 아셨어요? 그리고 오늘 저는 새 차를 하나 보아둔 것이 있는데 그 생각만 하면 즐거워져요.' → 저항에 다시 초점 맞추기

ⓢ **강박적 사고** : 예 '전 의사가 될 거예요. 저희 집안은 모두 의사들이거든요.' → REBT기법 (합리적 논박)

ⓞ **비난하기** : 예 '아버진 직장에서 술을 드세요. 사람들은 항상 저보고 아버지랑 똑같다고들 해요.' → 직면, 논리적 분석

ⓩ **자기인식의 부족** : 예 '난 호의를 가지고 있는데 왜 사람들이 그렇게 반응하는지 이해할 수가 없어요.' → 은유나 비유 쓰기 (그 사람의 인지에 대한 통찰을 재구조화하거나 발달시키는 이야기로 속담이나 동화 등에 비유하도록 한다.)

ⓩ **무력감** : 예 '난 이 모든 것을 어떻게 할 수가 없어요.' → 지시적 상상

(3) 내담자 호소논점 파악하기

① **내담자의 초기진술을 통해 호소논점을 확인하고 동기를 분석한다.**

㉠ 상담신청서에 나타난 특이사항에 주목하고 내담자의 진술을 경청한다.

㉡ 내담자의 자기진술을 분석하여 호소논점을 확인한다.

> ▶ 내담자의 자기진술 분석을 통한 호소논점 확인하기(예시)
>
> ■ **내담자 자기진술**
>
> "아무데나 괜찮은 곳으로 알선해 주세요. 전 뭐, 크게 바라는 거 없어요. 제가 체력이 약하니깐 일이 너무 힘들지 않은 곳이면 되어요. 급여는 뭐… 그냥 남들 정도면 되고요. 당장이라도 취업할 준비는 되어 있는데… 서류를 내도 번번이 떨어지니까 뭐가 문제인지 모르겠고, 그냥 이제 알아서 아무데나 알선해 주시면 좋겠어요."
>
> ■ **내담자의 자기진술 분석**
>
> 1) 아무데나 괜찮은 곳으로 알선해 주세요. 전 뭐, 크게 바라는 거 없어요.
>   ⇨ 낮은 동기, 낮은 인지적 명확성, 구체성의 결여 등
> 2) 제가 체력이 약하니깐 일이 너무 힘들지 않은 곳이면 되어요. 급여는 뭐… 남들 정도면 되고요.
>   ⇨ 낮은 취업 준비도, 정보 부족, 책임회피, 높은 의존성, 타인의 경우를 판단의 준거로 삼음
> 3) 당장이라도 취업할 준비는 되어 있는데… 서류도 번번이 떨어지니까 뭐가 문제인지 모르겠고, 그냥 이제 알아서 아무데나 알선해 주시면 좋겠어요.
>   ⇨ 낮은 동기, 낮은 인지적 명확성, 높은 의존성, 낮은 자존감, 자포자기 등
>
> ■ **내담자의 자기진술 분석 결과에 따른 호소논점 정리**
>
> 1) 낮은 동기와 낮은 인지적 명확성이 확인되고 구체성이 현저히 결여되어 있음.
> 2) 당장 취업하고 싶다고 하지만, **취업을 위한 현실적인 준비가 되어 있지 않음.**
> 3) 자신의 문제에 대한 인식이 명확하지 않고 상담자에게 전적으로 의존함.
> 4) 당장 취업하는 것이 논점인 것처럼 보이나 **내담자의 태도와 관련된 논점을 확인할 수 있음.**

ⓒ 내담자의 호소문제를 구체화하기 위해 필요한 질문을 한다.

> ▶ **호소문제를 구체화하기 위한 개방형 혹은 폐쇄형 질문(예시)**
>
> ■ **내담자의 초기진술**
> "사람들에 대한 기대가 없어요. 사람에게 상처를 많이 받았거든요. 조용히 혼자 일할 수 있는 곳이 있으면 알선해 주세요."
> ⇨ **상담자의 개방형 질문** : 사람들과의 관계에서 안 좋은 경험이 있으셨나 보네요. 그런데 **어떤 사람들**을 말씀하신 건지 구체적으로 얘기혀 주실 수 있을까요?
> ⇨ **상담자의 폐쇄형 질문** : 사람들과의 관계에서 안 좋은 경험이 있으셨나 보네요. 그런데 **사람들**이라고 표현하신 부분은 같이 일하시던 **동료분들**을 말씀하신 것 같은데 제 생각이 맞나요?

② **상담에 대한 내담자의 동기와 기대를 점검하고 분석한다.**

㉠ 상담에 참여한 계기를 확인하여 동기를 점검한다.

㉡ 내담자의 시간 전망을 확인하여 동기를 점검한다.

> ▶ **시간 전망에 따른 내담자의 상담동기**
>
> 1) **과거형** : 내담자는 사고의 형태가 과거에 고정되어 있어 현재를 인정하지 않으려 하고 미래에 대하여도 진지하게 고려하지 않는다. 특히 내담자는 과거 진로경로와 연관되어 있으며, 진로경로가 반드시 앞으로 진전하고 상승한다는 법칙에 고정관념을 가진 경우가 많아 직업상담의 진행에 어려움을 준다.
> 2) **현재형** : 내담자는 의사결정의 기준을 오로지 현재에다 두고 미래를 고려하지 않는 유형이다. 이 유형의 내담자는 진로경로를 고려하기보다는 현재의 상황에 치우쳐 있어 지금 당장이라는 급한 사고로 인하여 앞으로의 진전이 어려운 유형이다.
> 3) **미래형** : 내담자는 자신의 진로경로를 깊게 고려하므로 직업상담을 진행하는 데 순조로운 과정을 거친다.

㉢ 상담신청서, 내담자의 자기진술, 수집된 정보를 요약하고 동기를 명확히 한다.

> ▶ **자기보고법에 의한 내담자 동기 확인하기(예시)**
>
> ■ **내담자의 초기진술**
> "난 내게 무슨 문제가 있는지 몰라요. 엄마가 가보라고 해서 왔을 뿐이에요. 직업을 선택하는 것에 관심은 있지만, 부모님이 반대하시는 일은 하고 싶지 않아요. 내가 뭘 결정하는 것보다는 부모님의 결정이 더 나은 경우가 많아요."
>
> ■ **상담자가 세울 수 있는 기초 가설**
> 1) 낮은 자기효능감
> 2) 낮은 진로성숙도
> 3) 부모의 막대한 영향과 지나친 의존성
> 4) 역할갈등에 의한 진로갈등

　　　　　　　　　　　■ 내담자의 낮은 동기로 인해 예측될 수 있는 문제 확인 예시
　　　　　　　　　　　 1) 진로 선택의 과정을 스스로 고민하는 것이 어려워 포기하거나 회피할 수 있다.
　　　　　　　　　　　 2) 부모의 의견에 따라 **상담 참여가 갑자기 종결될 수 있다.**
　　　　　　　　　　　 3) 직업 선택의 중요성이나 시급성에 대한 인식이 낮아 **진지하지 않은 태도로 참여할 수 있다.**

　ⓔ 낮은 동기는 불완전한 종결 또는 부적절한 선택을 초래할 수 있으므로 낮은 동기에 적절히 대처하는 방법을 적용한다.

- **진로 선택에 대한 중요성 증가시키기**
- **좋은 선택이나 전환을 할 수 있는 자기효능감 증가시키기**
- **기대한 결과를 이끌어 낼 수 있는지에 대한 확신 증가시키기**
- **직업상담의 결과를 최대화하기 위해 내담자가 충분한 노력을 기울였는지를 확인하는 기준 증가시키기**

③ **내담자의 자기진술을 통해 인지적 명확성의 수준과 유형을 진단한다.**

　㉠ 내담자의 인지적 명확성을 확인하기 위한 몇 가지 질문을 한다.

　　　▶ **인지적 명확성 확인을 위한 질문들** (Bandura, 1977, 1982)

　　　 1) 지금 시점에서 진로를 선택하거나 현재 진로를 바꾸는 것이 얼마나 중요한가? (**상황의 중요성 사정**)
　　　 2) 진로를 선택하거나 현재의 진로를 바꾸는 것을 성공적으로 했는지에 대해 내담자가 어느 정도 확신하고 있는가? (**자기효능감 기대**)
　　　 3) 내담자가 자신의 상황이 나아질 거라고 어느 정도 확신하는가? 내담자는 자신의 상황이 현재보다 더 악화될 가능성이 있다고 느끼는가? (**결과기대**)
　　　 4) 진로를 선택하거나 바꾸는 데 있어 일을 잘한다는 것이 내담자에게 얼마나 중요한가? (**수행에 대한 기준**)

　㉡ 질문에 대한 내담자의 자기진술을 분석하여 인지적 명확성의 수준과 유형을 진단한다.
- **내담자의 자기진술을 통한 인지적 명확성 수준 진단**

구분	내용
낮은 경우	• 난 나에 대해 전혀 모르겠어요. 잘할 수 있는 일도 없는 것 같고…. • 일이 잘될 것 같지 않아요. 모두 다 어렵다고 하던데…. • 난 내게 무슨 문제가 있는지 모르겠어요. 난 단지 내 진로를 선택하는 것 외엔 관심이 없어요. • 저는 전공을 결정할 때가 됐어요. 제가 받은 교육으로 어떤 일을 해야 한다고 생각해요.
중간인 경우	• 제 친구들 모두 자기들 인생에 대해 결정을 다 내렸어요. 저도 똑같이 그래야 해요. • 몇 가지 생각해 놓은 직업은 있지만 아직 모르는 것이 더 많아서 결정이 어려워요. • 언젠가 문제가 해결될 것이라고는 생각하지만 내가 그 일을 해낼 수 있을지는 모르겠어요.

구분	내용
높은 경우	• 난 내가 뭘 해야 할지 잘 알아요. 이 직업은 나에게 최상의 선택이라 확신해요. • 직업을 구하기가 힘들다고는 하지만 난 이쪽 분야에서 더 좋은 직업을 찾을 수 있어요. • 난 뭐가 문제인지 확실하게 알아요. 이 직업은 전적으로 내게 안 맞아요. 난 스트레스를 덜 받는 조건에서 사람들과 일할 수 있는 그런 직업을 원해요.

• 내담자의 자기진술을 통한 인지적 경확성의 문제유형 진단 예시

구분	내용
가정된 불가능/불가피성	• 내담자 : 전 의대를 졸업할 수 없을 것 같아요. • 상담자 : 학생의 성적은 상당히 우수한 것으로 아는데요. • 내담자 : 하지만 단념했어요. 내 친구는 의대 상급생인데 성적 때문에 그만뒀어요.
원인과 결과의 착오	• 내담자 : 전 사업을 할까 생각 중이에요. 그런데 사업하는 여성들은 대부분 이혼을 한다고 해서 좀 망설이고 있어요.
파행적 의사소통	• 상담자 : 제가 내준 과제를 하는 데 많은 어려움이 있다고 하셨지요. 선생님이 하시는 일을 조절하는 데에 제가 전화를 하면 도움이 될지 모르겠네요. • 내담자 : 그거 괜찮은 생각인 것 같네요. 제가 작업하는 데 어떤 문제가 있을 수 있다는 걸 아셨어요? 그리고 오늘 저는 새 차를 하나 보아둔 것이 있어요. 그 생각만 하면 즐거워져요.
구체성의 결여	• 내담자 : 사람들이 요즘은 좋은 직장을 구하기가 힘들다고들 해요.
강박적 사고	• 내담자 : 저는 선생님이 될 거에요. 우리 아빠도 교사고, 할아버지도 교사이셨어요. • 상담자 : 만약 교사가 안 된다면 어떤 일이 벌어질까요? • 내담자 : 모든 것이 엉망이 될 거에요. 끔찍할 거에요.

ⓒ 인지적 명확성의 수준을 확인하고, 인지적 명확성의 문제가 직업상담으로 접근할 수 있는 정도인지 판단하여 적절하게 대처한다.

구조화하기

출제기준 ▶
1. 상담 내용의 비밀보장과 상담자와 내담자의 역할에 대해 설명할 수 있다.
2. 상담시간, 회기, 비용 등에 대하여 설명하고 합의할 수 있다.
3. 현실적 상황에 근거한 단기적 목표, 근본적 욕구에 근거한 장기적 목표를 구분하여 설정할 수 있다.
4. 상담목표가 현실적이고 실현 가능한지 검토하고 합의할 수 있다.

01 구조화 내용과 절차 협의

(1) 상담의 구조화

① **상담 구조화의 의의** : 상담에서 다루어질 내용이 무엇인지, 상담이 얼마 동안 진행되는지, 얼마나 자주 만나는지, 상담시간에 무엇을 하는지, 비용은 얼마인지, 비밀보장은 어떻게 되는지 등을 포함하여 상담의 내용과 절차에 대한 틀을 정하는 것이다.

② **상담 구조화의 필요성**
　㉠ 상담자와 내담자의 **기대 조정**
　㉡ 모호하고 막연한 부분 **명확히 하기**
　㉢ 상담에 대한 **내담자의 불안 및 긴장 완화**

(2) 상담 구조화의 기능

① **오리엔테이션의 기능** : 내담자에게 앞으로 상담과정이 어떻게 진행될지, 무엇을 하고 하지 말아야 할지, 어떤 지원이 이루어질지 등에 관한 정보를 제공하고 안내한다.

② **내담자의 불안감 감소** : 내담자가 가지고 있을 막연한 두려움과 불안을 감소시켜 안심하고 상담에 임하도록 돕는다.

③ **면담 자체로서의 기능** : 상담자와 내담자는 협의와 타협의 과정을 통해 계약을 맺게 되며, 상담구조를 정하는 것은 내담자의 동의가 필요한 과정이다. 이러한 과정은 그 자체로 또 하나의 면담이 된다.

④ **상담의 안정적 수행** : 상담을 시작하는 단계에서 상담의 틀을 설정함으로써 계획적으로 상담을 진행할 수 있고, 협의를 통해 모호하고 상충하는 부분을 확인하여 조정하게 되므로 안정적인 상담이 가능해진다.

(3) 상담 구조화의 내용

구분	내용
상담 관계의 구조화	상담자와 내담자의 기대를 조정하고, 공식적·비공식적 역할의 구조화를 통해 각자의 역할과 규범 등을 설명하고 협의한다.
상담 실제의 구조화	상담시간, 상담장소, 상담 비용, 상담 빈도, 총상담 횟수, 연락 방법, 상담시간 엄수 및 취소 등에 대한 정보를 설명하고 이해하도록 한다.
상담 윤리의 구조화	비밀보장, 이중관계 금지, 내담자의 알 권리 보장 등에 대한 전문가로서 지켜야 할 내용을 포함한다.

(4) 상담 구조화의 방법

구분	내용
명시적 구조화	상담 진행과 관련된 내용을 내담자에게 언어적으로 명확하게 설명한 다음 내담자와 협의를 거쳐 상담의 구조적 형태를 만들어가는 것이다.
암시적 구조화	언어적으로 설명하지 않고 이면적이고 암시적으로 구조화하는 것이다. 상담자의 모든 행동이 암시적 구조화이므로 상담자는 원칙을 가지고 자신의 행동을 살피면서 신중하게 개입해야 한다.

(5) 상담 구조화의 유의사항

① 구조화는 타협해야 하는 것이지 **강요되어서는 안 된다.**

② 구조화는 내담자를 **처벌하는 방식으로 이루어져서는 안 된다.**

③ 구조화하는 **이유를 내담자에게 설명해야 한다.**

④ 내담자의 준비도와 상담 관계의 흐름 등을 **고려하여 구조화 시기를 정한다.**

⑤ 지나치게 **경직된 구조화는 내담자의 좌절과 저항을 유발할 수 있다.**

⑥ 불필요하고 **목적이 없는 규칙은 오히려 내담자의 활동을 억제한다.**

⑦ **내담자의 인지, 정서, 행동적 특성을 고려해야 한다.**

⑧ **상담 관계를 원활하게 하는 것이 목적이며 치료적 효과가 있는 것은 아니다.**

⑨ 상담의 초기 단계에서 한 번으로 끝나는 것이 아니라 지속적으로 반복해서 **상담 전 과정에서 상담을 재구조화해 나간다.**

(6) 상담 구조화의 내용과 절차 협의하기

① **상담 구조화의 의의와 필요성에 대해 내담자에게 설명한다.**

② **내담자의 이전 상담 경험을 확인하고 구조화 과정에 내담자의 참여를 촉진한다.**

〈 상담 경험 유·무에 따른 상담 구조화 방법 〉

구분	내용
상담 유경험자	이전의 상담형태 등을 참조하여 구조화 과정에 참여할 수 있도록 하고, 이전 상담의 방식과 똑같이 상담이 진행될 것으로 기대할 수 있으므로 이번 상담이 어떤 점에서 유사하고 다른지 내담자와 함께 탐색한다.
상담 무경험자	상담 과정 전체가 낯선 경험일 수 있으므로 긴장감을 완화하고 너무 부담을 주지 않는 정도로 구조화한다. 상담이 어떤 형태로 진행되길 희망하는지 자유롭게 의견을 제시할 수 있도록 분위기를 조성하여 내담자의 참여를 유도한다.

③ **상담에 대한 내담자의 기대를 확인하고 조정한다.**

　㉠ 상담에 참여한다면 어떤 일이 일어날지, 어떤 일이 일어나야 하는지, 상담이 성공적이려면 어떻게 해야 할지 등에 대한 내담자의 생각을 확인한다.

　㉡ 상담기관 및 상담자의 공식적·비공식적 역할에 비추어 내담자의 기대를 조정한다.

④ **구조화에서 다루어야 할 사항들에 대해 내담자와 협의하고, 상담시간, 상담회기, 상담절차 등을 정한다.**

　㉠ 상담시간에 대해서 구조화한다.

　㉡ 전체 상담 회기와 절차에 대해 협의한다.

　㉢ 상담시간의 취소, 변경, 지각 등에 대해 협의한다.

⑤ **상담자와 내담자의 역할에 대해 다룬다.**

　㉠ 상담자와 내담자의 역할이 무엇인지 안내한다.

　㉡ 상담자 역할의 한계에 대해 설명한다.

⑥ **비밀유지 및 개인정보보호에 관한 사항을 다룬다.**

　㉠ 내담자가 상담받는다는 사실을 포함하여 상담 과정에서 이야기한 모든 내용에 대해 비밀이 보장됨을 알린다.

　㉡ 상담 중에 수집되는 내담자의 개인정보(민감정보 포함)와 기록(공전자기록 포함)은 관련 법에 따라 관리됨을 고지한다.

　㉢ 비밀유지의 한계에 관한 사항을 논의한다.

> ▶ **비밀유지의 한계 (한국상담학회)**
>
> 상담자는 아래와 같은 내담자 개인 및 사회에 임박한 위험이 있다고 판단될 때 내담자에 관한 정보를 사회 당국 및 관련 당사자에게 제공해야 한다.
> 1) 내담자가 자신이나 타인의 생명 혹은 사회의 안전을 위협하는 경우
> 2) 내담자가 감염성이 있는 치명적인 질병이 있다는 확실한 정보를 가졌을 경우
> 3) 미성년인 내담자가 학대를 당하고 있는 경우
> 4) 내담자가 아동학대를 하는 경우
> 5) 법적으로 정보의 공개가 요구되는 경우

⑦ **평가 사항과 평가 방법에 대해 협의한다.**
　㉠ 직업상담을 위해 내담자에 대해 평가할 필요가 있는 사항이 무엇인지 협의한다.
　㉡ 내담자에 대한 정보를 평가하기 위해 어떤 전략을 사용할지 방법을 협의한다.

⑧ **상담일지의 기록, 사례관리를 위한 녹음 등에 대해 동의를 구한다.**
　㉠ 상담 기록과 사례관리의 필요성을 설명하고, 상담 기록은 상담을 더 효과적으로 하기 위해 최소한의 범위(과정 점검, 교육, 슈퍼비전 등)에서만 참고 자료로 활용됨을 설명한다.
　㉡ 내담자가 동의하지 않으면 억지로 요구하지 말고, 내담자가 동의하지 않는 것에 대한 원인(불신, 불안 등)을 파악하여 상담의 주제로 다룬다.

⑨ **상담 비용 또는 지원금 등을 안내하고 확정한다.**
　㉠ 유료 상담의 경우 상담 비용과 결제 방법 등을 안내하고 확정한다.
　㉡ 국민취업지원제도를 통한 상담의 경우 내담자가 수령 가능한 지원금의 종류와 금액, 지원금 신청절차 등을 안내한다.

⑩ **구조화 과정에서 협의된 사항을 서면이나 구두로 확정한다.**

02 상담목표 설정

(1) 상담목표 설정과 진로시간전망

① **진로시간전망 검사지 사용의 목적(용도)**
　㉠ 미래의 방향을 이끌어내기 위해서
　㉡ 미래에 대한 희망을 심어 주기 위해서
　㉢ 미래가 실제인 것처럼 느끼도록 하기 위해서
　㉣ 계획에 대해 긍정적 태도를 강화하기 위해서
　㉤ 목표설정을 촉구하기 위해서
　㉥ 현재의 행동을 미래의 결과와 연계시키기 위해서
　㉦ 계획기술을 연습하기 위해서
　㉧ 진로의식을 높이기 위해서

② **원형검사 (The Circles Test, Cottle, 1967)**
　㉠ **원의 의미** : 과거, 현재, 미래 등 3가지 시간차원
　㉡ **원의 크기** : 시간차원에 대한 상대적 친밀감
　㉢ **원의 배치** : 시간차원이 각각 어떻게 연관되어 있는지 의미

③ **원형검사에 기초한 시간전망 개입**
　㉠ **방향성** : 미래지향성을 증진시키기 위한 것으로, 미래에 대해 낙관적인 입장을 구성한다.
　㉡ **변별성** : 미래를 현실처럼 느끼게 하고, 미래계획에 대한 (긍)정적 태도를 강화시키며 목표설정을 신속하게 하도록 한다. 시간변별은 시간차원 내의 사건의 강도와 확장을 의미한다.

ⓒ 통합성 : 현재 행동과 미래 결과를 연결시키고, 계획한 기법을 실습하여 진로에 대한 인식을 증진시킨다.

(2) 상담목표 설정과 내담자 정보수집 기법

① **구조화된 면담기법 생애진로사정 (Life Career Assessment : LCA)**

　㉠ 생애진로사정으로 얻을 수 있는 정보
- 내담자의 일의 경험, 교육의 성취 등과 같은 객관적이고 사실적인 유형의 정보
- 내담자의 기술과 유능에 대한 평가정보
- 상담자가 내담자의 기술과 능력에 대해 내린 결론으로 이는 주제에 기반을 두고 내담자의 활동 종류로부터 추론됨.
- 내담자 자신에 대한 인식으로서 내담자의 가치와 관련된 정보

　㉡ 생애진로사정의 구조 4가지
- 진로사정

구분	내용
일의 경험	• 직업은 성격에 따라 시간제·정시제, 유급·무급 등으로 나뉜다. • 일의 경험을 사정하려면 내담자에게 과거 또는 현재의 직업을 서술하게 한다. • 내담자에게 수행했던 직무를 적도록 하고 직무에 관하여 가장 좋았던 것과 싫었던 것을 적도록 한다.
교육 또는 훈련과정 및 관심사	• 진로사정은 내담자에게 교육 또는 훈련 경험에 대한 일반적인 진로 경로를 작성하게 하는 데서 시작된다. • 내담자에게 가장 좋아하는 것과 가장 싫어하는 것을 질문하여 구조를 진전시킨다.
오락	• 생애진로사정에서 오락영역을 사정하기 위해서는 내담자들이 여가시간에 무엇을 하는지를 질문하여야 한다. • 오락활동이 일과 교육적 주제와 일치하는지의 여부가 중요하다. • 여가시간의 사정은 사랑과 우정 관계를 탐색하는 데에도 유용하다.

- **전형적인 하루** : 의존적-독립적 성격 차원, 자발적-체계적 성격 차원
- **강점과 장애** : 내담자가 믿고 있는 자신의 주요 강점과 주요 장애가 무엇인지를 질문
- **요약** : 면접하는 동안에 수집된 정보를 강조하고 상담을 통해 목표를 성취하도록 자극

② **내담자 정보 및 행동에 대한 이해 기법 (Gysbers & Moore, 1987) 9가지**

　㉠ 가정 사용하기
　㉡ 의미 있는 질문 및 지시 사용하기
　㉢ 전이된 오류 정정하기
　㉣ 분류 및 재구성하기
　㉤ 저항감 재인식하기 및 다루기

ⓗ 근거 없는 믿음 확인하기

ⓢ 왜곡된 사고 확인하기

ⓞ 반성의 장 마련하기

ⓩ 변명에 초점 맞추기

(3) 상담목표 설정과 검토

① **내담자의 상담목표 확인**

㉠ **내담자의 결과 목표 결정** : 내담자의 최초 진술은 상담의 목표와 호소문제 관련 단서 제공

상담목표를 끌어내기 위한 면접 안내 (interview leads) 질문 예시	• 상담의 결과물로 원하는 것이 무엇인가? • 상담의 결과로 달성하기를 원하는 것이 무엇인가? • 상담의 끝이라고 가정할 때 지금과 어떤 것들이 달라져 있을까?

㉡ **목표의 실현 가능성 결정** : 목표가 설정되면 시간, 에너지, 능력, 자원 관련 현실성 및 내담자의 통제 가능 정도를 고려

목표의 실현 가능성을 평가할 수 있는 질문 예시	• 이 상황을 당신은 얼마나 통제할 수 있나요? • 이 목표에 도달하기 위해서 당신이 해야 할 것은 무엇인가요? • 이 목표는 당신이 달성 가능한 목표인가요? • 당신이 이 목표를 성취하지 못하도록 방해하는 것은 무엇인가요? 예를 들어, 당신 내면에서 혹은 다른 사람에 의한 장애물은 무엇인가요? • 언제까지 목표를 성취해야 한다고 느끼며, 마음속에 어떤 시간계획을 가지고 있나요?

② **상담 하위목표 설정**

㉠ 전반적인 목표가 결정되면, 하위목표를 확인함으로써 그 목표에 대한 안내지도를 확립하는 것이 중요하다.

㉡ 직업선택 상황에서 내담자들이 바람직한 결과를 성취하는 것에 대한 상담자의 암묵적 단계 모형은 **내담자의 가치, 기술, 자산에 대한 평가 → 직업적 대안의 창출 → 직업정보의 수집 → 의사결정 모형의 적용** 단계로 이루어진다.

㉢ 이러한 계획을 내담자와 나누고, 하위목표들에 대한 동의를 얻음으로써 모호함을 줄이고 내담자가 과정에 몰입되는 가능성을 증가시킬 수 있다.

하위목표 설정을 위한 질문 예시	• 이러한 것이 발생하도록 하기 위해 필요한 것이 정확히 무엇인가? • 지금 현재 상태에서 되고 싶은 상태까지 필요한 단계들을 생각해보고, 당신에게 가장 쉬운 것부터 어려워 보이는 것까지 배열할 수 있는가? • 당신의 목표에 도달하기 위해서 또는 자신의 자원을 최대화하기 위해서 이 단계들을 어떻게 정렬할 수 있는가? • 당신의 목표로 나아가기 위해서 어떤 일을 하기 전에 먼저 해야 될 필요가 있는 일을 생각할 수 있는가?

③ 내담자의 목표 몰입도 수준 평가

㉠ 구체적이고 실현 가능한 목표와 하위목표가 설정되었다고 하더라도 내담자가 그 목표 추구에 필요한 시간과 에너지를 투자할 마음이 없으면 무용지물이 된다.

㉡ 따라서 목표에 대한 내담자의 몰입도를 평가하는 것이 중요하다.

목표 몰입도 수준 평가 질문 예시	• 목표 도달을 위해 몇 가지 작업을 할 것입니다. 당신은 필요한 작업을 하는 데 기꺼이 응할 수 있나요? • 이런 목표로 상담할 때 당신의 동기에 방해가 될 만한 것에는 어떤 것이 있나요? • 우리는 당신의 목표와 행위 목표를 구체화해 볼 것입니다. 저는 이런 목표를 구체화하는 데 서면계약이 도움이 되고, 우리 둘 다 서명하는 것이 좋다고 봅니다. • 당신의 서명은 이런 목적을 위해 기꺼이 참여할 것임을 의미하고, 제 서명은 당신을 돕는 데 최선을 다할 것임을 의미합니다.

전략 수립하기

1. 상담목표에 적합한 이론과 모형을 선택할 수 있다.
2. 이론과 모형에 따라 상담 개입방법을 결정할 수 있다.
3. 상담 성과의 평가 기준과 평가 방법을 정할 수 있다.

01 직업상담전략 수립

(1) 직업상담전략의 필요성

① 직업상담은 생애진로 발달과정에서 발생하는 다양한 진로논점을 해결하는 데 도움을 주기 위한 과정이며, 인간의 문제와 함께 직업문제를 다루는 특수성을 갖는다.
② 직업문제에 대한 접근은 빠르고 정확한 진단이 무엇보다 중요하며, 이를 위해 직업상담 이론과 직업정보에 기초한 상담목표 설정과 상담전략의 수립이 필요하다.

(2) 직업상담목표 달성의 주요 요소

① **상담자와 내담자의 촉진적 관계 형성** : 내담의 욕구와 상담자의 진정성을 바탕으로 긍정적이고 생산적인 관계 형성
② **직업정보와 이론에 기초한 내담자의 특성 및 문제 진단** : 내담자의 다양한 정보를 수집·분석하고 심리검사 도구를 활용하는 등 객관적 자료를 근거로 하여 내담자의 특성 및 직업 논점이 무엇인지 명확하게 밝히는 것
③ **공식적 직업상담 이론에 기초한 상담목표 설정 및 전략 수립** : 공식적인 직업상담 이론과 모형에 따라 가설을 세우고, 상담목표와 전략 설계하는 것은 상담이 전문적인 과정임을 공식화
④ **검증된 상담기법과 모형을 적용한 상담자의 개입** : 내담자의 행동변화를 촉진하는 상담자의 개입방법으로 임상적으로 검증된 상담기법과 모형 적용

(3) 공식적 이론에 기반한 상담전략 수립

① 내담자의 문제 또는 문제해결을 방해하는 요인을 사정하고 내담자에 대한 가설을 설정하기 위해 상담가는 비공식적 직업상담 이론보다는 공식적인 직업상담 이론에 근거해서 활동해야 한다.

② 공식적인 직업상담 이론은 이론가들에 의해 만들어진 것으로 공개적인 발표와 토론, 경험적 연구에 의해 지지된 이론이며 실증적 검토를 통해 발전을 이뤄온 것이다.
③ 비공식적 직업상담 이론은 인간이 기능하는 방식에 대한 상담가의 내재적 믿음에 근거하며 상담가의 임상적 경험에 의한 믿음, 주관적 판단과 지각, 직관 등의 요소와 관련된다.
④ 직업상담에서 **이론은 문제해결을 위한 나침반이며, 상담과정의 접근방법과 방향성을 제시하는 지침**이다.
⑤ 직업상담 이론은 **상담의 실제를 이해하는 데 도움을 주기도 하며, 상담전략을 수립하거나 그 방법을 선택할 때 원칙을 제시해 준다.**

(4) 파슨스(Parsons)의 특성-요인이론

① 직업선택의 관점에서 직업문제를 진단한다.
② **개인분석, 직업분석, 과학적 조언을 통한 매칭 등 3단계 직업지도 모델을 제시**하였다.
③ **Williamson의 인간본성에 대한 기본 가정**
　㉠ 인간은 선과 악의 잠재력을 모두 지니고 있는 존재이다.
　㉡ 인간은 선을 실현하는 과정에서 타인의 도움을 필요로 하는 존재이다.
　㉢ 인간의 선한 생활을 결정하는 것은 바로 자기 자신이다.
　㉣ 선의 본질은 자아의 완전한 실현이다.
　㉤ 세계관은 개인적인 것으로 인간은 누구나 그 자신만의 독특한 세계관을 가진다.
④ **Williamson의 특성-요인이론의 상담단계**

구분	내용
분석	태도, 흥미, 적성, 가족 배경, 지적 능력, 교육적 능력 등에 관한 자료를 주관적 또는 객관적 방법으로 수집한다.
종합	내담자의 독특성이나 개별성을 강조하기 위해 사례연구와 검사자료를 수집하고 요약한다.
진단	내담자의 문제 및 뚜렷한 특징을 기술한 개인자료와 학문적·직업적 능력을 비교하여 내담자의 특성과 문제를 분류하고 문제의 원인을 탐색한다.
예측	조정 가능성 및 발생 가능한 문제를 판단하고, 문제해결을 위해 내담자가 고려해야 할 대안적 조치를 예측한다.
상담	현재와 미래의 바람직한 적응을 위해 무엇을 해야 할지를 내담자와 함께 상의한다.
추수지도	내담자가 행동계획을 잘 실천하도록 돕고, 새로운 문제가 발생했을 때 내담자를 계속적으로 돕는다.

⑤ **직업상담 문제유형별 상담전략 예시**

구분	내용
진로 무선택	진로를 선택하지 못하고, 자신이 무엇을 원하는지 모른다고 진술하는 경우 ⇨ **직접적인 충고, 흥미검사와 직업정보의 사용**
불확실한 선택	내담자가 직업을 선택했으나 자신의 결정에 의심을 나타내는 경우 ⇨ **직접 체험 권장**

구분	내용
흥미와 적성의 불일치(모순)	흥미 있는 직업에 적성이 낮은 경우, 적성이 있는 직업에 흥미가 낮은 경우, 흥미가 있는 직업이 있으나 그 직업을 가질 능력이 부족한 경우 ⇨ **관련 분야 제안, 각 직업의 이해득실 검토**
현명하지 못한 선택	내담자의 능력과 흥미 간의 불일치, 내담자의 능력과 직업요구 간의 불일치, 목표와 맞지 않는 적성, 흥미와 관계없는 목표, 직업 적응을 어렵게 하는 성격, 입직 기회가 아주 적은 직업의 선택, 친구·친척의 고용 약속을 믿고 한 선택, 부모·타인의 압력에 따른 선택, 직업정보의 결핍, 특권에 대한 갈망, 진로에 대한 오해 등의 경우 ⇨ **선택 취소, 다른 대안 제시, 흥미검사와 직업정보 활용 사고 확대**

(5) 홀랜드(Holland)의 성격(유형)이론

① **홀랜드이론의 4가지 기본 가정**

㉠ 대부분의 사람들은 6가지 성격유형인 현실형, 탐구형, 예술형, 사회형, 진취형, 관습형으로 분류될 수 있다. 각 성격유형은 태도와 기술을 포함한 일련의 특징을 나타낸다.

㉡ 환경도 현실형, 탐구형, 예술형, 사회형, 진취형, 관습형과 같이 6가지 직업환경 유형이 있으며, 각 환경에는 그 성격유형에 일치하는 사람들이 머물고 있다.

㉢ 사람들은 자신에게 맞는 환경을 찾는다. 즉, 자신의 기술과 능력을 발휘하고, 태도와 가치를 표현하며, 자신에게 맞는 역할을 수행할 수 있는 환경을 찾는다. 또한 **환경도 구인과정 등을 통해 그 환경에 적합한 성격유형을 가진 사람을 찾는다.**

㉣ 개인의 행동은 성격과 환경적 특성 사이의 상호작용에 의해 결정된다. 즉, 개인의 성격유형과 그의 직업환경유형을 안다면, 그 둘 간의 성과, 즉 진로선택, 근속기간 및 직업전환, 직업성취, 직무만족 등에 관해서 중요한 결과를 예측할 수 있다.

② **5가지 주요 개념** : 일관성, 차별성, 정체성, 일치성, 계측성

③ **홀랜드가 개발한 검사도구**

㉠ 직업선호도검사 (VPI : Vocational Preference Inventory)

㉡ 자기방향탐색검사 (SDS : Self-Directed Search)

㉢ 직업탐색검사 (VEIK : Vocational Exploration and Insight Kit)

㉣ 자기직업상황검사 (MVS : My Vocational Situation)

(6) 직업적응이론 (Dawis & Lofquist)

㉢ 개인과 환경 간의 상호작용과 조화의 관점에서 직업문제를 바라보았다.

㉣ 개인의 만족과 조직의 충족에 영향을 미치는 요인들을 진단하고 부조화의 원인을 파악하여 적응할 수 있도록 돕는 접근을 한다.

③ **성격유형의 4가지 차원**

구분	내용
민첩성(신속성)	개인이 환경과의 상호작용에서 **빨리 혹은 천천히 반응하는 정도**를 말하는 것으로 정확성보다는 속도를 중시한다.
역량(속도)	개인과 환경이 서로 만족감을 높이기 위해 **상호작용하는 활동수준 또는 강도**를 나타낸다. 즉, 근로자들의 평균 활동수준을 의미한다.
지속성	개인과 환경이 불만족스러운 상태를 얼마나 오랫동안 유지하는지 즉, 다양한 **활동수준의 기간**을 의미한다.
리듬(규칙성)	개인과 환경이 각각 만족도를 높이기 위해 노력하는 과정의 **활동의 다양성**을 의미한다.

④ **적응양식의 4가지 차원** (2가지 변인과 2가지 적응방식)

구분	내용
유연성(융통성)	개인과 환경 사이의 **불일치에 대해 어떤 조치를 취하기 이전에 그 상태에 적응하기 위하여 견디는 능력**이다.
인내력(끈기)	불일치가 확인되었지만 적응하기 위해 **불일치를 참고, 계속 일을 하면서 조직에 머무는 상태**이다. 적응행동을 하면서 환경과의 조화를 위해 노력하는 기간과 관련된다.
적극성 (적극적 유형)	조직의 요구 수준이나 조직이 제공하는 보상을 바꾸는 **작업환경의 변화를 통해 불일치를 경감시키는 것**이다.
반응성 (소극적 유형)	자신의 능력이나 가치에 대해 조정함으로써 불일치를 감소시키는 **스스로의 변화를 시도하는 것**이다.

⑤ **직업적응이론을 통해 개발된 검사**

　㉠ 미네소타 중요성 질문지 (MIQ : Minnesota Importance Questionnaire)

　㉡ 미네소타 직무기술 질문지 (JDQ, MJDQ : Minnesota Job Description Questionnaire)

　㉢ 미네소타 만족 질문지 (MSQ : Minnesota Satisfaction Questionnaire)

　㉣ 미네소타 충족 척도 (MSS : Minnesota Satisfactoriness Scales)

⑥ **직업적응이론에서 정의하는 6가지 가치 (MIQ에서 측정하는 6가지 가치)**

　㉠ **성취** (achievement) : 수행을 고무시키는 환경의 중요성

　㉡ **편안함** (comfort) : 긴장하지 않고 편안한 환경의 중요성

　㉢ **지위** (status) : 명성과 인정을 제공하는 환경의 중요성

　㉣ **이타심** (altruism) : 타인과 조화를 이루어 봉사하게 하는 환경의 중요성

　㉤ **안전** (safety) : 예측 가능하고 안전한 환경의 중요성

　㉥ **자율성** (autonomy) : 시작을 자극하는 환경의 중요성

⑦ **직업적응이론 상담 시 내담자에 대해 고려할 수 있는 7가지 가정**

　㉠ 내담자의 실제 능력과 직업에서 요구되는 능력이 불일치하는 경우

ⓛ 내담자가 지각하는 자신의 능력에 대한 주관적인 평가와 환경에서 요구되는 능력이 불일치하는 경우

ⓒ 능력과 자격조건은 일치하지만, 다른 일반적인 환경의 불일치로 부적절하게 수행하는 경우

ⓔ 능력과 자격조건은 일치하지만, 욕구와 보상의 불일치로 부적절하게 수행하는 경우

ⓜ 내담자의 욕구와 보상이 불일치하는 경우

ⓗ 평가결과로서의 욕구가 대리학습에 의한 경우

ⓢ 개인과 환경이 모두 만족하지만 다른 삶의 영역이나 일과 삶의 균형에서 만족스럽지 못한 경우

(7) 수퍼(Super)의 전생애 진로발달이론

① 진로문제는 일회적인 직업선택의 문제가 아니라 전생애에 걸친 과정이다.

② 진로발달은 진로에 관한 자아개념의 발달 과정이다.

③ **진로발달단계** : 성장기 – 탐색기 – 확립기 – 유지기 – 쇠퇴기

▶ **수퍼의 전생애 진로발달단계**

(1) **성장기 (Growth stage, 출생~14세)** : 가정과 학교에서 중요한 타인과 동일시함으로써, 자아개념을 발달시키는 단계로서, **자기(self)에 대한 지각이 생겨나고 직업세계에 대한 기본적인 이해가 이루어지는 시기이다.**

　① **환상기(0~10세)** : 욕구와 환상이 지배적이 다. 아동이 접하게 되는 직업은 환상 속에 존재하는 직업이다.

　② **흥미기(11~12세)** : 개인의 목표와 활동에 흥미(개인의 취향)가 주요 결정요인이 된다. 직업에 대한 보다 구체적인 정보를 수집하고 일의 세계와 관련된 자신의 이해가 점점 깊어진다.

　③ **능력기(13~14세)** : 일의 세계를 보다 현실적으로 지각하게 되고, 보다 풍부한 직업정보를 축적하면서 직업 성공의 요인으로 능력의 중요성을 인식한다. 또한 직업훈련이나 자격요건도 고려하게 된다.

(2) **탐색기 (Exploration stage, 15~24세)** : 자신의 욕구, 흥미, 능력, 가치, 취업 기회 등을 고려하고, 개인이 학교생활, 여가활동, 시간제 일 등과 같은 활동을 통해서 **자아를 검증하고 역할을 수행하며 직업탐색을 시도하는 단계이다.** 이 시기 발달과업은 **결정화(crystallization), 구체화(specification), 실행화(implementation)**이다.

　① **잠정기(15~17세)** : 자신의 욕구, 흥미, 능력, 가치와 취업기회 등을 고려하기 시작하고, 잠정적으로 자신의 진로를 선택해 보고 그것을 환상, 토의, 일, 기타 경험을 통해 시행해 본다.

　② **전환기(18~21세)** : 앞으로의 취업을 위해 필요한 훈련이나 교육을 받으며 자신의 자아개념을 실천하고자 한다. 직업선택에 있어서 보다 현실적인 요인을 중시하게 되며 자아개념이 직업적 자아개념으로 전환되는 시기이다.

　③ **시행기/수정기(22~24세)** : 자기에게 적합하다고 판단되는 직업을 선택해서 처음으로 직장 생활을 하기 시작한다.

(3) 확립기 (Establishment stage, 25~44세) : 자신에게 적합한 분야를 발견해서 종사하고 거기에서 안
    정된 위치를 확보하기 위해 노력하는 시기로서, 이 시기 발달과업은 **안정화(stabilizing)**, **공고화**
    (consolidating), **발전(advancing)**이다.
    ① 시행기/수정기(25~30세) : 자신에게 적합한 분야를 찾기 위해 시행착오를 경험하는 시기로, 자신
       이 선택한 일이 적합하지 않은 경우, 적합한 일을 찾아 한두 차례 변화를 시도한다.
    ② 안정기(31~44세) : 진로유형이 안정되는 시기로서, 개인은 그의 직업세계에서 안정과 만족감, 소
       속감, 지위 등을 얻게 된다.
(4) 유지기 (Maintenance stage, 45~64세) : 개인이 **안정된 속에서 비교적 만족스런 삶을 살아가는 시**
    기로서, 현재까지 자신이 성취한 것을 **유지(holding)**하고, 자신의 지식과 기술을 새롭게 **갱신**
    (updating)하거나 현재의 직장에서 **혁신적인 방법을 시도(innovating)**해야 하는 발달과업에 직면하
    게 된다.
(5) 쇠퇴기 (Decline stage, 65세 이상) : 개인이 정신적·육체적으로 그 기능이 쇠퇴함에 따라 **직업전선**
    에서 은퇴하는 시기로서, 새로운 역할이나 활동을 추구하게 된다. 일의 수행 속도를 줄이는 **감속**
    (decelerating), 은퇴 이후 새로운 계획을 하는 **은퇴준비(retirement planning)**, 이후의 **은퇴생활**
    (retirement living)이 발달과업이다.

④ **진로발달의 평가와 상담(C-DAC : Career Development Assessment and Counseling) 모형의**
   평가 4단계

	내담자의 생애구조와 직업역할의 중요성 평가
1단계	• 내담자의 다양한 역할과 각 역할의 중요성에 대한 명료화로 시작하여 자녀, 학생, 배우자, 시민, 직업인, 여가인 등 개인의 삶에서 정의되는 역할 중 핵심적인 역할과 주변적인 역할을 평가한다. • 직업인으로서의 역할이 다른 역할보다 얼마나 더 중요한지에 대해 탐색한다.
	내담자의 진로발달 수준과 자원에 대한 평가
2단계	• 상담자는 어떤 발달과업이 내담자의 진로문제와 연관되어 있는지를 확인해야 한다. • 내담자가 당면한 문제와 내담자가 갖고 있는 극복자원에 대한 평가를 통해 내담자 문제에 보다 명확히 접근할 수 있다.
	직업적 정체성 평가
3단계	• 전통적인 특성-요인이론에서도 중요시하는 내담자의 가치, 흥미, 성격의 평가를 포함한다. • 이 단계의 목표는 내담자의 특성을 평가하면서 내담자의 직업적 정체성의 내용을 탐색하고, 이러한 정체성이 내담자 생애의 다양한 역할에서 어떻게 나타나고 있는지를 탐색하는 것이다.
	직업적 자기개념과 생애주제 평가
4단계	• 내담자의 자아개념을 평가하기 위해 내담자의 현재에 나타나는 자기상에 초점을 두는 횡단적인 방법과 내담자의 생애 전체에 걸쳐서 발달되어 온 주제에 초점을 두는 종단적인 방법을 활용한다. • 자신과 세상을 어떻게 이해하고 있는지 내담자의 자기상을 확인하는 과정이며, 상담자는 내담자가 과거와 현재의 자신을 어떻게 묘사하는지 경청함으로써 내담자의 자아개념을 평가한다.

⑤ **수퍼의 3가지 평가 유형**

　㉠ **문제평가** (problem appraisal) : **내담자의 어려움과 진로상담에 대한 내담자의 기대가 평가**된다. 내담자의 문제 확인, 자기변화의 동기, 문제해결에 대한 책임감, 강점과 약점 등이 측정된다.

　㉡ **개인평가** (personal appraisal) : **내담자 개인에 대한 평가**로서, 내담자의 심리적, 사회적, 신체적 차원의 상태에 대한 통계자료 및 사례연구로 분석이 이루어진다.

　㉢ **예후평가** (prognostic appraisal) : 문제평가와 개인평가를 바탕으로 **진로상담이나 직장에서 장차 예견되는 내담자의 행동에 대해 평가**한다.

(8) 타이드만(Tiedeman)과 오하라(O'hara)의 정체감발달이론

① **자기정체감이 발달**하면서 **분화**(differentiation)**와 통합**(integration)**의 과정으로 진로가 발달**한다.

② 분화는 다양한 직업을 구체적으로 학습함으로써 자아가 발달되는 복잡한 과정이며, 통합은 직업 분야의 일원으로서 직업세계로 통합하는 것을 말한다.

③ 에릭슨의 심리사회적 발달단계와 위기 이론에 영향을 받았다.

④ 자아정체감이 발달하면서 진로관련 의사결정 또한 이루어진다.

⑤ **진로의사결정 과정 (진로정체감 형성 과정)**

예상기 /전직업기 (Anticipation Period)	**탐색기**	**잠정적인 진로목표를 설정**하여, 장래의 대안적 행동을 탐색한다.
	구체화기	**대안에 대해 평가하고 잠정적 선택**과 이에 대한 재평가를 통해 목표를 구체화한다.
	선택기	명확한 목표를 결정하고, **목표 달성에 필요한 특정한 행동을 선택**한다.
	명료화기	의사결정을 분석, 검토하여 **진로결정에 대한 확신**을 가진다.
실천기 /적응기 (Implementation Period)	**순응기**	사회적 상호작용을 통해 인정과 승인을 받고자 **조직의 풍토에 적응하기 위해 노력**한다.
	개혁기	직장 내에서 너·외적으로 **주장적 행동을 하며 다른 사람을 설득**한다.
	통합기	집단 및 **조직에서의 요구에 자신의 욕구를 통합, 조절**한다.

(9) 고트프레드슨(Gottfredson)의 진로포부발달이론 (제한·타협이론)

① 고트프레드슨은 개인은 자기개념과 일치하는 직업에 대해 포부를 형성한다고 보고, 직업포부 형성과정을 제한과정과 타협과정으로 설명하였다.

② 진로포부발달 단계와 영향 요인

	서열 획득 단계 – 힘과 크기 지향성 (3~5세)
1단계	• 서열의 개념을 획득하는 것이 중요한 단계이다. • 이 시기 아동은 힘과 크기에 대한 개념을 발달시키며, '크다 대 작다'와 같이 매우 단순한 방법으로 사람들을 분류하기 시작한다. • 자신보다 **크고 힘이 센 어른들만 일이라는 것을 할 수 있다는 생각으로 일을 갖는 것에 대해 선망**하는 시기이다.
	성역할 획득 단계 – 성역할 지향성 (6~8세)
2단계	• 자기(self)에 대한 개념이 생기면서 어딘가에 동일시하고 싶어 하게 되는데, 이때 성역할에 대한 개념을 습득하면서 이분법적 동일시를 하게 된다. • 성역할 사회화가 일어나면서 직업포부에서도 **성역할에 적합한 직업인지의 여부가 중요하게 작용하게 되고, 이 시기에 성역할 경계선이 형성**된다.
	사회적 가치 획득 단계 – 사회적 가치 지향성 (9~13세)
3단계	• 사회적 가치에 대한 개념을 습득하게 되면서 또래집단이나 사회 속에서의 명성과 지위에 민감해진다. • 자신의 상대적 능력에 대해 판단하기 시작하고 이를 사회 속에서의 상대적 서열과 관련짓는다. 즉, 능력으로 사회적 서열을 매기는 사회적 지위라는 개념이 직업세계에 대한 인식에 포함된다. • **사회적 지위에 자신의 능력을 대비**시키면서 지위가 너무 낮아서 받아들일 수 없는 지위 하한선과 너무 많은 노력을 해야 하는 직업을 제외시키는 지위 상한선을 만들어간다.
	내적 자아 확립 단계 – 내적, 고유한 자아 지향성 (14세 이후)
4단계	• 사춘기를 맞게 되는 시기로, 이때는 '나는 누구인가?'라는 정체감 혼란 시기에 놓이게 된다. • **자기정체감을 확립하기 위해 여러 영역에서 고민**하게 되고, 이전 단계까지 생각했던 성역할과 사회적 지위뿐만 아니라 정체감까지 만족시키는 직업을 선택하게 된다. • 내적 자아의 고유성 중 가장 대표적인 것은 흥미이며, 이때 **각 흥미별로 직업을 분류하고 자신의 흥미에 맞는 직업을 추구**하게 된다.

(10) 로(Roe)의 욕구이론

① Maslow(1954)의 **욕구위계이론에 영향**받아 욕구에 따른 직업선택과 직업분류를 제시하였다.

② 부모-자녀 관계유형

구분		내용
수용형	무관심형	수용적으로 대하지만 자녀의 욕구나 필요에 대해 그리 민감하지 않고 또 자녀에게 어떤 것을 잘하도록 강요하지도 않는다.
	애정형	온정적이고 관심을 기울이며 자녀의 요구에 응하고 독립심을 길러 주며, 벌을 주기보다는 이성과 애정으로 대한다.
정서집중형	과보호형	자녀를 지나치게 보호함으로써 자녀에게 의존심을 키운다.
	과요구형	자녀가 남보다 뛰어나거나 공부를 잘하기를 바라므로 엄격하게 훈련시키고 무리한 요구를 한다.

구분		내용
회피형	거부형	자녀에 대해 냉담하여 자녀가 선호하는 것이나 의견을 무시하고 부족한 면이나 부적합한 면을 지적하며, 자녀의 욕구를 충족시켜 주려고 하지 않는다. 자녀에 대해 관심이 적고 감정적으로 거부한다.
	무시형 (방임형)	자녀와 별로 접촉하려고 하지 않으며, 부모로서의 책임을 회피하고 방임한다.

③ 흥미에 기초하여 8개의 직업군(field)과 3개의 직능수준(Level)의 직업분류 체계를 제시하였다.

직업군 (field)	서비스직, 비즈니스직, 단체직, 기술직, 옥외 활동직, 과학직, 예능직, 일반 문화직
직능수준 (Level)	1단계-고급 전문 관리, 2단계-중급 전문 관리, 3단계-준 전문 관리, 4단계-숙련직, 5단계-반숙련직, 6단계-비숙련직

④ 8개 직업군에 대해 사람지향(서비스직, 비즈니스직, 단체직, 예능직, 일반문화직)과 사물지향(기술직, 옥외활동직, 과학직)의 2가지 범주로 구분하였다.

(11) 크롬볼츠(Krumboltz)의 사회학습이론

① 진로발달과 선택의 결정 요인 4가지

구분	내용
유전적 요인과 특별한 능력	개인의 진로기회를 제한하는 타고난 특질
환경적 조건과 사건	개인의 통제를 넘어서 영향을 미치는 영향요인으로 환경에서의 특정한 사건, 기술발달, 활동, 진로선호 등
학습경험	활동, 개인의 유전적 특성, 특별한 능력과 기술, 과업 자체 등의 강화 혹은 비강화 등
과제접근기술	문제해결기술, 작업습관, 정신구조, 정서적·인지적 반응 등과 같이 개인이 발달시켜 온 기술의 집합으로 개인이 직면한 문제와 과업의 결과를 결정

※ 암기 Tip : 유 – 환 – 학 – 과

② 4가지 결정 요인의 상호작용 결과

구분	내용
자기관찰 일반화	자신의 태도, 업무 습관, 가치관, 흥미, 능력수준에 대한 일반화
세계관 일반화	자신이 처한 환경에 대한 일반화로 세상에 대해 이해하고 환경에서 일어날 결과를 예측

(12) 인지적 정보처리이론 (CIP : Cognitive Information Processing)

① 피터슨, 샘슨, 리어든(Peterson, Sampson & Reardon, 1991)이 개발한 것으로, 개인이 어떻게 진로결정을 내리고 진로 문제해결과 의사결정을 할 때 어떻게 정보를 이용하는지의 측면에서 인지적 정보처리이론을 진로발달에 적용시킨 것이다.

② 상담자는 내담자의 욕구를 분류하고 또 내담자가 지식을 획득하여 자신의 욕구가 무엇인지 알 수 있도록 돕는 개입을 한다.

③ **진로문제 해결과정 (C - A - S - V - E)**

구분	내용
의사소통 (Communication)	• **질문들을 받아들여 부호화하며 송출하는 것** • 진로의사결정을 해야 함을 인식하는 단계
분석 (Analysis)	• **한 개념적 틀 안에서 문제를 찾고 분류하는 것** • 진로결정을 위하여 자신과 직업에 대해 이해하는 단계
통합/종합 (Synthesis)	• **일련의 행위를 형성시키는 것** • 행동 대안을 도출하기 위해 대안을 확장하고 축소하는 단계
가치부여/평가 (Valuing)	• **승패의 확률에 관해 각각의 행위를 판단하고 다른 사람에게 미칠 여파를 판단하는 것** • 행동 대안 각각에 대해 평가하여 우선순위를 정하는 단계
집행/실행 (Execution)	• **책략을 통해 계획을 실행시키는 것** • 잠정적 대안을 행동으로 옮기기 위해 계획을 구상하고 실천하는 단계

※ 암기 Tip : 의 - 분 - 통 - 가 - 집

④ **진로정보처리 영역 피라미드 구성 요소**

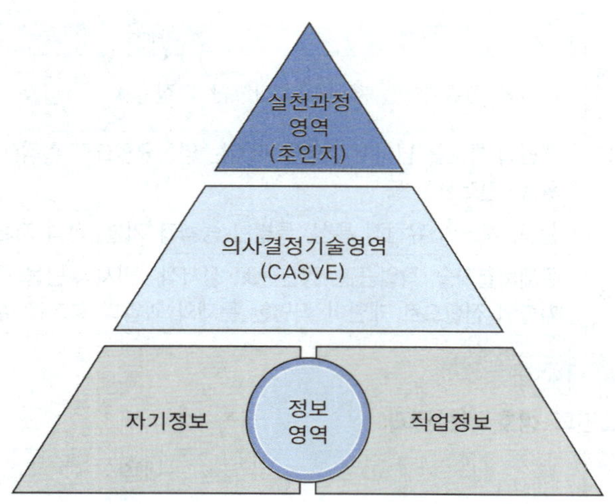

〈 인지적 정보처리의 피라미드 (Peterson, Sampson, & Reardon, 1991) 〉

⑤ **진로사고검사의 하위 척도 (CTI : Career Thought Inventory)**

구분	내용
의사결정 혼란	진로의사결정 과정을 시작하거나 유지하는 데 개인이 가지는 곤란 수준
수행 불안	여러 대안들 중 한 가지 대안을 선택하거나 대안에 대한 우선순위를 매기는 등의 선택을 하고자 할 때, 결단을 내리기 어려운 곤란 수준
외적 갈등	결정에 대한 책임감을 회피하게 하는 갈등. 중요 타인에게서 얻는 정보의 중요성과 자신이 지각한 정보의 중요성 간에 균형 조절에서의 무능력

(13) 사회인지진로이론

① 반두라(Bandura)의 사회학습이론에 근거하여 이론을 제안하였다.

② **진로발달과 선택의 인지적 요인**

구분	내용
자기효능감	• 계획한 일을 성공적으로 수행할 수 있을 것이라고 기대하는 수행에 대한 자신감이다. • 자기효능감이 높으면 어려운 목표에 도전할 가능성이 크고, 자기효능감은 성공경험, 대리학습, 언어적 강화 등에 의해 발달한다.
결과기대	• 특정 행동을 수행하는 데서 얻게 될 성과에 대한 개인적 예측이다. • 수행에 대한 결과가 얼마나 만족스러울지 보상에 대한 기대이기도 하다.
목표	• 어떤 활동에 몰두하려는 결심 또는 미래의 성과에 영향을 미치려는 결심이다. • 목표는 미래의 행동을 조직하고 방향을 잡기 위해 활용되며, 목표가 분명하면 진로발달 및 직업선택과 같은 장기 과제에 몰입하게 된다.
진로장벽	• 개인이 진로를 추구해 가는 과정에 부정적 영향을 미치거나 제한을 가하는 등의 방해 요인에 대한 지각이다. • 진로장벽에 대한 지각은 개인의 진로 준비행동에 영향을 미친다.

③ 사회인지진로이론의 3가지 영역모델

   ⓐ **흥미발달모형** : 흥미는 **자기효능감과 결과기대에 의해 형성**되고, 이 3가지 요소는 다시 활동목표와 활동의 선택 및 실행에 영향을 주어 궁극적으로 실행결과에 영향을 미친다. 이러한 과정을 통해 흥미가 발달해가며, 이렇게 개인이 어떤 분야에 흥미를 가지게 되는 경우 지속적으로 열의를 가지고 노력하게 된다.

   ⓑ **선택모형** : 개인의 **개인적 배경과 환경적 배경은 학습경험에 영향을 주고, 이 학습경험이 자기효능감과 결과기대에 영향**을 준다. 이는 다시 특정 영역의 흥미를 발달시켜서 진로와 관련된 선택 즉, 목표 선택, 활동 선택, 실행과 실제 성취로 이어진다. 이것이 다시 피드백되면서 미래 진로행동을 형성해 나간다. 이러한 과정에서 환경적 요인으로서의 진로장벽이 특정 영역의 진로목표와 실천으로 이어지기 어렵게 만들기도 한다.

   ⓒ **수행모형** : 개인의 **능력, 자기효능감, 결과기대, 그리고 수행목표 요인으로 수행수준과 수행의 지속성을 설명**하는 모형이다. 능력은 과거 수행수준에 의해 파악할 수 있는데, 이는 개인의 수행수준과 수행의 지속성(성취수준)에 직접 영향을 주기도 하고, 자기효능감과 결과기대, 그리고 수행목표 등 인지적 변인들을 통해 간접적으로 영향을 미치기도 한다.

   ※ 암기 Tip : 흥 – 선 – 수

(14) 브라운(Brown)의 가치중심적 접근

① 인간 기능이 개인의 가치에 의해 상당 부분 영향을 받고 형성된다고 가정한다.

② 흥미는 행동의 기준을 설정하는 데 절대적으로 작용하지 않기 때문에 진로결정 과정에서 큰 역할을 하지 않는다.

③ 가치는 목표 설정에 중추적 역할을 함에 따라 진로결정 과정에서 가장 중요한 작용을 한다.

(15) 사비카스(Savickas)의 진로구성주의이론

① 개인이 자신의 진로 관련 행동과 직업적 경험에 의미를 부여하면서 스스로의 진로를 구성한다.
② 생애설계(life-design)라는 새로운 패러다임을 제시하였다.
③ 개인은 이미 존재하는 사실을 발견하는 것이 아니라 적극적으로 의미화하는 과정을 통해 진로행동을 이끌고, 조절하고, 유지한다.
④ 상담과정에서는 내담자 자신에게 의미 있는 경험을 찾도록 촉진하고 자신만의 진로이야기를 만들어 가도록 돕는다.

(16) 상담전략 수립하기

① **직업상담 이론을 적용하여 상담목표를 달성하기 위한 전략을 세운다.**

구분	내용
발달이론	• **개인의 진로의식을 발달해가는 과정으로 이해하고 설명** • 선택의 과정은 평생에 걸쳐 일어나는 것 • 수퍼의 생애공간접근, 고트프레드슨의 제한과 타협이론 등
구조이론	• **왜 사람들은 특정 직업을 선택하는가를 설명** • 개인의 특성과 그에 상응하는 직업 간에 분명한 연결 관계 강조 • 특성-요인 이론, 로(Roe)의 욕구이론, 홀랜드의 인성이론 등
과정이론	• 개인과 직업 간의 연결 관계보다는 **진로선택이나 진로결정의 과정 자체에 더 큰 비중** • 인지적 정보처리이론, 사회학습 이론, 사회인지적 접근 이론 등

② **상담목표와 전략을 합의하고 상담의 구조를 확정한다.**
　㉠ 초기면담에서 논의된 상담목표와 상담전략이 적절한지 내담자와 함께 점검한다.

> ▶ **상담목표와 상담전략의 설정 과정에서 내담자와 논의해야 할 사항**
>
> 1) 상담목표가 내담자의 **논점을 잘 반영하고 있는지** 여부
> 2) 내담자의 **호소가 상담목표에 어느 정도 반영되었는지** 여부
> 3) 상담목표가 상담과정을 통해 **충분히 다룰 수 있는 수준인지** 여부
> 4) 상담목표와 상담전략에 대한 논의 과정에서 어느 한쪽의 **일방적인 요구나 압력은 없었는지** 여부
> 5) 상담목표와 상담전략에 대한 **내담자의 부정적 인상 여부**(부담감, 거부감, 답답함 등)

ⓛ 설정된 상담목표와 상담전략에 대한 내담자의 지각과 동의 여부를 확인한다.

> ▶ 상담목표 설정 시 고려해야 할 사항
>
> 1) 상담목표는 **구체적**이어야 한다.
> 2) 상담목표는 **실현 가능**해야 한다.
> 3) 상담목표는 **내담자가 원하고 바라는 것**이어야 한다.
> 4) 상담목표는 **상담자의 기술과 양립 가능한 것**이어야 한다.

ⓒ 상담성과에 대한 평가기준과 평가방법을 협의한다.

> ▶ 초기면담에서 상담성과에 대한 논의가 필요한 이유
>
> 1) 상담성과를 평가하는 기준과 방법에 대해 **내담자와 상담자 간의 지각이 차이**가 있을 수 있다.
> 2) **상담목표 달성의 여부를 어떤 기준과 방법으로 평가할 것인지에 대한 협의**가 사전에 이루어지지 않으면 상담 종결 이후에 예상치 못한 문제가 발생할 수 있다.
> 3) **안정적인 상담진행과 종결**을 위해 필요하다.

ⓒ 상담목표와 상담전략을 포함하여 상담의 구조를 확정한다.

ⓜ 합의된 상담구조를 명시적(구두 또는 문서)으로 약속하고 내담자의 적극적인 참여를 유도한다.

> ▶ 상담 구조화 시 명시적 약속의 의의
>
> 1) 상담 구조화에서 협의된 사항을 공식화함으로써 **상담 참여에 대한 의지와 동기를 강화**한다.
> 2) 상담자와 내담자 간의 **전문적 거리를 확보**할 수 있다.
> 3) 상담과정에서 발생할지 모를 갈등에 대한 **최소한의 책임 범위를 확인**할 수 있다.

초기면담 종결하기

1. 상담의 과정을 요약하고 내담자의 생각과 일치하는지 확인할 수 있다.
2. 다음 상담회기까지 실천해 볼 수 있는 간단한 과제를 줄 수 있다.
3. 다음 상담에 올 수 있도록 내담자의 자존심을 배려하고 격려할 수 있다.

01 초기면담 요약 및 종결

(1) 초기면담 종결

① 초기면담을 마무리할 시점이 되면 면담에서 상담자와 내담자가 주고받은 이야기를 정리하여 요약한다.

② 요약은 하나의 유용한 상담기법이기도 하면서 면담을 자연스럽게 종결할 수 있도록 하는 일련의 절차이기도 하다.

③ 요약과 과제물 등은 본 면담과 후속 면담을 연결시키기 위한 것이다.

④ **초기면담 종결 시 유의점**

　㉠ 내담자와 상담자 간의 역할과 비밀 유지에 관해 상호 약속한 동의내용을 요약한다. 요약은 상담자가 할 수도 있고, 내담자가 할 수도 있다.

　㉡ 상담을 진행하면서 필요하다면 과제물을 부여할 수 있다.

　㉢ 상담 시 반드시 지켜야 할 준수사항을 모두 지킨다.

(2) 초기면담의 요약

① **요약의 방법**

　㉠ 이제까지 진행해 온 상담의 종결 부분으로 내담자 동의가 있어야 한다.

　㉡ 상담자가 하거나 내담자로 하여금 요약해 보도록 권고할 수 있으며, 상담자와 내담자가 함께 수행할 수도 있다.

② **요약의 목적**

　㉠ 상담과정 중 나누었던 대화의 내용에 대해 상담자와 내담자가 상호 간에 제대로 이해했는지 확인하기 위한 목적이 있다.

    ⓛ 상담을 통해 확인된 정보와 합의된 주요 사항들에 대해 한 번 더 강조하고, 필요한 경우 과제를 제시하기 위한 목적이 있다.

    ⓒ 상담이 어디까지 이루어졌는지 진행과정을 명확히 하고, 다음 회기에 대한 계획을 점검하는 데 목적이 있다.

(3) 초기면담의 종결 시 검토되어야 할 유의사항

① 사전자료를 통해 내린 내담자에 대한 자신의 결론이 얼마나 정확한가?, 더 중요한가?, 얼마나 많이 잘못되었는가?

② 상담에 대한 내담자의 기대와 자신의 기대는 얼마나 일치하는가?, 이러한 차이점을 밝히지 못한다면, 상담에서 내담자들은 어떻게 문제를 일으킬 것인가?

③ 내담자의 어떤 관심이 부가적 평가를 필요로 하는가?, 이러한 평가를 수행하기 위해 어떤 계획을 세우고 있는가?

④ 다음 상담회기를 어떻게 시작할 것인가?

(4) 상담 요약 및 종결하기

상담과정과 내용을 요약하는 방법으로 초기면담을 종결한다.

① 초기면담 내용을 요약하고 내담자의 동의를 얻는다.

② 다음 상담 회기까지 내담자가 수행해야 할 과제가 있다면 제시한다.

③ 요약된 사항을 기록하고 다음 상담에서 다루어질 논점들을 기재하고 종결한다.

④ 적절한 때에 상담관리자나 슈퍼바이저에게 초기면담의 수행 내용과 과정에 대한 자문을 구하고 피드백을 받는다.

> ▶ **슈퍼바이저에게 자문을 구할 내용의 예**
>
> 1) 내담자의 **논점에 대한 진단**이 적절했는지?
> 2) 내담자에 대해 간과하고 **소홀히 한 이슈**가 있다면 무엇인지?
> 3) 상담자가 **내담자에게 제공한 정보와 자료**가 적절했는지?
> 4) **과제로 제시한 활동**이 상담목표에 부합하는 것인지?
> 5) 내담자의 **참여 동기를 촉진**하기 위해 상담자로서 적절한 태도로 임한 것인지?

제1절 친밀교감 형성하기

01 초기면담의 7가지 지침 및 주요 요소를 쓰시오.

 **모범답안**

(1) **면담 준비**
(2) 내담자와의 만남 및 **관계 형성**
(3) **구조화**
(4) **비밀유지의 한계** 설정
(5) **평가사항 및 평가방법 인식**하기
(6) 직업상담 시 필요한 **주의사항**
(7) 초기면담의 **종결**

02 초기면담에서 상담자가 내담자의 기록을 검토해야 하는 이유 2가지를 쓰시오.

모범답안

(1) 만약 **검사나 질문지**가 예전에 수행된 것이라면 **중복 노력을 피할 수** 있다.
(2) 내담자의 대략적인 정보를 통해 **상담자가 효과적인 면담을 준비할 수** 있다.

03 직업상담 초기면담에서 정보지향적 면담에서 주로 사용되는 질문 3가지를 쓰고 설명하시오.

모범답안

(1) **탐색해 보기** : '**누가, 무엇을, 어디서, 어떻게**'로 시작되는 **질문**이다. 이러한 질문은 한두 마디 단어 이상의 응답을 요구한다.

(2) **폐쇄형 질문** : '예, 아니오'와 같은 특정하고 제한된 응답을 요구하는 질문이다. 짧은 시간에 상당한 양의 정보를 추출하는 데 효과적이나 도움이 될 수 있을 만큼 정교화된 것은 아니다.

(3) **개방형 질문** : 통상적으로 '무엇을, 어떻게' 등과 같은 언어로 시작하고 **응답자가 자유롭게 응답하도록 하는 질문**이다. 많은 시간을 할애해서 정교화된 자료를 얻을 수 있으나 개방형 질문에 익숙하지 않은 내담자는 부담스러울 수 있다.

★04 개방형 질문과 폐쇄형 질문의 차이를 설명하시오.

'03 직업상담사 2급 검정형

모범답안

(1) **개방형 질문**
  ① 보통 **'무엇을'**, **'어떻게'**로 질문한다.
  ② 내담자가 **응답할 시간이 충분하게 주어져야** 한다.

(2) **폐쇄형 질문**
  ① **'예'**, **'아니오'**로 제한된 응답을 요구한다.
  ② **짧은 시간 안에 상당한 양의 정보를 추출**한다.

★05 직업상담에 대한 동기를 3가지 내담자 유형을 들어 설명하시오.

모범답안

(1) **솔선수범 유형** : 자발적으로 상담하러 오는 경우로 **상담에 협력적인 내담자**이다.

(2) **유보적인 태도의 유형** : 상담을 마음에 내켜 하지 않는 내담자이다.

(3) **반항적이거나 변화를 꺼리거나 거부하는 유형** : 문제해결의 **어떠한 행동도 거부**한다.

★06 직업상담 초기면담에서 내담자를 상담에 임하도록 도와주는 방법 3가지를 설명하시오.

모범답안

(1) **가설 구상** : 내담자가 보이는 분노, 좌절, 방어 등을 예상하여 **가설을 구상**한다.

(2) **설득** : 상담에 **비협조적인 내담자의 경우 설득 방법을 활용**한다.

(3) **철저한 대면** : 내담자가 **현재 무엇을 하고 있는지**에 대해 상담자가 정확하게 지적한다.

07 초기면담 시 효과적 상담을 위한 상담실 환경의 특징을 5가지 쓰시오.

모범답안

(1) **부드러운 조명**과 침착한 색조
(2) **정돈된 분위기**
(3) 조화 있게 배치된 **안락한 가구들**
(4) **면담 거리를 고려한 가구 배치**
(5) **직업정보 서적 비치**
(6) 쾌적한 느낌의 온도와 채광
(7) 청결함 유지
(8) 상담 진행 중임을 알리는 표지판

08 직업상담 초기면담을 진행하기에 앞서 상담자가 사전에 검토할 수 있는 내담자의 기록들의 예를 5가지 쓰시오.

모범답안

(1) **상담신청서**
(2) 이전의 **상담 기록**
(3) 이전의 **검사 기록**
(4) **구직신청 관련 내용**
(5) 구조화된 **질문지 답변 내용**

★
09 직업상담 초기면담 시 내담자의 사전 정보를 검토하고 종합하여 특별히 주목할 내용이 있는지 확인하여야 한다. 이러한 내담자 관련 자료 검토 시 주목할 내용을 5가지 쓰시오.

모범답안

(1) **경제적 시급성**
(2) 심신 **건강문제의 지속**
(3) 지지 및 **진로자원의 부족**
(4) **과도한 몰두**(특정 직업에만 몰두, 상담에만 몰두, 자격증 취득에만 몰두 등)
(5) **반복적**으로 나타나는 **행동의 패턴**(이·전직의 반복, 짧은 입·퇴사의 반복 등)
(6) 실업기간
(7) 퇴사 사유 등

10 초기면담을 진행할 때 내담자와의 촉진적 관계 형성에 도움이 되는 상담기법인 공감적 이해, 수용적 존중, 일관적 성실성 등을 적용하여 상담을 진행한다. 내담자의 입장에서 내담자를 이해하는 데 필요한 공감적 이해의 수준에는 인습적 수준, 기본적 수준, 심층적 수준이 있다. 각 수준의 내용을 설명하시오.

'23 직업상담사 1급 과정평가형

모범답안

(1) 공감적 이해의 **인습적 수준** (1, 2수준) : 상담자가 내담자의 말을 듣고 그에 반응을 보이기는 하지만 주로 **자신의 생각에 사로잡혀 있기 때문에 자기 주장만을 할 뿐 내담자의 생각이나 느낌과 일치된 의사소통을 하지 못하는 경우**이다.

(2) 공감적 이해의 **기본적 수준** (3수준) : 상담자는 대체로 내담자의 행동이나 말에 주의를 기울여 **내담자의 현재 마음 상태나 전달하려는 내용을 정확하게 파악하고 그에 맞는 반응**을 보인다.

(3) 공감적 이해의 **심층적 수준** (4, 5수준) : 상담자가 언어적으로 **명백히 표현되지 않은 내담자의 내면적 감정, 사고를 지각하고 이를** 자신의 개념 틀에 의하여 **왜곡 없이 충분히 표현함으로써 내담자의 적극적인 성장 동기를 이해하고 표출**한다.

11 다음의 내담자 사례에서 상담자의 반응 중 공감적 이해의 수준에 맞게 해당 반응을 적으시오.

■ **내담자 자기진술**
"열심히 노력해서 취업했더니만 사무실 남자 직원들이 내가 커피나 타러 온 사람인 줄 알아요. 여자라고 무시하는 것도 아니고 열 받아서 더는 못 다니겠어요."

■ **상담자의 반응**
㉠ "어디든 여자들이 대체로 그런 일을 많이 하긴 하죠."
㉡ "더 중요한 일을 맡아서 동등하게 인정도 받고 싶었을 텐데 정말 실망이 크셨겠네요."
㉢ "그 정도는 그냥 해주면 안 되나요? 처음 들어가면 원래 그런 일부터 시작하는 거예요."
㉣ "커피 심부름을 시키다니 기분이 나쁘셨겠어요."
㉤ "여직원이라는 이유로 무시당하는 것 같아서 화가 많이 나셨겠네요."

(1) 공감적 이해 1수준 :
(2) 공감적 이해 2수준 :
(3) 공감적 이해 3수준 :
(4) 공감적 이해 4수준 :
(5) 공감적 이해 5수준 :

(1) 공감적 이해 1수준 : ㉢
(2) 공감적 이해 2수준 : ㉠
(3) 공감적 이해 3수준 : ㉣
(4) 공감적 이해 4수준 : ㉤
(5) 공감적 이해 5수준 : ㉡

➕ Plus Check

[공감적 이해의 5수준]

1수준	상대방이 표현한 내용으로부터 벗어나거나 주의를 기울이지 않기 때문에 **감정 및 의사소통에 있어서 상대방이 표현한 것보다 훨씬 못 미치게 소통**하는 수준이다.
2수준	상대방이 표현한 감정에 반응은 하지만 **주목할 만한 감정을 제외시키고 의사소통**하는 수준이다.
3수준	상대방의 표현과 본질적으로 같은 정서와 의미를 표현하여 **상호교류적인 의사소통을 하지만 내면적 감정에는 반응하지 못하는 수준**이다.
4수준	상대방이 스스로 표현할 수 있었던 것보다 더 **내면적인 감정을 표현하면서 의사소통**하는 수준이다.
5수준	상대방과 완전히 같은 몰입 수준에서 **상대방이 표현한 감정과 의미에 상대방의 적극적 성장 동기까지 의미를 첨가하여 의사소통**하는 수준이다.

★★★
12 초기면담 시 상담자가 내담자에게 좋은 영향을 줄 수 있는 언어적 행동과 비언어적 행동을 각각 3가지 쓰시오.

'25 직업상담사 1급 검정형 / '21, '15 직업상담사 2급 검정형

(1) **언어적 행동** : ① **이해 가능한 언어** 사용, ② **적절한 해석**, ③ **언어적 강화 사용**
(2) **비언어적 행동** : ① **내담자와 유사한 톤** 사용, ② **기분 좋은 눈 접촉**, ③ **가끔 미소** 지음

➕ Plus Check

[도움이 되는 면담 행동]

언어적 행동	비언어적 행동
• 이해 가능한 언어 사용	• 내담자와 유사한 언어의 톤
• 적절한 해석	• 기분 좋은 눈의 접촉 유지
• 언어적 강화 사용	• 가끔 고개 끄덕임
• 내담자에 대한 적절한 호칭 사용	• 가끔 미소를 지음
• 적절한 정보제공	• 가끔 손짓을 함
• 가끔 유머 사용	• 이야기의 부드러움
• 비판단적	• 내담자에게 몸을 기울임

13 다음에서 설명하고 있는 상담자의 비언어적 행동은 무엇인가?

> 정면으로 내담자를 대하는 신호이며, 정말로 이해할 수 있거나 상황에 은유적으로 의존할 수 있다. 상담자가 참여함을 보여주고 내담자에게 관심을 가지는 것이 중요하다.

모범답안

미소

➕ Plus Check

[상담자의 비언어적 행동의 의미]
(1) **미소** : 정면으로 내담자를 대하는 신호이며, 정말로 이해할 수 있거나 상황에 은유적으로 의존할 수 있다.
(2) **몸짓** : 열린 자세를 취하는 신호이다. 팔짱을 끼거나 다리를 꼬지 않으며, 자유로운 태도이지만 방어적이지 않아야 한다.
(3) **기울임** : 상담자가 내담자에게 몸을 기울인다는 것은 관심의 신호이다.
(4) **눈 맞춤** : 내담자와의 좋은 눈 맞춤은 상담자가 너담자를 이해한다는 표시이다.
(5) **끄덕임** : 상담자가 느긋하다는 것을 통해 안정감을 표현하는 신호이기도 하고, 내담자의 말을 경청하고 있다는 의미이기도 하다.

14 직업상담 초기면담에서 도움이 되는 비언어적 면담 행동 6가지를 쓰시오.

모범답안

(1) 내담자와 **유사한 언어의 톤**
(2) 기분 좋은 **눈의 접촉**
(3) 가끔 고개 **끄덕임**
(4) **가끔 손짓**을 함
(5) **이야기의 부드러움**
(6) 내담자에게 **몸을 기울임**

15 직업상담 초기면담에서 도움이 되지 않는 언어적 면담 행동 5가지를 쓰시오.

모범답안

충고, 타이름, 비난, 감언, 권유 등

16 진로상담 과정에서 관계를 수립하고 문제를 파악하는데 필요한 기본 상담기법 6가지를 쓰시오.

'23, '05 직업상담사 2급 검정형

모범답안

(1) **수용**, (2) **적극적 경청**, (3) **요약**, (4) **재진술**, (5) **공감**, (6) **반영**,

(7) 명료화, (8) 해석, (9) 직면

17 초기면담의 주요 요소 중 하나인 즉시성의 의미를 작성하고, 즉시성이 유용한 경우를 3가지 제시하시오.
(1) 즉시성의 의미 :
(2) 즉시성이 유용한 경우
    ① ____
    ② ____
    ③ ____

모범답안

(1) 즉시성의 의미 : 직업상담가가 **상담자 자신의 바람은 물론 내담자의 느낌, 인상, 기대 등에 대해서 이를 깨닫고 대화를 나누는 것**을 의미한다.
(2) 즉시성이 유용한 경우
    ① **방향감이 없는 관계의 경우**
    ② **긴장이 감돌고 있을 경우**
    ③ **신뢰성에 의문이 제기될 경우**
    ④ 상담자와 내담자 간에 친화력이 있을 경우
    ⑤ 내담자가 의존성이 있을 경우
    ⑥ 역의존성이 있을 경우
    ⑦ 상담자와 내담자 간에 상당한 사회적 거리가 있을 경우

18

다음 괄호 안에 알맞은 단어를 작성하시오.

> 초기면담에서는 내담자와 내담자의 논점과 관련한 많은 정보를 수집할 수 있으며, 초기면담에서의 정보수집은 주로 ((1)), ((2)), ((3)) 등을 통해 이루어진다.

모범답안

(1) **상담신청서**
(2) 내담자의 **태도와 행동에 대한 관찰**
(3) 내담자의 **자기진술**

19

Gysbers와 Moore(1987)는 직업상담의 단계를 전반부와 후반부로 나누고, 상담 전기 단계에서는 내담자의 논점을 명료화하는 것을 목표로 보았다. 직업상담 초기면담에서 내담자의 목적, 논점 확인, 논점 명료화, 논점 상세화를 위한 상담 전기단계의 3가지 절차를 쓰시오.

모범답안

(1) **들어가기**
(2) **내담자 정보 수집**하기
(3) **내담자 행동 이해 및 가정**하기

➕ Plus Check

[Gysbers와 Moore(1987)의 직업상담의 2단계]
(1) **상담 전기 단계** : 내담자의 목적(목표), 논점 확인, 논점 명료화, 논점 상세화
    ① 들어가기
    ② 내담자 정보 수집하기
    ③ 내담자 행동 이해 및 가정하기
(2) **상담 후기 단계** : 내담자의 목적(목표) 및 논점 해결
    ① 행동 취하기
    ② 직업목표 및 행동계획 발전시키기
    ③ 사용된 개입의 영향 평가하기

★★
20 직업상담 초기면담 시 확인하여야 하는 인지적 명확성의 범위 5가지를 쓰시오.

모범답안

(1) **정보결핍**
(2) **고정관념**
(3) **경미한 정신건강**의 문제
(4) **심각한 정신건강**의 문제
(5) **기타 외적 요인**

21 인지적 명확성의 범위 중 고정관념의 예를 4가지 쓰시오.

모범답안

(1) **경험 부족**에서 오는 고정관념
(2) **가치관 고착**에 따른 고정성
(3) **낮은 자기효능감**(심리적 문제에 따른 고정성)
(4) **의무감에 의한 집착성**

★★
22 다음에 제시된 내담자 자기진술에 대해 인지적 명확성의 종류를 분류하고 그에 따른 상담 방법 및 대책을 선택하시오.

인지적 명확성 문제	대처 방법
㉠ 정보결핍 ㉡ 고정관념 ㉢ 경미한 정신건강의 문제 ㉣ 심각한 정신건강의 문제 ㉤ 기타 외적 요인들	ⓐ 직업상담 ⓑ 개인상담 및 심리치료 후 직업상담

(1) "직업정보는 많은데 필요한 정보와 불필요한 정보를 구별하기가 어려워요."
　　인지적 명확성 문제 : ＿＿＿＿＿＿
　　대처 방법 : ＿＿＿＿＿＿
(2) "저는 사범대를 졸업해서 선생님이 아니면 도저히 할 게 없어요."
　　인지적 명확성 문제 : ＿＿＿＿＿＿
　　대처 방법 : ＿＿＿＿＿＿

(3) "남자가 간호사를 한다는 건 있을 수 없는 일이에요"

　　인지적 명확성 문제 : ＿＿＿＿＿＿

　　대처 방법 : ＿＿＿＿＿＿

(4) "남편과의 잦은 다툼으로 취업에 신경 쓸 겨를이 없어요."

　　인지적 명확성 문제 : ＿＿＿＿＿＿

　　대처 방법 : ＿＿＿＿＿＿

(5) "심각한 약물남용으로 생활이 어려워요."

　　인지적 명확성 문제 : ＿＿＿＿＿＿

　　대처 방법 : ＿＿＿＿＿＿

(6) "난 어떻게 해야 할지 모르겠어요. 난 중요한 결정을 할 때, 그것을 해내고 극복하고 싶어요. 선생님은 이 학교가 제가 처음 지원서를 낸 학교이기 때문에 이 학교를 택한 걸 알고 계세요?"

　　인지적 명확성 문제 : ＿＿＿＿＿＿

　　대처 방법 : ＿＿＿＿＿＿

'23 직업상담사 2급 과정평가형

모범답안

(1) ㉠, ⓐ

(2) ㉡, ⓐ

(3) ㉡, ⓐ

(4) ㉤, ⓑ

(5) ㉣, ⓑ

(6) ㉢, ⓑ

➕Plus Check

(1)의 예시는 정보결핍(변별 불능에서 오는 과도한 정보)의 예에 해당한다.

(2)의 예시는 고정관념(심리적 문제에 따른 고정성)의 예에 해당한다.

(3)의 예시는 고정관념(경험 부족에서 오는 고정관념)의 예에 해당한다.

(4)의 예시는 기타 외적 요인들(부부간의 불화)의 예게 해당한다.

(5)의 예시는 심각한 정신건강의 문제(약물남용)의 예에 해당한다.

(6)의 예시는 경미한 정신건강의 문제(잘못된 결정 방식이 진지한 결정 방해)의 예에 해당한다.

23 인지적 명확성의 부족을 나타내는 내담자 유형 6가지와 개입방법을 쓰시오.

'21, '16, '07 직업상담사 2급 검정형

모범답안

(1) 단순 오정보 : 정보제공
(2) 복잡한 오정보 : 논리적 분석
(3) 구체성의 결여 : 구체화시키기
(4) **가정된 불가능/불가피성** : 논리적 분석, 격려
(5) **원인과 결과의 착오** : 논리적 분석
(6) **파행적 의사소통** : 저항에 다시 초점 맞추기
(7) 강박적 사고 : REBT기법
(8) 비난하기 : 직면, 논리적 분석
(9) 자기인식의 부족 : 은유나 비유 쓰기
(10) 무력감 : 지시적 상상

★
24 다음에 제시된 내담자의 자기진술을 분석하여 상담논점 3가지를 작성하시오.

> "아무데나 괜찮은 곳으로 알선해 주세요. 전 뭐, 크게 바라는 거 없어요. 제가 체력이 약하니깐 일이 너무 힘들지 않은 곳이면 되어요. 급여는 뭐… 그냥 남들 정도면 되고요. 당장이라도 취업할 준비는 되어 있는데… 서류를 내도 번번이 떨어지니까 뭐가 문제인지 모르겠고, 그냥 이제 알아서 아무데나 알선해 주시면 좋겠어요."

'23 직업상담사 1급 과정평가형

모범답안

(1) **낮은 동기와 낮은 인지적 명확성**이 확인되고 **구체성이 현저히 결여**되어 있음.
(2) 당장 취업하고 싶다고 하지만, **취업을 위한 현실적인 준비가 되어 있지 않음.**
(3) 자신의 문제에 대한 인식이 명확하지 않고 **상담자에게 전적으로 의존함.**
(4) 당장 취업하는 것이 논점인 것처럼 보이나 내담자의 태도와 관련된 논점을 확인할 수 있음.

★
25 내담자의 시간전망에 따른 상담동기를 설명하시오.

(1) **과거형** : 내담자는 사고의 형태가 과거에 고정되어 있어 현재를 인정하지 않으려 하고 미래에 **대하여도 진지하게 고려하지 않는다.** 특히 내담자는 과거 진로경로와 연관되어 있으며, 진로경로가 반드시 앞으로 진전하고 상승한다는 법칙에 고정관념을 가진 경우가 많아 직업상담의 진행에 어려움을 준다.

(2) **현재형** : 내담자는 **의사결정의 기준을 오로지 현재에다 두고 미래를 고려하지 않는 유형이다.** 이 유형의 내담자는 진로경로를 고려하기보다는 현재의 상황에 치우쳐 있어 지금 당장이라는 급한 사고로 인하여 앞으로의 진전이 어려운 유형이다.

(3) **미래형** : 내담자는 **자신의 진로경로를 깊게 고려**하므로 직업상담을 진행하는 데 순조로운 과정을 거친다.

---

26 초기면담에서 내담자의 낮은 동기에 대처하는 방법을 4가지 쓰시오.

(1) **진로 선택에 대한 중요성 증가**시키기

(2) 좋은 선택이나 전환을 할 수 있는 **자기효능감 증가**시키기

(3) **기대한 결과**를 이끌어 낼 수 있는지에 대한 **확신 증가**시키기

(4) 상담의 결과를 최대화하기 위해 내담자가 **충분한 노력을 기울였는지를 확인하는 기준 증가**시키기

---

27 반두라(Bandura)가 제시한 인지적 명확성의 확인을 위한 질문 4가지를 쓰시오.

(1) 지금 시점에서 진로를 선택하거나 **현재 진로를 바꾸는 것이 얼마나 중요한가?**

(2) 진로를 선택하거나 **현재의 진로를 바꾸는 것을 성공적으로 했는지에 대해 내담자가 어느 정도 확신하고 있는가?**

(3) 내담자가 **자신의 상황이 나아질 거라고 어느 정도 확신하는가?**

(4) 진로를 선택하거나 바꾸는 데 있어 **일을 잘한다는 것이 내담자에게 얼마나 중요한가?**

28 다음의 내담자의 자기진술을 통해 인지적 명확성의 문제유형을 진단하여 제시하시오.

A. (   )

- 내담자 : 전 의대를 졸업할 수 없을 것 같아요.
- 상담자 : 학생의 성적은 상당히 우수한 것으로 아는데요.
- 내담자 : 하지만 단념했어요. 내 친구는 의대 상급생인데 성적 때문에 그만뒀어요.

B. (   )

- 내담자 : 전 사업을 할까 생각 중이에요. 그런데 사업하는 여성들은 대부분 이혼을 한다고 해서 좀 망설이고 있어요.

C. (   )

- 상담자 : 제가 내준 과제를 하는 데 많은 어려움이 있다고 하셨지요. 선생님이 하시는 일을 조절하는 데에 제가 전화를 하면 도움이 될지 모르겠네요.
- 내담자 : 그거 괜찮은 생각인 것 같네요. 제가 작업하는 데 어떤 문제가 있을 수 있다는 걸 아셨어요? 그리고 오늘 저는 새 차를 하나 보아둔 것이 있어요. 그 생각만 하면 즐거워져요.

'23 직업상담사 2급 과정평가형

모범답안

A : 가정된 불가능/불가피성
B : 원인과 결과의 착오
C : 파행적 의사소통

제3절 **구조화하기**

29 직업상담 초기면담 시 상담의 구조화의 필요성에 대해 설명하시오.

모범답안

(1) 상담에 대한 **상담자와 내담자의 기대를 조정**할 수 있다.
(2) 상담에 대해 **모호하고 막연한 부분을 명확히** 할 수 있다.
(3) 상담에 대한 **내담자의 불안이나 긴장을 완화**하고 보다 편안한 상담에 임할 수 있도록 한다.

30 직업상담 초기면담에서 상담의 구조화의 기능을 4가지 쓰고 설명하시오.

모범답안

(1) **오리엔테이션의 기능** : 내담자에게 앞으로 **상담과정이 어떻게 진행될지에 관한 정보를 제공**하고 안내한다.

(2) **내담자의 불안감 감소** : 내담자가 가지고 있을 막연한 두려움과 불안을 감소시켜 안심하고 상담에 임하도록 돕는다.

(3) **면담 자체로서의 기능** : 상담자와 내담자는 협의와 타협의 과정을 통해 계약을 맺게 되며, 상담구조를 정하는 것은 **내담자의 동의가 필요한 과정**이다. 이러한 과정은 그 자체로 또 **하나의 면담이 된다.**

(4) **상담의 안정적 수행** : 상담을 시작하는 단계에서 **상담의 틀을 설정함으로써 계획적으로 상담을 진행**할 수 있고, 협의를 통해 모호하고 상충하는 부분을 확인하여 조정하게 되므로 안정적인 상담이 가능해진다.

31 직업상담 초기면담 시 상담의 구조화에서 다루는 내용은 크게 3가지로 나눌 수 있다. 3가지 상담 구조화의 내용을 쓰고, 설명하시오.

모범답안

(1) **상담 관계의 구조화** : 상담자와 내담자의 기대를 조정하고, **공식적·비공식적 역할의 구조화**를 통해 각자의 역할과 규범 등을 설명하고 협의한다.

(2) **상담 실제의 구조화** : **상담시간, 상담장소, 상담 비용, 상담 빈도**, 총상담 횟수, 연락 방법, 상담시간 엄수 및 취소 **등 상담의 실제에 대한 정보를 설명**하고 이해하도록 한다.

(3) **상담 윤리의 구조화** : 비밀보장, 이중관계 금지, 내담자의 알 권리 보장 등에 대한 전문가로서 지켜야 할 내용을 포함하여 안내한다.

32 직업상담 초기면담 시 상담의 구조화의 유의사항을 6가지 기술하시오.

모범답안

(1) 구조화는 타협해야 하는 것이지 **강요되어서는 안 된다.**

(2) 구조화는 **내담자를 처벌하는 방식으로 이루어져서는 안 된다.**

(3) 구조화하는 **이유를 내담자에게 설명해야** 한다.

(4) 내담자의 준비도와 상담 관계의 흐름 등을 **고려하여 구조화 시기를 정한다.**

(5) **상담 관계를 원활하게 하는 것이 목적**이며 치료적 효과가 있는 것은 아니다.

(6) 지나치게 경직된 구조화는 내담자의 좌절과 저항을 유발할 수 있다.

(7) 불필요하고 목적이 없는 규칙은 오히려 내담자의 활동을 억제한다.

(8) 내담자의 인지, 정서, 행동적 특성을 고려해야 한다.

(9) 상담의 초기 단계에서 한 번으로 끝나는 것이 아니라 지속적으로 반복해서 **상담 전과정에서 상담을 재구조화**해 나간다.

33 다음에 제시된 특성을 가진 내담자에게 직업상담을 어떻게 진행해야 할지 설명하시오.

> 내담자는 대학 졸업반으로 진로상담을 위해 상담센터를 방문하였다. 내담자는 상담이 처음이라고 하였고, 상담하는 내내 말을 전혀 하지 않아 상담자가 상담을 어떻게 진행해야 할지 난감해하는 상황이다.

'23 직업상담사 1급 과정평가형

모범답안

현재 내담자는 진로 관련 도움이 필요하다고 판단하여 상담에 자발적으로 참여하긴 하였지만 **과거 상담을 해본 경험이 없는 내담자로서, 처음 접하는 상담에 대해 긴장과 불안이 있을 수 있다.** 상담의 경험이 없다면 **상담과정 전체가 낯선 경험일 수 있기 때문에 초기면담 장면에서 내담자의 긴장감을 완화하고 너무 부담을 주지 않는 정도의 구조화를 진행하여야 한다.** 앞으로 상담이 어떤 형태로 진행되길 희망하는지 **내담자가 자유롭게 의견을 제시할 수 있도록 분위기를 조성하여 내담자의 참여를 유도한다.**

➕ Plus Check

[**상담 경험 유·무에 따른 상담 구조화 방법**]

구분	내용
상담 유경험자	이전의 상담형태 등을 참조하여 구조화 과정에 참여할 수 있도록 하고, 이전 상담의 방식과 똑같이 상담이 진행될 것으로 기대할 수 있으므로 이번 상담이 어떤 점에서 유사하고 다른지 내담자와 함께 탐색한다.
상담 무경험자	상담 과정 전체가 낯선 경험일 수 있으므로 긴장감을 완화하고 너무 부담을 주지 않는 정도로 구조화한다. 상담이 어떤 형태로 진행되길 희망하는지 자유롭게 의견을 제시할 수 있도록 분위기를 조성하여 내담자의 참여를 유도한다.

34 내담자의 비밀유지 한계의 경우를 5가지 제시하시오.

모범답안

(1) 내담자가 **자신이나 타인의 생명 혹은 사회의 안전을 위협**하는 경우

(2) 내담자가 **감염성이 있는 치명적인 질병**이 있다는 확실한 정보를 가졌을 경우

(3) 미성년인 **내담자가 학대를 당하고 있는 경우**

(4) 내담자가 **아동학대를 하는 경우**

(5) **법적으로 정보의 공개가 요구되는 경우**

---

35 진로시간전망 검사지의 사용 용도를 5가지 쓰시오.

'25, '19, '15 직업상담사 2급 검정형

모범답안

(1) **미래의 방향을 이끌어내기 위해서**

(2) **미래에 대한 희망을 심어 주기 위해서**

(3) **미래가 실제인 것처럼 느끼도록 하기 위해서**

(4) **계획에 대해 긍정적 태도를 강화하기 위해서**

(5) **목표설정을 촉구하기 위해서**

(6) 현재의 행동을 미래의 결과와 연계시키기 위해서

(7) 계획기술을 연습하기 위해서

(8) 진로의식을 높이기 위해서

---

36 진로시간전망검사 중 코틀(Cottle)의 원형검사에서 원의 의미, 원의 크기, 원의 배치에 대해 설명하시오.

'25, '15 직업상담사 2급 검정형

모범답안

(1) **원의 의미** : 과거, 현재, 미래 등 **3가지 시간차원**

(2) **원의 크기** : 시간차원에 대한 **상대적 친밀감**

(3) **원의 배치** : 시간차원이 각각 **어떻게 연관되어 있는지** 의미

---

37 진로시간전망검사 중 코틀(Cottle)의 원형검사에서 시간전망 개입의 3가지 측면을 쓰고 각각에 대해 설명하시오.

'21, '17, '14, '11 직업상담사 2급 검정형

(1) **방향성** : 미래지향성을 증진시키기 위한 것으로, 미래에 대해 낙관적인 입장을 구성한다.

(2) **변별성** : 미래를 현실처럼 느끼게 하고, 미래계획에 대한 (긍)정적 태도를 강화시키며 목표설정을 신속하게 하도록 한다.

(3) **통합성** : 현재 행동과 미래 결과를 연결시키고, 계획한 기법을 실습하여 진로에 대한 인식을 증진시킨다.

---

38 생애진로사정의(LCA)의 평가 의미와 그로 인해 알 수 있는 정보를 3가지 쓰시오.

'25, '20, '18, '16, '14 직업상담사 2급 검정형

(1) **생애진로사정의 평가 의미**

상담자가 내담자와 처음 만났을 때 이용할 수 있는 구조화된 면접기법이다.

(2) **알 수 있는 정보**

① 내담자의 **직업경험과 교육수준을 나타내는 객관적인 사실**

② 내담자의 **자신의 기술과 능력에 대한 자기평가**

③ 내담자의 **가치와 자기인식**

④ 상담자의 내담자 기술과 능력에 대한 결론

---

39 직업상담의 구조화된 면담법으로서 생애진로사정(LCA ; Life Career Assessment)의 구조 4가지를 쓰고, 각각에 대해 설명하시오.

'25 직업상담사 1급 검정형 / '24, '20, '19, '17, '11, '10, '09 직업상담사 2급 검정형

(1) **진로사정** : 내담자의 **일 경험, 교육 또는 훈련과정과 관련하여 가장 좋았던 것과 싫었던 것**에 대해 질문하며, 여가와 우정관계 등에 대해 사정한다.

(2) **전형적인 하루** : 내담자가 생활을 어떻게 조직하는지를 기술하도록 하여, **의존적인지 독립적인지 또는 자발적인지 체계적인지 파악**하도록 돕는다.

(3) **강점과 장애** : 내담자가 **스스로 생각하는 주요 강점 및 장애**에 대해 질문한다.

(4) **요약** : 내담자 **스스로 자신에 대해 알게 된 내용을 요약**해 보도록 함으로써 자기인식을 증진시킨다.

★★ 40 직업상담 초기면담 시 내담자 정보수집을 위한 생애진로사정을 진행할 때 '진로사정'에서 다루는 내용 3가지를 쓰고 설명하시오.

'24, '21, '19 직업상담사 2급 검정형

모범답안

(1) **일의 경험** : 내담자의 **과거 또는 현재의 직업이나 일 경험을 서술**하게 한다. 수행했던 직무를 적도록 하고 **가장 좋았던 것과 싫었던 것을** 적드록 한다.

(2) **교육 또는 훈련과정 및 관심사** : **교육이나 훈련 경험에서 내담자가 가장 좋아하는 것과 싫어하는 것을** 질문한다.

(3) **오락** : 내담자들이 **여가시간에 무엇을 하는지를 질문**하여야 한다. 이때 **오락활동이 일과 교육적 주제와 일치하는지 여부가 중요**하다. 여가시간의 사정은 사랑과 우정 관계를 탐색하는 데에도 유용하다.

★ 41 생애진로사정 시 전형적인 하루를 사정하는 것의 목적은 무엇인지 쓰시오.

모범답안

전형적인 하루에 대한 사정은 **내담자가 자신의 생활을 어떻게 조직하는지를 발견하는 것**이 목적이며, 내담자로 하여금 일상적이고 전형적인 하루 동안의 일과를 서술하게 하고 **의존적-독립적 성격차원, 임의적-체계적 성격차원 등을 탐색**한다.

★★★ 42 내담자와 관련된 정보를 수집하고 내담자의 행동을 이해하고 해석하는 데 기본이 되는 상담기법을 6가지만 쓰시오.

'25, '21, '16, '12, '11, '10, '07 직업상담사 2급 검정형

모범답안

(1) **가정 사용하기**

(2) **의미 있는 질문 및 지시 사용하기**

(3) **전이된 오류 정정하기**

(4) **분류 및 재구성하기**

(5) **저항감 재인식하기 및 다루기**

(6) **근거 없는 믿음(신념) 확인하기**

(7) 왜곡된 사고 확인하기

(8) 반성의 장 마련하기

(9) 변명에 초점 맞추기

★
43 직업상담 초기면담 시 내담자의 상담목표를 끌어내기 위한 면접 안내(interview leads) 질문의 예 3가지를 쓰시오.

모범답안

(1) 상담의 결과물로 원하는 것이 무엇인가?
(2) 상담의 결과로 달성하기를 원하는 것이 무엇인가?
(3) 상담의 끝이라고 가정할 때 지금과 어떤 것들이 달라져 있을까?

44 직업상담 초기면담에서 내담자의 상담목표를 확인할 때, 목표의 실현 가능성을 평가할 수 있는 질문의 예를 3가지 제시하시오.

모범답안

(1) 이 상황을 당신은 **얼마나 통제할 수 있나요?**
(2) 이 목표에 도달하기 위해서 **당신이 해야 할 것은 무엇인가요?**
(3) 이 목표는 당신이 **달성 가능한 목표인가요?**
(4) 당신이 이 목표를 **성취하지 못하도록 방해하는 것은 무엇인가요?**
(5) 언제까지 목표를 성취해야 한다고 느끼며, 마음속에 **어떤 시간 계획을 가지고 있나요?**

제4절   전략 수립하기

45 직업상담 진행 시 상담전략을 수립하여야 하는 이유를 설명하시오.

모범답안

직업상담은 생애진로발달 과정에서 발생하는 다양한 진로논점을 해결하는 데 도움을 주기 위한 과정이며, 인간의 문제와 함께 직업문제를 다루는 특수성을 갖는다. **직업문제에 대한 접근은 빠르고 정확한 진단이 무엇보다 중요하며, 이를 위해 직업상담 이론과 직업정보에 기초한 상담목표 설정과 상담전략의 수립이 필요**하다.

46 직업상담의 목표를 달성하기 위한 중요 요소 4가지를 쓰시오.

모범답안

(1) 상담자와 내담자의 **촉진적 관계 형성**
(2) 직업정보와 **이론에 기초한 내담자의 특성 및 문제 진단**
(3) 공식적 직업상담 **이론에 기초한 상담목표 설정 및 전략 수립**
(4) **검증된** 상담기법과 **모형을 적용한 상담자의 개입**

★★ 47

월리암슨(Williamson)의 특성-요인이론 중 인간본성에 대한 기본 가정을 3가지만 쓰시오.

'17, '13, '10, '08 직업상담사 2급 검정형

모범답안

(1) **인간은 선과 악의 잠재력을 모두 지니고 있는 존재**이다.
(2) 인간은 **선을 실현하는 과정에서 타인의 도움을 필요로 하는 존재**이다.
(3) 인간의 **선한 생활을 결정하는 것은 바로 자기 자신**이다.
(4) 선의 본질은 자아의 완전한 실현이다.
(5) 세계관은 개인적인 것으로 인간은 누구나 그 자신만의 독특한 세계관을 가진다.

★★★ 48

특성-요인이론의 상담의 6단계를 설명하시오.

'20, '17, '16, '14 직업상담사 1급 검정형 / '25, '19 직업상담사 2급 검정형

모범답안

(1) **분석 단계** : 내담자의 정보와 **자료를 수집하는 단계**로서 내담자의 가치관, 태도, 흥미, 가정환경, 지식수준, 교육적인 능력, 적성, 성격 등에 대한 자료를 주관적·객관적인 방법으로 수집한다.
(2) **종합 단계** : 내담자의 개별적인 특성을 **파악하기 위해** 사례연구와 심리검사를 통하여 얻은 **자료를 수집하고 요약·정리한다.**
(3) **진단 단계** : 내담자의 문제와 특성을 분류하고, **개인의 특성과 교육적·직업적 능력을 비교하여 문제의 원인을 찾아낸다.**
(4) **예측 단계** : 문제의 여러 결과와 조정 가능성을 판단한 후 **문제해결을 위해 내담자가 고려해야 할 대안적 조치와 중점 사항을 예측한다.**
(5) **상담 단계** : 현재 혹은 미래의 **바람직한 적응을 위해 무엇을 해야 하는가에 대해 상담자와 내담자가 협동적·능동적으로 상의하는 과정이다.**
(6) **추수지도 단계** : **상담의 결과를 재평가하고** 점검하여 앞선 단계를 반복하고, 내담자가 바람직한 **행동계획을 실행하도록** 계속 돕는다.

홀랜드의 성격(인성)이론의 4가지 기본 가정을 기술하시오.

'22, '20, '18, '16, '15 직업상담사 1급 검정형

모범답안

(1) **대부분의 사람들은 6가지 성격유형인 현실형, 탐구형, 예술형, 사회형, 진취형, 관습형으로 분류될 수 있다.**
(2) 환경도 현실형, 탐구형, 예술형, 사회형, 진취형, 관습형과 같이 **6가지 직업환경 유형이 있으며, 각 환경에는 그 성격유형에 일치하는 사람들이 머물고 있다.**
(3) **사람들은 자신에게 맞는 환경을 찾는다.** 또한 환경도 구인과정 등을 통해 그 환경에 적합한 성격유형을 가진 사람을 찾는다.
(4) **개인의 행동은 성격과 환경적 특성 사이의 상호작용에 의해 결정된다.**

50

홀랜드이론의 한계점을 4가지 쓰시오.

모범답안

(1) **남녀 차별의 요소가** 있다.
(2) **성격발달 과정에 대한 설명이 미흡**하다.
(3) 구체적인 **상담 과정과 기법을 제시하지 않는다.**
(4) 자신이 처한 **환경 또는 자신을 변화시킬 수 있음을 고려하지 않았다.**

51

홀랜드가 개발한 검사 도구 4가지를 쓰시오.

모범답안

(1) **직업선호도검사** (VPI)
(2) **자기방향탐색검사** (SDS)
(3) **직업탐색검사** (VEIK)
(4) **자기직업상황검사** (MVS)

52

직업적응이론의 성격유형의 4가지 차원에 대해 설명하시오.

'24, '23, '22, '21, '19, '17, '15, '14 직업상담사 1급 검정형 / '22, '20, '16, '15, '10 직업상담사 2급 검정형

모범답안

(1) **민첩성(신속성)** : 개인이 환경과의 상호작용에서 빨리 반응하는가 혹은 천천히 반응하는가를 말한다.

(2) **역량(속도)** : 개인과 환경이 상호작용하는 **활동수준 또는 강도**를 나타낸다. 높은 에너지를 가진 사람은 상호작용 속도가 빠른 사람이라고 할 수 있다.

(3) **지속성** : 개인과 환경이 불만족스러운 상태를 얼마나 오랫동안 유지하는지를 나타낸다.

(4) **리듬(규칙성)** : 개인과 환경이 만족도를 높이기 위해 노력하는 과정의 **활동 패턴이 얼마나 꾸준하고 주기적인가 또는 불규칙한가**와 관련된다.

★★★
53

직업적응이론에서 적응양식(유형)의 변인 2가지와 2가지 적응방식을 설명하시오.
(적응방식의 3가지 차원을 쓰고 설명하시오.)

'24, '23, '22, '21, '19, '17, '15, '14 직업상담사 1급 검정형 / '23, '19 직업상담사 2급 검정형

모범답안

(1) **변인 2가지**

① **유연성** : 개인의 욕구와 조직의 보상 사이의 **불일치에 대해** 적응하기 위해 **어떤 조치를 취하기 이전에 그 상태를 견디는 능력**이다.

② **인내력(끈기)** : 불일치가 확인되었지만 **적응하기 위해 계속 일을 하면서 조직에 머무는 상태**로, 어느 시점에서 불일치에 대한 적응에 실패하면 조직을 떠나게 될 것이다.

(2) **적응방식 2가지**

① **적극적 방식** : 개인은 조직의 요구 수준이나 조직이 제공할 수 있는 보상을 바꾸는 **작업환경의 변화를 통해 불일치를 경감**시키려고 한다.

② **소극적 방식** : 개인은 자신의 능력이나 욕구 정도를 조정함으로써 불일치를 감소시키는 스스로의 변화를 시도한다.

54

다음은 다위스와 롭퀴스트의 직업적응이론에 대한 설명이다. 괄호 안에 알맞은 단어 3가지를 순서대로 작성하시오.

> 다위스와 롭퀴스트는 개인과 환경 간의 상호작용과 조화의 관점에서 직업문제를 바라보았고, 개인의 (   )와/과 조직의 (   )에 영향을 미치는 요인들을 진단하고 부조화의 원인을 파악하여 (   )할 수 있도록 돕는 것이 직업적응 이론에서의 접근이다.

모범답안

만족, 충족, 적응

★★
55 직업적응이론을 통해 개발된 검사 4가지를 쓰시오.

'19, '16, '10 직업상담사 2급 검정형

모범답안

(1) **미네소타 중요성 질문지** (미네소타 직업가치관검사, MIQ)
(2) **미네소타 직무기술 질문지** (JDQ, MJDQ)
(3) **미네소타 만족 질문지** (MSQ)
(4) **미네소타 충족 척도** (MSS)

★★★
56 직업적응이론을 기반으로 개발된 MIQ에서 측정하는 중요 가치 6가지를 쓰고, 설명하시오.

'25, '24, '23, '21, '19, '17, '14 직업상담사 1급 검정형 / '24, '22, '13 직업상담사 2급 검정형

모범답안

(1) **성취** (achievement) : **수행을 고무시키는 환경의 중요성**을 의미한다.
(2) **편안함** (comfort) : **긴장하지 않고 편안한 환경의 중요성**을 의미한다.
(3) **지위** (status) : **명성과 인정을 제공하는 환경의 중요성**을 의미한다.
(4) **이타심** (altruism) : **타인과 조화를 이루어 봉사하게 하는 환경의 중요성**을 의미한다.
(5) **안전** (safety) : **예측 가능하고 안전한 환경의 중요성**을 의미한다.
(6) **자율성** (autonomy) : **시작을 자극하는 환경의 중요성**을 의미한다.

★★
57 직업적응이론에 적합한 내담자 대상을 7가지 설명하시오.

'24, '23, '21, '19, '17, '14 직업상담사 1급 검정형

모범답안

(1) 내담자의 **실제 능력과 직업에서 요구되는 능력이 불일치**하는 경우
(2) 내담자가 지각하는 **자신의 능력에 대한 주관적인 평가와 환경에서 요구되는 능력이 불일치**하는 경우
(3) 능력과 자격조건은 일치하지만, **다른 일반적인 환경의 불일치로 부적절하게 수행**하는 경우
(4) 능력과 자격조건은 일치하지만, **욕구와 보상의 불일치로 부적절하게 수행**하는 경우
(5) 내담자의 **욕구와 보상이 불일치**하는 경우
(6) **평가결과로서의 욕구가 대리학습에 의한 경우**
(7) 개인과 환경이 모두 만족하지만 **다른 삶의 영역이나 일과 삶의 균형에서 만족스럽지 못한 경우**

★★ 58 수퍼(Super)의 5가지 진로발달단계 중 성장기, 탐색기, 확립기의 특징과 과업을 기술하시오.

'24, '23, '21, '19, '17, '15, '14 직업상담사 1급 검정형

모범답안

(1) **성장기 (출생~14세)** : 가정과 학교에서 **중요한 타인과 동일시하여 자아개념을 발달시키는 단계**로, 자기(self)에 대한 지각이 생겨나고 직업세계에 대한 기본적인 이해가 이루어지는 것이 발달과업이다. 성장기의 하위 단계는 '환상기', '흥미기', '능력기'로 나눌 수 있다.

(2) **탐색기 (15~24세)** : 자신의 욕구, 흥미, 능력, 가치, 취업기회 등을 고려하고, 개인이 학교생활, 여가활동, 시간제 일 등과 같은 활동을 통해서 **자아를 검증하고, 역할을 수행하며, 직업탐색을 시도하는 단계이다.** 이 시기 **발달과업은 결정화, 구체화, 실행화**이다.

(3) **확립기 (25~44세)** : **자신에게 적합한 분야를 발견해서 종사하고 거기에서 안정된 위치를 확보하기 위해 노력하는 시기**로, 이 시기의 **발달과업은 안정화, 공고화, 발전**이다.

★★★ 59 수퍼(Super)의 직업발달 5단계를 순서대로 쓰고, 각각에 대해 설명하시오.

'25, '23, '20, '17, '03 직업상담사 2급 검정형

모범답안

(1) **성장기** : **자기(self)에 대한 지각이 생겨나고 직업세계에 대한 기본적인 이해가 이루어지는 시기**이다.

(2) **탐색기** : **자아를 검증하고 역할을 수행하거 직업탐색을 시도하는 단계이다.**

(3) **확립기** : 자신에게 **적합한 분야를 발견해서 종사하고 거기에서 안정된 위치를 확보**하기 위해 노력하는 시기이다.

(4) **유지기** : 안정된 속에서 비교적 만족스런 삶을 유지하며 살아가는 시기이다.

(5) **쇠퇴기** : 기능이 쇠퇴함에 따라 직업전선에서 은퇴하는 시기로서, 새로운 역할이나 활동을 추구한다.

★★★ 60 수퍼의 C-DAC 모형에서 4가지 평가단계를 기술하시오.

'25, '24~'20 직업상담사 1급 검정형

모범답안

(1) **1단계 – 내담자의 생애구조와 직업적 역할의 중요성에 대한 평가 단계** : 개인의 삶에서 정의되는 역할 중 핵심적인 역할과 주변적인 역할을 평가하고, 직업인으로서의 역할이 다른 역할보다 얼마나 더 중요한지 **탐색**한다.

(2) 2단계 – 진로발달수준과 자원 평가 단계 : 상담자는 **어떤 발달과업이 내담자의 진로문제와 연관**되어 있는지를 확인하여야 하며, 내담자가 갖고 있는 **극복자원에 대해 평가**한다.

(3) 3단계 – **직업적 정체성 평가 단계** : 내담자의 가치, 흥미, 성격 등 **내담자의 특성을 평가**하면서 내담자의 직업적 정체성의 내용을 탐색한다.

(4) 4단계 – **직업적 자아개념과 생애주제에 대한 평가 단계** : 내담자의 자아개념을 평가하기 위해 내담자의 현재에 나타나는 자기상에 초점을 두는 **횡단적인 방법**과 내담자의 생애 전체에 걸쳐서 발달되어 온 주제에 초점을 두는 **종단적인 방법**을 사용한다.

61

발달적 직업상담에서 Super는 '진단' 대신 '평가'라는 용어를 사용했다. Super가 제시한 3가지 평가유형을 쓰고 각각에 대해 설명하시오.

'24, '23, '22, '13, '12 직업상담사 1급 검정형 / '25, '21, '20, '13, '10 직업상담사 2급 검정형

모범답안

(1) **문제평가** : 내담자가 겪고 있는 **어려움과 직업상담에 대한 내담자의 기대 평가**한다.

(2) **개인평가** : 내담자 개인에 대한 평가로서 심리검사, 사례연구 등을 통해 **내담자의 능력, 적성, 흥미 등을 평가**하고, 내담자의 인구통계학적 특성 및 사회적 특성들에 대해서도 정보를 수집한다.

(3) **예언평가** : 문제평가와 개인평가를 바탕으로 **내담자가 어떤 직종에서 성공적이고 만족할 수 있을지 예측**한다.

62

수퍼의 C-DAC 모델에 비해 특성–요인이론이 가진 한계점(단점) 3가지를 기술하시오.

'22, '20, '18, '16, '15, '13, '12 직업상담사 1급 검정형

모범답안

(1) **인간의 장기간에 걸친 직업발달을 간과**하였다. 특성–요인이론은 직업선택을 1회적인 행위로 간주하고 장기간에 걸친 인간의 직업적 발달을 간과하고 있다.

(2) **개인의 특성 발달에 대한 설명이 부족**하다. 특성–요인이론은 개인의 특성과 직업과의 관계를 기술하지만 개인의 특성이 어떻게 발달하였는지 그리고 개인이 왜 그러한 특성을 가지는가에 대한 설명이 부족하다.

(3) **진로상담을 위한 지침이 부족**하다. 특성–요인이론은 개념적인 간결함으로 인해 많은 상담자들이 활용하고 있지만 효율적인 진로상담을 위한 지침을 제공하지 못하고 있다.

63 다음은 타이드만과 오하라의 진로발달이론에 대한 설명이다. 괄호 안에 알맞은 단어를 작성하시오.

> 타이드만과 오하라는 에릭슨(Erikson)의 심리사회적 발달의 8단계로부터 영향을 받아 이론을 전개하였다. 이들은 자기정체감이 (　　　　)와/과 (　　　　)의 과정을 거쳐 의사결정이 이루어진다고 하였다.

모범답안

분화, 통합

➕ Plus Check

타이드만(Tiedeman)과 오하라(O'hara)는 자기정체감이 발달하면서 분화(differentiation)와 통합(integration)의 과정으로 진로가 발달한다고 보았다. 분화는 다양한 직업을 구체적으로 학습함으로써 자아가 발달되는 복잡한 과정이며, 통합은 ㅈ업 분야의 일원으로서 직업세계로 통합하는 것을 말한다.

★★★
64 제한-타협이론에서 진로포부의 발달단계 및 4가지 영향요인을 기술하시오.

'22, '20, '18, '16, '15 직업상담사 1급 검정형 / '25, '23, '16, '15, '11 직업상담사 2급 검정형

모범답안

(1) **제1단계-서열 획득 단계(3~5세) : 힘과 크기 지향성에 영향을 받는다.** 이 시기 아동은 자신보다 크고 힘이 센 어른들만 일이라는 것을 할 수 있다는 생각으로 일을 갖는 것에 대해 선망하게 된다.

(2) **제2단계-성역할 획득 단계(6~8세) : 성역할 지향성에 영향을 받는다.** 자기(self)에 대한 개념이 생기고, 성역할에 대한 개념을 습득하면서 이분법적 동일시를 하게 된다.

(3) **제3단계-사회적 가치 획득 단계(9~13세) : 사회적 가치 지향성에 영향을 받는다.** 자신의 상대적 능력에 대해 판단하기 시작하고 이를 사회 속에서의 상대적 서열과 관련짓는다.

(4) **제4단계-내적 자아 확립 단계(14세 이후) : 내적 고유한 자아 지향성에 영향을 받는다.** 자기정체감을 확립하기 위해 여러 영역에서 고민하게 되고, 이전 단계까지 생각했던 성역할과 사회적 지위뿐만 아니라 정체감까지 만족시키는 직업을 선택하게 된다.

★
65 로(Roe)는 유년기 부모의 양육태도가 개인의 직업선택에 영향을 미칠 수 있다고 하면서 부모자녀관계 유형을 6가지로 제시하였다. 6가지 유형을 쓰시오.

무관심형, 애정형, 과보호형, 과요구형, 거부형, 무시형

➕ Plus Check

[로(Roe)의 부모-자녀 관계 유형]

(1) **무관심형** : 수용적이지만 **자녀의 욕구나 필요에 무관심**하다.
(2) **애정형** : 자녀에게 **온정적이고 관심을 기울인다.**
(3) **과보호형** : 자녀에게 **의존심을 키운다.**
(4) **과요구형** : 자녀가 남보다 뛰어나기를 바라므로 **엄격하게 훈련시킨다.**
(5) **거부형** : 자녀에게 **냉담하고 감정적으로 거부**한다.
(6) **무시형** (방임형) : 부모로서의 **책임을 회피하고 방임**한다.

---

66 로(Roe)가 제시한 직업분류의 8개 군집을 사람지향과 사물지향으로 나누어 쓰시오.
(1) 사람지향 :
(2) 사물지향 :

(1) **사람지향** : 서비스직, 비즈니스직, 단체직, 예능직, 일반문화직
(2) **사물지향** : 기술직, 옥외활동직, 과학직

★★
67 로(Roe)의 2차원 직업분류체계에서 6가지 수직차원을 쓰시오.

'24, '19, '14 직업상담사 2급 검정형

(1) **고급 전문관리**
(2) **중급 전문관리**
(3) **준전문관리**
(4) **숙련직**
(5) **반숙련직**
(6) **비숙련직**

※ 암기 Tip : 고 - 중 - 준 / 숙 - 반 - 비

★★★ 68

크롬볼츠의 사회학습이론에서 진로발달과 선택에 영향을 미치는 요인 4가지를 기술하시오.

'25, '24, '23, '22, '21, '19 직업상담사 1급 검정형 / '22, '18, '14, '12, '10 직업상담사 2급 검정형

모범답안

(1) **유전적 요인과 특별한 능력** : 부모로부터 물려받거나 타고난 개인의 특성에 해당하는 것으로, 신체적인 외모, 특정 질병에 걸릴 소인, 그리고 그 밖의 기질을 포함한다.

(2) **환경적 조건과 사건** : 개인이 속한 사회의 다양한 여건을 말한다.

(3) **학습경험** : 개인은 이전에 겪었던 학습경험의 결과로 어떤 진로에 대해 선호경향성을 갖게 된다.

(4) **과제접근기술** : 개인이 어떤 당면한 문제를 성취하기 위해 동원하는 기술을 말한다.

★★ 69

인지적 정보처리이론의 상담과정(진로문제 해결과정)의 5단계를 쓰시오.

'23 직업상담사 1급 과정평가형

모범답안

(1) **의사소통** (Communication)

(2) **분석** (Analysis)

(3) **통합/종합** (Synthesis)

(4) **가치부여/평가** (Valuing)

(5) **집행/실행** (Execution)

➕ Plus Check

[**인지적 정보처리이론의 상담과정(진로문제 해결과정) 5단계**]

(1) **의사소통** (Communication) : 질문들을 받아들여 부호화하며 송출하는 것

(2) **분석** (Analysis) : 한 개념적 틀 안에서 문제를 찾고 분류하는 것

(3) **통합/종합** (Synthesis) : 일련의 행위를 형성시키는 것

(4) **가치부여/평가** (Valuing) : 승패의 확률에 관해 각각의 행위를 판단하고 다른 사람에게 미칠 여파를 판단하는 것

(5) **집행/실행** (Execution) : 책략을 통해 계획을 실행시키는 것

70 인지적 정보처리이론에서 제시한 인지적 정보처리의 피라미드의 4가지 구성 요소를 쓰시오.

(1) **초인지** (실천과정 영역)
(2) **CASVE** (의사결정기술 영역)
(3) **자기정보** (정보 영역)
(4) **직업정보** (정보 영역)

71 인지적 정보처리이론을 기반으로 개발된 진로사고검사(CTI)의 하위 척도 3가지를 쓰고 간략히 설명하시오.

(1) **의사결정 혼란** : 진로의사결정 과정을 시작하거나 유지하는 데에 대한 **곤란 수준**
(2) **수행 불안** : 여러 대안들 중 한 가지 대안을 선택하거나 대안에 대한 우선순위를 매기는 등의 **선택을 하고자 할 때, 결단을 내리기 어려운 곤란 수준**
(3) **외적 갈등** : 결정에 대한 책임감을 회피하게 하는 갈등. 중요 **타인에게서 얻는 정보의 중요성과 자신이 지각한 정보의 중요성 간에 균형 조절에서의 무능력**

★★
72 사회인지진로이론의 진로발달과 선택의 인지적 요인 4가지를 쓰고 설명하시오.

(1) **자기효능감** : 계획한 일을 성공적으로 수행할 수 있을 것이라고 기대하는 **수행에 대한 자신감**이다. **자기효능감이 높으면 어려운 목표에 도전할 가능성이 크다.**
(2) **결과기대** : 특정 행동을 **수행하는 데서 얻게 될 성과에 대한 개인적 예측**이다. 수행에 대한 결과가 얼마나 만족스러울지 보상에 대한 기대이기도 하다.
(3) **목표** : 어떤 활동에 **몰두하려는 결심** 또는 미래의 성과에 **영향을 미치려는 결심**이다. 목표는 미래의 행동을 조직하고 방향을 잡기 위해 활용되며, **목표가 분명하면 진로발달 및 직업선택과 같은 장기 과제에 몰입**하게 된다.
(4) **진로장벽** : 개인이 **진로를 추구해 가는 과정에 부정적 영향을 미치거나 제한을 가하는 등의 방해요인에 대한 지각**이다. 진로장벽에 대한 지각은 개인의 **진로 준비행동에 영향**을 미친다.

➕ Plus Check

사회인지진로이론의 진로발달과 선택의 인지적 요인 3가지를 질문한다면, 자기효능감, 결과기대, 목표에 대해 설명한다. 진로장벽은 보통 환경적 요인으로 구분되나 때로는 진로장벽에 대한 인식이 네 번째 인지적 요인으로 설명되기도 한다.

73 반두라(Bandura)의 사회인지이론에서 진로발달의 개인적 결정요인을 2가지 쓰고, 각각에 대해 설명하시오.

'17 직업상담사 2급 검정형

모범답안

(1) **자기효능감** : **자신의 능력에 대한 굳은 신념**을 말한다.
(2) **결과기대** : 특정한 행동을 **수행함으로써 얻어질 성과에 대한 개인적인 평가**를 말한다.
(3) 개인적 목표 : 어떤 활동에 몰두하려는 결심 또는 미래의 성과에 영향을 미치려는 결심을 말한다.

★★
74 사회인지적 진로이론(SCCT)의 3가지 영역모델을 쓰고, 각각에 대해 설명하시오.

'17, '13 직업상담사 2급 검정형

모범답안

(1) **흥미(발달)모형** : 흥미는 자기효능감과 결과기대에 의해 형성된다.
(2) **선택모형** : 개인적 배경과 환경적 배경은 학습경험에 영향을 주고 이는 자기효능감과 결과기대에 영향을 미치게 되어, **진로 관련 선택에 지속적으로 영향**을 미친다.
(3) **수행모형** : 개인의 수행수준 및 수행의 지속성은 개인의 능력, **자기효능감, 결과기대, 수행목표 등의 영향의 결과**이다.

75 직업문제 관련 관점 및 접근에 따른 직업상담이론의 유형 분류 3가지를 쓰고 간략히 설명하시오.

모범답안

(1) **발달이론** : **개인의 진로의식을 발달해가는 과정으로 이해하고 설명**하고, 선택의 과정은 평생에 걸쳐 일어나는 것으로 간주한다.

(2) **구조이론** : **왜 사람들은 특정 직업을 선택하는가를 설명**하고, 개인의 특성과 그에 상응하는 직업 간에 분명한 연결 관계를 강조한다.

(3) **과정이론** : 개인과 직업 간의 연결 관계보다는 **진로선택이나 진로결정의 과정 자체에 더 큰 비중**을 둔다.

76 직업상담 초기면담에서 상담목표와 상담전략에 대한 내담자의 지각과 동의 여부를 확인할 때, 효과적인 상담 결과를 위해 상담목표 설정 시 고려해야 할 사항 4가지를 쓰시오.

'23, '20, '07 직업상담사 2급 검정형

모범답안

(1) 상담목표는 **구체적**이어야 한다.
(2) 상담목표는 **실현 가능**해야 한다.
(3) 상담목표는 **내담자가 원하고 바라는 것**이어야 한다.
(4) 상담목표는 **상담자의 기술과 양립 가능한 것**이어야 한다.

제5절 초기면담 종결하기

77 직업상담 초기면담 종결 시 요약의 목적 3가지를 설명하시오.

모범답안

(1) 상담과정 중 나누었던 **대화의 내용에 대해 상담자와 내담자가 상호 간에 제대로 이해했는지 확인**하기 위한 목적이 있다.
(2) 상담을 통해 확인된 정보와 **합의된 주요 사항들에 대해 한 번 더 강조**하고, 필요한 경우 과제를 **제시**하기 위한 목적이 있다.
(3) 상담이 어디까지 이루어졌는지 **진행과정을 명확히 하고, 다음 회기에 대한 계획을 점검**하는데 목적이 있다.

78 직업상담 초기면담 종결 시 검토되어야 할 유의사항 4가지를 제시하시오.

모범답안

(1) 사전자료를 통해 내린 **내담자에 대한 자신의 결론이 얼마나 정확**한가?
(2) 상담에 대한 **내담자의 기대와 자신의 기대는 얼마나 일치**하는가?
(3) 내담자의 **어떤 관심이 부가적 평가를 필요로 하는가?**
(4) **다음 상담회기를 어떻게 시작**할 것인가?

79 직업상담 초기면담의 수행 내용과 과정에 대해 슈퍼바이저에게 자문을 구할 내용의 예를 5가지 제시하시오.

모범답안

(1) 내담자의 **논점에 대한 진단이 적절**했는지?
(2) 내담자에 대해 간과하고 **소홀히 한 이슈가 있다면 무엇**인지?
(3) 상담자가 **내담자에게 제공한 정보와 자료가 적절**했는지?
(4) **과제로 제시한 활동이 상담목표에 부합**하는 것인지?
(5) 내담자의 **참여 동기를 촉진하기 위해 상담자로서 적절한 태도**로 임한 것인지?

제3장

진로상담

진로논점 파악하기

출제기준 ▶

1. 초기면담 결과에 따라 내담자의 자각을 돕고 상담 동기를 파악할 수 있다.
2. 내담자 행동에 대하여 다른 관점에서의 해석하기를 할 수 있다.
3. 내담자의 경험과 상황을 바탕으로 진로논점의 중요도 순위를 정할 수 있다.

01 상담동기 파악

(1) 진로상담과 직업상담 및 심리 · 정서 상담

① 진로상담은 직업상담에서 출발하여 사회변화에 따라 직업상담에서 진로상담으로 점차 영역을 넓히고 있다.

② 평균수명이 길어지고, 직업전환의 횟수가 늘어나면서 필요성이 높아진 진로상담은 내담자의 전 생애에 걸친 진로발달, 진로선택 및 전환 등의 다양한 진로문제를 다루는 상호작용을 포함한다.

③ 진로상담은 직업 혹은 진로와 관련된 문제에 초점을 두면서 상담자와 내담자 간의 관계가 중요한 작용을 하는 심리학적 과정이며, 따라서 심리학적인 과정이 진로상담에 개입되게 되었다.

④ 진로와 관련된 문제를 안고 도움을 청하는 내담자들의 문제들은 자주 개인적인 문제와 복잡하게 뒤얽혀 있는 경우가 많다.

⑤ 효과적인 진로상담자들은 심리 · 정서 상담으로서 내담자의 문제를 이해하고 점차로 내담자의 욕구에 따라서 진로와 비진로 영역의 두 가지 모두를 다룰 수 있도록 개입해야 한다.

(2) 진로상담 사례 개념화

① 사례 개념화(case conceptualization)는 **상담자가 내담자로부터 얻은 정보들을 통합하여 내담자의 문제형성 배경과 원인에 대해 가설을 세우고 치료에 필요한 개입 계획과 목표를 설정하는 과정**을 의미한다.

② 내담자의 호소문제 및 문제의 배경, 문제를 발생시키고 유지되도록 하는 여러 요소를 통합적으로 검토하여 내담자들의 문제를 해결하는 개입 전략을 세우는 데 도움을 준다. 따라서 진로상담 장면에서도 사례 개념화는 매우 중요하다.

(3) 진로상담 사례 개념화 요소

① **진로상담 사례 개념화 요소 목록** : 12개의 유목과 29개의 요소로 구성 (이지은, 2017)

연번	유목	사례 개념화 요소
1	기본정보	내담자 기본정보
2	상담 경위 및 기대	상담 신청 및 의뢰 경위
		상담에 대한 기대
3	주 호소문제와 사전평가	내담자의 주 호소문제
		정신건강 상태
		내담자에 대한 행동관찰
		심리검사 결과
		보고하는 내담자 특성
4	가족력	가족 정보 및 상호관계
		원가족의 진로 관련 이력
5	생애역할 인식과 적응	생애역할 인식
		생애역할 각 영역에 대한 적응 및 만족
6	진로에 방해되는 인지·정서·신체·특성	진로 신화 및 편견
		인지·정서적 특성
		신체·행동적 특성
7	진로 강점 및 자원	내담자의 진로 강점
		주변 지지 자원
8	진로발달 과정	교육 및 일에 대한 경험
		자기이해
		진로정보에 대한 이해
		진로에 대한 포부 및 동기
9	진로 의사결정	진로 의사결정 수준 및 효능감
		진로 의사결정 패턴
10	진로행동	진로준비행동
		취업스킬 및 취업활동
11	종합이해	핵심문제에 대한 이론적 설명
		상담자의 종합적 평가 및 이해
12	상담목표 및 전략	상담목표
		상담전략 및 개입

② **진로상담 사례 개념화 요소의 활용**

㉠ 수준 높은 사례 개념화는 내담자와의 상담관계 형성 및 중기 이후의 상담을 효과적으로 이끌어가는 데 토대가 된다.

㉡ 상담 개입을 이끄는 청사진으로써 상담의 성과에도 중요한 영향을 미친다.

ⓒ 상담이 이루어지는 상황이 다양하기 때문에 요소 중 필요한 요소를 선택해서 사례 개념화하는 것이 효율적이다.

ⓔ 사례 개념화의 3가지 방법(Sperry & Sperry, 2012)

구분	내용
잠정적 사례 개념화	정보수집 차원의 사례 개념화
종합형 사례 개념화	모든 요소가 포함된 사례 개념화
간편형 사례 개념화	상황이나 장면에 따라 몇 가지 요소를 선택적으로 추린 사례 개념화

(4) 진로상담에 대한 기대

① 진로상담에 대한 내담자 기대

ⓐ 내담자들의 문제가 개인적인 경우, 공감 이해를 더 기대하며 진로문제일 경우 상담자의 전문성, 유능성, 지시성을 더 기대한다.

ⓑ 진로상담 내담자들은 상담자가 자신을 신속하게 고쳐줄 수 있으리라는 비현실적이고 부정적인 기대로 더 적은 상담회기를 기대한다.

ⓒ 상담에서 많은 책임이 요구될 것이라고 생각하는 내담자들은 적극적으로 참여하지 않은 채 자신의 문제를 해결할 수 있는 전문적 지식을 기대하는 내담자들보다 상담자와 자신과의 관계를 협력적이고 생산적이라고 평가할 가능성이 높다.

ⓔ 상담자는 진로상담 초기에 내담자가 어떤 기대를 가지고 있는지 이해하고 내담자들이 상담에서 무엇을 기대해야 하는지를 구조화시키는 작업을 통해 상담과정에 긍정적인 도움을 줄 수 있다.

② 진로상담에 대한 기대 척도 5요인 (최정인, 2006)

요인	의미
상담자 태도	상담자가 어떤 태도로 상담에 임하기를 원하는가
요인 전문성	직업세계에 대한 정보 등의 직업요인에 대한 상담자의 전문성 기대
내담자 태도	상담에 임하는 내담자의 태도
상담과정 및 결과	진로상담 과정 중에 기대하는 것과 상담 후에 변화되기 원하는 것
특성 전문성	내담자의 특성에 맞는 진로를 탐색할 수 있도록 돕는 상담자의 전문성

(5) 상담동기 파악하기

① 내담자와 상담자의 긍정적인 작업동맹 관계를 형성할 수 있도록 분위기를 조성한다.

ⓐ 내담자와 자연스러운 눈 맞춤을 유지한다.

ⓑ 간혹 내담자 쪽으로 몸을 기울인다.

ⓒ 편안하고 자연스러운 자세를 취한다.

> ▶ 내담자에게 관심을 기울이기 위한 질문
>
> 1) 나는 내담자에게 어떤 태도를 취하고 있는가?
> 2) 내담자와 함께 있을 때 얼마나 진지하게 임하고 있는가?
> 3) 나는 비언어적 행동을 통해 내담자와 함께 기꺼이 상담하고 싶다는 의도를 얼마나 잘 전달하고 있는가?
> 4) 나는 비언어적 행동을 통해 어떤 태도를 드러내고 있는가?
> 5) 나는 언어적 행동을 통해 어떤 태도를 드러내고 있는가?
> 6) 내담자는 나를 어느 정도 자기와 함께 하고 또 함께 일할 수 있는 사람으로 느끼고 있는가?
> 7) 나의 비언어적 행동은 어느 정도로 나의 내적 태도를 강화시켜 주는가?
> 8) 나의 어떤 행동 때문에 내가 내담자에게 충분한 관심을 표하지 못하게 되는가?
> 9) 나는 충분한 관심을 표현하는 데 방해가 되는 행동을 어떻게 다루고 있는가?
> 10) 어떻게 하면 내담자에게 더 진지하게 대할 수 있겠는가?

② **초기면담에 대한 내담자의 느낌과 생각을 확인한다.**

③ **내담자의 자각을 돕고 상담동기를 확인한다.**

  ㉠ 상담 신청 및 의뢰 경위를 확인한다.

  ㉡ 상담에 대한 기대를 확인한다.

  ㉢ 내담자의 상담동기를 확인한다.

> ▶ 상담동기의 자발성 정도에 따른 내담자 유형
>
> - **고객 유형 (Customer)** : 내담자는 자신을 문제해결의 일부로 생각하고 문제해결을 위해 무엇인가 할 의지(동기)가 있다. 즉, 자신이 원해서 도움을 요청한 내담자의 경우이다. 상담동기가 강한 사람으로 상담에 대해 현실적인 기대를 가지고 있다.
> - **불평자 유형 (Complainant)** : 내담자는 대화 속에서 문제와 해결의 필요성에 대해서는 상세하게 설명하나 해결책이 대체로 다른 사람(부인, 자녀, 상관, 친구, 동료 등)의 변화를 통해 이루어질 수 있다고 생각한다. 변화에 대한 의지나 동기 수준이 낮고 자신이 변화해야 한다는 인식이 부족한 경우이다.
> - **방문자 유형 (Visitor)** : 내담자가 상담자와 함께 해결하고자 하는 문제를 인식하지 않고 있거나 문제는 자신에게 있는 것이 아니라 다른 사람에게 있다고 생각한다. 이는 대체로 자신의 의지와는 상관없이 기관이나 부모의 권유로 비자발적으로 상담에 온 내담자로 상담에 대해 알아보고자 온 내담자이다.

02 진로논점 파악

(1) 진로논점에 영향을 미치는 심리적 문제

① **심리문제와 진로문제**

  ㉠ **총체적인 접근** : 진로상담은 전인적인 관점에서 개인의 삶을 돕는 총체적인 접근이므로 심리문제를 진로문제와 구별하는 것은 무의미하다.

ⓛ **삶과 진로** : 개인의 삶과 진로는 분리될 수 없기 때문에 진로상담에서 이 둘을 함께 고려해야 한다.

ⓒ **진로상담과 심리상담의 과정** : 진로상담과 심리상담의 과정은 유사한 부분이 매우 많으며, 진로상담 또한 내담자와 상담자의 목표에 대한 합의, 관계에 대한 합의, 유대감으로 구성되는 상담 협력 관계에 기초를 두고 있다.

ⓔ **심리문제의 해결과 진로상담** : 진로상담에서 심리문제가 해결되지 않은 내담자들은 상담 종료 후에도 진로준비행동으로 이어지지 못하기 때문에 이러한 심리문제를 함께 개입해야 한다.

② **진로 미결정과 심리문제**

ⓘ 진로 미결정자들은 진로 결정자들보다 높은 불안, 낮은 자존감, 비합리적 의사결정기술, 대인관계 문제 등 다양한 심리적 문제를 가지고 있다.

ⓛ 신체화, 강박증, 대인예민증, 우울, 불안, 적대감, 공포 불안, 편집증, 정신증 등의 심리적 특성들이 진로 미결정과 관련된다.

③ **구직자의 심리문제**

ⓘ 직업상담 과정에서 드러나는 낮은 자아존중감, 분노, 불안, 대인기피, 신체화, 우울 등의 증상이 실직 기간을 장기화시키고 구직준비행동을 어렵게 만드는 원인으로 작용한다.

ⓛ 분노, 불안, 우울은 실업 전부터 시작하여 실업 3개월 후까지 지속되는 실업자의 심리적 핵심 증상이며, 실업 후 4개월이 지난 후부터는 대인관계 회피와 단절이 나타난다.

(2) 내담자의 진로 관심사 (진로상담에서 전형적으로 다루는 문제 영역)

① **진로탐색과 의사결정**

ⓘ 내담자가 진로 선택에 확신이 없고 결정을 내리는 것을 어려워하는 경우이다.

ⓛ 노동시장에 대한 정보가 부족하거나 기술, 가치, 흥미 및 개인적 스타일에 대한 자기 이해가 부족한 것과 관련된 문제일 수 있다.

② **직업적 또는 일반적 기술 발달**

ⓘ 내담자가 구직 기회를 활용하는 기술의 훈련이 부족한 경우이다.

ⓛ 교육을 받을 수 있는 공신력 있는 기관 정보를 상담자가 가지고 있는 것이 중요하다.

③ **직업탐색 기술**

ⓘ 직업탐색 기술은 시간에 따라 변화한다.

ⓛ 내담자 스스로 정보를 탐색할 수 있도록 지원하는 것이 중요하다.

④ **직업유지 기술** : 취업도 중요하지만 취업 이후 그 자리를 유지하고 성취하는 방법에 대해서도 관심을 가질 수 있음을 확인한다.

(3) 진로상담의 대안 몰입이론 적용 진로상담 (김창대, 2002)

① 몰입(flow) 모델을 이용한 진로상담 모형은 '개인이 일에서 추구하고자 하는 즐거움과 유능함을 동시에 얻는 것이 가능하다'는 전제에서 출발한다.

② 흥미와 능력이 균형을 이룬 상태인 몰입을 특정한 영역에서 경험하고, 그러한 일에서의 경험이 자신의 진로발달 및 진로결정과도 연결될 수 있도록 돕는 것이 진로상담가의 역할이라고 본다.

③ **몰입경험에 따른 진로문제 유형**

유형		특징
제1유형	**통합·분화 발달 집단**	• **몰입경험의 두 기제인 통합과 분화가 모두 발달된 경우이다.** • 일상의 몰입경험이 삶 전체의 의미와 적절하게 통합되고, 다음의 새로운 복잡성으로 나아가기 위해 적절히 분화된다.
	보다 높은 자기발전 추구 (몰입↑, 의미↑)	• 개인의 재능은 올바른 발달과정을 거치고, 진로와 관련된 혼란이나 불안은 존재하지 않는다 • **자신의 재능 영역에서 충분한 수월성을 보이고, 활동에 깊이 몰입하며 유능감과 만족감, 그리고 존재의 의미를 충분하게 느낄 수 있다.**
제2유형	**통합 미발달·분화 발달 집단**	• **몰입경험을 많이 하지만, 수렴된 의미를 갖지 못하는 경우이다.** • 몰입경험은 보다 높은 수준의 재능발달을 창출해내지 못하는데, 이는 통합이 적절하게 발달하지 못했기 때문이다.
	부정적인 몰입경험 (몰입↑, 의미↓)	• 일상의 몰입경험은 자신이 가치 있다고 여기는 활동이 아니거나, 단편적으로 몰입하는 경험이 의미 있는 정점으로 수렴되지 못한다. • **정신적 에너지는 파편화되어 낭비되며 적절한 의미 부여가 되지 못한 몰입경험은 진로 관련 불안과 혼란을 야기한다.**
제3유형	**통합 발달·분화 미발달 집단**	• **진로에 대한 수렴된 목표와 의미는 가지고 있으나, 일상의 몰입경험이 부족한 경우이다.** • 실제로는 생의 의미와 관련된 일상의 경험을 하지 못한 것이다.
	비현실적인 기대 (몰입↓, 의미↑)	• 전형적으로 나타나는 진로문제는 **비현실적인 기대로, 진로와 관련된 구체적인 행동은 하지 않으면서 생각만 하는 경우이다.** • 과잉 확장된 진로의식은 실제 삶의 변화와 연결되지 못하고, 오히려 실존적 공허감을 부추긴다.
제4유형	**통합·분화 미발달 집단**	• **일상의 몰입경험과 삶의 의미가 모두 낮은 집단이다.** • 자기 자신에 대한 무존재감, 무가치함, 무력함 등을 호소하고 **인생이나 진로에 대한 어떠한 전망과 가능성에 대해서도 회의적이며 절망감을 가지고 있다.**
	· 무망감 (몰입↓, 의미↓)	• 대개 일상에서 작은 성공 경험이나 긍정적인 몰입경험을 가져보지 못한 경우가 많기 때문에 일상에서의 구체적인 몰입경험은 이들에게 극적인 희열 경험을 줄 수도 있다.

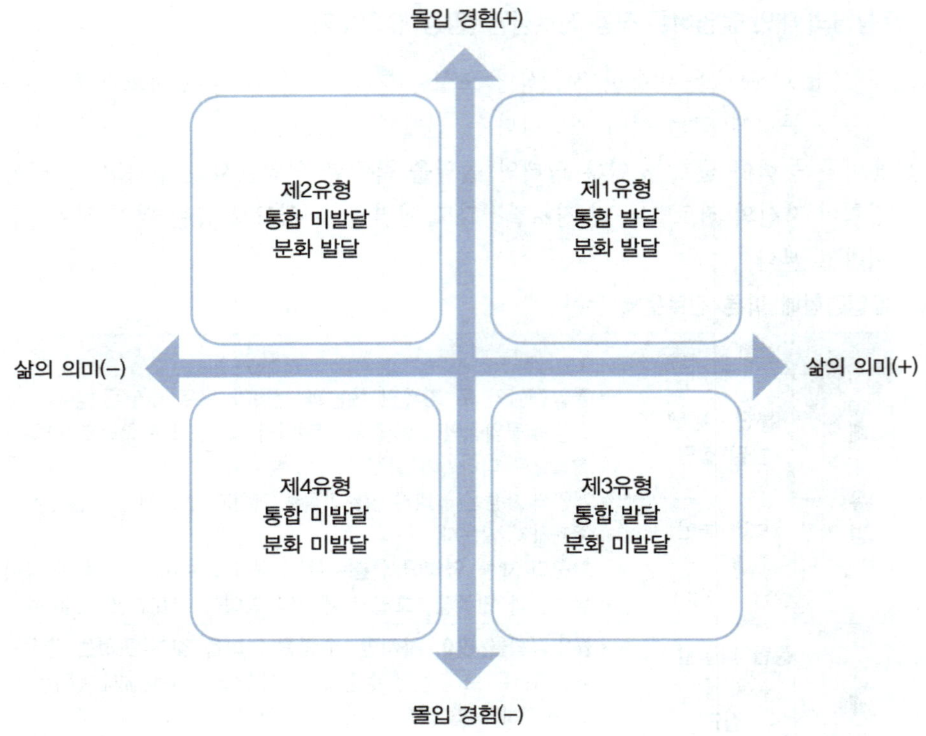

④ **몰입이론 적용 진로상담의 내용과 방법**

   ㉠ **개인적 특성을 이해하는 방법** : 개인의 능력과 흥미를 따로 평가하는 기존 방식과 달리 개인이 어디에서 어떤 방식으로 몰입경험을 하는지 탐색하고 평가

   ㉡ **직업정보 제공 방법** : 특정 직업을 가진 사람들이 그들의 성장기에 어떤 영역에서 몰입경험을 했었는지를 기초로 직업 특성 조사

   ㉢ **몰입경험 통제 능력 촉진 방법** : 몰입 경험을 통제하는 능력을 촉진하는 방법으로서 동기 수준의 유지 방법, 목표의 구체화 방법, 피드백 통로 마련 방법 등에 대한 상담 필요

⑤ **몰입이론 적용 진로상담의 기술**

   ㉠ 안전한 상담 관계에서 해보고 싶었지만 하지 못했던 활동들이나 몰입경험을 하였지만 지속할 수 없었던 경험의 목록을 만든다.

   ㉡ 만들어진 목록에서 현실적으로 가능한 활동을 선택한다.

   ㉢ 내담자가 목표를 너무 높게 잡지 않고 구체적으로 잡아서 스스로에게 성공경험을 주게 한다.

   ㉣ 즉각적으로 피드백을 받을 수 있는 통로를 찾도록 한다.

   ㉤ 자신의 기술 수준에 적합한 과제를 선택하도록 한다.

(4) 진로논점 파악하기

① **내담자의 언어적 메시지를 다양한 관점에서 해석한다.**

㉠ 내담자의 생각과 의미를 확인한다.

㉡ 내담자의 언어적 메시지를 경험, 행동, 정서의 관점에서 분석한다.

② **진로를 방해하는 심리적인 요인이 없는지 살펴본다.**

> ▶ 진로 관련 심리적인 요인을 파악하기 위한 질문
>
> 1) 주변 사람들과 나를 비교해본 경험이 있나요?
> 2) 어떤 일을 시작할 때 실패할 것 같은 느낌이 든 적이 있나요?
> 3) 어려운 일이 생기면 당황해서 실수한 경험이 있나요?
> 4) 위협적인 상황에서 스트레스를 필요 이상으로 받는 경향이 있나요?

③ **내담자의 행동이나 표현을 관찰하면서 전이된 오류가 있는지 확인하고 이를 정정한다.**

㉠ 정보의 오류가 있는지 확인하고 정정한다.

삭제	예 "나는 항상 피해만 끼치는 사람이에요." → "누구에게 어떤 피해를 끼친다는 뜻이지요?"
불확실한 인물	예 "사람들은 계속 나를 재촉해요." → "구체적으로 어떤 사람들이 당신을 재촉한다고 생각하나요?"
불분명한 동사	예 "아이들 문제로 항상 아내와 부딪혀요." → "어떤 식으로 부딪히고 있죠?"

㉡ 한계의 오류가 있는지 확인하고 정정한다.

예외의 인정 여부	예 "나는 항상 지각을 해요." → "지금까지 한 번도 빠짐없이 지각을 했다는 뜻인가요? 제 시간에 간 적은 없었나요?"
불가능 가정	예 "나는 그런 말을 할 수가 없어요." → "그런 말을 어떻게 표현해야 할지 방법을 알 수 없다는 뜻인가요?"
어쩔 수 없음을 가정	예 "사표 내는 거 말고 다른 대안은 없어요." → "사표를 내는 것도 하나의 안이고 그걸 선택하려는 거네요."

④ **내담자와 함께 진로논점의 중요도 순서를 정한다.**

㉠ 내담자의 주요 호소논점을 목록으로 정리한다.

- 내담자가 호소하고 있는 논점을 인지적 명확성의 관점에서 표로 정리한다.
- 상담의 개입 시기와 여부를 결정한다.
- 내담자의 진로논점 중에서 관련 심리적 문제의 성격을 파악한다.

㉡ 호소논점 간의 관계를 정리하면서 내담자가 진로논점의 중요도 순위를 정한다.

㉢ 진로논점 순위를 정한 까닭을 경청한다.

⑤ **몰입유형에 따라 진로논점의 중요도 순위를 검토한다.**

  ㉠ 몰입척도를 이용하여 내담자의 몰입척도를 측정한다.

  ㉡ 몰입척도 결과에 따라 내담자의 몰입유형을 살펴본다.

  ㉢ 몰입유형에 따라 내담자가 정한 진로논점의 중요도 순위를 내담자와 함께 검토한다.

  ㉣ 진로논점의 중요도 순위를 조정하고 상담을 마무리한다.

자기탐색 지원하기

1. 내담자 특성을 다양한 방법으로 파악할 수 있다.
2. 내담자의 가족의 영향, 자원을 확인할 수 있다.
3. 내담자의 가족직업가계도 등으로 정리할 수 있다.
4. 내적 외적 자원을 바탕으로 내담자의 개인자원목록을 만들 수 있다.

01 자기탐색

(1) 강점 중심 내담자 특성 이해

① 피터슨과 셀리그만(Peterson & Seligman, 2004)은 성격 강점을 사고, 정서 및 행동에 반영되어 있는 긍정적 특질로 정의하였으거, 이는 좀 더 포괄적으로 타고난 능력이나 지식과 기술로 길러진 재능으로도 정의된다.

② **강점 분류 체계 (VIC : Value In Action)**

핵심 덕목	의미	24가지 강점
지혜 및 지식 (wisdom)	더 나은 삶을 위해 지식을 습득하고 활용하는 것과 관련된 인지적 강점	**창의성, 호기심, 개방성, 학구열, 지혜**
용기 (courage)	목표 추구 과정에서 난관에 직면하더라도 이를 극복하면서 목표를 성취하려는 강인한 투지의 성격적 강점	**용감성, 끈기, 활력, 진실성**
자애 (humanity)	다른 사람을 보살피고 이해하며, 그들과 따뜻하고 친밀한 관계를 형성하도록 돕는 성격적 강점	**사랑, 친절, 사회지능**
절제 (temperance)	지나침으로부터 우리를 보호해주는 성격적 강점	**용서, 겸손, 신중성, 자기조절**
정의 (justice)	모든 개인과 개인을 둘러싼 사회 간의 건강한 상호작용에 기여하는 성격적 강점	**시민의식, 리더십, 공정성**
초월성 (transcendence)	현상과 행위에 대해 의미를 부여하고 보다 큰 우주와의 연결성을 추구	**감상력, 낙관성, 감사, 영성, 유머 감각**

③ **강점 인식 및 활용**

㉠ 강점 인식이란 자신의 강점을 자각하고 인지하는 것으로 정의된다.

㉡ 자신의 강점에 대한 인식은 긍정적인 자기개념을 형성하도록 돕고, 성숙한 진로발달에 중요한 영향을 미치는 변인이 된다.

© 강점을 활용함으로써 개인이 지니고 있는 강점을 통해 실제적인 이익을 얻을 수 있다.
© 긍정적인 적응과 발달을 위해서는 강점 인식 이후에 강점 활용이 이루어져야 한다.

(2) 심리검사 활용 내담자 특성 이해

① **적성검사** : 적성은 인간의 능력을 특정 분야나 활동 영역에 관련시킨 개념으로 개인이 어떤 특정 분야, 직업, 활동 등에 필요한 능력을 얼마나 가지고 있는가를 알아내고자 하는 검사이다.
② **흥미검사** : 어떤 현상이나 사물에 대한 관심 또는 어떤 활동에 적극적으로 참여하려는 성향을 측정하는 검사이다.
③ **직업가치관검사** : 직업가치관이란 직업과 관련하여 자신이 바람직하게 여기는 행동기준으로 개인이 어떤 선택이나 결정을 내려야 할 때, 어떤 방향으로 행동하게 하는 원리나 믿음을 의미한다.

(3) 가족과 가족 자원 중심 내담자 특성 이해

① **가족체계이론**
   © 체계적 관점은 가족원들이 삶과 죽음 가운데 서로 뒤얽혀 있으며, 모든 사회 구성원들도 궁극적으로 서로 연관되어 있다고 본다.
   © 한 개인의 행동은 개인을 둘러싼 가족 구성원의 의사소통 방식, 상호작용의 패턴, 심리적 거리감, 구성원의 독립심, 구성원 간의 일체감 등으로 구성된 체계적 특징과 관련이 있다.
   © 가족이라는 한 시스템 속에서 개인이 어떤 경험을 했는지 체제적 관점으로 관계를 정의하는데, 이는 관계의 질을 맥락적 관점에서 이해할 수 있도록 도와준다.
② **로(Roe)의 욕구이론**
   © 욕구이론에서는 부모와 자녀 간의 관계가 직업선택에 핵심 역할을 하는 것으로 본다.
   © 초기의 경험은 가정환경에 의해 주로 영향을 받으며, 특히 부모와의 관계에 의해 영향을 받기 때문에 부모 행동에 대해 관심을 기울인다.

(4) 진로가계도 활용 내담자 특성 이해

① 가족상담에서 많이 활용되는 보웬(Bowen)의 가계도를 진로상담 과정에 적용한 것이다.
② 가계도라는 용어에 '진로' 단어를 추가한 이유는 내담자들이 자신의 사회화 과정에 대한 이야기를 하는 과정에서 진로에 관한 다양하면서도 유용한 탐색의 단서들을 제공해줄 수 있기 때문이다.

③ 진로가계도 해석 시 고려사항

구분	내용
가족의 구조	가계도의 선과 기호가 어떻게 연결되어 있는지 탐색함으로써, 가족 형상과 형제 순위 등의 가족관계를 확인하여 가족의 전체적인 구조를 이해한다.
세대 간 반복되는 유형	가계도 상에서 반복되는 직업의 유형을 탐색한다. 가족 유형은 세대를 거쳐 반복되는 경향이 있으며 이는 직업 유형에서도 나타날 가능성이 높다. 사회 변화에 따라 직업의 형태는 시대상을 반영하지만 전문성과 역량 면에서 살펴볼 수 있다.
가족의 역할과 직업	가족 구성원의 역할과 이들 직업 사이의 관계를 알아본다. 가족의 역할과 관련하여 직업의 사회·경제적 지위와 직업적 특성을 알아본다.
가족의 관계 유형	가족 상호작용의 유형을 설명하는 선을 탐색하여 밀착, 친밀, 소원, 갈등적인 관계를 이해한다. (밀착된 관계 : ≡ / 친밀한 관계 : = / 소원한 관계 : … / 갈등 관계 : ⅔)

02 개인자원목록 작성

(1) SWOT 분석

① **SWOT 분석의 개념**
  ㉠ SWOT 분석은 특정한 사안에 대한 의사결정을 합리적이고 체계적으로 할 수 있도록 개발된 분석 기법이다.
  ㉡ SWOT는 강점(S : strength), 약점(W : weakness), 기회(O : opportunity), 위협(T : threat)의 뜻을 가진 영어 단어 첫 글자로 만들어진 용어이다.
  ㉢ 외·내부 환경의 분석을 바탕으로 개발, 기술, 관리, 계획 등 주어진 상황을 전략적인 시각으로 분석하여 기회와 위협의 요인들을 도출한다.
  ㉣ 도출된 기회와 위협을 강점을 통하여 활용하고 약점을 보완하거나 회피할 수 있도록 전략적 계획을 수립한다.

② **SWOT 매트릭스 분석 절차**
  ㉠ 분석의 목적과 주제를 선정한다.
  ㉡ 강점과 약점, 기회와 위협 요소를 찾고 이해하기 쉬운 용어로 간결하게 표현한다.

구분	내용
강점 (S : strength)	분석 대상이 가지고 있는 유·무형의 자산으로 성과를 만드는 데 긍정적인 역할을 하는 내부 요소
약점 (W : weakness)	특정한 목표를 달성하거나 성과를 만드는 데 방해가 되는 내부 요소
기회 (O : opportunity)	분석 대상의 지속적인 생존이나 성장에 긍정적인 영향을 주는 외부 요소
위협 (T : threat)	목표를 달성하는 데 장애가 되거나 위험이 되는 외부 요소

ⓒ SWOT 매트릭스를 분석하여 전략을 수립한다.

(2) 진로 SWOT

① SWOT 전략

구분		외부요소	
		O	T
내부요소	S	**SO : 공격적인 전략**	**ST : 다양화 전략**
		• 강점을 가지고 기회를 살리는 전략 • 기회를 살리기 위한 강점을 발굴 • 나의 강점을 이용하여 진로역량 개발	• 강점을 활용해 외부환경의 위협 요소를 최소화하는 전략 • 약점을 강점으로 전환하여 기회를 살리고 기회를 살릴 수 없는 약점은 무시
	W	**WO : 방향전환 전략**	**WT : 방어적 전략**
		• 외부 환경의 기회를 활용해 자신의 약점을 보완할 수 있는 전략 • 약점을 회피하기 위한 기회를 발굴	• 약점을 보완하며 외부 환경의 위협요소를 최소화하는 전략 • 약점을 보완할 수 없고 위협을 회피할 수 없다면 정면대결 또는 철수

② SWOT 전략 수립

㉠ 첫 번째 전략 : 자신의 강점과 기회를 활용하는 전략 (SO)

㉡ 두 번째 전략 : 자신의 강점은 살리되 위험을 줄이는 전략 (ST)

㉢ 세 번째 전략 : 기회를 살리되 자신의 약점을 감안하는 전략 (WO)

㉣ 마지막 전략 : 약점과 위협요인을 고려한 전략 (WT)

직업정보 탐색 지원하기

출제기준▶

1. 가장 최신의 정확한 직업정보의 중요성을 설명할 수 있다.
2. 내담자 특성에 부합하는 다양한 직업정보 목록을 제시할 수 있다.
3. 내담자의 관심 있는 진로에 대하여 정보를 탐색할 수 있도록 지원할 수 있다.
4. 선택한 진로에 대하여 강점, 약점, 가능성과 전망을 표로 정리하여 비교할 수 있다.

01 진로정보 요구 탐색

(1) 진로정보

① 정보는 단순한 지식이나 가공된 데이터를 일컫는 말에 그치지 않고, 생산되고 전달되는 총체적인 과정을 포함하며, 이미 '서비스'하는 동사적 개념이 있다.

② 진로정보는 기존의 관점에서 '개인이 진로에서 어떤 선택이나 결정을 할 때 또는 직업 적응이나 발달을 꾀할 때 필요로 하는 모든 자료를 총칭하는 개념'으로 정의할 수 있다.

③ 진로정보에서 동태적 개념을 확장한다면, '개인의 진로선택 및 결정 등 진로발달을 지원하는 메시지 혹은 서비스 기능을 갖춘 구조화된 자료'로 정의할 수 있다.

(2) 내담자의 특성과 진로정보

① 진로정보에 대한 내담자의 필요 확인

㉠ 내담자는 정보만 있으면 진로 계획을 할 수 있다고 믿을 수 있지만 다른 문제가 더 많이 개입되어 있어서 진로정보를 받아들일 준비가 되어 있지 않을 때는 다른 방법으로 제공하는 것이 효과적이다.

㉡ 진로정보를 받아들일 준비가 되지 않은 상태에서는 오히려 혼란을 일으키거나 압도될 수 있기 때문에 사전에 진로정보를 받아들일 내담자의 준비 수준을 확인하는 것이 중요하고, 언제 어떻게 제공할 것인지를 판단하는 것이 진로정보 활용에 중요하다.

② 내담자의 필요에 따른 진로정보 제공의 부가적인 목적

교육적 목적	• 상담자는 내담자에게 진로정보를 제공함으로써 **내담자가 생각을 할 수 있도록 하고, 그 생각을 발전 및 확장시키거나 수정할 수 있도록 해준다.** • 단순히 정보를 제공하여 생각할 수 있도록 하는 것 외에도 한동안 내담자에게 유용했던 정보를 포기하도록 돕는 과정도 포함된다. **예 정보 알려주기, 발전 및 확장하기, 수정하기**

(3) 직업정보 탐색하기

① **진로정보에 대한 내담자의 필요 수준을 확인한다.**

㉠ 내담자의 진로정보에 대한 필요 수준과 가지고 있는 정보의 양을 체크한다.

㉡ 내담자의 진로정보에 대한 필요 수준에 따라 내담자에게 제공하는 정보의 수준과 방법 또는 다른 상담으로의 연계를 고려한다.

- **정보에 대한 관심은 낮으면서 정보량은 많은 경우** : 그 이유를 물어보고 내담자의 정확한 욕구를 탐색한다.
- **정보에 대한 관심도 낮고 정보량도 적은 경우** : 내담자의 문제를 다시 점검한다.
- **정보에 대한 관심이 높으면서 정보량이 적은 경우** : 적극적으로 직업정보를 탐색한다.

② **탐색하고자 하는 직업을 정한다.**

㉠ 영화, 소설, 드라마 등 주변의 다양한 상황에서 직업을 접근할 수 있고, 이때 직업은 개인의 특성과는 관계없는 직업일 수 있으므로 직업정보를 알아가는 과정에 초점을 맞추도록 한다. 그 직업을 수단으로 '직업 옆의 직업' 활동을 통해 관심 직업을 확장해나가도록 한다.

㉡ 자신의 특성으로부터 직업을 탐색하는 경우 다양한 접근을 활용하여 진행한다.

③ **관심있는 직업을 확장한다.**

㉠ 탐색하기로 결정한 직업명을 키워드로 검색해서 관련 직업을 확장한다.

㉡ 자신이 관심을 갖는 직업을 조건으로 검색해서 관련 직업을 확장한다.

02 직업정보 탐색

(1) 직업정보와 직업상담가 및 진로상담가의 역할 비교

구분	직업상담가	진로상담가
상담	내담자의 정보, 직업세계 정보, 미래사회 정보를 통합하여 직업선택에 도움을 주는 일련의 상담 활동 수행	직업선택 과정까지의 내담자의 건강한 성장 지원
처치	직업문제를 갖고 있는 내담자에게 문제를 인식하도록 문제를 진단하고 처치	내담자의 내적 갈등을 발견하고 이를 지원

구분	직업상담가	진로상담가
조언	직업정보를 가지고 내담자 조언	내담자 스스로가 직업정보를 대하는 태도를 보고 격려
지원	내담자가 스스로 직업문제를 해결하도록 도우며 진로지도 프로그램 적용	직업문제가 발생하게 된 내담자의 내적 갈등 지원
해석	진로상담의 도구인 내담자의 성격, 흥미, 적성, 진로성숙도 등에 관한 검사를 실시하고 결과를 분석·해석하여 내담자가 자신을 잘 이해하도록 돕는 해석자 역할	해석 과정에 내담자를 적극적으로 참여시켜 검사가 성장의 도구가 되도록 지원
분석	직업정보를 수집하고 이를 분석·가공·관리하며, 피드백을 통하여 정보를 축적하는 임무를 수행하고 개인에게 적합한 정보 제공	직업정보분석 과정에서 내담자의 개입 정도를 점차 늘려서 자신감을 회복하도록 지원
관리	상담과정에서 일어나는 일련의 업무를 관리하고 통제	내담자의 상담과정에서 일어나는 변화를 격려하고 지원

(2) 직업정보의 활용

③ 직업선택 의사결정과정 이론들은 상담적 측면에서의 의사결정과정이 중요하다고 보고 있으나 **조앤(Joann, 2002)은 직업정보의 역할에 초점을 두고 의사결정과정을 구체화**하였다. 이 모델에 따르면 직업선택 의사결정과정은 6단계로 구성되며, 그 중 5개의 단계는 직업정보를 활용함으로써 도움을 받게 된다.

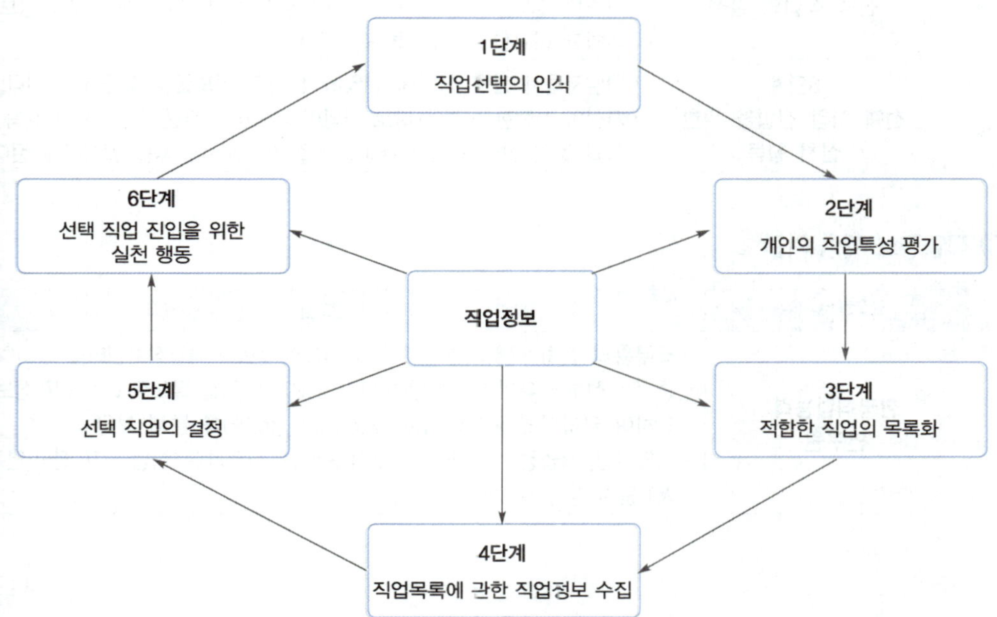

〈 직업선택 의사결정과정 단계와 직업정보 (Joann, 2002) 〉

② **직업선택 의사결정 단계에서의 직업정보 활용 (Joann, 2002, 박상철, 2008에서 재인용)**

구분	특징
1단계 직업선택의 인식	• 이직, 전직, 실직, 신규 취업 등으로 자신이 **직업을 선택해야 하는 필요성을 인식**하게 되는 단계이다. • 직업선택 과정을 시작하고 수행하게 되는 시작점으로 중요한 단계이다. • 개인의 내적인 과정이며, 1단계에 도달할 때까지 내담자는 직업정보를 활용하지 않을 것이다.
2단계 개인의 직업특성 평가	• **자신에 대한 직업적 특성들을 객관적으로 평가**한다는 것은 직업선택 과정에서 필수적인 선행단계이다. • 심리검사 등을 통하여 개인의 특성을 평가한다. • 직업선택에 대한 인식이 충분히 마련된 상태가 아니라면 직업탐색이 형식적으로 이루어질 수 있다.
3단계 적합한 직업의 목록화	• 2단계에서 기술된 **내담자의 직업특성 평가를 통해 개인에게 적합한 직업목록을 생성**한다. • 검사 종류에 따라 추천되는 직업목록이 상이할 수 있으므로, 가능하다면 다양한 심리검사를 하고 결과를 종합하여 직업목록을 작성하는 것이 좋다.
4단계 직업목록에 관한 직업정보의 수집	• 직업선택 의사결정을 한 경우에는 직업정보를 가장 필요로 하게 되고, **다양한 경로를 통해 직업정보를 탐색하고 수집**하게 된다. • 수집된 정보는 직업목록 상의 비교 준거로써 활용되며, 정확한 비교를 위해 다양한 직업정보들이 요구된다.
5단계 선택 직업의 결정	• 4단계에서 수집한 **직업정보들을 활용하여 직업 간 비교를 통해 최종적으로 선택 직업을 결정**하게 된다. • 이 단계에서는 많은 정보 중에서 내담자가 자신의 특성에 맞게 정보를 정리하고 비교할 수 있도록 도와준다.
6단계 선택 직업 진입을 위한 실천 행동	• 내담자들이 **선택 직업에 진입하기 위한 정보들을 요구**하게 된다. • 자신이 선택한 직업에 바로 진입이 가능한지 혹은 훈련, 자격 취득, 진학 등과 같이 진입을 위한 준비과정을 거쳐야 하는지를 결정하게 된다.

(3) 직업정보 제공 기관

구분	특징
한국직업능력 연구원	• **국무총리 산하 국책기관**으로서 그 아래에 진로·직업정보센터를 설치하여 각종 진로정보에 대한 연구뿐만 아니라 수요자가 직접 필요로 하는 진로정보를 생산하여 **커리어넷 홈페이지(www.career.go.kr)를 통해 보급** • 직업사전, 직업정보서, 직업(직업인) 동영상, 직업카드, 직업 지표 전망(연구보고서) 등이 생산 및 제공

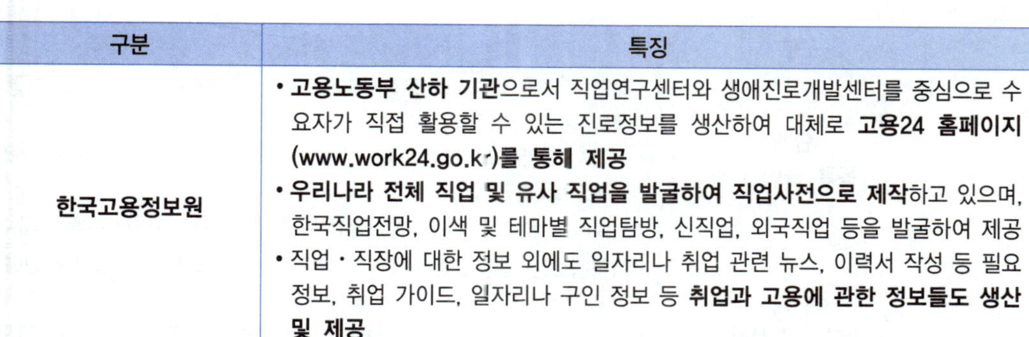

구분	특징
한국고용정보원	• **고용노동부 산하 기관**으로서 직업연구센터와 생애진로개발센터를 중심으로 수요자가 직접 활용할 수 있는 진로정보를 생산하여 대체로 **고용24 홈페이지** (www.work24.go.kr)를 통해 제공 • **우리나라 전체 직업 및 유사 직업을 발굴하여 직업사전으로 제작**하고 있으며, 한국직업전망, 이색 및 테마별 직업탐방, 신직업, 외국직업 등을 발굴하여 제공 • 직업·직장에 대한 정보 외에도 일자리나 취업 관련 뉴스, 이력서 작성 등 필요 정보, 취업 가이드, 일자리나 구인 정보 등 **취업과 고용에 관한 정보들도 생산 및 제공**

(4) 대안 개발을 위한 직업정보의 중요성

① 진로상담을 통해서 내담자가 자신의 정치성을 찾고 목표 수립에 대한 의지를 갖도록 하기 위해서 대안을 개발하는 과정이 중요하다.

② 대안을 개발하는 데 필요한 자료로서 직업정보는 유용한 도구가 될 것이다.

구분	내용
직업정보의 수집	• 대안 개발 단계에서 중요한 첫 번째 과제는 직업정보를 수집하는 일이다. 직종들에 관한 **구체적 정보수집은 물론이고 일의 세계에 관한 일반적인 정보수집도 포함**된다. • 수집된 정보는 대안 모색을 위한 기초자료가 되며 작업에 관한 내담자의 잘못된 정보를 고쳐주는 기능도 한다. **내담자가 현실에 기초한 선택을 하려면 반드시 이런 오해들이 먼저 제거되어야 한다.**
대안의 작성	• 실행가능한 것과 불가능한 것들을 모두 포함하여 **가능한 많은 선택권을 포괄함으로써 선택의 폭을 넓히는 것이 중요하다.** • 선택권의 폭을 좁혀서 몇 개의 대안들을 면밀히 평가하는 것이 좋은데, 이런 과정이 반드시 일련의 절차에 따라 이루어지는 것은 아니다. • 새로운 정보가 수집됨에 따라 대안의 목록이 첨삭되기도 하고, 새로운 대안들이 새 정보의 수요를 자극하기도 한다.

③ **대안 개발을 위한 직업정보 수집 과정 (표준화된 직업정보 수집 과정) 4단계**

구분	내용
1단계 직업분류 제시하기	• **내담자에게 직업분류체계를 제공**하여 구직자의 직업에 대한 지식을 확대시킬 수 있다. • 직업분류 체계와 함께 인력수급, 고용동향, 근로조건 등 직업정보로 활용될 노동시장에 관한 정보수집 방법을 제공한다.
2단계 대안 만들기	• 상담자는 구직자가 **가능한 대안을 가지고 최대한의 목록**을 만들도록 한다. • 대안 목록을 만들 때 고려해야 할 **준거는 구직자 자신이 결정**한 것이어야 한다.

구분	특징
3단계 목록 줄이기	• 대안 목록이 작성되면 구직자와 함께 직업에 대한 세밀한 검토를 통해 선택의 폭을 줄여간다. • 구직자가 명확하게 부정적인 반응을 보이는 대안들을 고려하여 **3~5개의 목록으로 줄인다.** • 구직자가 중요한 타인에게 영향을 받고 있는 것은 아닌지 세밀히 고려한다.
4단계 직업정보 수집하기	• 직업정보는 작업과제, 작업장면, 훈련요건, 봉급 등을 포함한 직업에 관한 정보를 말한다. • **인쇄 매체, 시청각 자료, 생애 설계, 직업상담 전산프로그램, 전문가와의 면접, 개인 경험, 비공식적 정보 등 다양한 매체를 통하여 수집**된다.

※ 암기 Tip : 분 – 대 – 목 – 정

(5) 직업정보 탐색하기

① **관심 있는 직업정보를 탐색한다.**

　㉠ 워크넷을 이용하여 직업정보를 탐색한다.

　㉡ 커리어넷을 이용하여 직업정보를 탐색한다.

② **관련 정보를 확장한다.**

　㉠ 신문기사를 활용하여 확장한다.

　㉡ 진로 인터뷰를 활용하여 확장한다.

> ▶ **관련 정보 확장 시 인터넷상의 진로정보 평가기준**
>
> 1) **권한** : 누가 왜 해당 정보를 제공하거나 작성하였는가?
> 2) **신뢰성** : 얼마나 증명 가능한 정보인가?
> 3) **객관성** : 왜 해당 정보가 해당 위치에 존재하는가? 해당 정보가 혹시 다른 사이트를 홍보하고 있지는 않은가?
> 4) **최신성** : 언제 작성된 정보인가? 작성 시기를 파악할 수 있는가?
> 5) **전문성** : 정보가 전문성 있게 제시되어 있는가?

③ **탐색 결과를 정리한다.**

　㉠ 탐색한 직업을 정리하여 직업카드를 작성한다. (진로경로, 하는 일, 관련 직업 및 활동 분야, 적성 및 흥미, 관련 전공, 훈련과정, 관련 자격, 취업, 전문성, 직업 전망 등 항목 포함)

　㉡ 직업카드 중에서 선택한 진로의 강점, 약점, 가능성과 전망을 표로 정리한다.

진로설계 지원하기

1. 내담자의 진로의사결정 수준에 따라 대안을 마련하고 제시할 수 있다.
2. 내담자가 합리적 의사결정을 할 수 있도록 지원할 수 있다.
3. 내담자의 장·단기 진로목표를 수립할 수 있다.
4. 내담자의 의미있는 타인과 진로설계에 대하여 공유할 수 있도록 지원할 수 있다.
5. 객관적이고 유의미한 준거에 의해 내담자의 진로계획을 평가할 수 있다.

01 합리적 의사결정

(1) 의사결정 수준

① **진로의사결정의 수준**
  ㉠ 진로결정이란 하나의 사건이라기보다는 '선택에 대한 확신의 정도'로 보아야 한다는 관점이 제기되었고, 이러한 관점에서 '진로결정수준'이라는 개념이 제안되었다.
  ㉡ 선택에 대한 확신의 정도가 높은 상태는 '결정', 낮은 상태는 '미결정'이라고 할 수 있다.
  ㉢ 진로의사결정자를 결정자, 미결정자, 우유부단자로 나눌 수 있다.

② **진로 미결정**
  ㉠ 직업을 결정하는 발달의 정상적인 과정에 존재하는 '아직 결정에 이르지 않은' 상태를 의미하며, 이는 정보가 부족하거나 의사결정 능력이 부족한 결과일 수 있다.
  ㉡ '발달적인 미결정자'는 정보가 부족하거나 의사결정 능력이 부족하여 아직 결정을 못했거나 결정에 몰입하지 못하고 있는 개인일 수 있다.
  ㉢ 우유부단한 성격 특성을 동반하여 '만성적인 미결정' 상태인 미결정자도 있으며, 이들은 시간이 지나고 정보가 제공되더라도 의사결정을 하지 못하는 경우이다.
  ㉣ 진로상담에서는 '발달적 미결정자'와 '만성적 미결정자'를 구분하여 진로를 결정하지 못하는 이유를 밝히고 서로 다른 접근을 하여야 한다.
  ㉤ '미결정-편안 집단' : 결정을 연기할 만한 합당한 이유를 가진 집단이기 때문에 미결정에도 불구하고 도움의 필요를 느끼지 않을 것이다.

③ **진로 결정**
  ㉠ 진로를 결정한 경우에도 '성숙한 결정자'와 '미숙한 결정자'로 분류할 수 있다.

ⓒ '결정–불편 집단' : 진로를 결정했음에도 불구하고 도움이 필요한 집단이기 때문에 진로 미결정자 뿐 아니라 이들에 대해서도 차별적인 개입이 필요하다.

(2) 의사결정 유형 (Harren)

① 적절한 자기존중감을 지니고 잘 분화되고 통합된 자아개념을 가지며 자신의 의사결정에 책임을 지는 사람이 효과적인 의사결정을 할 수 있는 사람이다.
② 하렌의 모형에서 효과적인 의사결정자란 어떤 특징을 지니는가에 대해 정의함으로써 진로 결정과 관련하여 조력을 필요로 하는 내담자를 변별하는 데 도움을 준다.
③ **하렌의 의사결정 유형**

구분	특징
합리적 유형	• 자신과 상황에 대한 정확한 정보를 수집하고, **신중하고 논리적으로 의사결정을 수행해나가며, 의사결정에 대한 책임을 진다.** • 이후의 결정들을 위해서 이전 결정들의 결과를 평가할 수 있는 능력을 소유하고 있고, 미래의 의사결정의 필요성을 예견하고 자신 및 기대되는 상황에 대한 정보를 수집하는 등의 준비를 한다. • 따라서 **결정은 매우 신중하고 논리적으로 행해지는 것이 특징이다.**
직관적 유형	• **의사결정의 기초로 상상을 사용하고 현재의 감정에 주의를 기울이며 정서적 자각을 사용한다.** • 선택에 대한 확신은 빨리 내리지만 결정의 적절성은 설명하지 못할 경우가 있다. 합리적 유형과 마찬가지로 **결정의 책임을 자신이 지고자 한다.** • 하지만 미래에 대해서 예견을 거의 하지 않고 **정보수집을 위한 활동도 별로 없으며 사실에 대하여 논리적인 비중을 거의 두지 않는다.**
의존적 유형	• **의사결정에 대한 개인적 책임을 부정하고 그 책임을 외부로 돌리는 경향이 있다.** • 의사결정 과정에서 타인의 영향을 많이 받고 수동적이고 순종적이고 사회적 인정에 대한 욕구가 크다.

02 진로계획

(1) 의미 있는 타인

① **사회적 지지자로서의 역할을 한다.** : 개인이 어려움에 처하거나 도움이 필요할 때, 이들은 정서적 또는 재정적 지원과 같이 다양한 형태의 지원을 제공한다. 일관성 있게 지속적으로 다양한 지원을 해주는 사람일수록 의미 있는 타인이 된다.
② **자기평가에 영향력을 미친다.** : 인간은 자신에 대한 타인의 의견과 평가를 통해 자기평가를 하게 된다. 따라서 이들은 한 개인이 진정으로 인정받기를 원하는 사람들이며, 개인의 행동에 중요한 영향을 미치는 사람들이다.
③ **유사성이 많을수록 의미 있는 타인으로 여겨진다.** : 성격이나 가치관 등에서 유사성이 많을수록 더 의미 있는 타인으로 여겨진다.

④ **영향력의 상호성이 의미 있는 타인의 기준이 될 수 있다.** : 우리 삶에 있어서 중요한 의미를 지니는 사람은 강한 상호의존적 관계를 맺고 있는 사람이라고 할 수 있다.

(2) 타인 관여 요청 방식 (Phillips)

① **불확실한 타인 활용** : 확신이 부족하여 타인의 충고나 지식에 의존하며 타인의 도움을 적극적으로 구한다. 이들은 타인과의 대화를 통해서 자신의 불안을 낮추기 원한다. 하렌의 유형 중 의존적 의사결정자에 가장 가깝다.

② **협조적 관계 유지** : 자신의 선택이 의미 있는 타인에게 어떠한 영향을 주는지 알고 있으며 모두가 만족할 선택을 하고자 한다.

③ **신중한 의사결정** : 진로선택에 있어서 실수를 막기 위해 타인의 도움을 필요로 한다. 자신의 의사결정 능력에 대해 불안해하고 걱정하기 때문에 진로선택에 대한 긴장을 낮추고 성급한 선택 대신 최선의 선택을 하기 위해서 타인의 도움을 요청한다.

④ **자신에 대한 정보 획득** : 이들이 도움을 요청하는 타인은 의사결정자의 흥미, 적성, 능력, 선호 등에 대해 객관적 정보를 제공해줄 수 있고 의사결정자에 대한 새로운 시각을 줄 수 있는 사람들이다.

⑤ **대안의 가중 판단** : 여러 가지 대안들을 비교하고 선택하기 위해 타인의 도움을 필요로 한다. 자율성이 강하고 따라서 타인의 의견을 모두 수용하는 것은 아니다. 대신 의사결정의 특정 상황이나 주제에 대해서 타인을 잘 활용하고자 한다.

⑥ **조언을 얻음** : 의사결정은 독립적으로 수행하지만 특정 부분에 조언이나 지도를 요청한다.

⑦ **정보를 얻음** : 자신의 의사결정 능력에 대해 확신이 있으며, 부족한 정보를 획득하여 최종 결정을 내린다.

⑧ **진로선택 공유** : 단지 자신의 의견을 타인들과 공유하고 싶어 한다. 단지 자신의 선택을 이야기함으로써 스스로의 선택에 대해 더 큰 확신을 갖기 원한다.

⑨ **실패한 관여 요청** : 타인의 도움을 필요로 하지만 자신에게 유용한 방법을 찾지 못하였거나 타인 관여 요청에 성공하지 못하였다.

(3) 타인 관여 방식 7가지 (박혜영, 2009)

① **소극적 지지** : 내담자를 지지하지만 의사결정을 도울 수 있는 구체적인 행동이나 정보제공 등의 행동은 하지 않는다.

② **무조건적 지지** : 내담자가 어떤 진로를 선택하느냐와 관계없이 모두 옳고 좋은 것으로 여긴다.

③ **진로정보 제공** : 타인은 내담자의 의사결정에 영향을 주려고 하는 것은 아니며 단지 그들이 알고 있는 영역에 대한 진로정보를 제공한다.

④ **진로대안 제공** : 진로선택을 위한 구체적인 방법이나 직업 세계를 경험할 수 있는 기회를 제공한다.

⑤ **권유** : 내담자에게 맞는 최상의 진로선택을 하도록 내담자에게 제안한다.

⑥ **지도** : 최상이라고 생각하는 진로선택이 있지만 내담자의 흥미나 욕구를 고려한 것은 아니다.

⑦ **비판** : 내담자의 진로선택 능력에 대해 부정적인 입장을 취하고 내담자의 능력, 생각, 진로 목표 등에 대해 비판적이다. 진로결정에 가장 강력한 타인 관여 행위로 보통 내담자들은 이러한 관여 방식에 대해 부정적인 정서를 경험한다.

(4) 진로목표 수립 시 유의사항

① 목표는 구체적이어야 한다.

② 목표는 관찰, 측정 가능해야 한다.

③ 목표가 달성되는 시간이 정해져야 한다.

④ 목표는 달성 가능해야 한다.

⑤ 목표는 기록될 필요가 있다.

⑥ 목표는 명확히 표현되어야 한다.

⑦ 목표는 내담자가 원하고 바라는 것이어야 한다.

⑧ 목표는 직업상담가의 기술과 양립 가능해야 한다.

(5) 진로 대안(계획) 평가 5가지 (Yost)

① **원하는 성과 연습**

㉠ 내담자의 선호도 목록에 준하여 각 직업들을 점검하는 데 목적이 있다.

㉡ 우측에는 고려 중인 직업들의 명세표를 만들고 좌측에는 선호하는 가치를 적는다.

㉢ **각 직업에 대해 그 직업들이 원하는 성과를 제공할 가능성을 추정하게 한다.**

요인 \ 진로대안	귀농·귀촌·창업	독립 출판자	방과 후 지도자	공유 숙박업
도전	5	5	3	2
자유	4	5	5	5
유연성	4	3	2	5
능력 활용	4	2	1	1
흥미	4	3	1	1
창의성	4	4	1	1
급여	2	4	1	2
열심히 일한 대가	3	2	1	3
다른 사람 돕기	5	5	5	5
여행 기회	5	5	5	2
합계	40	38	25	27

② **찬반 연습**

㉠ 각 직업들의 장·단기적 장단점을 생각하도록 계획하는 것이다.

ⓛ 장기 또는 단기의 기간 한계를 정한 후 찬반의 경우를 표에 표시하도록 한다.
ⓒ 현재 고려 중인 직업을 적고 순서에 관계없이 표의 내용을 채우도록 한다.

직업 : 귀농 · 귀촌	찬성	반대
단기	자연과 함께 여유로운 삶 무료교육 등의 기회 많음	일정한 수입 보장 어려움 여자 친구 부모의 반대
장기	정해진 은퇴 시기가 없음 새로운 분야를 개척할 수 있음	자녀의 교육

③ **대차대조표 연습**

ⓐ 보다 구조화된 방법으로서 특정 직업의 선택어 의해 가장 영향을 받을 영역이나 사람들에 초점을 맞추는 것이다.

ⓑ 표의 좌측에 중요한 범주를 나열하고, **각 직업들에 대해 범주별로 긍정적 · 부정적 효과를 제시하도록 한다.**

직업 : 귀농 · 귀촌	긍정적인 효과	부정적인 효과
경제적 측면	당장은 경제적인 면에서 부족하지만 장기적으로 안정적이라고 볼 수 있다.	어느 일정 수준의 수입이 있을 때까지 경제적 준비가 필요하다.
정신적 여유	욕심을 내지 않는다면 정신적으로 여유를 가질 수 있다.	자리가 잡히면 정신적으로 여유가 있겠지만 단기적으로는 조급해질 수 있다.
시간의 활용	내 시간은 내가 마음대로 관리할 수 있다.	시간을 계획적으로 관리하지 못하면 원하는 성과를 낼 수 없고 게으름에 빠질 수 있다.
여자 친구	여자 친구와 함께 있는 시간이 많고 같은 일을 할 수 있다.	여자 친구의 노동력을 착취한다는 점에서 미안해질 수 있다.
부모님	부모님에게 좋은 자연환경을 제공할 수 있다.	부모님이 표현하지 않지만 불안해 할 수 있다.
장래성	성공하면 농촌 지도자로 새로운 삶을 살 수 있다.	실패하면 자신에 대해서 부정적인 생각을 할 수 있다.

④ **확률추정 연습**

ⓐ **내담자가 예상한 결과들이 실제로 얼마나 일어날 것인지를 추정해보도록 만든 것이다.**
ⓑ 내담자가 원하는 목표에 도달할 수 있는지의 여부에 관심이 있을 때 유용하다.

직업 : '귀농 · 귀촌'에 대한 결과	일어날 확률
여자 친구의 부모가 힘든 직업이라고 반대할 것이다.	50%
귀농 · 귀촌 청년창업 설명회에서 좋은 자원을 만나 도움을 받을 것이다.	70%
여자 친구와 우리만의 생활방식을 꾸려나갈 수 있을 것이다.	80%
귀농 · 귀촌 했다가 태풍 등으로 실망하게 될 것이다.	50%
친구들이 나를 부러워 할 것이다.	20%

⑤ **미래를 내다보는 연습**

ⓐ 앞으로 미래에 다른 위치에 있을 어느 한 직업의 결과를 짐작해보는 좀 더 창의적인 방법이다.

ⓑ 환상을 유도하는 것이며, 끝난 후 그 점을 설명해 주어야 한다.

ⓒ 내담자를 편안한 상태로 눈을 감은 채 이완시킨 후 **미래를 상상하도록 한다.**

실행 지원하기

1. 진로목표와 현재 역량의 차이를 알아보고 거발해야 할 역량을 확인할 수 있다.
2. 진로 역량 확장을 위한 지지체제와 교육 기회를 탐색할 수 있다.
3. 실행과정을 수시로 점검하고 지속할 수 있도록 동기를 부여할 수 있다.
4. 실행을 방해하는 것이 있는지 확인할 수 있다.
5. 실행에 장애가 되는 내적인 갈등과 상황적 변인을 파악하고 도움을 줄 수 있다.

01 진로역량 개발

(1) GROW 코칭 모델

① 코칭(coaching)은 마차(coach)의 의미에서 유래하였으며, 고객을 현재 있는 지점에서 출발하여 원하는 목적지까지 안내하는 개별 서비스를 의미한다.

② 코칭은 질문과 경청, 피드백을 통한 과정에서 개인의 생각을 자극하고 사고의 지평을 넓혀 새로운 인식을 통해 스스로 현재 직면하고 있는 문제와 해결 방법을 찾도록 돕는 과정이다.

③ **GROW**(goal, reality, option, will) **모델** : 문제 정의, 원인 파악, 해결안 모색, 실행 등 일반적인 문제해결 프로세스를 따르고 있어 단순하며 적용이 쉬워 가장 많이 사용되는 모델이다.

구분	내용
목표 (Goal)	• **초기에 대화 주제에 대한 초점을 목표(goal)에 둔다.** • 해결과제와 문제점을 보기 전에 먼저 내담자가 원하는 이상적인 상태를 인식하게 함으로써 해결하려는 목적은 결국 내담자 자신으로부터 출발한다는 철학이 반영되어 있다. • 문제에 초점을 두는 것이 이니라 문제를 해결하는 것은 어떤 의미이고, 주체가 누구이며, 그 과정을 통해 내담자가 진정 원하는 바가 무엇인지를 먼저 생각할 수 있게 함으로써 긍정적인 에너지를 갖게 하고, 한 단계 사고를 진전시킨다.
현실 (Reality)	• **현실을 살펴보면서, 실제로 벌어지고 있는 이슈와 그것에 대한 내담자의 시각을 함께 관찰**하면서 새로운 관점을 갖게 되는 단계이다. • 상담가는 내담자의 고정관념이나 인식에 대한 비합리적 신념이나 가정들을 직면할 수 있도록 안내한다.

구분	내용
대안 (Option)	• 목표를 이루기 위해 그동안 시도했던 실패와 성공의 경험들은 무엇이었고, 거기에서 배울 것은 무엇이었는지, 시도하지 않았던 방법들과 새롭게 시도해 볼 만한 것들은 무엇인지 등에 대해 **새로운 대안을 탐색**하게 된다.
실행 의지 (Will)	• **구체적인 실행 계획에 대해 합의**하고 지속적으로 실행할 수 있는 지원 환경들을 점검하며 다짐하는 단계이다. • 상담자는 내담자와의 수평적 파트너십을 통해 지속적인 시스템을 구축할 수 있다.

(2) 사회적 지지

① 사회적 지지란 **사회적 관계를 통하여 얻을 수 있는 모든 형태의 긍정적인 자원**을 말한다.
② 진로와 관련하였을 때 사회적 지지란 개인이 적극적으로 진로 행동을 할 수 있게 도와주는 것을 의미한다.
③ **사회적 지지 가설**

구분	특징
주 효과 가설	• **사회적 지지가 적응에 직접적인 영향을 준다고 본다.** • 안정된 대인관계에서의 긍정적 경험이 자신이 관심 있는 대상이며, 사랑받고 가치 있는 존재임을 지각하도록 한다. • 사회적 지지가 생활환경을 보다 안정되고 예측 가능하게 하여 적응에 긍정적인 영향을 미치게 된다.
완충 역할 가설	• 개인이 스트레스 상황에 처했을 때 **대인관계를 통해 얻게 되는 자원이 스트레스의 영향을 완충시켜 준다고 본다.** • 상황을 해결하는 데 필요한 자원이 부족하면 곤란을 경험하게 되고 이때 부족한 자원이 타인으로부터 제공되면 스트레스 상황에서 비롯되는 부정적인 영향이 감소한다.

④ **사회적 지지 척도의 4가지 요인 (황윤경, 1996)**

구분	의미
정서적 지지	인간의 기본적인 **사회 정서적 욕구를 만족시켜 주는 지지** (사랑, 이해, 격려, 신뢰, 관심, 공감적 경청, 존경)
평가적 지지	자신의 행위를 인정해주거나 부정하는 등 **자기평가와 관련된 정보를 전달하는 것** (칭찬, 소질 인정, 인격 존중, 공정한 평가, 가치 고양, 의사 존중)
정보적 지지	개인이 문제에 대처하는 데 이용할 수 있는 **정보를 제공하는 것** (문제해결, 의사결정, 적응, 위기 등의 상황에서 제공되는 충고, 조언, 지도와 사회에 대한 지식 제공 등)
물질적 지지	**필요시 직접적으로 돕는 것** (일을 대신 해주거나 필요시 돈, 물건, 서비스, 시간 등을 제공함으로써 직접적으로 돕는 행위 등)

(1) 진로동기 모델 (career motivation theory)

① 론돈(London, 1983)이 스트레스 대처 모형에 근거하여 제시한 이론으로서 진로탄력성 (career resilience)을 최초로 개념화하여 제시한 모델이다.

② **진로장벽 극복을 돕는 진로동기 모델의 3가지 개념**

구분	의미	역할
진로정체성	설정된 목표를 따르는 것	진로동기의 방향성 결정
진로통찰력	자신의 작업 환경을 이해	진로동기 촉발
진로탄력성	불안정한 직업 상황의 어려움을 이겨내는 능력	진로동기 유지

(2) 진로탄력성

① 회복탄력성(resilience)은 '되튀기다'는 뜻인 동사 'resile'에 명사형 어미 'ence'를 붙여 '되 튀어 오르는 행위', '외부의 압력에 의해 물체가 이전의 크기와 모양으로 되돌아가는 능력' 을 의미한다.

② 회복탄력성은 개인이 역경에 직면했을 때 이에 적응하고 오히려 성장을 가능하게 하는 개 인의 사회적, 심리적 특성을 의미한다.

③ **진로탄력성은 진로 좌절을 극복하는 능력으로서, 진로탄력성이 높은 사람은 부정적인 일 상황에서 좀 더 효과적으로 대처**하는 반면에 그 반대 개념인 진로취약성(career vulnerability)은 최적의 진로 조건에 미치지 못하는 상황에 직면할 때 드러나는 심리적인 허약성을 의미한다.

④ **진로탄력성의 5가지 하위요소**

구분	의미
자기 신뢰	자신에 대한 긍정적인 지각과 어려운 상황이나 스트레스에도 불구하고 **자신을 믿고 확신하며 자기 긍정성을 발휘하는 것**
성취 열망	개인이 세운 목표를 달성하고자 하는 의지이며, 어려움과 역경에 부딪혔을 때에도 자 신의 미래를 낙관적으로 보고 **인내와 끈기로 더 높은 목표를 달성하고자 하는 태도 나 행동**
진로 자립	개인이 원하는 진로목표를 달성하는 능력과 노력을 의미하는 것으로 지속적으로 학습 하며, **새로운 기술과 훈련을 주도적으로 계획하여 직무기술을 향상시키는 태도나 행동**
변화 대처	개인이 세운 진로목표를 달성하는 과정에서 예기치 않게 발생한 사건 또는 그로 인한 결과를 받아들이며 실패를 두려워하지 않고 **부정적인 결과에서도 긍정적인 요소를 찾아 대처하는 태도나 행동**
관계 활용	진로 상황에서 어려움이나 역경에 부딪혔을 때 개인이 활용할 수 있는 **사회적 자원 을 확보하고 대인관계 네트워크 구축과 긍정적인 관계를 활용하는 태도나 행동**

(3) 진로장애

① 진로와 관련된 여러 가지 경험들을 수행해가는 과정에서 **개인의 진로 선택과 목표, 포부, 동기 등에 영향을 미치거나 역할 행동을 방해할 것으로 지각되는 여러 부정적 사건이나 사태를 진로장애**(career barriers)라고 한다.

② **진로장애의 종류**

구분	의미
직업정보 부족	**충분한 직업정보를 갖고 있지 못해서** 적합한 직업을 선택하지 못하는 정도
자기 명확성 부족	자기 자신의 이해와 **자신의 장단점을 정확히 파악하지 못해서** 어떤 진로를 결정해야 할지 모르기 때문에 진로를 결정하지 못하는 정도
우유부단한 성격	**개인적인 성격 특성에 기인하여 진로선택에 어려움**을 보이는 정도
필요성 인식 부족	아직까지 진로를 결정해야 하는 **필요성을 인식하지 못하기 때문에** 진로선택을 하지 못하는 정도
외적 장애	**부모나 주변 사람의 기대에 대한 갈등 혹은 사회적인 요구 조건과의 불일치 때문에** 진로선택에 어려움을 보이는 정도

(4) 진로적응성

① 성인의 진로발달에 대한 관심은 의사결정을 위한 준비도로서의 진로성숙에서 **변화하는 일과 일하는 조건에 대처하기 위한 준비도**로서의 진로적응성으로 이동한다는 것을 의미한다.

② 일부 학자들은 진로적응성을 외부 환경의 변화와 요구에 개인이 자신을 맞추는 것뿐만 아니라 자신의 변화에 맞게 상황이나 환경을 변화시키는 것까지 포함하여 진로적응의 개념을 확장할 필요가 있다고 제안하였다.

③ **진로적응성의 5가지 하위 요인 (장계영, 2009)**

구분	의미
대인관계	업무를 수행하는 과정에서 접촉하게 되는 **사람들과 문제를 일으키지 않고 원만하게 지내는 능력**
목표의식	**목표는 개인이 가야 할 목적지나 방향을 제시하는 것**으로 개인의 동기를 바탕으로 함. 성취 상황에서 개인의 행동과 태도에 도움을 주는 더 높은 수준의 목표를 정하는 것
주도성	현 상황을 개선하거나 혹은 새로운 상황을 창조하기 위해 **솔선해서 행동함으로써 현 상태를 변화시키는 것**
긍정적 태도	주로 **낙관성**으로 표현되며, 미래에 좋은 일이 많이 일어나고 나쁜 일은 적게 일어날 것이라는 일반화된 기대
개방성	호기심이 많고 반성적이며 창의적이며 상상력이 뛰어나며 근원적이고 독립적이고 **비관습적이며 다양성을 수용하는 정도**

(5) 진로적응성과 진로탄력성

① **공통점** : 상황적으로 좋지 않은 환경적 조건 혹은 스트레스 상황을 가정하고 이 상황을 효과적으로 극복한다는 긍정적 의미가 내포되어 있다.

② **차이점** : 진로탄력성은 이미 닥쳐와서 극복해낸 과거 역경 상황에 대한 회복력을 나타내는 반면, 진로적응성은 아직 오지 않은 환경적 변화, 즉 불확실한 미래 상황에 대한 태도이다.

③ **관계** : 불확실한 미래를 준비하는 능력과 태도는 단순히 할 수 있을 것이라는 기대에서 나오는 것이 아니라, 과거의 역경을 성공적으로 극복한 경험을 바탕으로 해서 나온다. 즉, 적응성은 탄력성의 개념을 포함하여 미래에 대한 성공적인 생존 가능성이 내포된 광범위한 개념이다.

01 사례 개념화에 대해 설명하시오.

'23 직업상담사 1급 과정평가형

모범답안

상담자가 내담자로부터 얻은 정보들을 통합하여 내담자의 문제 형성 배경과 원인에 대해 가설을 세우고 치료에 필요한 개입 계획과 목표를 설정하는 과정을 의미한다. 내담자의 호소문제 및 문제의 배경, 문제를 발생시키고 유지되도록 하는 여러 요소를 통합적으로 검토하여 내담자들의 문제를 해결하는 개입 전략을 세우는 데 도움을 준다.

02 이지은(2017)이 제시한 진로상담 사례 개념화의 12가지 유목 중 5가지를 쓰시오.

모범답안

(1) (내담자) 기본정보
(2) 상담 경위 및 기대
(3) 주 호소문제와 사전평가
(4) 가족력
(5) 생애역할 인식과 적응
(6) 진로에 방해되는 인지·정서·신체·특성
(7) 진로 강점 및 자원
(8) 진로발달 과정
(9) 진로 의사결정
(10) 진로행동
(11) 종합이해
(12) 상담목표 및 전략

03 스페리와 스페리(Sperry & Sperry, 2012)는 상담 장면이나 환경의 현실적인 이유에 따라 사례 개념화 방법은 3가지로 나눌 수 있다고 하였다. 이러한 사례 개념화의 3가지 방법을 쓰고 설명하시오.

모범답안

(1) **잠정적 사례 개념화** : 정보수집 **차원**에서 사례 개념화한다.
(2) **종합형 사례 개념화** : 사례 개념화의 모든 요소가 **포함**된다.
(3) **간편형 사례 개념화** : 상황이나 장면에 따라 사례 개념화 요소 중 **몇 가지 요소를 선택적으로 추려서** 진행한다.

04 최정인(2006)은 진로상담에 대한 기대를 측정하기 위해 '진로상담에 대한 기대 척도'를 개발하였다. 이 검사에서 측정하는 5가지 요인을 쓰고 설명하시오.

모범답안

(1) **상담자 태도** : 상담자가 어떤 태도로 상담에 임하기를 원하는가
(2) **요인 전문성** : 직업세계에 대한 정보 등의 **직업요인에 대한 상담자의 전문성** 기대
(3) **내담자 태도** : 상담에 임하는 내담자의 태도
(4) **상담과정 및 결과** : 진로상담 과정 중에 기대하는 것과 상담 후에 변화되기 원하는 것
(5) **특성 전문성** : 내담자의 특성에 맞는 진로를 탐색할 수 있도록 돕는 **상담자의 전문성**

05 해결중심상담에서는 상담동기의 자발성 정도에 따라 내담자 유형을 고객 유형(Customer), 불평자 유형(Complainant), 방문자 유형(Visitor)으로 나누어 설명하고 있다. 각각의 특성을 간략하게 설명하시오.

모범답안

(1) **고객 유형** (Customer) : 내담자는 **자신을 문제해결의 일부로 생각하고 문제해결을 위해 무엇인가 할 의지(동기)가** 있다.
(2) **불평자 유형** (Complainant) : 내담자는 대화 속에서 **문제와 해결의 필요성에 대해서는 상세하게 설명하나** 변화에 대한 의지나 **동기 수준이 낮고 자신이 변화해야 한다는 인식이 부족**한 경우이다.
(3) **방문자 유형** (Visitor) : 내담자가 상담자와 함께 **해결하고자 하는 문제를 인식하지 않고 있거나 문제는 자신에게 있는 것이 아니라 다른 사람에게 있다고 생각**한다.

몰입이론에서 다음 설명에 해당하는 유형은?

> 일상의 몰입경험은 낮지만 삶의 의미가 높은 집단이다. 자신의 진로에 대한 수렴된 목표와 의미는 가지고 있으나, 일상의 몰입경험이 부족한 경우이다. 실제로 일상의 경험이 뒤따르지 않을 때 진정한 생의 의미는 성립될 수 없다.

'24 직업상담사 2급 과정평가형

모범답안

제3유형 : 통합 발달·분화 미발달 집단

➕ Plus Check

[몰입경험에 따른 진로문제 유형]

유형		특징
제1유형	통합·분화 발달 집단	• **몰입경험의 두 기제인 통합과 분화가 모두 발달된 경우이다.** • 일상의 몰입경험이 삶 전체의 의미와 적절하게 통합되고, 다음의 새로운 복잡성으로 나아가기 위해 적절히 분화된다. • 개인의 재능은 올바른 발달과정을 거치고, 진로와 관련된 혼란이나 불안은 존재하지 않는다.
	보다 높은 자기발전 추구 (몰입↑, 의미↑)	• **자신의 재능 영역에서 충분한 수월성을 보이고, 활동에 깊이 몰입하며 유능감과 만족감, 그리고 존재의 의미를 충분하게 느낄 수 있다.**
제2유형	통합 미발달·분화 발달 집단	• **몰입경험을 많이 하지만, 수렴된 의미를 갖지 못하는 경우이다.** • 몰입경험은 보다 높은 수준의 재능발달을 창출해내지 못하는데, 이는 통합이 적절하게 발달하지 못했기 때문이다. • 일상의 몰입경험은 자신이 가치 있다고 여기는 활동이 아니거나, 단편적으로 몰입하는 경험이 의미 있는 정점으로 수렴되지 못한다.
	부정적인 몰입경험 (몰입↑, 의미↓)	• **정신적 에너지는 파편화되어 낭비되며 적절한 의미 부여가 되지 못한 몰입경험은 진로 관련 불안과 혼란을 야기한다.**
제3유형	통합 발달·분화 미발달 집단	• **진로에 대한 수렴된 목표와 의미는 가지고 있으나, 일상의 몰입경험이 부족한 경우이다.** • 실제로는 생의 의미와 관련된 일상의 경험을 하지 못한 것이다.
	비현실적인 기대 (몰입↓, 의미↑)	• 전형적으로 나타나는 진로문제는 **비현실적인 기대로, 진로와 관련된 구체적인 행동은 하지 않으면서 생각만 하는 경우이다.** • 과잉 확장된 진로의식은 실제 삶의 변화와 연결되지 못하고, 오히려 실존적 공허감을 부추긴다.
제4유형	통합·분화 미발달 집단	• **일상의 몰입경험과 삶의 의미가 모두 낮은 집단이다.** • 자기 자신에 대한 무존재감, 무가치함, 무력함 등을 호소하고 **인생이나 진로에 대한 어떠한 전망과 가능성에 대해서도 회의적이며 절망감을 가지고 있다.**
	무망감 (몰입↓, 의미↓)	• 대개 일상에서 작은 성공 경험이나 긍정적인 몰입경험을 가져보지 못한 경우가 많기 때문에 일상에서의 구체적인 몰입경험은 이들에게 극적인 희열 경험을 줄 수도 있다.

07 다음은 진로논점 파악을 위해 내담자의 행동이나 표현을 관찰하면서 전이된 오류가 있는지 확인하고 이를 정정하는 상황의 예이다. 각각 전이된 오류 중 어떤 유형에 대한 예인지 각 빈칸에 알맞은 단어를 쓰시오.

(1)	예 "나는 항상 피해만 끼치는 사람이에요." → "누구에게 어떤 ㅍ해를 끼친다는 뜻이지요?"
(2)	예 "사람들은 계속 나를 재촉해요." → "구체적으로 어떤 사람들이 당신을 재촉한다고 생각하나요?"
(3)	예 "아이들 문제로 향상 아내와 부딪혀요." → "어떤 식으로 부딪히고 있죠?"
(4)	예 "나는 항상 지각을 해요." → "지금까지 한 번도 빠짐없이 지각을 했다는 뜻인가요? 제 시간에 간 적은 없었나요?"
(5)	예 "나는 그런 말을 할 수가 없어요." → "그런 말을 어떻게 표현해야 할지 방법을 알 수 없다는 뜻인가요?"
(6)	예 "사표 내는 거 말고 다른 대안은 없어요." → "사표를 내는 것도 하나의 안이고 그걸 선택하려는 거네요."

모범답안

(1) **삭제** (정보의 오류)

(2) **불확실한 인물 사용** (정보의 오류)

(3) **불분명한 동사 사용** (정보의 오류)

(4) **예외 인정 여부** (한계의 오류)

(5) **불가능 가정** (한계의 오류)

(6) **어쩔 수 없음을 가정** (한계의 오류)

➕ Plus Check

[내담자 정보 및 행동 분석 기법 (Gysbers & Moore, 1987) 중 '전이된 오류 정정하기' 기법]

(1) 정보의 오류

구분	내용
삭제	내담자의 경험을 이야기함에 있어서 중요한 부분이 빠졌을 때 ■ 나는 맞지 않아요. ➜ 어디에 맞지 않는다는 거지요? ■ 내 생각이 옳아요. ➜ 무엇에 대한 생각 말인가요? / 무엇에 비해서 옳다는 거죠? ■ 내 상사가 그러는데 나는 책임감이 없대요. ➜ 무엇에 대한 책임감을 말하는 거죠?
불확실한 인물의 인용	내담자가 명사나 대명사를 잘못 사용했을 때 ■ 그들은 나를 잘 몰라요. ➜ 누가 당신을 이해하지 못한다는 거죠? ■ 사람들은 나를 의기소침하게 만들지요. ➜ 누가 특히 더 그렇지요? ■ 나는 대응할 수가 없어요. ➜ 무엇에(누구에게) 대응한단 말인가요?

구분	내용
불분명한 동사의 사용	내담자가 모호한 동사를 사용했을 때
	■ 내 상관은 나를 무시하려 들지요. ➜ 당신의 상관이 특히 어떤 점에서 당신을 무시한다는 생각이 드나요? ■ 내가 믿고 있는 것과 정반대지요. ➜ 어떻게 된 일인지 설명해 보세요. ■ 내가 결정을 내리는 데 방해를 받고 있어요. ➜ 어떻게 방해를 받고 있죠?
참고자료	내담자가 어떤 사람이나 장소, 사건을 이야기할 때 구체적으로 말하지 않는 경우
	■ 나는 확신할 수가 없어요. ➜ 무엇을 확신할 수 없다는 거죠? ■ 그 일은 지겨워요. ➜ 그 일을 지겹게 만드는 것이 무엇이죠? ■ 모르겠어요. ➜ 무엇을 모르겠다는 거죠? ■ 그 일을 하면 지쳐요. ➜ 그 일이라는 것을 설명해 주세요.
제한된 어투의 사용	내담자가 자기 자신의 세계를 제한하려고 하는 경우
	■ 나는 할 수 없어요. ➜ 무엇이 못하게 하는 거죠? ■ 나는 이렇게 해야만 해요. ➜ 만약 안 하면 어떻게 되나요?

(2) 한계의 오류

구분	내용
예외를 인정하지 않는 것	내담자가 예외가 없다는 뜻을 내포한 '항상, 절대로, 모두, 아무도'와 같은 말을 자주 사용하는 경우
	■ 그 사람들은 항상 ∼해요. ➜ 항상 그러하다는 말입니까?
불가능을 가정하는 것	내담자가 자신의 능력에 한계를 지우는 '할 수 없다. 안 된다. 해서는 안 된다.'는 말을 사용하면서 변화에 대한 자신의 능력에 한계를 지우는 경우
	■ 나는 사장님께 말을 할 수 없어요. ➜ 당신이 사장님과 대화하는 방법을 찾지 못한 것이겠죠. / 사장님과 별로 얘기할 필요가 없다는 거지요?
어쩔 수 없음을 가정하는 것	내담자가 '∼해야만 한다. 필요하다. 선택의 여지가 없다. 하지 않으면 안 된다.'는 말을 사용하는 경우
	■ 나는 우리 사장님의 의견과 정반대이기 때문에 사표를 내는 것 말고는 다른 방법이 없어요. ➜ 당신은 아무런 선택도 하지 않는다는 것을 이미 선택했어요. 당신은 사장님과 이런 상황을 해결하고 일을 할 수 있어요. 아니면 의견일치가 되지 않음을 받아들일 수도 있습니다. 선택의 여지가 없다는 것은 선택의 폭이 많다는 것을 의미하지요.

(3) 논리의 오류

구분	내용
잘못된 인간관계의 오류	한 사람의 행동이 자신 또는 다른 사람의 변화에 직접적이고 물리적인 원인이 된다고 생각하며, 자신이 실제 경험했던 것보다 경험의 세계를 다스릴 수 있는 능력을 인정하지 않는 경우
	■ 그 일이 이렇게 만들었죠. 어떻게 해볼 수가 없어요. 사장님이 나를 엉망진창으로 만들었어요. ➜ 사장님이 어떤 식으로 당신의 기분을 상하게 했나요? 구체적으로 말해 보세요.

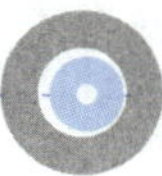

구분	내용
마음의 해석	다른 사람과 직접 의사소통을 해보지 않고서 그 사람의 마음을 읽을 수 있다고 자신하는 경우 ■ 나의 상사는 나와 함께 일하는 데 불편을 느끼죠. ➔ 그 사실을 어떻게 잘 알죠?
제한된 일반화	한 사람의 견해가 모든 사람에게 공유된다는 개인적인 생각에서 비롯되는 오류 ■ 그 느낌에 대해서 이야기하는 것은 아주 좋은 생각입니다. ➔ 누구에게 좋은 생각이란 말입니까?

제2절　자기탐색 지원하기

08 피터슨과 셀리그만(Peterson & Seligman, 2004)의 강점 분류 체계의 6가지 덕목을 쓰고 각 덕목에 해당하는 성격 강점을 2가지씩 쓰시오.

모범답안

(1) **지혜**(지식) : 창의성, 호기심, 개방성, **학구열, 지혜**
(2) **용기** : **용감성, 끈기**, 활력, 진실성
(3) **자애** : **사랑, 친절**, 사회지능
(4) **절제** : 용서, 겸손, **신중성, 자기조절**
(5) **정의** : **시민의식**, 리더십, **공정성**
(6) **초월성** : 감상력, 낙관성, 감사, **영성, 유머 감각**

➕ Plus Check

[강점 분류 체계 (VIC : Value In Action)]

핵심 덕목	의미	24가지 강점
지혜 및 지식 (wisdom)	더 나은 삶을 위해 지식을 습득하고 활용하는 것과 관련된 인지적 강점	**창의성, 호기심, 개방성, 학구열, 지혜**
용기 (courage)	목표 추구 과정에서 난관에 직면하더라도 이를 극복하면서 목표를 성취하려는 강인한 투지의 성격적 강점	**용감성, 끈기, 활력, 진실성**
자애 (humanity)	다른 사람을 보살피고 이해하며, 그들과 따뜻하고 친밀한 관계를 형성하도록 돕는 성격적 강점	**사랑, 친절, 사회지능**
절제 (temperance)	지나침으로부터 우리를 보호해주는 성격적 강점	**용서, 겸손, 신중성, 자기조절**
정의 (justice)	모든 개인과 개인을 둘러싼 사회 간의 건강한 상호작용에 기여하는 성격적 강점	**시민의식, 리더십, 공정성**
초월성 (transcendence)	현상과 행위에 대해 의미를 부여하고 보다 큰 우주와의 연결성을 추구	**감상력, 낙관성, 감사, 영성, 유머 감각**

다음은 전직을 준비하는 29세 내담자 사례이다. 내담자의 호소문제 기록 및 상담 진행 시 고려해야 할 사항을 설명하시오.

※ 내담자 기본 사항
- 이름 : 윤＊＊
- 나이 : 29세
- 학력 : 대졸
- 경력 : 영어학원 강사(5년)
- 상담목적 : 전직 과정에서 오는 스트레스 해소 및 전직 지원

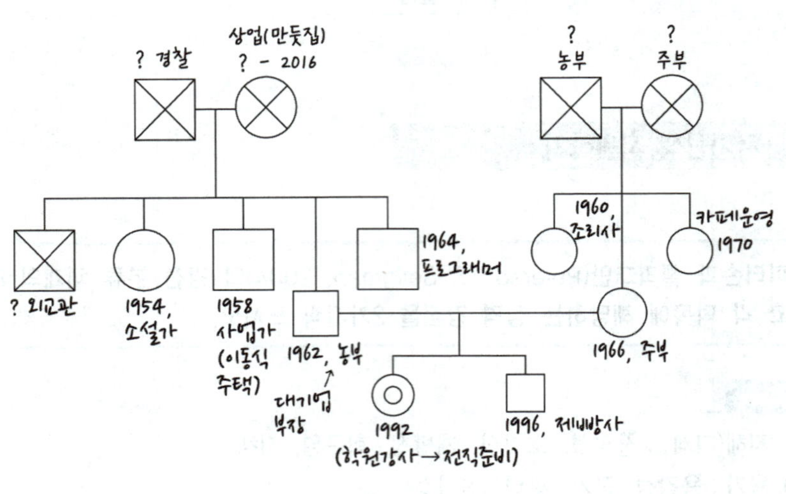

'23 직업상담사 1급 과정평가형

모범답안

(1) 가족 형상과 형제 순위 등의 가족관계를 확인하여 **가족의 전체적인 구조**를 이해한다.

(2) 가계도상에서 **반복되는 직업의 유형**을 탐색한다.

(3) **가족 구성원의 역할과 이들 직업 사이의 관계**를 알아본다.

(4) 가족 상호작용 유형을 설명하는 선을 탐색하여 **가족 관계를 이해**한다.

➕ Plus Check

[진로가계도 해석 시 고려사항]

구분	내용
가족의 구조	가계도의 선과 기호가 어떻게 연결되어 있는지 탐색함으로써, 가족 형상과 형제 순위 등의 가족관계를 확인하여 가족의 전체적인 구조를 이해한다.
세대 간 반복되는 유형	가계도 상에서 반복되는 직업의 유형을 탐색한다. 가족 유형은 세대를 거쳐 반복되는 경향이 있으며 이는 직업 유형에서도 나타날 가능성이 높다. 사회 변화에 따라 직업의 형태는 시대상을 반영하지만 전문성과 역량 면에서 살펴볼 수 있다.
가족의 역할과 직업	가족 구성원의 역할과 이들 직업 사이의 관계를 알아본다. 가족의 역할과 관련하여 직업의 사회·경제적 지위와 직업적 특성을 알아본다.

구분	내용
가족의 관계 유형	가족 상호작용의 유형을 설명하는 선을 탐색하여 밀착, 친밀, 소원, 갈등적인 관계를 이해한다. (밀착된 관계 : ≡ / 친밀한 관계 : = / 소원한 관계 : ⋯ / 갈등 관계 : ⨾)

★★ 10 다음에서 설명하고 있는 것은 무엇인가?

> 특정한 사안에 대한 의사결정을 합리적이고 체계적으로 할 수 있도록 개발된 분석 기법으로 외부 환경의 분석과 내부 역량을 평가해서 체계적이며 문제해결을 위한 새로운 방법을 찾는 경영기법에서 출발하고 있으나, 개인의 자기 분석을 통해서 진로를 개발하는 도구로도 사용할 수 있다.

'23 직업상담사 1급 과정평가형

모범답안

SWOT 분석

➕ Plus Check

[SWOT의 의미]

구분	의미
강점 (S : strength)	분석 대상이 가지고 있는 유·무형의 자산으로 성과를 만드는 데 긍정적인 역할을 하는 내부 요소
약점 (W : weakness)	특정한 목표를 달성하거나 성과를 만드는 데 방해가 되는 내부 요소
기회 (O : opportunity)	분석 대상의 지속적인 생존이나 성장에 긍정적인 영향을 주는 외부 요소
위협 (T : threat)	목표를 달성하는 데 장애가 되거나 위험이 되는 외부 요소

11 개인의 내외부 자원을 평가할 수 있는 SWOT 분석 기법의 각 개념을 간략히 설명하시오.

(1) S :

(2) W :

(3) O :

(4) T :

(1) S : 개인의 목표달성이나 **성과를 만드는 데 긍정적인 역할을 하는 내부 요소**
(2) W : 개인의 목표달성이나 **성과를 만드는 데 방해가 되는 내부 요소**
(3) O : 개인의 지속적인 생존이나 **성장에 긍정적인 영향을 주는 외부 요소**
(4) T : 목표 달성에 **장애가 되거나 위험이 되는 외부 요소**

12 SWOT 분석을 통해 도출되는 전략 4가지를 우선순위에 맞게 순서대로 쓰고 간략히 설명하시오.

(1) SO 전략 (공격적인 전략) : 자신의 **강점과 기회를 활용하는 전략**
(2) ST 전략 (다양화 전략) : 자신의 **강점을 살리되 위험을 줄이는 전략**
(3) WO 전략 (방향전환 전략) : 기회를 살리되 자신의 **약점을 감안하는 전략**
(4) WT 전략 (방어적 전략) : 약점과 위협요인을 고려한 전략

제3절 직업정보 탐색 지원하기

13 내담자의 진로정보에 대한 필요에 따라 제공하는 진로정보는 두 가지 부가적인 목적이 있을 수 있다. 이러한 두 가지 진로정보 제공의 목적에 대해 설명하시오.

'25 직업상담사 2급 과정평가형

(1) **교육적 목적** : 상담자는 내담자에게 진로정보를 제공함으로써 **내담자가 생각을 할 수 있도록** 하고, 그 생각을 발전 및 확장시키거나 수정할 수 있도록 해준다.
　예 정보 알려주기, 발전 및 확장하기, 수정하기
(2) **동기부여 목적** : 어떤 정보는 그 자체로는 동기부여가 안 되지만 **적당한 시점에 그 정보를 제공**하면 진로계획 과정에서 큰 효과를 줄 수 있다.
　예 자극하기, 도전감 갖도록 하기, 확신감 갖도록 하기

★★ 14 조앤(Joann, 2002)이 제시한 직업선택 의사결정과정 중 다음 빈칸의 단계를 쓰시오.

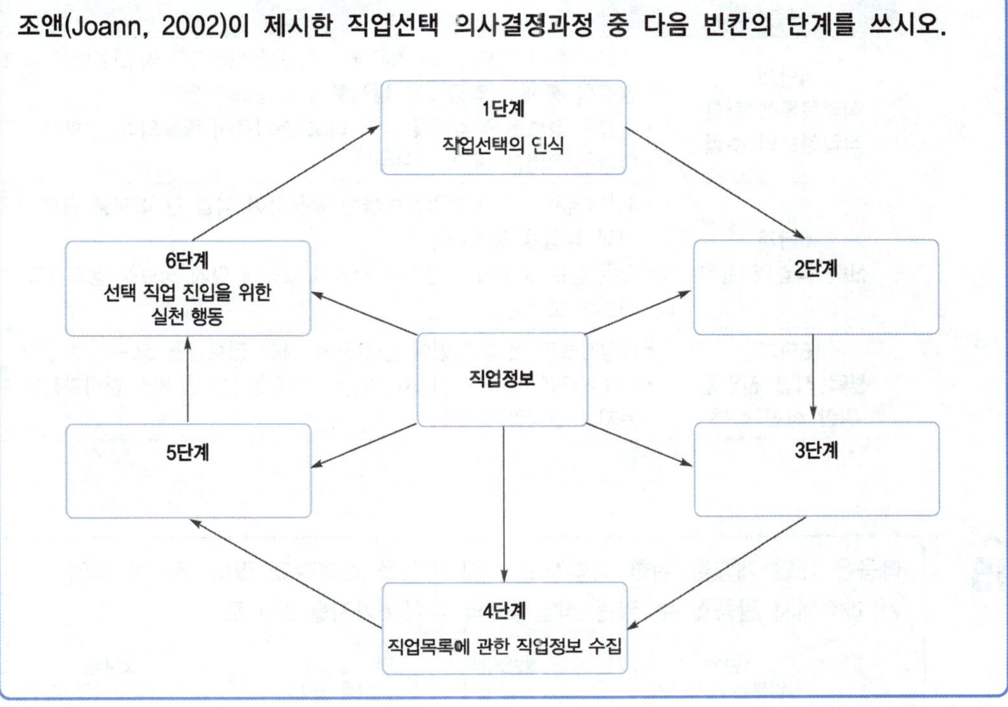

'25 직업상담사 2급 과정평가형

모범답안

(1) 2단계 : **개인의 직업특성 평가**

(2) 3단계 : **적합한 직업의 목록화**

(3) 5단계 : **선택 직업의 결정**

➕ Plus Check

[직업선택 의사결정 단계에서의 직업정보 활용(Joann, 2002)]

구분	특징
1단계 **직업선택의 인식**	• 이직, 전직, 실직, 신규 취업 등으로 자신이 **직업을 선택해야 하는 필요성을 인식**하게 되는 단계이다. • 개인의 내적인 과정이며, 1단계에 도달할 때까지 내담자는 직업정보를 활용하지 않을 것이다.
2단계 **개인의 직업특성 평가**	• **자신에 대한 직업적 특성들을 객관적으로 평가**한다는 것은 직업선택 과정에서 필수적인 선행단계이다. • 심리검사 등을 통하여 개인의 특성을 평가한다.
3단계 **적합한 직업의 목록화**	• 2단계에서 기술된 **내담자의 직업특성 평가를 통해 개인에게 적합한 직업목록을 생성**한다. • 가능하다면 다양한 심리검사를 하고 결과를 종합하여 직업목록을 작성하는 것이 좋다.

구분	특징
4단계 직업목록에 관한 직업정보의 수집	• 직업선택 의사결정을 한 경우에는 직업정보를 가장 필요로 하게 되고, **다양한 경로를 통해 직업정보를 탐색하고 수집**하게 된다. • 수집된 **정보는 직업목록 상의 비교 준거로써 활용**되며, 정확한 비교를 위해 다양한 직업정보들이 요구된다.
5단계 선택 직업의 결정	• 4단계에서 수집한 **직업정보들을 활용하여 직업 간 비교를 통해 최종적으로 선택 직업을 결정**하게 된다. • 많은 정보 중에서 내담자가 자신의 특성에 맞게 정보를 정리하고 비교할 수 있도록 도와준다.
6단계 선택 직업 진입을 위한 실천 행동	• 내담자들이 **선택 직업에 진입하기 위한 정보들을 요구**하게 된다. • 선택한 직업에 바로 진입이 가능한지 혹은 진입을 위한 준비과정을 거쳐야 하는지를 결정하게 된다.

★ 15 다음은 대안 개발을 위한 직업정보 수집 과정을 보여주고 있다. 4단계 직업정보 수집하기 과정에서 활용할 수 있는 직업정보의 출처 6가지를 쓰시오.

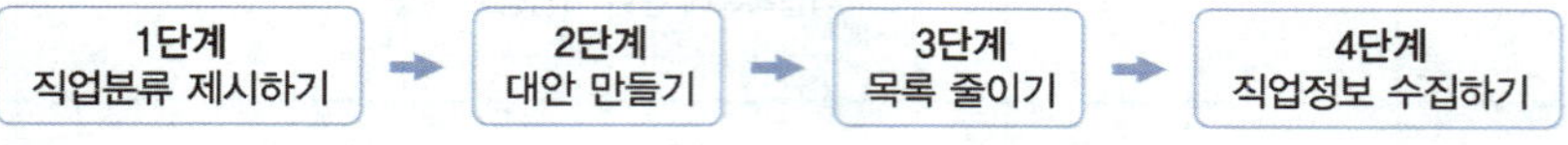

모범답안

(1) 인쇄 매체
(2) 시청각 자료
(3) 생애설계 프로그램
(4) 직업상담 전산프로그램
(5) 전문가와의 면접
(6) 관찰과 참여

★★ 16 직업정보 수집 및 대안개발의 4단계를 쓰시오.

'09 직업상담사 2급 검정형 / '24 직업상담사 2급 과정평가형

모범답안

(1) 직업분류 제시하기
(2) 대안 만들기
(3) 목록 줄이기
(4) 직업정보 수집하기

➕ Plus Check

[대안개발을 위한 직업정보 수집 과정(표준화된 직업정보 수집 과정)]

(1) **1단계 – 직업분류 제시하기** : 내담자에게 직업분류체계를 제공한다.
(2) **2단계 – 대안 만들기** : 구직자가 가능한 대안을 가지고 최대한의 목록을 만들도록 한다.
(3) **3단계 – 목록 줄이기** : 직업에 대한 세밀한 검토를 통해 3~5개의 목록으로 줄인다.
(4) **4단계 – 직업정보 수집하기** : 인쇄 매체, 시청각 자료, 생애 설계, 직업상담 전산프로그램, 전문가와의 면접, 개인 경험, 비공식적 정보 등 다양한 매체를 통해 직업정보를 수집한다.

17 직업정보 탐색하기 과정에서 인터넷상의 진로정보를 평가하는 기준 5가지를 제시하시오.

모범답안

(1) **권한** : 누가 왜 해당 정보를 제공하거나 작성하였는가?
(2) **신뢰성** : 얼마나 증명 가능한 정보인가?
(3) **객관성** : 왜 해당 정보가 해당 위치에 존재하는가? 해당 정보가 혹시 다른 사이트를 홍보하고 있지는 않은가?
(4) **최신성** : 언제 작성된 정보인가? 작성 시기를 파악할 수 있는가?
(5) **전문성** : 정보가 전문성 있게 제시되어 있는가?

제4절 진로설계 지원하기

★★★
18 하렌(Harren)의 의사결정유형 3가지를 쓰고, 설명하시오.

'25 직업상담사 2급 검정형

모범답안

(1) **합리적 유형** : 자신과 상황에 대한 정확한 정보를 수집하고, **신중하고 논리적으로 의사결정을 수행해나가며**, 의사결정에 대한 **책임**을 진다.
(2) **직관적 유형** : 의사결정의 기초로 상상을 사용하고 **현재의 감정에 주의를 기울이며** 정서적 자각을 사용한다.
(3) **의존적 유형** : 의사결정에 대한 개인적 **책임**을 부정하고 그 책임을 외부로 돌리는 경향이 있다.

[하렌(Harren)의 의사결정 유형과 특징]

구분	특징
합리적 유형	자신과 상황에 대한 정확한 정보를 수집하고, **신중하고 논리적으로 의사결정을 수행해나가며, 의사결정에 대한 책임을 진다.** 이후의 결정들을 위해서 이전 결정들의 결과를 평가할 수 있는 능력을 소유하고 있고, 미래의 의사결정의 필요성을 예견하고 자신 및 기대되는 상황에 대한 정보를 수집하는 등의 준비를 한다. 따라서 **결정은 매우 신중하고 논리적으로 행해지는 것이 특징이다.**
직관적 유형	**의사결정의 기초로 상상을 사용하고 현재의 감정에 주의를 기울이며 정서적 자각을 사용한다.** 선택에 대한 확신은 빨리 내리지만 결정의 적절성은 설명하지 못할 경우가 있다. 합리적 유형과 마찬가지로 **결정의 책임을 자신이 지고자 한다.** 하지만 미래에 대해서 예견을 거의 하지 않고 **정보수집을 위한 활동도 별로 없으며 사실에 대하여 논리적인 비중을 거의 두지 않는다.**
의존적 유형	**의사결정에 대한 개인적 책임을 부정하고 그 책임을 외부로 돌리는 경향이 있다.** 의사결정 과정에서 타인의 영향을 많이 받고 수동적이고 순종적이고 사회적 인정에 대한 욕구가 크다.

19 타인이 의사결정 과정에 참여하고 의사결정자에게 영향을 미치는 방식을 타인 관여 방식이라고 한다. 이러한 방식의 7가지 종류를 쓰시오.

📋 **모범답안**

(1) 소극적 지지
(2) 무조건적 지지
(3) 진로정보 제공
(4) 진로대안 제공
(5) 권유
(6) 지도
(7) 비판

★★★
20 요스트(Yost)가 제시한 진로 대안 평가 방법 5가지를 쓰고, 설명하시오.

'25 직업상담사 1급 검정형

📋 **모범답안**

(1) **원하는 성과 연습** : 각 직업에 대해 그 **직업들이 원하는 성과를 제공할 가능성을 추정**한다.
(2) **찬반 연습** : 각 **직업들의 장·단기적 장단점을 생각하도록 계획**하는 것이다.

(3) **대차대조표 연습** : 각 **직업들에 대해 범주별로 긍정적, 부정적 효과를 제시**하도록 한다.

(4) **확률추정 연습** : 내담자가 **예상한 결과들이 실제로 얼마나 일어날 것인지를 추정**해보도록 만든 것이다.

(5) **미래를 내다보는 연습** : 앞으로 미래에 다른 위치에 있을 **어느 한 직업의 결과를 짐작해보는 창의적인 방법**이다.

제5절 **실행 지원하기**

★★
21

> GROW 코칭 모델의 4가지 요소를 쓰시오.

모범답안

(1) **목표** (Goal) : 초기에 대화 주제에 대한 초점을 내담자의 문제가 아니라 내담자가 원하는 목표에 둔다.

(2) **현실** (Reality) : 현실을 살펴보면서 내담자의 고정관념이나 비합리적 신념을 직면할 수 있도록 안내한다.

(3) **대안** (Option) : 목표를 이루기 위한 새로운 대안을 탐색한다.

(4) **실행 의지** (Will) : 구체적인 실행 계획에 대해 합의하고 지속적인 실행을 다짐한다.

★
22

> 사회적 지지 척도의 4가지 요인을 쓰고 설명하시오.

모범답안

(1) **정서적 지지** : 인간의 기본적인 **사회 정서적 욕구를 만족시켜주는 지지**

(2) **평가적 지지** : 자신의 행위를 인정해주거나 부정하는 등 **자기평가와 관련된 정보를 전달하는 것**

(3) **정보적 지지** : 개인이 문제에 대처하는 데 이용할 수 있는 **정보를 제공하는 것**

(4) **물질적 지지** : 필요시 직접적으로 돕는 것

★
23

> 론돈(London)이 진로동기 모델에서 제시한 것으로 진로장벽 극복을 돕는 3가지 개념을 쓰시오.

모범답안

진로정체성, 진로통찰력, 진로탄력성

[진로동기 모델 (career motivation theory)의 진로장벽 극복을 위한 주요 개념]
(1) **진로정체성** (진로동기의 방향성 결정) : 설정된 목표를 따르는 것
(2) **진로통찰력** (진로동기 촉발) : 자신의 작업 환경을 이해
(3) **진로탄력성** (진로동기 유지) : 불안정한 직업 상황의 어려움을 이겨내는 능력

★24 진로장애의 종류 5가지를 쓰시오.

모범답안

(1) **직업정보 부족**
(2) **자기 명확성 부족**
(3) **우유부단한 성격**
(4) **필요성 인식 부족**
(5) **외적 장애**

⊕ Plus Check

[진로장애의 종류]
(1) **직업정보 부족** : **충분한 직업정보를 갖고 있지 못해서** 적합한 직업을 선택하지 못하는 정도
(2) **자기 명확성 부족** : 자기 자신의 이해와 **자신의 장단점을 정확히 파악하지 못해서** 어떤 진로를 결정해야 할지 모르기 때문에 진로를 결정하지 못하는 정도
(3) **우유부단한 성격** : 개인적인 성격 특성에 기인하여 진로선택에 어려움을 보이는 정도
(4) **필요성 인식 부족** : 아직까지 진로를 결정해야 하는 **필요성을 인식하지 못하기 때문에** 진로선택을 하지 못하는 정도
(5) **외적 장애** : 부모나 주변 사람의 기대에 대한 갈등 혹은 사회적인 요구 조건과의 불일치 때문에 진로선택에 어려움을 보이는 정도

25 진로탄력성의 5가지 하위 요인을 쓰시오.

모범답안

(1) **자기 신뢰**
(2) **성취 열망**
(3) **진로 자립**
(4) **변화 대처**
(5) **관계 활용**

➕ **Plus Check**

[진로탄력성의 하위 요인 5가지]

(1) **자기 신뢰** : 자신을 믿고 확신하며 **자기 긍정성을 발휘**하는 것
(2) **성취 열망** : 인내와 끈기로 더 높은 **목표를 달성**하고자 하는 태도나 행동
(3) **진로 자립** : 새로운 기술과 훈련을 주도적으로 **계획**하여 **직무기술을 향상**시키는 태도나 행동
(4) **변화 대처** : 부정적인 결과에서도 긍정적인 요소를 찾아 **대처**하는 태도나 행동
(5) **관계 활동** : 대인관계 네트워크 **구축**과 긍정적인 관계를 **활용**하는 태도나 행동

26 진로적응성(장계영, 2009)의 5가지 하위 요인을 쓰시오.

모범답안

(1) **대인관계**
(2) **목표의식**
(3) **주도성**
(4) **긍정적 태도**
(5) **개방성**

➕ **Plus Check**

[진로적응성의 하위 요인 5가지]

(1) **대인관계** : 사람들과 문제를 일으키지 않고 원만하게 지내는 능력
(2) **목표의식** : 개인의 행동과 태도에 도움을 주는 더 **높은 수준의 목표**를 정하는 것
(3) **주도성** : 솔선해서 행동함으로써 **현 상태를 변화**시키는 것
(4) **긍정적 태도** : 미래에 **좋은 일이 많이 일어나고 나쁜 일은 적게** 일어날 것이라는 일반화된 기대
(5) **개방성** : 상상력이 뛰어나며 근원적이고 독립적이고 **비관습적이며 다양성을 수용**하는 정도

27 진로적응성과 진로탄력성의 공통점과 차이점 그리고 둘 간의 관계를 각각 설명하시오.

모범답안

(1) **공통점** : 상황적으로 좋지 않은 환경적 조건 혹은 스트레스 상황을 가정하고 이 **상황을 효과적으로 극복한다는 긍정적 의미가 내포**되어 있다.
(2) **차이점** : **진로탄력성은** 이미 닥쳐와서 극복해낸 **과거 역경 상황에 대한 회복력**을 나타내는 반면, **진로적응성은** 아직 오지 않은 환경적 변화, 즉 **불확실한 미래 상황에 대한 태도**이다.
(3) **관계** : 불확실한 미래를 준비하는 능력과 태도는 단순히 할 수 있을 것이라는 기대에서 나오는 것이 아니라, 과거의 역경을 성공적으로 극복한 경험을 바탕으로 해서 나온다. 즉, **적응성은 탄력성의 개념을 포함**하여 미래에 대한 성공적인 생존 가능성이 내포된 **광범위한 개념**이다.

제4장

취업상담

내담자역량 파악하기

출제기준 ▶
1. 내담자의 강점과 약점, 취업욕구를 파악할 수 있다.
2. 사회적·경제적 취약성분석에 따라 취업장애요인을 파악할 수 있다.
3. 내담자가 희망하는 취업분야 및 근로조건을 파악할 수 있다.
4. 내담자의 전공, 경력, 일 경험, 교육내용, 자격정보를 파악하여 직무수행역량 여부를 확인할 수 있다.
5. 내담자의 입사지원 횟수 및 구직활동 정도와 방법을 파악할 수 있다.

01 내담자 파악

(1) 취업상담

① **취업상담의 정의** : 실직자 혹은 미취업자의 취업이나 재취업을 목표로 이들에게 관련된 취업정보를 제공하고, 현실에 적합한 취업계획을 세우도록 보조하며, 효과적인 구직활동 수행과 관련된 기술 및 조언을 제공하고, 필요시에는 심리적·정서적 지지까지 제공하는 일련의 상담 활동을 지칭한다.

② **취업알선의 정의** : 구인 또는 구직의 신청을 받아 구인자와 구직자 사이에 고용계약의 성립을 위해 알선하는 일련의 행위를 말한다.

(2) 취업상담의 대상

① **실업자** : 신규 실업자 및 전직 실업자

② **재직 근로자** : 직장생활을 하고 있으나 다른 직장으로의 이직 및 전직을 희망하는 근로자

③ **신규 학교 졸업(예정)자 및 학교 재학생** : 학교로부터 노동시장으로 이행을 준비하는 학생

④ **불완전 취업자** : 근로 빈곤에 처해 있는 계층으로 보다 나은 안정된 일자리로의 상향 이동을 원하는 근로자

　　⓹ 비정규직 근로자, 기술 변화에 따른 구조조정 대상인 노동집약적 사업에 종사하는 근로자, 장애인, 북한 이탈주민, 기초생활 수급자 및 차상위계층, 영세 자영업자, 특수형태 근로자(화물자동차 운전자, 「건설기계관리법」에 따른 덤프트럭·콘크리트 믹서 트럭 운전자, 학습지 교사, 골프장 경기보조원, 보험설계사, 택배·퀵 서비스 기사, 신용카드 모집인, 대리운전원, 대출 모집인, 방문판매원, 방문점검원, 방문교사) 등

⑤ **취업 애로 계층** : 복지 서비스 연계를 염두에 두고 상담을 진행하여야 하는 대상

　　예 기초생활 수급자, 출산 및 육아로 인한 진로단절 여성, 장애인 등

⑥ **근로 능력이 있는 비경제활동인구** : 근로 능력은 있으나 현재 경제활동을 하지 않고 있어서 노동시장에 참여하도록 해야 하는 대상

　　예 주부, 퇴직자 등

⑦ **근로 능력이 있는 사회보장 급여 수급자** : 근로 능력이 있으나 현재 경제활동을 하지 않고 사회보장 급여로 생계를 유지하는 사람

(3) 내담자 파악

① **내담자의 강점과 약점, 취업욕구 파악** : 내담자가 가지고 있는 강점과 약점, 취업욕구 등을 잘 파악하는 것이 취업상담의 출발점이다.

② **구직욕구 분석** : 구직욕구란 실직이나 미취업 상태에 있는 개인이 직업 또는 직장을 찾기 위해 자신의 부정적인 감정을 다스리고, 구체적인 계획을 세우고 실행하도록 하는 힘이다. 구직욕구 분석은 구직의욕 질문지, 구직준비도 검사 등을 활용한다.

③ **구직자 유형 분류** : 구직자의 취업의욕, 취업능력, 취업기술 등을 종합적으로 고려하여 결정하게 되며, 구직자를 유형별로 분류하여 관리하고 적합한 취업상담을 제공하는 데 활용된다.

02 내담자의 직무수행역량 파악

(1) 직업기초능력 및 하위 역량

구분	의미 및 하위 역량
의사소통능력	글과 말을 읽고 들음으로써 다른 사람이 뜻한 바를 파악하고, 자기가 뜻한 바를 글과 말을 통해 정확하게 쓰거나 말하는 능력
	문서이해능력, 문서작성능력, 경청능력, 의사표현능력, 기초외국어능력
자원관리능력	시간, 자본, 재료 및 시설, 인적자원 등의 자원 가운데 무엇이 얼마나 필요한지를 확인하고, 이용 가능한 자원을 최대한 수집하여 실제 업무에 어떻게 활용할 것인지를 계획하고, 계획대로 업무수행에 이를 할당하는 능력
	시간관리능력, 예산관리능력, 물적자원관리능력, 인적자원관리능력
문제해결능력	문제 상황이 발생하였을 경우, 창조적이고 논리적인 사고를 통하여 이를 올바르게 인식하고 적절히 해결하는 능력
	사고력, 문제처리능력
정보능력	업무와 관련된 정보를 수집하고, 이를 분석하여 의미 있는 정보를 찾아내며, 의미 있는 정보를 업무수행에 적절하도록 조직하고, 조직된 정보를 관리하며, 업무수행에 이러한 정보를 활용하고, 이러한 제 과정에 컴퓨터를 사용하는 능력
	컴퓨터활용능력, 정보처리능력

구분	의미 및 하위 역량
조직이해능력	업무를 원활하게 수행하기 위해 국제적인 추세를 포함하여 조직의 체제와 경영에 대해 이해하는 능력
	국제감각, 조직체제 이해능력, 경영이해능력, 업무이해능력
수리능력	사칙연산, 통계, 확률의 의미를 정확하게 이해하고, 이를 업무에 적용하는 능력
	기초연산능력, 기초통계능력, 도표분석능력, 도표작성능력
자기개발능력	업무를 추진하는데 스스로를 관리하고 개발하는 능력
	자아인식능력, 자기관리능력, 경력개발능력
대인관계능력	접촉하게 되는 사람들과 문제를 일으키지 않고 원만하게 지내는 능력
	팀웍능력, 리더십능력, 갈등관리능력, 협상능력, 고객서비스능력
기술능력	도구, 장치 등을 포함하여 필요한 기술에는 어떠한 것들이 있는지 이해하고, 실제로 업무를 수행함에 있어 적절한 기술을 선택하여 적용하는 능력
	기술이해능력, 기술선택능력, 기술적용능력
직업윤리	원만한 직업생활을 위해 필요한 태도, 매너, 올바른 직업관
	근로윤리, 공동체윤리

(2) 구직역량 분석

① 구직역량이란 '구직'이라는 상황이나 맥락에서 발생하는 요구에 성공적으로 대응하여 이를 충족시킬 수 있는 총체적 능력을 의미한다.

② **구직역량 검사의 4가지 역량군과 하위 역량 요소**

구분	의미 및 하위 역량
구직지식군	자신에게 적합한 직장을 탐색하고 입직하기 위해 갖추어야 할 지식
	자기이해, 구직희망분야 이해, 전공지식, 외국어 능력, 구직일반상식
구직기술군	직장을 선택하고 그곳에 취업하는 데 필요한 실제적 기술
	구직 의사결정능력, 구직정보 탐색능력, 인적 네트워크 활용능력, 구직서류 작성능력, 구직 의사소통능력
구직태도군	직장에 취업하고 적응하는 데 갖추어야 할 태도 및 가치관
	긍정적 가치관, 도전정신, 글로벌 마인드, 직업윤리
직무적응군	직장에서 직무를 성공적으로 수행하고 지속적인 발전을 가능하게 하는 능력
	직무 및 조직 몰입, 현장 직무수행능력, 대인관계능력, 문제해결능력, 자원활용능력, 자기관리 및 개발능력

(3) 구직자 유형 판단

① 구직자 유형은 구직자의 취업의욕, 취업능력, 취업기술 등을 종합적으로 고려하여 결정하게 되며, 구직자를 유형별로 분류하여 관리하고 적합한 취업상담을 제공하는 데 활용된다.

② **구직자 유형 분류 및 후속 조치**

구분	의미	개입방법
고능력 · 고의지	취업의지와 취업능력이 높은 경우 → **빠른 취업 지원형**	직업정보 제공, 취업알선 등
고능력 · 저의지	취업의지는 낮으나, 취업능력이 높은 경우 → **의욕 향상 지원형**	집단상담 프로그램 등 의욕 증진 서비스 제공
저능력 · 고의지	취업의지는 높으나, 취업능력이 낮은 경우 → **능력 향상 지원형**	직업능력 향상을 위한 직업훈련, 취업특강 등 구직기술 향상 서비스 제공
저능력 · 저의지	취업의지와 취업능력이 낮은 경우 → **심층 지원형**	심층상담 등 밀착 서비스 필요

취업목표 설정하기

출제기준 ▶

1. 내담자가 산업수요에 따른 채용동향을 분석하여 현재의 노동시장, 희망 직종의 채용수요를 파악할 수 있도록 지원한다.
2. 직무분석사이트의 특징을 파악하고 희망 직무에 관해 다양한 사이트를 활용하여 정확한 직무를 분석할 수 있고 희망 직무군을 좁힐 수 있도록 지원한다.
3. 희망 기업의 기업정보를 적합한 기업정보 사이트를 활용하여 수집하고 분석, 가공할 수 있도록 지원할 수 있다.
4. 채용 동향, 직무분석, 기업분석을 통하여 취업목표를 설정하고 취업계획을 작성하도록 지원한다.

01 채용동향, 직무분석, 기업분석 지원

(1) 직업대안 개발

① **채용동향 파악**

  ㉠ 내담자가 산업수요에 따른 채용동향을 분석하여 현재의 노동시장, 희망 직종의 채용수요를 파악할 수 있도록 지원한다.

  ㉡ 산업수요를 예측하여야 희망 직종의 채용수요에 대해 예측이 가능하다.

② **직무분석**

  ㉠ 직무분석은 필요로 하는 숙련지식, 기술 및 태도, 직위에 따른 주요 업무의 구분 기준을 정하는 것이다.

  ㉡ 기업은 지원자가 해당 직무에 적합한 인력인지 직무적합성 여부를 채용 과정에서 심도 있게 파악한다.

  ㉢ 구직자도 근속기간에 결정적 영향을 미치는 것이 직무적합성이므로 직무분석을 통해 이를 면밀히 살펴야 한다.

  ㉣ 기업 채용 홈페이지, 국가직무능력표준(NCS), 잡이룸, 소셜멘토링, 취업포털의 직무 인터뷰 등을 활용한다.

③ **기업분석**

  ㉠ 기업분석이 중요한 이유는 같은 직무를 수행하더라도 기업의 조직문화와 비전이 맞지 않으면 조직 적응이나 업무성과를 내는 것이 쉽지 않아 근속이 어려울 수 있기 때문이다.

ⓛ 기업이 속한 산업분야 정보를 분석하고, 상품이나 주요 서비스에 대한 분석, 주요 시장과 고객사에 대한 분석도 필요하다.

ⓒ 기업정보는 기업 홈페이지, 산업정기간행물, 기업 현직자 인터뷰, 전자공시시스템, 중소기업현황정보시스템, 한국중견기업연합회 등을 통해 알아볼 수 있다.

ⓔ 산업분석은 기업의 경제경영연구소의 산업리포트 등 보고서와 증권사 리포트를 통해 확인할 수 있다.

(2) 목표 설정의 의의 및 특성

① **목표 설정의 의의**
  ㉠ 상담의 방향 제공
  ㉡ 상담전략 선택과 개입에 대한 기초 마련
  ㉢ 상담 결과를 평가하는 기초 제공

② **목표 설정의 특성**
  ㉠ 목표는 구체적이어야 한다.
  ㉡ 목표는 실현 가능해야 한다.
  ㉢ 목표는 내담자가 원하고 바라는 것이어야 한다.
  ㉣ 목표는 상담자의 기술과 양립 가능해야 한다.

(3) 취업효능감 프로그램

① **취업효능감 프로그램의 의의**
  ㉠ 자기효능감은 특정한 문제를 자신의 능력으로 성공적으로 해결할 수 있다는 자기 자신에 대한 신념이나 기대감이다.
  ㉡ 높은 자기효능감은 과제에 대한 집중과 지속성을 통하여 성취수준을 높이고, 그 결과 긍정적인 자기상(self-image)을 형성하는 데 도움이 된다.
  ㉢ 취업효능감(employment efficacy)은 개인이 취업이라는 결과를 얻는 과정에서 필요한 취업정보 획득 기술, 서류전형에 임하는 기술, 면접 기술 등 직업을 얻기 위해 성공적으로 수행할 수 있는 능력에 대한 자신감을 말한다.

② **취업효능감 프로그램의 구성 요소**

구분	내용
수행 성취 (성취 경험)	• 비교적 작은 일부터 점점 큰 일로 단계적으로 성공을 경험할 때 자기효능감이 상승된다. • 개인이 충분히 달성할 수 있는 작은 돌표를 부여하고, 이를 성취할 수 있도록 격려하면 자기효능감이 증가된다.
대리 경험	• 다른 사람이 특정 과업에서 성공을 거두는 것을 보게 되면 "나도 할 수 있어."라는 자기효능감이 증가하게 된다. • 이미 성공한 사람들이나 위인들을 모델로 하여 대리 경험을 하게 해주면 자기효능감이 증가한다.

구분	내용
언어적 설득	• 타인으로부터 격려와 지지를 받을 때 강점과 자기효능감은 상승된다. • 특히 의미 있는 타인의 격려나 칭찬이 자기효능감을 증가시킨다. • 격려의 말이나 수행에 대한 구체적인 평가를 통해 구직자의 노력을 강화하고, 자기효능감을 증진시킨다.
정서적 안정	• 어떤 주어진 수행 상황에서 개인이 느끼는 정서적 각성의 정도와 질에 영향을 받는다. • 실패를 극복할 수 있다는 긍정적인 마음을 통해서 과제를 접하고 해석하여 정서적 각성을 통해 불안에서 탈피해야 자기효능감이 높아질 수 있다.

(4) 취업목표 설정하기

① 구직자의 취업가능 직종을 확인한다.

② 구직자의 취업목표 설정 준비상태를 확인한다.

③ 취업 대안을 평가한다.

④ 취업 대안을 압축한다.

⑤ 취업효능감 프로그램에 참여하도록 하여 취업목표를 구체화하게 한다.

구인처 확보하기

출제기준▶

1. 취업포털 사이트 등 직업정보원을 활용하여 구인업체 정보를 수집할 수 있다.
2. 지역 기업체 현황 파악 및 채용 가능 업체 정보를 수집, 분류할 수 있다.
3. 내담자가 구인정보를 습득할 수 있도록 지원하고, 적합한 구인정보를 제공할 수 있다.
4. 구인업체와 구인조건을 확인할 수 있고, 적합한 내담자를 추천할 수 있다.
5. 구인업체에게 고용지원정책 등 기업활동에 유용한 정보를 제공할 수 있다.

01 구인정보 수집

(1) 진로경로 단계별 특징

단계	특징
진로경로 초기 단계	• 개인은 **조직에서 스스로 자리를 확립하는 기회를 가지며, 자신의 능력을 증명해 보이기 위한 역할을 수행**한다. • 작업 환경에서 조화로운 관계 구축하기, 조직의 규칙과 규율에 적응하기, 성과적인 수행 증명하기 등의 과제를 수행한다.
진로경로 중기 단계	• 작업하는 **직책 및 상황을 증진시키기 위해서 계속 적응**하는 것이 특징이다. • 새롭고 이질적인 기술, 생산 수요, 노동시장의 변화 등과 같은 다양한 원인들로부터 변화가 생긴다.
진로경로 후기 단계	• 개인은 외부의 흥미를 구축하고 **조직으로부터 이탈하기 시작하며, 조직활동이 권력 역할에서 사소한 역할로 바뀌게 된다.** • 주요한 적응문제는 감소된 딜 역할을 수용하는 것이며, 정서적 지지는 일차적으로 동료로부터 나온다.

(2) 노동시장 정보

① **고용정보 (「직업안정법 시행령」 상 고용정보)**

　㉠ 경제 및 산업 동향

　㉡ 노동시장, 고용·실업 동향

　㉢ 임금, 근로시간 등 근로조건

　㉣ 직업에 관한 정보

　㉤ 채용·승진 등 고용 관리에 관한 정보

⒱ 직업능력개발훈련에 관한 정보

⒳ 고용 관련 각종 지원 및 보조제도

Ⓢ 구인·구직에 관한 정보

② **직업정보**

㉮ **개인에 대한 정보** : 청소년기의 직업탐색에서부터 성인기의 직업 선택, 중·고령기, 은
퇴기 등에 이르기까지 개인이나 직업상담가가 수집해야 할 정보

㉯ **직업에 대한 정보** : 노동시장이나 직업세계에 관한 정보로서 개인이 직업을 선택하거나
구인처를 결정할 때에 필요한 정보

㉰ **미래에 대한 정보** : 개인이 직업을 결정하는 데에 필요한 정보로서 생애주기에서 직업
을 전환하거나 은퇴 시 고려해야 할 정보

개인에 대한 정보	직업에 대한 정보	미래에 대한 정보
1. 나 자신을 아는 방법	1. 직업의 종류 및 분포도	1. 인력수급 계획
2. 나의 적성, 흥미	2. 일의 성격 및 하는 일	2. 미래 사회의 모습
3. 진로계획 수립 및 수정	3. 근로조건	3. 과학 기술의 발전 방향
4. 직업관 및 직업윤리	4. 작업조건 및 안전	4. 산업 발전 추세
5. 교육 기회	5. 필요한 신체적·정신적 특질	5. 인구구조 변화
6. 훈련 기회	6. 자격·면허 취득 방법	6. 산업구조 변화
7. 고등학교 졸업 후 진로	7. 직업의 장단점	7. 직업구조 변화
8. 대학교 졸업 후 진로	8. 기업 특징 및 기업 문화	8. 국가 시책
9. 사회교육 기관 안내	9. 승진 및 승급	9. 기업경영의 전망
10. 여성 진로 안내	10. 취업 경로	10. 국제 사회의 전망
11. 장애인 진로 안내	11. 노동시장 관행	
12. 중·고령자 진로 안내	12. 근로자의 직업관	
13. 의사결정 방법	13. 취업 알선처	
14. 전문가가 되는 길	14. 구인처의 상세한 정보	
15. 구직자의 상세한 정보		

(3) 구인정보 제공과 알선

① **채용정보 제공**

㉮ 채용정보의 특성을 잘 활용하여 참여자를 중심으로 구인 발굴을 진행하여 알선한다.

㉯ 채용공고를 구직자 역량과 비교하여 적중 알선을 함으로써 채용 확률을 높인다.

㉰ 구직자에게 전달해야 할 구인공고는 이메일, 카카오톡, 메시지 등을 통해 전달하고, 채
용정보를 한눈에 보기 좋게 전달해 주는 것도 중요하다.

㉱ 구직자가 가장 중요하게 생각하는 부분이 잘 전달될 수 있도록 공고를 만들어 전달해
줄 필요가 있다.

② **적중 알선**

㉮ 적중 알선의 핵심은 구직자의 구직희망 조건과 역량 파악을 정확히 하고, 채용정보를
분석하여 알선하는 것이다.

ⓛ 조건이 맞지 않을 경우 구인업체와 정중히 의사소통을 하여 지원가능 여부를 확인하는 것이 좋다.
ⓒ 알선을 진행할 때는 추천서를 활용하여 이메일이나 팩스를 활용하여 진행한다.
ⓡ 구인업체에는 각종 지원금에 대해 안내하고 구직자가 해당되는지 여부를 설명해 준다.
ⓜ 알선은 면접 일정을 잡는 것까지 해야 알선이 성사된다.
ⓗ 매일 시간을 정해 알선 시간을 확보해 놓고 진행하는 것이 좋다.

02 구인업체와 소통

(1) 구인조건의 확인과 조율

① **구인공고 분석** : 구직자의 직무역량과 취업 희망조건 등이 일치하는지 확인하고, 부족한 정보나 일치하지 않는 정보는 메모하여 구인업체와 통화하여 확인한다.

② **구인조건 확인** : 직무 및 자세한 해당 업무, 근무지, 교대근무 여부, 도구 및 기계 사용 여부, 연봉, 보너스 여부, 식대 지급 여부, 통근버스 여부, 지하철이나 대중교통 상황, 근무시간 등을 확인한다. 채용공고에 없는 자세한 내용은 통화를 하여 확인한다.

③ **지원자격 확인** : 지원자격이 추천할 구직자와 맞지 않았을 때 구인업체와 조율이 필요하다. 경력기간이 조금 안 되더라도 구직자가 해본 일들을 설명해 주고, 구인업체에서 원하는 도구 활용이 가능하다는 점을 강조하면서 지원이 가능한지 조율하여 지원하고 면접이 성사될 수 있도록 한다.

(2) 채용지원

① 채용지원 후 반드시 입사서류가 잘 접수되었는지 확인한다.
② 면접이 꼭 진행되도록 구인업체와 구직자를 설득한다.
③ 필요한 경우 동행면접을 실시한다.
④ 면접 이후 채용 여부를 꼭 확인한다.
⑤ 구직자를 채용했을 때의 유익한 점이 있다면 강조한다.

(3) 채용행사를 활용한 구직자 알선

① 구인·구직 만남의 날
② 채용박람회
③ e채용마당
④ 채용대행 서비스 및 채용행사

구직활동 지원하기

1. 내담자의 이력서 및 자기소개서 작성을 지원할 수 있다.
2. 구인업체에 대한 기업분석과 직무분석을 지원할 수 있다.
3. 역량 면접, PT 면접, 토론 면접, 인성 면접, AI 면접, 비대면 면접 등 면접 준비를 지원할 수 있다.
4. 발굴한 구인업체와 준비된 내담자를 연계하기 위해 채용조건을 조율하고 설득할 수 있다.
5. 필요시 내담자의 채용 확률을 높이기 위해 동행 면접이나 추천서 등을 활용하여 내담자를 적극적으로 추천할 수 있다.
6. 주기적으로 구인정보를 제공하여 지속적인 취업연계를 유지시킬 수 있다.

01 구직활동 지원

(1) 기업분석 및 직무분석

① **기업분석 방법**
  ㉠ 기업 홈페이지
  ㉡ 전자공시시스템 (DART)
  ㉢ 신문기사 확인
  ㉣ 현직자 인터뷰
  ㉤ 증권사 리포트 등 보고서

② **직무분석 방법**
  ㉠ 기업 홈페이지의 채용 페이지
  ㉡ 한국직업사전, 직무별 자소서 작성 가이드 (고용24)
  ㉢ NCS (국가직무능력표준)
  ㉣ 잡이룸, 잡코리아, 사람인, 원티드 등 취업 포털 사이트
  ㉤ 직무 KPI(key performance indicator : 핵심성과지표) 검색
  ㉥ 경력직 채용공고 분석

(2) 유형별 면접 방법

① **인성 면접**
  ㉠ 일 대 일, 일 대 다(多), 다(多) 대 일 면접으로 진행된다.

ⓛ 기본 품성과 조직 적합성을 평가하고, 열정이나 입사에 대한 의지를 묻는다.

ⓒ 답변 태도, 의지, 화법, 성향 등 인성을 포함하여 종합적인 평가를 한다.

ⓔ 임원이 진행하는 면접이라면 지원자의 인성, 마인드, 가치관 등을 중점적으로 볼 수 있다.

② **PT 면접**

㉠ 일 대 다(多) 형태의 면접으로 진행된다.

ⓛ 문제해결능력과 직무수행능력을 평가한다.

ⓒ 문제인식 및 해결, 창의성, 자료 이해드, 직무 적합도, 구조화 능력 및 발표력 등이 평가된다.

ⓔ 주제가 주어지면 기승전결로 나누어 구조화하고 두괄식으로 표현해내도록 한다.

③ **역량 면접**

㉠ 역량 면접은 과거의 경험을 통해 미라의 행동을 유추하는 면접 방식이다.

ⓛ 필요한 역량에 초점을 두고, 꼬리에 꼬리를 무는 구조화된 질문을 바탕으로 면접자의 역량을 평가한다.

ⓒ 답변 내용과 표정, 행동까지 세심히 관찰하여 평가하며, 과거의 경험에 기반을 둔 답변을 통해 판단한다.

ⓔ 답변에 과장이나 거짓이 없이, 진실성 있게 답변을 해야 한다.

④ **토론 면접**

㉠ 토론 면접은 답을 구하는 것이 아닌 서로의 의견을 주고받는 과정을 평가하는 것이다.

ⓛ 논쟁이 우선이 아니고 합의된 결과물을 잘 만들어 내는 것이 가장 중요하다.

ⓒ 특히 합의된 결과물을 도출하기 위한 역할이 중요하다.

ⓔ 끝까지 경청하는 태도, 상대방을 존중하는 터도가 좋은 평가로 이어진다.

(3) 경력직 면접

① 주로 업무수행 경험을 파악하며, 이력사항과 경력사항에 집중하여 질문을 받게 된다.

② 핵심적인 성과 위주로 2~3가지 정도를 구체적으로 준비하고, 성과의 표현은 수치로 표현한다.

③ 성과 당시의 역할이나 비중 등을 구체적으로 전달하여 기여도를 표현한다.

(4) 비대면 면접

① 화상 면접이나 영상통화 면접이 실시되되, 전화 면접도 활용된다.

② 인터넷 상황, 화면 배경, 조명 등 기기 사용 환경을 반드시 점검한다.

③ 화상 면접 시 눈 맞춤, 표정, 마이크 사용 시 목소리 발음 등을 확인해야 한다.

④ 복장과 헤어스타일을 점검하고 상의뿐 다니라 하의도 신경 써야 한다.

(5) AI 면접

① 면접관이 면접을 실시하는 것이 아니라 인공지능(AI)이 질문하고 지원자의 응답을 분석한다.
② 지원자가 한 말의 내용 외에 말투, 표정, 제스터까지 전반적인 평가가 이루어진다.
③ '기본 면접 → 성향 분석 → 상황 대처 → 보상 선호 → AI 게임 → 심층 면접'으로 구성된다.
④ 신뢰성이 중요하므로 일관성 있는 답변, 솔직한 답변이 중요하다.

(6) 대상자별 면접 지도

① **저소득층** : 빈곤한 상태에서 힘든 경험을 가지고 있고, 저학력일 경우가 많으며, 질병이 있거나 질병이 있는 가족이 있는 경우가 많다. 탈수급 문제로 구직활동에 어려움이 있으며 진로결정수준과 진로정체감이 낮은 편이다.
　㉠ 면접 예상 질문에 대한 답변을 작성하고 단문 문장부터 연습하도록 돕는다.
　㉡ 충분한 연습을 한 후, 눈 맞춤, 면접 태도 등에 대한 컨설팅을 진행한다.
　㉢ 자존감을 살려주는 피드백이 필요하다.
　㉣ 최대한 모의 면접을 많이 하도록 지원한다.
　㉤ 구직자 역량강화 프로그램 참여를 독려한다.
② **결혼 이민자** : 성장 배경과 문화가 달라 한국 사회 이해와 적응 능력이 부족하고, 경제적 기반이 미약한 경우가 많다. 사회적 지지체계와 한국어 능력도 부족한 경우가 많다.
　㉠ 의사소통 가능 수준으로 면접을 대비하도록 돕는다.
　㉡ 질문을 이해할 수 있도록 면접 질문을 학습시키는 것이 우선이다.
　㉢ 단답형부터 답변을 준비한다.
　㉣ 변형된 질문에 대한 대처를 할 수 있도록 준비한다.
　㉤ 구직자 역량강화 프로그램 참여를 독려한다.
③ **신용회복 지원자** : 경제적 관리 능력과 신용 관리 능력이 부족한 편이다. 평균 이상의 학력을 가지고 있으나 구직정보를 얻는 곳은 부족한 경우가 많다. 신용불량으로 인해 다른 생활영역도 힘든 경우가 많고, 신용회복 과정에 따르는 정서적 고통이 많다.
　㉠ 본인의 역량과 지원 분야에 대한 관심을 표현하도록 안내한다.
　㉡ 신용회복 과정에 대해 신뢰할 수 있게 표현할 수 있도록 준비한다.
　㉢ 회사에 지장이 없고, 업무에 지장이 없다는 것을 먼저 잘 어필하도록 한다.
　㉣ 회사에 대한 관심, 직무에 대한 역량을 잘 표현하도록 지도한다.
　㉤ 일에 열심히 몰두할 수 있는 환경임을 어필할 수 있게 준비하도록 지원한다.
④ **장년층** : 근로 의지는 있으나 구직활동이 장기화되거나 기존 경력 대비 하향 취업을 하여야 하는 경우가 많다. 노동시장 재진입이나 이직에 어려움이 있기 때문에 적정한 취업 눈높이 수준을 유지하는 것이 중요하다.

    ㉠ 과거에 연연하는 태도보다는 새로운 마음가짐으로 면접에 임하도록 지도해야 한다.

    ㉡ 업무에 있어서 큰 성과를 창출할 수 있음을 강조하도록 한다.

    ㉢ 충실한 조사를 바탕으로 회사에 대한 관심을 충분히 어필하도록 한다.

    ㉣ 새로운 조직의 직장 적응이 무난함을 잘 설명할 수 있도록 지원한다.

    ㉤ 중장년 취업프로그램을 소개하고 참여를 독려한다.

⑤ **여성 가장** : 오랜 기간 경력이 단절되고 빠른 취업을 원하지만 취업준비가 부족한 경우가 많다. 노동시장 정보가 취약하고 정보습득 방법을 모르는 경우가 많으며 진입 장벽이 낮은 비전문적 직종을 선택하는 경우가 많다. 경제적으로는 빠른 취업을 희망하지만 자녀양육에 대한 고려도 중요한 문제로 이 부분을 먼저 다루어야 한다.

    ㉠ 자녀 양육에 대한 대안 준비 후 면접 시 잘 대처하도록 한다.

    ㉡ 일에 대한 절박한 의지를 표현하여 꾸준히 근속하여 일을 할 수 있다는 점을 어필하도록 준비한다.

    ㉢ 경력 단절이 긴 경우 조직 적응에 두리가 없음을 어필하도록 준비한다.

    ㉣ 자신감이 떨어져 있는 경우가 많아 자존감을 높이는 피드백이 필요하며, 충분히 모의 면접을 준비하여 면접에 임하도록 한다.

    ㉤ 여성인력개발센터, 새일센터, 고용복지플러스센터 구직자 역량강화 프로그램 등을 연계하여 참여할 수 있도록 지원한다.

02 채용추천

(1) 동행 면접 기획

① **동행 면접의 강점**

    ㉠ 구직자에게 안정감을 주고 구인업체에는 신뢰감을 주어 채용확률을 높여준다.

    ㉡ 직접 인사담당자를 만날 수 있는 공식적인 루트이며, 단골 구인 기업을 만드는 중요한 기회이다.

② **동행 면접의 활용**

    ㉠ 취업 자신감이 부족하거나 면접에 계속 실패하는 구직자들을 대상으로 진행하지만, 구인 발굴의 의미도 있기 때문에 모두 진행하는 것이 좋다.

    ㉡ 청년층의 경우 오히려 부정적 영향을 끼칠 수 있으므로 취지를 잘 설명하고 이해시키는 것이 중요하다.

    ㉢ 동행 면접 전 구직자에게 동행 면접 절차에 대해 설명해 주고, 기업 방문의 유의점, 면접에 대한 예의범절에 대해서도 설명해 준다.

③ **동행 면접의 효과**

    ㉠ 구인업체 방문 후 인사담당자와의 유대감 형성, 사업체 현황 파악의 효과가 있다.

ⓛ 같은 업체에서 다른 구인이 발생할 때도 적합 구직자를 알선하고 구직자에게 구인업체에 대해 설명하는 데 유리하다.

(1) 구인업체 관리

① **단골 기업 만들기**

㉠ 최소 분기별로 주기적으로 소통하며, 정부 지원금이나 기업에 유용한 새로운 정책을 소개한다.

ⓛ 업체가 구직자 추천을 요청하면 최대한 적합한 구직자를 추천한다.

ⓒ 워크넷에서 고용정책을 상시 검색하여 기업에 유용한 제도에 대한 정보를 제공한다.

ⓔ 때때로 기업체에 방문하여 업체의 연간 구인에 대한 수요를 조사해 놓는다.

② **구인이 성사되지 않은 업체 관리**

㉠ 비슷한 업체의 구인공고를 찾아 공유하고 미채용 원인을 파악하여 업체와 구인조건에 대해 다시 상담을 진행한다.

ⓛ 근로조건이나 조직문화, 면접 문화 등을 점검해본다.

ⓒ 구인공고를 면밀히 분석하고 공고 내용의 수정이 가능한지 인사담당자와 논의한 후 재공고를 진행한다.

ⓔ 적합한 구직자를 알선하지 못했다면 구직자 서칭 범위를 확대하여 알선을 진행한다.

③ **채용업체 관리**

㉠ 주기적으로 사후관리를 진행한다.

ⓛ 추천한 구직자가 잘 적응하는지 확인하고 직무수행능력도 확인하여 퇴사가 발생하여 재공고가 올라왔을 때 적극적으로 알선할 수 있도록 한다.

ⓒ 중도 퇴사는 원인을 분석하고, 다시 알선할 때 이를 유념하여 진행한다.

내담자 사후관리하기

출제기준▶

1. 취업한 경우 직장예절 등 적응에 필요한 기본적인 내용을 내담자에게 제공하고 상담할 수 있다.
2. 내담자의 취업 성공 이후 직장에 안정적으로 적응할 수 있도록 확인하며, 직무만족도를 수시로 점검할 수 있다.
3. 내담자의 직업능력 향상을 위해 재직자 직업훈련 과정을 추천할 수 있다.
4. 취업이 지연되어도 내담자를 격려하고 지지하며 지속적으로 취업정보 및 구인정보를 제공할 수 있다.
5. 취업이 어렵거나 직장적응에 실패하면 다른 취업지원 프로그램을 추천하고 안내할 수 있다.

01 취업자 및 미취업자 사후관리

(1) 노동이동의 원인

① **임금 격차설**

　㉠ 노동시장이 완전 경쟁 시장이라고 할 때, 노등력이 부족한 부문에서는 임금 및 노동 제 조건이 여타 분야에 비해 상대적으로 개선되므로 이 분야에 소요되는 새로운 노동력이 유입되고, 반대로 노동이 초과 공급되는 분야에서는 노동력이 유출되는 경향을 의미한다.

　㉡ 자본이 이윤율 격차를 중심으로 이동한다면 임금 노동은 임금률 격차를 중심으로 상향 이동한다는 것이다.

② **취업 기회설**

　㉠ 임금 격차설이 저임금의 산업·지역에서 고임금의 산업·지역으로 근로자가 이동한다는 노동력의 공급 측면을 강조하는 데 비해, 취업 기회설은 타 산업·타 지역으로의 이동은 취업 기회의 증감에 의해 규정된다는 것으로 노동력의 수요 측면을 강조한다.

　㉡ 임금 격차가 존재해도 취업 기회가 없으면 이동이 발생하지 않을 것이며, 취업 기회가 존재하더라도 임금이 낮으면 이동이 없을 것이다.

　㉢ 노동이동에 있어 임금 격차설과 취업 기회설은 상호 배타적인 것이 아니라 상호 보완적인 성격을 가진다.

(2) 전직 예방 및 전직 프로그램

① **전직의 예방**

　㉠ 작업자는 직무가 일상적이거나 단순하면 직무에 소원하게 되어 불만족을 가져오게 된다.

　㉡ 상담자는 내담자가 직무에 소원하게 되는 원인을 확인하고 이에 대한 상담을 진행하여 전직을 예방해야 한다.

② **전직 프로그램**

　㉠ 전직 프로그램은 미국에서 처음 개발하여 적용하였다.

　㉡ 전직 프로그램은 고용 변화로 인해 기업 내의 배치전환으로 문제를 해결할 수 없게 되면 해고와 같은 의미를 가지고 있는 재취업 알선(직장 외 배치, outplacement)을 위한 직업상담을 실시하는 것이다.

③ **전직지원**

　㉠ 현재 직장에서 이직 의도를 가지고 있거나, 진로경로 개척을 위하여 직업을 바꾸려는 이행 준비와 관련된 활동들을 지원하며 재취업의 의미가 강하다.

　㉡ 우리나라는 노용노동부의 중장년일자리희망센터, 국가보훈처의 제대군인지원센터, 국방부의 국방취업지원센터, 보건복지부의 국민연금공단 내 행복노후설계센터 등이 전국에 설치·운영되고 있다.

④ **재취업 지원 서비스 의무화 제도**

　㉠ 사업주로 하여금 정년퇴직 등 이직 예정인 노동자에게 재취업 지원 서비스 제공 노력 의무를 부여하고, 경력·적성 등의 진단 및 향후 진로설계, 취업알선, 재취업 또는 창업에 관한 교육 등 재취업에 필요한 서비스를 의무적으로 제공하는 「**고용상 연령차별금지 및 고령자 고용촉진에 관한 법률**」 개정 시행령이 2020년 5월 1일부터 **시행**되고 있다.

　㉡ 대통령령으로 정하는 일정 규모 이상의 기업은 50세 이상 비자발적 이직 예정자에게 재취업 지원 서비스를 의무적으로 제공해야 한다.

(3) 직업윤리와 직장 예절

① **윤리** : 사회생활에 참가하기 위해서는 다른 사람들과의 관계를 유지하는 규범이나 원리, 규칙 등을 준수해야 하는데, 이를 윤리라고 한다. 즉, 윤리란 사람과 사람의 관계를 규정하는 규범이나 원리, 규칙 등으로 생활양식으로서의 도덕, 법률 등이 그 대표적인 예이다.

② **직업윤리** : 직업을 가진 사람들이 지켜야 할 행동 규범이나 마음가짐, 즉 직업인으로서의 윤리를 가리킨다.

③ **직업관** : 직업관은 개인이 바라보는 직업에 대한 인식과 태도로서 직업을 바라보는 태도는 출세의 수단, 자기실현의 장, 노동의 신성함, 생계의 장 등이 있다. 건전한 직업관은 직업윤리와 함께 직업인으로서의 성공적인 삶을 실현하는 중요한 태도이다.

(4) 고용보험과 실업급여

① **고용보험** : 전통적 의미의 실업보험 사업을 비롯하여 고용안정사업과 직업능력사업 등의 노동시장 정책을 적극적으로 연계하여 통합적으로 실시하는 사회보장보험이다.

② **실업급여** : 고용보험 가입 근로자가 실직하여 재취업 활동을 하는 기간에 소정의 급여를 지급함으로써 실업으로 인한 생계불안을 극복하고 생활의 안정을 도와주며 재취업의 기회를 지원해주는 제도이다.

　㉠ **구직급여** : 고용보험 가입 근로자가 비자발적 사유로 이직하여 재취업 활동을 하는 기간에 구직급여 등을 지급함으로써 생활 안정 및 조속한 노동시장 복귀를 지원하는 제도로, 이직일의 다음 날부터 12개월 내에서, 피보험기간과 연령에 따라 120일~270일간 이직 전 3개월간 평균임금의 60%를 지급한다.

〈 구직급여의 소정급여일수 (「고용보험법」 제50조 제1항 관련) 〉

구분		피보험기간				
		1년 미만	1년 이상 3년 미만	3년 이상 5년 미만	5년 이상 10년 미만	10년 이상
이직일 현재 연령	50세 미만	120일	150일	180일	210일	240일
	50세 이상 또는 장애인	120일	180일	210일	240일	270일

비고 : 「장애인고용촉진 및 직업재활법」에 따른 장애인은 50세 이상인 것으로 보아 위 표를 적용한다.

　㉡ **취업촉진수당** : 조기재취업수당, 직업능력개발수당, 광역구직활동비, 이주비 등으로 구분된다.

　㉢ **연장급여** : 훈련연장급여, 개별연장급여, 특별연장급여 등이 있다.

　㉣ **상병급여** : 건강상의 문제나 출산으로 인해 취업이 불가능한 경우 지급된다.

(5) 사후관리의 의의

① 사후관리는 취업활동 계획서에 따라 진행하고 있는 구직자가 진행 도중 취업의지가 약화되는 것 그리고 계획서에 따라 취업한 구직자의 적응을 도와 직업유지를 할 수 있도록 지속적으로 관리하는 것을 포함한다.

② 구인·구직 정보 제공, 일자리 알선, 취업지원계획 수립 지원, 취업상담 등 일련의 과정을 가져갈 수 있도록 지원한 후 취업이나 창업에서 발생하는 사안들에 대한 적응과 유지를 돕는 과정이다.

(6) 사후관리 제공

① 매월 1회 이상 취업자에게 직장 적응 시 애로사항 등을 상담하여 근속할 수 있도록 유도한다.

② 미취업자에게는 구인정보를 제공하여 조기에 취업할 수 있도록 독려한다.
③ 취업자가 직장 적응이 어려워 재취업할 경우에도 취업활동 계획을 재수립하도록 지원한다.
④ 종합적 정보를 지속적으로 제공하여 구직자가 취업 의지를 더욱 확고히 다지도록 한다.

(7) 미취업자 사후관리

① 취업이 될 때까지 채용정보 제공 및 구직동기 부여를 하여야 한다.
② 지속적이고 주기적으로 개인별 취업목표에 적합한 맞춤형으로 채용정보를 제공한다.
③ 취업에 도움이 되는 단기 특강이나 취업 프로그램에 대한 추천도 지속적으로 제공한다.
④ 미취업 원인을 분석하여 직업훈련을 다시 받을 것인지, 새로운 취업지원 프로그램을 다시 이수할 것인지, 직종을 전환할 것인지를 상담을 통해 정한다.
⑤ 희망 근로조건에 대한 조정이 필요한지 여부를 상담을 통해 확인한다.

(8) 취업지원 프로그램 (취업역량강화 프로그램)

프로그램명	특징	대상
단기 취업특강	• 고용시장에 대해 이해하고 구직에 필요한 정보를 빠르게 알 수 있도록 50명 내외로 진행되는 강의식 프로그램(2시간)	• 구직정보가 필요한 모든 구직자
단기 집단상담 프로그램	• 자신에게 부족한 구직기술을 주제별로 선택하여 습득할 수 있도록 25명 이내로 구성된 그룹에 단기(3~4시간)로 참여하는 실습 중심 프로그램	• 기초직업능력 및 구직기술 향상이 필요한 구직자
성취 프로그램	• 취업에 대한 자신감과 자존감을 높이고 입사서류 작성과 면접, 구직정보 습득 등의 구직역량을 실습을 통해 강화할 수 있는 프로그램	• 성공적인 취업을 희망하는 모든 구직자
취업 희망 프로그램	• 자신을 돌아보고 이해하며 긍정적인 측면을 찾아 자신감을 회복하고, 효과적인 의사소통방법 습득을 통해 대인관계 향상 및 원만한 사회생활 적응을 돕는 프로그램	• 자신감 및 대인관계 향상, 구직동기 회복을 원하는 구직자
40대 구직자 취업역량강화 프로그램 (중장년)	• 40대 구직자들의 직업전환역량 강화 및 변화적응력을 향상시켜 재취업에 성공적으로 대응할 수 있도록 지원하는 프로그램	• 직업 경험이 있는 만 35~49세 구직자
신호탄 프로그램 (중장년)	• 재취업을 희망하는 신중년(5060세대 지칭)이 재취업 목표를 수립하고 준비할 수 있도록 재취업 설계 및 구직역량 강화를 지원하는 프로그램	• 변화하는 노동시장과 본인의 강점을 이해하고, 재취업 직종 등에 대한 탐색을 통해 재취업 설계에 도움을 받고자 하는 신중년(5060세대)
청년취업역량 (청취력) 프로그램 (청년)	• 청년(만 34세 이하) 취업준비생들이 우리 사회의 역량중심 채용 확대에 맞추어 지원하려는 회사의 조직특성과 직무특성을 이해하고 이에 기반하여 집중적으로 구직기술을 강화할 수 있도록 지원하는 프로그램	• 만 34세 이하의 대학생 및 청년구직자

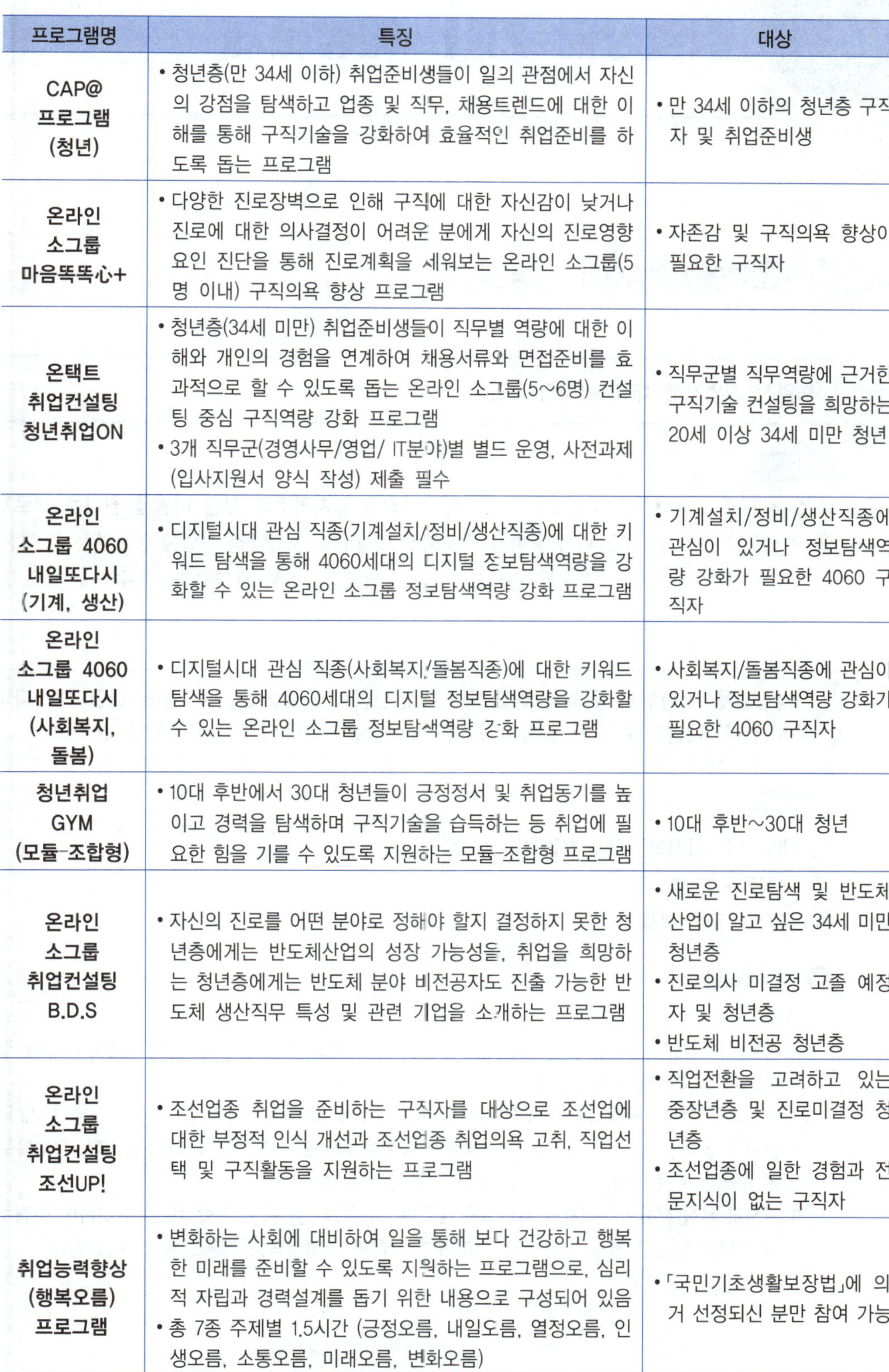

프로그램명	특징	대상
CAP@ 프로그램 (청년)	• 청년층(만 34세 이하) 취업준비생들이 일의 관점에서 자신의 강점을 탐색하고 업종 및 직무, 채용트렌드에 대한 이해를 통해 구직기술을 강화하여 효율적인 취업준비를 하도록 돕는 프로그램	• 만 34세 이하의 청년층 구직자 및 취업준비생
온라인 소그룹 마음똑똑心+	• 다양한 진로장벽으로 인해 구직에 대한 자신감이 낮거나 진로에 대한 의사결정이 어려운 분에게 자신의 진로영향요인 진단을 통해 진로계획을 세워보는 온라인 소그룹(5명 이내) 구직의욕 향상 프로그램	• 자존감 및 구직의욕 향상이 필요한 구직자
온택트 취업컨설팅 청년취업ON	• 청년층(34세 미만) 취업준비생들이 직무별 역량에 대한 이해와 개인의 경험을 연계하여 채용서류와 면접준비를 효과적으로 할 수 있도록 돕는 온라인 소그룹(5~6명) 컨설팅 중심 구직역량 강화 프로그램 • 3개 직무군(경영사무/영업/ IT분야)별 별도 운영, 사전과제(입사지원서 양식 작성) 제출 필수	• 직무군별 직무역량에 근거한 구직기술 컨설팅을 희망하는 20세 이상 34세 미만 청년
온라인 소그룹 4060 내일또다시 (기계, 생산)	• 디지털시대 관심 직종(기계설치/정비/생산직종)에 대한 키워드 탐색을 통해 4060세대의 디지털 정보탐색역량을 강화할 수 있는 온라인 소그룹 정보탐색역량 강화 프로그램	• 기계설치/정비/생산직종에 관심이 있거나 정보탐색역량 강화가 필요한 4060 구직자
온라인 소그룹 4060 내일또다시 (사회복지, 돌봄)	• 디지털시대 관심 직종(사회복지/돌봄직종)에 대한 키워드 탐색을 통해 4060세대의 디지털 정보탐색역량을 강화할 수 있는 온라인 소그룹 정보탐색역량 강화 프로그램	• 사회복지/돌봄직종에 관심이 있거나 정보탐색역량 강화가 필요한 4060 구직자
청년취업 GYM (모듈-조합형)	• 10대 후반에서 30대 청년들이 긍정정서 및 취업동기를 높이고 경력을 탐색하며 구직기술을 습득하는 등 취업에 필요한 힘을 기를 수 있도록 지원하는 모듈-조합형 프로그램	• 10대 후반~30대 청년
온라인 소그룹 취업컨설팅 B.D.S	• 자신의 진로를 어떤 분야로 정해야 할지 결정하지 못한 청년층에게는 반도체산업의 성장 가능성을, 취업을 희망하는 청년층에게는 반도체 분야 비전공자도 진출 가능한 반도체 생산직무 특성 및 관련 기업을 소개하는 프로그램	• 새로운 진로탐색 및 반도체산업이 알고 싶은 34세 미만 청년층 • 진로의사 미결정 고졸 예정자 및 청년층 • 반도체 비전공 청년층
온라인 소그룹 취업컨설팅 조선UP!	• 조선업종 취업을 준비하는 구직자를 대상으로 조선업에 대한 부정적 인식 개선과 조선업종 취업의욕 고취, 직업선택 및 구직활동을 지원하는 프로그램	• 직업전환을 고려하고 있는 중장년층 및 진로미결정 청년층 • 조선업종에 일한 경험과 전문지식이 없는 구직자
취업능력향상 (행복오름) 프로그램	• 변화하는 사회에 대비하여 일을 통해 보다 건강하고 행복한 미래를 준비할 수 있도록 지원하는 프로그램으로, 심리적 자립과 경력설계를 돕기 위한 내용으로 구성되어 있음 • 총 7종 주제별 1.5시간 (긍정오름, 내일오름, 열정오름, 인생오름, 소통오름, 미래오름, 변화오름)	• 「국민기초생활보장법」에 의거 선정되신 분만 참여 가능

01　불완전 취업자에 대해 설명하시오.

모범답안

근로 빈곤에 처해 있는 계층으로 **보다 나은 안정된 일자리로의 상향 이동을 원하는 근로자**
📌 비정규직 근로자, 기술 변화에 따른 구조조정 대상인 노동집약적 사업에 종사하는 근로자, 장애인, 북한 이탈주민, 기초생활 수급자 및 차상위계층, 영세 자영업자, 특수형태 근로자 등

★02　취업상담을 수행하기 위해서 상담자는 상담신청서와 초기상담을 통해 내담자를 파악하여야 한다. 내담자에 대해 상담자가 파악해야 하는 내용의 3가지 측면을 쓰시오.

모범답안

(1) 내담자의 **강점과 약점, 취업욕구 파악**
(2) **구직욕구 분석**
(3) **구직자 유형 분류**

➕ Plus Check

[내담자 파악의 3가지 측면]
(1) **내담자의 강점과 약점, 취업욕구 파악** : 내담자가 가지고 있는 강점과 약점, 취업욕구 등을 잘 파악하는 것이 취업상담의 출발점이다.
(2) **구직욕구 분석** : 구직욕구란 실직이나 미취업 상태에 있는 개인이 직업 또는 직장을 찾기 위해 자신의 부정적인 감정을 다스리고, 구체적인 계획을 세우고 실행하도록 하는 힘이다. 구직욕구 분석은 구직의욕 질문지, 구직준비도 검사 등을 활용한다.
(3) **구직자 유형 분류** : 구직자의 취업의욕, 취업능력, 취업기술 등을 종합적으로 고려하여 결정하게 되며, 구직자를 유형별로 분류하여 관리하고 적합한 취업상담을 제공하는 데 활용된다.

★★ 03 국가직무능력표준(NCS)에서는 직업기초능력을 10개 항목으로 구분하고 각각의 하위 능력을 제시하고 있다. 그 중 5개를 쓰고, 설명하시오.

모범답안

(1) **의사소통능력** : 다른 사람이 뜻한 바를 파악하고, **자기가 뜻한 바를 글과 말로 정확하게 쓰거나 말하는 능력**

(2) **자원관리능력** : 자원 중에 무엇이 얼마나 필요한지를 확인하고, 계획대로 **업무수행에 할당하는 능력**

(3) **문제해결능력** : 문제 상황이 발생하였을 경우, **창조적이고 논리적인 사고로 문제를 올바르게 인식하고 적절히 해결하는 능력**

(4) **정보능력** : 업무와 관련된 정보를 수집하고, 관리하여 업무수행에 이를 활용하고 컴퓨터를 사용하는 능력

(5) **조직이해능력** : 업무를 원활하게 수행하기 위해 국제적인 추세를 포함하여 **조직의 체제와 경영에 대해 이해하는 능력**

(6) **수리능력** : 사칙연산, 통계, 확률의 의미를 정확하게 이해하고, 이를 업무에 적용하는 능력

(7) **자기개발능력** : 업무를 추진하는데 스스로를 관리하고 개발하는 능력

(8) **대인관계능력** : 접촉하게 되는 사람들과 문제를 일으키지 않고 원만하게 지내는 능력

(9) **기술능력** : 도구, 장치 등을 포함하여 필요한 기술에는 어떠한 것들이 있는지 이해하고, 실제로 업무를 수행함에 있어 적절한 기술을 선택하여 적용하는 능력

(10) **직업윤리** : 원만한 직업생활을 위해 필요한 태도, 매너, 올바른 직업관

➕ Plus Check

[직업기초능력 및 하위 역량]

10개 영역	34개 하위영역
의사소통능력	문서이해능력, 문서작성능력, 경청능력, 의사표현능력, 기초외국어능력
자원관리능력	시간관리능력, 예산관리능력, 물적자원관리능력, 인적자원관리능력
문제해결능력	사고력, 문제처리능력
정보능력	컴퓨터활용능력, 정보처리능력
조직이해능력	국제감각, 조직체제이해능력, 경영이해능력, 업무이해능력
수리능력	기초연산능력, 기초통계능력, 도표분석능력, 도표작성능력
자기개발능력	자아인식능력, 자기관리능력, 경력개발능력
대인관계능력	팀워크능력, 리더십능력, 갈등관리능력, 협상능력, 고객서비스능력
기술능력	기술이해능력, 기술선택능력, 기술적용능력
직업윤리	근로윤리, 공동체윤리

04 구직역량검사의 4가지 역량군 중 2가지 역량군과 그에 따른 하위요인 3가지를 각각 쓰시오.

'23 직업상담사 1급 과정평가형

모범답안

(1) **구직지식군** : 자기이해, **구직희망분야 이해**, **전공지식**, 외국어 능력, 구직일반상식
(2) **구직기술군** : **구직 의사결정능력**, **구직정보 탐색능력**, 인적 네트워크 활용능력, **구직서류 작성능력**, 구직 의사소통능력
(3) 구직태도군 : 긍정적 가치관, 도전정신, 글로벌 마인드, 직업윤리
(4) 직무적응군 : 직무 및 조직 몰입, 현장 직무수행능력, 대인관계능력, 문제해결능력, 자원활용능력, 자기관리 및 개발능력

➕ Plus Check

[구직역량 검사의 4가지 역량군과 하위 역량 요소]

구분	의미 및 하위역량
구직지식군	자신에게 적합한 직장을 탐색하고 입직하기 위해 갖추어야 할 지식
	자기이해, 구직희망분야 이해, 전공지식, 외국어능력, 구직일반상식
구직기술군	직장을 선택하고 그곳에 취업하는 데 필요한 실제적 기술
	구직 의사결정능력, 구직정보 탐색능력, 인적 네트워크 활용능력, 구직서류 작성능력, 구직 의사소통능력
구직태도군	직장에 취업하고 적응하는 데 갖추어야 할 태도 및 가치관
	긍정적 가치관, 도전정신, 글로벌 마인드, 직업윤리
직무적응군	직장에서 직무를 성공적으로 수행하고 지속적인 발전을 가능하게 하는 능력
	직무 및 조직 몰입, 현장 직무수행능력, 대인관계능력, 문제해결능력, 자원활용능력, 자기관리 및 개발능력

05 취업상담 시 구직자 유형은 취업의욕, 취업능력, 취업기술 등을 종합적으로 고려하여 결정하게 된다. 4가지 구직자 유형 분류와 후속 조치 및 개입방법을 쓰시오.

모범답안

(1) **고능력·고의지** : **직업정보 제공**, 취업알선
(2) **고능력·저의지** : **집단상담 프로그램 제공**
(3) **저능력·고의지** : **직업훈련 및 구직기술 향상 서비스 제공**
(4) **저능력·저의지** : **심층상담** 등 밀착 서비스 제공

➕ Plus Check

[구직자 유형 분류 및 후속 조치]

구분	의미	개입방법
고능력 · 고의지	취업의지와 취업능력이 높은 경우 → **빠른 취업 지원형**	직업정보 제공, 취업알선 등
고능력 · 저의지	취업의지는 낮으나, 취업능력이 높은 경우 → **의욕 향상 지원형**	집단상담 프로그램 등 의욕 증진 서비스 제공
저능력 · 고의지	취업의지는 높으나, 취업능력이 낮은 경우 → **능력 향상 지원형**	직업능력 향상을 위한 직업훈련, 취업특강 등 구직기술 향상 서비스 제공
저능력 · 저의지	취업의지와 취업능력이 낮은 경우 → **심층 지원형**	심층상담 등 밀착 서비스 필요

제2절 취업목표 설정하기

★
06 취업상담 시 목표 설정의 의의를 3가지 쓰시오.

모범답안

(1) **상담의 방향 제공**
(2) **상담전략 선택 및 개입에 대한 기초** 마련
(3) **상담 결과를 평가하는 기초** 제공

★★
07 취업효능감 프로그램의 구성 요소 4가지를 쓰고 설명하시오.

모범답안

(1) **수행 성취** (성취 경험) : 개인이 충분히 달성할 수 있는 **작은 목표를 부여하고, 이를 성취할 수 있도록 격려하면 자기효능감이 증가**된다.
(2) **대리 경험** : 이미 성공한 사람들이나 위인들을 모델로 하여 **대리 경험을 하게 해주면 자기효능감이 증가**한다.
(3) **언어적 설득** : 격려의 말이나 수행에 대한 **구체적인 평가를 통해** 구직자의 노력을 강화하고, **자기효능감을 증진**시킨다.
(4) **정서적 안정** : 실패를 극복할 수 있다는 긍정적인 마음을 통해서 과제를 접하고 해석하여 **정서적 각성을 통해 불안에서 탈피해야 자기효능감이 높아질 수 있다.**

취업목표를 설정하기 위한 수행 내용 5가지를 설명하시오.

모범답안

(1) 구직자의 **취업가능 직종을 확인**한다.
(2) 구직자의 **취업목표 설정 준비상태를 확인**한다.
(3) **취업 대안을 평가**한다.
(4) **취업 대안을 압축**한다.
(5) 취업효능감 프로그램에 참여하도록 하여 **취업목표를 구체화**하게 한다.

09

구직자에게 취업효능감 프로그램에 참여하도록 하여 취업목표를 구체화하도록 지원해야 하는데 구직자의 홀랜드 코드가 아래와 같은 A 내담자와 B 내담자의 경우 프로파일을 어떻게 해석하고 어떤 프로그램에 참여하도록 하여야 하는지 각각 설명하시오.

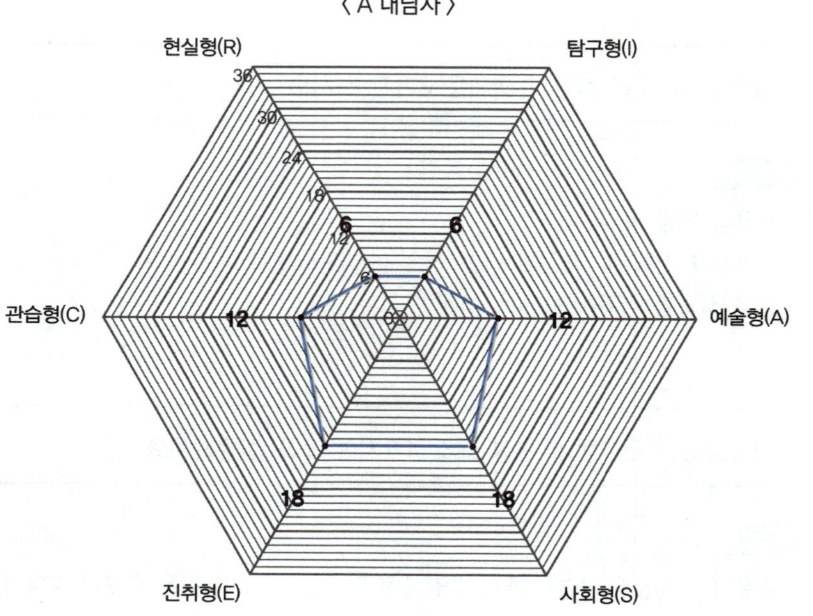

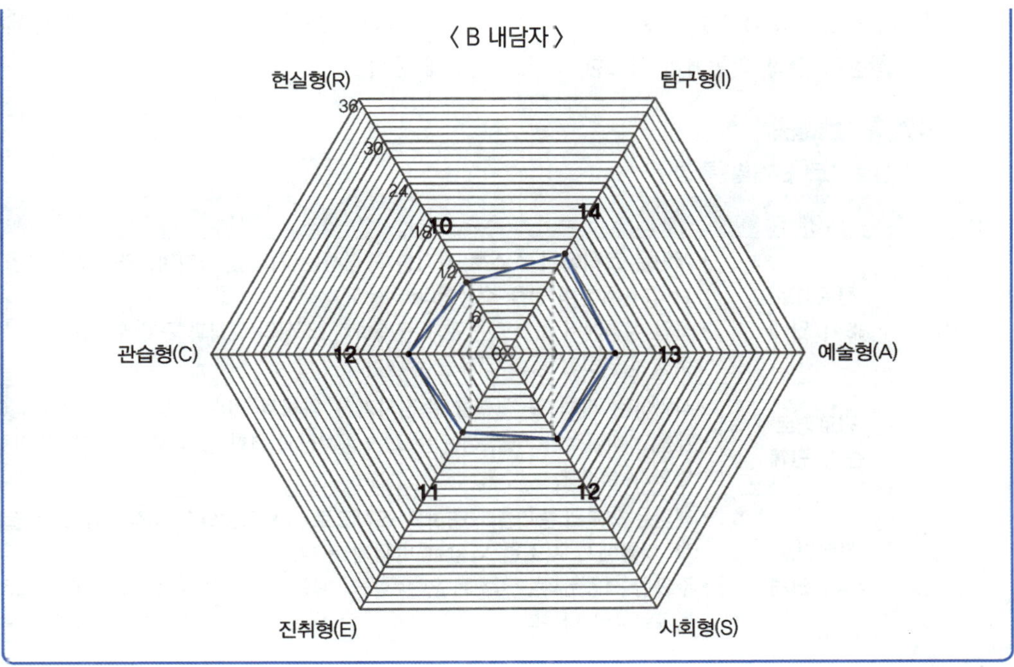

모범답안

(1) A 내담자 : A와 C 코드의 점수가 동일하거나 차이가 적은 내담자 유형으로, 이 내담자는 많은 아이디어를 가지고 있으나 **완벽해야 한다는 생각**으로 인해 **의사결정에 어려움을 가지고 있을 가능성**이 있다. 따라서 내담자와 협의하여 **의사결정 프로그램에 참여할 수 있도록 지원**한다.

(2) B 내담자 : 6개 RIASEC 코드의 점수가 비슷한 내담자 유형으로, 어떤 분야이건 관심이 있고 잘할 수 있다고 생각하기 때문에 **의사결정에 우유부단할 가능성**이 있다. 따라서 내담자와 협의하여 **의사결정 프로그램에 참여할 수 있도록 지원**한다.

제3절   **구인처 확보하기**

10 진로경로를 초기, 중기, 후기 단계로 나누어 특징을 설명하시오.

모범답안

(1) 진로경로 **초기 단계** : 개인은 조직에서 스스로 자리를 확립하는 기회를 가지며, **자신의 능력을 증명해 보이기 위한 역할**을 수행한다.

(2) 진로경로 **중기 단계** : 작업하는 **직책 및 상황을 증진시키기 위해서 계속 적응**하는 것이 특징이다.

(3) 진로경로 **후기 단계** : 개인은 외부의 흥미를 구축하고 조직으로부터 이탈하기 시작하며, **조직 활동이 권력 역할에서 사소한 역할로 바뀌게 된다.**

➕ Plus Check

[진로경로 단계별 특징]

단계	특징
진로경로 초기 단계	• 개인은 **조직에서 스스로 자리를 확립하는 기회를 가지며, 자신의 능력을 증명**해 보이기 위한 역할을 수행한다. • 작업 환경에서 조화로운 관계 구축하기, 조직의 규칙과 규율에 적응하기, 성과적인 수행 증명하기 등의 과제를 수행한다.
진로경로 중기 단계	• 작업하는 **직책 및 상황을 증진시키기 위해서 계속 적응**하는 것이 특징이다. • 새롭고 이질적인 기술, 생산 수요, 노동시장의 변화 등과 같은 다양한 원인들로부터 변화가 생긴다.
진로경로 후기 단계	• 개인은 외부의 흥미를 구축하고 **조직으로부터 이탈하기 시작하며, 조직활동이 권력 역할에서 사소한 역할로 바뀌게 된다.** • 주요한 적응문제는 감소된 일 역할을 수용하는 것이며, 정서적 지지는 일차적으로 동료로부터 나온다.

11 다음에 제시된 내용은 어떤 법령의 무엇에 해당하는가?

> • 경제 및 산업 동향
> • 노동시장, 고용·실업 동향
> • 임금, 근로시간 등 근로조건
> • 직업에 관한 정보
> • 채용·승진 등 고용 관리에 관한 정보
> • 직업능력개발훈련에 관한 정보
> • 고용 관련 각종 지원 및 보조제도
> • 구인·구직에 관한 정보

'24 직업상담사 2급 과정평가형

모범답안

「직업안정법 시행령」상 고용정보

12 취업상담 시 채용행사를 활용한 구직자 알선 방법을 4가지 제시하시오.

모범답안

(1) 구인 · 구직 만남의 날
(2) **채용박람회**
(3) e **채용마당**
(4) **채용대행 서비스** 및 채용행사

제4절 구직활동 지원하기

13 취업상담 시 기업분석 방법을 4가지 제시하시오.

모범답안

(1) **기업 홈페이지**
(2) **전자공시시스템** (DART)
(3) **신문기사** 확인
(4) **현직자 인터뷰**
(5) 증권사 리포트 등 보고서

14 취업상담 시 직무분석 방법 5가지를 쓰시오.

모범답안

(1) **기업 홈페이지**의 채용 페이지
(2) NCS (국가직무능력표준)
(3) 잡이룸, 잡코리아, 사람인, 원티드 등 **취업 포털 사이트**
(4) **직무 KPI**(key performance indicator : 핵심성과지표) 검색
(5) **경력직 채용공고** 분석
(6) 한국직업사전, 직무별 자소서 작성 가이드 (고용24)

15

다음의 내담자에 대한 면접지도 방법을 설명하시오.

> 내담자는 최근 남편과 사별 후 자녀양육을 위해 취업 시장에 나왔으나 과거 직업을 가져보지 못하였고, 빠른 취업을 원하지만 취업 준비가 부족한 상태이다.

'23 직업상담사 1급 과정평가형

모범답안

(1) **자녀 양육에 대한 대안 준비 후 정리하여 면접 시 잘 대처하도록** 한다.
(2) 일에 대한 절박한 의지를 표현하도록 하여 **꾸준히 근속하여 일을 할 수 있다는 부분을 어필하도록** 준비한다.
(3) 경력 단절이 긴 경우 **조직 적응에 대해 무리가 없음을 잘 어필하도록** 정리해서 답변을 준비한다.
(4) 자신감이 많이 떨어져 있는 경우가 많아 **자존감을 높이는 피드백이 필요**하다. 충분히 모의 면접을 준비하여 면접에 임하도록 한다.
(5) 여성인력개발센터, 새일센터, 고용복지플러스센터 **구직자 역량강화 프로그램 등을 연계하여 참여할 수 있도록 지원**한다.

➕ Plus Check

제시된 내담자 사례는 여성가장의 경우로 '대상별 면접지도 방법' 측면에서 살펴보면, 이러한 대상의 경우, 오랜 기간 경력이 단절되고 빠른 취업을 원하지만 취업준비가 부족한 경우가 많다. 노동시장 정보가 취약하고 정보습득 방법을 모르는 경우가 많으며 진입 장벽이 낮은 비전문적 직종을 선택하는 경우가 많다. 경제적으로는 빠른 취업을 희망하지만 자녀양육에 대한 고려도 중요한 문제로 이 부분을 먼저 다루어야 한다.

16

저소득층 대상자의 특징과 취업상담 시 면접지도 방법을 설명하시오.

모범답안

(1) 특징 : **빈곤한 상태에서 힘든 경험**을 가지고 있고, **저학력일 경우가 많으며, 질병이 있거나 질병이 있는 가족이 있는 경우가 많다.** 탈수급 문제로 구직활동에 어려움이 있으며 **진로결정수준과 진로정체감이 낮은 편**이다.
(2) 면접지도 방법
  ① 면접 **예상 질문에 대한 답변을 작성하고 단문 문장부터 연습**하도록 돕는다.
  ② 충분한 연습을 한 후, **눈 맞춤, 면접 태도 등에 대한 컨설팅**을 진행한다.
  ③ **자존감을 살려주는 피드백**이 필요하다.
  ④ 최대한 **모의 면접을 많이 하도록 지원**한다.
  ⑤ 고용센터에서 실시하는 **구직자 역량강화 프로그램 참여**를 독려한다.

17 취업상담 시 동행 면접의 강점과 효과를 각각 2가지씩 설명하시오.

모범답안

(1) **동행 면접의 강점**
  ① 구직자에게 안정감을 주고 구인업체에는 신뢰감을 주어 **채용확률을 높여준다.**
  ② 직접 인사담당자를 만날 수 있는 공식적인 루트이며, **단골 구인 기업을 만드는 중요한 기회**이다.

(2) **동행 면접의 효과**
  ① 구인업체 방문 후 **인사담당자와의 유대감 형성, 사업체 현황 파악의 효과**가 있다.
  ② 같은 업체에서 **다른 구인이 발생할 때**도 적합 구직자를 알선하고 구직자에게 **구인업체에 대해 설명하는 데 유리**하다.

18 구인업체 관리 시 단골기업을 만들기 위한 방안을 4가지 쓰시오.

모범답안

(1) 최소 분기별로 **주기적으로 소통하며**, 정부 지원금이나 기업에 유용한 **새로운 정책을 소개**한다.
(2) 업체가 구직자 추천을 요청하면 **최대한 적합한 구직자를 추천**한다.
(3) 워크넷에서 **고용정책을 상시 검색하여** 기업에 유용한 제도에 대한 정보를 제공한다.
(4) 때때로 **기업체에 방문**하여 업체의 **연간 구인에 대한 수요를 조사**해 놓는다.

19 구인이 성사되지 않은 업체 관리 방안을 4가지 쓰시오.

모범답안

(1) **비슷한 업체의 구인공고를 찾아 공유**하고 미채용 원인을 파악하여 업체와 **구인조건에 대해 다시 상담을 진행**한다.
(2) 근로조건이나 **조직문화, 면접문화 등을 점검**해본다.
(3) 구인공고를 면밀히 분석하고 **공고 내용의 수정이 가능한지 인사담당자와 논의**한 후 재공고를 진행한다.
(4) 적합한 구직자를 알선하지 못했다면 **구직자 서칭 범위를 확대**하여 알선을 진행한다.

20 노동이동의 원인으로 제시되는 '임금 격차설'과 '취업 기회설'을 각각 설명하시오.

모범답안

(1) **임금 격차설** : 노동력이 부족한 부문에서는 임금 및 노동 제 조건이 상대적으로 개선되므로 이 분야에는 **새로운 노동력이 유입**되고, 반대로 **노동이 초과 공급되는 분야에서는 노동력이 유출**되는 **경향**을 설명하는 이론으로 **노동력의 공급 측면을 강조**한다.

(2) **취업 기회설** : 타 산업, 타 지역으로의 이동의 경우 취업 기회의 증감에 의해 규정된다고 설명하는 이론으로 **노동력의 수요 측면을 강조**한다.

21 2020년 5월 1일 이 법률의 개정 시행령이 실시되면서 일정 규모 이상의 기업은 50세 이상 비자발적 이직 예정자에게 재취업 지원 서비스를 의무적으로 제공해야 하는 제도가 실시되고 있다. 이 법률은 어떤 법인가?

모범답안

「고용상 연령차별금지 및 고령자고용촉진에 관한 법률」(약칭 : 고령자고용법)

22 아래의 사람이 받을 수 있는 실업급여 일수는 며칠인가?

> 내담자는 2019년 1월 1일부터 2024년 1월 27일까지 전 직장에서 일을 하다가 그만둔 28세 성인 남성으로 장애인으로 등록이 되었다.

'25 직업상담사 2급 과정평가형

모범답안

240일

〈 구직급여의 소정급여일수 (「고용보험법」 제50조 제1항 관련) 〉

구분		피보험기간				
		1년 미만	1년 이상 3년 미만	3년 이상 5년 미만	5년 이상 10년 미만	10년 이상
이직일 현재 연령	50세 미만	120일	150일	180일	210일	240일
	50세 이상 또는 장애인	120일	180일	210일	240일	270일

★★★
23 구직급여는 소정의 수급요건을 만족시키는 수급 자격자의 생활안정을 도모하기 위해 지급되는 기본적 성격의 급여이다. 아래 예시는 피보험자가 실직한 경우이다. 구직급여의 소정지급일수는?

> 보험 가입기간 : 4년
> 나이 : 50세 이상

'23 직업상담사 1급 과정평가형

모범답안

210일

24 다음의 괄호 안에 공통으로 들어갈 단어는?

> 고용보험에서 실업이란 근로의 의사와 능력이 있음에도 불구하고 취업하지 못한 상태에 있는 사람으로, 실직자들이 생활의 안정을 도모하고 구직활동을 용이하게 하기 위하여 실업급여를 지급한다.
> 실업급여는 크게 구직급여, (   ), 연장급여, 상병급여로 나뉜다.
> (   )은/는 조기재취업수당, 직업능력개발수당, 광역구직활동비, 이주비 등으로 구분된다.

'24 직업상담사 2급 과정평가형

모범답안

취업촉진수당

25

미취업자 사후관리 방안을 5가지 제시하시오.

모범답안

(1) **취업이 될 때까지 채용정보 제공 및 구직동기 부여**를 하여야 한다.
(2) 지속적이고 주기적으로 **개인별 취업목표에 적합한 맞춤형으로 채용정보를** 제공한다.
(3) 취업에 도움이 되는 **단기 특강이나 취업 프로그램에 대한 추천**도 지속적으로 제공한다.
(4) **미취업 원인을 분석**하여 직업훈련을 다시 받을 것인지, 새로운 취업지원 프로그램을 다시 이수할 것인지, 직종을 전환할 것인지를 상담을 통해 정한다.
(5) **희망 근로조건에 대한 조정이 필요한지** 여부를 상담을 통해 **확인**한다.

26

청년층 구직자를 대상으로 진행되는 취업역량강화 프로그램 3가지를 쓰고 설명하시오.

'23 직업상담사 1급 과정평가형

모범답안

(1) **청년취업역량 프로그램** (청취력) : 우리 사회의 역량중심 채용 확대에 맞추어 **조직특성과 직무특성에 맞추어 구직기술을 강화할 수 있도록 지원**하는 프로그램이다.
(2) **CAP@ 프로그램** : 자신의 강점을 탐색하고 업종 및 직무, 채용트렌드에 대한 이해를 통해 **구직기술을 강화하여 효율적인 취업준비를 하도록 돕는** 프로그램이다.
(3) **청년취업 GYM : 청년들이** 긍정정서 및 취업동기를 높이고 경력을 탐색하여 구직기술을 습득하는 등 **취업에 필요한 힘을 기를 수 있도록 지원하는 모듈-조합형 프로그램**이다.
(4) 온택트 취업컨설팅 청년취업ON : 취업준비생들이 직무별 역량에 대한 이해와 개인의 경험을 연계하여 채용서류와 면접준비를 효과적으로 할 수 있도록 돕는 온라인 소그룹 컨설팅 중심 구직역량강화 프로그램이다.
(5) 온라인 소그룹 취업컨설팅 B.D.S. : 진로를 결정하지 못한 청년층이나 반도체 분야 취업을 희망하는 비전공 청년층에게 반도체 생산직무 특성 및 관련 기업을 소개하는 프로그램이다.

제5장

직업훈련상담

내담자 직무역량 파악하기

출제기준▶

1. 내담자의 직업능력개발 참여 이력을 확인할 수 있다.
2. 내담자를 진단하여 적합 훈련분야를 분석할 수 있다.
3. 내담자의 직무역량을 분석할 수 있다.
4. 내담자의 생애진로주기별 직업능력개발 계획을 확인할 수 있다.

01 내담자 직무역량 파악

(1) 인적자원개발

① **인적자원관리의 3가지 영역**

구분	내용
인적자원개발 (HRD) (Human Resource Development)	훈련과 개발, 조직개발, 진로 경로 개척 등
인적자원환경 (HRE) (Human Resource Environment)	조직/직무설계, 인적자원 기획, 수행관리 체제, 노사관계 등
인적자원활용 (HRU) (Human Resource Utility)	선발 및 배치, 고용인 지원, 보상/유인, 고용정보 체계 등

② **인적자원개발의 특성 (Nadler, L., 1984)**

㉠ 반드시 의도적이고 계획적이며 조직적인 학습이어야 한다.

㉡ 학습은 제한된 특정 기간 내에 이루어져야 하며, 시간 개념은 비용 측면보다 학습 성취 여부의 평가 시점을 중요시한다.

㉢ 조직의 현재 또는 미래의 직무와 관련이 있어야 하므로, 뚜렷한 목적하에 조직의 직무 성과 향상을 위하여 계획적으로 추진하여야 한다.

㉣ 직무성과의 향상 가능성을 증대시켜야 한다.

㉤ 개인과 조직의 가능성을 증대시켜야 한다.

③ **인적자원개발의 중요성**

㉠ 4차 산업혁명은 지능정보화 혁명으로 산업뿐 아니라 삶 전반의 혁신적 변화를 유발시켰다.

㉡ 필요에 따라 사람을 구해 임시로 계약을 맺고 일을 맡기는 긱 경제(gig economy : 임

시직 경제)가 등장하였다. 긱 경제는 산업현장에서 필요에 따라 사람을 구해 임시로 계약을 맺고 일을 맡기는 형태의 고용 방식이다. 노동자 입장에서는 고용돼 있지 않고 필요할 때 일시적으로 일을 하는 '임시직 경제'를 의미한다.
ⓒ 4차 산업혁명과 비대면 시대로 실업 유입률이 증가하고, 실업 유출률이 감소하였다.
ⓔ 신산업·신기술 분야 교육·훈련 확대가 필요하다.
ⓜ 인적자원의 양적 투입에 의한 성장은 노동력 공급 부족으로 한계에 직면하였다.
ⓗ 40대 후반 주된 일자리에서 퇴직하면 20여 년 동안 노동시장에 머물러야 한다.
ⓢ 낮은 여성 경제활동참가율, 북한이탈주민과 외국인 근로자의 증가 등이 인적자원개발의 어려움을 가중시키고 있다.

(2) 직업훈련

① 직업훈련의 의미

ⓐ 직업훈련(vocational training)은 넓은 의미에서 필요한 직무수행능력을 습득·향상시키기 위하여 실시하는 훈련이다.

ⓑ 직업과 직업군 내에서 효율적인 수행을 위해 요구되는 지식, 기능, 태도를 준비하기 위한 목적을 가진 활동으로 일반교육은 포함하지 않는다.

ⓒ 자신에게 적합한 교육수준을 가지고 특정한 직업에 필요한 기술·기능 등 직업능력을 갖추기 위한 체계적이고 계획적인 활동으로, 교육보다 실제적인 면을 내포한다.

② 직업훈련의 형태 (실시자의 성격에 따른 구분)

구분	내용
공공직업훈련 (public vocational training)	**국가, 지방자치단체 또는 공공직업훈련법인**이 숙련된 다능공 양성을 목표로 실시하는 정규 훈련방식의 직업훈련 형태
인정직업훈련 (authorized training)	공공직업훈련법인 이외에 **비영리법인이 고용노동부장관의 인가를 받아 실시**하는 기능공 양성의 목표를 가진 정규 훈련방식의 직업훈련 형태
사업내 직업훈련 (in-plant training)	**기업주가 단독 또는 타 기업주와 공동으로 사업체 내에서** 기능공을 양성하거나 고용된 근로자에게 직무 향상 및 직무 보충 등을 훈련하는 직업훈련 형태

(3) 직무역량

① 국가직무능력표준 (NCS : National Competency Standards)

ⓐ 산업현장에서 직무를 수행하기 위하여 요구되는 지식·기술·소양 등의 내용을 국가가 산업부문별·수준별로 체계화한 것이다.

ⓑ 한국고용직업분류(KECO : Korean Employment Classification of Occupations) 등을 참고하여 분류하였다.

ⓒ '대분류(24) → 중분류(81) → 소분류(273) → 세분류(1,100개)'의 순으로 구성된다.

　　ⓔ 능력단위의 수준과 능력단위 요소마다 수행준거를 제시하였다.

　　ⓜ 수행준거는 직무수행 기준과 지식, 기술, 태도 등으로 구성되며, 학습목표이면서 역량
　　　을 판단하는 기준이다.

② **직무역량 분석**

　　㉠ 내담자의 전공, 수행 직무 내용, 직업훈련 이수 경험, 직위 등을 확인한다.

　　㉡ 국가직무능력표준에서 관련 분야를 검색한다.

　　㉢ 해당 분야에서 수준별 관련 직무를 확인하고, 그 수행 수준에 제시된 관련 분야를 검색
　　　한다.

　　㉣ '경력개발경로 찾기'에서 자가진단을 하도록 하여 가능성이 있다면 훈련정보를 검색한다.

　　㉤ 내담자의 생애진로 주기별 직업능력개발 계획에 근거하여 수준별 해당 훈련을 검색한다.

　　㉥ 상위 직급의 단계별 소요되는 기간을 감안하여 훈련계획을 세운다.

직업훈련정보 수집하기

출제기준▶

1. 내담자의 직업훈련분야에 적합한 훈련기관, 훈련지역, 훈련기간 등의 자료를 수집할 수 있다.
2. 국가 및 민간 직업훈련의 정보를 쓰집 장·단점을 비교 설명할 수 있다.
3. 내담자가 훈련하고자 하는 훈련분야 전망, 난이도와 수준에 관한 자료를 수집, 제공할 수 있다.
4. 국가자격증(www.q-net.or.kr), 민간자격증(www.pqi.or.kr) 검색 사이트를 활용하여 자격 정보를 제공할 수 있다.
5. 훈련 성공사례를 수집하여 내담자에게 제공할 수 있다.

01 직업훈련정보 수집

(1) 직업훈련 분류 (「국민 평생 직업능력 개발법 시행령」)

① 직업훈련 실시 목적에 따른 분류

구분	내용
양성훈련 (basic training)	직업에 필요한 기초적인 직무수행능력을 습득시키기 위하여 실시하는 훈련과정
향상훈련 (up-grade training)	양성훈련을 받은 사람이나 직업에 필요한 기초적인 직무수행능력을 가지고 있는 사람에게 더 높은 직무수행능력을 습득시키거나 기술발전에 대응하여 필요한 지식·기능을 보충하기 위하여 실시하는 훈련과정
전직훈련 (training for the change of occupation)	종전의 직업과 유사하거나 새로운 직업에 필요한 직무수행능력을 습득시키기 위하여 실시하는 훈련과정

② 직업훈련 실시 방법에 따른 분류

구분	내용
집체훈련(Off JT) (Off the Job Training)	직업능력개발훈련을 실시하기 위하여 설치한 훈련전용시설 그 밖에 훈련을 실시하기에 적합한 시설(산업체의 생산시설 및 근무장소를 제외한다.)에서 실시하는 방법
현장훈련(OJT) (On the Job Training)	산업체의 생산시설 또는 근무 장소에서 실시하는 방법

구분	내용
원격훈련	정보통신매체 등을 이용하여 원격지에 있는 근로자에게 실시하는 방법
혼합훈련	집체훈련, 현장훈련, 원격훈련을 2개 이상 병행하여 실시하는 방법

③ **4차 산업혁명에 따른 훈련방법의 다양화**

구분	내용
MOOC (Massive Open Online Course)	대규모 온라인 공개강좌
플립러닝 (Flipped Learning)	역진행 수업방식으로 관련 정보 등 선행학습 후 강의실에서는 토의-토론식 수업 진행
혼합훈련 (Blended Learning)	온라인과 오프라인을 병행하는 학습방식

(2) 훈련정보 분석하기

① 내담자의 욕구를 고려하여 훈련정보를 확인한다.
② 수집된 훈련정보를 분석한다.
③ 내담자의 보유 역량과 일치성이 높은 훈련과정과의 연계를 구상한다.
④ 내담자의 보유 역량과 부합한 훈련과정을 자료화한다.

(3) 자격

① **자격의 개념**
  ㉠ **자격** : 직무수행에 필요한 지식·기술·소양 등의 습득 정도가 일정한 기준과 절차에 따라 평가 또는 인정된 것을 말한다.
  ㉡ **자격체제** : 국가직무능력표준을 바탕으로 학교교육·직업훈련 및 자격이 상호 연계될 수 있도록 한 자격의 수준 체계이다.
  ㉢ **자격제도** : 인간의 능력(지식, 기술, 소양 등)을 일정한 기준과 절차에 따라 평가 또는 인정하기 위한 시스템을 의미한다.
  ㉣ **자격검정** : 자격을 부여하기 위해 필요한 직무수행능력을 평가하는 과정이다.
  ㉤ **공인** : 자격의 관리, 운영 수준이 국가자격과 같거나 비슷한 민간자격을 이 법에서 정한 절차에 따라 국가가 인정하는 행위이다.

② **자격의 구분**

구분	내용
국가자격	법령에 따라 국가가 신설하여 관리·운영하는 자격
민간자격	국가 외의 자가 신설하여 관리·운영하는 자격 • **공인자격** : 주무부 장관이 공인한 민간자격 • **등록자격** : 주무부 장관에게 등록한 민간자격 중 공인자격을 제외한 자격

③ **과정평가형과 일학습병행제 자격**

㉠ 과정평가형 자격은 국가직무능력표준(NCS)에 기반하여 일정 요건을 충족하는 교육훈련 과정을 이수한 자에게 내외부 평가를 거쳐 합격 기준에 충족되면 자격을 부여하는 제도이다.

㉡ 일학습병행제는 독일, 스위스 등의 일터 기반 학습을 한국 현실에 맞게 설계한 '현장기반 훈련'으로, 기업이 청년 등을 채용한 후 NCS기반으로 업무 현장 및 사업장 외에서 훈련을 실시하고 평가를 통해 자격을 주는 새로운 교육훈련 제도이다.

㉢ 한국산업인력공단에서 위탁·시행한다.

훈련과정 선택 지원하기

출제기준▶
1. 산업동향 분석, 훈련직종의 전망, 직업훈련정보 등을 바탕으로 직업훈련 가능성을 진단할 수 있다.
2. 훈련 종료 후 진출할 수 있는 분야, 도움이 되는 분야 등을 설명할 수 있다.
3. 내담자의 직업훈련 대안 직종을 2~3개로 좁혀 훈련과정을 선택하도록 지원할 수 있다.
4. 내담자가 선택한 훈련과정에 대한 목표를 수립하도록 지원할 수 있다.

01 훈련 가능성 진단

(1) 내담자 훈련 요구도 분석

① 훈련 참여 의지

㉠ 의지란 심리선택이나 행위의 결정에 대한 내적이고 개인적인 역량이며, 목적을 실현하기 위해 자발적으로 의식적인 행동을 하게 하는 내적 욕구이다.

㉡ 훈련 참여 의지는 훈련과정에 참여하는 동안 견디고 이수할 수 있는 스스로 다짐과 격려를 할 수 있는 역량이다.

㉢ 훈련기간을 완주하고자 하는 것은 훈련생의 의지에 달려있다.

㉣ 내담자의 훈련 참여 의지를 확인하고, 훈련기간 내내 이에 대한 지지와 독려가 필요하다.

② 훈련 요구도

㉠ 요구란 일반적으로 현재 상태(what it is)와 바람직한 상태(what it should be) 간의 격차를 의미한다.

㉡ 직업훈련 요구도는 직무역량을 증가시키기 위한 목적의 강도를 의미한다.

㉢ 훈련생은 직무역량을 완성하고자 하는 목적으로 훈련에 참여하므로 내담자의 훈련 요구도를 확인하여야 한다.

㉣ 내담자의 훈련 요구도를 분석하기 위해 반구조화된 질문지를 활용한다.

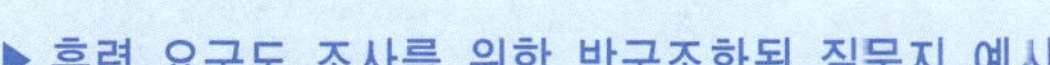

(2) 전공영역 진단

① 직업훈련상담은 청소년들의 진학상담과 동일한 의미를 가지므로 전공영역에 대한 진단은 직업훈련 분야를 진단하는 것과 같다.
② 홀랜드이론은 전공 및 직업선택에서 유효한 이론이다.
③ 홀랜드이론의 기본 가정, 5가지 주요 개념, 직업카드 심리검사를 활용하여 직업훈련 분야를 진단한다.

02 훈련과정 선택

(1) 훈련과정에 대한 기준

① 훈련과정들의 기준은 국가직무능력표준(NCS)에 제시되어 있다.
② 직업훈련상담에서 상담자는 내담자가 훈련기준에 맞는 교과과정을 학습하는데 그 가능성을 타진해야 한다.
③ 내담자의 전공, 직무역량 등을 고려하여 훈련과정 이수 가능성에 대해 충분히 검토할 수 있도록 관련 정보를 제공하고, 훈련 이수 이후 취업 가능성에 대한 확신을 갖도록 지지해 준다.
④ 훈련기준에는 선수학습과 관련 이론들, 다루어지는 이론들, 지식, 기술, 태도 등의 역량, 훈련 소요시간, 수행준거에 의한 평가방법 등이 상세히 설명되어 있다.

〈 NCS의 수준체계와 수준별 정의 〉

구분	정의
8수준	해당 분야에 대한 **최고도의 이론 및 지식을 활용**하여 새로운 이론을 창조할 수 있고, **최고도의 숙련으로 광범위한 기술적 작업을 수행**할 수 있으며 **조직 및 업무 전반에 대한 권한과 책임**이 부여된 수준
7수준	해당 분야의 **전문화된 이론 및 지식을 활용**하여, 고도의 숙련으로 광범위한 작업을 수행할 수 있으며 타인의 결과에 대하여 의무와 **책임**이 필요한 수준

구분	정의
6수준	**독립적인 권한 내에서** 해당 분야의 이론 및 지식을 자유롭게 활용하고, **일반적인 숙련으로 다양한 과업을 수행하고, 타인에게 해당 분야 지식 및 노하우를 전달**할 수 있는 수준
5수준	**포괄적인 권한 내에서** 해당 분야의 이론 및 지식을 사용하여 **매우 복잡하고 비일상적인 과업을 수행하고, 타인에게 해당 분야의 지식을 전달**할 수 있는 수준
4수준	**일반적인 권한 내에서** 해당 분야의 이론 및 지식을 제한적으로 사용하여 **복잡하고 다양한 과업을 수행**하는 수준
3수준	**제한된 권한 내에서** 해당 분야의 기초이론 및 일반지식을 사용하여 **다소 복잡한 과업을 수행**하는 수준
2수준	**일반적인 지시 및 감독** 하에 해당 분야의 일반지식을 사용하여 **절차화되고 일상적인 과업을 수행**하는 수준
1수준	**구체적인 지시 및 철저한 감독** 하에 문자이해, 계산능력 등 기초적인 일반지식을 사용하여 **단순하고 반복적인 과업을 수행**하는 수준

(2) 훈련과정 선택과 자격취득

① 훈련과정 선택과 자격취득은 생애진로 주기별 직업능력개발 계획에 연계하여 검토되어야 하는 것으로 미래 직업시장 변화에 대한 정보 및 의사결정능력이 요구되는 과정이다.

② 10년 후 미래 직업세계를 전망하여 10년 후에도 성장 가능한 직종인지 검토하여 결정하는 것이 바람직하다.

③ 훈련과정의 선택은 내담자의 직무역량, 적합한 분야 및 전공, 미래사회에서의 직업변화 등을 고려하여 이루어져야 한다.

④ 훈련과정은 자격취득을 목적으로 하며, 큐넷(www.q-net.or.kr)에서 상세한 정보를 제공한다.

⑤ 큐넷은 직종에 대한 직업정보, 시험일정, 접수 및 합격률 등의 검색할 뿐 아니라 시험등록, 합격 여부도 조회가 가능하다.

(3) 국민내일배움카드 신청 제한자 (국민내일배움카드 운영규정, 2025. 12.)

① 공무원

② 사립학교 교직원

③ 군인 (단, 「제대군인지원에 관한 법률」의 적용을 받는 전역 예정자는 제외)

④ 「초·중등교육법」에 따른 학교의 재학생 (단, 고등학교 3학년생은 제외)

⑤ 「고등교육법」에 따른 학교의 재학생 (단, 졸업까지 2년 이내인 사람은 제외)

⑥ 만 75세 이상인 사람

⑦ 중앙행정기관 또는 지방자치단체로부터 훈련비를 지원받는 훈련(또는 사업)에 참여하는 사람

⑧ 「출입국관리법」에 따른 외국인 (단, 고용보험 피보험자나 결혼이민자 제외)

⑨ 「국민기초생활 보장법」에 따라 생계급여를 수급받는 사람

⑩ 대기업에 고용된 만 45세 미만인 사람으로서 최근 3개월간 월평균 임금이 300만 원 이상인 사람 (단, 기간제·단시간·파견·일용근로자는 제외)

⑪ 사업자등록증을 발급받은 사람으로서 사업 기간이 1년 미만이거나, 최근 1년간 매출과세표준(수입금액)이 4억원 이상인 사람

훈련목표달성 촉진하기

출제기준 ▶
1. 훈련참여자가 훈련과정에서 호소하는 제반 문제를 진단하고 평가할 수 있다.
2. 훈련참여자와 협의를 통하여 훈련 목표를 단계별로 점검할 수 있다.
3. 훈련과 자격증 취득을 지속할 수 있도록 커뮤니티 모임을 구성하고 참여를 지원할 수 있다.
4. 훈련과정 수행을 통하여 스스로 변화유지계획을 수립하여 행동변화를 촉진할 수 있다.
5. 훈련종료 후 취업상담으로 연계할 수 있다.

01 훈련목표 달성 촉진

(1) 훈련기관의 역할 및 기능

① 훈련에 대한 계획서 작성
② 훈련생에 대한 개인, 진로, 현장 적응 등에 대한 상담
③ 훈련생에 대한 법적 처리 문제 및 행정적인 절차 수행
④ 기업체 섭외 활동 및 훈련 홍보 활동
⑤ 기업체 기술 지원
⑥ 훈련과정 운영
⑦ 훈련 성과에 대한 평가 및 훈련생의 훈련능력 평가
⑧ 사후지도 실시

(2) 훈련기관에서의 훈련생 선발기준

① 훈련 프로그램에 참가하기를 희망하는 자
② 직업목표가 분명한 자
③ 교과 내용과 적성이 적합한 자
④ 수료 후에도 전공 분야에 계속 취업할 의사가 있는 자
⑤ 단정하고 성실하며 인내성이 있는 자
⑥ 우수한 인력으로서 기초적인 소질과 능력과 태도를 겸비한 자
⑦ 인간관계가 원만하고 자기 자신에 대한 이해가 있는 자

(3) 훈련생의 훈련 참여

① 훈련기관 점검
    ㉠ 기업체의 훈련 필요점에 대한 분석 능력
    ㉡ 훈련 대상자의 훈련 요구도에 대한 분석 능력
    ㉢ 기업체의 관련 직무분석
    ㉣ 직무분석 결과에 적합한 훈련교재 선정
    ㉤ 기업주가 요구하는 훈련 내용 선정
    ㉥ 훈련교재에서 누락된 훈련 내용 추출 및 교안 작성
    ㉦ 훈련 내용에 맞는 장비 및 시설
    ㉧ 우수한 강사 보유
    ㉨ 훈련생의 탈락률 및 취업률
    ㉩ 해당 직종 산업계와의 네트워크 구축

② 양성훈련의 효과
    ㉠ 자신에 대한 이해
    ㉡ 사회에 대한 인식과 지식
    ㉢ 경험의 성숙
    ㉣ 직업에 관한 지식 확장
    ㉤ 직업에 대한 표집활동과 직업인으로서 전이 가능
    ㉥ 사회교육적 입장에서 생활기법 개발
    ㉦ 직업정보에 관한 선택
    ㉧ 직업선택의 신중성
    ㉨ 작업장의 비형식적인 문화에 유입
    ㉩ 고용의 기회

(4) 훈련생의 적응 및 복지

① 훈련생활 적응
    ㉠ 훈련기관의 독특한 환경에 적응할 수 있도록 상담이 필요하다.
    ㉡ 훈련기관의 문화, 담당자와의 관계, 훈련과정의 진행속도와 질에 대해 확인하고 적응할 수 있도록 도와주어야 한다.
    ㉢ 이론과 실습 과정에서 자신의 관념과 다른 세계에 거부감을 느낄 수도 있다.
    ㉣ 실업으로 예민한 상태이므로 모든 일들을 더 심각하게 받아들이고 현실 도피를 시도하기도 한다.
    ㉤ 경제적 어려움으로 훈련참여 기간을 인내하지 못하고 당장 취업해야 된다는 관념에 사로잡히기도 하므로 상담자는 수시로 훈련생의 상태를 확인하고 상담을 제공한다.

② **훈련생 복지**

㉠ **국비 훈련 및 훈련수당 지급** : 국민내일배움카드는 훈련비의 일부 또는 전부(직종 평균 취업률 및 대상에 따라 상이)를 지원하는 제도로 5년간 300~500만원까지 지원된다. 훈련수당은 교육과정 및 형태마다 다르며 경제적 지원을 통해 훈련 이수를 돕는 목적이 있다.

㉡ **직업훈련생 생계비 대부**

생계비 융자 대상	• **총 140시간 이상 훈련** 중 대부 대상 월의 교육일수가 15일 이상인 대부 대상자 – **실업자** : 고용보험 피보험자격을 상실한 자 중 실업 상태에 있는 자 　　　　　(※ 실업급여 수급중인 자는 제외) – **비정규직 근로자** : 고용보험 피보험자격을 취득한 비정규직 노동자 　　　　　　　(※ 특수형태근로자 제외) – **무급휴직자** : 고용보험 피보험자격을 취득한 근로자로서 휴직수당 등 금품을 받지 않고 휴직 중인 자 – **자영업자인 피보험자** : 자영업자 고용보험 임의 가입중인 자
대부 조건 및 신청	• 소득요건 : 전년도 20세 이상 가구원 소득 합산 월 소득이 가구별 기준 **중위소득의 80% 이하**일 것 • 총 대부한도 : 1인당 1천만원 이내 • 월별 대부 한도액 : 50~200만원 이내 • 이자율 : **연 1%** • **거치기간 및 상환기간 선택 후 변경 불가**, 조기상환 수수료 없음 • 접수 : **근로복지공단 근로복지넷 (welfare.comwel.or.kr)**

〈 비정규직의 개념 〉

구분	내용
1. 한시적 근로자	근로계약기간을 정한 근로자(기간제 근로자) 또는 정하지 않았으나 계약의 반복 갱신으로 계속 일할 수 있는 근로자와 비자발적 사유로 계속 근무를 기대할 수 없는 근로자(비기간제 근로자)를 포함
– 기간제 근로자	근로계약기간을 설정한 근로자가 해당
– 비기간제 근로자	근로계약기간을 정하지 않았으나 계약의 반복 갱신으로 계속 일할 수 있는 근로자와 비자발적 사유(계약만료, 일의 완료, 이전 근무자 복귀, 계절근무 등)로 계속 근무를 기대할 수 없는 근로자
2. 시간제 근로자	직장(일)에서 근무하도록 정해진 소정의 근로시간이 동일 사업장에서 동일한 종류의 업무를 수행하는 근로자의 소정 근로시간보다 1시간이라도 짧은 근로자로, 평소 1주에 36시간 미만 일하기로 정해져 있는 경우에 해당
3. 비전형 근로자	파견근로자, 용역근로자, 특수형태근로종사자, 가정 내(재택, 가내) 근로자, 일일(단기) 근로자
– 파견 근로자	임금을 지급하고 고용관계가 유지되는 고용주와 업무 지시를 하는 사용자가 일치하지 않는 경우로 파견 사업주가 근로자를 고용한 후 그 고용관계를 유지하면서 근로자 파견계약의 내용에 따라 사용 사업주의 사업장에서 지휘, 명령을 받아 사용 사업주를 위하여 근무하는 형태

구분	내용
- 용역 근로자	용역업체에 고용되어 이 업체의 지휘 하에 이 업체와 용역계약을 맺은 다른 업체에서 근무하는 형태(예 청소용역, 경비용역업체 등에 근무하는 자)
- 특수형태 근로종사자	독자적인 사무실, 점포 또는 작업장을 보유하지 않았으면서 비독립적인 형태로 업무를 수행, 다만 근로제공의 방법, 근로시간 등은 독자적으로 결정하면서, 개인적으로 모집, 판매, 배달, 운송 등의 업무를 통해 고객을 찾거나 맞이하여 상품이나 서비스를 제공하고 그 일을 한 만큼 소득을 얻는 근무 형태
- 가정 내 근로자	재택근무, 가내하청 등과 같이 사업체에서 마련해 준 공동 작업장이 아닌 가정 내에서 근무(작업)가 이루어지는 근무 형태
- 일일(단기) 근로자	근로계약을 정하지 않고 일거리가 생겼을 경우 며칠 또는 몇 주씩 일하는 형태의 근로자

(5) 훈련목표 달성 촉진하기

① 내담자의 훈련기간 동안 적응에 대해 수시로 상담을 진행한다.
② 훈련생 만족도 질문지를 통해 내담자의 불만사항을 상담한다.
③ 내담자에게 자격취득에 대해 상세히 안내한다.
④ 자격을 취득한 훈련생에 대해 취업상담을 실시한다.
⑤ 취업한 훈련 이수생과 수시로 사후상담을 실시한다.

직업훈련상담 기출·예상문제

제1절　내담자 직무역량 파악하기

01　인적자원관리의 3가지 영역과 세부 영역을 2가지씩 쓰시오.

모범답안

(1) **인적자원 개발** : **훈련과 개발, 조직개발**, 진로 경로 개척 등
(2) **인적자원 환경** : 조직/직무설계, **인적자원 기획**, 수행관리 체제, **노사관계** 등
(3) **인적자원 활용** : **선발 및 배치, 고용인 지원**, 보상/유인, 고용정보 체계 등

★
02　네들러(Nadler, L., 1984)가 제시한 인적자원개발의 특성을 3가지 제시하시오.

모범답안

(1) 반드시 **의도적이고 계획적이며 조직적인 학습**이어야 한다.
(2) 학습은 제한된 특정 기간 내에 이루어져야 하며, **시간 개념은 비용 측면보다 학습 성취 여부의 평가 시점을 중요시**한다.
(3) 조직의 현재 또는 미래의 직무와 관련이 있어야 하므로, **뚜렷한 목적하에 조직의 직무성과 향상을 위하여 계획적으로 추진**하여야 한다.
(4) 직무성과의 향상 가능성을 증대시켜야 한다.
(5) 개인과 조직의 가능성을 증대시켜야 한다.

★
03　다음 중 실시자의 성격에 따른 직업훈련의 형태를 3가지 쓰고, 설명하시오.

모범답안

(1) **공공직업훈련** : **국가, 지방자치단체 또는 공공직업훈련법인이 실시**
(2) **인정직업훈련** : 공공직업훈련법인 외에 **비영리법인이 고용노동부장관의 인가를 받아 실시**
(3) **사업내 직업훈련** : **기업주가** 단독 또는 타 기업주와 공동으로 **실시**

04 「자격기본법」 제2조에 의한, '국가직무능력표준'의 정의를 쓰시오.

모범답안

국가직무능력표준이란 산업현장에서 직무를 수행하기 위하여 요구되는 지식 · 기술 · 소양 등의 내용을 국가가 산업부문별 · 수준별로 체계화한 것이다.

05 다음은 국가직무능력표준에 대한 설명이다. 빈칸을 차례대로 알맞게 채우시오.

> 국가직무능력표준(NCS)는 능력단위의 수준과 능력단위 요소마다 (　　　　)을/를 제시하였는데, 이는 직무수행 기준과 (　　　　), (　　　　), (　　　　) 등으로 구성되었다. 이는 학습목표이면서 역량을 판단하는 기준이다.

모범답안

수행준거, 지식, 기술, 태도

제2절 직업훈련정보 수집하기

06 직업훈련의 실시 목적에 따른 3가지 훈련 종류를 쓰고, 설명하시오.

모범답안

(1) **양성훈련** : 직업에 필요한 기초적인 직무수행능력을 습득시키기 위하여 실시하는 훈련
(2) **향상훈련** : 양성훈련을 받은 사람이나 직업에 필요한 기초적인 직무수행능력을 가지고 있는 사람에게 더 높은 직무수행능력을 습득시키거나 기술발전에 대응하여 필요한 지식 · 기능을 보충하기 위하여 실시하는 훈련
(3) **전직훈련** : 종전의 직업과 유사하거나 새로운 직업에 필요한 직무수행능력을 습득시키기 위하여 실시하는 훈련

★★★
07 직업훈련은 실시방법에 따라 집체훈련, 현장훈련, 원격훈련, 혼합훈련으로 구분할 수 있다. 아래에 제시된 4가지 훈련에 대해 설명하시오.

(1) 집체훈련 :

(2) 현장훈련 :

(3) 원격훈련 :

(4) 혼합훈련 :

'25 직업상담사 1급 검정형 / '24 직업상담사 2급 과정평가형

모범답안

(1) **집체훈련** : 직업능력개발훈련을 실시하기 위하여 설치한 **훈련전용시설, 그 밖에 훈련을 실시하기에 적합한 시설**(산업체의 생산시설 및 근무장소를 제외한다.)에서 **실시**하는 방법

(2) **현장훈련** : **산업체의 생산시설 또는 근무 장소에서 실시**하는 방법

(3) **원격훈련** : **정보통신매체 등을 이용하여 원격지에 있는 근로자에게 실시**하는 방법

(4) **혼합훈련** : **집체훈련, 현장훈련, 원격훈련을 2개 이상 병행하여 실시**하는 방법

---

08 다음에 제시된 다양한 훈련방법의 명칭을 알맞게 쓰시오.

> ㉠ 대규모 온라인 공개강좌
> ㉡ 역진행 수업방식으로 관련 정보 등 선행학습 후 강의실에서는 토의-토론식 수업 진행
> ㉢ 온라인과 오프라인을 병행하는 학습방식

모범답안

㉠ : **MOOC** (Massive Open Online Course)

㉡ : **플립러닝** (Flipped Learning)

㉢ : **혼합훈련 / 블렌디드러닝** (Blended Learning)

---

09 다음에 제시된 '훈련정보 분석하기' 수행과정을 순서대로 바르게 나열하시오.

> ㉠ 수집된 훈련정보를 분석한다.
> ㉡ 내담자의 보유 역량과 일치성이 높은 훈련과정과의 연계를 구상한다.
> ㉢ 내담자의 보유 역량과 부합한 훈련과정을 자료화한다.
> ㉣ 내담자의 욕구를 고려하여 훈련정보를 확인한다.

ⓔ, ㉠, ㉡, ㉢

Plus Check

[훈련정보 분석하기 수행 순서]

(1) 내담자의 **욕구**를 고려하여 훈련정보를 확인한다.

(2) 수집된 **훈련정보를 분석**한다.

(3) 내담자의 **보유 역량**과 일치성이 높은 훈련과정과의 연계를 **구상**한다.

(4) 내담자의 **보유 역량**과 부합한 **훈련과정**을 **자료화**한다.

---

10 다음의 설명에 알맞게 순서대로 괄호 인을 채우시오.

> • (㉠) : 직무수행에 필요한 지식·기술·소양 등의 습득 정도가 일정한 기준과 절차에 따라 평가 또는 인정된 것을 말한다.
> • (㉡) : 국가직무능력표준을 바탕으로 학교교육·직업훈련 및 자격이 상호 연계될 수 있도록 한 자격의 수준 체계이다.
> • (㉢) : 인간의 능력(지식, 기술, 소양 등)을 일정한 기준과 절차에 따라 평가 또는 인정하기 위한 시스템을 의미한다.
> • (㉣) : 자격을 부여하기 위해 필요한 직무수행능력을 평가하는 과정이다.
> • (㉤) : 자격의 관리, 운영 수준이 국가자격과 같거나 비슷한 민간자격을 이 법에서 정한 절차에 따라 국가가 인정하는 행위이다.

'25 직업상담사 2급 과정평가형

㉠ : **자격**

㉡ : **자격체제**

㉢ : **자격제도**

㉣ : **자격검정**

㉤ : **공인**

★★

11 직업훈련과 자격은 서로 연계시켜 운영되므로, 자격의 종류에 대한 이해가 필요하다. 아래에 제시된 4가지 자격에 대해 각각 설명하시오.
(1) 국가자격 :
(2) 민간자격 :
(3) 공인자격 :
(4) 등록자격 :

'24 직업상담사 2급 과정평가형

모범답안

(1) **국가자격** : 법령에 따라 **국가가 신설하여 관리·운영**하는 자격
(2) **민간자격** : 국가 외의 자가 신설하여 관리·운영하는 자격
(3) **공인자격** : 주무부 장관이 공인한 민간자격
(4) **등록자격** : 주무부 장관에게 등록한 민간자격 중 공인자격을 제외한 자격

★

12 과정평가형 자격이란?

모범답안

과정평가형 자격은 **국가직무능력표준(NCS)에 기반하여** 일정 요건을 충족하는 교육훈련 과정을 이수한 자에게 내외부 평가를 거쳐 합격 기준에 충족되면 자격을 부여하는 제도이다.

제3절 **훈련과정 선택 지원하기**

13 내담자의 훈련 요구도를 분석하기 위해 반구조화된 질문지를 활용하여야 하는데, 이때 활용할 수 있는 질문의 예를 5가지 제시하시오.

모범답안

(1) 현재 **직무역량 중에 가장 우수한 역량**은 무엇인가요?
(2) 현재 **직무역량 중에 가장 낮은 역량**은 무엇인가요?
(3) 다음 **직업을 선택할 때 가장 자신 있는 역량**은 무엇인가요?
(4) 다음 **직업을 선택할 때 가장 자신 없는 역량**은 무엇인가요?
(5) 가장 **자신 없는 역량에 대한 계획**은 무엇인가요?
(6) 역량을 증가시키기 위해 어떤 훈련을 요구하시나요?

(7) 훈련기간이 6개월 이상 소요되어도 훈련에 참여할 의지가 있나요?

(8) 국민내일배움카드의 신청 여부는?

★★ 14

국가직무능력표준에서 제시하고 있는 1~8수준 중 4, 5, 6 수준을 각각 간략하게 설명하시오.

'25 직업상담사 2급 과정평가형

모범답안

(1) **4수준** : 일반적인 권한 내에서 해당 분야의 이론 및 지식을 제한적으로 사용하여 **복잡하고 다양한 과업을 수행**하는 수준

(2) **5수준** : 포괄적인 권한 내에서 해당 분야의 이론 및 지식을 사용하여 **매우 복잡하고 비일상적인 과업을 수행**하고, 타인에게 해당 분야의 **지식을 전달**할 수 있는 수준

(3) **6수준** : 독립적인 권한 내에서 해당 분야의 이론 및 지식을 자유롭게 활용하고, **일반적인 숙련으로 다양한 과업을 수행**하고, 타인에게 해당 분야의 **지식 및 노하우를 전달**할 수 있는 수준

➕ Plus Check

[NCS의 수준체계와 수준별 정의]

구분	정의
8수준	해당 분야에 대한 최고도의 이론 및 지식을 활용하여 새로운 이론을 창조할 수 있고, 최고도의 숙련으로 광범위한 기술적 작업을 수행할 수 있으며 조직 및 업무 전반에 대한 권한과 책임이 부여된 수준
7수준	해당 분야의 전문화된 이론 및 지식을 활용하여, 고도의 숙련으로 광범위한 작업을 수행할 수 있으며 타인의 결과에 대하여 의무와 책임이 필요한 수준
6수준	**독립적인 권한 내에서 해당 분야의 이론 및 지식을 자유롭게 활용하고, 일반적인 숙련으로 다양한 과업을 수행하고, 타인에게 해당 분야 지식 및 노하우를 전달할 수 있는 수준**
5수준	**포괄적인 권한 내에서 해당 분야의 이론 및 지식을 사용하여 매우 복잡하고 비일상적인 과업을 수행하고, 타인에게 해당 분야의 지식을 전달할 수 있는 수준**
4수준	**일반적인 권한 내에서 해당 분야의 이론 및 지식을 제한적으로 사용하여 복잡하고 다양한 과업을 수행하는 수준**
3수준	제한된 권한 내에서 해당 분야의 기초이론 및 일반지식을 사용하여 다소 복잡한 과업을 수행하는 수준
2수준	일반적인 지시 및 감독 하에 해당 분야의 일반지식을 사용하여 절차화되고 일상적인 과업을 수행하는 수준
1수준	구체적인 지시 및 철저한 감독 하에 문자이해, 계산능력 등 기초적인 일반지식을 사용하여 단순하고 반복적인 과업을 수행하는 수준

15 다음은 무엇에 대한 설명인가?

> 훈련비에 대하여 85~100%까지 국비를 지원하는 제도로서 한번 신청하면 5년 동안 사용할 수 있고, 지원금액은 500만원 이하이다. 수강료는 훈련기관에서 훈련비로서 이 때에 자부담을 요구하거나 전액 국비로 지원하는 방법 등이 있다.

'24 직업상담사 2급 과정평가형

모범답안

국민내일배움카드

★★★
16 국민내일배움카드 신청 제한자의 5가지 경우를 쓰시오.

'23 직업상담사 1급 과정평가형 / '25 직업상담사 2급 과정평가형

모범답안

(1) 공무원
(2) 사립학교 교직원
(3) 군인 (단, 「제대군인지원에 관한 법률」의 적용을 받는 전역 예정자는 제외)
(4) 만 75세 이상인 사람
(5) 대기업에 고용된 만 45세 미만인 사람으로서 최근 3개월간 월평균 임금이 300만 원 이상인 사람 (단, 기간제·단시간·파견·일용근로자는 제외)
(6) 「초·중등교육법」에 따른 학교의 재학생 (단, 고등학교 3학년생은 제외)
(7) 「고등교육법」에 따른 학교의 재학생 (단, 졸업까지 2년 이내인 사람은 제외)
(8) 중앙행정기관 또는 지방자치단체로부터 훈련비를 지원받는 훈련(또는 사업)에 참여하는 사람
(9) 「출입국관리법」에 따른 외국인 (단, 고용보험 피보험자나 결혼이민자 제외)
(10) 「국민기초생활 보장법」에 따라 생계급여를 수급받는 사람
(11) 사업자등록증을 발급받은 사람으로서 사업 기간이 1년 미만이거나, 최근 1년간 매출과세표준(수입금액)이 4억 원 이상인 사람

제4절 훈련목표달성 촉진하기

17 훈련기관의 기능을 6가지 쓰시오.

(1) 훈련에 대한 **계획서 작성**
(2) **훈련생에 대한** 개인, 진로, 현장 적응 등에 대한 **상담**
(3) 훈련생에 대한 **법적 처리 문제 및 행정적인 절차 수행**
(4) **기업체 섭외 활동 및 훈련 홍보 활동**
(5) **기업체 기술 지원**
(6) **훈련과정 운영**
(7) 훈련 성과에 대한 평가 및 훈련생의 훈련능력 평가
(8) 사후지도 실시

18 훈련기관에서의 훈련생 선발기준 5가지를 쓰시오.

(1) 훈련 프로그램에 **참가하기를 희망하는 자**
(2) 직업**목표가 분명한 자**
(3) 교과 내용과 **적성이 적합한 자**
(4) 수료 후에도 **전공 분야에 계속 취업할 의사가 있는 자**
(5) 단정하고 **성실하며 인내성이 있는 자**
(6) 우수한 인력으로서 기초적인 소질과 능력과 태도를 겸비한 자
(7) 인간관계가 원만하고 자기 자신에 대한 이해가 있는 자

★19 양성훈련의 효과를 5가지 쓰시오.

(1) **자신에 대한 이해**
(2) **사회에 대한 인식과 지식**
(3) **경험의 성숙**
(4) **직업에 관한 지식 확장**
(5) **직업에 대한 표집활동과 직업인으로서 전이 가능**
(6) 사회교육적 입장에서 생활기법 개발
(7) 직업정보에 관한 선택
(8) 직업선택의 신중성
(9) 작업장의 비형식적인 문화에 유입
(10) 고용의 기회

20 총 140시간 이상의 과정에 참여 중인 훈련생 중 직업훈련생 생계비 대부 대상은?

(1) **실업자** (실업급여 수급자는 제외)
(2) **비정규직 근로자** (특수형태근로자 제외)
(3) **무급휴직자**
(4) **자영업자인 피보험자**

21 다음은 정규직 이외의 비정규직의 개념에 대한 내용이다. ㉠, ㉡, ㉢, ㉣를 작성하시오.

구분	내용
1. ㉠	근로계약기간을 정한 근로자(기간제 근로자) 또는 정하지 않았으나 계약의 반복 갱신으로 계속 일할 수 있는 근로자와 비자발적 사유로 계속 근무를 기대할 수 없는 근로자(비기간제 근로자)를 포함
‒ 기간제 근로자	근로계약기간을 설정한 근로자가 해당
‒ 비기간제 근로자	근로계약기간을 정하지 않았으나 계약의 반복 갱신으로 계속 일할 수 있는 근로자와 비자발적 사유(계약만료, 일의 완료, 이전 근무자 복귀, 계절근무 등)로 계속 근무를 기대할 수 없는 근로자
2. 시간제 근로자	㉢
3. ㉡	파견근로자, 용역근로자, 특수형태근로종사자, 가정 내(재택, 가내) 근로자, 일일(단기) 근로자
‒ 파견 근로자	임금을 지급하고 고용관계가 유지되는 고용주와 업무 지시를 하는 사용자가 일치하지 않는 경우로 파견 사업주가 근로자를 고용한 후 그 고용관계를 유지하면서 근로자 파견계약의 내용에 따라 사용 사업주의 사업장에서 지휘, 명령을 받아 사용 사업주를 위하여 근무하는 형태
‒ 용역 근로자	용역업체에 고용되어 이 업체의 지휘 하에 이 업체와 용역계약을 맺은 다른 업체에서 근무하는 형태(예 청소용역, 경비용역업체 등에 근무하는 자)
‒ 특수형태 근로종사자	독자적인 사무실, 점포 또는 작업장을 보유하지 않았으면서 비독립적인 형태로 업무를 수행, 다만 근로제공의 방법, 근로시간 등은 독자적으로 결정하면서, 개인적으로 모집, 판매, 배달, 운송 등의 업무를 통해 고객을 찾거나 맞이하여 상품이나 서비스를 제공하고 그 일을 한 만큼 소득을 얻는 근무 형태
‒ 가정 내 근로자	재택근무, 가내하청 등과 같이 사업체에서 마련해 준 공동 작업장이 아닌 가정 내에서 근무(작업)가 이루어지는 근무 형태
‒ 일일(단기) 근로자	㉣

(1) ㉠ : 한시적 근로자

(2) ㉡ : 비전형 근로자

(3) ㉢ : 직장(일)에서 근무하도록 정해진 소정의 근토시간이 **동일 사업장에서 동일한 종류의 업무를 수행하는 근로자의 소정 근로시간보다 1시간이라도 짧은 근로자**로, 평소 1주에 36시간 미만 일하기로 정해져 있는 경우에 해당

(4) ㉣ : **근로계약을 정하지 않고 일거리가 생겼을 경우** 며칠 또는 몇 주씩 **일하는 형태**의 근로자

★★ 22

다음은 비정규직 근로자에 대한 설명이다. ( ) 안에 알맞은 내용을 쓰시오.

(1) (A   )는 근로계약기간을 정한 자 또는 정하지 않았으나 비자발적 사유로 계속 근무를 기대할 수 없는 자이다.
(2) (B   )는 근로시간이 짧은 비상근 파트타임 근로자이다.
(3) (C   )는 파견 근로자, 용역 근로자, 특수고용 근로자, 가정 내 근로자(재택, 가내), 일일(호출) 근로자 등이 있다.

'23 직업상담사 2급 검정형

(1) A : **한시적 근로자**

(2) B : **시간제 근로자**

(3) C : **비전형 근로자**

★★ 23

비전형 근로자의 종류 5가지를 쓰시오.

(1) **파견 근로자**

(2) **용역 근로자**

(3) **특수형태 근로종사자**

(4) **가정 내 근로자**

(5) **일일**(단기) **근로자**

24 다음은 무엇에 대한 설명인가?

> • 독자적인 사무실, 점포 또는 작업장을 보유하지 않고, 비독립적인 형태로 업무를 수행하면서, 근로 제공의 방법, 근로시간 등은 독자적으로 결정한다.
> • 개인적으로 모집·판매·배달·운송 등의 업무를 통해 고객을 찾거나 맞이하여 상품이나 서비스를 제공하고 그 일을 한 만큼 소득을 얻는 근무 형태이다.

'23 직업상담사 1급 과정평가형

모범답안

특수형태 근로종사자

제6장

직업정보 분석

직업정보 분석 목표 설정하기

출제기준▶
1. 직업정보 분석의 의미와 필요성을 파악할 수 있다.
2. 직업정보 분석의 필요성에 따라 분석목표를 수립할 수 있다.
3. 직업정보 분석의 기준에 따라 분석목표를 수립할 수 있다.

01 직업정보 분석의 목표

(1) 직업정보 분석의 목표 설정

① 내담자의 요구가 적시에 충족되기 위해 직업정보 분석의 시간, 양, 질 등이 고려된다.
② 직업정보 분석은 주로 직업전문가에 의해 이루어지는데 수집된 직업정보를 필요조건에 따라 선택하고 항목별로 분류하며, 다양한 직업과 관련 통계정보를 해석하고, 그 숨은 의미를 찾아낼 수 있다.
③ 다른 사람에 의해 분석된 직업정보를 보기보다는 원자료를 통해 새로운 의미와 해석을 기반으로 전문가의 시각으로 분석하는 것을 권장한다.
④ 특히 신문이나 방송에서 기자들이 원자료를 인용하여 자신의 목적대로 가공한 자료를 참조하는 것은 지양하는 것이 좋다.
⑤ 원자료를 내담자의 특성에 맞게 추출하고, 그것의 분석에 있어 기존의 이론과 선행연구를 토대로 해석하고 그 원인을 진단한다.
⑥ 분석 틀에 문제가 있으면 직업정보가 왜곡되거나 과장되게 분석될 가능성이 있다.
⑦ 어느 한 자료만을 분석하기보다는 다양한 자료를 통찰력을 가지고 분석해 내는 것이 필요하다.

(2) 직업정보 분석 시 유의사항

① 동일한 직업정보일지라도 **다각적인 분석 틀을 통해 다양한 논점에 대해 해석**한다.
② 기존의 이론과 연구를 토대로 **전문적인 관점에서 분석**한다.
③ 분석과 해석은 **원자료의 생산일, 자료표집 방법, 대상 자료의 양 등을 검토**하여야 하는 한편 분석 비교도 이에 준하여 실시한다.
④ **직업정보원과 제공원에 대해 제시**한다.

(3) 직업정보 분석 목표 설정하기

① **직업정보 분석의 의미와 필요성을 파악한다.**

　㉠ 직업정보 제공 대상자의 특성을 조사한다.

　㉡ 직업정보 대상자의 직업적 논점을 파악한다.

　㉢ 대상자의 특성과 직업적 논점을 분석하여 직업정보 필요성을 도출해 낸다.

② **직업정보 분석의 기준을 마련한다.**

　㉠ 직업정보 분석의 필요성을 다시 확인한다.

　㉡ 직업정보 분석의 필요성을 고려했을 때 관련 자료가 충분히 존재하는지 점검한다.

　㉢ 관련 자료가 충분하지 않다고 판단되면 특정 대상에 대한 조사를 먼저 실행한다.

　㉣ 직업정보 분석의 기준을 가안으로 설정한다.

　㉤ 직업정보 분석의 기준을 우선순위를 두어 정한다.

③ **직업정보 분석의 필요성에 따라 분석 목표를 수립한다.**

구분	직업정보 분석의 필요성	분석목표 방향
연구개발	**직업 관련 정책 개발**	국내외적인 경제동향, 고용환경 변화, 산업 및 고용전망 등 광범위한 개념의 분석 필요
	지역 내 일자리 및 직종 개발	국내의 경제 및 고용 상황뿐만 아니라 지역의 산업구조, 지역 내 기업분석, 인력수급 등 지역단위의 직업정보 분석이 필요
	직업정보 관련 연구	주로 학술적 연구를 목적으로 특정 대상에 국한된 직업정보뿐만 아니라 국내에 생산되어있는 직업정보 콘텐츠, 매체 특성, 제공방식, 가공과정 등 분석 필요
직업정보 서비스 제공	**직업상담 프로그램 개발**	특정 대상이나 진로발달단계에 필요한 직업상담 프로그램을 개발하기 위해 대상과 단계의 특성 분석, 요구되는 직업정보의 내용, 매체, 가공 및 제공방식 등을 분석하는 것이 필요
	직업정보 서비스 개발	직업정보 서비스 대상자의 특성에 맞는 서비스를 제공하기 위해 필요한 직업정보의 내용과 범위, 전달체계 등 분석 필요
	직업정보 분석방법 교육	직업상담가에게 구직자에 맞는 직업정보를 분석하기 위한 교육과 훈련과정에서 교육수강생에게 맞는 직업정보를 분석할 수 있는 과정상의 샘플과 자료 필요
	개인 직업상담 일대일 맞춤 직업정보 제공	내담자의 호소문제에 따라 직업정보의 필요성 여부를 판단하고 정보의 양과 범위, 수준, 매체 및 가공 여부를 고려

④ **직업정보 분석의 기준에 따라 분석목표를 수립한다.**

　㉠ 대표적 주제를 기준으로 직업정보의 분석목표를 수립한다. : 직무 / 관련 기술, 지식, 능력 등 / 근무환경과 임금 / 자격과 훈련 / 직종과 업종, 기업

　㉡ 대표적 형식을 기준으로 직업정보의 분석목표를 수립한다. : 통계자료 / 패널데이터 / 직업관련 법규자료 / 직업관련 정책자료 / 실태조사 / 학술연구물

　㉢ 필요에 의해 분석기준을 통합적으로 활용한다.

직업정보 분석 범위 설정하기

출제기준▶
1. 산업, 고용, 기업, 직무 등 직업정보의 영역을 파악할 수 있다.
2. 직업정보 영역별 분석 범위를 결정할 수 있다.
3. 결정된 범위에 따라 정보의 질과 양, 장단점과 한계를 파악할 수 있다.

01 직업정보의 영역

(1) 직업분류 정보

① 한국표준직업분류 (통계청, 2024)

㉠ 직업분류의 개념

- 수입(경제활동)을 위해 개인이 하고 있는 일을 그 수행되는 일의 형태에 따라 체계적으로 유형화한 것으로, 우리나라 직업구조 및 실태에 맞도록 표준화한 것이 바로 한국표준직업분류(KSCO : Korean Standard Classification of Occupations)이다.
- 한국표준직업분류는 주어진 직무의 업무와 과업을 수행하는 능력인 직능을 근거로 편제되며, 직능수준과 직능유형을 고려하고 있다.

직능수준 (skill level)	**직무수행 능력의 높낮이를 말하는 것**으로 정규교육, 직업훈련, 직업경험 그리고 선천적 능력과 사회문화적 환경 등에 의해 결정된다.
직능유형 (skill specialization)	직무수행에 **요구되는 지식의 분야, 사용하는 도구 및 장비, 투입되는 원재료, 생산된 재화나 서비스의 종류와 관련**된다.

㉡ 직업분류와 직능수준

- 한국표준직업분류는 개념상의 분류구조, 즉 **직무와 직무능력(직능)의 개념**을 근거로 한 분류구조를 갖는다.
- **직무란 직업분류의 통계단위가 되는 개별 근로자에 의하여 수행되었거나 수행되도록 설정한 일련의 업무 및 임무**로서, 직업은 주된 임무 및 임무가 높은 유사성을 갖는 직무로 구성되며, 특정 직무근로자의 직업은 그들이 수행하는 과거, 현재, 미래의 직무에 의하여 분류된다.
- **직능이란 '특정 직무를 수행할 수 있는 능력'**으로, 주어진 업무 및 임무 기능의 복잡성과 범위에 따른 개념인 **직능수준은 직능수준**과 생산된 재화 및 서비스의 종류, 원재

료, 전용 기계 및 도구, 필요한 지식분야에 의하여 결정되는 **직능의 전문성** 등 두 가지 **측면의 개념**을 갖는다.

〈 한국표즌직업분류와 직능수준 〉

구분	내용
제1직능 수준	• **일반적으로 단순하고 반복적이며 때로는 육체적인 힘을 요하는 과업을 수행한다.** • 이 수준의 직업은 최소한의 문자이해와 수리적 사고능력이 요구되는 간단한 직무교육으로 누구나 수행할 수 있다. • 제1직능 수준의 일부 직업에서는 초등교육이나 기초적인 교육(ISCED 수준1)을 필요로 한다.
제2직능 수준	• **일반적으로 완벽하게 읽고 쓸 수 있는 능력과 정확한 계산능력, 그리고 상당한 정도의 의사소통능력을 필요로 한다.** • 보통 중등 이상 교육과정의 정규교육 이수(ISCED 수준2, 수준3) 또는 이에 상응하는 직업훈련이나 직업경험을 필요로 한다. • 이 수준의 직업에 종사하는 자는 일부 전문적인 직무훈련과 실습과정이 요구되며, 훈련실습 기간은 정규훈련을 보완하거나 정규훈련의 일부 또는 전부를 대체할 수 있다. • 일부의 직업은 중등학교 졸업의 교육(ISCED 수준4)이나 직업교육기관에서의 추가적인 교육이나 훈련을 요구할 수도 있다.
제3직능 수준	• **복잡한 과업과 실제적인 업무를 수행할 정도의 전문적인 지식을 보유하고 수리계산이나 의사소통능력이 상당히 높아야 한다.** • 이 수준의 직업에 종사하는 자는 일정한 보충적 직무훈련 및 실습과정이 요구될 수 있으며, 정규훈련 과정의 일부를 대체할 수도 있다. 또 유사한 직무를 수행함으로써 경험을 습득하여 이에 해당하는 수준에 이를 수도 있다. • 일반적으로 중등교육을 마치고 1~3년 정도의 추가적인 교육과정(ISCED 수준5) 정도의 정규교육 또는 직업훈련을 필요로 한다.
제4직능 수준	• **매우 높은 수준의 이해력과 창의력 및 의사소통능력이 필요하다.** • 이 수준의 직업에 종사하는 자는 일정한 보충적 직무훈련 및 실습이 요구된다. 또 유사한 직무를 수행함으로써 경험을 습득하여 이에 해당하는 수준에 이를 수도 있다. • 일반적으로 4년 또는 그 이상 계속하여 학사, 석사나 그와 동등한 학위가 수여되는 교육수준(ISCED 수준6) 혹은 그 이상의 정규교육 또는 훈련을 필요로 한다.

ⓒ 직업의 4가지 조건
- **계속성** : 유사성을 갖는 직무를 지속적으로 수행하는 것
- **경제성** : 경제적인 거래 관계가 성립하는 활동을 수행하는 것
- **윤리성** : 비윤리적인 영리행위나 반사회적인 활동을 통한 경제적인 이윤추구는 직업 활동으로 인정되지 못한다는 것
- **사회성** : 모든 직업 활동은 사회 공등체적인 맥락에서 의미 있는 활동 즉 사회적인 기여를 전제조건으로 하고 있다는 것

> ▶ 일의 계속성의 의미
>
> • 매일, 매주, 매월 등 주기적으로 행하는 것
> • 계절적으로 행해지는 것
> • 명확한 주기는 없으나 계속적으로 행해지는 것
> • 현재 하고 있는 일을 계속적으로 행할 의지와 가능성이 있는 것

ⓔ 직업으로 보지 않는 활동

- 이자, 주식배당, 임대료(전세금, 월세) 등과 같은 **자산 수입**이 있는 경우
- 연금법, 국민기초생활보장법, 국민연금법 및 고용보험법 등의 **사회보장이나 민간보험에 의한 수입**이 있는 경우
- 경마, 경륜, 경정, 복권 등에 의한 **배당금이나 주식투자에 의한 시세차익**이 있는 경우
- 예·적금 인출, 보험금 수취, 차용 또는 **토지나 금융자산을 매각**하여 수입이 있는 경우
- 자기 집의 **가사 활동에 전념**하는 경우
- 교육기관에 재학하며 **학습에만 전념**하는 경우
- 시민봉사활동 등에 의한 **무급 봉사적인 일**에 종사하는 경우
- **사회복지시설 수용자의 시설 내 경제활동**
- 수형자의 활동과 같이 **법률에 의한 강제노동**을 하는 경우
- 도박, 강도, 절도, 사기, 매춘, 밀수와 같은 **불법적인 활동**

ⓜ 직업분류의 원칙

〈 직업분류의 일반원칙 〉

구분	내용
포괄성의 원칙	**우리나라에 존재하는 모든 직무는 어떤 수준에서든지 분류에 포괄되어야 한다.** 특정한 직무가 누락되어 분류가 불가능할 경우에는 포괄성의 원칙을 위배한 것으로 볼 수 있다.
배타성의 원칙	**동일하거나 유사한 직무는 어느 경우에든 같은 단위 직업으로 분류되어야 한다는 점이다.** 하나의 직무가 동일한 직업단위 수준에서 2개 혹은 그 이상의 직업으로 분류될 수 있다면 배타성의 원칙을 위반한 것이라 할 수 있다.

〈 순서배열 원칙 〉

구분	내용
한국표준 산업분류 (KSIC)	동일한 직업단위에서 **산업의 여러 분야에 걸쳐 직업이 있는 경우에 한국표준산업분류의 순서대로 배열**하였다. ⑩ 대분류 7과 8의 기능원과 조작직 종사자인 경우에는 거의 모든 산업에 종사하는 직업이 중분류 수준에서 발견되고 있으므로 중분류의 순서를 한국표준산업분류에 따라 분류하였다.

구분	내용
특수-일반분류	직업의 구분이 특수분류와 그 특수 분야를 포함하는 일반분류가 있을 경우, **특수분류를 먼저 배열하고 일반분류를 나중에 배열**하였다. 예 생명과학 연구원을 먼저 위치 시키고, 이어서 자연과학 연구원을 배열하였다.
고용자 수와 직능수준, 직능유형 고려	**직능수준이 비교적 높거나 고용자 수가 많은 직무를 우선하여 배치**한 것을 말한다. 예 '대분류 1 관리자'의 중분류에서 공공 및 기업 고위직을 먼저 배열한 것은 이 분야가 직능수준이 상대적으로 높아 관리자를 관리하는 직종이기 때문이다. 또 직능유형이 유사한 것끼리 묶어 분류하였는데, 이는 직업분류의 용이성과 활용성을 높이기 위함이다.

〈 포괄적인 업무의 분류 적용 원칙 〉

구분	내용
주된 직무 우선 원칙	2개 이상의 직무를 수행하는 경우는 수행되는 직무내용과 관련 분류 항목에 명시된 직무내용을 비교·평가하여 관련 **직무 내용상의 상관성이 가장 많은 항목에 분류**한다. 예 교육과 진료를 겸하는 의과대학 교수는 강의, 평가, 연구 등과 진료, 처치, 환자 상담 등의 직무내용을 파악히여 관련 항목이 많은 분야로 분류한다.
최상급 직능수준 우선 원칙	수행된 직무가 상이한 수준의 훈련과 경험을 통해서 얻어지는 직무능력을 필요로 한다면, **가장 높은 수준의 직무능력을 필요로 하는 일에 분류**하여야 한다. 예 조리와 배달의 직무비중이 같을 경우에는, 조리의 직능 수준이 높으므로 조리사로 분류한다.
생산업무 우선 원칙	**재화의 생산과 공급이 같이 이루어지는 경우는 생산단계에 관련된 업무를 우선적으로 분류**한다. 예 한 사람이 빵을 생산하여 판매도 하는 경우에는, 판매원으로 분류하지 않고 제빵원으로 분류하여야 한다.

※ 암기 Tip : 주 – 최 – 생

〈 다수 직업 종사자으 분류 적용 원칙 〉

구분	내용
취업시간 우선의 원칙	가장 먼저 분야별로 **취업시간을 고려하여 보다 긴 시간을 투자하는 직업으로 결정**한다.
수입 우선의 원칙	위의 경우로 분별하기 어려운 경우는 **수입(소득이나 임금)이 많은 직업으로 결정**한다.
조사 시 최근의 직업 원칙	위의 두 가지 경우로 판단할 수 없는 경우에는 **조사시점을 기준으로 최근에 종사한 직업으로 결정**한다.

※ 암기 Tip : 취 – 수 – 조

ⓑ 한국표준직업분류 대분류와 직능수준과의 관계

대분류	대분류 항목	직능수준
1	**관**리자	제4직능 수준 혹은 제3직능 수준 필요
2	**전**문가 및 관련 종사자	
3	**사**무 종사자	제2직능 수준 필요
4	**서**비스 종사자	
5	**판**매 종사자	
6	**농**림어업 숙련 종사자	
7	**기**능원 및 관련 기능 종사자	
8	**장**치 · 기계 조작 및 조립 종사자	
9	**단**순노무 종사자	제1직능 수준 필요
A	**군**인	**제2직능 수준 이상 필요**

※ 암기 Tip : '**관 – 전**' 하는 '**사 – 서**'는 '**판 – 농 – 기 – 장**'의 '**단 – 군**'이다.

② **한국고용직업분류 (고용노동부, 2025)**

㉠ **직업분류의 개념과 활용**

- **한국고용직업분류(KECO : Korean Employment Classification of Occupations)는 우리나라 노동시장의 상황과 수요, 현실적 직업구조 등을 반영하여 직무를 체계적으로 분류한 것으로 직업정보를 전달하는 기본 틀이다.**
- 개인이 수행하는 일에 대해 일의 유형이나 수준에 따라 체계적으로 유형화한 것으로 특히 고용통계 파악뿐 아니라 고용실무에 적합하도록 우리나라 직업구조와 일반인의 인식수준에 부합하도록 분류한 것이다.
- 한국고용직업분류는 고용 관련 행정자료와 통계조사의 결과를 집계하고 비교하기 위한 통계목적으로 활용될 뿐 아니라 공공 부문의 취업알선 업무에도 활용되며, 국가능력표준(NCS), 직업훈련, 자격, 직업정보 제공, 직업상담 등 고용실무 전반에 관한 분류의 기본 틀로 활용된다.

㉡ **직업분류와 직능수준**

- 한국고용직업분류에서는 대분류와 중분류 단위에서 직능유형이 우선적으로 적용되며 소분류 단위에서 직능수준이 함께 적용된다.
- 중분류 단위에서도 직능유형만으로 구분하기 어려운 경우 해당 항목이 여러 단위에 걸쳐 있어서 해당 기준으로 구분하기 곤란한 경우 직능수준이 고려될 수 있다.

> ▶ 한국고용직업분류 대분류의 직능유형
>
> 0. 경영·사무·금융·보험직
> 1. 연구직 및 공학 기술직
> 2. 교육·법률·사회복지·경찰·소방직 및 군인
> 3. 보건·의료직
> 4. 예술·디자인·방송·스포츠직
> 5. 미용·여행·숙박·음식·경비·청소직
> 6. 영업·판매·운전·운송직
> 7. 건설·채굴직
> 8. 설치·정비·생산직
> 9. 농림어업직

(2) 산업분석 정보

① **한국표준산업분류 (통계청, 2024)**

㉠ 산업의 정의
- 산업 : 유사한 성질을 갖는 산업활동에 주로 종사하는 생산단위의 집합
- 산업활동 : 각 생산단위가 노동, 자본, 원료 등 **자원을 투입하여, 재화 또는 서비스를 생산 또는 제공하는 일련의 활동 과정**
- 산업활동의 범위 : 영리적, 비영리적 활동이 모두 포함되나, **가정 내의 가사 활동은 제외**

㉡ 산업분류 기준
- 산출물(생산된 재화 또는 제공된 서비스)의 특성
  - 산출물의 물리적 구성 및 가공 단계
  - 산출물의 수요처
  - 산출물의 기능 및 용도
- 투입물의 특성 : 원재료, 생산 공정, 생산기술 및 시설 등
- 생산활동의 일반적인 결합형태

  ※ 암기 Tip : 산 – 투 – 생

㉢ 통계단위
- 통계단위는 생산단위의 활동(생산, 재무활동) 등에 관한 통계작성을 위하여 필요한 정보를 수집 또는 분석할 대상이 되는 관찰 또는 분석단위를 말한다.
- 생산활동과 장소의 동질성의 차이에 따라 다음과 같이 구분된다.

구분	하나 이상 장소	단일 장소
하나 이상 산업활동	기업집단 단위 기업체 단위	지역 단위
단일 산업활동	활동유형 단위	사업체 단위

※ 하나의 기업체 또는 기업집단을 전제함

- 사업체 단위와 기업체 단위 비교

구분	내용
사업체 단위	- 공장, 광산, 상점, 사무소 등과 같이 **산업활동과 지리적 장소의 양면에서 가장 동질성이 있는 통계단위** - 일정한 물리적 장소에서 단일 산업활동을 독립적으로 수행하며, **영업잉여에 관한 통계를 작성할 수 있고 생산에 관한 의사결정에 있어서 자율성을 갖고 있는 단위**이므로 장소의 동질성과 산업활동의 동질성이 요구되는 생산통계 작성에 가장 적합
기업체 단위	- **재화 및 서비스를 생산하는 법적 또는 제도적 단위의 최소 결합체로서 자원배분에 관한 의사결정에서 자율성을 갖고 있음.** - 기업체는 하나 이상의 사업체로 구성될 수 있다는 점에서 사업체와 구분되며, **재무관련 통계작성에 가장 유용**

ⓔ 생산단위 활동 형태
- **주된 산업활동** : 산업활동이 복합 형태로 이루어질 경우 생산된 재화 또는 제공된 서비스 중에서 부가가치(액)가 가장 큰 활동을 말한다.
- **부차적 산업활동** : 주된 산업활동 이외의 재화 생산 및 서비스 제공 활동을 말한다.
- **보조 활동** : 주된 산업활동과 부차적 산업활동을 지원해 주기 위하여 존재하는 것으로, 회계, 창고, 운송, 구매, 판매 촉진, 수리 서비스 등이 포함된다.

ⓜ 산업 결정 방법
- 생산단위의 산업활동은 그 **생산단위가 수행하는 주된 산업활동**(판매 또는 제공하는 재화 및 서비스)**의 종류에 따라 결정된다.** 이러한 주된 산업활동은 산출물(재화 또는 서비스)에 대한 부가가치(액)의 크기에 따라 결정되어야 하나, 부가가치(액) 측정이 어려운 경우에는 산출액에 의하여 결정한다.
- 상기의 원칙에 따라 결정하는 것이 적합하지 않을 경우에는 그 해당 활동의 **종업원 수 및 노동시간, 임금 및 급여액 또는 설비의 정도에 의하여 결정**한다.
- **계절에 따라 정기적으로 산업을 달리하는 사업체의 경우에는** 조사 시점에서 경영하는 사업과는 관계없이 **조사 대상 기간 중 산출액이 많았던 활동에 의하여 분류**한다.
- 휴업 중 또는 자산을 청산중인 사업체의 산업은 **영업 중 또는 청산을 시작하기 이전의 산업활동에 의하여 결정**하며, 설립 중인 사업체는 개시하는 산업활동에 따라 결정한다.
- **단일사업체의 보조단위는 그 사업체의 일개 부서로 포함**하며, 여러 사업체를 관리하는 중앙 보조단위(본부, 본사 등)는 별도의 사업체로 처리한다.

ⓗ 산업분류 적용 원칙
- 생산단위는 산출물뿐만 아니라 투입물과 생산공정 등을 함께 고려하여 그들의 활동을 가장 정확하게 설명된 항목에 분류해야 한다.
- 복합적인 활동단위는 우선적으로 **최상급 분류단계(대분류)를 정확히 결정하고,** 순차적으로 중, 소, 세, 세세분류 단계 항목을 결정하여야 한다.

- 산업활동이 결합되어 있는 경우에는 그 활동단위의 주된 활동에 따라서 분류하여야 한다.
- 수수료 또는 계약에 의하여 활동을 수행하는 단위는 동일한 산업활동을 자기계정과 자기책임 하에서 생산하는 단위와 같은 항목에 분류하여야 한다.
- 자기가 직접 실질적인 생산활동은 하지 않고, 다른 계약업자에 의뢰하여 재화 또는 서비스를 자기계정으로 생산하게 하고, 이를 자기명의로, 자기 책임 아래 판매하는 단위는 이들 재화나 서비스 자체를 직접 생산하는 단위와 동일한 산업으로 분류하여야 한다. 다만, 제조업의 경우에는 이들 이외에 제품의 성능 및 기능, 고안 및 디자인, 원재료 구성 설계, 견본 제작 등에 중요한 역할을 하고 자기계정으로 원재료를 제공하여야 한다.
- 각종 기계장비 및 용품의 개량, 개조 및 재제조 등 재생활동은 일반적으로 그 기계장비 및 용품 제조업과 동일 산업으로 분류하지만, 산업 규모 및 중요성 등을 고려하여 별도의 독립된 분류에서 구성하고 있는 경우에는 그에 따른다.
- 자본재로 주로 사용되는 산업용 기계 및 장비의 전문적인 수리활동은 경상적인 유지·수리를 포함하여 "34 : 산업용 기계 및 장비 수리업"으로 분류한다. 자본재와 소비재로 함께 사용되는 컴퓨터, 자동차, 가구류 등과 생활용품으로 사용되는 소비재 물품을 전문적으로 수리하는 산업활동은 "95 : 개인 및 소비용품 수리업"으로 분류한다. 다만, 철도 차량 및 항공기 제조 공장, 조선소에서 수행하는 전문적인 수리활동은 해당 장비를 제조하는 산업활동과 동일하게 분류하며, 고객의 특정 사업장 내에서 건물 및 산업시설의 경상적인 유지관리를 대행하는 경우는 "741 : 사업시설 유지관리 서비스업"에 분류한다.
- 동일 단위에서 제조한 재화의 소매활동은 별개 활동으로 분류하지 않고 제조활동으로 분류되어야 한다. 그러나 자기가 생산한 재화와 구입한 재화를 함께 판매한다면 그 주된 활동에 따라 분류한다.
- "공공행정 및 국방, 사회보장 사무" 이외의 교육, 보건, 제조, 유통 및 금융 등 다른 산업활동을 수행하는 정부기관은 그 활동의 성질에 따라 분류하여야 한다. 반대로, 법령 등에 근거하여 전형적인 공공행정 부문에 속하는 산업활동을 정부기관이 아닌 민간에서 수행하는 경우에는 공공행정 부문으로 포함한다.
- 생산단위의 소유 형태, 법적 조직 유형 또는 운영 방식은 산업분류에 영향을 미치지 않는다. 이런 기준은 경제활동 자체의 특징과 관련이 없기 때문이다. 즉, 동일 산업활동에 종사하는 경우, 법인, 개인사업자 또는 정부기업, 외국계 기업 등인지에 관계없이 동일한 산업으로 분류한다.
- 공식적 생산물과 비공식적 생산물, 합법적 생산물과 불법적인 생산물을 달리 분류하지 않는다.

ⓐ 제11차 한국표준산업분류 주요 개정 내용

구분	내용
미래 · 성장 산업 분류항목 신설 또는 세분	• 국내 산업구조 변화를 반영하여 수소, 체외 진단시약, 이차전지, 전기차, 풍력발전, 영상물 · 오디오물 제공, 가상자산 매매 및 중개, 온라인 플랫폼 활용 서비스 산업 등 미래 · 성장산업을 중심으로 분류를 신설 · 세분하였다.
상대적 비중 감소 산업 분류항목 통합	• 콩나물 재배, 타이어 재생, 동(銅)주물, 사진 및 영사기, 일반저울, 펄프 및 종이 가공용 기계, 전자악기 제조, 내륙 수상 여객 및 화물 운송, 복사업 등 상대적으로 비중이 감소한 산업은 분류를 통합하였다.
개정 수요 및 국제기준 반영	• 대국민 · 관계기관 수렴 의견, 다수 민원 및 규제개선 요청 등 개정 수요 중 세분 요건을 갖춘 생물의약품, 인조대리석, 치과기공물, 임플란트, 부동산 분양 대행, 카지노 등의 산업은 분류를 신설 · 세분하였고, 이차전지, 반려동물 등의 용어를 사용하여 분류항목의 명칭을 변경하였다. • 국제표준산업분류(ISIC) 기준에 따라 사회보장보험업과 연금업을 대분류 K(금융 및 보험업)에서 O(공공행정, 국방 및 사회보장 행정)로 이동하였다.

② **산업분석 직업정보**

㉠ **전국사업체조사보고서(사업체기초통계조사보고서)**

- 중앙정부 및 지방자치단체의 각종 정책수립과 민간기업체의 기업경영 계획수립, 학계, 연구소 등의 학술연구를 위한 기초자료를 제공하고 사업체를 대상으로 하는 각종 통계조사의 모집단을 파악하여 표본틀을 제공하는 데 목적이 있다.
- **매년 발행**되며 일정한 물리적 장소에서 재화의 생산 및 판매, 서비스 제공 등 단일 또는 주된 경제활동을 독립적으로 수행하고 있는 **종사자 1인 이상의 모든 사업체를 조사대상으로 한다.**
- 산업별 사업체 수와 종사자 수, 대표자 연령대, 산업별 대표자 여성 비율, 종사자 비율별 종사자 수 등의 자료를 볼 수 있다.

㉡ **주요산업동향지표**

- 주요산업동향지표는 **산업동향 관련 핵심 통계자료집으로 연 2회 오프라인으로 발간되**고 있다.
- 산업통계 수요자들에게 선호도 높은 산업동향 관련 통계를 선정하여 산업연구와 미시 정책 개발에 널리 활용될 수 있도록 제공하고 있으며, **'주제별 통계', '산업별 통계', '글로벌 여건 변화'로 구성되어** 있다.

㉢ **이슈별 산업통계**

- 연 2회 주요 산업동향지표 발간 시, '산업통계플러스' 항목으로 포함되어 발간되는 통계집으로 주요 산업동향지표에 포함되지 않으나 **해당 시기에 특별한 논점이 되는 특정 부분에 대한 산업통계를 별도로 편성, 정리**하여 보여준다.
- 매 시기마다 다루는 논점과 관점이 다르며, 그 논점은 이를 분석하는 사람의 관점을 반영할 수 있으므로 참고 시 이 점에 대한 고려가 필요하다.

㉣ **산업 · 통상 · 자원 주요 통계** : 산업 · 통상 · 자원 주요 통계집은 **산업통상부에서 연 총 4회**

발간되는 포켓북 형식의 통계집으로 분기별(3월, 6월, 9월, 12월)로 정기 발간되고 정책 입안자의 통계정보 활용을 제고하는 것을 목적으로 한다.

ⓜ 그 외 산업 관련 통계정보 : 시·군·구별 산업세세분류별 현황, 도매업조사보고서, 농림어업조사보고서, 광업제조업조사보고서, 건설업조사보고서, 운수업조사보고서 등의 자료가 있다.

(3) 고용분석 정보

ⓒ 고용분석 용어

구분	내용
지니 계수	전체 가구(인구)의 소득불평등도를 나타내는 지표로 0에서 1사이 값을 가지며 1에 가까울수록 불평등도가 높은 상태임.
15세 이상 인구	매월 15일 현재 만 15세 이상인 자(=생산가능인구 : 경제활동을 할 수 있는 연령의 인구)
경제활동인구	만 15세 이상 인구 중 조사대상 기간 동안 상품이나 서비스를 생산하기 위하여 실제로 수입이 있는 일을 한 취업자와 일들 하지는 않았으나 구직활동을 한 실업자를 말함.
고용률	만 15세 이상 인구 중 취업자가 차지하는 비율 **고용률(%) = 취업자/15세 이상 인구 × 100**
실업률	실업자가 경제활동인구(취업자+실업자)에서 차지하는 비율 **실업률(%) = 실업자/경제활동인구 × 100**
잠재 경제활동인구	비경제활동인구 중에서 취업에 관심을 표현한 사람으로 잠재취업가능자와 잠재구직자로 구성됨.
잠재 취업가능자	비경제활동인구 중에서 지난 4주간 구직활동을 하였으나, 조사대상 주간에 취업이 가능하지 않은 자
잠재구직자	비경제활동인구 중에서 지난 4주간 구직활동을 하지 않았으나, 조사대상기간에 취업을 원하고(취업희망), 취업가능성이 있는 사람(일이 주어졌으면 일을 시작할 수 있었던 사람)
구직단념자	비경제활동인구 중 취업희망과 취업가능성이 있으나 아래의 사유(노동시장적 사유)로 지난 4주간에 구직활동을 하지 않은 자 중 지난 1년 내 구직경험이 있었던 자 • 적당한 일거리가 없을 것 같아서(전공 경력, 임금수준 근로조건, 주변지역) • 지난 4주간 이전에 구직하여 보았지만 일거리를 찾을 수 없어서 • 자격이 부족하여
종사상 지위	상용근로자, 임시근로자, 일용근로자, 고용원이 있는 자영업자, 고용원이 없는 자영업자, 무급가족종사자 등과 같이 일한 사람과 직무를 수행한 직장(일)과의 관계를 말함.
임금근로자	자신의 근로에 대해 임금, 봉급, 일당 등 어떠한 형태로든 일한 대가를 지급받는 근로자로서 **상용근로자, 임시근로자, 일용근로자로 구분됨.**
상용근로자	**고용계약설정자는 고용계약기간이 1년 이상인 경우**, 고용계약 미설정자는 소정의 채용절차에 의해 입사하여 인사관리 규정을 적용받는 사람
임시근로자	임금근로자로서 고용계약 설정자는 **고용계약 기간이 1개월 이상 1년 미만인 경우** 혹은 고용계약 미설정자는 일정한 사업(완료 1년 미만)의 필요에 의해 고용된 경우

구분	내용
일용근로자	임금근로자로서 **고용계약기간이 1개월 미만인 사람**으로 매일매일 고용되어 근로의 대가로 일급 또는 일당제 급여를 받고 일하는 자
비임금근로자	자신 또는 가족이 운영하는 사업체 또는 농장의 이윤을 위해 일한 사람으로 **고용원이 있는 자영업자, 고용원이 없는 자영업자, 무급가족종사자** 형태로 구분됨.
무급 가족종사자	**동일 가구 내 가족이 경영하는 사업체, 농장에서 무보수로 일하는 사람**을 말하며, 조사대상 기간에 18시간 이상 일한 사람은 취업자로 분류함(18시간 미만 일하는 경우에는 실업자 또는 비경제활동인구).
자발적 실업	일할 능력을 가지고 있으면서도 현재의 근로조건에서 일할 의사를 가지고 있지 않는 상태를 말함(예 직업을 바꾸는 과정에서 일시적으로 실업상태에 있는 것, 보다 나은 일자리를 찾으면서 당분간 실업상태에 있는 것).
비자발적 실업	일할 능력도 있고 현재의 근로조건에서 일할 의사가 있음에도 불구하고 취업의 기회를 갖지 못하고 있는 상태를 말함.
비자발적 이직	재고용 의도가 없는 해고, 7일 이상 지속되거나 지속될 것으로 예상되는 일시적 해고, 합병, 구조조정, 폐업으로 인한 해고, 근로계약기간 만료에 따른 면직

〈 경제활동인구조사의 구성 〉

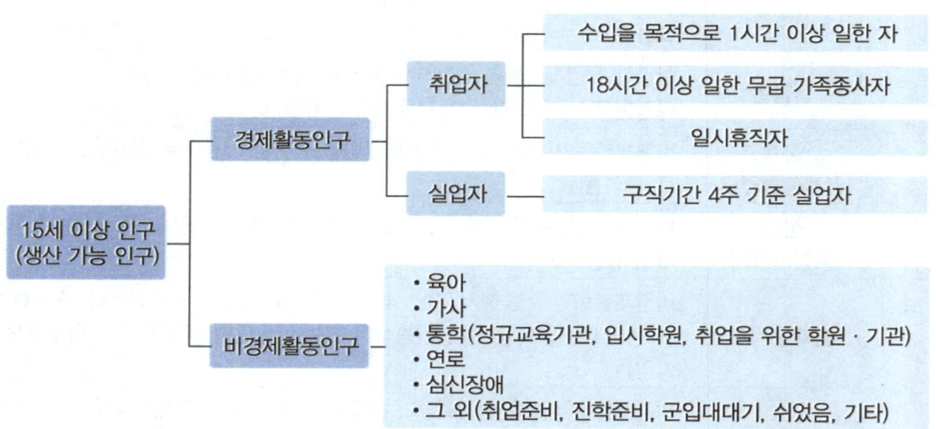

〈 취업자의 종사상 지위 〉

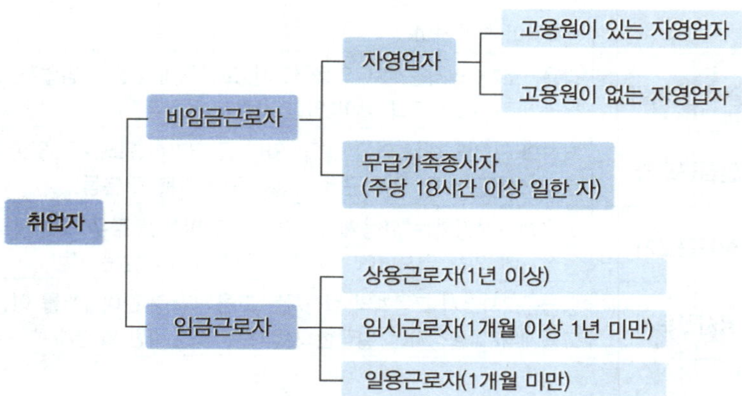

② **주요 고용지표 및 산식**

　㉠ **경제활동인구수** : 15세 이상 인구수 − 비경제활동인구수 = 취업자 수 + 실업자 수

　㉡ **경제활동참가율** : 경제활동인구수 ÷ 15세 이상 인구수 × 100

　㉢ **실업률** : 실업자 수 ÷ 경제활동인구수 × 100

　㉣ **취업률** : 취업자 수 ÷ 경제활동인구수 × 100 (경제활동인구조사 상 계산식)

　　　　　취업건수 ÷ 신규구직건수 × 100 (고용노동통계 상 계산식)

　㉤ **고용률** : 취업자 수 ÷ 15세 이상 인구수 × 100

　㉥ **구인배수(구인배율)** : 신규구인인원 ÷ 신규구직자수 (구직자 1명에 대한 구인수의 비율)

　㉦ **입직률** : (당월 총 입직자 수 ÷ 전월 말 근로자 수) × 100

　　※ 당월 총 입직자 수 = 신규채용 인원수 + 전입 인원수

　㉧ **1인당 부가가치(생산)액** : 부가가치(생산)액 ÷ 취업자 수

　㉨ **고용유발계수(단위 : 명)** : 취업자 수 ÷ 실질GDP (10억원 단위)

　　※ 고용유발계수는 10억원의 재화를 추가로 생산할 때 직·간접적으로 창출되는 고용자
　　　수, 즉 매출액 10억원이 증가할 때마다 유발되는 신규 노동고용인원을 뜻한다.

　㉩ **부족인원 수** : (취업자 수 × 부족인원율) ÷ (1 − 부족인원율)

　㉪ **노동수요의 탄력성** : 노동수요의 변화율(%) ÷ 임금의 변화율(%)

$$\frac{노동수요의\ 변화량 \div 변화\ 전의\ 노동수요 \times 100}{임금의\ 변화량 \div 변화\ 전의\ 임금 \times 100}$$

③ **노동시장의 이해**

　㉠ **노동수요를 결정하는 요인**

　　• **노동의 가격**에 의해 영향을 받는다.

　　• 노동의 수요는 **생산되는 상품에 대한 소비자 수요의 크기**에 의해서도 좌우된다.

　　• 노동의 수요는 **다른 생산요소의 가격**에 의해 영향을 받는다.

　　• **노동생산성의 변화나 생산기술 방식의 변화**도 노동수요에 영향을 미친다.

　㉡ **노동수요의 탄력성을 결정하는 요인**

　　• 기업의 생산물 시장에 있어서 **생산물의 수요탄력성**에 의해 영향을 받는다.

　　• 기업의 노동수요에 대한 탄력성은 **총비용에서 차지하는 노동비용의 비율**에 의해서도
　　　영향을 받는다.

　　• **노동과 자본의 대체 가능성**에 의해 영향을 받는다.

　　• 노동을 대체할 수 있는 **자본 또는 다른 생산요소의 공급탄력성**에 의해 영향을 받는다.

(4) 기업분석 정보

① **금융감독원 전자공시시스템** (DART : Data Analysis, Retrieval and Transfer system)

　㉠ 상장법인 등이 공시서류를 인터넷으로 제출하고, 투자자 등 이용자는 제출 즉시 인터넷
　　을 통해 조회할 수 있도록 하는 종합적 기업공시 시스템으로 기업 관련 다양한 정보를
　　담고 있다.

ⓛ 공시자료를 분석하여 **기업의 안정성을 확인하고 회사 기본정보, 연혁과 DART 보고서 사례를 통해 회사의 주요 사업 내용을 알 수 있다.**

ⓒ 재무제표와 재무상태표를 통해 기업의 안정성이 어느 정도인지 분석할 수 있다.

② **산업통상부 산업통계분석시스템** (ISTANS : Industrial Statistics Analysis System)

ⓐ 발전 흐름과 패러다임의 변화가 산업별로 다양하고 상이하게 나타남에 따라, 산업통계에 대한 수요에 지속적인 대응을 위해 만들어졌다.

ⓛ 실질적인 산업 동향을 기초로 한 효과적 산업정책 수립을 위해, 장기적이고 안정적인 통계분석 기반 구축이 필요하게 되어 만들어졌다.

ⓒ 기업별 자료를 산업별 통계 속에서 연관해서 볼 수 있으며 **기업경영, 중소기업, 투자·자본, 산업에 대한 최근 논점과 동향 등 관련 전문적인 정보를 파악할 수 있다.**

③ **중소기업현황정보시스템** (https://sminfo.mss.go.kr)

ⓐ 전자공시시스템에서 검색이 안 되는 중소기업의 정보를 열람할 수 있으며 중소기업 현황 DB 관리 시스템, 업종, 품목, 지역별 검색, 회사명, 대표자별 검색 등이 가능하다.

ⓛ 중소기업의 통합기업정보보기를 통해 **기업의 재무정보를 확인할 수 있다.**

ⓒ DART 정보와 비교해서는 정보의 구체성은 다소 떨어지지만, 중소기업에 국한하여 정보를 찾을 수 있는 특성이 있다.

④ **그 이외의 기업분석 정보**

ⓐ 기업별 기업설명(IR : Investor Relations) 보고서는 분석하고자 하는 기업이 명확하게 있고 **대기업 혹은 인지도가 높은 기업인 경우에 열람이 가능**하다.

ⓛ 보통 기업의 홈페이지에 별도 메뉴를 두어 실적보고, 감사 및 사업보고서, 향후 사업계획서 등을 파악할 수 있다.

ⓒ 기업에서 별도 운영하는 여러 경제연구소가 있는데 여기서 운영하는 사이트들에는 경영과 경제, 산업 트렌드, 기업 내 인사 및 HRD 등과 관련된 깊이 있는 보고서부터 짧은 논평까지 다양한 수준의 자료들이 있다.

ⓓ **LG경영연구원, 삼성글로벌리서치, 포스코경영연구원, 현대경제연구원, 대신경제연구소, 기업은행경제연구소 등**이 있다.

(5) 직무분석 정보

① **직무분석의 개념 (Harvey, 1991)**

ⓐ 직무과업(job task)과 일의 절차와 같은 직무 중심적 행동

ⓛ 정보처리, 감독, 정책 입안과 같은 작업 중심적인 좀 더 추상적인 행동

ⓒ 기계, 재료, 도구를 다루는 상호작용하는 행동

ⓓ 생산력과 오류율과 같은 성과 평가의 방법

ⓜ 보상체계의 유형과 근무조건과 같은 직무가 이루어지는 맥락

ⓗ 기술, 신체적 능력, 성격적 특징과 같은 인적 필요조건 등에 대한 분석

② **국가직무능력표준** (NCS : National Competency Standards)

㉠ **목표 및 활용**

- 산업현장에서 **직무를 수행하기 위해 요구되는 지식·기술·태도 등의 내용을 국가가 체계화한 것**으로, 능력 있는 인재를 개발해 핵심 인프라를 구축하고, 나아가 국가 경쟁력을 향상시키기 위한 목표로 개발되었다.
- 기업은 직무분석자료, 인적자원관리 도구, 인적자원개발 프로그램, 특화자격 신설, 일자리정보 제공 등을 원하고 교육훈련기관은 산업현장의 요구에 맞는 맞춤형 교육훈련과정을 개설하여 운영하기를 원하며, 개인들은 직무에 대한 이해를 바탕으로 앞으로 진로경로 개척에 필요한 지식·기술·태도를 미리 준비하는 것이 필요하다.
- **개인과 기업, 교육훈련기관에서 각각의 목표에 따라 NCS의 직무분석정보를 활용**할 수 있다.

㉡ **제공되는 직무분석 정보의 영역**

- **NCS 능력단위 레포트** : 분류번호, 능력단위 명칭, 능력단위 정의, 능력단위 요소별 능력·지식·기술, 적용범위 및 작업상황, 평가지침, 직업기초능력 등이 제시되어 있다.
- **학습모듈** : 학습모듈의 목표, 선수학습, 학습에 따른 필요지식, 수행내용, 재료·자료, 기기, 안전·유의사항, 수행순서, 고수·학습 방법, 평가방법 등이 제시되어 있다.

③ **한국직업사전**

㉠ **구성** : 직업코드, 본직업명, 직무개요, 수행직무, 부가 직업정보 등 5가지 항목

㉡ **본 직업정보**

구분	내용
직업코드	한국고용직업분류(KECC)의 세분류 4자리 숫자로 표기
본직업명	산업현장에서 일반적으로 해당 직업으로 알려진 명칭 혹은 그 직무가 통상적으로 호칭되는 것으로 『한국직업사전』에 그 직무내용이 기술된 명칭
직무개요	직무담당자의 활동, 활동의 대상 및 목적, 직무담당자가 사용하는 기계, 설비 및 작업보조물, 사용된 자재, 만들어진 생산품 또는 제공된 용역, 수반되는 일반적, 전문적 지식 등을 간략히 기술
수행직무	직무담당자가 직무의 목적을 완수하기 위하여 수행하는 구체적인 작업(task) 내용을 작업순서에 따라 서술한 것

㉢ **부가 직업정보**

구분	내용
정규교육	해당 직업의 직무를 수행하는데 필요한 일반적인 정규 교육수준
숙련기간	정규 교육과정을 이수한 후 해당 직업의 직무를 평균적인 수준으로 스스로 수행하기 위하여 필요한 각종 교육, 훈련, 숙련기간

구분	내용
직무기능	해당 직업 종사자가 직무를 수행하는 과정에서 '자료(data)', '사람(people)', '사물(thing)'과 맺는 관련된 특성

수준	자료	사람	사물
0	종합	자문	설치
1	조정	협의	정밀작업
2	분석	교육	제어조작
3	수집	감독	조작운전
4	계산	오락제공	수동조작
5	기록	설득	유지
6	비교	말하기-신호	투입-인출
7	–	서비스 제공	단순작업
8	관련 없음	관련 없음	관련 없음

작업강도: 해당 직업의 직무를 수행하는데 필요한 육체적 힘의 강도를 나타낸 것으로 5단계로 분류

구분	정의
아주 가벼운 작업	• 최고 4kg의 물건을 들어 올리고, 때때로 장부, 소도구 등을 들어 올리거나 운반한다. • 앉아서 하는 작업이 대부분을 차지하지만 직무수행상 서거나 걷는 것이 필요할 수도 있다.
가벼운 작업	• 최고 8kg의 물건을 들어 올리고, 4kg 정도의 물건을 빈번히 들어 올리거나 운반한다. • 걷거나 서서하는 작업이 대부분일 때 또는 앉아서 하는 작업일지라도 팔과 다리로 밀고 당기는 작업을 수반할 때에는 무게가 매우 적을지라도 이 작업에 포함된다.
보통 작업	최고 20kg의 물건을 들어 올리고 10kg 정도의 물건을 빈번히 들어 올리거나 운반한다.
힘든 작업	최고 40kg의 물건을 들어 올리고 20kg 정도의 물건을 빈번히 들어 올리거나 운반한다.
아주 힘든 작업	40kg 이상의 물건을 들어 올리고 20kg 이상의 물건을 빈번히 들어 올리거나 운반한다.

구분	내용
육체활동	해당 직업의 직무를 수행하기 위해 필요한 신체적 능력을 나타내는 것 (균형감각, 웅크림, 손사용, 언어력, 청각, 시각)
작업장소	해당 직업의 직무가 주로 수행되는 장소를 나타내는 것으로 실내, 실외 종사비율에 따라 구분 (실내, 실외, 실내외로 구분)
작업환경	해당 직업의 직무를 수행하는 작업자에게 직접적으로 물리적, 신체적 영향을 미치는 작업장의 환경요인 (저온, 고온, 다습, 소음·진동, 위험내재, 대기환경미흡)
유사명칭	현장에서 본직업명을 명칭만 다르게 부르는 것으로 본직업명과 사실상 동일

구분	내용
관련 직업	본직업명과 기본적인 직무에 있어서 공통점이 있으나 직무의 범위, 대상 등에 따라 나누어지는 직업
자격 · 면허	해당 직업에 취업 시 소지할 경우 유리한 자격증 또는 면허
한국표준 산업분류 코드	해당 직업을 조사한 산업을 나타내는 것으로 『한국표준산업분류』의 소분류 (3-digits) 산업 기준
한국표준 직업분류 코드	해당 직업의 『한국고용직업분류(KECO)』 세분류 코드(4-digits)에 해당하는 『한국표준직업분류』(통계청)의 서분류 코드
조사연도	해당 직업의 직무조사가 실시된 연도

직업정보 분석 실행하기

출제기준▶

1. 경제동향보고서 및 중장기 인력수급전망서 등을 통해 산업동향을 파악할 수 있다.
2. 고용정책, 고용전망, 채용정보 등을 통해 고용시장을 분석할 수 있다.
3. 산업동향, 직업별 임금정보, 구인정보 통계 등을 통해 직업전망을 분석할 수 있다.
4. 기업평가, 주식시장자료, 재무제표 등을 통해 기업정보를 분석할 수 있다.
5. 작업자중심방법, 작업중심방법, 혼합방법 등을 통해 직무를 분석할 수 있다.

01 고용환경 분석

(1) 고용시장 분석

① **개념과 방향**

㉠ **고용시장 정보는 고용정책, 고용전망, 채용정보 등의 내용을 모두 포함**하여 직업정보 분석의 목표에 따라 분석범위와 내용이 달라질 수 있다.

㉡ 고용정책은 한 국가 또는 기관이 실제적 또는 잠재적으로 노동인구(work force)를 다루는 방법에 관한 원리, 지침, 목표와 규정을 포함한다.

㉢ 고용정책의 양상에는 고용과 해고 규칙 및 절차, 급료와 급여 구조, 직업의 안정과 건강 시설, 더 많은 일자리의 창출을 자극하는 경제적 계획 등이 있다.

㉣ 정책추진 방향은 정부의 관련 정책의 기조에 영향을 받는 경향이 있으며, 실제적인 사업의 내용도 해당 정부의 일자리 정책과 긴밀히 연관되어 있다.

㉤ **고용정책의 주요 대상들은 청년, 여성, 중장년, 장애인, 외국인** 등이다.

㉥ 정책 분야는 크게 취업 지원, 일자리 창출, 고용 안정망, 직업능력개발, 근로조건 개선, 노동시간 단축, 안전한 일터, 노사관계 등이 포함된다.

② **관련 법률 (고용정책 기본법)** : 국가가 고용에 관한 정책을 종합적으로 수립·이행함으로써 국민 개개인이 그 능력을 최대한 개발·발휘할 수 있도록 하고, 노동시장의 효율성 제고와 노동력의 수급균형을 도모하여 고용의 안정, 근로자의 경제적·사회적 지위의 향상 및 국민경제·사회의 균형 있는 발전에 이바지함을 목적으로 1993년 12월 27일(법률 제4643호) 제정·공포

③ **고용시장 분석 정보의 종류**

㉠ **동향 및 분석 자료**

- 고용노동부 본부 및 지방노동청에서 분석한 최근 경제 동향, 최근 노동시장 동향, 최근 논점분석, 지역별 노동시장 동향을 제공하는 자료들이다.
- 구인구직 현황, 구직급여 신청 및 현황, 고용보험 가입자 수 현황 등 고용시장을 파악할 수 있는 기본통계를 토대로 현시점의 국내 및 지역별 고용정보를 상세하게 보여준다.

㉡ **외부 분석 자료** : 관련 정보를 제공하는 대표적 기관들은 **국회(예산정책처), 정부부처, 한국은행, 지방자치단체 등과 한국개발연구원, 한국노동연구원, 한국직업능력연구원, 산업연구원, 고용정보원, 민간연구기관** 등에서 제공하는 정보를 중심으로 분석한다.

㉢ **국제 고용노동 통계**

- 국내의 고용노동 통계도 중요하지만, 이것이 갖는 통계적 의미는 다른 국가와의 비교를 통해 기준점을 마련할 수 있으므로 해외의 자료를 비교하는 것이 필요하다.
- **경제협력개발기구(OECD), 국제노동기구(ILO), 유럽연합(EU), 미국노동통계국(BLS), 국제연합(UN)** 등에서 제공하는 자료를 참조한다.

(2) 산업동향 분석

① **산업별 기초분석**

㉠ **주력 산업 분야** : 자동차, 조선, 기계·플랜트, 철강, 섬유·정밀화학, 섬유·의류, 가전·전자부품, 통신기기, 컴퓨터, 반도체, 디스플레이 분야의 다양한 분석보고서 및 동향분석 등

㉡ **신성장 동력산업** : 그린에너지·환경, 로봇, 바이오·의약, 신소재·나노기술, 항공우주, 기타 제조업 분야의 다양한 분석보고서 및 동향분석 등

㉢ **서비스 산업** : 비즈니스 산업, 유통·물류, 정보·통신, 문화·콘텐츠, 보건·의료·교육·사회복지, 관광·스포츠 분야의 다양한 분석보고서 및 동향분석 등

② **산업정보 발간 자료 (정기)**

㉠ 산업연구원을 통해 정기적으로 인쇄물 형태로 발간이 된다.

㉡ 디지털 파일로 공유가 되는 산업 관련 자료들르 **산업동향 브리프(월간), 미래전략산업 브리프(격월), 서비스산업 브리프(연 2회)**를 통해 산업전반의 동향에 대한 정보를 얻을 수 있다.

(3) 직업전망 분석

① **한국직업전망서 (2021~2023년 일자리 전망 통합본, 2024)**

㉠ **발간 배경 및 목적**

- 한국고용정보원은 1999년부터 『한국직업전망』을 발간하여 왔고, 최근 2020~2022년 동안에는 『2021~2023 한국직업전망 통합본』 발간 사업의 일환으로 총 477개 직업에 대해 분야별로 나눠 『2021 한국직업전망』, 『2022 한국직업전망』, 『2023 한국직업전망』을 발간한 바 있다.

- 2023년도는 『한국직업전망 통합본』의 수록 직업과 워크넷(work-Net) 「한국직업정보(KNOW)」의 등재 직업의 목록 일치화를 위해 『**한국직업전망 통합본**』**의 수록 직업을 분리하거나 신규 직업(45개)을 추가하고**, 2020~2022년 작성한 일자리 전망 원고 중 **일부 내용을 보강**하였다.

ⓛ 수록 직업 목록 : 본 『2021~2023 한국직업전망 : 일자리 전망 통합본』에는 우리나라 대표직업 537개 직업에 대한 '일자리 전망'이 수록되었다.

ⓒ 일자리 전망 절차

- 각 직업의 일자리 전망 결과는 **양적 전망 자료**(「2021~2031 중장기 인력수급 전망」, 한국고용정보원, 2022)와 질적 조사 자료('정성적 직업전망 조사', 'KNOW 직업별 재직자 조사', 해당 분야의 전문가 심층 인터뷰, 각종 보고서 분석 등)를 바탕으로 연구진의 **논의를 거쳐 최종 판단**하였다.

- 조사 결과마다 상반되는 일자리 전망이 도출되거나 예년과 달리 직업전망에 영향을 미치는 새로운 요인이 반영된 경우, 정량적 분석자료에서 파악되지 않는 수록직업 등에 대해서는 원내외 연구진, 직업 분야별 현장전문가들을 대상으로 보다 심도 있는 의견수렴과 협의과정을 거쳐 최종 전망을 도출하였다.

정량적 분석	정성적 분석

• 「2021~2031 중장기 인력수급 전망」
  – 산업별 : 직업별 향후 10년간 인력공급 및 취업자 수 전망
	• 「정성적 직업전망 조사」
	  – 직업별 전문가 대상 향후 10년 일자리 전망 조사
	• 「KNOW 재직자 조사」
	  – 재직자 대상 향후 5년 일자리 전망 조사
	• 산업경기 전망, 정부정책 등 각종 보고서 등을 통해 일자리 전망요인 추출

전망 결과 검토(전문가 의견수렴 및 검증)

- 정량적 분석 결과와 정성적 분석 결과의 주요 전망 결과에 대해 전문가 검토
  – 직업별 관련 현장 전문가, 내외부 직업전망(연구) 전문가 등
  – 정량적 분석 연구자와 정성적 분석 연구자들의 협의
  – 특히 정량적 분석자료에서 제공되지 않는 직업의 경우는 별도 집중 검토

최종 일자리 전망 결과 도출

- 최종 직업전망 확정
  – 향후 10년간의 연평균 증감률을 기준으로 증가(2% 초과), 다소 증가(1% 이상~2% 이하), 현 상태 유지(-1% 초과~1% 미만), 다소 감소(-2% 이상~-1% 이하), 감소(-2% 미만) 등 총 5개 구간으로 구분
- 일자리 변동에 영향을 미치는 주요 요인 설명

ⓛ 직업정보 내용
- **직업명** : 직업명은 한국고용직업분류(KECO)에서 사용하는 **명칭을 준용**하였으며, 워크넷(work-Net) 「한국직업정보(KNOW)」의 등재 직업명과 일치한다. 일부 직업의 경우, 산업현장에서 실제 불리는 명칭이 대표 직업명과 다른 경우는 **산업현장의 명칭을 병기**하였다.
- **코드 (code)** : 직업코드(code)는 6-digits으로 **구성**된다. 세분류(4-digits)까지는 한국고용직업분류(KECO) 코드를 따랐다. 이하 **세세분류 두 자리(6-digits)는 워크넷(work-Net)의 「한국직업정보(KNOW)」에 등재된 직업들을 관리하기 위한 일련번호**이다.
- **일자리 전망** : 향후 10년간 해당 직업의 일자리(고용) 증감을 전망하고, 그 요인을 분석하였다. 일자리 증감 전망은 향후 10년간의 **연평균 증감률을 기준으로 증가(2% 초과), 다소 증가(1% 이상~2% 이하), 현 상태 유지(-1% 초과~1% 미만), 다소 감소(-2% 이상~-1% 이하), 감소(-2% 미만) 등 총 5개 구간으로 구분**하였으며, 이는 단지 독자의 직관적 이해를 돕기 위한 수단에 불과하다.
- **연도별 직업전망서에서 담고 있는 직업정보 내용** : **직업명**(KECO의 세분류 수준의 명칭), **하는 일, 근무환경**(종사자의 일반적인 근무시간, 근무형태, 근무장소, 육체적·정신적 스트레스 정도, 산업안전 등), **성별, 연령, 학력, 임금, 되는 길**(교육 및 훈련, 관련 학과, 관련 자격, 적성 및 흥미 등) 등

② **고용전망에 영향을 미치는 요인**
㉠ 한국직업전망서에 제시된 고용전망 영향 요인 8가지

고용변동 영향 요인		내용
확실성 요인	인구구조 및 노동인구 변화	저출생, 고령화, 생산가능인구 감소, 1인 가구 증가, 외국인 근로자의 증가 등
	산업특성 및 산업구조 변화	노동·자본·기술집약적 산업, 글로벌 밸류체인 변화, 미래차(전기차, 수소차 등) 전환 등
	과학기술 발전	인공지능(생성형 AI), 협동로봇 등 기술 혁신 및 융복합화, 경제·사회·문화 전반의 디지털 전환 등
	환경과 에너지·자원	기후변화 및 환경오염 대응(탄소중립), 신재생에너지 등 녹색산업 육성, 국가 간 자원 경쟁 등
	가치관과 라이프 스타일 변화	일과 삶의 균형(워라밸), 개인주의, 사회관계망서비스(SNS)를 통한 소통강화, 세대별 특성(디지털세대, 액티브시니어 등), 건강·미용에 대한 중시 등
불확실성 요인	대내외 경기 변화	세계 및 국내 경기 전망, 수출·수입 등 무역전망, 자국우선주의 등
	기업의 경영전략 변화	공장 해외 이전 또는 국내 복귀, 인력 아웃소싱, 기업활동의 스마트화 등
	법·제도 및 정부 정책	정부의 신산업 육성 정책, 규제완화, 대학정원 등 교육정책, 인재양성, 자격제도 신설 등

ⓒ 직업별 고용변동 영향 요인 7가지 (김중진 외, 2009)

구분	내용
정부정책 및 법, 제도 도입	사회복지 정책, 산업육성 정책, 수출입 정책, 교육훈련촉진 정책, 취업촉진 정책, 외국인력 유입 정책, 자격면허에 대한 조정 등
가치관과 라이프스타일	'여가, 건강, 미용 등에 대한 욕구 증대', '소비자 주권 증대' 등
기업의 경영방식	'인수, 합병 등의 구조조정', '외주(아웃소싱)', '채용방식의 변화', '업무 영역의 통합 및 세분화' 등을 포함하며 향후 일자리 창출 및 유지에 중요한 영역
환경과 에너지 문제	기업을 넘어서 국가 간의 경쟁에 큰 영향을 미칠 것으로 전망되는데, 환경과 에너지 분야에서의 취업자 수에 영향을 미치는 세부 요인에는 '에너지 부족과 확보를 위한 경쟁', '기후변화 및 환경기준 강화' 등
글로벌라이제이션	국제 간의 무역과 활동에 따라 고용에 영향을 미치는 요인들인 '국제무역 경쟁 심화', '신흥공업국의 생산활동 증대', '금융의 세계화', '생산기지 해외이전 및 외국기업 국내이전', '남북한 경제협력 및 통합진전' 등
인구구조의 변화	'인구의 고령화', '가족구조의 변화', '여성의 경제활동 증가', '저출산' 등
기업의 기술발전과 혁신	'기계화, 자동화, 전산화', '제품혁신 주기의 단축/공정 자동화', '디지털화 및 온라인화/인터넷' 등

02 기업정보 분석

(1) 기업의 외재적 특성

① 채용정보를 활용한 기업정보 분석

구분	내용
일반적 기업정보	산업, 기업구분, 자본금, 사원 수, 설립일, 매출액, 대표자, 주요 사업, 홈페이지, 주소, 계열사 등
채용사이트 내 재무정보	연도에 따른 분기별 사업분석, 매출액(매년 및 업계평균 대비), 영업이익(매년 영업이익 및 업계평균 대비), 당기순이익, 산업 내 위치, 기업등급 등
기타 채용 관련 정보	해당 기업의 지난 채용정보, 연봉정보, 인·적성면접, 채용설명회, 합격스펙 등의 정보

② 재무중심의 기업정보 분석

구분	내용
금융감독원 전자공시시스템	회사 기본정보, 연혁, 재무제표와 재무상태, DART 보고서 사례를 통해 회사의 안정성 확인
중소기업 현황정보시스템	중소기업에 국한된 정보
기타	기업별 IR 보고서, 한국기업을 평가하는 정보제공 사이트를 운영하는 기업들, 기업운영 경제연구소 등에서 제공하는 정보들

③ 중소 및 벤처기업 정보 (중소벤처기업부 / www.mss.go.kr)

구분	내용
중소기업 경기전망 조사	중소기업의 경기 동향을 업종별로 조사하여 업계의 경영계획 수립과 정부의 중소기업 지원시책에 필요한 기초자료 제공을 목적으로 제조업과 비제조업의 모집단을 대상으로 조사
중소기업 실태조사	인력채용 시 평균연봉, 교육·훈련 형태, 수출 여부 및 방식, 수출 시 애로사항, 사업전환 현황, 수위탁 공정거래 체감 현황 등 조사
주제별 정보	경영지표, 인력실태, 기술실터, 임금실태, 수출부문, 혁신형 기업, 여성기업, 중소기업 경기전망 등의 정보가 포함되며 이외에 창업기업과 벤처기업 정보 등 포함

(2) 기업의 내재적 특성

① **조직문화 (organizational culture)**

　㉠ 조직문화는 **구성원들에 의해 공유되며 무의식적으로 작용하면서 당연한 것으로 받아들여지는 기본 가정과 신념**이다(Schein, 1985).

　㉡ 어떤 구성원들이 다른 구성원들을 그별하는 총체적 정신 프로그램이다(Hofstede & Hofstede, 2005).

　㉢ 조직문화는 한 기업이나 조직의 구성원들이 공유하는 기본 전제들을 바탕으로 중요하게 생각하는 신념과 가치가 다양한 형태의 문화적 표상으로 드러나고, 구성원들의 의식과 무의식 수준에서 모두 존재하며, 오랜 기간 시간을 두고 축적된 학습의 과정을 거쳐 형성된다.

② **조직풍토 (organizational climate)**

　㉠ 조직문화는 일반적으로 깊고, 안정적이고, 조직 전체로 볼 수 있는 데 비해, 조직풍토란 **작업장 내 구성원들의 전체적인 인상과 기대, 그리고 감정**으로 내부적 또는 더 넓게는 외부환경과의 접촉과 업무처리 과정을 통해서 매일매일 변화한다(Burke, 1993).

　㉡ 조직풍토는 조직의 개인이나 집단에게는 환경이 되는 반면, 조직 자체로서는 특성을 이루며 조직에도 다른 조직과 구별되는 특성을 의미하며, 조직구성원들이 가진 일반적인 태도, 가치규범, 느낌 등의 결과로 만들어지며 개인 행태의 기반이 된다.

　㉢ **조직문화가 사회학적 관점으로 출발하여 유형화하는 경향이 있는 반면, 조직풍토는 구성원들이 인식하는 심리적 측면으로 구체적인 내용으로 구성**된다.

③ **기업관리 특성**

　㉠ 기업이 오랫동안 가진 기업관리 특성으로 인해 어떤 내담자는 조직 적응이 용이할 수도 혹은 어려울 수 있으며 이직의 원인이 될 만큼 큰 도전을 줄 수도 있다.

　㉡ 기업관리 특성을 고려하여 기업정보 분석 곡표에 맞게 활용할 수 있다.

(1) 직무분석의 필요성과 의의

① 효율적인 인재관리

㉠ 인재관리 과정

- 인재관리의 양성, 배분, 활용 등의 차원에서 채용, 지원자 선발, 직원훈련과 교육을 위해 직무분석이 필수적이다.
- 채용에서 직무기술서는 지원자의 기초가 되고, 지원자가 직무에 대한 책임감, 기술 외에 필요한 특성(능력)뿐만 아니라 어떤 일을 하게 되는지 등 직무의 종류, 지원자의 특성과 직무가 적용 가능한지 알 수 있다.

㉡ 지원자 선발

- 지원자 선발 시 대부분 직무분석을 통해 후보자를 선택하며, 구인처에서는 성공적인 채용을 위해 직무에 필요한 세부사항, 지식, 기술 및 능력에 대해서 충분히 알고 있어야 한다.
- 직업의 여러 기술은 직무분석에 의해 명확해지며, 직무분석은 후보자의 심사를 위한 행동면접 프로토콜(behavioral interviewing protocol) 개발에 활용되기도 한다.
- 후보자들 면접 시 질문개발에 기초가 된다.

㉢ 훈련 및 교육

- 직무적성을 분명히 하여 낮은 수준의 능력을 가진 직원들에 대한 차별화된 관리나 기존 직원의 적성을 분석하여 지도하기 위한 훈련 및 교육 프로그램에 직무분석이 사용된다.
- 직무분석에 근거하여 선발된 직원도 직무와 완벽하게 적합하지 않으므로 이를 위해 훈련과정을 거치도록 하는데 이때 어떤 훈련에 참여할지 여부도 직무분석을 기준으로 판단한다.

② 직무수행 평가에 대한 보상

㉠ 직무수행 평가에 따라 보상체계가 변경되고, 직무에 따라 임금수준이 달라지며, 이는 직무분석의 근본적인 측면이다.

㉡ 임금수준은 서로 다른 일에 다른 필요조건과 노력, 다른 근무조건이 포함될 때의 보상에 따라 결정된다.

③ 직업선택의 중요한 정보

㉠ 진로설계 단계뿐 아니라 구직활동을 하는 단계에서도 지원하는 기업의 직무에 대한 자료가 구체적으로 제공될수록 합리적·효율적 구직활동이 가능하다.

㉡ 학생과 학부모들이 직업정보를 충분히 이해하는 과정을 거치지 않고 직업 이미지에 의존하는 것을 줄일 수 있다.

④ 법적 소송에 대한 보호

ㄱ 직무분석은 고용차별 관련 소송에 있어 기업측에 유리하게 작용할 수 있는 위험성을 줄일 수 있다.

ㄴ 직무분석에 기초한 표준화된 기준을 가지고 타당성을 명확히 함으로써 기업과 개인 모두의 공정함을 지킬 수 있다.

⑤ **기업인력 감축 및 조정의 기초자료**

ㄱ 기업이 구조조정 시 어느 직무가 기업의 핵심 업무인지를 파악하여 아웃소싱으로 전환하거나 다른 인력으로 대체할지 판단하기 위해 직무분석 자료가 필수적이다.

ㄴ 정확한 근거 없이 이루어지는 기업의 구조조정은 기존의 통념과 고정관념에 기초하여 이루어져 기업의 핵심 인재를 놓치는 결과로 이어진다.

(2) 작업자 중심 직무분석 (worker-oriented methods)

① **면담법**

ㄱ **소개**

- 면담법은 최초 분석법의 하나로 분석 대상이 산업발전에 따라 새롭게 발생한 직무 또는 직업인 경우에 **참고문헌이나 관련 자료가 드물고 그 분야에 많은 경험과 지식을 갖춘 사람이 없을 때 직접 작업현장을 방문하여 분석을 실시**한다.
- **많은 시간과 노력이 소요**된다.
- 특정 직무에 대한 오랜 경험을 통해 많은 지식과 숙련된 기능을 가지고 있으면서 그것을 언어로 정확하게 표현할 수 있는 사람과 직접 면담한다.
- 이때 면담으로 분석에 협조하는 사람은 시간에 제약을 받지 않도록 미리 소속 기관장의 허락을 얻어야 한다.

ㄴ **특성**

- 상대방이 자발적으로 능동적으로 필요한 자료를 충분히 제공하도록 유도하는 방법으로 가장 정확하고 완전한 정보를 얻을 수 있으므로, 가장 많이 활용되고 있으며, 다른 직무분석 방법을 할 때에도 기본적으로 병행해서 활용된다.
- 개별면담과 집단면담으로 나눌 수 있으며, **면담 대상자는 SME**(subject matter expert : 직무에서 수행되는 모든 과제들에 대하여 잘 알고 있을 정도로 직무에 대한 직접적인 경험을 가지고 있는 내부 전문가)를 찾는 것이 중요하다.
- 집단면담은 SME 5~6명이 적절하며 면담을 어떤 방식으로 진행할지의 여부가 수집되는 직업정보의 질에 영향을 미친다.

② **직무요소 방법론 (JEM : Job Element Method)**

ㄱ **소개**

- JEM은 작업자 중심 직무분석 방법 중 가장 오래된 방법으로 **추상적인 특성보다는 작업행위와 이 행위의 결과에 초점을 맞춘 것으로 JEM의 요소는 행위와 관련 근거의 조합**이다.

- 요소는 심리학자들이 만들어낸 용어라기보다는 **일터에서 통상 사용되어온 용어를 통해 만들어진 단어이다.**
- **요소들이란 인지, 정신활동, 그리고 업무습관을 포함하는 광범위한 행동들에 적용**되는데, 인지적 요소들은 도구를 이해하고 사용하는 것, 설계도 읽기, 컴퓨터 사용, 그리고 표준편차와 같은 항목들을 포함한다. 정신활동 요소들은 느끼고 색깔 등을 인지하는 능력과 전기드릴을 조작하거나 제트기를 운전하는 것과 같은 복잡한 운동을 쉽게 수행해내는 능력을 포함한다. 작업습관은 기질상 더 많은 동기를 부여하는 행동들의 집합과 관련이 있다.

  ㉡ 특성
  - JEM을 위한 정보수집은 보통 **프로젝트 리더로 일하는 전문분석가와 재직자 및 감독자인 여섯 명의 SME로 구성된 팀에 의해 수행**된다.
  - 보통 두 개의 세션이 있다. 첫 세션에서 SME는 브레인스토밍을 하고 분석가들이 따르는 요소의 목록을 분류한다. 두 번째 세션에서 분석가는 평가척도로서 직무를 수행하기 위해 필요한 것을 열거한 일련의 요소들을 따른다.
  - 작업자의 특성(지식, 기량, 능력 그리고 다른 성격들)은 직무전문가들이 이해하는 측면에서 행동으로 정의된다.

③ **직위분석 질문지법 (PAQ : Position Analysis Questionnaire)**

  ㉠ 소개
  - PAQ는 **어니스트 맥코믹(Ernest McCormick)에 의해 1960년대에 개발**되어 유기체(O)가 자극(S)을 받고 반응(R)하는 행동주의자들의 S-O-R 공식을 바탕으로 설계되었다.
  - **모든 직무에 같은 요소를 적용하기 위해 설계**되었으며, 미국 사회보장 장애결정에 사용되는 직업분석 질문에 추가되었다.
  - 직무분석가는 직무와 관련된 각각의 항목을 고려하고 그 직업에 특정 항목을 적용할지 여부를 결정한다.
  - **PAQ를 완성하기 위해서는 훈련된 분석가들은 우선 직무를 관찰한 후 직무를 수행하는 몇몇 재직자들과 면담**한다.
  - 직무를 수행하는 데 요구되는 인간의 특성들을 기술하는 데 사용되는 194개의 문항들로 구성되어 있으며, **직무수행에 관한 6개 범주(정보입력, 정신과정, 작업결과, 타인들과의 관계, 직무맥락, 직무요건)들에 대해 평정하도록 되어 있는 표준화된 분석도구이다.**

  ㉡ 특성
  - PAQ는 **두 가지 중요한 목표를 충족시키기 위해 설계**되었다. 첫 번째는 각각의 직무에 대해 비용이 소요되는 타당성 검증 진단을 하지 않고, 구직자를 정의하는 **표준화된 접근법으로 개발하는 것**이었다. 두 번째 의도는 **보상을 위해 직무 평가를 하는 기관들을 돕는 것**이었다.
  - 오늘날 PAQ의 주 용도는 장애를 결정하는 것으로 많은 장애보험회사에서 사용된다.

④ 데이컴법 (DACUM)

　㉠ 소개

- 데이컴이란 'Developing A Curriculum'의 줄인 말로서 **교과과정을 개발하는 데 활용되어 온 직업분석의 한 가지 기법**을 말한다.
- 교육훈련을 목적으로 교육목표와 교육내용을 비교적 단시간 내에 추출하는 데 효과적이다.
- 미국과 캐나다의 교육계에서 일반화되고 있으며, 우리나라에서도 가장 일반적으로 사용하는 방법 중 하나이다.
- **데이컴은 8~12명의 분석 협조자(panel member)로 구성된 데이컴 위원회를 중심으로 이루어진다.** 이 위원회는 실무자가 사전에 준비한 쾌적한 장소에 모여 2박 3일 정도의 집중적인 워크숍으로 데이컴 차트를 완성하면서 작업을 마친다.

　㉡ **가정과 전제**

- 첫째, 전문적인 작업자는 다른 누구보다도 그 직무에 대하여 잘 기술할 수 있다.
- 둘째, 한 가지 직무는 해당 직업에 종사하고 있는 숙련된 사람이 수행하는 작업명칭들로 충분히 기술될 수 있다.
- 셋째, 모든 작업에는 그 작업을 올바르게 수행하는 데 필요한 관계 지식과 태도가 있다.

　㉢ **촉진자의 역할**

- 데이컴을 실시하려면 실무자가 약 6개월 전부터 분석협조자 선정, 작업장소 예약, 분석가 선정 등 워크숍 준비를 해야 한다.
- 실무자가 그 준비를 완전하게 마친 후 실제 **데이컴은 촉진자(facilitator)가 맡아서 진행**한다.
- 데이컴 촉진자는 전문가다운 인상과 외모를 갖추고, 타인에 대한 감수성이 예민하며, 데이컴을 진행하는 동안 열띤 분위기를 조성하고 유지할 수 있는 능력이 있어야 하며, 유머감각이 뛰어나고, 동기유발을 잘 시킬 수 있어야 한다. 또 인내심도 있어야 하고 의사결정 능력을 갖추고 여러 가지 의견을 종합할 수 있어야 한다.

　㉣ **데이컴 워크숍의 기본 원칙(특징) 6가지**

- 직급과 연령 등을 고려하지 않고 **모두 평등하게 참여한다.**
- 아이디어를 자유롭게 공유하고 **비판하지 않는다.**
- **발언권을 얻은 한 사람이 이야기한다.**
- 비판보다는 건설적인 제안을 한다.
- 기존의 관련 자료를 참고하지 않는다.
- 워크숍을 이끄는 촉진자(facilitator)는 자신의 의견을 말하지 않는다.

⑤ **인지적 과업분석 (CTA : Cognitive Task Analysis)**

　㉠ 소개

- CTA는 가장 최근에 인지심리학과 인지과학에 근간을 두고 개발되었으며, 1990년대부터 적용되기 시작하였다. 인지과학은 인지심리학, 컴퓨터과학, 공학, 철학 등을 혼합한 형태이며, 정신적 행동들의 모델을 만들어서 마음을 이해하는 것을 지향한다.
  - 인지과학자들은 과업을 실험실로 가져와서 초심자와 전문가에게 그것을 완성하게 한다.
  - **전문가들이 과업을 완성하기 위해서 사용하는 전략들, 과정들, 지식 등과 같은 정신적 행동들을 추론한다. 그리고 전문가들이 한 행동을 본받게 하기 위해서 만든 컴퓨터 프로그램에 기재**한다.

ⓛ 특성
  - 대부분의 다른 작업자 중심 방식들과 다르게 CTA는 분석된 과업을 완성하는 전문가들에 의해 사용된 정신적 행동들을 이해하는 그들의 공통적인 목표와 관련된 다른 접근법이나 방식들을 제안한다.
  - CTA는 보통 직무의 과업들이나 책무들로 묘사된 작업자 중심 직무분석 방식의 종료와 함께 시작되며, **작업 중심 방식이나 특성기반 작업자 중심 방식에서 종종 간과하는 직무를 완성하기 위해 사용되는 정신적 과정들에 대한 정보를 제공**한다.

(3) 작업중심 직무분석 (work-oriented methods)

① 시간-동작연구
ⓛ **시간연구** : 시간연구의 경우는 업무를 완수하기 위한 표준시간을 찾는 것을 목표로 하여 시간분배가 가장 중요한 관점일 때 사용되었다.

ⓛ **동작연구**
  - 동작연구는 업무를 완성하는 데 사용되는 단계의 순서를 발견하는 것으로 작업행동들의 모음으로 공간적 업무 효율성을 높이기 위한 방법들이 사용된다.
  - 기본적인 철학은 특정 직무를 수행하는 데 가장 효율적인 방법이 존재한다는 것을 전제로 한다.
  - 그래프와 업무순서도(flowchart), 미세동작 분석, 기록기술 등을 활용하여 정밀하게 측정한다.

② 기능적 직무분석 (FJA : Functional Job Analysis)
ⓛ **소개**
  - **미국 노동부의 노동력을 배치하기 위해 사용했던 방법**으로 1930년대 구직자와 직업을 연결시키는 데 기여하였다.
  - 미국의 직업사전에 근거하여 많이 활용된 방법으로 **자료, 사람, 사물 등 세 가지 측면 중 하나에 관련하여 일한다는 전제에 근거하는 데 설정**되었다.
  - FJA의 주된 관심은 작업에 있지만, 작업자 특성과 작업환경에 대한 실질적인 정보도 제공하며, 작업분석보고에 사용하는 노동부 보고서 양식에는 다섯 분야의 직무에서 요구하는 작업자의 습성(특성)에 대한 평가가 포함된다.

ⓛ 특성

- 직무분석 절차는 기존 정보를 모으는 것부터 시작하여 책, 정기간행물, 또는 도서관에서 이용할 수 있는 다른 기술정보, 업무순서도와 조직적인 차트와 같은 과정이 서술된 자료, 노동조합, 전문협회에서 즌비된 다른 기술자료, 정부의 여러 기관에 있는 팸플릿 등을 수집한다.
- 이런 준비는 분석가가 약간의 전문용어와 기초적인 방침에 대해 알게 되므로 작업자와 감독하는 사람과 의사소통에 유용하다.

③ **중요사건 기법 (CIT : Critical Incident Technique)**

㉠ 소개

- 제2차 세계대전에 개발되어 여러 ㅁ국 공군 프로젝트에 사용되었으며, 작업 근로자 행동의 특정 사건을 재생하기 위해 주제 관련 전문가가 필요하다.
- 종업원들이 직무에서 **결정적으로 잘한 사건이나 결정적으로 실수를 범한 사건들을 수집한 후, 그러한 사건들에서 있었던 구체적인 행동들을 알아내고 이러한 행동들로부터 직무에서 요구되는 지식, 기술, 능력 등의 인적 요건들을 추론한다.**
- 전후 관계의 설명, 행동 또는 문제의 원인이 되었던 것 또는 작업자가 직면하고 있는 기회, 직원의 행위 그 자체, 행동의 결과 등을 기술하는 것으로 작업자가 한 일을 명확하게 작성하며, 특정한 추론이나 진술은 피해야 한다.
- 실제 작업 동작에 관한 풍성한 세부 사항을 제공하고 성능평가에 적용 틀로 사용되며 훈련 평가, 교육, 디자인 등에 사용한다.

㉡ 특성

- 중요한 사건을 수집하는 몇 가지 **실용적인 전략**은 다음과 같다. **첫째, 성과에 대한 질문부터 하지 말아야 한다. 둘째,** 기억과 결과를 왜곡하거나 직업의 특성이 변경되었을 수 있기 때문에, **사건은 지난 6~12개월 사이 발생한 것으로 한정한다. 셋째,** 부정적인 사고가 먼저 수집되는 경우 데이터 수집의 목적이 의심받을 수 있기 때문에 **작업자는 부정적인 사건 전에 긍정적인 사고를 생성해야 한다.**
- 장점은 실제로 직무에서 일어났던 중요한 사건을 토대로 직무수행과 관련된 중요한 자료들을 알아낼 수 있다는 것이다. 그러나 **일상적인 수행에 관한 정보들이 배제될 수 있고, 응답자들이 과거의 사건을 왜곡하여 기술할 가능성이 있으며, 추론하는 과정에서 주관성이 개입될 수 있다는 단점이** 있다.

④ **과업 목록 (TI : Task Inventories)**

㉠ 소개

- **TI는 하나 이상의 직무를 완료하기 위해 수행하는 모든 업무 활동의 목록이다.**
- 각 활동은 일반적으로 과제라고 간주하며 작업 전문가, 보통 현직자와 그들의 감독관에게 어떤 작업 활동을 수행하는지 여러 가지 항목의 목록에 응답하는 조사를 통해 작성된다.

- **기능적 직무분석**의 과제목록보다 더 좁게 정의된 경향이 있다.
  - 1919년 기술거래(기술병과)를 위한 훈련을 개발하는 데 처음 사용되었고, 일반화는 1950년대 이후 미국 공군(USAF)에 의해 이루어졌다.
- ⓛ 특성
  - 일반적으로 과업명세표를 통해 이루어지는데 과업분석을 위한 데이터를 제공하기 위해 재직자 및 감독자에게 제공되는 설문조사이다.
  - 설문조사 설계에 있어 질문은 직무분석가에 의해 기록되며 조사방법은 관찰, 이론적 배경, 면담 등으로 이루어진다.
  - 자료 분석에는 WPSS(work performance survey system), CODAP(comprehensive occupational data analysis program)와 같은 **컴퓨터 프로그램을 사용하며 직무의 빈도와 시간, 직무에 필요한 지식, 기술 태도 등을 측정**한다.

〈 작업 중심 직무분석과 작업자 중심 직무분석 비교 〉

작업 중심 **(과업 지향적)** **직무분석** Task-oriented Job Analysis	• 직무에서 수행하는 과제나 활동이 어떠한 것들인지 파악하는 데 초점을 둔다. • 동사의 형태로 표현되며, 이러한 분석을 때로 과제분석(task analysis)이라고도 부른다. • 직무 자체의 내용을 중점적으로 다루는 직무기술서(Job Description)를 작성하는 데 중요한 정보를 제공한다. • **각 직무에서 이루어지는 과제나 활동들이 서로 다르기 때문에 분석하고자 하는 직무 각각에 대해 표준화된 분석도구를 만들 수 없다.**
작업자 중심 **(작업자 지향적)** **직무분석** Worker-oriented Job Analysis	• 직무를 수행하는 데 요구되는 지식, 기술, 능력, 경험 등 작업자의 재능에 초점을 둔다. • 직무 자체의 내용보다 직무요건 중 특히 인적 요건을 중점적으로 다루는 직무명세서(작업자 명세서)(Job Specification)를 작성하는 데 중요한 정보를 제공한다. • **인간의 다양한 특성들이 각 직무에서 어느 정도나 요구되는지를 분석하는 것이므로, 직무에 관계없이 표준화된 분석도구를 만들기가 비교적 용이하며, 다양한 종류의 직무들에서 요구되는 인간 특성의 유사 정도를 양적으로 비교하는 것이 가능하다.** • 작업자 명세서는 직무에서 요구되는 **KSAOs 즉, 지식(Knowledge), 기술(Skill), 능력(Ability), 기타 특성(Other Characteristics)**을 중심으로 작성하는데 직무에서 요구되는 인적 요건들의 수준이나 유형을 가급적 구체적으로 쓰는 것이 좋다.

(4) 혼합적 직무분석 방법 (hybrid methods)

① **결합직무 분석법** (C-JAM : Combination Job Analysis Method)
- ㉠ 소개
  - C-JAM은 **과업을 수행하는 데 필요한 인간자질에 대한 정보를 요약하고 있는 직무요소 분석법에서 내용을 차용**하였다. 인간의 자질에 관한 정보는 직원 선발 시 필수적인 내용이다.

- 몇몇 척도들은 특정 직무에 있어서 어떤 과업과 어떤 인간의 자질이 가장 중요한가에 대한 결정에 도움이 되기 위한 정보를 제공한다.
- C-JAM은 과업기술이 개발되고 과업의 중요성을 평가하게 되며, 그 다음 과업을 수행하는 데 필요한 지식, 기술, 능력, 다른 특성 등이 개발되고 직무능력에 있어 그 중요성이 평가된다.
- 직무분석 결과는 선발과 훈련 프로그램 개발에 활용될 수 있다.

ⓛ 특성

- 과업에 대해 기술하는 데 과업에 대해 얼마나 상세하게 기술할지 명확하지 않을 때는 초안 작성 시부터 좀 더 상세히 작성한다.
- **일반적으로 특정 직무의 최종 과업목록은 30~100개로 구성**된다. 처음 목록의 수가 100개를 넘는다면, 내용이 비슷한 과업들은 합쳐서 100개 이하로 줄이도록 한다.
- **과업생성회의**(the task generation meeting)에서는 **5~7명의 작업자와 2명 정도의 직속 관리자들이 작업장에서 좀 떨어진 편안한 회의장소로 모이게 된다.** 회의는 컴퓨터를 사용해서 사이버 공간에서 진행할 수도 있으며, 회의매체가 어떤 방식으로 진행되든 집중을 방해하는 것은 최소화할 필요가 있다. 전문가들은 분석하고 있는 직무에 대해 경험이 충분히 있어야 하고 본인의 생각을 말이나 글로 적절하게 전달할 수 있어야 한다.
- **다음에는 과업평가회의를 열어 과업 난이도와 위험도를 기준으로 평가한다.** 두 가지 척도는 과업 난이도와 위험도에 대해 다루고 있다. 과업 난이도는 직무에 있는 모든 다른 과업들과 비교하여 과업을 정확하게 수행하는 난이도, 위험도·오류의 결과는 과업이 잘못 수행되었을 때 부정적인 결과를 가져오는 정도를 의미한다. 이를 기준으로 집단의 리더는 과업 중요도를 분석하는데, 계산식은 과업 난이도와 위험도를 합한 값이다.

② **다중질문설계 설문지법 (MJDQ : Multimethod Job Design Questionnaire)**

㉠ 소개

- MJDQ는 다른 직무분석 방법과는 달리 **직무를 사람에게 적합하도록 만들기 위해 정보 획득을 목적으로 한다.**
- 수집된 대부분의 정보는 작업자의 자질보다 작업 자체에 중점을 두었다.

ⓛ 특성

- 직무설계의 원칙으로 **동기적**(motivational), **기계론적**(mechanistic), **생물학적**(biological), **지각운동**(perceptual-motor) 등 4가지를 제시하였다.
- 직무설계의 통합적인 상황과 주어진 직무의 균형을 제공하기 위해 개발되었으며, 훈련된 직무분석가들과 상당수의 재직자들에게 신뢰할만한 데이터를 제공하는 것으로 보인다.
- MJDQ는 **다양한 업무성과(만족도, 효율성, 편안함)를 예측하는 자료로 제공되기도 한다.**

분석정보 평가하기

출제기준▶
1. 각 영역의 분석된 정보들을 통합하여 분석보고서를 작성할 수 있다
2. 분석목표와 범위에 따라 직업정보가 분석됐는지 평가할 수 있다.
3. 통합된 분석결과 중에 대상에 맞는 시사점을 도출해 낼 수 있다.

01 분석정보 평가

(1) 직업정보 분석 목표의 재확인

① **대상자의 직업정보 요구도 확인**

㉠ 직업정보를 분석하다 보면 원래의 목표와 직업정보가 필요한 대상에 대한 요구를 망각한 채 분석이 진행되는 경우가 발생한다.

㉡ 직업정보가 매우 필요한 시기에 적절하게 제시되는 것은 진로탐색과 선택에 있어 중요한 역할을 하게 되지만, 부적합한 시기에 제공되는 직업정보는 대상자를 혼란스럽게 하거나 호소문제의 원인을 찾는 데 방해가 되기도 한다.

㉢ 직업정보 관련 내담자의 실제 욕구를 다시 파악하여 분석목표를 확인하는 과정을 거친다.

② **대상자의 인식체계 확인**

㉠ **기본 모델**

• 대상자의 특수 논점에 따라 가진 특성 이외에 **내담자 개인의 인식체계를 파악하는 것**도 중요하다.

• **자기, 검색 및 통합 모델**(self, search & synthesis model, Bloch, 1989)에 의하면, 자기(self)는 자기 자신에 대한 정보를 발전시키는 것이며, 검색(search)은 현재 자신의 진로발달 요구에 부합되는 일의 세계에 대한 정보를 수집하는 것이고, 통합(synthesis)은 습득된 정보를 체계(framework) 상에서 이용하거나, 그 체계 자체를 변화시키는 데 활용한다.

• 정보수집의 맥락은 매우 개별적이며, 지속적으로 변화 가능하며, 이 모델은 '자기-검색-통합'의 사이클을 따라 순환한다.

ⓛ 직업상담 과정의 적용
- ‘자기-검색-통합 모델’과 ‘합리적 추론(true reasoning) 접근법(Parsons, 1909)’의 차이
  점은 정보가 지식으로 변화되는 과정에서 대상자는 ‘연결’을 하는 당사자가 되어야 한다
  는 인식에서 출발하며, 다른 사람이 정보 간의 관계성을 보여주는 방법보다 대상자
  스스로 연관성을 찾는 방법이 훨씬 더 효과적이라는 것이다.
- 직업상담가는 개인적 반응의 변화 폭을 크기 예측하고 체계상에서 새로운 정보의 위
  치를 발견할 때, 대상자 개개인이 정보를 해석하는 맥락이나 동화가 다르기 때문에 유
  사한 능력뿐 아니라 흥미목록을 가지고 있더라도 매우 다른 진로경로에 흥미를 느낄
  수 있음을 의미한다.

③ 직업상담가의 직업정보 요구도 확인
ㄱ 직업상담가는 직업정보의 분석목표를 정했다 할지라도 주어진 그 목표와 상관없이 그
  동안 습관처럼 쉽게 찾던 자료와 분석에 용이한 자료를 찾을 가능성이 있다.
ㄴ 직업세계의 변화에 적응하고 대상자가 이러한 변화에 적응하게 돕기 위해서는 다양한
  매체로 제공되는 직업정보에 적응하고 능숙하게 그 자료들을 다룰 수 있어야 한다.
ㄷ 직업상담가에게 낯설고 익숙하지 않은 방식을 내담자에게 안내하기는 어렵기 때문에
  직업상담가들은 새로운 방법론과 기술에 대한 학습을 위해 스스로 노력하고 점검하는
  것이 필요하다.

(2) 직업정보의 통합 분석

① 분석 방향
ㄱ 분석의 방향을 일반적으로 글로벌 환경에서 국내 환경으로, 경제분석에서 고용분석으
  로, 산업에서 직업으로, 직업에서 직무로 등과 같이 거시에서 미시로, 장기에서 단기적
  관점으로 분석해 나간다.
ㄴ 통합하는 과정에서 비교와 검토를 통해 정보가 선택되는 과정에서 우선순위를 매겨두
  면 분석하는 과정에 오류를 발견했을 때 다시 처음부터 분석하지 않고 그 전 단계로
  돌아갈 수 있어 용이할 수 있다.

② 대상자 고려
ㄱ 대상자에게 직접 직업정보를 제공하기 위한 분석이라면 대상자의 생애진로사정 결과를
  토대로 그에 맞는 분석 목표를 가지고 있을지라도 직업정보를 제공하고 선택하는 과정
  에서 다른 대안이 선택될 가능성이 있다.
ㄴ 분석 통합의 과정은 대상자와의 상담을 통해 진행하는 것이 바람직하다. 이미 분석된
  자료라고 할지라도 대상자에게 적용하는 과정에서 재분석되거나 추가 자료가 필요함에
  유의한다.

(1) 대상자의 특성에 따른 분류

① **저소득층** : 기초생활수급자 및 기초연금수급자

② **노숙인 및 비주택거주자** :「노숙인 등의 복지 및 자립지원에 관한 법률」의 '노숙인 등'에 해당하는 자로서 노숙인 생활시설 또는 지방자치단체로부터 비주택 거주 사실에 대한 확인서 또는 추천서를 받은 사람

③ **북한이탈주민** :「북한이탈주민의 보호 및 정착지원에 관한 법률」로부터 보호 및 지원을 받는 자로서 거주지 보호기간(5년) 이내에 있는 북한이탈주민

④ **신용회복지원자** : 법원으로부터 개인회생절차 개시·파산선고 등을 받고 면책(복권) 결정이 되지 아니한 자

⑤ **결혼이민자 및 결혼이민자의 외국인 자녀** :「다문화가족지원법」에 따른 결혼이민자와 그 가족인 만 15세 이상 24세 이하의 외국인(중도 입국) 자녀

⑥ **위기청소년** : 학교 중도탈락, 가출 등으로 진로가 불안정한 만 15세 이상 24세 이하의 청소년

⑦ **여성가구주** : 만 18세 미만(취학 또는 병역의무 이행 중인 경우 24세 미만)인 자녀를 양육하거나, 55세 이상의 부모 또는 배우자의 부모를 부양하거나, 장애인인 동거가족(형제자매 등, 나이 무관)을 부양하면서, 아래의 어느 하나에 해당하는 여성
　㉠ 배우자와 사별 또는 이혼하거나 배우자로부터 유기된 자
　㉡ 정신이나 신체장애로 장기간 노동능력을 상실한 배우자를 가진 자
　㉢ 혼인한 적이 없는 사람으로서 동거가족을 부양해야 하는 경우

⑧ **장애인** :「장애인복지법」의 규정에 의하여 장애인으로 등록할 수 있는 사람으로서「장애인복지법 시행규칙」에서 장애인의 장애정도표에서 정하는 기준에 부합하는 정도의 장애가 있는 사람

⑨ **산재 장해자** :「산업재해보상보험법」상 장해 등급이 있고,「장애인복지법 시행령」의 장애인 기준에 해당되지 않는 자로서 근로복지공단에서 추천받은 산재 장해자

⑩ **진로단절여성** : 비취업여성 중 결혼, 임신출산, 육아, 자녀교육(초등학생), 가족돌봄 때문에 직장을 그만둔 여성

(2) 분석 결과의 평가 시 유의할 점

① 분석 목표를 이루기 위해 제한된 직업정보만 분석했는지 평가한다.

② 원자료 통계분석 시에 누락된 해석이나 결과의 충돌이 없는지 평가한다.

③ 분석 목표에 따라 정량적, 정성적 연구들이 통합적으로 분석됐는지 평가한다.

(3) 대상에 따른 분석 결과의 시사점 도출

① 직업상담논점을 토대로 대상자를 분류한다.

② 고용노동부가 제시한 직업상담분류 기준을 파악한다.

③ 고용노동부가 제시한 기준에서 직업상담의 논점이 유사한 대상은 함께 분류한다.

④ 분류기준에 해당하는 대상을 확인하고 연관된 특성을 파악할 수 있는 추가자료를 검색한다.

⑤ 대상자의 직업적 논점과 추가자료의 내용을 통합적으로 정리한다.

⑥ 분석된 직업정보와 대상의 직업적 논점을 선별하여 구체화한다.

01 직업정보 분석 시 유의사항 4가지를 기술하시오.

모범답안

(1) 동일한 직업정보일지라도 **다각적인 분석 틀을 통해 다양한 논점에 대해 해석**한다.
(2) 기존의 이론과 연구를 토대로 **전문적인 관점에서 분석**한다.
(3) 분석과 해석은 **원자료의 생산일, 자료표집 방법, 대상 자료의 양 등을 검토**하여야 하는 한편 분석 비교도 이에 준하여 실시한다.
(4) **직업정보원과 제공원에 대해 제시**한다.

02 '직업정보 분석 목표 설정하기'를 수행하는 과정에 대해 4단계로 나누어 설명하시오.

모범답안

(1) 직업정보 분석의 **의미와 필요성을 파악**한다.
(2) 직업정보 분석의 **기준을 마련**한다.
(3) 직업정보 분석의 **필요성에 따라 분석 목표를 수립**한다.
(4) 직업정보 분석의 **기준에 따라 분석 목표를 수립**한다.

03 직업정보 분석의 필요성은 크게 '연구개발'과 '직업정보 서비스 제공' 등으로 나눌 수 있다. 직업정보 서비스 제공을 위한 직업정보 분석의 필요성을 4가지 쓰시오.

모범답안

(1) 직업상담 **프로그램 개발**
(2) 직업정보 **서비스 개발**
(3) 직업정보 **분석방법 교육**

(4) 개인 직업상담 일대일 **맞춤 직업정보 제공**

➕ Plus Check

[연구개발을 위한 직업정보 분석의 필요성]
(1) 직업관련 정책 개발
(2) 지역 내 일자리 및 직종 개발
(3) 직업정보 관련 연구

제2절 직업정보 분석 범위 설정하기

04 다음은 무엇에 대한 설명인가?

> 수입(경제활동)을 위해 개인이 하고 있는 일을 그 수행되는 일의 형태에 따라 체계적으로 유형화한 것으로, 우리나라 직업구조 및 실태에 닿도록 표준화한 것이 직무의 업무와 과업을 수행하는 능력인 직능을 근거로 편제되며, 직능수준과 직능유형을 고려하고 있다

'23 직업상담사 1급 과정평가형

모범답안

한국표준직업분류

★★★
05 한국표준직업분류에서 정의하는 직능, 직능수준, 직능유형 각각에 대해 설명하시오.

'25 직업상담사 1급 검정형 / '24, '21, '18 직업상담사 2급 검정형

모범답안

(1) **직능** : 주어진 **직무의 업무와 과업을 수행하는 능력**을 말한다.
(2) **직능수준** : 직무수행 능력의 **높낮이**를 말한다.
(3) **직능유형** : 직무수행에 요구되는 **지식 분야**, 도구 및 장비, 원재료, **생산된 재화와 서비스의 종류와 관련**된다.

한국표준직업분류에 정하고 있는 직능수준을 간략히 설명하시오.

모범답안

(1) **제1직능 수준** : 일반적으로 **단순하고 반복적이며 때로는 육체적인 힘을 요하는 과업을 수행**한다.
(2) **제2직능 수준** : 일반적으로 **완벽하게 읽고 쓸 수 있는 능력과 정확한 계산능력, 그리고 상당한 정도의 의사소통능력을 필요**로 한다.
(3) **제3직능 수준** : 복잡한 과업과 실제적인 업무를 수행할 정도의 **전문적인 지식을 보유하고 수리계산이나 의사소통능력이 상당히 높아야** 한다.
(4) **제4직능 수준** : 매우 **높은 수준의 이해력과 창의력 및 의사소통 능력이 필요**하다.

➕ Plus Check

[한국표준직업분류의 직능수준]

구분	내용
제1직능 수준	• **일반적으로 단순하고 반복적이며 때로는 육체적인 힘을 요하는 과업을 수행한다.** • 최소한의 문자이해와 수리적 사고능력이 요구되는 간단한 직무교육으로 누구나 수행할 수 있다.
제2직능 수준	• **일반적으로 완벽하게 읽고 쓸 수 있는 능력과 정확한 계산능력, 그리고 상당한 정도의 의사소통능력을 필요로 한다.** • 일부 전문적인 직무훈련과 실습과정이 요구되며, 훈련실습 기간은 정규훈련을 보완하거나 정규훈련의 일부 또는 전부를 대체할 수 있다.
제3직능 수준	• **복잡한 과업과 실제적인 업무를 수행할 정도의 전문적인 지식을 보유하고 수리계산이나 의사소통능력이 상당히 높아야 한다.** • 일정한 보충적 직무훈련 및 실습과정이 요구될 수 있으며, 정규훈련 과정의 일부를 대체할 수도 있다. 또한 유사한 직무를 수행함으로써 경험을 습득하여 이에 해당하는 수준에 이를 수도 있다.
제4직능 수준	• **매우 높은 수준의 이해력과 창의력 및 의사소통능력이 필요하다.** • 일정한 보충적 직무훈련 및 실습이 요구된다. 또한 유사한 직무를 수행함으로써 경험을 습득하여 이에 해당하는 수준에 이를 수도 있다.

일반적으로 "직업"으로 규명하기 위한 4가지 요건을 쓰고 설명하시오.

'17, '14, '13, '11, '06 직업상담사 2급 검정형

모범답안

(1) **계속성** : 유사성을 갖는 직무를 **지속적으로 수행**하는 것
(2) **경제성** : 경제적인 거래 관계가 **성립**하는 활동을 수행하는 것

(3) **윤리성** : 비윤리적인 영리행위나 반사회적인 활동을 통한 경제적인 이윤추구는 직업 활동으로 인정되지 못한다는 것

(4) **사회성** : 모든 직업 활동은 사회 공동체적인 맥락에서 의미 있는 활동 즉 **사회적인 기여를 전제조건으로** 하고 있다는 것

직업은 유사성을 갖는 직무를 계속하여 수행하는 계속성을 가져야 하는데, 일의 계속성의 의미를 설명하시오.

'17, '13 직업상담사 2급 검정형

모범답안

(1) 매일, 매주, 매월 등 **주기적으로 행하는 것**
(2) **계절적으로 행해지는 것**
(3) 명확한 **주기는 없으나 계속적으로 행해지는 것**
(4) 현재 하고 있는 일을 **계속적으로 행할 의지와 가능성이 있는 것**

한국표준직업분류에서 직업으로 인정하지 않는 활동 6가지를 기술하시오.

'25, '24, '22, '20, '19, '15, '14, '10, '08, '07, '00 직업상담사 2급 검정형

모범답안

(1) 이자, 주식배당, 임대료(전세금, 월세) 등과 같은 **자산 수입이 있는 경우**
(2) 연금법, 국민기초생활보장법, 국민연금법 및 고용보험법 등의 **사회보장이나 민간보험에 의한 수입이 있는 경우**
(3) 경마, 경륜, 경정, 복권 등에 의한 **배당금이나 주식투자에 의한 시세차익이 있는 경우**
(4) 예·적금 인출, 보험금 수취, 차용 또는 **토지나 금융자산을 매각하여 수입이 있는 경우**
(5) 자기 집의 **가사 활동에 전념하는 경우**
(6) 교육기관에 재학하며 **학습에만 전념하는 경우**
(7) 시민봉사활동 등에 의한 무급 봉사적인 일에 종사하는 경우
(8) 사회복지시설 수용자의 시설 내 경제활동
(9) 수형자의 활동과 같이 법률에 의한 강제노동을 하는 경우
(10) 도박, 강도, 절도, 사기, 매춘, 밀수와 같은 불법적인 활동

10 한국표준직업분류에서 직업분류의 일반원칙 2가지를 설명하시오.

'25, '23, '17, '15 직업상담사 2급 검정형

모범답안

(1) **포괄성의 원칙** : 우리나라에 존재하는 **모든 직무는 어떤 수준에서든지 분류에 포괄되어야** 한다.
(2) **배타성의 원칙** : 동일하거나 유사한 직무는 어느 경우에든 같은 단위직업으로 분류되어야 한다는 점이다.

11 한국표준직업분류의 동일한 분류수준에서 직무단위를 분류하는 순서배열 원칙을 3가지 설명하시오.

'11 직업상담사 2급 검정형

모범답안

(1) **한국표준산업분류** : 동일한 직업단위에서 **산업의 여러 분야에 걸쳐 직업이 있는 경우**에 한국표준산업분류의 순서대로 **배열**하였다.
(2) **특수-일반분류** : 직업의 구분이 특수분류와 그 특수 분야를 포함하는 일반분류가 있을 경우, **특수분류를 먼저 배열하고 일반분류를 나중에 배열**하였다.
(3) **고용자 수와 직능수준, 직능유형 고려** : 직능수준이 비교적 높거나 고용자 수가 많은 직무를 우선하여 **배치**한 것을 말한다.

12 한국표준직업분류의 분류원칙 중 포괄적인 업무에 대한 분류를 설명하고 3가지 분류 적용 원칙에 대해 예를 들어 설명하시오.

'23, '20, '16, '12, '09, '07, '05, '04, '01 직업상담사 2급 검정형

모범답안

(1) **포괄적인 업무에 대한 분류 원칙** : 직업분류는 보편적인 업무의 결합상태에 근거하여 직업 및 직업군을 결정한다. 그런데 어떤 직업의 경우 직무의 범위가 분류에 명시된 내용과 일치하지 않을 수 있다. 즉, **어떤 직업이 2개 이상의 연관된 직무를 수행하는 경우** 포괄적인 업무의 분류원칙을 적용한다.
(2) **포괄적인 업무의 분류 적용 원칙**
  ① **주된 직무 우선 원칙** : 2개 이상의 직무를 수행하는 경우는 수행되는 직무내용과 관련 분류 항목에 명시된 직무내용을 비교·평가하여 관련 **직무 내용상의 상관성이 가장 많은 항목에 분류한다. 예를 들어, 교육과 진료를 겸하는 의과대학 교수의 경우** 강의, 평가, 연구 등과 진료, 처치, 환자 상담 등의 **직무내용을 파악하여 관련 항목이 많은 분야로 분류**한다.

② **최상급 직능수준 우선 원칙** : 수행된 직무가 상이한 수준의 훈련과 경험을 통해서 얻어지는 직무능력을 필요로 한다면, **가장 높은 수준의 직무능력을 필요로 하는 일에 분류한다.** 예를 들어, 조리와 배달의 직무비중이 같을 경우에는, 조리의 직능 수준이 높으므로 조리사로 분류한다.

③ **생산업무 우선 원칙** : 재화의 생산과 공급이 같이 이루어지는 경우는 **생산단계에 관련된 업무를 우선적으로 분류한다.** 예를 들어, 한 사람이 빵을 생산하여 판매도 하는 경우에는, 판매원으로 분류하지 않고 제빵원으로 분류하여야 한다.

★★★
13 한국표준직업분류에서 말하는 '다수 직업 종사자'란 무엇인지 설명하고, 이들의 직업을 결정하는 원칙을 순서대로 쓰고 설명하시오.

'24, '22, '21, '19, '12, '11, '10, '08, '05, '00 직업상담사 2급 검정형

모범답안

(1) 다수 직업 종사자란 한 사람이 전혀 상관성이 없는 두 가지 이상의 직업에 종사할 경우를 의미한다.

(2) 다수 직업 종사자의 분류 적용 원칙

① **취업시간 우선의 원칙** : 가장 먼저 분야별로 취업시간을 고려하여 **보다 긴 시간을 투자하는 직업으로 결정**한다.

② **수입 우선의 원칙** : 위의 경우로 분별하기 어려운 경우는 **수입(소득이나 임금)이 많은 직업으로 결정**한다.

③ **조사 시 최근의 직업 원칙** : 위의 두 가지 경으로 판단할 수 없는 경우에는 **조사시점을 기준으로 최근에 종사한 직업으로 결정**한다.

14 다음은 한국표준직업분류 대분류와 직능수준과의 관계 관련 표이다. 빈칸을 채우시오.

대분류	대분류 항목	직능수준
1	관리자	제4직능 수준 혹은 제3직능 수준 필요
2	전문가 및 관련 종사자	
3	사무 종사자	제2직능 수준 필요
4	서비스 종사자	
5	판매 종사자	
6	(㉠)	
7	(㉡)	
8	(㉢)	
9	단순노무 종사자	제1직능 수준 필요
A	군인	(㉣) 필요

모범답안

㉠ : 농림어업 숙련 종사자

㉡ : 기능원 및 관련 기능 종사자

㉢ : 장치·기계 조작 및 조립 종사자

㉣ : 제2직능 수준 이상

15 KSCO의 대분류 항목과 직능 수준의 관계를 묻는 표 안의 빈칸을 채우시오.

대분류 항목	직능 수준
관리자	제 (㉠) 직능 수준 혹은 제 (㉡) 직능 수준 필요
서비스 종사자	제 (㉢) 직능 수준 필요
장치·기계 조작 및 조립 종사자	제 (㉣) 직능 수준 필요
군인	제 (㉤) 직능 수준 이상 필요

'25, '23, '21, '14 직업상담사 2급 검정형

모범답안

㉠ : 4, ㉡ : 3, ㉢ : 2, ㉣ : 2, ㉤ : 2

[한국표준직업분류와 직능수준과의 관계]

대분류	대분류 항목	직능수준
1	**관**리자	제4직능 수준 혹은 제3직능 수준 필요
2	**전**문가 및 관련 종사자	
3	**사**무 종사자	제2직능 수준 필요
4	**서**비스 종사자	
5	**판**매 종사자	
6	**농**림어업 숙련 종사자	
7	**기**능원 및 관련 기능 종사자	
8	**장**치·기계 조작 및 조립 종사자	
9	단순노무 종사자	제1직능 수준 필요
A	군인	**제2직능 수준 이상 필요**

※ 암기 Tip : '**관 − 전**' 하는 '**사 − 서**'는 '**판 − 농 − 기 − 장**'의 '**단 − 군**'이다.

★
16 다음에서 설명하는 것은 무엇인가?

- 우리나라 노동시장의 상황과 수요, 현실적 직업구조 등을 반영하여 직무를 체계적으로 분류한 것으로 직업정보를 전달하는 기본 틀이다.
- 개인이 수행하는 일에 대해 일의 유형이나 수준에 따라 체계적으로 유형화한 것으로 특히 고용통계 파악뿐 아니라 고용실무에 적합하도록 우리나라 직업구조와 일반인의 인식 수준에 부합하도록 분류한 것이다.
- 대분류와 중분류 단위에서 직능유형이 우선적으로 적용되며 소분류 단위에서 직능수준이 함께 적용된다.

'23 직업상담사 1급 과정평가형

모범답안

한국고용직업분류

17

한국표준산업분류 개요 중 산업, 산업활동의 정의 및 산업활동의 범위, 산업분류의 정의를 쓰시오.

'24, '22, '21, '20, '18, '13, '10, '07 직업상담사 2급 검정형

모범답안

(1) **산업** : 유사한 성질을 갖는 **산업활동에 주로 종사하는 생산단위의 집합**
(2) **산업활동** : 각 생산단위가 노동, 자본, 원료 등 **자원을 투입하여, 재화 또는 서비스를 생산 또는 제공하는 일련의 활동과정**
(3) **산업활동의 범위** : 영리적, 비영리적 활동이 모두 포함되나, 가정 내의 가사 활동은 제외
(4) **산업분류** : 생산단위(사업체 단위, 기업체 단위 등)가 주로 수행하는 산업활동을 그 유사성에 따라 체계적으로 유형화한 것

18

한국표준산업분류의 분류기준 3가지를 쓰시오.

'25 직업상담사 1급 검정형 / '25, '24, '22, '19, '17, '12, '11, '09, '08, '07 2급 검정형 / '24 직업상담사 2급 과정평가형

모범답안

(1) **산출물**(생산된 재화 또는 제공된 서비스)**의 특성**
(2) **투입물의 특성** : 원재료, 생산 공정, 생산기술 및 시설 등
(3) **생산활동의 일반적인 결합형태**

19

다음은 한국표준산업분류의 통계단위에 대한 표이다. 빈칸을 채우시오.

구분	하나 이상 장소	단일 장소
하나 이상 산업활동	(㉠) 단위 (㉡) 단위	(㉣) 단위
단일 산업활동	(㉢) 단위	(㉤) 단위

'10, '09 직업상담사 2급 검정형

모범답안

㉠ : **기업집단**
㉡ : **기업체**
㉢ : **활동유형**
㉣ : **지역**
㉤ : **사업체**

★★
20 한국표준산업분류의 생산단위 활동형태 3가지를 쓰고 각각 설명하시오.

'25, '23, '22, '21 직업상담사 2급 검정형

모범답안

(1) **주된 산업활동** : 산업활동이 복합 형태로 이루어질 경우 **생산된 재화 또는 제공된 서비스 중에서 부가가치(액)가 가장 큰 활동**을 말한다.
(2) **부차적 산업활동** : 주된 산업활동 이외의 재화 생산 및 서비스 제공 활동을 말한다.
(3) **보조 활동** : 주된 산업활동과 부차적 산업활동을 지원해 주기 위하여 존재하는 것으로, **회계, 창고, 운송, 구매, 판매 촉진, 수리 서비스 등이 포함**된다.

★★
21 한국표준산업분류에서 통계단위의 산업을 결정하는 방법 4가지를 쓰시오.

'23, '21, '20, '16, '12 직업상담사 2급 검정형

모범답안

(1) 생산단위의 산업활동은 그 **생산단위가 수행하는 주된 산업활동**(판매 또는 제공하는 재화 및 서비스)의 종류에 따라 결정된다.
(2) 상기의 원칙에 따라 결정하는 것이 적합하지 않을 경우에는 그 **해당 활동의 종업원 수 및 노동시간, 임금 및 급여액 또는 설비의 정도에 의하여 결정**한다.
(3) **계절에 따라 정기적으로 산업을 달리하는 사업체의 경우에는** 조사시점에서 경영하는 사업과는 관계없이 **조사대상 기간 중 산출액이 많았던 활동에 의하여 분류**한다.
(4) 휴업 중 또는 자산을 청산중인 사업체의 산업은 **영업 중 또는 청산을 시작하기 이전의 산업활동에 의하여 결정**하며, 설립 중인 사업체는 개시하는 산업활동에 따라 결정한다.
(5) 단일사업체의 보조단위는 그 사업체의 일개 부서로 포함하며, 여러 사업체를 관리하는 중앙보조단위(본부, 본사 등)는 별도의 사업체로 처리한다.

★★
22 한국표준산업분류의 적용원칙 4가지를 쓰시오.

'22 직업상담사 2급 검정형

모범답안

(1) **생산단위는 산출물뿐만 아니라 투입물과 생산공정 등을 함께 고려**하여 그들의 활동을 가장 정확하게 설명된 항목에 분류해야 한다.

(2) 복합적인 활동단위는 우선적으로 **최상급 분류단계(대분류)를 정확히 결정하고, 순차적으로 중, 소, 세, 세세분류 단계 항목을 결정**하여야 한다.

(3) **산업활동이 결합되어 있는 경우에는 그 활동단위의 주된 활동에 따라서 분류**하여야 한다.

(4) 수수료 또는 계약에 의하여 활동을 수행하는 단위는 동일한 산업활동을 자기계정과 자기 책임 하에서 생산하는 단위와 같은 항목에 분류하여야 한다.

(5) 자기가 직접 실질적인 생산활동은 하지 않고, 다른 계약업자에 의뢰하여 재화 또는 서비스를 자기계정으로 생산하게 하고, 이를 자기명의로, 자기 책임 아래 판매하는 단위는 이들 재화나 서비스 자체를 직접 생산하는 단위와 동일한 산업으로 분류하여야 한다.

(6) 각종 기계장비 및 용품의 개량, 개조 및 재제조 등 재생활동은 일반적으로 그 기계장비 및 용품 제조업과 동일 산업으로 분류하지만, 산업 규모 및 중요성 등을 고려하여 별도의 독립된 분류에서 구성하고 있는 경우에는 그에 따른다.

(7) 자본재로 주로 사용되는 산업용 기계 및 장비의 전문적인 수리활동은 경상적인 유지·수리를 포함하여 "34 : 산업용 기계 및 장비 수리업"으로 분류한다.

(8) 동일 단위에서 제조한 재화의 소매활동은 별개 활동으로 분류하지 않고 제조활동으로 분류되어야 한다.

(9) "공공행정 및 국방, 사회보장 사무" 이외의 교육, 보건, 제조, 유통 및 금융 등 다른 산업활동을 수행하는 정부기관은 그 활동의 성질에 따라 분류하여야 한다. 반대로, 법령 등에 근거하여 전형적인 공공행정 부문에 속하는 산업활동을 정부기관이 아닌 민간에서 수행하는 경우에는 공공행정 부문으로 포함한다.

(10) 생산단위의 소유 형태, 법적 조직 유형 또는 운영 방식은 산업분류에 영향을 미치지 않는다. 이런 기준은 경제활동 자체의 특징과 관련이 없기 때문이다.

(11) **공식적 생산물과 비공식적 생산물, 합법적 생산물과 불법적인 생산물을 달리 분류하지 않는다.**

★★★
23
한국표준산업분류 제11차 개정의 주요 내용 3가지를 쓰시오.

'25 직업상담사 2급 검정형

모범답안

(1) **미래·성장 산업 분류항목 신설 또는 세분**

(2) **상대적 비중 감소 산업 분류항목 통합**

(3) **개정 수요 및 국제기준 반영**

*24 다음에서 설명하고 있는 것은 무엇인가?

> • 산업활동과 지리적 장소의 양면에서 가장 동질성이 있는 통계단위이다.
> • 일정한 물리적 장소에서 단일 산업활동을 독립적으로 수행하며, 영업잉여에 관한 통계를 작성할 수 있고 생산에 관한 의사결정에 있어서 자율성을 갖고 있다.

모범답안

사업체 단위

➕ Plus Check

[사업체 단위와 기업체 단위 비교]

구분	내용
사업체 단위	• 공장, 광산, 상점, 사무소 등과 같이 **산업활동과 지리적 장소의 양면에서 가장 동질성이 있는 통계단위** • 일정한 물리적 장소에서 단일 산업활동을 독립적으로 수행하며, **영업잉여에 관한 통계를 작성할 수 있고 생산에 관한 의사결정에 있어서 자율성**을 갖고 있는 단위이므로 장소의 동질성과 산업활동의 동질성이 요구되는 생산통계 작성에 가장 적합
기업체 단위	• **재화 및 서비스를 생산하는 법적 또는 제도적 단위의 최소 결합체**로서 **자원 배분에 관한 의사결정에서 자율성**을 갖고 있음. • 기업체는 하나 이상의 사업체로 구성될 수 있다는 점에서 사업체와 구분되며, **재무 관련 통계작성에 가장 유용**

25 다음에서 설명하고 있는 것은?

> • 중앙정부 및 지방자치단체의 각종 정책수립과 민간기업체의 기업경영 계획수립, 학계, 연구소 등의 학술연구를 위한 기초자료를 제공하고 사업체를 대상으로 하는 각종 통계조사의 모집단을 파악하여 표본틀을 제공하는 데 목적이 있다.
> • 매년 발행되며 일정한 물리적 장소에서 재화의 생산 및 판매, 서비스 제공 등 단일 또는 주된 경제활동을 독립적으로 수행하고 있는 종사자 1인 이상의 모든 사업체를 조사대상으로 한다.

모범답안

전국사업체조사보고서 (사업체기초통계조사보고서)

★★
26 「경제활동인구조사」의 종사상 지위 중 비임금근로자에 대해 설명하시오.

모범답안

비임금근로자는 **자신 또는 가족이 운영하는 사업체 또는 농장의 이윤을 위해 일한 사람**으로 **고용원이 있는 자영업자, 고용원이 없는 자영업자, 무급가족종사자** 형태로 구분된다.

★
27 무급가족종사자에 대해 설명하시오.

모범답안

동일 가구 내 가족이 경영하는 사업체, 농장에서 무보수로 일하는 사람을 말하며, 조사대상 기간에 18시간 이상 일한 사람은 취업자로 분류한다.

★
28 일용근로자의 개념에 대해 설명하시오.

모범답안

일용근로자는 임금근로자로서 **고용계약기간이 1개월 미만인 사람**으로 매일매일 고용되어 근로의 대가로 일급 또는 일당제 급여를 받고 일하는 자를 말한다.

★★★
29 아래의 주어진 예시를 보고 다음을 계산하시오.

> • 15세 이상 인구 : 35,986천명
> • 비경제활동인구 : 14,715천명
> • 취업자 : 20,148천명 (자영업자 5,645천명, 무급가족종사자 1,684천명, 상용근로자 6,113천명, 임시근로자 4,481천명, 일용근로자 2,225천명)

(1) 실업률 (소수점 둘째 자리에서 반올림)
(2) 임금근로자 수
(3) 경제활동참가율 (소수점 둘째 자리에서 반올림)

(1) **실업률** : 실업자 수 ÷ 경제활동인구수 × 100
　　　　= (35,986천명 − 14,715천명 − 20,148천명) ÷ (35,986천명 − 14,715천명) × 100
　　　　= 1,123 ÷ 21,271 × 100 ≒ 5.3%

(2) **임금근로자 수** : 상용근로자 + 임시근로자 + 일용근로자
　　　　　　= 6,113천명 + 4,481천명 + 2,225천명 = 12,819천명

(3) **경제활동참가율** : 경제활동인구 ÷ 15세 이상 인구 × 100
　　　　　　= (35,986천명 − 14,715천명) − 35,986천명 × 100 ≒ 59.1%

★
30

다음 자료를 보고 경제활동참가율, 실업률, 고용률을 구하시오.
(단, 소수점 둘째 자리에서 반올림, 계산과정을 프함하여 설명, 단위 : 천명)
• **전체 인구** : 500
• **15세 이상 인구** : 400
• **취업자** : 200
• **실업자** : 20
• **정규직을 희망하는 단시간 근로자** : 10

'21, '17, '13 직업상담사 2급 검정형

(1) **경제활동참가율** : 경제활동인구 ÷ 15세 이상 인구 × 100
　　　　　= 220천명 ÷ 400천명 × 100 = 55%

(2) **실업률** : 실업자 수 ÷ 경제활동인구 × 100
　　　　= 20천명 ÷ 220천명 × 100 ≒ 9.1%

(3) **고용률** : 취업자 수 ÷ 15세 이상 인구 × 100
　　　　= 200천명 ÷ 400천명 × 100 = 50%

31

다음을 계산하시오. (단, 소수점 둘째 자리에서 반올림)

(단위 : 천명)

경제활동인구	비경제활동인구	임금근로자	비임금근로자
350	150	190	140

(1) 실업률을 구하시오.

(2) 경제활동참가율을 구하시오.

(3) 자영업자가 90천명일 때 무급가족종사자는 최소 몇 명인가?

(4) 경제활동가능인구 중에서 취업자가 차지하는 비율은?

'20, '05, '01 직업상담사 2급 검정형

모범답안

(1) **실업률 : 실업자 수 ÷ 경제활동인구 × 100**

$\qquad$ = (350천명 − 190천명 − 140천명) ÷ 350천명 × 100 ≒ 5.7%

(2) **경제활동참가율 : 경제활동인구 ÷ 15세 이상 인구(생산가능인구) × 100**

$\qquad$ = 350천명 ÷ (350천명 + 150천명) × 100 = 70%

(3) **무급가족종사자 : 비임금근로자 − 자영업자**

$\qquad$ = 140천명 − 90천명

$\qquad$ = 50천명

(4) **고용률 : 취업자 수 ÷ 15세 이상 인구(생산가능인구) × 100**

$\qquad$ = (190천명 + 140천명) ÷ (350천명 + 150천명) × 100 = 66%

32

어떤 국가의 고용률이 50%이고, 실업률(실업자 50만명)이 10%라면 이 나라의 경제활동인구수와 비경제활동인구수를 계산하시오.

'16 직업상담사 2급 검정형

모범답안

(1) **경제활동인구수**

$\quad$ **실업률 : 실업자 수 ÷ 경제활동인구수 × 100**

$\qquad$ = 50만명 ÷ (취업자 수 + 50만명) × 100

$\qquad$ = 10%

$\quad$ 취업자 수 : 450만명

$\quad$ 따라서 경제활동인구수는 500만명이다.

(2) 비경제활동인구수

고용률 : 취업자 수 ÷ 15세 이상 인구(생산가능인구) × 100

$$= 450만명 ÷ (500만명 + 비경제활동인구수) × 100$$

$$= 50\%$$

따라서 비경제활동인구수는 400만명이다.

★★★
33 다음의 물음에 답하시오.

(단위 : 천명)

구분	15~19세	20~24세	25~29세	30~50세
생산가능인구	3,285	2,651	3,846	22,983
경제활동인구	203	1,305	2,797	17,356
취업자	178	1,181	2,598	16,859
실업자	25	124	199	497
비경제활동인구	3,082	1,346	1,049	5,627

(1) 30~50세 고용률을 계산하시오. (단, 소수점 둘째 자리에서 반올림)
(2) 30~50세 고용률을 29세 이하 고용률과 비교하여 분석하시오.

'22, '19, '11 직업상담사 2급 검정형

모범답안

(1) 30~50세 고용률

30~50세 고용률 : 취업자 수 ÷ 15세 이상 인구(생산가능인구) × 100

$$= 16,859천명 ÷ 22,983천명 × 100$$

$$≒ 73.4\%$$

(2) 30~50세 고용률을 29세 이하 고용률 비교

29세 이하 고용률 = (178천명 + 1,181천명 + 2,598천명) ÷ (3,285천명 + 2,651천명

$$+ 3,846천명) × 100$$

$$= 3,957천명 ÷ 9,782천명 × 100$$

$$≒ 40.5\%$$

30~50세의 고용률은 73.4%인데 비해 29세 이하의 고용률은 40.5%로 매우 낮다. 이는 **30~50세 중장년층이 29세 이하 청년층보다 더 활발히 경제활동을 하고 있음을 보여주는 결과**이다.

34

다음의 표를 보고 질문에 답변하시오. (단, 소수점 셋째 자리에서 반올림)

(단위 : 명)

구분	신규구인인원	신규구직건수	알선건수	취업건수
A기간	103,062	426,746	519,973	36,710
B기간	299,990	938,855	1,148,534	119,020

(1) A기간과 B기간의 구인배율은?
(2) A기간과 B기간의 취업률은?
(3) A기간과 B기간의 고용(경제)동향은?

'14, '00 직업상담사 2급 검정형

모범답안

(1) A기간 구인배율 : 103,062 ÷ 426,746 ≒ 0.24
　　B기간 구인배율 : 299,990 ÷ 938,855 ≒ 0.32

(2) A기간 취업률 : (36,710 ÷ 426,746) × 100 ≒ 8.60%
　　B기간 취업률 : (119,020 ÷ 938,855) × 100 ≒ 12.68%

(3) A기간은 B기간에 비해 구인배율이 0.08 낮아 구직난이 심화된 기간이다. 또한 A기간의 취업률은 B기간의 취업률보다 4.08%p 낮은 저조한 취업률을 보였다. 즉, **A기간은 B기간보다 경기가 침체되어 일자리가 적고 그에 따라 고용도 활성화되지 못한 기간**이라 할 수 있다.

35

A회사 9월말 사원수는 1,000명, 신규채용 인원수는 20명, 전입 인원수는 80명일 때 10월의 입직률과 입직률의 의미는?

'25, '15, '14 직업상담사 2급 검정형

모범답안

(1) **10월의 입직률 :** 당월 입직자 수(신규채용 인원수, 전입 인원수 등) ÷ 전월말 근로자 수 × 100
　　　　　　＝ (20 + 80) ÷ 1,000 × 100
　　　　　　＝ 10%

(2) **입직률이란** 조사 기간 중 해당 사업체에 전입이나 신규 채용으로 입직한 자를 전체 근로자 수로 나눈 비율을 의미한다.

★★
36

시간당 임금이 500원일 때 1,000명을 고용하던 기업에서 시간당 임금이 400원으로 감소하였을 때 1,100명을 고용할 경우, 이 기업의 노동수요 탄력성을 계산하시오. (단, 계산 과정과 답을 모두 기재)

'17, '12, '07 직업상담사 2급 검정형

모범답안

노동수요의 변화율 : 노동수요의 변화량 ÷ 변화 전의 노동수요 × 100
$$= 100 ÷ 1,000 × 100 = 10\%$$
임금의 변화율 : 임금의 변화량 ÷ 변화 전의 임금 × 100
$$= 100 ÷ 500 × 100 = 20\%$$
노동수요의 탄력성 : 노동수요의 변화율 ÷ 임금의 변화율
$$= 10 ÷ 20 = 0.5$$
따라서 해당 기업의 노동수요 탄력성은 0.5이다.

★★★
37

다음 사례를 보고 물음에 답하시오.

> • A기업은 시간당 임금이 4,000원일 때 20,000시간의 노동을 필요로 한다. 임금이 5,000원으로 인상되면 10,000시간의 노동을 필요로 한다.
> • B기업은 시간당 임금이 6,000원일 때 30,000시간의 노동을 필요로 한다. 임금을 5,000원으로 인하하면 33,000시간의 노동을 필요로 한다.

(1) 두 기업의 노동수요 탄력성 값을 구하시오. (단, 소수점의 경우 셋째 자리에서 반올림 계산)
(2) 노동조합이 임금협상을 시도하고자 할 때 그 타결 가능성이 높은 기업을 선택하고 그 이유를 설명하시오.

'21, '18 직업상담사 2급 검정형

모범답안

(1) 두 기업의 노동수요 탄력성 값
〈 A기업 〉
노동수요의 변화율 : 노동수요의 변화량 ÷ 변화 전의 노동수요 × 100
$$= 10,000 ÷ 20,000 × 100 = 50\%$$
임금의 변화율 : 임금의 변화량 ÷ 변화 전의 임금 × 100
$$= 1,000 ÷ 4,000 × 100 = 25\%$$
노동수요의 탄력성 : 노동수요의 변화율 ÷ 임금의 변화율
$$= 50 ÷ 25 = 2$$
따라서 **A기업의 노동수요 탄력성은 2**이다.

〈B기업〉

노동수요의 변화율 : 노동수요의 변화량 ÷ 변화 전의 노동수요 × 100

$$= 3,000 ÷ 30,000 × 100 = 10\%$$

임금의 변화율 : 임금의 변화량 ÷ 변화 전의 임금 × 100

$$= 1,000 ÷ 6,000 × 100 ≒ 16.67\%$$

노동수요의 탄력성 : 노동수요의 변화율 ÷ 임금의 변화율

$$= 10 ÷ 16.67 ≒ 0.6$$

따라서 **B기업의 노동수요 탄력성은 0.6**이다.

(2) **노동조합이 임금협상을 시도하고자 할 때 타결 가능성이 높은 기업은 B기업이다.** 노동수요의 탄력성이 낮을수록(비탄력적일수록) 임금인상 시 고용량 감소 폭이 적어 노동조합의 교섭력이 커지기 때문이다.

★★★ 38

다음의 표를 보고 산업별 1인당 부가가치생산액을 구하시오.

구분	부가가치생산액	취업자 수
1차 산업	50억원	2,000명
2차 산업	80억원	2,500명
3차 산업	90억원	3,000명

모범답안

1인당 부가가치(생산)액 : 부가가치(생산)액 ÷ 취업자 수

1차 산업 1인당 부가가치생산액 : 50억원 ÷ 2,000 = 250만원

2차 산업 1인당 부가가치생산액 : 80억원 ÷ 2,500 = 320만원

3차 산업 1인당 부가가치생산액 : 90억원 ÷ 3,000 = 300만원

➕ Plus Check

산업별 1인당 부가가치(생산)액은 각 산업별 근로자의 1인당 노동생산성을 나타내는 지표로서 활용되며, 따라서 해당 문제의 결과값을 활용하면 현재 노동시장의 근로자 1인당 노동생산성은 2차 산업이 가장 높고, 다음으로 3차 산업이 높으며 마지막으로 1차 산업의 노동생산성이 가장 낮다고 분석할 수 있다.

★★★
39

다음의 표를 보고 1인당 부가가치생산액, 고용유발계수, 부족인원수를 각각 구하시오.
(단, 소수점 이하 첫째 자리까지 반올림하시오.)

구분	부가가치생산액	취업자 수	부족인원율
1차 산업	500억원	1,609명	3.0%
2차 산업	6,000억원	7,000명	5.0%
3차 산업	9,000억원	16,000명	3.0%

'24 직업상담사 1급 검정형

모범답안

(1) **1인당 부가가치생산액 : 부가가치생산액 ÷ 취업자 수**
   1차 산업 부가가치생산액 : 50억원 ÷ 1,609명 ≒ 3,107,520.2원
   2차 산업 부가가치생산액 : 600억원 ÷ 7,000명 ≒ 8,571,428.6원
   3차 산업 부가가치생산액 : 900억원 ÷ 16,000명 = 5,625,000원

(2) **고용유발계수 : 취업자 수 ÷ 실질GDP (10억원 단위)**
   1차 산업 고용유발계수 : 1,609명 ÷ 50 ≒ 32.2명
   2차 산업 고용유발계수 : 7,000명 ÷ 600 ≒ 11.7명
   3차 산업 고용유발계수 : 16,000명 ÷ 900 ≒ 17.8명

(3) **부족인원수 : (취업자 수 × 부족인원율) ÷ (1 − 부족인원율)**
   1차 산업 부족인원수 : (1,609명 × 0.03) ÷ (1 − 0.03) ≒ 49.8명
   2차 산업 부족인원수 : (7,000명 × 0.05) ÷ (1 − 0.05) ≒ 368.4명
   3차 산업 부족인원수 : (16,000명 × 0.03) ÷ (1 − 0.03) ≒ 494.8명

➕ Plus Check

현재 노동시장을 분석한다고 할 때, 부가가치(생산)액과 고용유발계수는 각 산업별 근로자의 노동생산성을 나타내는 지표로 활용되며, 부족인원수는 빈 일자리가 많은 산업이 어떤 산업인지 알 수 있는 지표로 활용할 수 있다.

★★★
40

노동수요의 탄력성을 결정하는 요인 4가지를 작성하시오.

'25 직업상담사 1급 검정형 / '23 직업상담사 1급 과정평가형 / '25, '23, '21, '19, '16, '10, '09, '07, '06, '05 직업상담사 2급 검정형

모범답안

(1) 기업의 생산물 시장에 있어서 **생산물의 수요탄력성**에 의해 영향을 받는다.
(2) 기업의 노동수요에 대한 탄력성은 **총비용에서 차지하는 노동비용의 비율**에 의해서도 영향을 받는다.

(3) **노동과 자본의 대체 가능성**에 의해 영향을 받는다.

(4) 노동을 대체할 수 있는 **자본 또는 다른 생산요소의 공급탄력성**에 의해 영향을 받는다.

41 노동수요에 영향을 미치는 결정요인 4가지를 작성하시오.

모범답안

(1) **노동의 가격**에 의해 영향을 받는다.

(2) 노동의 수요는 **생산되는 상품에 대한 소비자 수요의 크기**에 의해서도 좌우된다.

(3) 노동의 수요는 **다른 생산요소의 가격**에 의해 영향을 받는다.

(4) **노동생산성의 변화나 생산기술 방식의 변화**도 노동수요에 영향을 미친다.

42 기업분석 정보분석 관련 대표적인 방법 또는 정보원 3가지를 쓰시오.

모범답안

(1) **금융감독원 전자공시시스템** (DART : Data Analysis, Retrieval and Transfer System)

(2) 산업통상부 **산업통계분석시스템** (ISTANS : Industrial Statistics Analysis System)

(3) **중소기업현황정보시스템** (https://sminfo.mss.go.kr)

43 한국직업사전에 수록된 부가 직업정보 6가지를 쓰시오.

모범답안

(1) **정규교육** : 해당 직업의 직무를 수행하는 데 필요한 일반적인 정규교육 수준

(2) **숙련기간** : 직무를 평균적인 수준으로 스스로 수행하기 위해 필요한 교육, 훈련, 숙련기간

(3) **직무기능** : 직무를 수행하는 과정에서 '자료(data)', '사람(people)', '사물(thing)'과 맺는 특성

(4) **작업강도** : 해당 직업의 직무를 수행하는 데 필요한 육체적 힘의 강도

(5) **육체활동** : 해당 직업의 직무를 수행하기 위해 필요한 신체적 능력

(6) **작업장소** : 해당 직업의 직무가 주로 수행되는 장소

(7) 작업환경 : 직무를 수행하는 작업자에게 직접적으로 물리적, 신체적 영향을 미치는 작업장의 환경요인

(8) 유사명칭 : 현장에서 본직업명을 명칭만 다르게 부르는 것

(9) 관련 직업 : 본직업명과 기본적인 직무에 있어서 공통점이 있으나 직무의 범위, 대상 등에 따라 나누어지는 직업

(10) 자격·면허 : 해당 직업에 취업 시 소지할 경우 유리한 자격증 또는 면허

(11) 한국표준산업분류코드 : 해당 직업을 조사한 산업을 나타내는 것으로 한국표준산업분류의 소분류(3-digits) 산업을 기준

(12) 한국표준직업분류코드 : 한국표준직업분류의 세분류 코드를 표기

(13) 조사연도 : 해당 직업의 직무조사가 실시된 연도

➕ Plus Check

[한국직업사전의 본 직업정보]

(1) **직업코드** : 한국고용직업분류(KECO)의 세분류 4자리 숫자로 표기

(2) **본직업명** : 산업현장에서 일반적으로 해당 직업으로 알려진 명칭 혹은 그 직무가 통상적으로 호칭되는 것으로 『한국직업사전』에 그 직무내용기 기술된 명칭

(3) **직무개요** : 직무담당자의 활동, 활동의 대상 및 목적, 직무담당자가 사용하는 기계, 설비 및 작업보조물, 사용된 자재, 만들어진 생산품 또는 제공된 용역, 수반되는 일반적, 전문적 지식 등을 간략히 기술

(4) **수행직무** : 직무의 목적을 완수하기 위하여 수행하는 구체적인 작업(task) 내용을 작업순서에 따라 서술한 것

★★ 44

> 한국직업사전의 부가 직업정보 중 작업강도는 해당 직업의 직무를 수행하는 데 필요한 육체적 힘의 강도를 나타낸 것으로 5단계로 분류하였다. 이 5단계를 쓰시오. (단, 순서는 상관없음.)

'24, '21, '20, '07 직업상담사 2급 검정형

모범답안

(1) **아주 가벼운 작업** : 최고 4kg의 물건을 들어 올리고, 때때로 장부, 소도구 등을 들어 올리거나 운반한다.

(2) **가벼운 작업** : 최고 8kg의 물건을 들어 올리고 4kg 정도의 물건을 빈번히 들어 올리거나 운반한다.

(3) **보통 작업** : 최고 20kg의 물건을 들어 올리고 10kg 정도의 물건을 빈번히 들어 올리거나 운반한다.

(4) **힘든 작업** : 최고 40kg의 물건을 들어 올리고 20kg 정도의 물건을 빈번히 들어 올리거나 운반한다.

(5) **아주 힘든 작업** : 40kg 이상의 물건을 들어 올리고 20kg 이상의 물건을 빈번히 들어 올리거나 운반한다.

45

한국직업사전의 부가 직업정보 중 정규교육, 숙련기간, 직무기능의 의미를 기술하시오.

'20, '08 직업상담사 2급 검정형

모범답안

(1) **정규교육** : 해당 직업의 **직무를 수행하는** 데 필요한 일반적인 정규교육 수준
(2) **숙련기간** : 직무를 평균적인 수준으로 스스로 수행하기 위하여 필요한 교육, 훈련, 숙련기간
(3) **직무기능** : 직무를 수행하는 과정에서 '**자료(data)**', '**사람(people)**', '**사물(thing)**'과 맺는 특성

46

한국직업사전의 부가 직업정보 중 직무기능은 자료, 사람, 사물과 연관된 특성을 나타낸다. 그 중 사람과 관련된 세부 사항 5가지를 쓰시오.

'24, '22 직업상담사 2급 검정형

모범답안

(1) 0. **자문** (mentoring)
(2) 1. **협의** (negotiating)
(3) 2. **교육** (instructing)
(4) 3. **감독** (supervising)
(5) 4. **오락제공** (diverting)
(6) 5. 설득 (persuading)
(7) 6. 말하기-신호 (speaking-signaling)
(8) 7. 서비스 제공 (serving)

➕ Plus Check

[사람 관련 직무기능]
(1) 0. **자문** (mentoring) : 법률적으로나 과학적, 임상적, 종교적, 기타 전문적인 방식에 따라 사람들의 전인격적인 문제를 상담하고 조언하며 해결책을 제시한다.
(2) 1. **협의** (negotiating) : 정책을 수립하거나 의사결정을 하기 위해 생각이나 정보, 의견 등을 교환한다.
(3) 2. **교육** (instructing) : 설명이나 실습 등을 통해 어떤 주제에 대해 교육하거나 훈련(동물 포함)시킨다. 또한 기술적인 문제를 조언한다.
(4) 3. **감독** (supervising) : 작업절차를 결정하거나 작업자들에게 개별 업무를 적절하게 부여하여 작업의 효율성을 높인다.
(5) 4. **오락제공** (diverting) : 무대공연이나 영화, TV, 라디오 등을 통해 사람들을 즐겁게 한다.
(6) 5. **설득** (persuading) : 상품이나 서비스 등을 구매하도록 권유하고 설득한다.
(7) 6. **말하기-신호** (speaking-signaling) : 언어나 신호를 사용해서 정보를 전달하고 교환한다. 보조원에게 지시하거나 과제를 할당하는 일을 포함한다.
(8) 7. **서비스 제공** (serving) : 사람들의 요구 또는 필요를 파악하여 서비스를 제공한다. 즉각적인 반응이 수반된다.

★★
47 한국직업사전의 부가 직업정보 중 직무기능은 지료, 사람, 사물과 연관된 특성을 나타낸다. 다음은 사물과 관련된 세부 사항이다. ( ) 안을 알맞게 채우시오.

> • ((1)   ) : 설정된 표준치를 달성하기 위하여 재료를 가공, 조종, 이동, 안내하거나 정위치 시킨다.
> • ((2)   ) : 기계 또는 설비를 시동, 중지, 제어하고 작업이 진행되고 있는 기계나 설비를 조정한다.
> • ((3)   ) : 다양한 목적을 수행하고자 사물 또는 사람의 움직임을 통제하는 데 일정한 경로를 따라 기계 등을 제어한다.
> • ((4)   ) : 기계 또는 재료를 가공, 조정, 이동할 수 있도록 공구 또는 특수장치를 사용한다.
> • ((5)   ) : 기계 및 장비를 시동, 정지하고 그 기능을 관찰한다.

'24, '23, '22 직업상담사 2급 검정형

모범답안

(1) 정밀작업
(2) 제어조작
(3) 조작운전
(4) 수동조작
(5) 유지

➕ Plus Check

[사물 관련 직무기능]

(1) 0. **설치** (setting up) : 기계의 성능, 재료의 특성, 작업장의 관례 등에 대한 지식을 적용하여 연속적인 기계가공 작업을 수행하기 위한 기계 및 설비의 준비, 공구 및 기타 기계장비의 설치 및 조정, 가공물 또는 재료의 위치조정, 제어장치 설정, 기계의 기능 및 완제품의 정밀성 측정 등을 수행한다.

(2) 1. **정밀작업** (precision working) : **설정된 표준치를 달성하기 위하여** 궁극적인 책임이 존재하는 상황 하에서 신체부위, 공구, 작업도구를 사용하여 가공물 또는 **재료를 가공, 조종, 이동, 안내하거나 또는 정위치 시킨다.**

(3) 2. **제어조작** (operating-controlling) : **기계 또는 설비를 시동, 정지, 제어하고 작업이 진행되고 있는 기계나 설비를 조정한다.**

(4) 3. **조작운전** (driving-operating) : **다양한 목적을 수행하고자 사물 또는 사람의 움직임을 통제하는 데 있어 일정한 경로를 따라** 조작되고 안내되어야 하는 **기계 또는 설비를** 시동, 정지하고 그 움직임을 **제어한다.**

(5) 4. **수동조작** (manipulating) : **기계, 설비 또는 재료를 가공, 조정, 이동 또는 위치할 수 있도록 신체부위, 공구 또는 특수장치를 사용한다.** 정확도 달성 및 적합한 공구, 기계, 설비 또는 원료를 산정하는 데 있어서 어느 정도의 판단력이 요구된다.

(6) 5. **유지** (tending) : **기계 및 장비를 시동, 정지하고 그 기능을 관찰한다.** 체인징가이드, 조정타이머, 온도게이지 등의 계기의 제어장치를 조정하거나 원료가 원활히 흐르도록 밸브를 돌려주고 빛의 반응에 따라 스위치를 돌린다. 이러한 조정업무에 판단력은 요구되지 않는다.

(7) 6. **투입-인출** (feeding-off bearing) : 자동적으로 또는 타 작업원에 의하여 가동, 유지되는 기계나 장비 안에 자재를 삽입, 투척, 하역하거나 그 안에 있는 자재를 다른 장소로 옮긴다.

(8) 7. **단순작업** (handing) : 신체부위, 수공구 또는 특수장치를 사용하여 기계, 장비, 물건 또는 원료 등을 정리, 운반 처리한다. 정확도 달성 및 적합한 공구, 장비, 원료를 선정하는데 판단력은 요구되지 않는다.

48

한국직업사전의 부가 직업정보 중 직무기능은 자료, 사람, 사물과 연관된 특성을 나타낸다. 그 중 자료의 세부 사항에 대한 오른쪽 설명을 보고 빈칸에 해당하는 기능을 쓰시오.

구분	내용
0. 종합 (synthesizing)	사실을 발견하고 지식개념 또는 해석을 개발하기 위해 자료를 종합적으로 분석한다.
1. (　　　　　)	데이터의 분석에 기초하여 시간, 장소, 작업순서, 활동 등을 결정한다. 결정을 실행하거나 상황을 보고한다.
2. (　　　　　)	조사하고 평가한다. 평가와 관련된 대안적 행위의 제시가 빈번하게 포함된다.
3. (　　　　　)	자료, 사람, 사물에 관한 정보를 수집・대조・분류한다. 정보와 관련하여 규정된 활동의 수행 및 보고가 자주 포함된다.
4. (　　　　　)	사칙연산을 실시하고 사칙연산과 관련하여 규정된 활동을 수행하거나 보고한다. 수를 세는 것은 포함되지 않는다.
5. (　　　　　)	데이터를 옮겨 적거나 입력하거나 표시한다.
6. (　　　　　)	자료, 사람, 사물의 쉽게 관찰되는 기능적・구조적・조합적 특성을 (유사한지 또는 명백한 표준과의 차이) 판단한다.

'24, '23, '21 직업상담사 2급 검정형

모범답안

1. **조정**
2. **분석**
3. **수집**
4. **계산**
5. **기록**
6. **비교**

➕ Plus Check

[자료 관련 직무기능]

(1) 0. **종합** (synthesizing) : 사실을 발견하고 지식개념 또는 해석을 개발하기 위해 자료를 종합적으로 분석한다.

(2) 1. **조정** (coordinating) : 데이터의 분석에 기초하여 시간, 장소, 작업순서, 활동 등을 결정한다. 결정을 실행하거나 상황을 보고한다.

(3) 2. **분석** (analyzing) : 조사하고 평가한다. 평가와 관련된 대안적 행위의 제시가 빈번하게 포함된다.

(4) 3. **수집** (compiling) : 자료, 사람, 사물에 관한 정보를 수집·대조·분류한다. 정보와 관련하여 규정된 활동의 수행 및 보고가 자주 포함된다.

(5) 4. **계산** (computing) : 사칙연산을 실시하고 사칙연산과 관련하여 규정된 활동을 수행하거나 보고한다. 수를 세는 것은 포함되지 않는다.

(6) 5. **기록** (copying) : 데이터를 옮겨 적거나 입력하거나 표시한다.

(7) 6. **비교** (comparing) : 자료, 사람, 사물의 쉽게 관찰되는 기능적·구조적·조합적 특성을 (유사한지 또는 명백한 표준과의 차이) 판단한다.

★
49 한국직업사전의 부가 직업정보 중 육체활동의 구분 6가지를 쓰시오.

'23, '20 직업상담사 2급 검정형

모범답안

(1) **균형감각**

(2) **웅크림**

(3) **손사용**

(4) **언어력**

(5) **청각**

(6) **시각**

➕ Plus Check

[한국직업사전의 육체활동 구분]

(1) **균형감각** : 올라가거나 움직이는 물체 우를 걷거나 뛸 때 신체의 균형을 유지하는 것

(2) **웅크림** : 몸을 앞으로 굽히거나 뒤로 젖히는 동작, 무릎을 꿇거나 손과 발로 이동하는 동작 등

(3) **손사용** : 통상적인 손사용이 아닌 정밀함과 숙련을 필요로 하는 정도

(4) **언어력** : 말로 생각이나 의사를 교환하거나 표현하는 것

(5) **청각** : 기계의 소리를 듣고 이상 유무를 판단하거나 논리적인 결정을 내리는 청취활동을 하는 것

(6) **시각** : 시각적 인식을 통해 반복적인 판단을 하거나 공간관계를 판단하며, 색의 차이도 판단하는 것

★50 한국직업전망에 영향을 미치는 8가지 요인 중 불확실성 요인 3가지를 쓰시오.

모범답안

(1) 대내외 경기 변화
(2) 기업의 경영전략 변화
(3) 법·제도 및 정부 정책

＋Plus Check

[한국직업전망서의 고용변동 영향 요인 8가지]

확실성 요인	불확실성 요인
• 인구구조 및 노동인구 변화 • 산업특성 및 산업구조 변화 • 과학기술 발전 • 환경과 에너지·자원 • 가치관과 라이프 스타일 변화	• 대내외 경기 변화 • 기업의 경영전략 변화 • 법·제도 및 정부 정책

51 다음은 직업별 고용변동 영향 요인의 7가지(김중진 외, 2009) 중 어떤 요인에 해당하는가?

> 국제 간의 무역과 활동에 따라 고용에 영향을 미치는 요인들인 '국제무역 경쟁 심화', '신흥 공업국의 생산활동 증대', '금융의 세계화', '생산기지 해외이전 및 외국기업 국내이전', '남북한 경제협력 및 통합진전' 등

모범답안

글로벌라이제이션

＋Plus Check

[직업별 고용변동 영향 요인 7가지 (김중진 외, 2009)]

구분	내용
정부정책 및 법, 제도 도입	사회복지 정책, 산업육성 정책, 수출입 정책, 교육훈련촉진 정책, 취업촉진 정책, 외국인력유입 정책, 자격면허에 대한 조정 등
가치관과 라이프스타일	'여가, 건강, 미용 등에 대한 욕구 증대', '소비자 주권 증대' 등

구분	내용
기업의 경영방식	'인수, 합병 등의 구조조정', '외주(아웃소싱)', '채용방식의 변화', '업무 영역의 통합 및 세분화' 등을 포함하며 향후 일자리 창출 및 유지에 중요한 영역
환경과 에너지 문제	기업을 넘어서 국가 간의 경쟁에 큰 영향을 미칠 것으로 전망되는데, 환경과 에너지 분야에서의 취업자 수에 영향을 미치는 세부 요인에는 '에너지 부족과 확보를 위한 경쟁', '기후변화 및 환경기준 강화' 등
글로벌라이제이션	국제간의 무역과 활동에 따라 그용에 영향을 미치는 요인들인 '국제무역 경쟁 심화', '신흥공업국의 생산활동 증대', '금융의 세계화', '생산기지 해외이전 및 외국기업 국내이전', '남북한 경제협력 및 통합진전' 등
인구구조의 변화	'인구의 고령화', '가족구조의 변화', '여성의 경제활동 증가', '저출산' 등
기업의 기술발전과 혁신	'기계화, 자동화, 전산화', '제품혁신주기의 단축/공정 자동화', '디지털화 및 온라인화/인터넷' 등

★ 52 기업정보 분석 시 고려해야 할 기업의 너재적 특성의 예를 3가지 쓰시오.

모범답안

(1) 조직문화

(2) 조직풍토

(3) 기업관리 특성

53 다음은 무엇에 대한 설명인가?

> • 작업장 내 구성원들의 전체적인 인상과 기대, 그리고 감정으로 내부적 또는 더 넓게는 외부환경과의 접촉과 업무처리 과정을 통해서 매일매일 변화한다.
> • 조직의 개인이나 집단에게는 환경이 되는 반면, 조직 자체로서는 특성을 이루며 조직에도 다른 조직과 구별되는 특성을 의미하며, 조직구성원들이 가진 일반적인 태도, 가치규범, 느낌 등의 결과로 만들어지며 개인 행태으 기반이 된다.

'23 직업상담사 1급 과정평가형

모범답안

조직풍토

➕ **Plus Check**

조직문화는 한 기업이나 조직의 구성원들이 공유하는 기본 전제들을 바탕으로 중요하게 생각하는 신념과 가치가 다양한 형태의 문화적 표상으로 드러나고, 구성원들의 의식과 무의식 수준에서 모두 존재하며, 오랜 기간 시간을 두고 축적된 학습의 과정을 거쳐 형성된다. 조직문화는 사회학적 관점으로 출발하여 유형화하는 경향이 있는 반면, 조직풍토는 구성원들이 인식하는 심리적 측면에 대한 구체적인 내용으로 구성된다.

★ 54

직무분석의 필요성 및 의의를 5가지 쓰시오.

모범답안

(1) 효율적인 **인재관리**
(2) **직무수행 평가**에 대한 보상
(3) **직업선택의 중요 정보**
(4) **법적 소송에 대한 보호**
(5) **기업인력 감축 및 조정**의 기초자료

★ 55

직무분석은 직무기술서나 작업자명세서를 만들고 이로부터 얻어진 정보를 여러모로 활용하는 것을 목적으로 한다. 이와 같은 직무분석으로 얻어진 정보의 용도를 5가지 쓰시오.

'24, '20, '18, '14, '13 직업상담사 2급 검정형

모범답안

(1) **모집 및 선발**
(2) **직무배치** 및 경력개발
(3) 종업원 **교육 및 훈련**
(4) **직무평가 및 직무수행평가**
(5) 직무 재설계 및 **작업환경 개선**

★★★ 56

직무분석 방법 중 최초분석법에 해당하는 방법을 4가지 쓰고 설명하시오.

'24, '22, '21, '19, '17, '12, '01 직업상담사 2급 검정형

모범답안

(1) **면접법**(면담법) : 특정 직무에 대해 오랜 경험과 전문지식, 숙련된 기술과 기능을 가지고 있고 정확한 표현이 가능한 **작업자를 방문하여 면담**한다.

(2) **관찰법** : 직무분석가가 직접 사업장을 방문하여 **작업자가 수행하는 직무활동을 관찰하고 그 결과를 기술**한다.

(3) **설문지법**(질문지법) : 현장의 **작업자 또는 감독자에게 설문지를 배부**하여 이들로 하여금 직무내용을 기술하게 한다.

(4) **체험법** : 직무분석가 자신이 **직접 직무활동에 참여하여 체험함으로써 생생한 직무자료를 얻는다.**

(5) 녹화법 : 단순하고 반복적인 직무이면서 소음, 진동 등으로 장시간 관찰이 불가능할 때 녹화법을 사용한다.

(6) 중요사건 기법(중요사건 기록법, 결정적 사건법) : 직무성과와 관련하여 효과적인 행동과 비효과적인 행동을 구분하여 사례를 수집한 후 효과적인 직무수행요건을 추출하여 분류하는 방법이다.

---

57 직무분석의 방법 중 면접법의 장점과 단점을 각각 2가지씩 쓰시오.

'23 직업상담사 2급 검정형

모범답안

(1) 장점
  ① 다양한 직무에 **광범위하게 적용**할 수 있다.
  ② 직무수행자의 **정신적 활동까지 파악**할 수 있다.
  ③ 면접과정에서 직무수행자들의 애로사항을 알 수 있다.

(2) 단점
  ① 자료 수집에 **많은 시간과 노력이 소요**된다.
  ② **다수의 대상에게 적용하기 어렵다.**
  ③ 수량화된 정보를 얻는 데 적합하지 않다.

---

58 직무분석을 위한 정보수집 방법 중 질문지법의 장점과 단점을 각각 2가지씩 쓰시오.

'23 직업상담사 2급 검정형

모범답안

(1) 장점
  ① **조사대상의 폭이 넓다.**
  ② 효율적이고 **비용이 적게** 든다.

(2) 단점
  ① 응답자가 **설문의 내용을 충분히** 이해하지 못할 수 있다.
  ② 성의 있게 응답하지 않고, **회수율이 낮다.**

59 직무분석 시 주요 면담대상이 되는 SME(주제 전문가)의 예를 3가지 쓰시오.

(1) **전문분석가**
(2) **재직자**(현직자)
(3) **감독자**

60 다음은 무엇에 대한 설명인가?

- 어니스트 맥코믹(Ernest McCormick)에 의해 1960년대에 개발되었다.
- 직무를 수행하는 데 요구되는 인간의 특성들을 기술하는 데 사용되는 194개의 문항들로 구성되어 있으며, 직무수행에 관한 6개 범주(정보입력, 정신과정, 작업결과, 타인들과의 관계, 직무맥락, 직무요건)들에 대해 평정하도록 되어 있는 표준화된 분석도구이다.

직위분석 질문지 (PAQ : Position Analysis Questionnaire)

61 다음에 제시된 그림과 같이 진행되는 정보분석 방법의 기본 원칙(또는 특징) 6가지를 쓰시오.

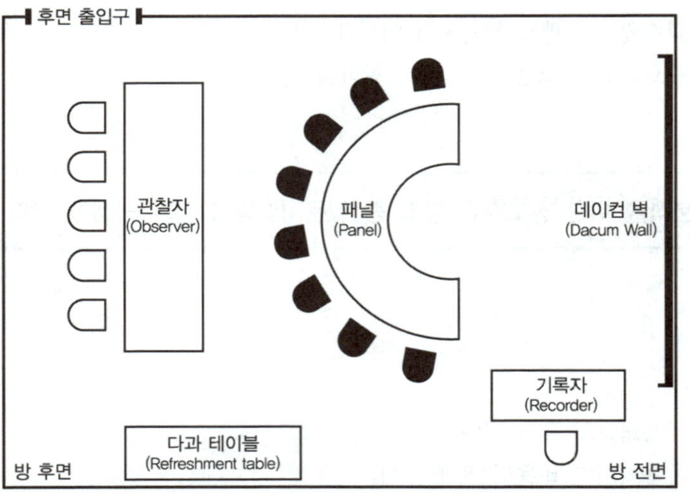

(1) 직급과 연령 등을 고려하지 않고 **모두 평등하게 참여한다.**
(2) **아이디어를 자유롭게 공유하고 비판하지 않는다.**
(3) **발언권을 얻은 한 사람이 이야기한다.**
(4) 비판보다는 **건설적인 제안을 한다.**
(5) **기존의 관련 자료를 참고하지 않는다.**
(6) 워크숍을 이끄는 **촉진자(facilitator)**는 자신의 의견을 말하지 않는다.

★★★ 62

직무분석 방법 중의 하나인 데이컴법의 가정과 전제 3가지를 쓰시오.

'25 직업상담사 1급 검정형

모범답안

(1) **전문적인 작업자는** 다른 누구보다도 **그 직무에 대하여 잘 기술할 수 있다.**
(2) 한 가지 직무는 해당 직업에 종사하고 있는 **숙련된 사람이 수행하는 작업명칭들로 충분히 기술될 수 있다.**
(3) 모든 작업에는 **그 작업을 올바르게 수행하는 데 필요한 관계 지식과 태도가 있다.**

63

작업자 중심 직무분석 방법 5가지를 쓰시오.

모범답안

(1) **면담법**
(2) **직무요소 방법론** (JEM)
(3) **직위분석 질문지법** (PAQ)
(4) **데이컴법** (DACUM)
(5) **인지적 과업분석** (CTA)

➕ Plus Check

[작업자 중심 직무분석과 작업 중심 직무분석 방법]

작업자 중심 직무분석	작업 중심 직무분석
• 면담법 • 직무요소 방법론 (JEM) • 직위분석 질문지법 (PAQ) • 데이컴법 (DACUM) • 인지적 과업분석 (CTA)	• 시간-동작연구 • 기능적 직무분석 (FJA) • 중요사건 기법 (CIT) • 과업목록 (TI)

64

중요사건 기법(CIT)을 통해 직무정보를 수집하는 3가지 실용적인 전략을 설명하시오.

모범답안

(1) 성과에 대한 질문부터 하지 말아야 한다.
(2) 기억과 결과를 왜곡하거나 직업의 특성이 변경되었을 수 있기 때문에, **사건은 지난 6~12개월 사이 발생한 것으로 한정한다.**
(3) 부정적인 사고가 먼저 수집되는 경우 데이터 수집의 목적이 의심받을 수 있기 때문에 **작업자는 부정적인 사건 전에 긍정적인 사고를 생성해야 한다.**

★★★
65

직무분석 방법 중 결정적 사건법(중요사건 기법)의 단점을 4가지 쓰시오.

'22, '19, '15, '13, '03 직업상담사 2급 검정형

모범답안

(1) **일상적인 수행과 관련된 지식, 기술, 능력이 배제**될 수 있다.
(2) 과거의 결정적 **사건들에 대해 왜곡하여 기술할 가능성**이 있다.
(3) **추론과정에서 직무분석가의 주관이 개입**될 수 있다.
(4) 정확한 조사를 위해 **특별히 훈련받은 사람이 필요**하다.

제4절 　분석정보 평가하기

66

직업정보 분석 목표의 재확인 방법 3가지를 쓰시오.

모범답안

(1) **대상자의 직업정보 요구도** 확인
(2) **대상자의 인식체계** 확인
(3) **직업상담가의 직업정보 요구도** 확인

➕ Plus Check

[**직업정보 분석 목표의 재확인**]
(1) **대상자의 직업정보 요구도 확인** : 내담자의 실제 욕구를 다시 파악
(2) **대상자의 인식체계 확인** : 정보수집의 맥락은 매우 개별적이며, '자기-검색-통합'의 사이클을 거침.
(3) **직업상담가의 직업정보 요구도 확인** : 새로운 방법론과 기술에 대한 학습을 위한 자기 점검 필요

67 직업정보 분석 결과의 평가 시 유의할 점 3가지를 기술하시오.

모범답안

(1) 분석 목표를 이루기 위해 **제한된 직업정보만 분석했는지** 평가한다.

(2) 원자료 통계분석 시에 **누락된 해석이나 결과의 충돌이 없는지** 평가한다.

(3) 분석 목표에 따라 **정량적, 정성적 연구들이 통합적으로 분석됐는지** 평가한다.

제7장

변화동기지원

변화동기 확인하기

출제기준▶
1. 전직대상자의 심리적·물리적 변화 상태를 확인할 수 있다.
2. 전직대상자에게 변화관리의 성공 또는 실패 사례를 공유할 수 있다.
3. 전직대상자의 변화동기 의지를 확인할 수 있다.

01 전직지원 동기

(1) 동기

① 동기는 일생동안 인간능력을 개발하는데 심리적 기초를 제공한다(Ford, 1992).
② 동기는 진로발달과 적응의 필수조건으로, 전직지원 대상자에 대한 동기 개입을 통해 새로운 생애설계 목표를 설정하고 경로를 개척하도록 지원하는 구체적인 성취와 능력발달의 심리적 기초이다.
③ 상담자는 전직지원 대상자가 변화를 위한 성취감과 능력을 강화하고자 하는 동기를 갖도록 지원해 주어야 한다.

(2) 동기체계이론 (Ford, 1992, MST : Motivational Systems Theory)

① **동기체계이론 개요**
  ㉠ 동기체계이론은 생활체계구조(living system framework)에서 비롯되었다. 생활체계구조는 행동일화(behavior episode) 경험들이 시간이 경과되고 맥락을 넘어서 어떻게 독특한 역사와 성격을 만들어 내는지 제시한다.
  ㉡ 동기체계이론은 성취를 위한 개인의 동기를 증가시킬 수 있는 방법, 정서적으로 건강한 생활을 할 수 있도록 돕는 방법, 직무만족과 작업생산력 사이의 연결을 이해하고 촉진시기기 위한 상담자의 노력을 도구화할 수 있는 방법 등을 보여준다.

② **동기체계 요소**
  ㉠ **개인적 목표 (personal goals)**
    • 성취하고자 하거나 또는 회피하려는 결과에 대한 사고들 그리고 원하는 결과를 얻고자 하거나, 원치 않는 결과를 예방하도록 다양한 요소들을 조정하고 결집시키는 특성이 있다.

- 개인적 목표는 개인의 조직화된 행동유형을 얻고자 하는 결과와 원치 않은 결과를 피하고자 하는 방향으로 조정하도록 중요한 역할을 한다.
- 개인적 목표는 개인의 진로의사결정 과정을 이해하는 데 가장 중요한 개념이다.
- 전직지원 대상자의 목표는 진르자본과 역량, 직무 경험 등에 통합된 분야로의 재취업이 목표가 된다.

ⓛ 개인작인(대리)신념 (personal agency belief)

- 개인작인(作因)신념은 한 사람이 원하는 결과를 성취하거나 목표를 달성할 기회가 있는지 또 능력이 되는지 등에 대한 평가이다.
- 개인작인신념은 능력신념(capability beliefs)과 맥락신념(context beliefs)으로 구성된다.

구분	내용
능력신념	기능을 효율적으로 수행하는 데 필요한 기술이 있는지에 대한 평가이며, 행동유형을 조직화하려는 신념까지 프함한다.
맥락신념	효율적으로 기능을 발휘할 수 있는 환경에 있는지에 대한 평가이며, 물리적 환경을 넘어서 다양한 사회적·심리적 지원을 내포하고 있으며 목표를 실현하는 데 능력과 함께 중요한 역할을 담당한다.

- 개인작인신념은 도전적이지만 획득할 수 있는 목표를 실현해야 하는 가장 큰 발전의 상황에서 특별히 중요한 역할을 한다.
- 개인작인신념은 장기적이거나 지배적 목표에 대한 개인의 의사결정, 즉 재취업을 할 것인가 아니면 창업을 할 것인가와 같이 구체적인 결정을 하도록 한다.

ⓒ 정서 (emotion)

- 정서는 바라던 결과를 내놓을 수 있도록 조직된 행동들을 지지하거나 촉진시킴으로써 역동적 기능을 수행한다.
- 사람을 활동하게 만들고 즉각적 위기나 기회 상황에서 효율적으로 기능하도록 촉진한다. 즉, 정서는 단시간 목표와 긴급한 상황의 의사결정 등과 의미가 있다.

(3) 변화동기

① 변화동기의 의미

ⓐ 변화동기는 변화를 목적으로 상담장면에서의 심리적인 유인을 통해 변화를 추구하는 행동의 활성화라고 할 수 있다.

ⓑ 상담을 개시하고, 상담과정에서 변화에 도움이 되는 다양한 행동들 즉 자기개방, 자기탐색, 새로운 행동계획 세우기와 실천하기 등의 행동을 실천하고자 하는 적극적인 개입과정에서의 동기가 포함된다.

② 변화동기 관련 이론

㉠ 자기결정이론 (SDT : Self Determination Theory)
- 데시와 리안(Deci & Ryan, 1985)은 내재적 동기의 중요성을 강조하면서 자기결정이론을 제안하였다.
- 동기는 내재적 및 외재적 동기, 무동기 등으로 구분된다.

구분	내용
내재적 동기 (intrinsic motivation)	• 외부의 어떠한 물질적 보상에 의존하지 않고 **자신이 맡은 일 자체에 내재되어 있는 즐거움이나 만족을 경험하기 위한 내면의 욕구** • 개인이 가치와 신념 등을 통해 행동을 하게 만드는 힘 • 외부의 보상이나 통제와는 무관하며, 보다 큰 창의성, 융통성, 자발성 등과 관련
외재적 동기 (extrinsic motivation)	• 자신의 행동이 **실체적인 보상을 이끌어 낼 수 있다고 인지할 때 발생하는 동기** • 집단의 목표달성에 영향을 미치며 인센티브, 성과급, 포상 등과 관련
무동기 (amotivation)	**• 행동과 그 행동결과 간의 관계를 전혀 지각하지 못하는 상태**

㉡ 초이론 (TTM : Transtheoretical Model)
- 사람들의 행동변화 과정에서 나타나는 일련의 변화단계를 제시한다.
- 초이론은 금연과정을 통해 변화를 경험하는 사람들이 공통된 변화단계를 거친다는 것을 발견해 낸 후, 약물 남용, 불안과 공포 장애, 비행, 섭식장애와 비만, AIDS 예방 등의 광범위한 분야에서 적용되어 왔다.
- **변화의 5단계 명칭과 특징**

구분		내용
1단계	**숙고 전** (precontemplation)	6개월 안에 행동을 취할 의도를 갖지 않는다.
2단계	**숙고** (contemplation)	6개월 안에 행동을 취할 의도를 갖는다.
3단계	**준비** (preparation)	30일 안에 즉각 행동에 옮길 의도가 있고, 이러한 방향으로 약간의 행동을 취한다.
4단계	**행동** (action)	외현적인 행동 변화가 6개월 이내 기간 동안 나타난다.
5단계	**유지** (maintenance)	6개월 이상 외현적인 행동 변화가 나타나고 재발을 예방하는 행동을 한다.

㉢ 동기강화상담 (MI : Motivational Interviewing)
- 동기수준의 평가보다 동기를 강화하면서 변화를 이끌어가는 상담방법에 비중을 둔 대표적인 이론이다.
- 음주치료 경험으로부터 발전되어 1983년 Miller에 의해 처음 알려졌고, 이후 Miller와 Rollnick에 의해 보다 정교한 임상절차가 소개되었다.

- 양가감정을 탐색하고 해결하도록 내담자를 도움으로서 행동변화를 이끌어내는 직접적이고, 내담자 중심적인 상담방법으로 부분적으로 구조화된 방법이지만 변화를 주도하는 역할의 중심을 내담자에게 둔다.
- 변화동기가 내담자 스스로 자신의 현재 행등과 자신의 가치관 사이에서의 불일치감을 느낄 때 활성화된다는 전제하에 불일치감을 이끌어내는 것이며, 변화를 시도하는 과정에서 자기효능감을 느끼도록 돕는다.
- **동기강화상담 기법의 4가지 주요 원리 : 공감표현, 불일치감 만들기, 저항과 함께 구르기, 자기효능감 지지하기**

② **건강행동과정적 접근 (HAPA : Health Action Process Approach)**
- 사람들은 자신의 건강을 증진시키기 위한 행동에 대해 의도를 갖기도 하지만 그런 의도를 모두 행동으로 실천하는 것은 아니다. 즉 의도가 실제 행동으로 옮겨지거나 그렇지 못한 과정에 대한 관심을 기초로 만들어진 이론이다.
- 의도와 행동 간의 간격을 연결할 수 있는 요인들을 발견하기 위해 행동변화과정에 포함되어 있는 두 가지 단계, 즉 동기단계(자기효능감, 성과기대, 위험지각, 의도 등 포함)와 의지단계(자기효능감, 행동계획, 대처계획 등 포함)를 가정한다.
- 자기효능감이 주요 개념이며, 행동 자기효능감, 유지(대처) 자기효능감, 회복 자기효능감으로 구분한다.

구분	내용
행동 자기효능감 (action self-efficacy)	행동 전 자기효능감으로도 불리며, **아직 행동으로 옮기지는 않았으나 그렇게 할 수 있는 동기를 발전시킨다.** 행동 자기효능감이 높은 개인은 성공을 떠올리고, 다양한 전략에 대한 긍정적인 기대를 가지며 새르운 행동을 할 가능성이 높다.
유지 자기효능감 (maintenance self-efficacy)	대처 자기효능감으로도 불리며 **유지기 동안 나타나는 장해를 다루는 능력에 관한 낙관적인 신념**을 나타낸다.
회복 자기효능감 (recovery self-efficacy)	**실패와 후퇴 경험이 있은 후에도 제 궤도로 돌아올 수 있다는 신념**과 관련된다.

변화계획 수립하기

1. 초기 변화목표를 구상하도록 지원할 수 있다.
2. 변화목표 달성을 위한 전직대상자의 자원을 확인할 수 있다.
3. 전직대상자의 최종 변화목표를 확정할 수 있다.
4. 변화목표에 따라 장·단기 실행계획을 작성하도록 지원할 수 있다.

01 변화계획 수립

(1) 전직지원 대상자의 상황에 대한 평가

① 전직지원 대상자의 상황을 평가하고 변화를 추구하는 중요성에 대하여 설명한다.
② 상황을 평가하는 것에 동의를 구한다.
③ 재무상황, 가족상황, 건강상태, 전문성 수준, 여가, 인적 네트워크 상황에 대하여 평가한다.
④ 평가하는 동안 느낀 점에 대하여 이야기하도록 한다.
　㉠ 전직지원 대상이 되는 순간부터 고통, 실망, 분노, 두려움, 불안 등의 감정에 휩싸인다.
　㉡ 이러한 감정을 벗어나는 데 3~6개월 정도 소요된다.
　㉢ 처음에는 큰 정서적 고통을 못 느끼다가 6~8주 후에 깊은 정서적 어려움에 빠지기도 한다.
⑤ 평가 결과를 제시하고 변화해야 할 부분에 대하여 의견을 나눈다.

(2) 가족의 기능

① 친밀한 관계의 근원을 제공한다.
② 경제적 협조의 단위로서 기능한다.
③ 자녀를 출산하고 사회화시킨다.
④ 가족 구성원에게 지위와 사회적 역할을 할당한다.

(3) 가족생활주기

① **가족생활주기 8단계 (Duball, 1985)**

단계		내용
1단계	새롭게 형성된 부부	자녀가 없는 결혼 부부
2단계	자녀를 출산한 가족	첫째 자녀가 30개월
3단계	학령 전기 아동이 있는 가족	첫째 자녀가 2~6세
4단계	학동기 아동가족	첫째 자녀가 6~13세
5단계	청소년기의 자녀가 있는 가족	첫째 자녀가 13~20세
6단계	성인 자녀를 갖는 가족	청년이 된 자녀를 떠나 보내기
7단계	중년기 가족	빈 둥지부터 퇴직하기까지
8단계	노화하는 가족	퇴직으로부터 배우자의 죽음까지

② 전직지원 대상자의 가족생활주기와 발달과업

단계	발달과업
6단계 성인 자녀를 갖는 가족	• 가정의 물리적 설비와 자원을 재배치하기 • 성인생활로 들어가는 자녀들에게 필요한 생활비용을 충족시키기 • 자녀가 가정을 떠날 때 책임을 재할당하기 • 부부관계를 재조정하기 • 가족구성원들 사이의 의사소통을 유지하기 • 자녀의 결혼을 통하여 새로운 가족구성원을 받아들임으로써 가족범위를 확대시키기
7단계 중년기 가족	• 텅 빈 보금자리에 적응하기 • 부부 사이의 관계를 계속해서 재조정하기 • 조부모의 생활에 적응하기 • 성인 부모의 부모를 돌보기 • 은퇴에 적응하기 • 쇠퇴하는 신체적, 정신적 기술에 대처하기
8단계 노화하는 가족	• 배우자의 죽음에 적응하기 • 계속되는 노화 과정에 적응하기 • 타인, 특히 그들의 자녀에 대한 의존에 대처하기 • 생활 배치에서의 변화에 적응하기 • 경제적 문제에서의 변화에 적응하기 • 임박한 죽음에 대처하기

(4) 여가의 기본적 특징

① **해방성** : 인간이 처한 여러 가지 의무나 구속으로부터의 해방이라는 속성을 지니고 있다.

② **자유선택성** : 여가는 자발적 활동이다.

③ **자기표현성** : 여가는 삶에 있어서 자기표현, 자기 해방 그리고 자기만족의 달성을 위한 수단으로 내면 지향적 동기와도 관련이 있다.

④ **가치창조성** : 여가는 쾌락 및 가치 추구의 성격을 지닌다.

⑤ **노동관계성** : 여가는 노동과 긴밀한 상호작용 관계에 있다.

⑥ **생활양식성** : 여가는 어떠한 생활에서든 나타날 수 있는 행동양식이다.

변화 지원하기

1. 변화를 위한 참고 자료를 제공할 수 있다.
2. 변화를 위한 행동 방법을 제공할 수 있다.
3. 변화를 위한 성공사례를 제공할 수 있다.
4. 변화를 위한 전직대상자의 장애요인을 확인할 수 있다.
5. 변화 지원 활동을 기록할 수 있다.

01 변화 지원

(1) 변화계획 수립

① **행동변화를 위한 변화계획** : 평가 결과에 따라 장·단기 계획을 수립하고 이를 생애설계와 연계
  - ㉠ 시간 소비 형태 분석하기
  - ㉡ 가족에게 이해 구하기
  - ㉢ 역할 조정하기
  - ㉣ 정보 수집하기

② **능력 보여주기** : 자신의 능력을 재구조화하여 새로운 능력 제시

(2) 전직활동계획 실천

① **전직활동 계획서** : 구체적인 전직활동을 위한 계획서

구분	내용
진로공정표	• 공정 전체에 통일된 기호를 사용하고, 진행 방향을 제시하여, 한눈에 공정 전체가 드러나도록 해야 한다. • 작업의 시작이나 완료 시점, 다른 작업과 연결 시점, 진행 중에 주목할 만한 상태의 시점들을 표시한다. • 진로공정표는 현재 어디쯤 가고 있는지를 알 수 있으며, 항상 점검할 수 있도록 눈에 띄는 곳에 부착한다.

구분	내용
진로일기	• 인생설계도 작성의 최종적인 단계로서 전직활동의 종합계획서이다. • 전직활동에 대한 전 과정을 작성하는 결정판으로 진로개척에 용기를 잃거나, 무기력해지거나, 생활의 활력소가 없을 때 유용하다. • 각 기간 동안에 예상되는 목표를 명시하고, 1주일 단위로 해야 할 일을 기록한다. • 자기가 설정한 목표를 어느 정도 달성했는지 백분율(%)로 나타내고, 평가한 결과에 따라 목표를 조정하거나 다시 세운다.

② **전직지원활동 계획서** : 전직지원서비스를 받는 기간 동안의 실천 계획서

변화 점검하기

출제기준▶

1. 변화를 위한 실천사항을 점검하여 변화결과를 확인할 수 있다.
2. 변화과정의 문제점을 확인하여 극복방안을 제시할 수 있다.
3. 변화목표와 계획을 수정·보완할 수 있다.

01 변화 점검

(1) 자기평가

① 자신의 신념 확인하기
② 타인의 평가 확인하기
③ 인간관계망 점검하기

(2) 전직효능감 증진

① 전직효능감 증진을 위한 행동 강령 제시
② **역량 끌어올리기** : 열정, 변화, 태도 습관 고치기

제1절 변화동기 확인하기

01 

> 포드(Ford, 1992)의 동기체계이론에서 동기체계의 3가지 요소를 쓰시오.

모범답안

(1) 개인적 목표
(2) 개인작인신념
(3) 정서

➕ Plus Check

[동기체계이론의 3요소]
(1) **개인적 목표** : 개인의 조직화된 행동유형을 얻고자 하는 결과와 원치 않은 결과를 피하고자 하는 방향으로 조정하도록 중요한 역할을 한다.
(2) **개인작인(作因)신념** : 한 사람이 원하는 결과를 성취하거나 목표를 달성할 기회가 있는지 또 능력이 되는지 등에 대한 평가이다.
(3) **정서** : 바라던 결과를 내놓을 수 있도록 조직된 행동들을 지지하거나 촉진시킴으로써 역동적 기능을 수행한다.

02

> 다음은 무엇에 대한 설명인가?
>
> - 한 사람이 원하는 결과를 성취하거나 목표를 달성할 기회가 있는지 또 능력이 되는지 등에 대한 평가이다.
> - 능력신념(capability beliefs)과 맥락신념(context beliefs)으로 구성된다.

모범답안

개인작인(대리)신념

개인작인(대리)신념은 도전적이지만 획득할 수 있는 목표를 실현해야 하는 가장 큰 발전의 상황에서 특별히 중요한 역할을 한다. 또한 장기적이거나 지배적 목표에 대한 개인의 의사결정, 즉 재취업을 할 것인가 아니면 창업을 할 것인가와 같이 구체적인 결정을 하도록 한다.

03 데시와 리안(Deci & Ryan, 1985)은 내재적 동기의 중요성을 강조하면서 자기결정이론을 제안하였다. 이들은 제시한 동기 3가지를 쓰고 설명하시오.

모범답안

(1) **내재적 동기** : 자신이 맡은 일 자체에 내재되어 있는 즐거움이나 만족을 경험하기 위한 욕구
(2) **외재적 동기** : 자신의 행동이 실체적인 보상을 이끌어낼 수 있다고 인지할 때 발생하는 동기
(3) **무동기** : 행동과 그 행동 결과 간의 관계를 전혀 지각하지 못하는 상태

04 다음에서 설명하고 있는 이론은?

> 사람들의 행동변화 과정에서 나타나는 일련의 변화단계를 제시한다. 이 이론은 음주와 약물 남용, 불안과 공포 장애, 비행, 섭식장애와 비만, AIDS 예방 등의 광범위한 분야에서 적용되어왔다. 전직지원 대상자 중에는 실업이 길어질수록 음주와 약물 남용, 불안과 공포 장애 등을 갖는다.

'23 직업상담사 1급 과정평가형

모범답안

초이론

초이론(TTM : Transtheoretical Model)은 사람들의 행동변화 과정에서 나타나는 일련의 변화단계를 제시하며, 금연과정을 통해 변화를 경험하는 사람들이 공통된 변화단계를 거친다는 것을 발견해 낸 후, 약물 남용, 불안과 공포 장애, 비행, 섭식장애와 비만, AIDS 예방 등의 광범위한 분야에서 적용되어 왔다.

05 초이론(TTM : Transtheoretical Model)에서 제시하는 변화의 5단계 명칭과 특징을 순서대로 간략히 서술하시오.

(1) **숙고 전 단계** : 6개월 안에 행동을 취할 의도를 갖지 않는다.

(2) **숙고 단계** : 6개월 안에 행동을 취할 의도를 갖는다.

(3) **준비 단계** : 30일 안에 즉각 행동에 옮길 의도가 있다.

(4) **행동 단계** : 외현적인 행동 변화가 6개월 이내 기간 동안 나타난다.

(5) **유지 단계** : 6개월 이상 외현적인 행동 변화가 나타나고 재발을 예방하는 행동을 한다.

06 다음은 무엇에 대한 설명인가?

- 동기수준의 평가보다 동기를 강화하면서 변화를 이끌어가는 상담방법에 비중을 둔 대표적인 이론이다.
- 음주치료 경험으로부터 발전되어 1983년 Miller에 의해 처음 알려졌고, 이후 Miller와 Rollnick에 의해 보다 정교한 임상절차가 소개되었다.

동기강화상담

⊕ Plus Check

동기강화상담(MI : Motivational Interviewing)은 동기수준의 평가보다 **동기를 강화하면서 변화를 이끌어가는 상담방법**에 비중을 둔 대표적인 이론이다.

★★★
07 동기강화상담(MI)의 상담기법의 주요 원리 3가지를 쓰시오.

'25 직업상담사 1급 검정형

(1) **공감표현**

(2) **불일치감 만들기**

(3) **저항과 함께 구르기**

(4) **자기효능감 지지하기**

건강행동과정적 접근(HAPA : Health Action Process Approach)의 주요 개념인 자기효능감의 3가지를 쓰고 간략하게 설명하시오.

모범답안

(1) **행동 자기효능감** : 아직 행동으로 옮기지는 않았으나 그렇게 할 수 있는 **동기**를 발전시킨다.

(2) **유지 자기효능감** : 유지기 동안 나타나는 장해를 다루는 능력에 관한 낙관적인 신념이다.

(3) **회복 자기효능감** : 실패와 후퇴 경험이 있은 후에도 제 궤도로 돌아올 수 있다는 신념이다.

제2절 | 변화계획 수립하기

**★★
09**

Duball(1985)의 가족생활주기 8단계 중 전직지원 대상자의 가족생활주기 단계와 각각의 발달과업 3가지를 쓰시오.

'23 직업상담사 1급 과정평가형

모범답안

(1) **6단계 – 성인 자녀를 갖는 가족** : 가정의 **물리적 설비와 자원 재배치**, 부부관계 재조정, 가족구성원들 사이의 **의사소통 유지**

(2) **7단계 – 중년기 가족** : 텅 빈 보금자리에 적응하기, 부부 사이 관계 계속 재조정, 조부모 생활에 **적응**하기

(3) **8단계 – 노화하는 가족** : 배우자 죽음에 **적응**하기, 계속되는 **노화과정에 적응**하기, 임박한 죽음에 **대처**하기

 **Plus Check**

[전직지원 대상자의 가족생활주기와 발달과업]

단계	발달과업
6단계 성인 자녀를 갖는 가족	• 가정의 물리적 설비와 자원을 재배치하기 • 성인생활로 들어가는 자녀들에게 필요한 생활비용을 충족시키기 • 자녀가 가정을 떠날 때 책임을 재할당하기 • 부부관계를 재조정하기 • 가족구성원들 사이의 의사소통을 유지하기 • 자녀의 결혼을 통하여 새로운 가족구성원을 받아들임으로써 가족범위를 확대시키기

단계	발달과업
7단계 중년기 가족	• 텅 빈 보금자리에 적응하기 • 부부 사이의 관계를 계속해서 재조정하기 • 조부모의 생활에 적응하기 • 성인 부모의 부모를 돌보기 • 은퇴에 적응하기 • 쇠퇴하는 신체적, 정신적 기술에 대처하기
8단계 노화하는 가족	• 배우자의 죽음에 적응하기 • 계속되는 노화 과정에 적응하기 • 타인, 특히 그들으 자녀에 대한 의존에 대처하기 • 생활 배치에서의 변화에 적응하기 • 경제적 문제에서의 변화에 적응하기 • 임박한 죽음에 대처하기

10

Duvall(1985)의 가족생활주기 8단계의 발달과업 중 '성인 자녀를 갖는 가족' 단계에서 해야 할 일 5가지를 쓰시오.

'23 직업상담사 1급 과정평가형

모범답안

(1) **가정의 물리적 설비와 자원을 재배치**하기
(2) 성인생활로 들어가는 **자녀들에게 필요한 생활비용을 충족**시키기
(3) 자녀가 가정을 떠날 때 **책임을 저할당**하기
(4) **부부관계를 재조정**하기
(5) 가족구성원들 사이의 **의사소통을 유지**하기
(6) 자녀의 결혼을 통하여 **새로운 가족구성원을 받아들임으로써 가족범위를 확대**시키기

11

여가의 기본적 특징 6가지를 쓰시오.

모범답안

(1) **해방성**
(2) **자유선택성**
(3) **자기표현성**
(4) **가치창조성**
(5) **노동관계성**
(6) **생활양식성**

[여가의 특징 6가지]

(1) **해방성** : 인간이 처한 여러 가지 의무나 구속으로부터의 해방이라는 속성을 지니고 있다.

(2) **자유선택성** : 여가는 자발적 활동이다.

(3) **자기표현성** : 여가는 삶에 있어서 자기표현, 자기해방 그리고 자기만족의 달성을 위한 수단으로 내면 지향적 동기와도 관련이 있다.

(4) **가치창조성** : 여가는 쾌락 및 가치 추구의 성격을 지닌다.

(5) **노동관계성** : 여가는 노동과 긴밀한 상호작용 관계에 있다.

(6) **생활양식성** : 여가는 어떠한 생활에서든 나타날 수 있는 행동양식이다.

제3절   변화 지원하기

★
12 전직지원 대상자가 변화계획을 수립하고 이를 생애설계와 연계할 때, 행동변화를 위한 방법 4가지를 쓰시오.

모범답안

(1) **시간 소비 형태 분석하기**

(2) **가족에게 이해 구하기**

(3) **역할 조정하기**

(4) **정보 수집하기**

13 다음은 무엇에 대한 설명인가?

> • 전체에 통일된 기호를 사용하고, 진행 방향을 제시하여 한눈에 전체가 드러나도록 해야 한다. 작업의 시작이나 완료 시점, 다른 작업과 연결 시점, 진행 중에 주목할 만한 상태의 시점들을 표시한다.
> • 일반적으로 동그라미(○)로 표시하며, 각 결합점마다 번호를 부여하여 식별을 용이하도록 한다. 활동들을 점선(……)이나 화살표(→)로 표시하고, 작업 상호간의 유기적인 연관성과 작업의 분할을 표시한다.

모범답안

진로공정표

14 다음은 무엇에 대한 설명인가?

> • 인생설계도 작성의 최종적인 단계로서 전직활등의 종합계획서이다.
> • 전직활동에 대한 전 과정을 작성하는 결정판으로 진로개척에 용기를 잃거나 무기력해지거나 생활의 활력소가 없을 때 우용하다. 자신에 대한 새로운 면모를 발견하고 용기를 갖게 하는 도구로 사용할 수 있기 때둔이다.

모범답안

진로일기

제4절 **변화 점검하기**

15 전직지원 대상자의 변화점검을 위한 자기평가 영역을 3가지 쓰시오.

모범답안

(1) **자신의 신념 확인**하기
(2) **타인의 평가 확인**하기
(3) **인간관계망 점검**하기

제8장

전직역량분석

진로자본 파악하기

1. 전직대상자의 주요 직무, 만족도, 주요성과 등 경력자본을 기술하도록 지원할 수 있다.
2. 전직대상자의 보유자격, 학위, 어학, 전문교육 등 자격자본을 기술하도록 지원할 수 있다.
3. 전직대상자의 사내·사외 관계, 가족관계, 전문가 그룹과의 관계 등 관계자본을 기술하도록 지원할 수 있다.
4. 전직대상자의 주요관심, 흥미, 직업가치 등을 기술하도록 지원할 수 있다.
5. 파악된 진로자본을 토대로 전직대상자가 직업선택 우선순위를 확인하도록 지원할 수 있다.

01 진로자본

(1) 진로자본

① 진로자본의 의미

㉠ 자본은 '개인에게 통합되어 개인적, 사회적, 경제적 복지 창출을 촉진시키는 지식, 기술, 능력 및 속성'으로 정의된다.

㉡ 진로자본은 개인의 일과 삶, 진로에 있어 가지고 있는 지식, 역량, 특성으로 소득을 창출할 수 있는 자원이다.

㉢ 진로자본은 진로성숙 역량, 전문지식 역량, 인간관계 역량 등을 포함한다.

② 진로자본의 유형

구분	내용
진로성숙 역량 (knowing-why)	개인이 자신의 진로에 대해 갖고 있는 태도와 관점을 의미하며, 내재적 동기, 개인적 학습모색, 성장경험 등을 포함한다.
전문지식 역량 (knowing-how)	개인들이 자신의 일과 관련하여 갖는 진로 관련 기술과 업무 지식을 의미하며, 실제적인 업무지식과 방법에 대한 지식이다.
인간관계 역량 (knowing-who)	개인들이 진로 안에서 갖게 되는 다양한 형태의 인간관계 및 사회적 연결망을 발전시키는 능력을 의미한다.

(2) 전직지원 대상자의 진로자본

① **전문성** : 일자리에서 습득한 지식과 경험의 전문지식은 진로자본 형성의 주요 핵심역량이다.

② **관계성** : 여가활동은 직무를 수행하면서 만들어진 역량으로 일자리 창출의 바탕이 될 수 있

으며, 관계자본은 이 자본으로도 전직지원 대상자가 전직을 시도하는 단초를 제공하기도 하다.

③ **진로성숙** : 주된 일자리에서 어떤 상태로 있었느냐에 따라 일에 대한 열정, 동기 등이 개인차를 보이지만, 대부분의 전직지원 대상자는 재취업에 대한 요구도가 높게 나타난다.

02 개인 특성 관련 진로자본

(1) 출생 순위

① 출생 순위에 따라 가족 내의 역동성이 달라지고 이는 진로에 영향을 미칠 수 있다.
② 장남이나 장녀로 태어나면 은연중에 가문에 대한 책임을 갖도록 양육되고 성장한다.
③ 둘째 아이는 구속감이나 의무감이 적은 반면, 관습적이지 않고 창의적 성향을 갖는다.

(2) 대뇌반구

① 어떤 사람은 매우 치밀하게 생각하는 반면, 다른 사람은 직관에 의해 결정하곤 한다. 이는 좌반구적 특징과 우반구적 특징으로 구분할 수 있다.
② 스플리트(Split)의 뇌 연구는 왼쪽 및 오른쪽 대뇌반구가 다른 방법으로 정보를 투과하는 것을 보여주었다. 즉, 좌뇌형이냐 우뇌형이냐에 따라 개인의 특성과 역량이 달라질 수 있다.

(3) 타고난 자질

① **다중잠재 소유자** (multi-potentialed) : 광범위한 흥미와 적성을 가졌기 때문에 진로결정에 혼돈과 무결정의 결과를 가져온다.
② **조기 판명자** (early emergers) : 어릴 때부터 과학, 수학, 음악 등의 분야에서 진로에 대한 흥미를 확고하게 나타낸다.
③ **창조적 재능자** (creatively gifted) : 독립적이고, 불순응자이며 자주 규칙을 깨뜨리는 사람들이다.
④ **학문적 재능자** (academically gifted) : 수준 높은 언어적 추론 기술, 학문적 우수성의 이력, 사회적 기대에 부응하는 경향, 자기존중감의 주된 자원을 타인의 인정 여부에 의존하는 부류이다.

(4) 직업가계도

① 직업가계도(vocational genograms)는 생물학적 친조부모와 양조부모, 양친, 숙모와 삼촌, 형제자매 등의 직업들을 도해로 표시하는 것이다.
② 직업가계도에는 직업, 진로경로, 진로포부, 직업선택 등에 관해 자신에게 영향을 주었던 다른 사람들도 포함시킨다.

(5) 흥미, 적성

① 개인의 흥미는 선호하는 활동에 대한 관심을 의미하며, 이는 개인의 성격유형을 결정하고 그러한 성격유형에 따라 개인이 가진 기술과 능력 그리고 태도와 가치 등에서 차이를 보인다.

② 적성은 직업적 능력을 의미하며, 직업적성검사를 활용하여 평가할 수 있다. 고용24(워크넷)에서 제공하는 직업적성검사는 11개 적성(언어력, 수리력, 추리력, 공간지각력, 사물지각력, 상황판단력, 기계능력, 집중력, 색채지각력, 문제해결능력, 사고유창력)에 대해 평가한다.

(6) 가치

① 인간은 자신의 삶에서 무엇을 지향할 것인가에 관하여 다양한 생각을 가지고 있으며, 가치(value)는 개인의 중요한 신념을 나타낸다.

② 가치는 특정의 상황이 아닌 광범한 상황들에 적용되는 행동, 목표, 바라는 상태 등을 뜻하며, 여러 가지 행동방식 중에서 어떠한 행동을 할 것인지 판단하고 선택하는데 적용되는 규범적 표준이다.

직무역량 분석하기

1. 역량진단검사 결과에 따라 전직대상자의 핵심역량을 분석하여 관련 직업을 도출할 수 있다.
2. 전직대상자가 기술한 경력자본의 내용을 분석하여 성과가 우수했던 주요 직무를 중심으로 관련 직업을 도출할 수 있다.
3. 전직대상자가 기술한 자격자본의 내용을 분석하여 관련 직업을 도출할 수 있다.
4. 전직대상자가 기술한 관계자본, 관심, 흥미, 직업가치 등의 분석내용을 통합하여 관련 직업을 도출할 수 있다.

01 핵심 직무역량 분석

(1) 역량의 개념과 의미

① **역량의 의미**

㉠ 역량은 높은 성과를 내도록 하는 개인의 행동 특성이나 태도를 말한다.

㉡ 기존의 '능력' 개념이 개인 측면의 보유 자질에 초점을 맞춘 것이라면, '역량'은 조직 측면에서 조직의 성과 창출을 위한 자질이라 할 수 있다.

② **역량의 유형 (Spencer, 1993)**

구분	내용
동기 (motives)	개인이 일관되게 마음에 품고 있거나 원하는 어떤 것
특질 (traits)	신체적 특성, 상황 정브에 대한 일관된 반응 성향
자기개념 (self-concept)	태도, 가치관 또는 자기상
지식 (knowledge)	특정 분야에 대해 가지고 있는 정보
기술 (skills)	특정한 신체적 혹은 정신적 과제를 수행할 수 있는 능력

③ **역량 개념의 특징**

㉠ **역량은 행동이다.** : 역량은 보유하고 있는 지식이나 기술 그 자체가 아니라 내면의 동기, 가치, 태도 등이 지식이나 기술과 결합하여 나타나는 행동이다.

ⓒ **역량은 성과와 연계된 행동이다.** : 능력이 매우 뛰어나더라도 그것이 해당 직무의 성과 창출을 위한 중요한 행동이 아니라면 해당 직무에 적합한 역량을 갖췄다고 할 수는 없다.

ⓒ **역량은 직무마다 다르고, 동일한 직무라도 상황이 바뀌면 요구되는 역량이 다를 수 있다.**

ⓒ **역량은 행동이기 때문에 관찰이 가능하며, 측정하고 개발할 수 있다.**

(2) 역량 모델

① 역량모델의 의미와 유형

ⓐ 역량모델은 조직에서 계층이나 직종에 따라 구분된 각 집단의 구성원이 갖춰야 할 역량을 체계적으로 표현하는 것을 의미한다.

ⓑ 역량의 유형이 조직의 수직적 측면에서의 리더십 역량, 조직의 수평적 측면에서의 직무역량, 그리고 구성원 전체의 공통역량으로 나눠질 수 있다.

ⓒ 지식, 기술이 빙산의 드러난 부분이라면 자기개념, 특질, 동기 등은 빙산의 드러나지 않은 부분에 해당한다.

② 역량 모델링 방법

구분	내용
행동사건 인터뷰 (BEI : behavioral event interview)	• 전문적으로 훈련된 역량평가사(assessor)가 집단의 고성과자의 행동특성을 인터뷰 형식으로 역량을 도출한다. • 특정한 성과를 발휘했을 당시를 떠올리게 한 후 당시의 구체적 상황(situation), 수행했던 업무(task), 구체적으로 취한 행동들(action), 그리고 그에 따른 결과(result)들을 질문한다. • 실제 집단의 고성과자를 통해 정확한 행동특성을 끌어낼 수 있다는 장점이 있는데 반해 상대적으로 시간이 많이 소요되는 단점이 있다.
직무전문가 (SME : subject matter expert) **워크숍**	• 해당 직무의 전문가들을 한 자리로 모아 각 직무를 성공적으로 수행하기 위한 조건들을 검토함으로써 역량을 도출한다. • 직무전문가의 주관적 판단에 의존하는 측면이 있지만, 이는 복수의 전문가를 통해 공통된 의견을 수렴하는 과정에서 보완될 수 있다. • 행동사건 인터뷰의 단점을 보완할 수 있다.
설문지 조사법	• 사전에 표준화된 설문지를 제작 배포하여 집단 구성원들로부터 필요한 핵심 정보를 입수하는 방식이다.

③ 역량사전

ⓐ 역량 모델링의 최종 결과물이며, 도출된 역량을 구성원들이 이해하기 쉽게 정리하여 기술한 것이다.

ⓑ 기본적으로 역량 정의, 도출 배경, 역량 수준의 구분 기준, 행동지표 등을 포함한다.

ⓒ 스펜서(1993)의 역량사전이 가장 널리 사용되고 있다.

④ 델파이 기법 (Delphi Technique)

ⓐ 역량분석을 위해서는 그 분야의 전문가에게 의견을 조사하는 델파이 기법이 적합하다.

ⓛ 전문가 집단의 의견과 판단을 추출하고 종합하고 그 결과를 다시 동일한 전문가 집단에게 송부하고 그 결과를 조사하는 단계를 3회 실시하여 집단의 의견을 종합하고 그 결과를 정리하는 연구기법이다.

02 역량 진단 도구 활용

(1) 중장년 직업역량검사

① 검사의 특징 및 장점

㉠ 중장년 근로자의 직업역량을 진단하여 후기 경력개발과 관련된 의사결정을 돕기 위한 검사로, 우리나라 고용환경의 특성과 중장년 근로자의 특성을 고려하여 개발되었다.

ⓛ 근로자의 개인 특성뿐만 아니라 후기 경력개발에 영향을 미치는 다양한 환경 요인을 측정하여 후기 경력개발과 관련된 의사결정에 도움이 되는 정보를 제공한다.

ⓒ 연령/학력/연봉을 기준으로 집단을 구분하여, 피검사자와 동일한 집단과의 비교를 통해 상대적인 수준을 확인할 수 있다.

ⓔ 피검사자의 현 직종 및 최근 퇴직 직종에 종사하는 사람들, 이직 희망 직종에 종사하는 사람들과 기초 직무능력 수준을 비교할 수 있도록 정보를 제공한다.

ⓜ 피검사자의 현재 직업역량과 기초 직무능력을 통합적으로 고려하여 15개 직종 중 재취업에 알맞은 3개 직종을 추천한다.

② 검사의 구성

역량	하위요인	설명
경력활동	재취업 자신감	자신이 재취업하기 위한 능력 및 노력에 대해 자신감을 갖고 있는지에 대한 내용
	경력계획	자신의 경력을 위해서 장기적이고 실행 가능한 목표를 세우고, 목표 달성을 위해 얼마나 노력하는지에 대한 내용
직무태도	직무적합도	현재 하고 있는 일이 자신의 특성 및 적성에 알맞은 정도
	직무만족	자신이 현재 하고 있는 일에 대해 만족하는 정도
직무능력	업무능력	의사결정이나 과제를 수행하기 위한 계획을 기획하는 등 지식을 사용하여 업무를 수행하는 능력
	관계능력	다른 사람과의 관계에서 발생하는 문제를 적절히 해결하는 기술
	인지능력	수를 셈하거나 주요 정보를 기억하는 등 지식을 획득하고 사용하는 방식에 관한 능력
	신체능력	기계를 조작하거나 부품을 조립하는 등 신체적인 업무를 수행하는 데 필요한 능력
개인특성	자기평가	삶을 살아가는 능력에 대해 스스로 판단하는 정도
	개방성	자기 자신을 둘러싼 세계에 대한 관심, 호기심, 다양한 경험에 대한 추구 및 포용 정도

역량	하위요인	설명
기초자산	가족의 지지	자신과 가족이 서로 얼마나 믿고 의지할 수 있는지에 대한 내용
	건강	자신의 정신적, 신체적 건강에 대한 내용

※ 암기 Tip : 경 – 태 – 능 – 개 – 기

(2) 영업직무 기본역량검사

① 검사의 특징 및 장점

㉠ 특성 이론에 확고한 베이스를 두고 개발된 검사이다.

㉡ 영업직을 세분화하여 이 분야에 적합한 개인의 역량을 파악할 수 있다.

㉢ 능력에 대한 최근의 이론적 관점을 통합하여 이와 관련된 부분을 능력 측정의 요소로 포함하였다.

㉣ 영업직무에서 성공적으로 적응할 수 있는 역량에 초점을 두고 개발되었다.

㉤ 검사를 통해 제공되는 정보는 영업직 직무와 관련된 직업탐색 및 선택에 유용한 자료로 활용될 수 있다.

② 검사의 구성

구분	하위요인	설명	하위검사
적성	언어력	전달하고자 하는 내용을 정확하고 효과적인 말과 글로 표현하고, 상대방의 말과 글을 잘 이해하여 의사소통을 할 수 있는 능력	어휘력검사 (반의어, 유사어) 문장논리검사 문맥논리검사
	기억력	새로운 제품에 대한 끊임없는 학습능력, 고객정보를 잘 기억하기 위한 능력	기억력검사
인성	근면	목표를 세워 지속적으로 지치지 않고 부지런히 일하는 성향	
	자율	자기가 할 일을 스스로 찾고, 자신이 맡은 역할을 주도적으로 수행하려는 성향	
	심리적 탄력	고객의 거절과 같은 어려운 상황이나 좌절에도 낙심하지 않고 평상심으로 빨리 돌아올 수 있는 성향	
	사회성	고객과의 관계 맺음을 중요하게 여기고 여러 사람 앞이나 모르는 사람 앞에서 불편함을 느끼지 않는 성향	–
	타인 배려	타인과 편안하고 조화로운 관계를 유지하려 하며, 타인에 대해 관대하고 타인을 이해하고, 세심한 배려를 해주는 성향	
	감정 조절	화가 나더라도 충동적으로 행동하지 않고 참는 성향	

(3) IT직무 기본역량검사

① 검사의 특징 및 장점

㉠ 특성 이론에 확고한 베이스를 두고 개발된 검사이다.

ⓛ IT직을 세분화하여 이 분야에 적합한 개인의 역량을 파악할 수 있다.

ⓒ 능력에 대한 최근의 이론적 관점을 통합하여 이와 관련된 부분을 능력 측정의 요소로 포함하였다.

ⓔ IT직무에서 성공적으로 적응할 수 있는 역량에 초점을 두고 개발되었다.

ⓜ 검사를 통해 제공되는 정보는 영업직 직무와 관련된 직업탐색 및 선택에 유용한 자료로 활용될 수 있다.

② **검사의 구성**

구분	하위요인	설명	하위검사
적성	언어력	일상생활에서 사용되는 다양한 단어/구/문장/문단의 의미를 정확히 알고 글로 표현된 내용을 올바르게 파악하는 능력	문장논리검사 문맥논리검사
	추리력	주어진 정보를 종합해서 이들 간의 관계를 논리적으로 추론해 내는 능력	기호추리검사 언어추리검사 도형추리검사 규칙찾기검사 순서도검사
	집중력	작업을 방해하는 자극이 존재함에도 불구하고 정신을 한 곳에 집중하여 지속적으로 문제를 해결할 수 있는 능력	회로도 연결
인성	근면	목표를 세워 지속적으로 지치지 않고 부지런히 일하는 성향	인성검사
	자율	자기가 할 일을 스스로 찾고 자신이 맡은 역할을 주도적으로 수행하려는 성향	
	적응력	변화하는 환경에 빨리 적응하고 유연하게 대처하는 성향	
	심미적 센스	예술과 관련된 대상이나 활동에 대한 아름다움을 추구하여 이것을 즐기는 성향	

역량진단 결과 통합하기

1. 역량진단 결과에 따른 핵심역량과 진로자본 분석결과를 종합하여 정리할 수 있다.
2. 역량진단 결과에 대한 전직대상자의 역량평가를 검토하고 직무분야를 탐색할 수 있도록 지원할 수 있다.
3. 역량평가 결과에 따라 탐색의 범위를 조정하고 전직대상자의 강점과 가능직무분야를 구체화할 수 있다.

01 역량진단 통합

(1) 역량모델링

① **행동지표의 5단계**
  ㉠ 1단계 : 수동적 행동
  ㉡ 2단계 : 통상적 행동
  ㉢ 3단계 : 능동적 행동
  ㉣ 4단계 : 혁신적 행동
  ㉤ 5단계 : 전환적 행동

② **전통적 인터뷰와 행동사건 인터뷰 비교**

전통적 인터뷰	행동사건 인터뷰
• 면접관의 임의적 판단에 따라 진행	• 상세하게 사전 설계된 프로세스에 따라 진행
• 의사결정권자가 실행	• 특정 역량들에 집중
• 개인 또는 집단 인터뷰	• 개인 인터뷰
• 성공했거나 실패한 일반 사건들을 질문	• 평가할 역량이 이미 정해져 있어 그 역량들에 대해서만 질문
• 소요 시간은 임의로 결정	• 평가해야 할 역량을 확인할 때까지 시간 소요
• 질문에 따라 응답 내용이 달라질 수 있으며, **바람직한 응답 유도 가능**	• **성과와 직결된 역량에 초점을 맞추고, 피평가자의 실제 행동을 증거로 평가**

(2) 역량평가

① 진로자본과 역량분석의 통합

㉠ 진로자본 요인과 전직지원 대상자가 일자리를 통하여 습득한 지식, 기술 등을 망라한 것이 전직지원 대상자의 역량이므로 역량평가는 곧 진로자본과 역량분석을 통합한 것이다.

㉡ 재취업을 위한 역량평가는 가능 직무 확인어 중요한 단서가 되며, 기업에서 요구하는 인재에 적합성을 확인할 수 있다.

② 기대효과

㉠ 역량평가를 통해 전직지원 대상자들에게 재취업, 창업, 혹은 제3의 경로 등 향후 어떤 경력 코스로 이동할 것인가에 관한 의사결정을 돕는 자료가 된다.

㉡ 역량평가를 통해 대상자를 정확히 선별하면 국가지원금 등 자원의 효율적 배분을 위한 기초 자료가 된다.

㉢ 역량평가 결과서는 중소기업 사장 등 전직지원 대상자의 재취업을 결정하는 사람들의 신속한 의사결정을 돕는다.

㉣ 전직지원 대상자에게 역량평가 결과서를 주면 부족한 역량을 확인하여 역량개발 프로그램에 대한 참여 의지가 높아진다. 또한 자기 포트폴리오 차원에서 역량평가 결과서를 입사 서류와 함께 제출할 수 있다.

㉤ 역량평가 결과서가 헤드헌팅 업계 등으로 공신력 있게 유통되면 사회 전체적으로 경력자 채용 의사결정이 빨라지고 원활해질 수 있다.

㉥ 규명된 역량 모델과 직접적으로 매칭되는 교육훈련 프로그램을 개발할 수 있다.

㉦ 전직을 앞둔 대상자들에게 사전준비 차원의 자기개발을 위해 어떤 노력을 해야 하는가를 보다 설득력 있게 제시할 수 있다.

제1절　진로자본 파악하기

01 다음에서 설명하는 것은 무엇인가?

> - 개인의 일과 삶, 진로에 있어 가지고 있는 지식, 역량, 특성으로 소득을 창출할 수 있는 자원이다.
> - 진로성숙 역량, 전문지식 역량, 인간관계 역량 등을 포함한다.

모범답안

진로자본

➕ Plus Check

자본은 '개인에게 통합되어 개인적, 사회적, 경제적 복지 창출을 촉진시키는 지식, 기술, 능력 및 속성'으로 정의된다. **진로자본**은 개인의 일과 삶, 진로에 있어 가지고 있는 지식, 역량, 특성으로 소득을 창출할 수 있는 자원이며, 진로성숙 역량, 전문지식 역량, 인간관계 역량 등을 포함한다.

02 진로자본의 유형 3가지를 쓰고, 각각을 설명하시오.

모범답안

(1) **진로성숙 역량** (knowing-why) : 개인이 자신의 **진로에 대해 갖고 있는 태도와 관점**

(2) **전문지식 역량** (knowing-how) : 개인들이 자신의 일과 관련하여 갖는 **진로 관련 기술과 업무 지식**

(3) **인간관계 역량** (knowing-who) : 개인들이 진로 안에서 갖게 되는 다양한 형태의 **인간관계 및 사회적 연결망을 발전시키는 능력**

03 개인 특성과 관련하여 진로자본을 파악할 때의 방법 6가지를 쓰시오.

모범답안

(1) 출생 순위
(2) 대뇌반구
(3) 타고난 자질
(4) 직업가계도
(5) 흥미, 적성
(6) 가치

제2절 ▶ 직무역량 분석하기

04 스펜서(Spencer, 1993)가 제시한 역량의 5가지 유형을 쓰고 설명하시오.

'23 직업상담사 1급 과정평가형

모범답안

(1) **동기** : 개인이 **일관되게 마음에 품고 있거나 원하는 어떤 것**
(2) **특질** : **신체적 특성**, 상황 정보에 대한 **일관된 반응 성향**
(3) **자기개념** : 태도, 가치관 또는 **자기상**
(4) **지식** : **특정 분야**에 대해 가지고 있는 **정보**
(5) **기술** : **특정한** 신체적 혹은 정신적 **과제를 수행할 수 있는 능력**

05 역량 개념의 특징 4가지를 설명하시오.

모범답안

(1) 역량은 내면의 동기, 가치, 태도 등이 지식이나 기술과 결합하여 나타나는 **행동이다.**
(2) 역량은 직무의 **성과 창출과 연계된 행동이다.**
(3) 역량은 **직무나 상황에 따라 다를 수 있다.**
(4) 역량은 **관찰이 가능하고, 측정하고 개발할 수 있다.**

06 다음에서 설명하는 것은?

- 전문적으로 훈련된 역량평가사가 집단의 고성과자의 행동특성을 인터뷰 형식으로 역량을 도출한다.
- 특정한 성과를 발휘했을 당시를 떠올리게 한 후 당시의 구체적 상황(situation), 수행했던 업무(task), 구체적으로 취한 행동들(action), 그리고 그에 따른 결과(result)들을 질문한다.

모범답안

행동사건 인터뷰 (BEI : Behavior Event Interview)

07 다음에서 설명하는 것은?

- 스펜서가 만든 것으로 역량 모델링의 최종 결과물이며, 도출된 역량을 구성원들이 이해하기 쉽게 정리하여 기술한 것이다.
- 기본적으로 역량 정의, 도출 배경, 역량 수준의 구분 기준, 행동지표 등을 포함한다.

모범답안

역량사전

08 다음에서 설명하는 것은?

역량분석을 위해서 그 분야의 전문가에게 의견을 조사하는 기법으로 전문가 집단의 의견과 판단을 추출하고 종합하여 그 결과를 다시 동일한 전문가 집단에게 송부하고 그 결과를 조사하는 단계를 3~4회 실시하여 집단의 의견을 종합하고 그 결과를 정리하는 연구 기법이다.

모범답안

델파이 기법 (Delphi Technique)

09 중장년 근로자의 직업역량을 진단하여, 후기 경력개발과 관련된 의사결정을 돕기 위한 검사인 중장년 직업역량검사의 5개 역량과 각 역량의 하위요인을 각각 2가지씩 제시하시오.

'23 직업상담사 1급 과정평가형

모범답안

(1) 경력활동 : 재취업 자신감, 경력계획
(2) 직무태도 : 직무적합도, 직무만족
(3) 직무능력 : 업무능력, 관계능력, 인지능력, 신체능력
(4) 개인특성 : 자기평가, 개방성
(5) 기초자산 : 가족의 지지, 건강

10 중장년층의 전직역량분석을 위해 활용 가능한 진단도구 3가지를 쓰시오.

모범답안

(1) 중장년 직업역량검사
(2) 영업직무 기본역량검사
(3) IT직무 기본역량검사

제3절 역량진단 결과 통합하기

11 역량모델링의 일반적인 행동지표 5단계를 쓰시오.

모범답안

(1) 1단계 : **수동적 행동**
(2) 2단계 : **통상적 행동**
(3) 3단계 : **능동적 행동**
(4) 4단계 : **혁신적 행동**
(5) 5단계 : **전환적 행동**

12

전직지원 대상자의 역량평가의 기대효과 5가지를 서술하시오.

모범답안

(1) 역량평가를 통해 전직지원 대상자들에게 재취업, 창업, 혹은 제3의 경로 등 **향후 어떤 경력 코스로 이동할 것인가에 관한 의사결정을 돕는 자료가 된다.**

(2) 역량평가를 통해 대상자를 정확히 선별하면 **국가지원금 등 자원의 효율적 배분을 위한 기초 자료가 된다.**

(3) 역량평가 결과서는 중소기업 사장 등 **전직지원 대상자의 재취업을 결정하는 사람들의 신속한 의사결정을 돕는다.**

(4) 전직지원 대상자에게 역량평가 결과서를 주면 **부족한 역량을 확인하여 역량개발 프로그램에 대한 참여 의지가 높아진다.** 또한 자기 포트폴리오 차원에서 역량평가 결과서를 입사 서류와 함께 제출할 수 있다.

(5) 역량평가 결과서가 헤드헌팅 업계 등으로 **공신력 있게 유통되면 사회 전체적으로 경력자 채용 의사결정이 빨라지고 원활해질 수 있다.**

(6) 규명된 역량 모델과 직접적으로 매칭되는 교육훈련 프로그램을 개발할 수 있다.

(7) 전직을 앞둔 대상자들에게 사전준비 차원의 자기개발을 위해 어떤 노력을 해야 하는가를 보다 설득력 있게 제시할 수 있다.

제9장

생애설계지원

생애주기별 주요 과제 점검하기

출제기준 ▶
1. 전직대상자의 생애 주요 영역에 대한 현상태를 파악할 수 있다.
2. 전직대상자의 생애 주요 영역에 대한 기대수준을 점검할 수 있다.
3. 생애 주요 영역별 주요 과제를 도출할 수 있다.

01 생애 주요 영역 현상태 파악

(1) 이직, 퇴직, 은퇴의 의미

① **이직**
  - ㉠ 현재의 담당 업무를 그만두고 다른 직무나 조직으로 옮겨가는 것으로서 자신 스스로나 고용주에 의해서 일시적 또는 영구적으로 종료되는 것을 의미한다.
  - ㉡ 의사결정 주체에 따라 고용주에 의한 면직(involuntary separation), 고용인 본인 의사에 의한 사직(voluntary separation) 등으로 분류되고, 불가피한 이직(unavoidable separation), 피할 수 있는 이직(avoidable separation) 등으로 구분된다.

② **퇴직**
  - ㉠ 현재의 직업이나 직장에서 맡은 일에서 물러나는 것을 말한다. 즉, 주된 직무에서 물러나는 것이다.
  - ㉡ 퇴직 후 주된 직무로의 전환을 하거나, 주변 직무로의 전환을 하는 등으로 이어지거나, 아니면 은퇴로의 전환 의미로 사용한다.
  - ㉢ 퇴직은 정년퇴직과 명예퇴직으로 나눌 수 있다.

③ **은퇴**
  - ㉠ 맡은 바 직책이나 직업에서 물러나서 일할 의도를 가지지 않고 한가로이 지내는 것을 의미한다.
  - ㉡ 노동시장에서 떠나 여가나 취미활동 등에 더 많은 시간을 할애하는 형태이다.
  - ㉢ 비교적 최근에 생긴 개념으로, 고용 상태에 있는 직위에서 물러나 그 직위에 관련된 역할수행을 중단하게 된 현상을 의미한다.

(2) 전직지원 대상자와 생애주기별 발달과업

① **성인 중기(35~60세) 특징**

　㉠ 중년기의 생리적 변화를 받아들이고 적응하기

　㉡ 적당한 섭생과 충분한 휴식으로 신체적 기능을 보전하기

　㉢ 규칙적인 운동으로 체력 유지하기

　㉣ 질병에 대한 광범위한 지식을 갖고 가족의 건강을 보호하기

② **성인 후기(60세 이후) 특징**

　㉠ **지적 영역**

　　• 세대 차의 사회변화 이해하기

　　• 은퇴 생활에 필요한 지식과 생활 태우기

　　• 정치·경제·사회·문화에 다한 최신 동향 알기

　　• 건강 증진을 위한 폭넓은 지식 가지기

　㉡ **정의적 영역**

　　• 적극적으로 일하고 생활하려는 태도 유지하기

　　• 취미를 계속 살리고 여가를 즐겁게 보내기

　　• 정년퇴직과 수입 감소에 적응하기

　　• 소외감과 허무감을 극복하고 인생의 의미 찾기

　　• 배우자 사망 후의 생활에 적응하기

　　• 동료 또는 자신의 죽음에 대하여 심리적으로 준비하기

　㉢ **사회적 영역**

　　• 동년배 노인들과 친교 유지하기

　　• 가정과 직장에서 일과 책임을 합당하게 물려주기

　　• 가정이나 사회에서 어른 구실하기

　　• 자녀 또는 손자들과 원만한 관계 유지하기

　㉣ **신체적 영역**

　　• 줄어가는 체력과 건강에 적응하기

　　• 노년기에 알맞은 간단한 운동을 구칙적으로 하기

　　• 건강 유지에 필요한 섭생하기

　　• 지병이나 쇠약에 대해 바르게 처방하기

(3) 전직지원 대상자의 생애 형태

구분	특징
자유로운 삶 (a free life)	'일로부터 해방'을 꿈꾸고 일을 통해 자유를 가지고자 역동적이고 진취적인 삶을 영위하고자 하며, 여가 중심적이면서 허락되면 사회봉사의 일을 하며 수입 창출에 소극적인 유형
앙코르 커리어 (encore career)	문제해결능력, 헌신, 유연성, 책임감, 낙천성, 판단력 등의 역량을 가진 전직지원 대상자들이 직업을 통해 삶의 의미를 찾고, 사회적으로 기여할 수 있으며, 지속적으로 수입을 창출할 수 있음 등에 관건을 두고 선택
재취업 (re-employment)	주된 일자리, 주변 일자리 등과 관련하여 지속적으로 경제적 활동을 희망

(4) 전직지원 대상자의 심리적 특성

① **퇴직에 대한 불안 반응** : 미래에 대한 염려를 포함하는 일반화된 불안장애는 퇴직 이후 나타나며, 특히 직업을 찾는 경우 불안 반응에 대해 높은 위험에 놓여 있다.

② **퇴직에 대한 우울 반응** : 퇴직 이후 동료를 찾지 않게 되고, 수입이 감소하며, 일상생활에서 변화를 경험하면서 이러한 상실이 축적되면서 우울증이 나타날 수 있다.

③ **퇴직이라는 고정관념에 의한 자기효능감 훼손** : 생리적으로 노후되어 생산적인 일을 할 수 없다는 생각, 퇴직은 쉬는 것이라는 인식, 과거에 집착하고 새로움을 회피하고자 하는 행동, 기존의 부적응적인 은퇴자들의 대리적 경험 등으로 인해 자기효능감이 낮아진다.

④ **목표와 시간관념 상실** : 생애목표와 시간관리에 대해 도전적이고 생산적이기보다는 소극적인 방법으로 소비하고 관리한다.

⑤ **새로운 역할 탐색** : 전문직에 종사한 전직지원 대상자들은 퇴직 이후의 삶에 효능감을 유지하기 위해 그 분야에서 사회봉사를 하거나 새로운 역할을 탐색한다.

⑥ **직업복귀 욕구** : 전직지원 대상자에게 있어서 직업의 의미는 생활에 필요한 경제적 소득의 소극적 의미를 비롯하여 인간관계 형성을 통한 사회에 대한 소속감, 규칙적인 생활을 기반으로 한 건강 유지 등의 적극적 의미를 가진다.

(5) 생애설계의 의미

① **생애설계의 정의**

  ㉠ 인생의 각 발달 단계에서 달성해야 할 과제를 미리 작성하여 앞으로 나타날 변화에 대해 미리 준비하는 과정이다.

  ㉡ 현 시점에서 자신을 되돌아보는 자기인식의 기회를 통해 자신을 객관화시킴으로써 보다 나은 미래를 위한 삶의 준비와 노력을 포함한 구체적인 준비과정이다.

  ㉢ 인생의 경험을 토대로 미래의 삶에 대한 목표와 실천 가능한 계획을 수립하는 것이다.

② **생애설계의 목적**

　　㉠ 적극적이고 주체적인 계획과 대응은 필연적 변화에 대한 적응과 준비를 돕는다.

　　㉡ 은퇴 이후의 자립과 공존의 삶을 위한 기본 토대를 마련한다.

　　㉢ 궁극적 목적은 전직지원 대상자의 심리, 신체, 경제 사회적 측면에서의 삶을 미리 계획
　　　하고 설계해 나감으로써 궁극적으로 느년기 이후의 행복한 삶을 영위할 수 있도록 하는
　　　것이다.

02　기대수준 점검과 주요 과제 도출

(1) 고령사회를 대비한 생애단계별 생애설계상담의 목표

① 생애주기별 특성에 관한 기초적 이해를 바탕으로 고령화 사회에서 인구학적인 변화 추이
　를 검토하고, 삶의 전체적인 특성을 전반적으르 파악한다.

② 풍요로운 삶과 생산적인 미래 설계를 위한 경제적 대비의 필요성을 인식하여 자산관리에
　대한 계획을 수립한다.

③ 전 생애 발달 관점에서 생애주기별 직업과 일에 관한 능력을 증진시킨다.

④ 신체적 노화과정을 이해하여 건강한 생활습관을 증진하고, 질병에 대한 노출을 감소시킨다.

⑤ 자신의 역할을 재점검하여 능동적인 사회활동을 촉진하고 새로운 인간관계를 구축한다.

⑥ 자신의 인적 자본을 인식하고 환경에 대한 지식을 높여 지속적인 자기완성을 이룬다.

⑦ 자기평가를 통하여 자기가치를 재발견하고, 퇴직 후의 심리적 위기에 대비하여 안녕을 꾀
　한다.

⑧ 세대 간의 화합을 추구하고 원활한 가족관계를 이룬다.

(2) 전직지원 대상자의 교육적 욕구

① **환경 적응 욕구** (coping needs) : 노화에 따라 능력과 지식이 감퇴하므로 사회에서 정상적
　인 기능을 유지하기 위한 교육을 받고자 하는 욕구

② **표현적 요구** (expressive needs) : 여러 가지 활동을 통하여 친구를 사귀고 그 친교관계를
　장기간 유지시킴으로써 심리적 적응과 높은 정신건강 수준의 유지를 바라는 욕구

③ **사회에 공헌하고자 하는 욕구** (contributive needs) : 새로운 교육을 통하여 어떤 기관이나
　방향으로 자신의 에너지를 투입할 수 있는가에 대한 정보를 얻고 사회봉사 활동에 필요한
　기능훈련을 받음으로써 자신뿐만 아니라 다른 사람을 위해 헌신하고자 하는 욕구

④ **영향을 주려는 욕구** (influence needs) : 교육을 통해서 지역사회에 대해 자신들이 할 수
　있는 사회적 역할, 개인적 또는 집단적 활동을 통한 기술 훈련, 사회적인 지식 그리고 활동
　에 대한 평가 등을 제공해주려는 욕구

⑤ **초월적 욕구** (transcendence needs) : 노년기에 현저하게 나타나는 신체적 퇴락을 경험하면서 신체적 젊음보다 더 중요한 인생의 본질적 의미를 찾으려고 하는 욕구

(3) 전직지원 대상자의 생애전환기 상태 파악

① **신체적 준비** : 퇴직 이후의 건강한 생활 관리를 위한 노력 여부와 식품 섭취, 음주, 흡연, 규칙적 운동, 수면시간, 건강정보 등
② **경제적 준비** : 자금관리, 경제적 상태 파악 및 인생 후반기를 위한 보험 가입 여부, 저축, 생활비, 계획적 지출, 병원비 준비 등
③ **정서적 준비(인간관계)** : 배우자 및 가족과의 대화, 친구나 동호회 모임, 장점 및 능력 개발 등
④ **여가 및 사회참여 준비** : 취미생활, 종교활동, 교육 및 강습, 봉사활동 등

생애주기별 주요 과제 상담하기

1. 도출된 주요 과제를 우선순위화 할 수 있다.
2. 주요 과제 순위에 따라 실행을 위해 필요한 자원을 검토할 수 있다.
3. 우선순위화된 과제 실행을 위한 생애계획서 작성을 지원할 수 있다.

01 주요 과제의 우선순위화 점검

(1) 주요 과제의 우선순위화의 의의

① 주요 과제의 우선순위화 단계의 중요한 과제는 우선순위화를 위한 선택기준을 정하는 것이다.

② 먼저 실행 가능한 것과 불가능한 것들을 모두 포함하여 가능한 한 많은 선택권들을 포괄함으로써 선택의 폭을 넓혀야 한다.

③ 그 다음 선택권의 폭을 좁혀서 몇 개의 주요 과제들만 면밀히 평가하는 것이 좋은데, 이런 과정이 반드시 일련의 절차에 따라 이루어지는 것은 아니다. 즉, 새로운 정보가 수집됨에 따라 대안의 목록이 첨삭되기도 하고, 새로운 대안들이 새 정보의 수요를 자극하기도 한다.

④ 이 때 생기는 어려운 문제는 가치판단을 하지 않고 정보를 삭제하지 않은 상태에서 너무 일찍 선택권을 폭넓게 열어놓은 데 있다. 이것이 엄선된 몇 개의 선택권으로 좁혀지면, 전직지원 전문가는 전직지원 대상자를 도와 새로운 가능성들에 대해 탐색한다.

(2) 주요 과제 실행을 위한 필요 자원 검토

① **전직지원 대상자의 준비도 점검**

㉠ 우선순위화된 주요 과제들에 대한 전직지원 대상자의 기대치와 과제별 기대치를 확인하여 목표수준을 정해야 한다.

㉡ 주요 과제를 달성하기 위한 전직지원 대상자의 현 수준을 확인하여 과제목표 달성을 위해 필요한 차이를 측정하여 검토하여야 한다.

㉢ 전직지원 대상자가 각각의 주요 과제를 달성하기 위해 가지고 있는 자원들을 검토하여 달성방법을 검토하여야 한다.

② 전직지원 대상자 생애 주요 과제 탐색 유형별 특징

구분	특징
퇴직준비 부족형	• 퇴직 준비 필요성의 인식이 낮거나 퇴직에 대한 준비 부족으로 퇴직 이후의 적응이 어려운 상태임. • 전반적 영역과 자기관리에서 취약함. • 네 가지 영역에서 특히 우선적으로 해결해야 할 분야를 대안 탐색 및 계획 수립, 지원이 필요함. • 퇴직 이후의 삶에 대한 태도와 방향에 대한 점검이 필요함. • 심리적·정서적 지원, 건강관리 등의 기본적 지원이 필요함. • 지역 내 다양한 시스템과 연계하여 체계적 지원이 필요함.
퇴직준비 양호형	• 어느 정도 퇴직 이후의 삶에 대한 준비의 필요성을 인식하고 있으나, 비교적 실질적 준비가 부족함. • 의식적으로 노력하면 개선의 여지가 많음. • 정보 제공을 비롯하여 취약한 영역에 보완할 수 있는 프로그램의 연계가 필요함.
퇴직준비 완료형	• 비교적 퇴직 이후의 삶에 대한 준비가 잘 되어 있어 일과 여가를 균형감 있게 맞추면서 퇴직 이후의 삶을 보내고자 하는 유형 • 정보 제공을 중점으로 하되, 향후 대안 탐색에 대한 수정·보완하는 방향으로 진행함.

③ 생애 주요 과제 탐색 유형별로 필요한 생애설계지원 서비스

구분	생애설계지원 서비스
퇴직준비 부족형	• 생애설계지원 시스템 정보 제공 • 생애설계 프로그램 • **자기효능감 프로그램** • **비합리적 신념 깨기 프로그램** • **의사결정 프로그램 제공** • **직업정보 제공** • 훈련상담
퇴직준비 양호형	• 생애설계지원 시스템 정보 제공 • 생애설계 프로그램 • **재무관리 정보 제공** • **관리 모드에서 실무 모드 프로그램** • 훈련상담
퇴직준비 완료형	• 생애설계 프로그램 • **자원봉사 프로그램** • **투자 및 재무관리** • **교육 및 동아리 활동 지원**

생애설계계획서 작성 지원하기

출제기준▶
1. 실행을 위한 자료와 사례를 제공할 수 있다.
2. 실천과정에서 발생가능한 문제점을 점검할 수 있다.
3. 생애설계계획서를 작성하고 수정 보완하도톡 지원할 수 있다.

01 생애설계계획서 실행 문제점 점검

(1) 생애설계 실행을 위한 유의사항

① **초기 목표 점검**
   ㉠ 전직지원 대상자가 상담에서 원했던 것이 만족되었을 때 생애설계 상담 종결이 이루어
   지는 것이다.
   ㉡ 언제든 다시 전직지원 전문가를 찾을 수 있다고 확인시켜줄 필요가 있기는 하지만, 전
   직지원 전문가와 전직지원 대상자는 이러한 종결을 통해 가장 명확하고 커다란 보상을
   얻는다.

② **실천 과정에서 발생 가능한 문제점 점검**
   ㉠ 전직지원 대상자는 생애설계 과정에서 다음에 무엇을 해야 하는지 알고 있지만, 그 시
   점에 적절한 행동을 취하지 않을 수도 있다.
   ㉡ 행동으로 옮길 수 있는 동기, 자신감, 지지, 독립심, 통제감 등이 부족할 수도 있다.
   이 경우에는 행동으로 옮기지 못하는 이유를 이해하도록 도와줌으로써 전직지원 대상
   자 스스로 심리적인 문제를 다루고 극복할 것인지 선택하게 할 수 있다.
   ㉢ 상황적 변인들 때문에 행동으로 옮기지 못하는 경우에는 행동으로 옮기지 못하는 것
   때문에 비난받는다는 느낌을 가지지 않게 하는 것이 중요하다.
   ㉣ 전직지원 전문가는 행동으로 옮길 수 없는 상황이 있다는 것을 전직지원 대상자에게
   알려 주고, 다음에 전직지원 대상자가 준비되었을 때 도움을 줄 것임을 재확인시켜야
   한다.
   ㉤ 생애설계 영역별로 수립한 실행계획을 최소 월간 단위로 세분화하여 실행목표를 수립
   하도록 하고, 실행에 대한 점검을 스스로 할 수 있도록 해야 한다.

③ **깊이나 의미의 결여 점검**

　㉠ 전직지원 대상자는 어느 정도의 불편함, 혼란, 고통이 있을 때 상담에 적극적인 동기를 가지게 된다.

　㉡ 문제가 해결되지 않았을지라도 처음에 이 문제를 상담에 가져올 때의 강한 정서 반응을 더 이상 느끼지 않을 수 있다.

　㉢ 전직지원 대상자들이 상담관계를 끝내려는 경우 전직지원 전문가는 종결로 인해 전직지원 대상자가 어떤 영향을 받는가에 따라 이러한 형태의 종결을 어떻게 다룰지 결정해야 한다.

　㉣ 이러한 형태의 종결도 정상적이고, 많은 전직지원 대상자에게 비참한 결과를 초래하지 않을 수 있다.

　㉤ 전직지원 대상자들은 현재의 문제들을 견디어 내도록 어느 정도 즉각적인 도움을 받아 왔고, 앞으로도 문제가 반복적으로 나타날 때마다 상담 서비스를 받을 수 있을 것이다. 전직지원 대상자가 신체적, 심리적 위험이 있는 상황이라면 처음 상담에 가져온 문제가 나아졌다 하더라도 전직지원 전문가는 상담을 계속하도록 격려할 필요가 있다.

(2) 생애설계상담의 효과적인 끝맺음

① **끝맺음 회기 되돌아보기** : 처음 전직지원 대상자가 상담하러 왔을 때 어떤 상태였는지, 어떤 길을 거쳐 지금의 종료까지 오게 되었는지 등을 돌아보는 시간이다. 내용을 돌아보는 것은 전직지원 대상자가 상담 과정의 개별적인 부분들이 어떻게 전체 상담 과정을 구성하게 되는지를 이해하는 데 도움을 준다.

② **전직지원 대상자 강점 되돌아보기** : 끝맺음 회기는 중요한 삶의 이슈들을 다루는 전직지원 대상자의 강점을 다시 강조하는 시간이다. 상담 과정에서 효과적이었던 것을 전직지원 대상자가 자기 것으로 만드는 것은 어려운 일이므로 종결 시점에서 강점들을 되새겨 보는 것이 중요하다.

③ **평가시간** : 상담자는 질문을 통해 상담 과정에 대해 함께 평가해볼 수 있다. 전직지원 대상자의 개인적 경험을 더 많이 이해하는 것은 전직지원 전문가와 전직지원 대상자로 하여금 상담의 변화 과정을 이해하도록 돕는다.

④ **다음 단계로 나아가는 시간** : 전직지원 대상자는 상담 종료 후 다음에 무엇을 해야 할지에 대한 명확한 그림을 가지고, 그것을 수행하는 데 자신감을 느껴야 한다. 또 전직지원 대상자는 필요할 경우 언제든 다시 전문가를 찾을 수 있다는 것을 전달받고 격려받는 느낌을 받도록 한다.

(1) 생애설계상담 사후관리

① **생애설계상담 사후관리의 의미**

㉠ 생애설계상담에서 다루어졌던 생애설계의 의사결정에 대한 평가를 위하여 생애설계에 따라 수행하는지 여부에 대한 관찰, 격려 등이 필요하다.

㉡ 이를 위하여 사후관리에 대한 면담을 활용할 수 있다.

㉢ 사후관리 면담은 생애설계상담이 종결된 이후 일정한 시간이 지난 뒤에 내담자와 촉진하는 활동으로 구성한다.

㉣ 전직지원 대상자의 변화가 얼마나 유지되고 있는지를 점검하고 생애설계계획서의 계획대로 진행되고 있는지를 파악하는 활동이다.

㉤ 생애설계상담 끝맺음 회기 후 유선이나 메일로 상황을 관찰하고 필요하면 면담을 진행한다.

② **생애설계상담 사후관리의 방법**

㉠ 전직지원 대상자의 추후 면담은 그동안 진행했던 상담에 대한 실행 여부 점검에 주안점을 둔다.

㉡ 실행하는 과정에서 발생되는 문제에 있어 격려하고 지지하는 방향으로 추후 면담을 진행한다.

㉢ 전직지원 대상자의 추후 면담 시 유의할 점은 상담 종결 이후 진행되는 과정이기 때문에 전직지원 대상자의 완전한 성숙과 문제해결을 위해 상담을 하는 것이 아니라 현실적 한계에서 타협점을 찾도록 지원하는 데 있다.

㉣ 추후 면담 과정에서 발생되는 전직지원 대상자의 새로운 논점이나 문제가 있을 경우에는 전직지원 대상자 스스로 해결할 수 있도록 하거나, 관련기관을 안내하는 것이 바람직하다.

㉤ 사후관리 면담은 기존의 상담을 통해 작성된 생애설계계획서의 기본적 목표가 어느 정도 실행되고 있는지가 그 기준이 된다.

(2) 생애설계상담가의 요건

① 생애설계상담에서 다루어진 생애설계 범위는 건강, 가정, 자산, 여가, 주거 등 5가지로 구성되어 있다.

② 전직지원 대상자의 생애설계는 퇴직 이후의 삶에 대한 준비의 내용이 다루어져야 하기 때문에 이보다 더 다양한 주제들을 다룬다.

③ 생애설계상담가는 실제로 퇴직 이후의 삶에 대한 이해, 경제 준비, 직업, 건강 유지 및 증진, 죽음 대비, 심리적 안정, 사회적 활동, 평생교육, 가족관계, 주거 등 10개 영역을 포괄한다.

④ 생애설계상담가는 생애단계와 연관된 인생 후반부에 대한 전반적 지식을 갖추어야 한다. 특히, 인생 후반부로 변화하면서 발생되는 심리적·신체적 특징에 대한 지식을 갖추고 생애설계상담에 임하여야 한다.

01 다음에서 설명하는 것은 무엇인가?

> 맡은 바 직책이나 직업에서 물러나서 일할 의도를 가지지 않고 한가로이 지내는 것을 의미한다. 노동시장에서 떠나 여가나 취미활동 등에 더 많은 시간을 할애하는 형태이다.

모범답안

은퇴

02 성인 후기(60세 이후) 특징을 지적 영역, 정의적 영역, 사회적 영역, 신체적 영역 등 4가지 영역별로 2가지씩 쓰시오.

모범답안

(1) 지적 영역
  ① 세대 차의 사회변화 이해하기
  ② 은퇴 생활에 필요한 지식과 생활 배우기
  ③ 정치·경제·사회·문화에 대한 최신 동향 알기
  ④ 건강 증진을 위한 폭넓은 지식 가지기
(2) 정의적 영역
  ① 적극적으로 일하고 생활하려는 태도 유지하기
  ② 취미를 계속 살리고 여가를 즐겁게 보내기
  ③ 정년퇴직과 수입 감소에 적응하기
  ④ 소외감과 허무감을 극복하고 인생의 의미 찾기
  ⑤ 배우자 사망 후의 생활에 적응하기
  ⑥ 동료 또는 자신의 죽음에 대하여 심리적으르 준비하기

(3) 사회적 영역

① 동년배 노인들과 친교 유지하기

② 가정이나 사회에서 어른 구실하기

③ 가정과 직장에서 일과 책임을 합당하게 물려주기

④ 자녀 또는 손자들과 원만한 관계 유지하기

(4) 신체적 영역

① 줄어가는 체력과 건강에 적응하기

② 노년기에 알맞은 간단한 운동을 규칙적으로 하기

③ 건강 유지에 필요한 섭생하기

④ 지병이나 쇠약에 대해 바르게 처방하기

★★
03 다음에서 설명하는 것은 무엇인가?

> '일로부터 해방'을 꿈꾸고 일을 통해 자유를 가지고자 역동적이고 진취적인 삶을 영위하고
> 자 하며, 여가 중심적이면서 허락되면 사회봉사의 일을 하며 수입 창출에 소극적인 유형

'23 직업상담사 1급 과정평가형

모범답안

자유로운 삶 (a free life)

★★
04 다음에서 설명하는 것은 무엇인가?

> 문제해결능력, 헌신, 유연성, 책임감, 낙천성, 판단력 등의 역량을 가진 전직지원 대상자들
> 이 직업을 통해 삶의 의미를 찾고, 사회적으로 기여할 수 있으며, 지속적으로 수입을 창출
> 할 수 있음 등에 관건을 두고 선택하는 생애 형태

'23 직업상담사 1급 과정평가형

모범답안

앙코르 커리어 (encore career)

★★★
05 우리나라 전직지원 대상자의 생애 형태 3가지를 쓰고 설명하시오.

(1) **자유로운 삶** : 여가 중심적이면서 사회봉사의 일을 하며 **수입 창출에 소극적인 유형**
(2) **앙코르 커리어** : 직업을 통해 **삶의 의미를 찾고, 사회적으로 기여하며,** 지속적으로 수입을 창출할 수 있음 등에 관건을 두고 **선택**하는 유형
(3) **재취업** : 주된 일자리, 주변 일자리 등과 관련하여 지속적으로 경제적 활동을 **희망**하는 유형

06 전직지원 대상자의 심리적 특성 6가지를 쓰시오.

(1) 퇴직에 대한 **불안 반응**
(2) 퇴직에 대한 **우울 반응**
(3) 퇴직이라는 **고정관념에 의한 자기효능감 훼손**
(4) **목표와 시간관념 상실**
(5) **새로운 역할 탐색**
(6) **직업복귀 욕구**

Plus Check

[전직지원 대상자의 심리적 특성]

(1) **퇴직에 대한 불안 반응** : 미래에 대한 염려를 포함하는 일반화된 불안장애는 퇴직 이후 나타나며, 특히 직업을 찾는 경우 불안 반응에 대해 높은 위험에 놓여 있다.
(2) **퇴직에 대한 우울 반응** : 퇴직 이후 동료를 찾지 않게 되고, 수입이 감소하며, 일상생활에서 변화를 경험하면서 이러한 상실이 축적되면서 우울증이 나타날 수 있다.
(3) **퇴직이라는 고정관념에 의한 자기효능감 훼손** : 생리적으로 노후되어 생산적인 일을 할 수 없다는 생각, 퇴직은 쉬는 것이라는 인식, 과거에 집착하고 새로움을 회피하고자 하는 행동, 기존의 부적응적인 은퇴자들의 대리적 경험 등으로 인해 자기효능감이 낮아진다.
(4) **목표와 시간관념 상실** : 생애목표와 시간관리에 대해 도전적이고 생산적이기보다는 소극적인 방법으로 소비하고 관리한다.
(5) **새로운 역할 탐색** : 전문직에 종사한 전직지원 대상자들은 퇴직 이후의 삶에 효능감을 유지하기 위해 그 분야에서 사회봉사를 하거나 새로운 역할을 탐색한다.
(6) **직업복귀 욕구** : 전직지원 대상자에게 있어서 직업의 의미는 생활에 필요한 경제적 소득의 소극적 의미를 비롯하여 인간관계 형성을 통한 사회에 대한 소속감, 규칙적인 생활을 기반으로 한 건강 유지 등의 적극적 의미를 가진다.

07 생애설계의 의의와 목적을 각각 3가지씩 서술하시오.

(1) **생애설계의 의의**
① 인생의 각 발달 단계에서 **달성해야 할 과제를 미리 작성하여 앞으로 나타날 변화에 대해 미리 준비하는 과정**이다.
② 현 시점에서 자신을 되돌아보는 **자기인식의 기회를 통해 자신을 객관화시킴으로써** 보다 나은 미래를 위한 삶의 준비와 노력을 포함한 **구체적인 준비과정**이다.
③ 인생의 **경험을 토대로 미래의 삶에 대한 목표와 실천 가능한 계획을 수립**하는 것이다.

(2) **생애설계의 목적**
① 적극적이고 주체적인 계획과 대응은 **필연적 변화에 대한 적응과 준비를 돕는다.**
② 은퇴 이후의 **자립과 공존의 삶을 위한 기본 토대를 마련**한다.
③ 궁극적 목적은 전직지원 대상자의 심리, 신체, 경제 사회적 측면에서의 **삶을 미리 계획하고 설계해 나감으로써 궁극적으로 노년기 이후의 행복한 삶을 영위할 수 있도록 하는** 것이다.

---

08 다음에서 설명하고 있는 내용을 전제로 하는 생애단계별 생애설계상담의 목표를 설정하는 이유 4가지를 서술하시오.

> 은퇴하는 시점 이전과 이후의 삶을 미리 조망하고 준비하고자 하는 인식 전환을 위해 체계적인 상담 접근이 중요한 관건이다. 나아가 은퇴 이후의 자립과 공존의 삶을 위한 기본 토대를 마련하는 것이다. 따라서 생애설계 작성의 궁극적 목적은 전직지원 대상자의 심리, 신체, 경제 사회적 측면에서의 삶을 사전에 미리 계획하고 설계해 나감으로써 궁극적으로 노년기 이후의 행복한 삶을 영위할 수 있도록 하는 것이다.

'23 직업상담사 1급 과정평가형

(1) **생애주기별 특성에 관한 기초적 이해를 바탕으로** 고령화 사회에서 인구학적인 변화 추이를 검토하고, **삶의 전체적인 특성을 전반적으로 파악**한다.
(2) 풍요로운 삶과 생산적인 미래 설계를 위한 **경제적 대비의 필요성을 인식하여 자산관리에 대한 계획을 수립**한다.
(3) 전 생애 발달 관점에서 **생애주기별 직업과 일에 관한 능력을 증진**시킨다.
(4) 신체적 노화과정을 이해하여 **건강한 생활습관을 증진하고, 질병에 대한 노출을 감소**시킨다.
(5) 자신의 역할을 재점검하여 능동적인 사회활동을 촉진하고 새로운 인간관계를 구축한다.
(6) 자신의 인적 자본을 인식하고 환경에 대한 지식을 높여 지속적인 자기완성을 이룬다.
(7) 자기평가를 통하여 자기가치를 재발견하고, 퇴직 후의 심리적 위기에 대비하여 안녕을 꾀한다.
(8) 세대 간의 화합을 추구하고 원활한 가족관계를 이룬다.

09

전직지원 대상자의 교육적 욕구 5가지를 쓰고 설명하시오.

모범답안

(1) **환경 적응 욕구**: 노화에 따라 능력과 지식이 감퇴하므로 **사회에서 정상적인 기능을 유지하기** **위한 교육을 받고자 하는 욕구**

(2) **표현적 요구** : 여러 가지 활동을 통하여 친구를 사귀고 그 **친교관계를 장기간 유지시킴으로써** **심리적 적응과 높은 정신건강 수준의 유지를 바라는 욕구**

(3) **사회에 공헌하고자 하는 욕구** : 새로운 교육을 통하여 어떤 기관이나 방향으로 자신의 에너지 를 투입할 수 있는가에 대한 정보를 얻고 **사회봉사 활동에 필요한 기능훈련을 받음으로써 자신** **뿐만 아니라 다른 사람을 위해 헌신하고자 하는 욕구**

(4) **영향을 주려는 욕구** : 교육을 통해서 **지역사회에 대해** 자신들이 할 수 있는 사회적 역할, 개인 적 또는 집단적 활동을 통한 기술 훈련, **사회적인** 지식 그리고 **활동에 대한 평가 등을 제공해주** **려는 욕구**

(5) **초월적 욕구** : 노년기에 현저하게 나타나는 신체적 퇴락을 경험하면서 **신체적 젊음보다 더 중** **요한 인생의 본질적 의미를 찾으려고 하는 욕구**

제2절 생애주기별 주요 과제 상담하기

10

전직지원 대상자의 주요 과제 탐색 유형 3가지를 간략하게 설명하고 각 유형별 은퇴지 원 서비스를 2가지씩 쓰시오.

모범답안

(1) **퇴직준비 부족형** : 퇴직준비 필요성에 대한 **인식이 낮아 퇴직에 대한 준비 부족으로 퇴직 이후** 의 적응이 어려운 유형. 직업정보, 의사결정 프로그램 제공 등 필요

(2) **퇴직준비 양호형** : 퇴직 이후의 삶에 대한 준비의 **필요성을 인식하고 있으나 비교적 실질적인** 준비가 부족한 유형. 재무관리 정보, 실무 모드 프로그램 제공 등 필요

(3) **퇴직준비 완료형** : 퇴직 이후의 삶에 대한 **준비가 잘 되어 있어 일과 여가의 균형을 맞추면서** **퇴직 이후의 삶을 보내고자 하는 유형. 자원봉사 프로그램, 동아리 활동 지원** 등 필요

11 다음에서 설명하고 있는 것은 무엇인가?

> 생애주기를 지속적인 단계로 인식하고, 이에 대해 사전에 주도성을 가지고 설계해 나가는 행위를 의미한다. 퇴직 이후의 삶에 대한 설계가 성공적으로 수행될 수 있도록 지원하는 일종의 실행계획서이다.

모범답안

생애설계계획서

제3절 생애설계계획서 작성 지원하기

12 생애설계계획서 실행을 위한 유의사항 3가지를 쓰고 설명하시오.

모범답안

(1) **초기 목표 점검** : 전직지원 대상자가 **상담에서 원했던 것이 만족되었을 때 생애설계 상담 종결**이 이루어지는 것이다.

(2) **실천 과정에서 발생 가능한 문제점 점검** : 계획을 행동으로 옮길 수 있는 동기, 자신감 등이 부족한 경우에는 **행동으로 옮기지 못하는 이유를 이해하도록 도와줌으로써 전직지원 대상자 스스로 심리적인 문제를 다루고 극복할 것인지 선택하게 할 수 있다.**

(3) **깊이나 의미의 결여 점검** : 문제가 **해결되지 않았을지라도** 처음 상담에 올 때의 강한 정서 반응을 더 이상 느끼지 않을 수 있으며, 이렇게 전직지원 대상자들이 **상담관계를 끝내려는 경우** 전직지원 전문가는 종결로 인해 **전직지원 대상자가 어떤 영향을 받는가에 따라 이러한 형태의 종결을 어떻게 다룰지 결정해야 한다.**

13 생애설계상담의 효과적인 끝맺음 상담을 위해 상담자가 유의해야 할 점을 설명하시오.

모범답안

(1) **끝맺음 회기 되돌아보기** : 상담 내용을 돌아보는 것은 **전직지원 대상자가 상담 과정의 개별적인 부분들이 어떻게 전체 상담 과정을 구성하게 되는지를 이해하는 데 도움을 준다.**

(2) **전직지원 대상자 강점 되돌아보기** : 끝맺음 회기는 중요한 삶의 이슈들을 다루는 전직지원 대상자의 강점을 다시 강조하는 시간이다. **상담 과정에서 효과적이었던 것을 전직지원 대상자가 자기 것으로 만드는 것은 어려운 일이므로 종결 시점에서 강점들을 되새겨 보는 것이 중요하다.**

(3) **평가시간** : 상담자는 질문을 통해 **상담 과정에 대해 함께 평가해 볼 수 있다**. 전직지원 대상자의 개인적 경험을 더 많이 이해하는 것은 **전직지원 전문가와 전직지원 대상자로 하여금 상담의 변화 과정을 이해하도록 돕는다**.

(4) **다음 단계로 나아가는 시간** : 전직지원 대상자는 **상담 종료 후 다음에 무엇을 해야 할지에 대한 명확한 그림을 가지고, 그것을 수행하는 데 자신감을 느껴야 한다.** 또 전직지원 대상자는 필요할 경우 언제든 다시 전문가를 찾을 수 있다는 것을 전달받고 격려받는 느낌을 받도록 한다.

14 생애설계상담의 사후관리의 의미에 대해 설명하시오.

모범답안

(1) 생애설계상담에서 다루어졌던 **생애설계의 의사결정에 대한 평가를 위하여 생애설계에 따라 수행하는지 여부에 대한 관찰, 격려** 등이 필요하다.

(2) 이를 위하여 **사후관리에 대한 면담을 활용할 수 있다.**

(3) 사후관리 면담은 **생애설계상담이 종결된 이후 일정한 시간이 지난 뒤에 내담자와 촉진하는 활동으로 구성한다.**

(4) 전직지원 대상자의 **변화가 얼마나 유지되고 있는지를 점검하고 생애설계계획서의 계획대로 진행되고 있는지를 파악하는** 활동이다.

(5) 생애설계상담 끝맺음 회기 후 **유선이나 메일로 상황을 관찰하고 필요하면 면담을 진행한다.**

15 생애설계상담 사후관리 방법을 설명하시오.

모범답안

(1) 전직지원 대상자의 추후 면담은 그동안 진행했던 **상담에 대한 실행 여부 점검**에 주안점을 둔다.

(2) **실행하는 과정에서 발생되는 문제에 있어 격려하고 지지**하는 방향으로 추후 면담을 진행한다.

(3) 전직지원 대상자의 추후 면담 시 유의할 점은 상담 종결 이후 진행되는 과정이기 때문에 전직지원 대상자의 완전한 성숙과 문제해결을 위해 상담을 하는 것이 아니라 **현실적 한계에서 타협점을 찾도록 지원**하는 데 있다.

(4) 추후 면담 과정에서 발생되는 전직지원 대상자의 **새로운 논점이나 문제가 있을 경우에는 전직지원 대상자 스스로 해결할 수 있도록 하거나, 관련 기관을 안내**하는 것이 바람직하다.

(5) 사후관리 면담은 기존의 상담을 통해 작성된 **생애설계계획서의 기본적 목표가 어느 정도 실행되고 있는지가 그 기준**이 된다.

제10장

전직목표설정

전직대안 도출하기

출제기준▶
1. 면담을 통해 전직대상자의 직무경력과 진로욕구를 파악할 수 있다.
2. 진단과 역량분석 결과를 종합하여 전직대안을 도출할 수 있다.
3. 전직대안들에 대한 정보를 수집하여 제공할 수 있다.
4. 전직대상자와 전직대안별 타당성을 비교 검토할 수 있다.

01 전직욕구 파악

(1) 전직목표설정의 중요성

① 자신의 역량과 필요의 관점에서 자신에게 적합한 기회를 선택하는 기준이 된다.
② 단기목표뿐만 아니라 생애관점에서 성취하고자 하는 명확한 그림을 갖게 된다.
③ 지속적으로 전직목표를 달성하기 위해 필요한 지식, 요건을 달성하기 위한 단계별 과정 관리가 용이하다.
④ 본인의 역량과 보유 진로자본을 효율적으로 활용하고 배분할 수 있다.

(2) 전직대안

① **재취업** : 퇴직 후 본인의 직무경력과 진로자본을 기반으로 동일 업종 또는 다른 업종으로 취업하는 것이다.
② **창업** : 영리를 목적으로 수익 창출 활동을 하기 위해 아이템을 가지고 자금, 인력, 설비 등의 경영자원을 확보하여 사업을 시작하는 것을 말한다.
③ **창직** : 개인이 자신의 지식, 기술, 능력, 흥미, 적성 등을 활용한 창조적 아이디어와 활동을 통해 새로운 직업을 개발 또는 발굴하고 이를 통해 일자리를 창출하는 것이다.
④ **귀농 · 귀촌** : 도시에서 1년 이상 주민등록이 되어 있던 사람이 농업인이 되기 위하여 농촌지역으로 이주한 후 주민등록 전입신고를 하고 농업경영체에 등록(귀농)하거나 농어촌 지역으로 이주한 후 주민등록 전입신고(귀촌)를 한 사람을 의미한다.
⑤ **신 진로개발** : 보유한 역량과 진로자본을 토대로 새롭게 진로를 개발하는 것을 말한다.

(1) 전직대안에 대한 정보수집

① **재취업 관련 정보수집**

㉠ 취업포털 사이트

㉡ 정부 일자리 전문 채용 사이트

사이트		특징
나라일터	www.gojobs.gc.kr	공공기관 개방형 직위 채용정보 제공
잡알리오	job.alio.go.kr	공공기관 정보, 채용정보, 박람회 정보 제공
서울일자리 포털	job.seoul.go.kr	채용정보 제공, 일자리 서비스

㉢ 서치펌(search firm) 사이트

② **창업, 창직 관련 정보수집**

㉠ 창업 관련 정보수집

사이트		특징
기업마당	www.bizinfo.go.kr	중소벤처기업, 소상공인 지원
소상공인마당	www.sbiz.or.kr	자영업 지원 포털
신사업 창업사관학교	https://newbiz.sbiz.or.kr	창업 지원
서울시 상권분석 서비스	https://golmok.seoul.go.kr	업종별 정보 제공
창업진흥원	www.kised.or.kr	창업 인프라와 컨설팅 지원
K-스타트업	www.k-startup.go.kr	창업 지원

㉡ 창직 관련 정보수집

사이트		특징
한국창직협회	http://jobcreation.or.k-	창직 보급 활성화 (고용노동부 인가)
창업창직교육협회	https://newjobcre.modoc.at/	창직 교육·보급, 일자리 창출 (교육부 인가)

③ **귀농·귀촌 관련 정보수집**

사이트		특징
그린대로	www.greendaero.go.kr	귀농·귀촌 대표 플랫폼
귀어귀촌 종합센터	www.sealife.go.kr	맞춤형 상담서비스 제공
귀산촌 길라잡이	www.forest.go.kr	산림청 제공
농사로	www.nongsaro.go.kr	농업기술 정보 제공
농지은행·농지연금	www.fbo.or.kr	농지 임대, 수탁 정보 제공
스마트팜 코리아	www.smartfarmkorea.net	스마트팜 전문 사이트
한국농촌경제연구원	www.krei.re.kr	농업정책 정보 제공

④ 신 진로개발 관련 정보수집

사이트		특징
고용24(워크넷, hrd-net)	www.work24.go.kr	직업정보 및 직업훈련 정보 제공
민간자격정보서비스	www.pqi.or.kr	국가공인 및 등록 민간자격 소개
커리어넷	www.career.go.kr	진로정보망
Q-Net	www.q-net.or.kr	자격정보 시스템

전직목표 확정하기

1. 비교 검토한 결과를 토대로 전직대안을 결정할 수 있다.
2. 전직대안의 진입경로를 분석할 수 있다.
3. 진입을 위한 보유 진로자본의 활용 가능성을 파악할 수 있다.
4. 장단기 전직목표를 설정할 수 있다.

01 전직대안 결정

(1) 재취업 전직대안 검토를 위한 기업정보 탐색

사이트		특징
고용24(워크넷)	www.work24.go.kr	통합기업정보 검색 및 강소기업의 회사소개, 연혁, 사업장 현황, 종업원 현황, 재무정보 등 정보 제공
중소기업현황정보 시스템	https://sminfo.mss.go.kr/	중소벤처기업부(중소기업청)에서 제공하는 우수 중소기업 관련 정보 및 그 외 기업별 기본정보, 사업장 정보, 연혁, 경영진, 매출현황 등 정보 제공
금융감독원 전자공시시스템	https://dart.fss.or.kr/	기업 개황 및 기업의 주요 공시 내용과 재무제표 및 감사보고서 등 열람 가능
공공기관 경영정보 공개시스템 ALIO	www.alio.go.kr	기획재정부에서 운영하며, 기관별 공시 내용 및 임직원 수, 임금수준, 복리후생, 손익계산서 등 상세 정보 제공
잡플래닛	www.jobplanet.co.kr	브레인커머스라는 기업에서 운영하며, 해당 기업 근무 경험자의 기업 리뷰, 연봉 수준, 면접 후기 등의 정보 제공
원티드	https://www.wanted.co.kr	기업의 연봉 정보, 전·현직자 리뷰, 면접 후기, 채용 정보 제공 / 국민연금을 3인 이상 납부하는 사업장에 대한 정보 확인 가능
캐치	www.catch.co.kr	대기업 채용, 중견기업 채용, 중소기업 채용, 기업정보부터 연봉정보, 합격정보, 맞춤 채용정보, 공채정보 제공

(2) 창업 전직대안 검토롤 위한 진단 도구

① **창업적성 체크리스트 (서울시 소상공인 종합지원 포털)** : 예비창업자의 준비상태를 알아보기 위한 검사로, 창업자의 성격과 평소 행동을 진단하여 창업준비 상태를 접수로 알아보는 방법이다. 산출된 점수로 창업 과정과 사업운영 과정에서 일어날 수 있는 상황의 대처 능력을 스스로 점검할 수 있다.

② **창업적성검사 (고용24 / 워크넷)** : 창업을 희망하는 개인에게 창업소질이 있는지를 진단해주고, 가장 적합한 업종이 무엇인지 추천해 준다.

(3) 전직대안 평가

① 발굴된 전직대안들을 전직지원 대상자의 준비도와 진입 가능성을 기준으로 전직대안의 우선순위를 정할 수 있다.

② 전직대안 목록 단위별로 해당 고용시장에서 요구되거나 여건을 나타내는 구인빈도, 연령조건, 기대임금 수준과 실제 임금의 차이, 고용가능 기간을 감안한 진입 가능성을 점검한다.

③ 전직대안 목록 단위별로 전직지원 대상자가 전직을 하기 위해 필요한 자격, 기술, 경력 요건을 얼마나 잘 갖추고 있는지를 나타내는 준비도를 점검한다.

④ 세로축에 준비도를 가로축에 진입 가능성을 설정하고, 준비도와 진입 가능성의 높고 낮은 정도에 따라 1사분면에서 4사분면까지 전직대안을 작성하여 우선순위를 작성한다.

02 전직목표설정

(1) 전직목표 대안으로서의 일자리 유형

① **재취업**

　㉠ **동종 산업 동일 직무** : 기존 직무경력을 잘 활용할 수 있는 가장 이상적인 재취업 형태이다. 통상 급여나 처우도 기존조건을 유지하거나 높여서 갈 확률이 높다.

　㉡ **동종 산업 다른 직무** : 특정 산업에 대한 이해도가 높고, 2개 이상의 분야에 직무 전문성을 보유하고 있는 경우에 고려할 수 있다.

　㉢ **다른 산업 동일 직무** : 직무 전문성을 기초로 업종의 폭을 넓혀서 재취업하는 형태이다. 특정 직무에 대해 보유하고 있는 전문성이 높을수록 다른 산업으로 확장할 수 있는 가능성이 높다.

　㉣ **다른 산업 다른 직무** : 새로운 진로개발을 통해 해당 직무가 요구하는 조건을 충족한 후 도전할 수 있는 재취업 형태이다.

　㉤ **전문 계약직** : 기업의 매출 확대, 연구과제 수행, 시장전략 수립 등 다양하고 특화된 단기과제를 해결하기 위해 계약직이나 정규직 채용을 하기보다는 전문가를 단기계약 형태로 채용하여 문제해결을 하는 경우이다. 결과에 대해 경영진이 만족하는 경우 정규직 형태로 전환되는 경우도 있다.

② **창업**

　　㉠ **독립 창업** : 독립 브랜드와 아이템으로 창업을 하는 것으로 가장 바람직한 창업 형태이다.

　　㉡ **프랜차이즈 창업** : 가맹본부의 브랜드, 규모, 본인의 관심 업종을 감안하여 아이템을 결정한다. 매출 대비 수익성, 투자 대비 수익성을 꼼꼼히 확인한 후 선택하여야 한다.

　　㉢ **외주 창업** : 근무하던 기업으로부터 비용 절감이나 효율화를 목적으로 외부에 업무를 위탁하거나 외주를 주는 일감을 직접 받아서 서비스를 제공하는 형태이다.

　　㉣ **전문가 창업** : 자신의 전문성을 기반으로 개인 또는 유사 전문가와 협업하여 창업을 하는 형태이다.

　　㉤ **1인 지식기업 창업** : 자신의 직무 전문성, 취미, 관심 영역 등을 강의 또는 컨설팅 형태의 지식 서비스로 제공하거나 지식상품을 고객에게 판매하는 형태이다. 최초 창업비용은 거의 들지 않는 장점이 있다.

③ **귀농 · 귀촌**

　　㉠ **귀농** : 농사를 목적으로 농촌으로 이주하는 것이다. 생활에 필요한 대부분을 영농을 통해 충당한다.

　　㉡ **귀촌** : 농사를 주목적으로 하는 것이 아니라 농촌생활을 즐기기 위해 농촌으로 이주하는 것을 의미한다. 생활에 필요한 소득의 대부분을 농업 이외의 부분에서 충당한다.

④ **창직**

　　㉠ 다양한 분야에서 변화하는 직업세계를 토대로 창의적인 아이디어와 활동을 통해 자신의 지식, 기술, 능력, 흥미, 적성 등을 활용하여 직업(또는 아이디어)을 발굴하여 본인의 진로로 삼으며 이를 통해 일자리를 창출하는 것이다.

　　㉡ 직업으로 인정받기 위해서는 경제성, 계속성, 윤리성, 사회성 등의 조건을 만족해야 한다.

⑤ **기타**

　　㉠ **협동조합** : 공동으로 소유되고 민주적으로 운영되는 사업체를 통하여 경제적, 사회적, 문화적 필요와 욕구를 충족시키고자 하는 5인 이상의 사람들이 자발적으로 결정한 자발적인 조직이다.

　　　• 보험, 금융을 제외한 사업 종류의 제한이 없다.

　　　• 의결권은 출자 규모와 상관없이 1인 1표제이다.

　　　• 책임 범위는 조합원의 출자자산에 한정한 유한책임이다.

　　　• 가입과 탈퇴는 자유롭다.

　　　• 배당은 전체 배당액의 100분의 50 이상을 협동조합 사업 이용 실적에 따라 배당하게 되어 있다.

　　㉡ **사회적 기업** : 취약계층에게 사회 서비스 또는 일자리를 제공하여 지역주민의 삶의 질을 높이는 등의 사회적 목적을 추구하면서 재화 및 서비스의 생산, 판매 등 영업활동을 수행하는 기업이다. 대표적 유형으로는 일자리 제공형, 사회서비스 제공형, 지역사회 공헌형 등이 있다.

ⓒ **사회 공헌** : 자신이 가진 것을 사회에 환원하는 일거리를 말하며, 자원봉사와 달리 실비
가 지원되는 경우도 있고, 보다 더 전문성을 기초로 하여 활동이 이루어진다.

ⓔ **자원봉사** : 개인 또는 단체 소속으로 지역사회, 국가 및 인류사회를 위하여 대가 없이
자발적으로 시간과 노력을 제공하는 행위이다.

(2) 장단기 전직목표설정

① 전직대안 우선순위 설정을 위한 도표 활용

㉠ 준비도는 높고 진입 가능성은 낮은 제1사분면의 대안 목록을 중장기 목표 전직대안으로
분류한다.

㉡ 준비도도 높고 진입 가능성도 높은 제2사분면의 대안 목록을 단기목표 전직대안으로
분류한다.

㉢ 진입 가능성은 높지만 준비도가 낮은 제3사분면의 대안 목록을 중장기 목표 전직대안
으로 분류한다.

㉣ 준비도와 진입 가능성 모두 낮은 제4사분면의 전직대안 목록은 전직대안에서 제외한다.

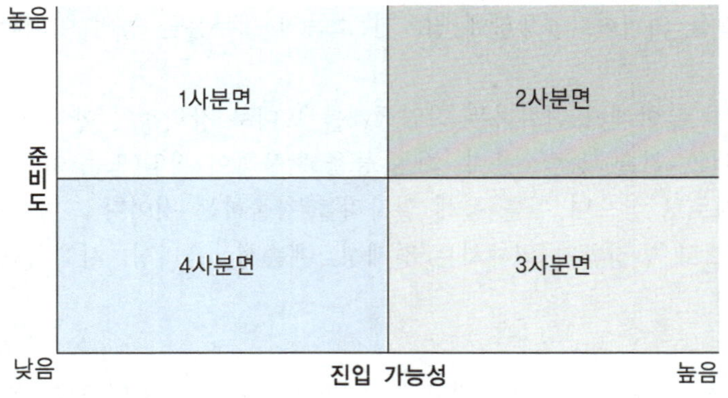

② 전직대안에 대한 진로자본의 영향도 확인

㉠ 장단기 전직목표를 목록화한다.

㉡ 진로자본을 목록화한다.

㉢ 전직대안 목록과 진로자본의 연관성을 표시한다.

㉣ 전직대안 목록과 진로자본 목록의 연관성을 확인한다.

㉤ 전직대안 단기목표와 진로자본 목록의 연관성을 종합적으로 확인한다.

실행계획 수립하기

1. 전직목표 달성에 필요한 정보를 수집할 수 있다.
2. 자격증, 교육훈련, 취업 등 필요한 실행계획을 결정할 수 있다.
3. 장·단기 전직목표 실행계획서를 작성할 수 있다.

01 정보수집

(1) 구체적인 단기, 장기 전직목표 수립의 중요성

① **실행력 제고** : 진행 상황을 분명하게 점검함으로써 추진력을 제고할 수 있다.
② **동기부여** : 진행 과정이 힘들 때 계속 추진하기 위한 동기를 부여해준다.
③ **전직활동 몰입** : 지금 이 순간에 집중할 목표를 통해 전직활동에 몰입도를 높여주고 시간관리를 가능하도록 도와준다.
④ **주변인들로부터의 도움 용이** : 주변인에게 전직 기회와 관련한 도움 요청을 구체화하여 전달 가능하도록 하고, 자신의 니즈를 명확하게 인식함으로써 구체화된 전직 관련 정보수집에 도움을 받을 수 있다.

(2) 단기 전직목표와 장기 전직목표 구분

단기 전직목표	장기 전직목표
• **당장에 실행하여야 하는 우선순위가 가장 높은 목표이다.** • 장기적인 목표보다 더 구체적이고 측정 가능하도록 실행계획을 수립하여야 한다. • 전직지원 대상자에게 단기 전직목표는 **진입 가능성과 준비도가 가장 높은 영역**으로 목표달성에 대한 기대가 가장 높은 목표이다.	• **단기 전직목표를 실행 후 차선으로 실행할 수 있는 전직목표들이다.** • 단기 전직목표를 더 전문화하거나 발전시킨 확장개념의 목표일 수도 있고, 생애주기에 따라 더 이상 단기 전직목표를 수행하지 못할 경우 단기 전직목표의 대안 형태의 목표일 수도 있다. • 개인의 가치오· 선호도에 따라 당장에 단기 전직목표로 수행하고 싶으나 준비도와 진입 가능성을 고려하여 우선순위를 낮추어 목표를 수립하는 경우가 해당한다. • 장기 전직목표는 2~10년 이상의 기간으로 설정하되 개인에 따라 단기, 중기, 장기 전직목표로 구분하여 실행계획을 수립한다. • 실행계획은 단기목표보다 더 열망적이며 구체적일 필요는 없지만 현실적인 계획을 수립하여야 한다.

(3) 전직목표 달성을 위한 정보수집

① **재취업 목표 달성을 위한 정보수집**
  ㉠ 기업 및 유관 기관의 사이트 검색
  ㉡ 구인 구직 포털 사이트 검색
  ㉢ 해당 업종 관련 헤드헌터 인터뷰
  ㉣ 목표 기업의 재직자 및 전문가 인터뷰

② **창업 목표 달성을 위한 정보수집**
  ㉠ 정부 지원 창업 관련 사이트 활용
  ㉡ 프랜차이즈 기업 홈페이지 내 정보 활용
  ㉢ 창업 박람회 관람
  ㉣ 관련 및 유사 점포 방문
  ㉤ 창업 전문가 인터뷰
  ㉥ 사례 연구

③ **창직 목표 달성을 위한 정보수집**
  ㉠ 창직협회 활용
  ㉡ 창직 전문가 인터뷰
  ㉢ 1인 기업가 및 1인 기업 전문가 인터뷰
  ㉣ 사례 연구

④ **귀농·귀촌 목표 달성을 위한 정보수집**
  ㉠ 정부 지원 귀농·귀촌 사이트 정보 활용
  ㉡ 지자체 지원 귀농·귀촌 사이트 정보 활용
  ㉢ 귀농·귀촌 박람회 참관
  ㉣ 귀농·귀촌 전문가 인터뷰

⑤ **신 진로개발 목표 달성을 위한 정보수집**
  ㉠ 해당 직업 관련 자격 및 기초정보 확인
  ㉡ 신 진로개발 유형별 직업정보 파악 방법에 따라 정보수집

02 실행계획서 작성

(1) 계획 수립 기법

① **상황대응 계획법** : 환경변화에 부절적하다고 판단되는 경우 신 환경에 적절히 대응하기 위한 기법이다.

② **시나리오 계획법** : 미래에 전개될 시나리오를 가정하여 여러 시나리오를 통해 예측하기 위한 기법이다.

③ **프로젝트 관리기법** : 환경변화에 예산과 특성을 맞추어 프로젝트 작업들을 시간 내에 완료하기 위해 사용하는 기법이다. 예측 상황을 시간의 흐름에 따라 도식화하고 필요한 일정, 예산, 구분 단위의 결과물을 예측하여 관리하는 기법이다.

④ **스마트(SMART) 목표설정기법** : 조지 도란(George T. doran)에 의해 제시된 목표설정기법으로 일반적인 계획과 목표를 수립할 때 많이 사용되는 기법이다. 5단계로 구성되어 있다.

  ㉠ S (specific) : 목표는 구체적으로 기록한다.

  ㉡ M (measurable) : 목표는 측정 가능해야 한다.

  ㉢ A (achievable) : 목표란 성취가 가능해야 한다.

  ㉣ R (relevant) : 자신과 관계있는 목표여야 한다.

  ㉤ T (time-bound) : 목표달성 시기를 정해둔다.

〈 SMART 목표설정기법 〉

구분	내용
S (specific)	명확하고 구체적인 행동계획을 수립하는 것을 의미한다. 구체적인 목표를 설정하기 위해서는 다음과 같은 **6가지의 W**에 대한 답을 할 수 있어야 한다. • **Who : 누구의 목표이며, 누가 하는 것인가?** • **What : 무엇을 달성하고 싶은 것인가?** • **Where : 어디서 달성하려는 것인가?** • **When : 목표달성에 필요한 시간은?** • **Which : 목표달성에 필요한 조건이나 제약은?** • **Why : 목표달성의 이유와 목적 나에게 주어진 보상은?**
M (measurable)	목표를 설정할 때 측정 가능한 숫자를 제시하라는 것이다. 목표를 설계한다는 것은 동기부여 및 그 목표를 달성하기 위해서이며, 달성 여부를 판단하기 위해서는 목표에 대한 측정이 가능하야 한다.
A (achievable)	목표가 설정되었다면, 실현시킬 수 있도록 필요한 자세, 능력, 기술 그리고 금전적인 부분까지도 함께 노력해야 한다. 하지만 너무 쉽게 이루거나, 이루지 못할 막연한 목표는 세우지 않는 것이 좋다. 현재 자신의 상황을 알고 달성 가능한 목표를 세우는 것이 중요하다.
R (relevant)	자신의 꿈과 연관 있는 목표를 수립하여야 한다.
T (time-bound)	목표를 설정할 때 기한설정이 매우 중요하다. 기한이 길다면 실행을 하다 목표 달성에 열의가 사라질 수도 있고 반대로 기한이 너무 짧다면 촉박함에 쫓겨 중도 포기하게 될 수도 있다. 목표달성에 있어서 적정수준의 기한 설정을 통해 적정한 자극과 동시에 일정관리를 수란하도록 해야 한다.

제1절 전직대안 도출하기

★★★
01 전직목표설정의 중요성을 설명하시오.

'23 직업상담사 1급 과정평가형

모범답안

(1) 자신의 역량과 필요의 관점에서 **자신에게 적합한 기회를 선택하는 기준이** 된다.
(2) 단기목표뿐만 아니라 **생애관점에서 성취하고자 하는 명확한 그림을 갖게 된다.**
(3) 지속적으로 **전직목표를 달성하기 위해 필요한 지식, 요건을 달성하기 위한** 단계별 과정 관리가 용이하다.
(4) 본인의 역량과 보유 **진로자본을 효율적으로 활용하고 배분할 수 있다.**

★
02 다음에서 설명하는 것은 무엇에 관한 것인지 쓰시오.

> 개인이 자신의 지식, 기술, 능력, 흥미, 적성 등을 활용한 창조적 아이디어와 활동을 통해 새로운 직업을 개발 또는 발굴하고 이를 통해 일자리를 창출하는 것이다.

'23 직업상담사 1급 과정평가형

모범답안

창직

★★
03 전직지원 대상자들의 전직대안 5가지를 쓰시오.

모범답안

(1) **재취업**
(2) **창업**

(3) 창직

(4) 귀농·귀촌

(5) 신 진로개발

➕ Plus Check

[전직지원 대상자의 5가지 전직대안]

⑴ **재취업** : 퇴직 후 본인의 직무경력과 진로자본을 기반으로 동일 업종 또는 다른 업종으로 취업하는
것이다.

⑵ **창업** : 영리를 목적으로 수익 창출 활동을 하기 위해 아이템을 가지고 자금, 인력, 설비 등의 경영자
원을 확보하여 사업을 시작하는 것을 말한다.

⑶ **창직** : 개인이 자신의 지식, 기술, 능력, 흥미, 적성 등을 활용한 창조적 아이디어와 활동을 통해
새로운 직업을 개발 또는 발굴하고 이를 통해 일자리를 창출하는 것이다.

⑷ **귀농·귀촌** : 도시에서 1년 이상 주민등록이 되어 있던 사람이 농업인이 되기 위하여 농촌지역으로
이주한 후 주민등록 전입신고를 하고 농업경영체에 등록(귀농)하거나 농어촌 지역으로 이주한 후
주민등록 전입신고(귀촌)를 한 사람을 의기한다.

⑸ **신 진로개발** : 보유한 역량과 진로자본을 토대로 새롭게 진로를 개발하는 것을 말한다.

★ 04 | 정부 일자리 및 공공기관의 채용정보 전문 사이트 3가지를 쓰시오.

'23 직업상담사 1급 과정평가형

모범답안

⑴ **나라일터** (www.gojobs.go.kr)

⑵ **잡알리오** (job.alio.go.kr)

⑶ **서울일자리포털** (job.seoul.go.kr)

★ 05 | 전직지원 대상자의 신 진로개발 관련 정보 제공 사이트의 예를 4가지 쓰시오.

모범답안

⑴ **고용24** (www.work24.go.kr)

⑵ **민간자격정보서비스** (www.pqi.or.kr)

⑶ **커리어넷** (www.career.go.kr)

⑷ **큐넷** (www.q-net.or.kr)

06 전직지원 대상자의 재취업 전직대안 검토를 위해 기업정보를 탐색할 수 있는 사이트 5개를 쓰시오.

모범답안

(1) **고용24** (www.work24.go.kr)
(2) **중소기업현황정보시스템**
(3) **전자공시시스템** (DART)
(4) **공공기관 경영정보 공개시스템 ALIO** (www.alio.go.kr)
(5) **잡플래닛** (www.jobplanet.co.kr)
(6) 원티드
(7) 캐치 (www.catch.co.kr)

07 전직지원 대상자들이 재취업할 수 있는 방법(재취업 일자리 유형) 5가지를 쓰고 간략히 설명하시오.

모범답안

(1) **동종 산업 동일 직무** : 기존 직무경력을 잘 활용할 수 있는 **가장 이상적인 재취업 형태**이다. 통상 급여나 처우도 기존조건을 유지하거나 높여서 갈 확률이 높다.
(2) **동종 산업 다른 직무** : 특정 산업에 대한 이해도가 높고, **2개 이상의 분야에 직무 전문성을 보**유하고 있는 경우에 고려할 수 있다.
(3) **다른 산업 동일 직무** : 직무 전문성을 기초로 업종의 폭을 넓혀서 재취업하는 형태이다. 특정 직무에 대해 보유하고 있는 전문성이 높을수록 다른 산업으로 확장할 수 있는 가능성이 높다.
(4) **다른 산업 다른 직무** : 새로운 진로개발을 통해 **해당 직무가 요구하는 조건을 충족한 후 도전**할 수 있는 재취업 형태이다.
(5) **전문 계약직** : 기업의 매출 확대, 연구과제 수행, 시장전략 수립 등 다양하고 특화된 단기과제를 해결하기 위해 계약직이나 정규직 채용을 하기보다는 **전문가를 단기계약 형태로 채용하여 문제해결을 하는 경우**이다. 결과에 대해 경영진이 만족하는 경우 정규직 형태로 전환되는 경우도 있다.

08 다음에서 설명하고 있는 것은 무엇에 대한 것인가?

> 전직지원 대상자의 기타 전직 목표로서 고려될 수 있으며, 공동으로 소유되고 민주적으로 운영되는 사업체를 통하여 경제적, 사회적, 문화적 필요와 욕구를 충족시키고자 하는 5인 이상의 사람들이 자발적으로 결정한 자발적인 조직이다.

'23 직업상담사 1급 과정평가형

모범답안

협동조합

09 협동조합의 의미를 쓰고, 특징을 2가지 기술하시오.

'23 직업상담사 1급 과정평가형

모범답안

(1) 의미 : 공동으로 소유되고 민주적으로 운영되는 사업체를 통하여 경제적, 사회적, 문화적 필요와 욕구를 충족시키고자 하는 5인 이상의 사람들이 자발적으로 결정한 자발적인 조직이다.

(2) 특징
  ① 보험, 금융을 제외한 사업 종류의 제한이 없다.
  ② 의결권은 출자 규모와 상관없이 1인 1표제이다.
  ③ 가입과 탈퇴는 자유롭다.
  ④ 책임 범위는 조합원의 출자자산에 한정한 유한책임이다.
  ⑤ 배당은 전체 배당액의 100분의 50 이상을 협동조합 사업 이용 실적에 따라 배당하게 되어 있다.

10 다음에서 설명하고 있는 것은?

> 취약계층에게 사회 서비스 또는 일자리를 제공하여 지역주민의 삶의 질을 높이는 등의 사회적 목적을 추구하면서 재회 및 서비스의 생산 판매 등 영업활동을 수행하는 기업이다. 대표적 유형으로는 일자리 제공형, 사회서비스 제공형, 지역사회 공헌형 등이 있다.

모범답안

사회적 기업

11 전직대안 우선순위화를 위해 도표를 활용할 때의 방법과 장단기 목표 설정에 대해 설명하시오.

모범답안

(1) **세로축에 준비도 가로축에 진입 가능성을 설정**하여 도표를 만든다.
(2) 준비도는 높고 진입 가능성은 낮은 **제1사분면의 대안 목록을 중장기 목표 전직대안으로 분류**한다.
(3) 준비도도 높고 진입 가능성도 높은 **제2사분면의 대안 목록을 단기목표 전직대안으로 분류**한다.
(4) 진입 가능성은 높지만 준비도가 낮은 **제3사분면의 대안 목록을 중장기 목표 전직대안으로 분류**한다.
(5) 준비도와 진입 가능성 모두 낮은 **제4사분면의 전직대안 목록은 전직대안에서 제외**한다.

제3절 **실행계획 수립하기**

★★
12 전직목표설정 시 구체적인 단기, 장기 전직목표 수립의 중요성 4가지를 설명하시오.

모범답안

(1) **실행력 제고** : 진행 상황을 분명하게 점검함으로써 추진력을 제고할 수 있다.
(2) **동기부여** : 진행 과정이 힘들 때 계속 추진하기 위한 동기를 부여해준다.
(3) **전직활동 몰입** : 지금 이 순간에 집중할 목표를 통해 전직활동에 몰입도를 높여주고 시간관리를 가능하도록 도와준다.
(4) **주변인들로부터의 도움 용이** : 주변인에게 전직 기회와 관련한 도움 요청을 구체화하여 전달가능하도록 하고, 자신의 니즈를 명확하게 인식함으로써 구체화된 전직 관련 정보수집에 도움을 받을 수 있다.

13 신 진로개발 목표달성을 위한 정보수집 방법을 2가지 쓰시오.

모범답안

(1) 해당 직업 관련 **자격 및 기초정보 확인**
(2) 신 진로개발 **유형별 직업정보 파악 방법**에 따라 정보수집

14 전직지원 대상자의 실행계획서 작성 시 계획 수립 기법 4가지를 쓰고 간략하게 설명하시오.

모범답안

(1) **상황대응 계획법** : 환경변화에 부절적하다고 판단되는 경우 **신 환경에 적절히 대응하기 위한 기법**이다.

(2) **시나리오 계획법** : 미래에 전개될 **시나리오를 가정하여 여러 시나리오를 통해 예측하기 위한 기법**이다.

(3) **프로젝트 관리기법** : 환경변화에 예산과 특성을 맞추어 **프로젝트 작업들을 시간 내에 완료하기 위해 사용하는 기법**이다. 예측 상황을 시간의 흐름에 따라 도식화하고 필요한 일정, 예산, 구분 단위의 결과물을 예측하여 관리하는 기법이다.

(4) **스마트(SMART) 목표설정기법** : 조지 도란(George T. doran)에 의해 제시된 목표설정기법으로 **일반적인 계획과 목표를 수립할 때 많이 사용되는 기법**이다. 5단계로 구성되어 있다.

① S (specific) : 목표는 구체적으로 기록한다.

② M (measurable) : 목표는 측정 가능해야 한다.

③ A (achievable) : 목표란 성취가 가능해야 한다.

④ R (relevant) : 자신과 관계있는 목표여야 한다.

⑤ T (time-bound) : 목표달성 시기를 정해둔다.

제11장

심층직업상담

심층직업상담논점 진단하기

출제기준▶
1. 상담신청서 및 기초자료를 확인하여 내담자의 특성을 파악하고 심층상담에 대한 내담자의 요구를 파악할 수 있다.
2. 내담자의 언어적·비언어적 표현과 태도를 관찰하여 상담 동기와 인지적 명확성을 분석할 수 있다.
3. 검사가 필요한 경우 표준화된 검사도구 활용 지침에 따라 검사를 실시하고 검사결과를 평정할 수 있다.
4. 면담기법을 통해 내담자의 진로자본과 진로장벽을 확인할 수 있다.

01 상담 동기 및 인지적 명확성 분석

(1) 심층직업상담의 대상 취업취약계층의 의미

① 사회·경제적 측면에서 상대적으로 상당한 어려움을 겪고 있어 취업을 위해 제도적 지원과 특별한 지지가 필요한 대상이다.
② 취업활동과 생애과정에서 각종 사회경제 위험에 노출되어 있거나 노출될 위험성이 높아 정책 지원과 사회 보호가 없을 경우 미래 빈곤층으로 전락하여 헌법에서 보장하는 인간다운 삶을 유지하기가 어려울 계층이라 정의할 수 있다.
③ 행정부처나 사업 목적에 따라 지원가능한 대상과 범위는 달라질 수 있다.

(2) 취업취약계층의 분류

① **개인적 속성이나 사회적 위치** (attributes & position) : 개인적 속성이나 사회적 관점에서 약자의 위치에 있게 되는 경우로, 장애인, 이민자, 한부모가정 등이다.
② **사고** (event & accident) : 질병, 산업재해, 실업 및 실직 등 예기치 않은 사건과 사고에 의한 경우이다.
③ **생애과정** (life course) : 생애과정 상 어쩔 수 없이 발생한 사회적 어려움에 의한 것으로, 학교 졸업 이후 구직 과정에 있는 청년, 조기 퇴직 후 취업에 어려움을 겪고 있는 고령층, 출산과 육아로 경력이 단절된 진로단절 여성 등이다.

(3) 취업취약계층 (2025 국민취업지원제도 업무 매뉴얼)

① **기초연금 수급자** : 「기초연금법」에 따른 기초연금 수급자(65세 이상 소득하위 70% 이하인 자)에 해당하여 자치단체의 장으로부터 기초연금 수급자 확인서를 발급받은 자

② **생계급여 수급자** : 「국민기초생활 보장법」에 따른 생계급여 수급자 중 조건부수급자, 자치단체 또는 보장시설 등의 추천서를 받은 보장시설수급자, 직업안정기관의 장이 근로능력과 구직의사가 있다고 인정한 일반수급자

③ **노숙인 등 비주택거주자** : 「노숙인 등의 복지 및 자립지원에 관한 법률」의 '노숙인 등'에 해당하는 자로서 노숙인 시설 또는 지방자치단체르부터 비주택 거주 사실에 대한 확인서 또는 추천서를 받은 자

④ **북한이탈주민** : 「북한이탈주민의 보호 및 정착지원에 관한 법률」의 북한이탈주민에 해당하고 거주지 보호기간(5년) 이내에 있는 자로서 통일부장관으로부터 북한이탈주민등록 확인서를 발급받은 사람

⑤ **여성가구주** : 만 18세 미만(취학 또는 병역 의무 이행 중인 경우 24세 미만)인 자녀를 양육하거나, 55세 이상의 부모 또는 배우자의 부모를 부양하거나, 장애인인 동거가족 (형제자매 등, 나이 무관)을 부양하면서, 아래의 어느 하나에 해당하는 여성

　㉠ 배우자와 사별 또는 이혼하거나 배우자로부터 유기된 사람

　㉡ 배우자가 「장애인복지법 시행규칙」의 장애의 정도가 심한 장애인으로서 「장애인고용촉진 및 직업재활법 시행령」의 중증장애인에 해당하지 않는 경우

　㉢ 혼인한 적이 없는 사람으로서 동거가족을 부양해야 하는 경우

⑥ **결혼이민자** : 한국어능력시험(TOPIK) 1급 수준 이상의 한국어 능력을 갖춘 자로 대한민국 국민과 혼인한 적이 있거나 혼인관계에 있는 저한 외국인(「출입국관리법」상 체류자격 F-2, F-5, F-6) 또는 「국적법」에 따라 귀화허가를 받은 자(외국인 중 한국인과의 '혼인'으로 국적을 취득한 자)

⑦ **결혼이민자의 외국인 자녀** : 대한민국으로 중도에 입국한 15세 이상 24세 이하의 외국인 중 부 또는 모가 결혼이민자이며 「출입국관리법」상 거주 · 영주 체류자격(F-2, F-5)을 부여받은 자로 한국어능력시험(TOPIK)' 1급 수준 이상의 한국어 능력을 갖춘 자

⑧ **신용회복지원자 등** : 한국자산관리공사, 신용회복위원회, 서민금융진흥원의 조정을 통해 채무조정 합의서를 체결하거나, 서민금융진흥원, 국민행복기금으로부터 정책서민금융을 이용하여 '국민취업지원제도 참여 대상자 추천서' 또는 '신용회복지원 확인서'를 발급받은 자, 법원으로부터 개인 회생절차 개시 · 파산선고 등을 받고 면책(복권) 결정이 되지 아니한 자

⑨ **위기청소년 등** : 아래의 어느 하나에 해당하는 자

　㉠ 학교 중도탈락, 가출 등으로 진로가 불안정한 15세 이상 24세 이하의 청소년 구직자

　㉡ 검정고시 학력인정자로서 15세 이상 18세 이하의 비진학 청소년

ⓒ 「초·중등교육법」 및 「조기진급 등에 관한 규정」에 따른 고등학교 조기 졸업자 가운데 15세 이상 18세 이하로서 취업을 하고자 하는 사람

ⓔ 「아동복지법」에 따라 보호 중이거나 보호조치가 종료된 사람 가운데 15세 이상 34세 이하로서 취업을 하고자 하는 사람(자립준비청년 등)

⑩ **자유무역협정(FTA) 피해 실직자** : 자유무역협정이 원인이 되어 생산량·매출액 등이 감소하여 실직한 자

⑪ **건설일용직 근로자** : 취업지원 신청일 이전 180일 동안의 피보험기간(「고용보험법」 제50조 제3항) 중 30일 이상을 건설일용직으로 근로한 자

⑫ **국가유공자 가구원 중 취업지원 대상자** : 「국가유공자 등 예우 및 지원에 관한 법률」 등에 따른 취업지원 대상자로서 보훈(지)청으로부터 '취업지원 대상자 증명서' 또는 추천서를 받은 사람

⑬ **미혼모(부)·한부모·청소년부모** : 「한부모가족지원법」의 모 또는 부로서 한부모가족증명서를 발급받거나, 한부모가족복지시설로부터 추천서를 발급받은 자, 고용센터별 운영위원회 심의 결과 사실상 미혼모(부)·한부모로서 지원 필요성이 인정되는 자, 「청소년복지 지원법」의 청소년 부모에 해당하는 자

⑭ **구직단념청년** : 18세 이상 34세 이하인 사람으로서 「고용정책 기본법」에 따라 구축·운영되는 고용정보시스템상 신청일 이전 2년 동안의 교육·훈련·근로 이력이 100일 미만인 사람

⑮ **산재로 장해를 입은 자** : 산재처리가 종료되어 「산업재해보상보험법」상 장해 등급이 있고 근로복지공단으로부터 추천서를 받은 사람

⑯ **고용위기지역 및 고용재난지역 이직자** : 「고용위기지역의 지정기준 등에 관한 고시」에 따라 고용위기지역, 고용재난지역으로 지정한 날의 12개월 전부터 지정기간 종료일까지의 기간 중 해당 지역 소재의 사업장에서 근로하다 퇴사한 이력이 있고 현재 실업 상태인 자

⑰ **영세자영업자** : 사업자등록 소지자는 원칙적으로 참여를 제한하나, 신청일 이전 1년간 발생한 매출액이 3억원 이하인 자영업자

⑱ **소상공인 및 성실경영실패자** : 이미 폐업하였거나 폐업 예정인 연 매출액 3억 이하의 영세자영업자 중 소상공인시장진흥공단(지역센터)에서 '희망 리턴패키지 사업 참여 확인서'를 발급 받거나 「중소기업창업 지원법」에 따른 성실경영실패자로서 중소벤처기업부의 확인서를 발급 받은 자

⑲ **노무 제공자 등** : 2년 이내에 100일 또는 800시간 이상 취업하고 있는 자로서 본인의 월평균 소득이 250만원(연 3,000만원) 미만인 자

⑳ **재정지원 직접일자리 사업 참여자** : 2년 이내에 「고용정책 기본법」에 따른 재정지원 직접일자리사업 중 노동시장으로의 진입을 주목적으로 하는 사업에 참여한 이력이 있는 자

(4) 취업취약계층의 특성

① 일반적 특성

구분	내용
신체적 특징	심리적 부적응의 신체화, 소화불량, 어지럼증, 두통, 가슴 통증 등 호소
경제적 특징	신용불량, 근로 빈곤, 채무 등 경제적으로 어려운 상황에 놓인 경우
사회적 특징	가정불화, 지지 기반 훼손, 관계망 축소 등
직업 행동적 특징	단기적인 진로계획, 한시적 직업에 종사, 직업의식 부족 등

② 심리적 특성

㉠ 높은 정서적 불안정성

㉡ 높은 스트레스

㉢ 낮은 인지적 명확성

㉣ 낮은 자기존중감 및 낮은 자기효능감

02 상담논점 진단

(1) 검사의 선택과 실시

① 검사 사용 여부

㉠ 검사의 선택에서 첫 번째로 고려할 것은 검사를 사용할지 여부이다.

㉡ 검사를 사용하는 이유는 시간을 절약할 수 있고, 접근할 수 없는 정보를 다른 자료를 통해 보충할 수 있다는 점이다.

㉢ 검사지가 적절하고 유용한지 결정하기 이전에 검사를 하려는 내담자의 목적을 완전히 탐색할 필요가 있다.

㉣ 내담자의 검사기대를 확인하고 과도한 기대를 가지고 있을 경우 바로 검사를 실시하지 않고 검사에 대한 기대를 조정한다.

② 검사도구의 심리측정적 속성

㉠ **타당도** : 검사를 실시하고자 하는 목적이 특정 내담자에 대해 적합한 타당도를 가지고 있는가를 의미한다.

㉡ **적합도** : 정상 집단에서의 적합성을 의미한다.

㉢ **신뢰도** : 개인마다 검사를 사용했을 때 정확하다고 확신하는 정도와 관련된다.

③ 검사 선택에 내담자 포함시키기

㉠ 검사자료의 적절한 해석은 검사선택 과정과 함께 시작되며 내담자의 협조하에 이루어진다.

㉡ 라포(rapport)가 형성되고 목표가 규정되면 검사도구와 검사를 선택할 수 있다.

㉢ 상담자는 내담자에게 도움이 되고 유용할 것 같은 적당한 도구를 제안할 수 있어야 하고, 검사에서 알 수 있는 결과의 유형을 명확히 기술할 수 있어야 한다.

ㄹ 평가도구를 활용하는 목적은 내담자를 돕기 위한 것이므로 상담자는 내담자를 검사선택 과정에 적극적으로 참여시키고 양심적으로 정직하게 검사에 임하도록 해야 한다.

(2) 심층직업상담의 성격 진단과 미네소타 다면적 인성검사 (MMPI)

① **MMPI 개요**
  ㄱ 세계적으로 가장 널리 쓰이고 가장 많이 연구되어 있는 객관적 성격검사이다.
  ㄴ 비정상적인 행동을 객관적으로 측정하기 위한 수단으로 만들어졌다.
  ㄷ MMPI가 직업상담 장면에 적합한 척도인 이유는 직업상담 대상인 청소년에서부터 노인에 이르기까지 성격의 고착화가 상당 정도 진행된 것에 대하여 진단이 가능하기 때문이다.

② **타당도 척도** : 수검자들이 왜곡된 방식으로 응답하지 않았는지, 성실하고 일관적으로 응답했는지, 응답 결과를 타당한 것으로 보고 검사 결과를 해석했는지 파악하기 위한 용도로 활용된다.

③ **임상 척도** : 일반적으로 T점수가 70점 이상으로 상승되는 높은 척도와 지나치게 낮은 척도들에 대해 해석하며, 단일 척도 점수보다는 척도들의 형태들을 분석한다.

고유 번호	척도명	척도의 의미 및 해석
1	**Hs 건강염려증** (Hypochondriasis)	신체기능에 대한 과도한 집착 및 관련 질환이나 비정상적인 상태에 대한 불안의 정도
2	**D 우울증** (Depression)	검사 실시 당시 비관 및 슬픔, 사기 저하, 무기력, 절망감 등
3	**Hy 히스테리** (Hysteria)	심리적 어려움을 회피하는 방법으로 부인(denial) 기제를 사용하는 경향 및 정도
4	**Pd 반사회성** (Psychopathic Deviate)	삶에 대한 불만족, 가정 불화 및 가족 문제, 권위와의 갈등, 사회적·도덕적 규범에 대한 무시, 일탈 행동, 성문제, 자신 및 사회와의 괴리, 권태의 정도
5	**Mf 남성성-여성성** (Masculinity-Femininity)	직업 및 여가에 대한 관심, 심미적 및 종교적 취향, 대인 감수성, 가족 관계 등 다양한 주제를 포함하며, 전통적인 남성적 성역할 혹은 여성적 성역할에 대한 흥미
6	**Pa 편집증** (Paranoia)	대인관계 민감성, 피해의식, 의심, 집착, 자기신념에 대한 과신, 경직된 사고, 관계 망상, 도덕적 미덕에 대한 지나친 강조, 자기 정당성 등
7	**Pt 강박증** (Psychasthenia)	만성적 불안 외에 강박적 사고 및 행동, 자기비하, 자신감 저하, 주의집중 곤란, 우유부단 및 죄책감 등
8	**Sc 조현병** (Schizophrenia)	기이한 사고나 행동 외에 사회적 소외, 정서적 소외, 가족 간의 갈등, 주의집중 및 충동억제의 곤란, 성생활 장애 등
9	**Ma 경조증** (Hypomania)	심신의 에너지 및 활동 수준, 정서적 흥분성, 과민하고 짜증스러운 기분, 과장된 자기지각, 행동의 불안정성, 흥분성, 민감성 및 기분의 고양 등

고유 번호	척도명	척도의 의미 및 해석
0	Si 내향성 (Social Introversion)	사회적 활동에 대한 회피적 태도, 대인관계 기술의 부족, 사회적 상호작용에 대한 불편감, 자기비하적 태도, 과민함, 두려움, 신경증적 부적응 등

(3) 검사도구와 검사지 사용의 유의점

① 검사도구 및 검사지 활용 방법

㉠ 직업 흥미의 영역 확인하기

㉡ 직업 선택 또는 선호도 확정 짓기

㉢ 직업훈련 프로그램에서 공부가 가능한 전공과목이나 프로그램 확인하기

㉣ 전반적 태도나 능력 결정하기

㉤ 심층적인 탐색을 위해 직업의 범주를 확장시키거나 좁히기

㉥ 성격의 장단점 파악하기

㉦ 직업 불만족의 원인 찾아내기

㉧ 직업을 결정하기 어렵거나 결정을 내리지 못하는 원인 파악하기

㉨ 직업 가치 명확히 하기

② 검사 선택과 해석 시 유의점

㉠ 검사도구는 진행 중인 상담 과정의 한 가지 구성 요소로만 보아야 한다.

㉡ 내담자의 의사결정을 돕기 위해 정보를 얻는 하나의 도구이다.

㉢ 수동적인 내담자보다는 적극적인 내담자와의 협조 하에 선택한다.

㉣ 내담자에게 검사 결과를 해석해 주고, 직접 공유할 수 있는 것이어야 한다.

(4) 검사해석

① 검사도구와 검사지의 한계

㉠ 내담자의 마술적 바람 강화

㉡ 내담자 유형에 따른 결과

㉢ 성별과 문화적 편차

㉣ 전문 훈련과 지침서의 한계

② 검사도구 사용 시 유의할 점

㉠ 훈련 없이 검사를 실시하는 것은 비윤리적이다.

㉡ 내담자에게 검사도구와 검사를 쓰기 전에 상담자 자신도 검사를 받아 보아야 한다.

㉢ 상담자는 검사 지침서와 다른 해석 재료에 대해서도 철저히 알아두는 것이 필요하다.

㉣ 전문가는 검사에 대해 연구된 자료나 세미나 등에 대하여 철저히 개관하여 검사의 개발과 발전의 추이를 아는 데 민감해야 한다.

① **생애진로주제 분석의 의의**
  ㉠ 내담자의 언어는 '생애진로주제(life career themes)' 또는 지각의 구조, 개요라 할 수 있는 내담자들의 개념적 개요를 반영하고 있다.
  ㉡ 내담자가 자신의 세계를 어떻게 표현하는가를 분석하여 **자신과 타인, 그리고 세상에 대해 어떻게 지각하는지를 분석하는 것이다.**
  ㉢ 생애 진로 주제는 사람들이 표현한 생각, 가치, 태도, 자신의 신념, 타인에 관한 신념, 세상에 대한 신념 등의 단어들이다.
  ㉣ 상담자가 내담자를 잘 이해하도록 돕고, 내담자의 문제를 진단하는 데 도움을 준다.
  ㉤ 내담자의 주제를 이해하는 것은 **내담자의 표현적 체계를 보여주고, 내담자의 행동을 통찰하도록 도와준다.**

② **생애진로주제 분석 모형**
  ㉠ 인간 행동의 모형들은 인간과 환경적 특성을 서술하는 방법을 제공한다.
  ㉡ 생애진로주제의 확인 및 분석은 생애역할, 특히 작업자·학습자·개인 역할 등이 고려되어야 한다.
  ㉢ 생애 역할 구조와 쉽게 연결될 수 있는 모형은 다음과 같다.

생애 역할	모형
작업자	• **자료-관념-사람-사물 (Prediger)** : 자료-관념, 사람-사물로 구분되는 이차원적 체계 • **직업적 성격 및 작업 환경 (Holland)** : 현실형, 탐구형, 예술형, 사회형, 진취형, 관습형 • **기술확인 (Bolles)** : 자기관리 기술, 기능적·전환적 기술, 일의 내용 기술 3가지 범주
학습자	• **학습자 형태 (Kolb)** : 학습형태검사(LSI) 검사 토대로 집중형, 확산형, 동화형, 적응형 구분 • **학습 형태 (Canfield)** : 학습형태 분류의 유효한 변인으로 조건, 내용, 양식, 기대 제시
개인	• **생애 형태 (Adler)** : 출생순위와 세계와 개인의 3가지 과제로 일, 사회, 성 제시 • **대뇌반구상의 기능** : 좌반구적 특징과 우반구적 특징으로 구분

③ **생애진로주제 분석의 적용**
  ㉠ 내담자가 상담에 표현된 자신, 타인, 세계 등의 대화에서 반복적으로 나타내는 표현들 속의 주제를 분석하는 것이다.
  ㉡ 생애주제는 내담자의 직업 행동을 예언하며, 이러한 주제들이 갖는 예언적 직업들은 내담자가 속한 문화에서 용인되는 언어이다.
  ㉢ 상담자는 장기간 다양한 내담자와 상담을 통해 수집된 생애진로주제를 수집하고 이를 분류하는 작업을 선행하여야 한다.
  ㉣ 상담자는 분류를 더 세분화하고 이러한 분류가 적성, 흥미, 가치, 성격 등과 어떻게 연합되는지 확인할 수 있도록 개념화한다.

(6) 진로자본

① 진로자본의 의미
㉠ 진로에 있어 가치가 있는 자본의 독특한 형태를 의미하며, 진로 역량이 바뀐 것이다.
㉡ 진로자본은 축적된 진로 역량이며 개인의 일과 삶, 진로에 있어 가지고 있는 지식, 역량, 특성으로 소득을 창출할 수 있는 자원이다.

② 진로자본을 구성하는 3가지 역량

구분	내용
진로성숙역량 (Knowing-why)	• **개인이 자신의 진로에 대해 갖고 있는 태도와 관점을 의미** • 내재적 동기, 개인적 학습 모색, 성장 경험 • 지식 노동자가 진로지도를 통해 발달해 가는 정체성, 가치관, 관심 등이며, 진로 기간이 길어질수록 진로 성숙 역량의 중요성이 더욱 상승
전문지식역량 (Knowing-how)	• **자신의 일과 관련하여 가지는 진로 관련 기술과 업무 지식을 의미** • 실제적인 업무 지식과 방법에 대한 지식으로 비형식적으로 학습되는 암묵지(tacit knowledge)와 교육의 결과로 얻어지는 형식지(explicit knowledge)를 모두 포함 • 이동 및 이전이 가능하며 유연성도 갖추고 있으므로 글로벌 환경에서도 적용이 가능
인적관계역량 (knowing-who)	• **진로 안에서 갖게 되는 다양한 형태의 인간관계 및 사회적 연결망을 발전시키는 능력을 의미** • 사회적 자본과도 맥락을 같이 하기 때문에, 다양한 수준의 사회적 연결망을 통해 진로 역량을 발달시키는 것이 중요

③ 진로자본의 유형 구분

구분	내용
경제적 자본	• 가장 효율적인 형태로, 화폐로 전환이 가능한 자본 • 사회적 자본, 문화적 자본 그리고 상징적 자본으로 변환 가능
사회적 자본	• 사회적 연결과 집단의 소속에 기반한 상호 인식관계와 지인관계 자원
문화적 자본	• 가족에 의해 전수되거나, 교육 체계에 의해 생산된 지적 자격의 총체

(7) 진로장벽

① 진로장벽의 의미
㉠ 진로장벽(career barrier)은 자신의 진로계획과 미래의 목표를 성취하기 위해 극복해야 하는 어려움이다.
㉡ 진로계획과 목표의 실현에 방해가 되거나 진로결정을 어렵게 하는 요인들이다.
㉢ 개인의 진로선택, 진로목표, 직업 포부, 동기 등에 영향을 미치거나, 역할 행동을 방해할 것으로 지각되는 여러 부정적 사건이나 사태 등을 의미한다.

② 진로장벽의 유형
㉠ 여성의 진로장벽 유형

- 크라이티스(Crites)는 여성의 진로장벽을 내적 장벽과 외적 장벽으로 구분
- 오리어리(O'Leary)는 이를 세분화하여 내적 장벽(낮은 자존감, 성공에 대한 공포, 역할 갈등, 직업 승진에 따른 부정적 결과, 실패에 대한 두려움, 결과에 대한 낮은 기대) 6가지, 외적 장벽(관리직 여성에 대한 태도, 사회적 성역할에 대한 고정관념, 여성 능력에 대한 태도 등) 5가지 제시

ⓛ **진로포부의 제한과 진로장벽**
- 고트프레드슨(Gottfredson, 1981)은 개인의 자기개념과 지각된 직업에 대한 접근 용이성 사이의 상호작용이 사회나 경제 환경 내에서의 장벽을 포함해서 일어난다고 기술
- 개인들이 직업적인 열망을 실행하기 위해 장벽에 직면할 때 사람들은 자신들의 목표를 타협할 필요에 마주치게 된다고 제시
- 자기개념, 사회적이고 경제적인 환경, 자기개념과 환경의 상호작용 등 3영역에서 장벽에 대한 개인의 인식과 반응의 중요성 강조

ⓒ **자기효능감과 진로장벽**
- 사회인지모델에서는 진로발달을 방해하는 개인적 요인(낮은 자기효능감 등)과 맥락적인 요인들(주요 타인들의 반대)을 구별하여 각각의 영향의 정도를 파악하는 것을 중요시
- 두 요인을 구별하는 것은 환경적인 장벽 요인들이 개인 내면에 어떻게 내재화되는지를 명확하게 알 수 있게 해주며, 환경적인 요인들에 어떠한 방식으로 대처할 것인가 하는 대처 전략을 살펴볼 수 있게 해줌.

③ **취업취약계층의 주요 호소논점 관련 진로장벽**
  ⓐ 수동적인 태도와 일부의 경우 눈 맞춤의 어려움
  ⓑ 일상생활 패턴의 불규칙, 체중, 청결 등의 문제
  ⓒ 낮은 자기존중감, 낮은 자기효능감, 소극적 자기주장 등
  ⓓ 대인관계의 문제
  ⓔ 가족·생계·심리적 문제의 복합성
  ⓕ 위기적 상황에 놓인 경우
  ⓖ 우울·불안·분노 등 높은 스트레스
  ⓗ 낮은 인지적 명확성
  ⓘ 정신병리적 문제
  ⓙ 여러 가지 진로장벽이 복합적으로 동반됨.

심층직업상담 구조화하기

출제기준▶
1. 초기면담과 진단결과를 종합하여 내담자의 특성을 분석하여 가설을 설정할 수 있다.
2. 가설에 따라 상담목표를 결정하고 상담방법, 기간, 회기, 기법 등 상담전략을 수립할 수 있다.
3. 상담전략에 따라 상담계획을 설계하고 내담자의 동기를 촉진할 수 있다.
4. 상담목표 달성을 확인하기 위한 평가준거와 평가방법 등에 대해 내담자와 협의하고 결정할 수 있다.

01 가설 설정 및 상담전략 수립

(1) 직업상담의 목표 (Gysbers)

① **예언과 발달** : 직업상담의 실시는 계획과 의사결정에서 가장 최상의 정보화된 관점에 기반을 두며, 개인의 적성과 흥미를 탐색하고 확대하는 데 도움이 되는 경험을 제공한다.

② **처치와 자극** : 사회가 복잡해지고 직업세계가 통합화, 융합화되는 과정이 가속화되고 있으므로 개인의 적응의 어려움에 대한 처치와 관련된 직업상담의 욕구가 증가될 것으로 보인다. 또한 효과적인 사람들이 되는 데 필요한 지식과 기능을 습득할 수 있도록 자극하는 데 있으므로 내담자에게 진로발달이나 직업 문제를 인식하고 이러한 문제를 해결하도록 자극하는 것이 중요하다.

③ **결함과 유능** : 직업상담의 주된 관건은 사람들이 문제를 효과적으로 다루도록 돕는 데 있다. 예방적 관점에서 중요한 것은 사람들이 자신의 결함보다는 유능에 초점을 맞추고 개척할 수 있도록 일깨워야 한다는 것이다.

(2) 특성-요인이론과 개인-환경 적합 접근 (F. Parsons)

① **이론의 개요**
 ㉠ 적성, 흥미, 성격, 가치, 자원, 한계, 원인 등의 개인에 대한 명확한 이해
 ㉡ 직업에서의 성공, 이점, 보상, 기회, 전망 등의 요건과 조건에 관한 지식
 ㉢ 개인과 직업 이 두 가지 사실의 관계성에 대한 진지한 추론

② **상담 틀과 기본 가정**
 ㉠ 누구에게나 하나의 진로목표는 있다.

ⓛ 진로결정은 측정된 능력을 토대로 한다.

ⓒ 개인들이 객관적으로 측정될 수 있고 일 요건과 상관이 있는 능력이나 특성에 따른 독
특한 유형을 가진다.

③ **상담목표**

㉠ 현명한 직업 선택을 하도록 돕는다.

ⓛ 내담자가 자신의 특성을 명확히 이해하도록 한다.

ⓒ 내담자가 직업의 특성에 대해 명확히 이해하도록 한다.

ⓔ 의사결정에서 나타나는 문제를 확인하고 합리적 의사결정을 돕는다.

④ **윌리암슨(Williamson)의 검사 해석단계의 상담기법 3가지**

㉠ **직접충고** : 검사결과를 토대로 상담자가 내담자에게 자신의 견해를 솔직히 표명한다.

ⓛ **설득** : 내담자에게 합리적이고 논리적으로 검사자료를 제시하여 내담자가 자신의 문제
를 해결할 수 있도록 설득한다.

ⓒ **설명** : 진단과 검사자료, 비검사자료들을 해석하여 내담자가 결과의 의미를 이해할 수
있도록 돕는다.

⑤ **브레이필드(Brayfield)의 직업정보의 기능 3가지**

㉠ **정보적 기능** : 직업정보의 제공을 통해 내담자의 지식을 증가시킨다.

ⓛ **재조정 기능** : 자신의 선택을 점검하고 재조정해 볼 수 있는 기초를 마련한다.

ⓒ **동기화 기능** : 내담자가 의사결정 과정에 적극적으로 참여하도록 한다.

> ※ 암기 Tip : 정 – 재 – 동

(3) 홀랜드의 성격이론 모형 적용 (Holland)

① **이론의 개요**

㉠ 현실적, 탐구적, 예술적, 사회적, 진취적, 관습적 성격유형 등 육각형 모형의 성격이론
을 제시하였다.

ⓛ 6가지 유형의 이름과 순서는 RIASEC으로 표기하였다.

② **이론의 기본 가정**

㉠ 대부분의 사람은 6가지 성격유형으로 설명할 수 있다.

ⓛ 직업적 환경도 6가지 유형 중 하나로 분류될 수 있다.

ⓒ 사람들은 자신에게 적합한 환경을 찾으려고 한다.

ⓔ 성격과 환경은 상호 작용하여 행동으로 나타난다.

③ **상담목표 (Amondson, 2005)**

㉠ 내담자의 직업적 성격유형을 통해 내담자와 직업 간의 상호작용을 확인한다.

ⓛ 변별성, 일관성, 일치성의 개념을 활용하여 의사결정과정의 어려움을 예측한다.

ⓒ 내담자의 유형에 대한 이해를 바탕으로 다양한 진로 대안과 개인의 특성을 비교, 검토
하면서 적합한 진로 대안을 탐색한다.

ⓔ 학과 및 직업의 선택 시 '홀랜드 학과/직업코드표'를 이용하여 내담자의 유형과 일치하거나 유사한 유형의 학과 혹은 직업을 탐색한다.

(4) 직업적응이론 모형 적용 (Dawis & Lofquist)

① **이론의 개요**
  ㉠ 일 성격과 일 환경은 서로 어울려야 한다.
  ㉡ 개인의 욕구는 일 환경에서 개인적 적합을 결정짓는 가장 중요한 것이다.
  ㉢ 일 환경에서 요구하는 개인의 욕구와 강화인 체계는 안정성과 유지 측면에서 중요하다.
  ㉣ 일 환경에서 요구하는 특징을 작업자의 특징과 일치시킬 때 직무 배치는 가장 잘 이루어진다.

② **상담목표**
  ㉠ 내담자의 호소 문제를 개인과 환경의 불일치로 개념화하여 접근한다.
  ㉡ 내담자의 직업 가치와 능력을 평가하여 불일치의 원인을 찾고 적응의 기회를 찾도록 한다.
  ㉢ 적응을 위해 내담자의 변화 혹은 직업환경의 변화 가능성을 탐색하고 내담자의 직업 적응을 돕는다.

(5) 수퍼의 진로발달이론 모형 적용 (Super)

① **이론의 개요**
  ㉠ 성장기(0~14, 15세), 탐색기(15~24세), 확립기(25~44세), 유지기(45~64세), 쇠퇴기(65세 이후) 등으로 직업발달 단계를 제시하였다.
  ㉡ 생애공간적 접근에서 생애 역할, 자기개념, 직업 성숙 등을 제시하고, 생애진로무지개를 통해 역할의 현저성(salience)의 개념과 이에 대한 측정을 제시하였다.

② **상담목표**
  ㉠ 내담자 스스로 자신의 생애 역할에 대한 통합적이고 적합한 개념을 형성하여 이를 수용할 수 있도록 한다.
  ㉡ 자기 스스로 현실에 반하는 자기개념을 검토하도록 한다.
  ㉢ 내담자가 자기개념을 실현시키고 일어서의 성공, 사회적 기여, 개인적 만족을 기대할 수 있는 진로선택을 하도록 한다.

(6) 타이드만과 오하라의 이론 모형 적용 (Tideman & O'Hara)

① **이론의 개요** : 에릭슨(Erikson)의 심리사회적 위기이론의 8단계인 신뢰감(trust), 자율성(autonomy), 주도성/솔선(initiative), 근면성(industry), 자기정체감(self-identity), 친밀감(intimacy), 생산성(generativity), 자아통합(ego integrity) 등으로부터 영향을 받아 자기정체감의 발달에 따른 이론을 전개하였다.

② **상담 틀과 기본 가정**

    ㉠ 진로발달을 시간 단계의 틀 내에서 개념화하였다.

    ㉡ 진로발달 단계는 자신의 자기정체감을 지속적으로 구별해 내고 발달 과제를 처리하며, 심리사회적 위기를 해결하는 과정이다.

(7) 고트프레드슨의 제한 · 타협이론 모형 적용 (Gottfredson)

① **이론의 개요**

    ㉠ 직업 포부 발달 단계를 힘과 크기 지향성(3~5세), 성역할 지향성(6~8세), 사회적 가치 지향성(9~13세), 내적 고유한 자기 지향성(14세 이후) 등으로 제시하였다.

    ㉡ 타협은 성유형, 직업 수준, 직업 분야 등에 대한 유사성과 차이점 등을 평가하여 자신이 선택할 직업의 영역 혹은 한계를 설정하게 되는 과정이다.

② **상담 틀과 기본 가정**

    ㉠ 내담자는 한 가지 이상의 직업 대안을 제시한다.

    ㉡ 내담자의 흥미와 능력에 적절한 직업을 선택한다.

    ㉢ 내담자는 자신이 선택한 대안에 만족한다.

    ㉣ 내담자는 필요 이상으로 대안을 제한하지 않는다.

    ㉤ 내담자는 기회를 인식하고 있으며, 선택한 직업을 이행하는 데 있어 장애물에는 현실적이지 않다.

③ **상담목표**

    ㉠ 타협의 불가피성에 대한 인식이 선행 목표가 된다.

    ㉡ 타협의 과정을 통해 진로 의사결정을 할 수 있도록 한다.

    ㉢ 타협에 대한 적응을 돕는다.

(8) 사회학습진로이론 모형 적용 (Krumboltz)

① **이론의 개요**

    ㉠ 진로발달과 선택의 영향요인을 유전적 요인과 특별한 능력, 환경조건과 사건, 학습경험, 과제접근기술 등의 네 가지로 제시하였다.

    ㉡ 과제접근기술은 문제해결기술, 작업습관, 정신구조, 정서적 · 인지적 반응 등과 같이 개인이 발달시켜 온 기술 집합이다.

② **상담 틀과 기본 가정**

    ㉠ 개인은 대부분의 문제가 생애에서 정상적인 일부분이므로 생애에 처치할 수 있는 문제가 존재한다는 사실을 인식하지 않을 것이다.

    ㉡ 개인들은 늘 같은 방법으로 해결책을 취하기 때문에 결정하거나 문제를 해결하는 데 필요한 노력을 기울이지 않을 수도 있다.

ⓒ 개인들은 잘못된 가정을 지나치게 일반화하여 잠재적 가치를 간과하여 잠재적 만족을 주는 대체물을 제거할 수도 있다.

ⓔ 개인들은 잘못된 신념과 비현실적인 기대 때문에 잠재적인 진로를 현실적으로 평가할 수 없어 부적절한 대체물을 선택할 수도 있다.

ⓜ 개인들은 목표는 비현실적이거나 다른 목표와 상충될 수 있기 때문에 스스로 무능력하다고 생각하며 불안해하거나 분노를 겪을지도 모른다.

③ **상담목표**

ⓐ 만족스러운 진로와 인생을 선택하기 위한 행동을 학습하도록 돕는다.

ⓑ 진로 관련 심리검사를 활용하여 내담자의 새로운 학습기회를 찾도록 한다.

ⓒ 계획하지 않은 활동들을 적극적으로 도전하게 하고, 진로에 유리하게 작용하도록 잘 관리하게 한다.

(9) 인지적 정보처리이론 모형 적용 (Peterson, Sampson, Reardon)

① **이론의 개요**

ⓐ 의사결정에서 개인이 어떻게 정보를 사용하는가에 대한 관점에서 출발한다.

ⓑ 진로문제해결은 일차적으로 인지적 과정이며, 일련의 절차(CASVE)를 통해 증진시킬 수 있다.

ⓒ 의사소통(Communication, 질문들을 받아들여 부호화하며 송출하는 것), 분석(Analysis, 한 개념적 틀 안에서 문제를 찾고 분류하는 것), 통합(Synthesis, 일련의 행위를 형성시키는 것), 가치 부여(Valuing, 승패의 확률에 관해 각각의 행위를 판단하고 다른 사람에게 미칠 여파를 판단하는 것), 집행(Execution, 책략을 통해 계획을 실행시키는 것) 등이다.

② **상담 틀과 기본 가정 (10가지 기본 가정)**

ⓐ 진로선택은 인지적·정의적 과정들의 상호작용의 결과이다.

ⓑ 진로를 선택한다는 것은 하나의 문제해결활동이다.

ⓒ 진로문제해결자의 잠재력은 지식은 물론이고 인지적 조작의 가용성에 의존한다.

ⓔ 진로문제해결은 고도의 기억력을 요하는 과제이다.

ⓜ 동기의 근원을 앎으로써 자신을 이해하고 만족스러운 진로선택을 하려는 욕망을 가진다.

ⓗ 진로발달은 지식 구조의 끊임없는 성장과 변화를 포함한다.

ⓢ 진로 정체성(career identity)은 자기 지식에 의존한다.

ⓞ 진로성숙은 진로문제를 해결할 수 있는 자신의 능력에 의존한다.

ⓩ 진로상담의 최종 목표는 정보처리기술들의 신장을 촉진시킴으로써 달성된다.

ⓩ 진로상담의 최종 목표는 진로문제해결자이고, 의사결정자인 내담자의 잠재력을 증진시킴에 있다.

③ **상담목표**
 ㉠ 내담자의 능력(capability)과 복잡성(complexity)을 기준으로 진로의사결정 준비도를 평가한다.
 ㉡ 진로정보처리 영역 피라미드와 CASVE 과정에 따라 내담자 문제의 원인을 파악한다.
 ㉢ 파악된 문제에 따라 상담목표를 설정한다.

(10) 사회인지적 진로이론 모형 적용 (Lent, Brown, Hackett)

① **이론의 개요**
 ㉠ 개인과 환경 간에 상호 작용하는 인과적 영향을 분류하고 개념화하기 위해, 사회인지적 진로이론은 3축 호혜성(triadic reciprocal)이라고 부르는 반두라(Bandura, 1986)의 인과적 모형을 기술한다.
 ㉡ 최종적으로 자신들의 사고와 행동에 영향을 주는 상황에 개개인이 어떻게 영향을 주는지도 기술한다. 즉, 개인-행동-상황의 상호작용이다.

② **상담 틀과 기본 가정**
 ㉠ 진로발달과 선택의 결정요인으로 자기효능감, 결과기대, 목표 등 3가지 인지적 요인의 영향을 강조하였다.
 ㉡ 자기효능감이 높고 긍정적인 결과기대의 목표설정 → 목표에 대한 확신성이 높음 → 목표를 이루기 위한 행동에 적극적임 → 목표 성공 가능성을 높임 → 특정 영역에서 성공을 거둔 내담자는 특정 영역에서의 자기효능감과 결과기대를 높인다.

③ **상담목표**
 ㉠ **자기효능감 점검 및 강화** : 내담자가 처한 객관적 현실 자체보다 그것에 대한 내담자의 인지적 판단이 중요하므로 자기효능감을 점검하고 강화하는 것이 중요하다. 따라서 내담자의 자기효능감 강화를 위해 상담자는 내담자의 과거경험 중 유사한 영역의 성공경험을 탐색하고, 내담자와 비슷한 사람이 이루어낸 성공적인 경험담을 찾아 제공하며, 내담자의 강점을 찾아내어 칭찬과 격려를 함으로써 자기효능감을 강화시킬 수 있다.
 ㉡ **결과기대의 탐색과 현실성 강화** : 취업 시기가 가까워질수록 직업선택에 대한 결과기대는 현실적이고 구체적으로 설정되어야 한다. 결과에 대해 현실적으로 기대하기 위해서는 내담자가 관심 있어 하는 직업의 여러 가지 조건을 구체적으로 파악하여, 긍정적인 결과가 기대되는 직업영역을 탐색해야 한다. (**예** 최근 구인동향, 근무조건, 생활양식, 연봉, 안정성, 주요 직무 등)
 ㉢ **목표 수립** : 자기효능감이 높고 결과기대도 긍정적인 영역의 진로를 목표로 설정하여야 한다.

@ **진로준비행동 촉진과 진로장벽 인식 및 제거** : 목표가 설정되면, 이를 이루기 위해 알맞은 활동을 선택하고, 충분하게 적극적으로 활동하고 있는지를 점검하여 진로준비행동을 촉진한다. 또한 상담자는 내담자의 진로발굴과 선택과정의 무능력 및 비능률을 초래하는 진로장벽을 민감하게 인식하고, 명확하게 정의하여 진로장벽을 감소시키기 위한 방안을 찾아야 한다.

(11) 가치중심적 접근 모형 적용 (Brown)

① **이론의 개요**

㉠ 브라운(Brown, 1996)의 진로발달에 대한 가치중심적 접근법은 인간 기능이 개인의 가치에 의해 상당 부분 영향을 받고, 또 형성된다는 가정에서 비롯한다.

㉡ 흥미는 진로결정에 별로 큰 역할을 하지 않는다.

㉢ 가치를 행동 역할을 합리화하는 데 있어 강력한 결정 요인이라고 보았다.

② **상담 틀과 기본 가정**

㉠ 개인이 우선권을 부여하는 가치들은 얼마 되지 않는다.

㉡ 우선순위가 높은 가치들이 다음의 기준들을 충족시키고자 할 때 생애 역할은 가장 중요한 요인이다.

㉢ 가치는 환경 속에서 가치를 담은 정보를 획득함으로써 학습된다. 이런 정보는 개인의 세습된 특성과 상호 작용하면서 인지적으로 처리된다.

㉣ 생애 만족은 긴요한 모든 가치들을 관족시키는 생애 역할들에 의존한다.

㉤ 한 역할의 특이성은 역할 안에 있는 필수적인 가치들의 만족 정도와 직접 관련된다.

㉥ 생애 역할에서의 성공은 많은 요인들에 의해 결정되는데, 이들 중에는 학습된 기술과 인지적·정의적·신체적 적성 등도 있다.

(12) 진로구성주의 이론 모형 적용 (Savickas)

① **이론의 개요** : 개인이 자신의 진로 관련 행동과 직업적 경험에 의미를 부여하면서 스스로의 진로를 구성해 간다고 보면서 생애설계라는 서로운 패러다임을 제시하였다.

② **상담 틀과 기본 가정**

㉠ 개인은 이미 존재하는 사실을 발견하는 것이 아니라 적극적으로 의미화하는 과정을 통해 진로행동을 이끌고, 조절하고, 유지할 수 있다고 본다.

㉡ 상담 과정에서는 내담자 자신에게 의미 있는 경험을 찾도록 촉진하고 자신만의 진로 이야기를 만들어 가도록 도움으로써 진로상담의 실질적인 방법을 제시하였다.

③ **상담목표**

㉠ 개인의 의미 있는 경험을 찾아내도록 촉진하고 자신만의 진로 이야기(career theory)를 만들어 가도록 돕는다.

㉡ 진로 이야기 속에서 내담자 자신의 직업적 성격, 진로 적응도, 생애 주제를 찾는다.

④ **상담전략**

진로이야기 속에서 내담자의 직업적 성격(vocational personality), 진로적응성(personal adaptability), 생애주제(life theme)를 찾아갈 수 있도록 돕는 것이 상담전략이다.

  ㉠ **직업적 성격** : 진로와 관련된 거인의 능력, 욕구, 가치, 흥미 등을 의미한다. 사람들이 특정한 진로행동을 보이는 이우와 행동이 생애주제로 표현되는 방법을 이해하고자 노력한다. 표준화된 직업흥미검사나 결과를 가지고 내담자의 진짜 흥미라고 해석하지 않고, 하나의 가능성으로 보며, 가설을 만드는 데 활용한다.

  ㉡ **진로적응성** : 진로적응도란 현재 당면한 진로발달과업, 직업전환, 마음의 상처 등을 극복하는 데 필요한 개인의 준비도와 자원을 의미하는 심리적 구인이다. 진로적응성을 통해 개인은 자신의 자아개념을 직업적 역할 속에서 실현해내고, 자신의 진로를 새롭게 만드는 과정으로 선순환될 수 있다. 자신의 진로에 관심을 가지고 통제감을 느끼며, 진로에 대한 호기심과 자신감을 갖는 것이 진로적응성의 주요 특징이다.

  ㉢ **생애주제** : 직업선택을 통해 자기개념을 구체화하고, 일을 통해 자신을 드러내는 진로 관련 행동의 이유가 생애주제이다. 개인의 생애주제를 담은 개인의 진로 관련 경험담을 듣는 것이 중요함을 강조한다. 내담자의 여러 진로 이야기를 통합하여 생애주제를 찾아 나가는 과정이 바로 직업상담의 과정이다.

⑤ **진로 이야기 면접 (CSI : Career Story Interview)**

  ㉠ 진로 구성주의 이론가들이 활용하는 구조화된 면접기법으로 총 8개의 질문으로 구성된다.

  ㉡ 직업상담가는 인터뷰를 통해 내담자가 자신에 대한 지각을 명확히 알아차릴 수 있도록 하며, 이야기 중 발견한 시사점을 스스로 깨달을 수 있도록 촉진한다.

  ㉢ 드러난 생애주제를 호소 문제에 연결시키려는 노력은 상담자와 내담자의 작업동맹 하에서 이루어지게 되며, 이를 위해서는 상담자의 전문적인 숙련이 요구된다.

  ㉣ 진로 구성주의는 결국 자신의 정체성을 확립하는 데 도움을 주게 되는데, 그러한 정체성을 바탕으로 자신의 진로를 구성해나가는 창조의 과정이 곧 진로구성주의라 이해할 수 있다.

  ㉤ 이 과정에서 낡은 진로 이야기와 생애 이야기가 해체되고 성찰을 통해 의미 있는 스토리로 재구성되기도 하는데 상담자는 이러한 과정을 함께하게 된다.

  ㉥ 다만, 인터뷰 질문을 도식적으로 적용하여 내담자에게 질문 공세를 하지 않도록 주의해야 하며, 상담 과정은 내담자와 함께하는 과정이기 때문에 충분히 머물고 성찰할 수 있는 태도가 요구된다.

▶ **진로 이야기 면접(CSI)의 8가지 질문들**

1. 이 시간을 어떻게 활용하고 싶습니까? (내담자의 준비도 파악 및 상담 목표 설정)
2. 당신이 어릴 적 존경했던 롤모델 3인은 누구이며, 그 이유는 무엇입니까? (**역할 모형**)
3. 당신이 좋아하는 잡지(TV 프로그램 또는 웹사이트)는 무엇이며, 그 이유는 무엇입니까?
   (**직업적 흥미와 선호하는 환경**)
4. 좋아하는 책이나 영화는 무엇입니까? (당면한 문제에 대한 해결책)
5. 좋아하는 좌우명이나 명언은 무엇입니까? (생애사 제목)
6. 좋아하는 과목은 무엇입니까? (선호 직무)
7. 여가시간은 어떻게 보내나요? (겉으로 드러나는 흥미)
8. 당신의 삶에서 가장 어릴 적 기억에 대해 이야기해 주세요.(3가지) (몰두 및 집착)

02 직업상담계획 수립과 상담 계약

(1) 직업상담계획 수립

① **직업상담계획 수립의 필요성**

ㄱ 상담의 방향과 지침을 제공하여 상담의 전 과정을 조직할 수 있고 상담목표를 수행할 수 있다.

ㄴ 상담평가 및 조정의 기본 골격이며, 상담자의 전문성을 향상시키고 경험적 자료를 축적하는 데 도움이 되는 중요한 과업이다.

ㄷ 상담 서비스의 질을 유지시키고 사례관리에 매우 중요한 절차이다.

② **상담계획 수립의 고려사항**

ㄱ 내담자의 개별화 특성에 따른 계획을 수립해야 한다.

ㄴ 상담자의 전문성이 부족하거나 인격적으로 미성숙할 경우 상담의 억제 요인이 될 수 있다.

ㄷ 상담시간, 상담장소, 역기능적인 상담기관 등 상황적 요인 또한 고려해야 한다.

ㄹ 상황은 늘 역동적으로 변화하므로 상담자는 융통성을 발휘할 수 있는 계획을 수립해야 한다.

ㅁ 상담계획은 실용성을 가지고 있어 실무에 쉽게 적용하고 활용할 수 있도록 구성한다.

ㅂ 구체적인 상담계획이 내담자에게 직접적인 영향을 미쳐 변화를 촉진할 수 있으며, 더 효과적이다.

③ **상담계획에 포함되어야 할 일반적 요소**

ㄱ **상담시간** : 내담자의 연령이나 문제유형, 상담접근 방법에 따라 단위시간을 구성하고, 내담자 특성에 따라 상담시간은 달라져야 한다.

ㄴ **상담기간** : 대상, 문제유형 등에 따라 상담 빈도를 구성하고 상담기간을 구성한다.

ㄷ **상담공간** : 상담실에서 이루어지기도 하고, 직접 찾아가는 상담도 진행할 수 있다.

ⓔ **상담형태** : 개인상담 혹은 집단상담의 형태로 진행할 수도 있다.

ⓜ **상담목표** : 내담자 정보를 종합하여 진단한 논점에 따라 상담목표를 수립하고 이를 상담계획에 반영해야 한다.

ⓗ **상담전략** : 상담목표를 효과적으로 달성하기 위한 개입방법과 상담 과정 등 전략적 구조를 상담계획에 포함시킨다.

직업심리치료하기

출제기준▶

1. 인지적·행동적·정서적 논점에 따라 적절한 개입방법을 선택하고 상담기법을 활용하여 상담을 진행할 수 있다.
2. 내담자의 심리적 상황을 점검하고 현실성과 보편타당성을 검토하여 그 정도에 따라 변경된 상담기법을 적용할 수 있다.
3. 효과적인 상담결과를 위해 과제나 활동을 부여하고 수행여부를 확인할 수 있다.

01 논점별 개입방법 선택

(1) Ellis의 합리적·정서적·행동적 치료 (REBT : Rational Emotive Behavior Therapy)

① **특징 및 의의**

㉠ 인간은 합리적인 사고를 할 수 있는 동시에 비합리적인 사고를 할 수 있다고 가정한다.

㉡ **인지는 인간의 정서를 결정하는 가장 중요한 요소이다.**

㉢ **비합리적 신념(역기능적 사고)은 정서장애와 행동장애에 중요 결정 요인으로 작용한다.**

㉣ 내담자의 비합리적인 신념에 대한 논박을 통해 사고와 감정의 변화를 도모하는 것을 목적으로 한다.

㉤ 문제에 초점을 둔 시간제한적 접근으로서, 내담자가 자신의 행동을 통제하기 위한 대처 기제를 학습하는 교육적 접근을 강조한다.

② **기본 가정**

㉠ 인간은 이성에 따라 합리적이고 올바른 사고를 할 수 있는 동시에 왜곡된 사고를 할 수도 있는 잠재 기능을 가지고 태어났다.

㉡ 동일한 부정적 상황이라도 개인마다 자신과 타인을 둘러싼 세계에 대한 의미와 철학, 평가하는 신념 등에 따라서 각자 다르게 받아들일 수 있다.

㉢ 만약 상황을 비합리적으로 받아들이는 경우 심리적 장애를 경험할 수 있다.

③ **비합리적 신념의 3가지 당위성**

구분	내용
자신에 대한 당위성	나는 반드시 훌륭하게 일을 수행해 내야 하며, 중요한 타인들로부터 인정받아야만 한다. 그렇지 않으면 나는 썩어빠진 하찮은 인간이다. (자기파멸)

구분	내용
타인에 대한 당위성	타인은 반드시 나를 공정하게 대우해야 한다. 그렇지 않으면 끔찍하고 참을 수 없는 일이다. (타인불신, 인간회의)
세상(조건)에 대한 당위성	세상의 조건들은 내가 원하는 방향으로 돌아가야만 한다. 그렇지 않으면 끔찍하고 참을 수 없는 일이며, 나 또한 그와 같은 끔찍한 세상에서 살아갈 수 없다. (화, 부적절한 행동)

④ ABCDE 모형

구분		내용
A (Activating Event)	**선행사건**	내담자의 정서나 행동에 영향을 미치는 사건
B (Belief System)	**신념체계**	선행사건에 대한 내담자의 비합리적 신념체계나 사고체계
C (Consequence)	**결과**	비합리적 신념이나 사고체계를 통해 해당 사건을 해석함으로써 얻게 되는 부적응적인 정서적 · 행동적 결과
D (Dispute)	**논박**	내담자가 가지고 있는 비합리적 신념이나 사고체계에 대해 논리성, 실용성, 현실성에 비추어 논박하는 것으로 내담자의 비합리적 신념체계를 수정하기 위한 것
E (Effect)	**효과**	논박으로 인해 나타나는 효과로서 비합리적 신념이 합리적 신념으로 대체

(2) Beck의 인지치료

① **특징 및 의의**
  ㉠ 인간의 행동과 정서는 개인의 신념체계와 사고에 따라 결정된다고 본다.
  ㉡ 상담자는 내담자로 하여금 자신의 역기능적인 정서, 행동, 문제해결을 유발하는 사고의 유형을 확인하고 변화할 수 있도록 돕는 역할을 수행한다.
  ㉢ 적극적이고, 지시적이며, 시간 제한적이고, 구조화된 접근이다.
  ㉣ 부정적인 '자동적 사고'와 '인지적 왜곡'이 심리적 문제를 야기한다.
  ㉤ 사고가 감정과 행동에 영향을 미치며, 행동양식은 사고의 패턴과 감정에 영향을 미치므로 인지적 오류를 다루는 것과 함께 행동적 관점의 개입도 중요하다고 강조한다.

② **부정적 자동적 사고**
  ㉠ 스트레스 사건을 경험했을 때 자동적으로 떠올리는 부정적인 내용의 자동적 사고에 의해 심리적인 문제가 발생한다.
  ㉡ 심리적 부적응을 가져오는 3가지 자동적 사고를 인지삼제(cognitive triad)라고 한다.
  ㉢ 인지삼제는 자기에 대한 비관적인 생각, 앞날에 대한 염세주의적 생각, 세상에 대한 부정적인 생각이 이에 해당된다.

③ 역기능적 인지도식

  ⑦ 인지도식이란 세상을 살아가는 과정에서 삶에 관한 이해의 틀을 형성한 것을 의미한다.

  ⓛ 인지도식의 내용이 부정적인 성질의 것인 경우 심리적 문제를 초래하게 되는데 이를 '역기능적인 인지도식'이라고 한다.

  ⓒ 역기능적 인지도식의 예

- 인정을 받으려면 항상 일을 잘해야한 한다.
- 사람은 멋지게 생기고 똑똑하고 돈이 많지 않으면 행복해지기 어렵다.
- 다른 사람에게 도움을 청하는 것은 나약함의 표시이다.

④ 인지 오류

  ⑦ **임의적 추론 (자의적 추론)** : 충분하고 적절한 증거가 없는데도 그러한 결론에 도달하는 것

  ⓛ **선택적 추상화** : 상황이나 사건의 주된 내용은 무시하고 특정한 일부의 정보에만 주의를 기울여 전체의 의미를 해석하는 것

  ⓒ **과잉일반화 (과일반화)** : 한두 번의 사건에 근거하여 일반적인 결론을 내리고 무관한 상황에도 그러한 결론을 적용시키는 것

  ⓔ **의미 확대 및 의미 축소 (과대평가 및 과소평가)** : 어떤 사건의 의미나 중요성을 실제보다 지나치게 확대하거나 축소하는 것

  ⓜ **개인화** : 자신과 관련시킬 근거가 없는 외부 사건을 자신과 관련시키는 것

  ⓗ **이분법적 사고 (흑백논리, 양분법적 논리)** : 사건의 의미를 이분법적인 범주의 둘 중의 하나로 해석하는 오류로 회색지대를 인정하지 않는 것

  ⓢ **긍정 격하** : 자신의 긍정적인 경험이나 능력을 객관적으로 평가하지 않은 채 부정적인 경험으로 전환하거나 자신의 능력을 격하시켜 평가하는 것

  ⓞ **잘못된 명명** : 과잉일반화의 극단적인 형태르서, 내담자가 어느 하나의 단일사건이나 극히 드문 일에 기초하여 완전히 부정적으로 상상하는 것

⑤ **인지치료의 5단계**

구분	내용
1단계	내담자가 느끼는 **감정의 속성이 무엇인지 확인**한다.
2단계	감정과 **연합된 사고, 신념, 태도 등을 확인**한다.
3단계	내담자의 사고들을 **1~2개의 문장으로 요약·정리**한다. 상담자가 믿는 신념이나 행동의 핵심 부분을 분석하여 내담자와 함께 상담자가 그것을 정확하게 파악하였는지를 검토해 본다.
4단계	내담자를 도와 **현실과 0 성의 사고를 조사**해 보도록 개입한다. 첫 번째는 낡은 사고에 다한 인지적 평가로서 이는 대개 새로운 인지의 형성으로 이어진다. 그리고 두 번째는 낡은 사·고나 새로운 사고의 적절성을 검증하고 실험하는 것이다.
5단계	과제를 부여하여 **신념들과 생각들의 적절성을 검증**하게 한다.

(1) 취업취약계층의 주요 논점과 실업

① **실업의 심리학적 의미 (Warr의 비타민 모델, 1987)**

　㉠ 생계유지에 직접적인 위협을 받게 된다.

　㉡ 개인의 생활 반경을 급격하게 감소시킨다.

　㉢ 개인으로 하여금 목표와 방향성을 상실하게 한다.

　㉣ 의사결정 범위를 제한시킨다.

　㉤ 개인의 전문성과 기술 발휘 기회가 상실된다.

　㉥ 실직으로 인해 심리적으로 고통스러운 일들이 증가할 수 있다.

　㉦ 실업은 미래에 대한 불안감을 초래한다.

　㉧ 대인관계의 접촉 범위를 제한한다.

　㉨ 실업 상태가 되면 사회적 위치가 달라진다.

② **실업자의 심리적 반응 단계 (Eisenberg & Lazarsfeld, 1989)**

　㉠ **1단계** : 심리적 충격을 경험하면서도 아직 희망을 버리지 않고 적극적으로 직업을 찾아다닌다.

　㉡ **2단계** : 모든 구직 노력이 허사로 돌아가면서 실업자들은 점차 비관적이 되고 불안감과 심리적 고통을 경험한다.

　㉢ **3단계** : 이 단계에 이르면 실업자들은 실업 상태를 숙명으로 받아들이고 이에 적응하게 된다.

③ **실업자의 심리적 고통**

　㉠ **실업 충격과 스트레스** : 실업 전에 초조와 불안, 두려움의 상태로 있다가 실업을 맞게 되면, 증오, 분노, 초조, 슬픔, 무력감, 열등감, 죄악감, 불신감, 불안이나 두려움 등의 감정상태에 빠지게 된다.

　㉡ **황무지 증후군 (ADD syndrome : After Downsizing Desertification syndrome)** : 기업의 구조조정 과정에서 살아남은 직장인들이 겪는 정신적 황폐 현상으로 '남은 자의 증후군'이라고 불린다.

(2) 취업취약계층의 부적응적 논점

① **실업 상태에서의 비합리적 신념 (Liptak, 1991)**

　㉠ 직업을 구하기 위해 완전한 직업 탐구가 이루어져야 한다.

　㉡ 더 이상 필요로 하지 않을 것이기 때문에 직업 탐색 기법을 습득할 필요가 없다.

　㉢ 직업상담가는 전문가이기 때문에 내담자에게 직업을 찾아 줄 것이다.

ⓔ 면접 후 거절당하는 것은 재앙과도 같다.

ⓜ 직업 탐색 과정에 대하여 신경을 써야 하고 몰두해야만 한다.

② **실업 상태에서 우유부단함의 이유**

ⓐ 실패에 대한 공포

ⓑ 중요한 타인들의 영향

ⓒ 완벽하려는 욕구

ⓓ 성급한 결정 내리기

ⓔ 우유부단함에 대한 강화

ⓕ 다재다능

ⓖ 좋은 직업들의 부재

ⓗ 선택에 대한 불만족

③ **낮은 자기존중감**

ⓐ 자기존중감이 낮은 사람은 자신의 수행 결과에 대해 부정적인 기대를 하게 되므로 낙심하게 된다.

ⓑ 낙심하게 되면 위험을 떠맡지 않으려 하게 되어 발전이 저지되고 낙심하므로 더 부정적 행동을 할 가능성이 많아진다.

④ **정신병리적 논점**

ⓐ **불안장애** : 취약계층의 환경과 상황은 스트레스와 불안의 일상적 원인이 될 수 있다. 불안으로 인해 고통이 있거나 그로 인해 사회적, 직업적 영향이 있을 때 장애라 할 수 있고, 이런 경우 도움이 필요하다. 범불안장애(GAD : Generalized Anxiety Disorder)는 보통 만성적이고 심각한 불안을 말하며, 다양한 걱정과 신체적 증상을 호소한다.

ⓑ **공황장애** : 25세 전후의 청년기에 주로 발병하며 일상생활 중 갑자기 발생한다. 호흡곤란, 휘청거리는 느낌, 발한, 질식감, 오심, 흉통 등의 신체 증상이 동반되며 수 초, 수 분간 지속된다. 직장에서의 전근, 승진 도는 좌천, 실업의 장기화 등의 특정 상황이 스트레스가 되어 촉발요인으로 작용할 수 있다.

ⓒ **사회공포증** : 특정 대상, 행동 혹은 상황에 대한 지속적이고 불합리한 공포가 특징이다. 중심적인 공포는 다른 사람 앞에서 모욕적으로 되는 것과 당황하게 되는 행동을 하지 않을까 하는 것이다.

ⓓ **우울장애** : 우울증은 유전 요인, 발달상의 경험, 환경적 스트레스 등이 복잡하게 상호작용하여 발생한다. 우울장애는 주요우울장애(major depressive disorder)와 기분부전장애(dysthymic disorder)로 나뉘며, 그 외에 우울기분을 동반하는 적응장애(adjustment disorder with depressed mood), 양극성 장애(bipolar disorder) 등에서도 우울증이 나타날 수 있다.

(3) 취업취약계층의 논점별 접근과 상담기법

① **청년**
　　㉠ **특성** : 자기이해가 부족한 경우가 많으며, 자기효능감이 낮거나 의존적이다. 진로의사 결정에 미숙하며, 일 경험 부족, 단편적인 직업정보로 인해 직업세계에 대한 환상이나 두려움을 갖는다.
　　㉡ **접근방법 및 상담기법** : 객관적인 자기이해와 직업탐색, 의사결정 훈련을 통해 자신의 능력에 맞는 직업선택의 과정을 학습할 수 있도록 지원한다.

② **장기 구직자**
　　㉠ **특성** : 정서적 불안정성이 높고 자기효능감이 낮으며, 불안, 분노, 자의식, 충동성, 스트레스 취약성 등이 높게 나타난다. 일자리가 제한적이고 직업수행능력이 낮으며, 심리적 요인에 크게 영향 받으며 좁은 범위의 직업정보 탐색을 통해 직업세계를 지각하는 특성이 있다.
　　㉡ **접근방법 및 상담기법** : 현실적인 선택에 합의점을 찾을 수 있도록 지원하고, 정서적 불안정성을 낮추고 자기효능감을 높이는 전략이 필요하다. 미래시간전망에 기초하여 진로목표를 설정하고 단계별로 접근할 수 있도록 하며, 사후관리를 통한 직업적응을 조력한다.

③ **진로단절여성**
　　㉠ **특성** : 특정 기술이나 기능, 직업경험이 적은 것이 진로장벽으로 작용한다. 육아와 가사노동으로 시간적 제약이 많아 직업선택이 제한적이며, 자기효능감이 낮고, 비전통적인 직종과 노동시장에서의 차별적 관행에 논점이 있다.
　　㉡ **접근방법 및 상담기법** : 자기효능감을 증진하고 직업능력을 향상시킬 수 있는 기회를 제공한다. 현실적으로 접근 가능한 직업선택을 할 수 있도록 돕고, 양질의 시간제 일자리 발굴 및 사후관리를 통한 직업적응을 조력한다.

④ **고령자**
　　㉠ **특성** : 은퇴로 인해 자기효능감이 훼손되거나 고정관념, 사회적 지지기반 약화를 호소하는 경우가 많다. 양질의 일자리가 부족하고, 직업능력 저하와 고연령에 의해 진로장벽을 경험한다.
　　㉡ **접근방법 및 상담기법** : 새로운 생애 목표 설정과 새로운 역할 탐색, 다양한 여가와 건강 관리를 위한 계획 등을 수립할 수 있도록 지원한다. 현실 수용과 변화 관리를 통해 취업의 목적을 설정하고 과거 경험을 최대한 활용할 수 있는 일자리를 제안한다.

⑤ **북한이탈주민 및 결혼이민여성**
　　㉠ **특성** : 정서적 불안정성이 높고 건강 상태가 좋지 않은 경우가 있다. 문화적인 차이로 인해 소외감, 좌절감, 외로움, 불신 등이 높고 노동 강도가 낮은 편안하고 안정적인 직업에 대한 열망을 보인다.

ⓛ **접근방법 및 상담기법** : 신뢰감 형성이 중요하고, 사회적응 프로그램이나 진로계획 프로그램을 지원한다. 노동시장의 이해 수준을 증진하고 정부 지원 제도를 활용하여 적극적으로 구인처를 발굴하도록 한다.

(4) 내담자가 침묵하는 이유

① **두려움** : 자신의 생각과 느낌을 말하고 싶지만, 상담자가 어떻게 생각할지 두려워함.
② **생각을 정리하고 있는 중** : 내담자가 자신의 말이나 상담자의 피드백에 대해 생각하고 있거나 처리 중일 경우, 상담자는 아무 말도 하지 않고 내담자가 충분히 생각할 시간을 주는 것이 필요함.
③ **원래 말수가 적은 사람** : 무리해서 말을 시킬 경우 불편해하고 더 위축될 가능성이 있기 때문에 조용한 것을 허용하되 주의를 기울여서 말을 시켜야 함.
④ **정신적 부재** : 상담 외의 다른 생각에 빠져있는 경우(아이들 문제, 보고서, 경제적인 문제), 상담의 목적과 주제에 어긋나는 문제라고 하더라도 무슨 생각을 하고 있었는지 2~3분 정도 이야기하게 함으로써 자신이 상담자로부터 존중받고 있다는 느낌을 가지게 하고, 다시 상담 작업으로 돌아올 수 있도록 함.
⑤ **혼란스러움** : 내담자가 상담 장면에서 일어나는 일들에 대해 명확하지 않고 혼란스러워함.
⑥ **지루함** : 이야기되는 주제가 재미없거나 한 사람 혹은 한 가지 주제에 너무 많은 시간이 소비되어 따분해하는 경우
⑦ **헌신의 결여** : 상담에 대한 동기부여가 부족한 경우, 억지로 상담받는 경우
⑧ **신뢰 부족** : 상담자에 대한 신뢰감이 부족하고, 상담 장면이 심리적으로 안전하지 않다고 느끼는 경우
⑨ **상담자에 대해 위협을 느낌** : 상담자가 상담 과정을 지나치게 지배하거나 지나치게 지시적일 경우 내담자는 뒤로 물러나 있고, 말하기보다는 단지 듣고 있으려 하는 경향이 있음.

변화분석하기

출제기준 ▶

1. 상담을 통한 내담자의 변화를 분석하기 위해 논점에 대한 관점변화, 부정적 사고의 변화, 행동의 변화 등에 대한 지각을 확인할 수 있다.
2. 상담목표 달성을 위해 상담의 올바른 방향성을 검토하고 내담자의 변화수용 의지와 자신감을 점검하여 상담회기 및 상담기법을 변경할 수 있다.
3. 상담 결과를 분석함에 있어 내담자의 긍정적 변화를 도출하기 위해 개입의 방법이 적절하였는지 평가할 수 있다.

01 변화 확인과 개입의 적절성 분석

(1) 내담자 정보 및 행동 분석 기법 (Gysbers & Moore, 1987)

① **가정 사용하기**

  ㉠ 가정의 사용법은 가설에 의하여 결정되며, 이를 통해 내담자의 행동을 추측할 수 있다.

  ㉡ 직업상담가가 내담자에게 그 행동이 존재하는가를 질문하는 것이 아니라, 내담자에게 그러한 행동이 이미 존재했다는 것을 가정한다.

가정을 사용하지 않은 예	가정을 사용한 예
• 당신은 계획을 갖고 있나요?	• 당신의 계획은 어떤 것이죠?
• 당신은 직업상담을 해야겠다는 결정을 내렸나요?	• 직업상담을 해야겠다고 결정을 내린 과정을 말씀해 주시겠어요?
• 당신은 당신의 직업이 마음에 듭니까?	• 당신의 직업에서 마음에 드는 것은 어떤 것들입니까? • 당신의 직업에서 좋아하지 않는 것은 무엇입니까?
• 당신의 상사는 어때요?	• 어떤 사람이 상사가 되었으면 좋겠습니까? • 당신은 어떤 일을 해서 상사에게 미움을 받았습니까?

② **의미 있는 질문 및 지시 사용하기**

  ㉠ 가정법을 지지하는 의미 있는 질문과 지시를 사용하는 기법이다.

  ㉡ 내담자들은 이러한 질문에 대해서 변호할 수 있기 때문에 명령하거나 강제적인 것보다 대답하기 쉽게 느낀다.

구분	내용
공손한 명령의 질문	• 당신이 특별히 좋아하는 것이 있으면 말씀해 주시겠어요? 당신이 이러한 일을 할 수 있을까 하는 생각이 드는데….
대답을 원하지 않으면서 주의를 요하는 질문	• 이게 닿는 건지 잘 모르겠네요. 이 직업이 쉬운 건지, 어려운 건지 잘 모르겠어요. 당신이 능력을 발휘할 수 있을지….

③ **전이된 오류 정정하기**

㉠ **정보의 오류**

- 내담자가 실제의 경험과 행동을 이야기함에 있어 대강대강 이야기할 때 나타난다.
- 내담자가 충분한 정보를 알고 있다고 잘못 생각하는 경우 발생한다.
- 상담자는 보충 질문을 하거나 되물음으로써 잘못을 정확히 인식시켜 주어야 한다.

구분	내용
삭제	내담자의 경험을 이야기함에 있어서 중요한 부분이 빠졌을 때 • 나는 맞지 않아요. ➜ 어디에 맞지 않는다는 거지요? • 내 생각이 옳아요. ➜ 무엇에 대한 생각 말인가요? / 무엇에 비해서 옳다는 거죠? • 내 상사가 그러는데 나는 책임감이 없대요. ➜ 무엇에 대한 책임감을 말하는 거죠?
불확실한 인물의 인용	내담자가 명사나 대명사를 잘못 사용했을 때 • 그들은 나를 잘 몰라요 ➜ 누가 당신을 이해하지 못한다는 거죠? • 사람들은 나를 의기소침하게 만들지요. ➜ 누가 특히 더 그렇지요? • 나는 대응할 수가 없어요. ➜ 무엇에(누구에게) 대응한단 말인가요?
불분명한 동사의 사용	내담자가 모호한 동사를 사용했을 때 • 내 상관은 나를 무시하려 들지요 ➜ 당신의 상관이 특히 어떤 점에서 당신을 무시한다는 생각이 드나요? • 내가 믿고 있는 것과 정반대지요. ➜ 어떻게 된 일인지 설명해 보세요. • 내가 결정을 내리는 데 방해를 받고 있어요. ➜ 어떻게 방해를 받고 있죠?
참고자료	내담자가 어떤 사람이나 장소, 사건을 이야기할 때 구체적으로 말하지 않는 경우 • 나는 확신할 수가 없어요. ➜ 무엇을 확신할 수 없다는 거죠? • 그 일은 지겨워요. ➜ 그 일을 지겹게 만드는 것이 무엇이죠? • 모르겠어요. ➜ 무엇을 모르겠다는 거죠? • 그 일을 하면 지쳐요. ➜ 그 일이라는 것을 설명해 주세요.
제한된 어투의 사용	내담자가 자기 자신의 세계를 제한하려고 하는 경우 • 나는 할 수 없어요. ➜ 무엇이 못하게 하는 거죠? • 나는 이렇게 해야만 허요. ➜ 관약 안 하면 어떻게 되나요?

㉡ **한계의 오류** : 내담자가 자신에게 기회나 선택이 제한되어 있다고 생각하는 경우를 말한다.

구분	내용
예외를 인정하지 않는 것	내담자가 예외가 없다는 뜻을 내포한 '항상, 절대로, 모두, 아무도'와 같은 말을 자주 사용하는 경우
	• 그 사람들은 항상 ~해요. ➜ 항상 그러하다는 말입니까?
불가능을 가정하는 것	내담자가 자신의 능력에 한계를 지우는 '할 수 없다. 안 된다. 해서는 안 된다.'는 말을 사용하면서 변화에 대한 자신의 능력에 한계를 지우는 경우
	• 나는 사장님께 말을 할 수 없어요. ➜ 당신이 사장님과 대화하는 방법을 찾지 못한 것이겠죠. / 사장님과 별로 얘기할 필요가 없다는 거지요?
어쩔 수 없음을 가정하는 것	내담자가 '~해야만 한다. 필요하다. 선택의 여지가 없다. 하지 않으면 안 된다.'는 말을 사용하는 경우
	• 나는 우리 사장님의 의견과 정반대이기 때문에 사표를 내는 것 말고는 다른 방법이 없어요. ➜ 당신은 아무런 선택도 하지 않는다는 것을 이미 선택했어요. 당신은 사장님과 이런 상황을 해결하고 일을 할 수 있어요. 아니면 의견일치가 되지 않음을 받아들일 수도 있습니다. 선택의 여지가 없다는 것은 선택의 폭이 많다는 것을 의미하지요.

ⓒ **논리적 오류** : 논리적 오류는 내담자가 논리적인 관계가 맞지 않는 진술을 함으로써 의사소통까지 방해하는 경우를 말한다.

구분	내용
잘못된 인간관계의 오류	한 사람의 행동이 자신 또는 다른 사람의 변화에 직접적이고 물리적인 원인이 된다고 생각하며, 자신이 실제 경험했던 것보다 경험의 세계를 다스릴 수 있는 능력을 인정하지 않는 경우
	• 그 일이 이렇게 만들었죠. 어떻게 해볼 수가 없어요. 사장님이 나를 엉망진창으로 만들었어요. ➜ 사장님이 어떤 식으로 당신의 기분을 상하게 했나요? 구체적으로 말해 보세요.
마음의 해석	다른 사람과 직접 의사소통을 해보지 않고서 그 사람의 마음을 읽을 수 있다고 자신하는 경우
	• 나의 상사는 나와 함께 일하는 데 불편을 느끼죠. ➜ 그 사실을 어떻게 잘 알죠?
제한된 일반화	한 사람의 견해가 모든 사람에게 공유된다는 개인적인 생각에서 비롯되는 오류
	• 그 느낌에 대해서 이야기하는 것은 아주 좋은 생각입니다. ➜ 누구에게 좋은 생각이란 말입니까?

④ **분류 및 재구성하기**

㉠ 내담자의 표현을 분류하고 재구성함으로써 내담자로 하여금 자신들의 세계를 다른 각도에서 바라볼 수 있는 기회를 가질 수 있다.

㉡ 내담자의 경험을 이끌어 내는 것을 도와주고 또한 경험의 중요성을 새로운 언어로 구사함으로써 경험을 재구성하는 데 도움을 준다.

㉢ 분류 및 재구성은 내담자의 긍정적 측면들에 초점을 맞춘 것으로, 내담자가 할 수 있는 것, 내담자가 소유한 유능 등을 강조한다.

㉣ 특히 자기개념이 낮은 내담자들에게 매우 효과가 있으며, 지속적으로 처치해줄 필요가 있다.

㉤ 분류 및 재구성 관념을 사용한 효과적 기법은 역설적 의도이다. 이는 적대적인 내담자들에게도 사용되는데 파괴적 행동 형태를 없애는 데 유용하며, 내담자들의 행동을 유사한 행동, 즉 긍정적 결과의 행동으로 치환할 수 있다.

⑤ **저항감 재인식하기 및 다루기**

㉠ **저항감 재인식하기**

구분	내용
책임감에 대한 두려움	직업상담가가 내담자의 잠재적 짐과 책임감을 갖게 하는 위협 등을 식별하고 인식하는 것은 긍정적 태도로 저항을 다루는 필수적 전제 조건이다.
방어기제	자기존중감을 지키려는 수단으로, 일상의 일들로부터 도피할 수 있는 여건을 만들어 준다. 생애도전에 직면하여 도피하려는 정당성은 항상 설득을 필요로 하기 때문이다. 예 2중의 대비
고의로 방해하는 의사소통	어떤 의사소통은 말에 따르는 책임이나 위임에서 개인을 자유롭게 해주는 전략이 있다. 예 직설, 불신, 상담자의 능력과 방법 헐뜯기, 함축에 대한 도전, 책임에 대한 도전 등

㉡ **저항감 다루기**

구분	내용
변형된 오류 수정하기	내담자가 때로 디하고 싶은 유형과 부정적 독백을 부정하는 데 도움이 된다. 책임이 따르는 문제는 위협을 내포하고 있는데 그 위협을 규정지으면 확고한 행동계획이 발달할 수 있다.
내담자와 친숙해지기	상담자가 내담자를 이해하고 있음을 내담자에게 알림으로써 친숙해질 수 있다. 내담자를 위해 함께 노력하고 있음을 주지시켜야만 내담자는 대안탐색에 안정성을 갖고 항상 느력하며 변화하게 된다.
은유 사용하기	은유를 들은 사람들은 자신과 우사한 경험을 이야기 속에서 찾아냄으로써 이야기와 자신의 관심거리를 연결시켜 통찰해 보게 된다. 마음이 내키지 않고, 저항적이며 솔직한 내담자에게 처치하기 위한 의사소통 장치로서 이야기, 일화, 관용어 등을 사용한다.
대결하기	상담의 목적을 이루기 위해서 구체적 행위를 지적해야 하는 경우에는 노련한 솜씨로 공격해야 하며, 내담자가 기미 행동하기를 원하지 않을 정도의 불쾌함이 드러나는 즉각적인 행동은 항상 주의해야 한다. 아들러(Adler) 학파는 '달래고 공격하기' 전략을 많이 사용하며, 더결의 완화를 위해 유머와 과장 등을 사용하기도 한다.

⑥ **근거 없는 믿음 확인하기 (Lewis & Gilhousen, 1981)**

㉠ 진로신화(career myths)란 근거 없는 신념에 바탕을 둔 진로발달 과정에 대한 내담자의 사고에서 나타난다.

㉡ 진로신화는 어떤 일을 해보지도 않고 그렇게 될 것이라는 것을 확신하는 유형의 생각들로 모순을 낳는다.

ⓒ 잘못된 신념을 가진 사람들에게는 그들의 신념과 노력이 근거 없는 잘못된 것이라는 것을 알게 함으로써 새로운 대안을 찾게 한다.

⑦ **왜곡된 사고 확인하기**

㉠ 왜곡된 사고란 결론 도출, 재능지각, 지적 및 정보의 부적절하거나 부분적인 일반화, 관념 등에서 한 부분만을 보는 경우이다.

㉡ 맥케이 등(Mckay, Davis & Fanning)이 정의하는 15가지 목록은 여과하기, 극단적인 생각, 과도한 일반화, 마음 읽기, 파국, 인격화, 오류의 통제, 공정성의 오류, 비난, 의무, 정서적 이성, 변화의 오류, 포괄적 분류, 정당화하기, 인과응보의 오류 등이다.

⑧ **반성의 장 마련하기 (Welfel, 1982)**

㉠ **1단계** : 독단적 사고를 밝히는 단계

㉡ **2단계** : 이상적 지식이란 정확하고 확실하게 얻을 수 있는 것이라고 확신하면서 현실의 대안적 개념에 대하여 어느 정도 알기 시작하는 단계

㉢ **3단계** : 지식의 확실성을 의심하지만 불확실한 영역에서는 진리가 출현될 때까지 제멋대로의 사실을 믿는 단계

㉣ **4단계** : 주위 모든 지식의 불확실성을 깨닫는 단계

㉤ **5단계** : 존재의 법칙에 따라서 논쟁을 숙고하고 평가하며 법칙을 배우게 되는 단계

㉥ **6단계** : 자신의 판단체계를 벗어나서 일반화된 지식을 비교·대조할 수 있게 되는 단계

㉦ **7단계** : 전반적인 반성적 판단이 이루어지는 단계

⑨ **변명에 초점 맞추기 (Snyder, Higgins, Stucky, 1983)**

㉠ 책임을 회피하기(내가 하지 않았어요.) : 부정, 알리바이, 비난

㉡ 결과를 다르게 조직하기(그렇게 나쁘다고는 할 수 없어요.) : 축소, 정당화, 훼손

㉢ 책임을 변형시키기(네, 그러나…) : 그렇게 할 수밖에 없었어요.

그걸 의미한 것은 아니었어요.

이건 정말 제가 아니에요.

(2) 장애물 극복 기법

① **인지적 기법** : 대부분의 내담자들이 어떤 인지적 요인들을 지니고 있기 때문에 주로 쓰는 개입법은 인지치료법이다. 이는 현실 검증을 강조하는 직업상담과 관련된 부정적인 인지들을 다룰 때 특히 효과가 있다.

② **부정적 인지의 3가지 범주**

㉠ 내담자들이 가지는 자기 비난, 불안, 죄의식을 초래할 수 있는 **수행에 대한 기대들**이다.

　　예 "난 실수해서는 안 돼.", "난 모든 이를 즐겁게 해야 돼.", "난 이 일을 다른 사람보다 더 빨리, 그리고 더 잘해야만 해.", "난 일과 가족, 모든 것에 대해 완벽해야 해.". "내 자신을 바보로 만들 순 없어."

ⓛ 직업 선택의 맥락 하에서 혼동, 자기 한계, 자기 멸시 방식으로 **자기와 자기 역할을 보는 시각이다.**

　　예 "난 너무 어리석어.", "난 항상 실패해.", "난 이기적인 사람이 될 권리가 없어.", "난 먼저 어머니가 되어야 해.", "난 할 수 없는 일을 해 본 적이 결코 없어.", "난 그런 일을 할 사람 같아 보이지 않아."

ⓒ **다른 사람이나 삶 자체에 대한 기대들**과 관련된다. 이런 종류의 사고들은 거의 대부분 화, 격분, 자기연민 등의 낙심으로 이어진다.

　　예 "그것은 공정치 않아.", "결국 안 할 텐데 왜 노력해?", "다른 이들이 나의 선택을 인정하지 않아.", "다른 사람들이 나한테 더 도움을 주어야 해.", "이 일은 그리 힘들지는 않지만 시간이 오래 걸려.", "한 번 직업을 선택했는데, 다시 다른 직업을 결정하는 일은 안 하겠어."

(3) 의사결정 문제와 해결

① **불완전한 정보** : 직업상담가가 계속 정보수집 작업을 해주는 사람이어야 한다고 생각하는 내담자의 경우 문제가 해결될 때까지 상담을 중지시켜야 한다. 또한 적절한 수준에 맞도록 기대를 조절하는 것도 중요하다. 처음에는 많은 조력을 통해 자신감을 갖도록 해주다가 내담자가 과제수행에 필요한 잠재력을 갖게 됨에 따라 점차 도움을 줄여나가는 것이다.

② **면담에 대한 두려움** : 내담자가 정보수집에 실패하는 일반적인 이유는 면담에 대한 공포 때문일 수 있다.

③ **다양한 대안의 부족** : 때로 내담자는 몇 개 안 되는 대안밖에 가지고 있지 않아 자신에게 적절하고 흥미 있는 대안을 선택하기가 어려울 수도 있다.

④ **부적절한 대안들** : 내담자들이 처음에 수집한 대안 목록은 실현이 불가능해 보일 수 있는데 이때는 브레인스토밍을 통하여 격려해 주어야 한다.

⑤ **내담자 저항** : 내담자들은 정보탐색 과정과 목록 작성에 지쳐 있는 상태일 수 있다.

⑥ **선택할 때의 어려운 점** : 미결정과 무결정의 상태에 있는 내담자는 선택에 어려움을 호소한다. 예를 들어, 관습형과 예술형을 동시에 가지고 있는 내담자일 경우 여러 가지 대안을 선택하게 하고 난 후에 다시 선택하게 하는 과정을 거친다.

(4) 부적절한 대안에 대한 상담자 책략

① 상담자의 견해는 자기 자신의 편견이나 부정적 경험의 결과가 아니라 내담자의 상황을 토대로 한 것이어야 한다.

② 자신의 판단이 잘못될 수도 있다는 것을 염두에 두고 어떤 경우에서든 내담자를 특정 방향으로 가도록 설득할 권리가 없다는 것을 명심한다.

③ 객관적 증거나 논리에서 추출한 것에 대해서만 대화를 해야 하며, 자신의 감정을 토대로 이야기하지 말아야 한다.

④ 최종 의사결정은 내담자의 몫이라는 것을 확실히 하고, 상담자는 내담자가 어떤 선택을 하든 이를 지지한다. 상담자는 내담자가 자신의 문제를 어떻게 다룰 것인가에 대한 계획을 세울 수 있도록 도와줄 때 가장 많은 도움이 된다.

사후관리하기

1. 상담 종결 이후 내담자의 원활한 적응을 돕기 위해 정보수집과 처리, 선택 등을 통한 합리적 의사결정을 지원할 수 있다.
2. 내담자가 미래지향적 사고와 탐색을 지속할 수 있도록 목표 설정과 실행을 점검할 수 있다.
3. 내담자가 복합적인 어려움을 해결하나가는 과정에서 도움받을 수 있도록 사회적 지지체계 구축을 지원할 수 있다.
4. 내담자가 진로경로(직업훈련, 취업, 창업, 귀농 등)를 추구해나가는데 필요한 정보를 제공할 수 있다.

01 대안 개발과 의사결정 단계

(1) 내담자 의사결정 준비상태 평가하기

① **내담자의 목표와 기호 확인** : 내담자의 목표와 기흐는 시간 경과나 새로운 정보에 따라 흔히 변할 수 있다. 대안을 평가하기 전에 원하는 성과 만족을 위해서 어떤 종류의 의사결정을 언제쯤 내릴 것인지에 대해 명확한 계획을 세울 필요가 있다.

② **대안 간 요인 확인** : 때로 의사결정을 내리기 위한 준비는 특정 대안 관계가 처리될 때까지 되어 있지 않은 경우도 있다.

③ **내적 요인 확인** : 미성숙이나 심리적 장애 같은 내적인 이유들 때문에 때로는 내담자가 의사결정을 보류해야 하는 경우도 있다.

④ **체크 목록 활용** : 모든 준비의 측면들이 포함되어 있는지를 확인해보며, 준비도 점검 목록을 활용한다.

(2) 의사결정하기

① **선택안 만들기** : 명확한 대안이나 훌륭한 대안들이 없을 때는 다른 종류의 결정 방법을 택한다.

② **선택 수용하기** : 내담자의 직업에 대한 친숙도를 좀 더 높여주어 선택을 더 잘 수용할 수 있게 하고, 목표를 향한 열정을 높여주어 다른 의혹이 있더라도 선택에 몰입하게 한다.

③ **다른 종류의 선택안들** : 여러 가지의 실행 가능한 대안들을 구성하고, 이들 사이에서 선택하기보다 모든 가능성을 추구하는 계획을 개발혀는 데 시간과 열정을 투자한다.

01 다음에서 설명하는 개념은?

> 사회 · 경제적 측면에서 상대적으로 상당한 어려움을 겪고 있어 취업을 위해 제도적 지원과 특별한 지지가 필요한 대상이다. 취업활동과 생애과정에서 각종 사회경제 위험에 노출되어 있거나 노출될 위험성이 높아 정책지원과 사회보호가 없을 경우 미래 빈곤층으로 전락하여 헌법에서 보장하는 인간다운 삶을 유지하기가 어려울 계층이라 정의할 수 있다.

모범답안

취업취약계층

★02 국민취업지원제도에서 정하고 있는 취업취약계층을 5가지 쓰시오.

모범답안

(1) **기초연금 수급자**
(2) **생계급여 수급자**
(3) **노숙인 등 비주택거주자**
(4) **북한이탈주민**
(5) **여성가구주**
(6) 결혼이민자
(7) 결혼이민자의 외국인 자녀
(8) 신용회복지원자
(9) 위기청소년
(10) 자유무역협정 피해 실직자
(11) 건설일용직 근로자
(12) 국가유공자 가구원 중 취업지원 대상자
(13) 미혼모(부), 한부모, 청소년부모

(14) 구직단념청년

(15) 산재로 장해를 입은 자

(16) 고용위기지역 및 고용재난지역 이직자

(17) 영세자영업자

(18) 소상공인 및 성실경영실패자

(19) 노무 제공자 등

(20) 재정지원 직접일자리 사업 참여자

➕ Plus Check

[국민취업지원제도 업무 매뉴얼상의 취업취약계층 (2025)]

(1) **기초연금 수급자** : 「기초연금법」에 따른 기초연금 수급자(65세 이상 소득하위 70% 이하인 자)에 해당하여 자치단체의 장으로부터 기초연금 수급자 확인서를 발급받은 자

(2) **생계급여 수급자** : 「국민기초생활 보장법」에 따른 생계급여 수급자 중 조건부수급자, 자치단체 또는 보장시설 등의 추천서를 받은 보장시설수급자, 직업안정기관의 장이 근로능력과 구직의사가 있다고 인정한 일반수급자

(3) **노숙인 등 비주택거주자** : 「노숙인 등의 복지 및 자립지원에 관한 법률」의 '노숙인 등'에 해당하는 자로서 노숙인 시설 또는 지방자치단체로부터 비주택 거주 사실에 대한 확인서 또는 추천서를 받은 자

(4) **북한이탈주민** : 「북한이탈주민의 보호 및 정착지원에 관한 법률」의 북한이탈주민에 해당하고 거주지 보호기간(5년) 이내에 있는 자로서 통일부장관으로부터 북한이탈주민등록 확인서를 발급받은 사람

(5) **여성가구주** : 만 18세 미만(취학 또는 병역 의무 이행 중인 경우 24세 미만)인 자녀를 양육하거나, 55세 이상의 부모 또는 배우자의 부모를 부양하거나, 장애인인 동거가족 (형제자매 등, 나이 무관)을 부양하면서, 아래의 어느 하나에 해당하는 여성

　㉠ 배우자와 사별 또는 이혼하거나 배우자로부터 유기된 사람

　㉡ 배우자가 「장애인복지법 시행규칙」의 장애의 정도가 심한 장애인으로서 「장애인고용촉진 및 직업재활법 시행령」의 중증장애인에 해당하지 않는 경우

　㉢ 혼인한 적이 없는 사람으로서 동거가족을 부양해야 하는 경우

(6) **결혼이민자** : 한국어능력시험(TOPIK) 1급 수준 이상의 한국어 능력을 갖춘 자로 대한민국 국민과 혼인한 적이 있거나 혼인관계에 있는 재한 외국인「출입국관리법」상 체류자격 F-2, F-5, F-6) 또는 「국적법」에 따라 귀화허가를 받은 자(외국인 중 한국인과의 '혼인'으로 국적을 취득한 자)

(7) **결혼이민자의 외국인 자녀** : 대한민국으로 중도에 입국한 15세 이상 24세 이하의 외국인 중 부 또는 모가 결혼이민자이며 「출입국관리법」상 거주·영주 체류자격(F-2, F-5)을 부여받은 자로 한국어능력시험(TOPIK)' 1급 수준 이상의 한국어 능력을 갖춘 자

(8) **신용회복지원자 등** : 한국자산관리공사, 신용회복위원회, 서민금융진흥원의 조정을 통해 채무조정 합의서를 체결하거나, 서민금융진흥원, 국민행복기금으로부터 정책서민금융을 이용하여 '국민취업지원제도 참여 대상자 추천서' 또는 '신용회복지원 확인서'를 발급받은 자, 법원으로부터 개인 회생절차 개시·파산선고 등을 받고 면책(복권) 결정이 되지 아니한 자

(9) **위기청소년 등** : 아래의 어느 하나에 해당하는 자

　㉠ 학교 중도탈락, 가출 등으로 진로가 불안정한 15세 이상 24세 이하의 청소년 구직자

　㉡ 검정고시 학력인정자로서 15세 이상 18세 이하의 비진학 청소년

　㉢ 「초·중등교육법」 및 「조기진급 등에 관한 규정」에 따른 고등학교 조기 졸업자 가운데 15세 이상 18세 이하로서 취업을 하고자 하는 사람

　㉣ 「아동복지법」에 따라 보호 중이거나 보호조치가 종료된 사람 가운데 15세 이상 34세 이하로서 취업을 하고자 하는 사람(자립준비청년 등)

(10) **자유무역협정(FTA) 피해 실직자** : 자유무역협정이 원인이 되어 생산량·매출액 등이 감소하여 실직한 자

(11) **건설일용직 근로자** : 취업지원 신청일 이전 180일 동안의 피보험기간(「고용보험법」 제50조 제3항) 중 30일 이상을 건설일용직으로 근로한 자

(12) **국가유공자 가구원 중 취업지원 대상자** : 「국가유공자 등 예우 및 지원에 관한 법률」 등에 따른 취업지원 대상자로서 보훈(지)청으로부터 '취업지원 대상자 증명서' 또는 추천서를 받은 사람

(13) **미혼모(부)·한부모·청소년부모** : 「한부모가족지원법」의 모 또는 부로서 한부모가족증명서를 발급받거나, 한부모가족복지시설로부터 추천서를 발급받은 자, 고용센터별 운영위원회 심의 결과 사실상 미혼모(부)·한부모로서 지원 필요성이 인정되는 자, 「청소년복지 지원법」의 청소년 부모에 해당하는 자

(14) **구직단념청년** : 18세 이상 34세 이하인 사람으로서 「고용정책 기본법」에 따라 구축·운영되는 고용정보시스템상 신청일 이전 2년 동안의 교육·훈련·근로 이력이 100일 미만인 사람

(15) **산재로 장해를 입은 자** : 산재처리가 종료되어 「산업재해보상보험법」상 장해 등급이 있고 근로복지공단으로부터 추천서를 받은 사람

(16) **고용위기지역 및 고용재난지역 이직자** : 「고용위기지역의 지정기준 등에 관한 고시」에 따라 고용위기지역, 고용재난지역으로 지정한 날의 12개월 전부터 지정기간 종료일까지의 기간 중 해당 지역 소재의 사업장에서 근로하다 퇴사한 이력이 있고 현재 실업 상태인 자

(17) **영세자영업자** : 사업자등록 소지자는 원칙적으로 참여를 제한하나, 신청일 이전 1년간 발생한 매출액이 3억원 이하인 자영업자

(18) **소상공인 및 성실경영실패자** : 이미 폐업하였거나 폐업 예정인 연 매출액 3억 이하의 영세자영업자 중 소상공인시장진흥공단(지역센터)에서 '희망 리턴패키지 사업 참여 확인서'를 발급받거나 「중소기업창업 지원법」에 따른 성실경영실패자로서 중소벤처기업부의 확인서를 발급받은 자

(19) **노무 제공자 등** : 2년 이내에 100일 또는 800시간 이상 취업하고 있는 자로서 본인의 월평균 소득이 250만원(연 3,000만원) 미만인 자

(20) **재정지원 직접일자리 사업 참여자** : 2년 이내에 「고용정책 기본법」에 따른 재정지원 직접일자리 사업 중 노동시장으로의 진입을 주목적으로 하는 사업에 참여한 이력이 있는 자

03 취업취약계층의 심리적 특성 4가지를 쓰시오.

모범답안

(1) 높은 정서적 불안정성

(2) 높은 스트레스
(3) 낮은 인지적 명확성
(4) 낮은 자기존중감 및 낮은 자기효능감

04 검사도구 사용 시 유의할 점 4가지를 기술하시오.

모범답안

(1) **훈련 없이 검사를 실시하는 것은 비윤리적**이다.
(2) 내담자에게 검사도구와 검사를 쓰기 전에 **상담자 자신도 검사를 받아 보아야 한다.**
(3) 상담자는 **검사 지침서와 다른 해석 재료에 대해서도 철저히 알아두는 것이 필요**하다.
(4) 전문가는 검사에 대해 연구된 자료나 세미나 등에 대하여 철저히 개관하여 **검사의 개발과 발전의 추이를 아는 데 민감해야 한다.**

05 생애진로주제 분석의 의의 3가지를 기술하시오.

모범답안

(1) 내담자가 자신의 세계를 어떻게 표현하는가를 분석하여 **자신과 타인, 그리고 세상에 대해 어떻게 지각하는지를 분석하는 것이다.**
(2) 상담자가 **내담자를 잘 이해하도록 돕고, 내담자의 문제를 진단하는 데 도움**을 준다.
(3) 내담자의 주제를 이해하는 것은 **내담자의 표현적 체계를 보여주고, 내담자의 행동을 통찰하도록 도와준다.**

06 취업취약계층의 주요 호소논점과 관련된 진로장벽의 예를 5가지 쓰시오.

모범답안

(1) **수동적인 태도와** 일부의 경우 **눈 맞춤의 어려움**
(2) **일상생활 패턴의 불규칙, 체중, 청결 등**의 문제
(3) **낮은 자기존중감, 낮은 자기효능감**, 소극적 자기주장 등
(4) **대인관계의 문제**
(5) **가족·생계·심리적 문제의 복합성**
(6) **위기적 상황에 놓인 경우**
(7) 우울·불안·분노 등 높은 스트레스

(8) 낮은 인지적 명확성

(9) 정신병리적 문제

(10) 여러 가지 진로장벽이 복합적으로 동반됨.

07 다음 내담자 사례의 인지적 명확성의 문제유형과 상담자의 개입방법을 쓰시오.

> • 내담자 : 나는 기계공학 전공 말고는 아무것도 생각할 수 없어요. 난 그 외의 일을 한다는 것을 상상할 수도 없어요.
> • 상담자 : 학생이 기술자가 되지 못한다면, 큰 재앙이라도 일어날 것처럼 들리는군요. 그런데 학생은 기계공학을 하기에는 그다지 성적이 좋지 않군요.
> • 내담자 : 그래서 미칠 것 같아요. 꼭 낙제할 것 같아요.
> • 상담자 : 학생 인생에서 다른 대안을 생각해보지 않는다면 정말 문제가 되겠네요.
> • 상담자 : 학생이 기계공학에 대해 가지고 있는 생각을 바꾸는 데 동의할 것이라고 생각합니다.
> • 내담자 : 예, 그렇지만 잘할 수 없을 것 같아요.
> • 상담자 : 제안을 하나 하지요. 학생 마음속에 있는 '기계공학이 아니면 안 돼.'라는 생각을 계속하고 있는 것입니다. 다음 주까지 매일 깨어 있을 때, 학생은 반복해서 계속 그 생각을 하고 있어야 합니다. 생각을 바꿀 필요가 있다고 동의했지만, 그렇게 하지 않도록 해보세요. 전 학생이 그 생각을 계속하고 있을 수 있다고 봅니다.

모범답안

(1) 인지적 명확성의 문제유형 : **양면적 사고**

(2) 상담자 개입방법 : **역설적 사고**

08 다음 내담자 사례의 인지적 명확성의 문제유형과 상담자의 개입방법을 쓰시오.

> • 내담자 : 난 아직도 결정을 못 했어요. ○○대학에 다니는 4명의 학생들을 아는데, 그들은 모두 똑같아요.
> • 상담자 : 학생이 말한 것을 논리적인 입장에서 생각해 봅시다. 첫째로, ○○대학에는 5,000명 이상의 학생들이 있어요. 학생은 그들 중 단지 4명만 만났어요. 그 정도만으로 결론을 내리는 데는 문제가 있는 것 같군요. 전체를 다 생각해 보세요. 당신은 시험이 끝난 후에 ○○대학을 좋아하지 않을 수도 있어요. 하지만 고정관념보다는 사실에 근거해서 결정을 내리는 것이 중요합니다.

모범답안

(1) 인지적 명확성의 문제유형 : **복잡한 오정보**

(2) 상담자 개입방법 : **논리적 분석**

★ 09 특성-요인이론의 상담목표 4가지를 서술하시오.

모범답안

(1) **현명한 직업 선택**을 하도록 돕는다.
(2) 내담자가 **자신의 특성을 명확히 이해**하도록 한다.
(3) 내담자가 **직업의 특성에 대해 명확히 이해**하도록 한다.
(4) 의사결정에서 나타나는 문제를 확인하그 **합리적 의사결정**을 돕는다.

★★★ 10 윌리암슨(Williamson)의 특성-요인이론에서 검사의 해석단계에서 이용할 수 있는 상담 기법 3가지를 쓰고, 각각에 대해 설명하시오.

'24, '17, '15, '12, '10, '08, '03 직업상담사 2급 검정형

모범답안

(1) **직접충고** : 검사결과를 토대로 **상담자가 내담자에게 자신의 견해를 솔직히 표명**한다.
(2) **설득** : 내담자에게 합리적이고 논리적으로 검사자료를 제시하여 **내담자가 자신의 문제를 해결**할 수 있도록 설득한다.
(3) **설명** : 진단과 검사자료, 비검사자료들을 해석하여 **내담자가 결과의 의미를 이해할 수 있도록** 돕는다.

★★★ 11 특성-요인 직업상담이론에서 브레이필드(Brayfield)가 제시한 직업정보의 기능을 3가지 쓰고, 각각에 대해 설명하시오.

'25, '22, '19, '17, '15, '11, '08, '06 직업상담사 2급 검정형

모범답안

(1) **정보적 기능** : 직업정보의 제공을 통해 **내담자으 지식을 증가**시킨다.
(2) **재조정 기능** : 자신의 **선택을 점검하고 재조정**해 볼 수 있는 기초를 마련한다.
(3) **동기화 기능** : 내담자가 의사결정 과정에 **적극적으로 참여**하도록 한다.

12 홀랜드의 성격이론의 상담목표 4가지를 서술하시오.

모범답안

(1) 내담자의 **직업적 성격유형을 통해** 내담자와 직업 간의 상호작용을 확인한다.
(2) **변별성, 일관성, 일치성의 개념을 활용하여** 의사결정과정의 어려움을 예측한다.
(3) **내담자의 유형에 대한 이해를 바탕으로** 다양한 진로 대안과 개인의 특성을 비교, 검토하면서 **적합한 진로 대안을 탐색**한다.
(4) 학과 및 직업의 선택 시 **'홀랜드 학과/직업코드표'를** 이용하여 내담자의 유형과 일치하거나 유사한 유형의 학과 혹은 직업을 탐색한다.

13 직업적응이론의 상담목표 3가지를 서술하시오.

모범답안

(1) 내담자의 **호소 문제를 개인과 환경의 불일치로 개념화하여** 접근한다.
(2) 내담자의 **직업 가치와 능력을 평가하여** 불일치의 원인을 찾고 적응의 기회를 찾도록 한다.
(3) 적응을 위해 **내담자의 변화 혹은 직업환경의 변화 가능성을 탐색**하고 내담자의 직업 적응을 돕는다.

14 수퍼의 진로발달이론의 상담목표 3가지를 서술하시오.

'24, '23, '22, '21, '19, '17, '14 직업상담사 1급 검정형

모범답안

(1) 내담자 스스로 자신의 **생애 역할에 대한 통합적이고 적합한 개념을 형성하여** 이를 **수용**할 수 있도록 한다.
(2) 자기 스스로 **현실에 반하는 자기개념을 검토**하도록 한다.
(3) 내담자가 **자기개념을 실현시키고** 일에서의 성공, 사회적 기여, 개인적 만족을 기대할 수 있는 **진로선택**을 하도록 한다.

15 고트프레드슨의 제한·타협이론 모형의 상담목표 3가지를 서술하시오.

(1) **타협의 불가피성에 대한 인식**이 선행 독표가 된다.
(2) **타협의 과정을 통해 진로의사결정**을 할 수 있도록 한다.
(3) **타협에 대한 적응**을 돕는다.

16 사회학습진로이론 모형의 기본 가정 5가지를 ㄱ 술하시오.

(1) 개인은 대부분의 문제가 생애에서 정상적인 일부분이므로 **생애에 처치할 수 있는 문제가 존재한다는 사실을 인식하지 않을 것이다.**
(2) 개인들은 늘 같은 방법으로 해결책을 취하기 때문에 **결정하거나 문제를 해결하는 데 필요한 노력을 기울이지 않을 수도 있다.**
(3) 개인들은 잘못된 가정을 지나치게 일반화하여 **잠재적 가치를 간과하여 잠재적 만족을 주는 대체물을 제거할 수도 있다.**
(4) 개인들은 **잘못된 신념과 비현실적인 기대 때문에** 잠재적인 진로를 현실적으로 평가할 수 없어 **부적절한 대체물을 선택할 수도 있다.**
(5) 개인들은 목표는 비현실적이거나 다른 목표와 상충될 수 있기 때문에 **스스로 무능력하다고 생각하며 불안해하거나 분노를 겪을지도 모른다.**

17 사회학습진로이론 모형의 상담목표 3가지를 서술하시오.

(1) **만족스러운 진로와 인생을 선택하기 위한 행동**을 학습하도록 돕는다.
(2) 진로 관련 **심리검사를 활용**하여 내담자의 새로운 학습기회를 찾도록 한다.
(3) **계획하지 않은 활동들을** 적극적으로 도전하게 하고, **진로에 유리하게 작용할 수 있도록** 한다.

18 인지적 정보처리이론 모형의 10가지 기본 가정 중 5가지를 서술하시오.

(1) **진로선택은 인지적 · 정의적 과정들의 상호작용의 결과**이다.
(2) **진로를 선택한다는 것은 하나의 문제해결 활동**이다.

(3) 진로 **문제 해결자의 잠재력은 지식은 물론이고 인지적 조작의 가용성에 의존**한다.

(4) 진로 **문제 해결은 고도의 기억력을 요하는 과제**이다.

(5) **진로발달은 지식 구조의 끊임없는 성장과 변화를 포함**한다.

(6) 진로 정체성(career identity)은 자기 지식에 의존한다.

(7) 진로 성숙은 진로 문제를 해결할 수 있는 자신의 능력에 의존한다.

(8) 동기의 근원을 앎으로써 자신을 이해하고 만족스러운 진로선택을 하려는 욕망을 가진다.

(9) 진로상담의 최종 목표는 정보처리 기술들의 신장을 촉진시킴으로써 달성된다.

(10) 진로상담의 최종 목표는 진로 문제해결자이고, 의사결정자인 내담자의 잠재력을 증진시킴에 있다.

★★★
19 사회인지적 진로이론 모형의 상담목표 4가지를 쓰시오.

'24, '23, '22, '21, '19, '17, '14 직업상담사 1급 검정형

모범답안

(1) **자기효능감을 점검하고 강화**시킨다.

(2) 결과기대를 탐색하여 **긍정적이고 현실적인 결과기대**를 갖도록 한다.

(3) **자기효능감이 높고 결과기대가 긍정적인 목표를 수립**하도록 한다.

(4) **진로준비행동을 촉진하고, 진로장벽을 인식하고 제거**한다.

★★
20 진로구성주의 이론 모형을 활용하여 상담 진행시 주요 개념 3가지를 쓰고 설명하시오.

모범답안

(1) **직업적 성격** : 진로와 관련된 **개인의 능력, 욕구, 가치, 흥미 등을 의미**한다.

(2) **진로적응성** : 진로적응도란 **현재 당면한 진로발달과업, 직업전환, 마음의 상처 등을 극복하는 데 필요한 개인의 준비도와 자원**을 의미하는 심리적 구인이다.

(3) **생애주제** : 직업선택을 통해 자기개념을 구체화하고, **일을 통해 자신을 드러내는 진로 관련 행동의 이유**가 생애주제이다.

21 다음에서 설명하는 진로구성주의 진로이론의 상담기법과 질문 8가지를 작성하시오.

> 직업상담가는 인터뷰를 통해 내담자가 자신에 대한 지각을 명확히 알아차릴 수 있도록 하며, 이야기 중 발견한 시사점을 스스로 깨달을 수 있도록 촉진한다. 또한 드러난 생애 주제를 호소 문제에 연결시키려는 노력은 상담자와 내담자의 작업동맹 하에서 이루어지게 되며, 이를 위해서는 상담자의 전문적인 숙련이 요구된다.

상담기법 : ________________________

8가지 질문

*
*
*
*
*
*
*
*

'23 직업상담사 1급 과정평가형

모범답안

(1) 상담기법 : **커리어 스토리 인터뷰** (CSI : Career Story Interview)

(2) 8가지 질문

　① **이 시간을 어떻게 활용**하고 싶습니까?

　② 당신이 **어릴 적 존경했던 롤모델 3인은 누구**이며, 그 이유는 무엇입니까?

　③ 당신이 **좋아하는 잡지**(TV 프로그램 또는 웹사이트)는 무엇이며, **그 이유는 무엇**입니까?

　④ **좋아하는 책이나 영화는 무엇**입니까?

　⑤ **좋아하는 좌우명이나 명언은 무엇**입니까?

　⑥ **좋아하는 과목은 무엇**입니까?

　⑦ **여가시간**은 어떻게 보내나요?

　⑧ 당신의 삶에서 **가장 어릴 적 기억에 대해 이야기**해 주세요.(3가지)

22 직업상담계획 수립의 필요성 3가지를 기술하시오.

모범답안

(1) **상담의 방향과 지침을 제공**하여 상담의 전 과정을 조직할 수 있고 상담목표를 수행할 수 있다.

(2) **상담평가 및 조정의 기본 골격이며, 상담자의 전문성을 향상**시키고 경험적 자료를 축적하는 데 도움이 되는 중요한 과업이다.

(3) **상담 서비스의 질을 유지시키고 사례관리에 매우 중요**한 절차이다.

★23　인지 · 정서 · 행동적 상담(REBT)의 기본 원리를 6가지 쓰시오.

'15, '08, '04 직업상담사 2급 검정형

모범답안

(1) **인간은** 외부 조건이 아니라 **스스로 정서적 혼란을 일으키는 여건을 만든다.**

(2) 인간은 **정서적 혼란을 가져오는 신념을 자신이 창출**하고 그에 따라 정서적으로 혼란하게 된다.

(3) 인간은 사실을 왜곡하고 **정서적 혼란을 일으키는 생득적, 문화적 경향성**을 가지고 있다.

(4) 인간의 **사고, 정서, 행동은 상호 간에 영향을 주고받는다.**

(5) 인간은 **자신의 사고, 정서, 행동을 바꿀 수 있는 능력**을 가지고 있다.

(6) **인지는 인간의 정서를 결정하는 가장 중요**한 요소이다.

★★★24　비합리적 신념의 3가지 당위적 사고를 쓰시오.

'19, '13, '11, '10, '09 직업상담사 2급 검정형

모범답안

(1) **자신에 대한 당위성**

(2) **타인에 대한 당위성**

(3) **세상(조건)에 대한 당위성**

➕ **Plus Check**

[비합리적 신념의 3가지 당위성]

(1) **자신에 대한 당위성** : 나는 훌륭한 사람이어야 한다거나 실수해서는 안 된다고 생각하는 등 자신에 대해 당위성을 말한다.

(2) **타인에 대한 당위성** : 타인은 반드시 나를 공정하게 대우해야 한다 등 타인에게 바라는 당위적 기대를 말한다.

(3) **세상(조건)에 대한 당위성** : 나의 가정은 항상 사랑으로 가득해야 한다 등 우리에게 주어진 조건에 대해 당위성을 기대하는 것이다.

25 ABCDE 모형의 상담과정을 설명하시오.

'24, '22, '21, '20, '18, '16, '15, '08, '07, '04, '03, '00 직업상담사 2급 검정형

모범답안

(1) A - **선행사건** : 내담자의 **정서**나 **행동**에 영향을 미치는 **사건**을 확인한다.
(2) B - **신념체계** : **선행사건**에 대한 내담자의 **비합리적 신념체계**나 사고체계를 확인한다.
(3) C - **결과** : 비합리적 신념이나 사고체계를 통해 해당 사건을 해석함으로써 얻게 되는 **부적응 적인 정서적·행동적 결과**를 확인한다.
(4) D - **논박** : 내담자가 가지고 있는 비합리적 신념이나 사고체계에 대해 논리성, 실용성, 현실성 에 비추어 **논박**하는 것으로 내담자의 비합리적 **신념체계**를 수정하기 위한 것이다.
(5) E - **효과** : 논박으로 인해 나타나는 효과로서 **B 합리적 신념**이 **합리적 신념**으로 **대체**된다.

26 Beck의 인지치료에서 3가지 인지삼제를 쓰시오.

모범답안

(1) **자기에 대한 비관적인 생각** (**예** 나는 무가치한 사람이다.)
(2) **앞날에 대한 염세주의적 생각** (**예** 나의 앞날은 희망이 없다.)
(3) **세상에 대한 부정적인 생각** (**예** 세상은 살기가 매우 힘든 곳이다.)

27 다음에 제시된 설명에 해당하는 인지 오류 명칭을 차례대로 쓰시오.

> (1) (ㄱ) : 사건의 의미를 이분법적인 범주의 둘 중의 하나로 해석하는 오류로 회색지 대를 인정하지 않는 것
> (2) (ㄴ) : 한두 번의 사건에 근거하여 일반적인 결론을 내리고 무관한 상황에도 그 결 론을 적용시키는 오류
> (3) (ㄷ) : 상황이나 사건의 주된 내용은 무시하고 특정한 일부의 정보에만 주의를 기 울여 전체의 의미를 해석하는 오류

'23 직업상담사 1급 과정평가형

모범답안

(1) (ㄱ) : **흑백논리** (이분법적 사고)
(2) (ㄴ) : **과잉일반화**
(3) (ㄷ) : **선택적 추상화**

28 벡(Beck)의 인지치료에서 인지적 오류의 유형 4가지를 쓰고 간략히 설명하시오.

'25, '22, '20, '18, '14, '11, '10 직업상담사 2급 검정형

모범답안

(1) **임의적 추론 (자의적 추론)** : 충분하고 **적절한 증거가** 없는데도 그러한 결론에 도달하는 것
(2) **선택적 추상화** : 상황이나 사건의 **주된 내용은 무시하고 특정한 일부의 정보에만 주의를 기울여 전체의 의미를 해석**하는 것
(3) **과잉일반화 (과일반화)** : 한두 번의 사건에 근거하여 일반적인 **결론**을 내리고 무관한 상황에도 그러한 결론을 적용시키는 것
(4) **개인화** : 자신과 관련시킬 근거가 없는 **외부 사건을 자신과 관련시키는 것**
(5) 이분법적 사고 (흑백논리, 양분법적 논리) : 사건의 의미를 이분법적인 범주의 둘 중의 하나로 해석하는 오류로 회색지대를 인정하지 않는 것
(6) 긍정 격하 : 자신의 긍정적인 경험이나 능력을 객관적으로 평가하지 않은 채 부정적인 경험으로 전환하거나 자신의 능력을 격하시켜 평가하는 것
(7) 잘못된 명명 : 과잉일반화의 극단적인 형태로서, 내담자가 어느 하나의 단일사건이나 극히 드문 일에 기초하여 완전히 부정적으로 상상하는 것
(8) 의미 확대 및 의미 축소 (과대평가 및 과소평가) : 어떤 사건의 의미나 중요성을 실제보다 지나치게 확대하거나 축소하는 것

29 인지치료의 과정 5단계를 설명하시오.

모범답안

(1) **1단계** : 내담자가 느끼는 감정의 속성이 무엇인지 확인한다.
(2) **2단계** : 감정과 연합된 사고, 신념, 태도 등을 확인한다.
(3) **3단계** : 내담자의 사고들을 1~2개의 문장으로 요약·정리한다. 상담자가 믿는 신념이나 행동의 핵심 부분을 분석하여 내담자와 함께 상담자가 그것을 정확하게 파악하였는지를 검토해 본다.
(4) **4단계** : 내담자를 도와 **현실과 이성의 사고를 조사해 보도록 개입**한다. 첫 번째는 낡은 사고에 대한 인지적 평가로서 이는 대개 새로운 인지의 형성으로 이어진다. 그리고 두 번째는 낡은 사고나 새로운 사고의 적절성을 검증하고 실험하는 것이다.
(5) **5단계** : 과제를 부여하여 **신념들과 생각들의 적절성을 검증**하게 한다.

30 Warr(1987)의 비타민 모델에서 제시한 실업의 심리학적 의미 5가지를 쓰시오.

모범답안

(1) **생계유지에 직접적인 위협**을 받게 된다.
(2) 개인의 **생활 반경을 급격하게 감소**시킨다.
(3) 개인으로 하여금 **목표와 방향성을 상실**하게 한다.
(4) **의사결정 범위를 제한**시킨다.
(5) 개인의 **전문성과 기술 발휘 기회가 상실**된다.
(6) 실직으로 인해 심리적으로 고통스러운 일들이 증가할 수 있다.
(7) 실업은 미래에 대한 불안감을 초래한다.
(8) 대인관계의 접촉 범위를 제한한다.
(9) 실업 상태가 되면 사회적 위치가 달라진다.

31 리프탁(Liptak, 1991)이 제시한 실업 상태에서의 비합리적 신념의 예를 5가지 제시하시오.

'15. '12 직업상담사 2급 검정형

모범답안

(1) 직업을 구하기 위해 **완전한 직업 탐구가 이루어져야** 한다.
(2) 더 이상 필요로 하지 않을 것이기 때문에 **직업 탐색 기법을 습득할 필요가 없다.**
(3) **직업상담가는** 전문가이기 때문에 내담자에게 **직업을 찾아 줄 것이다.**
(4) **면접 후 거절당하는 것은 재앙과도 같다.**
(5) **직업 탐색 과정에 대하여 신경을 써야** 하고 몰두해야만 한다.

32 내담자들이 실업 상태에서 우유부단함을 보이는 기유를 5가지 쓰시오.

모범답안

(1) **실패에 대한 공포**
(2) **중요한 타인들의 영향**
(3) **완벽하려는 욕구**
(4) **성급한 결정 내리기**
(5) **우유부단함에 대한 강화**
(6) 다재다능
(7) 좋은 직업들의 부재
(8) 선택에 대한 불만족

상담에서 대화의 중단 또는 내담자의 침묵은 자주 일어나는 일이다. 내담자 침묵의 발생 원인을 5가지 쓰시오.

'16, '12, '09 직업상담사 2급 검정형

모범답안

(1) 두려움
(2) 생각을 정리하고 있는 중
(3) 원래 말수가 적은 사람
(4) 정신적 부재
(5) 혼란스러움
(6) 지루함
(7) 헌신의 결여
(8) 신뢰 부족
(9) 상담자에 대해 위협을 느낌

★★
34

다음에 제시된 흥미검사 결과의 주 코드를 작성하고 일관성과 차별성의 관점에서 설명하시오.

'23 직업상담사 1급 과정평가형

(1) 주 코드 : IAS
(2) 일관성과 변별성
- **일관성은 성격유형이나 환경모형 간의 관련 정도를 의미**한다. 유형의 어떤 쌍들은 다른 유형의 쌍들보다 공통점을 더 많이 가지고 있다. 첫 번째 코드와 두 번째 코드가 근접할 경우, 일관성이 높다고 할 수 있다. 현재 내담자의 경우, **첫 번째 코드인 I와 두 번째 코드인 A가 서로 근접해 있으므로, 성격유형의 일관성이 높**다고 할 수 있다.
- **차별성(변별성)은 사람이나 환경이 얼마나 잘 구별되는지를 의미**한다. 개인의 직업적 흥미 특성이 얼마나 뚜렷하게 나타나는가를 설명하는 개념이다. 현재 내담자의 경우, 6개 코드의 점수가 비슷한 결과를 보이고 있어서 **차별성이 낮고 각 코드가 골고루 발달된 다재다능형의 패턴**을 보이고 있다. 다재다능함으로 인한 우유부단의 문제를 보일 수 있고, 의사결정기법 제공이 요구된다.

제4절 변화분석하기

35 내담자의 정보 및 행동에 대한 이해기법 중 가정 사용하기, 왜곡된 사고 확인하기, 변명에 초점 맞추기에 대해 간략히 설명하시오.

'13 직업상담사 2급 검정형

(1) **가정 사용하기** : 상담사가 내담자에게 그 행동이 존재하는가를 질문하는 것이 아니라 **그러한 행동이 이미 존재했다는 것을 가정하여 질문**한다.
(2) **왜곡된 사고 확인하기** : 내담자의 극단적 생각이나 과도한 일반화 등 **왜곡된 사고에 주의를 기울인다.**
(3) **변명에 초점 맞추기** : 내담자의 **책임 회피나 변형, 결과를 다르게 조작하기** 등으로 나타나는 변명에 주의를 기울인다.

36 내담자의 정보 및 행동에 대한 이해와 관련하여 전이된 오류의 유형 3가지를 쓰고 각각에 대해 간략히 설명하시오.

'14 직업상담사 2급 검정형

(1) **정보의 오류** : 내담자가 **이야기 일부를 삭제하거나 불분명한 용어, 제한된 어투를 사용함으로써** 발생한다.

(2) **한계의 오류** : 내담자가 **예외를 인정하지 않거나 불가능을 가정함으로써 발생**한다.

(3) **논리적 오류** : 내담자가 **논리적인 관계에 맞지 않는 진술을 함으로써 의사소통까지 방해하는 경우 발생**한다.

---

37 정보의 오류 3가지를 쓰고 설명하시오.

'23 직업상담사 1급 과정평가형

(1) **삭제** : 내담자의 경험을 이야기함에 있어서 **중요한 부분이 빠졌을 때**

(2) **불확실한 인물의 인용** : 내담자가 **명사나 대명사를 잘못 사용했을 때**

(3) **불분명한 동사의 사용** : 내담자가 **모호한 동사를 사용했을 때**

➕ Plus Check

[전이된 오류 정정하기 기법 중 '정보의 오류']
(1) **삭제** : 내담자의 경험을 이야기함에 있어서 중요한 부분이 빠졌을 때
(2) **불확실한 인물의 인용** : 내담자가 명사나 대명사를 잘못 사용했을 때
(3) **불분명한 동사의 사용** : 내담자가 모호한 동사를 사용했을 때
(4) **참고자료** : 내담자가 어떤 사람이나 장소, 사건을 이야기할 때 구체적으로 말하지 않는 경우
(5) **제한된 어투의 사용** : 내담자가 자기 자신의 세계를 제한하려고 하는 경우

---

38 다음은 직업상담 시 저항적이고 동기화되지 않은 내담자들을 동기화시키기 위한 효과적인 전략을 3가지 쓰고 각각에 대해 설명하시오.

'13 직업상담사 2급 검정형

(1) **변형된 오류 수정하기** : 책임 회피를 위한 행동을 규정하여 확고한 행동계획이 발달할 수 있도록 한다.

(2) **내담자와 친숙해지기** : 상담관계를 높이기 위해서 **내담자와의 관계를 긴밀히 한다.**

(3) **은유 사용하기** : 내담자 **자신과 유사한 경험을 이야기 속에서 찾아냄으로써 통찰할 수 있도록** 한다.

(4) **대결하기** : 목적을 이루기 위한 **구체적 행위를 지적**하여 직면하도록 한다.

★ 39 다음의 내담자 사례에서 활용할 내담자 정보 및 행동 분석 기법은?

> 내담자는 첫 번째 노동시장에 입직하려고 했다. 그는 현재 20세로, 자동화기계학과가 있는 고등학교를 졸업했다. 그의 영어 발음은 적당했으나, 작문 표현은 빈약했으며, 다른 기능도 역시 부족한 편이었다. 그는 직업을 절대 가질 수 없는 이유 때문에 우울하다고 했으며, 마지막 직업 면접시험 이후 거절당했다고 말했다.

모범답안

근거 없는 믿음 확인하기

➕ Plus Check

제시된 내담자 사례는 근거 없는 믿음 즉, 진로 신화를 가지고 있다. 따라서 이러한 내담자의 경우에는 '근거 없는 믿음 확인하기' 방법을 통해 내담자의 정보 및 행동을 이해하고 도움을 줄 수 있다.

★ 40 직업상담 장면에서 나타나는 의사결정의 문제 6가지를 쓰시오.

모범답안

(1) 불완전한 정보
(2) 면담에 대한 두려움
(3) 다양한 대안의 부족
(4) 부적절한 대안들
(5) 내담자 저항
(6) 선택할 때의 어려운 점

➕ Plus Check

[직업상담에서 나타나는 의사결정의 문제 6가지]

(1) **불완전한 정보** : 직업상담가가 계속 정보수집 작업을 해주는 사람이어야 한다고 생각하는 내담자의 경우 문제가 해결될 때까지 상담을 중지시켜야 한다. 또한 적절한 수준에 맞도록 기대를 조절하는 것도 중요하다. 처음에는 많은 조력을 통해 자신감을 갖도록 해주다가 내담자가 과제수행에 필요한 잠재력을 갖게 됨에 따라 점차 도움을 줄여나가는 것이다.

(2) **면담에 대한 두려움** : 내담자가 정보수집에 실패하는 일반적인 이유는 면담에 대한 공포 때문일 수 있다.

(3) **다양한 대안의 부족** : 때로 내담자는 몇 개 안 되는 대안밖에 가지고 있지 않아 자신에게 적절하고 흥미 있는 대안을 선택하기가 어려울 수도 있다.

(4) **부적절한 대안들** : 내담자들이 처음에 수집한 대안 목록은 실현이 불가능해 보일 수 있는데 이때는 브레인스토밍을 통하여 격려해 주어야 한다.

(5) **내담자 저항** : 내담자들은 정보탐색 과정과 목록 작성에 지쳐 있는 상태일 수 있다.

(6) **선택할 때의 어려운 점** : 미결정과 무결정의 상태에 있는 내담자는 선택에 어려움을 호소한다. 예를 들어, 관습형과 예술형을 동시에 가지고 있는 내담자일 경우 여러 가지 대안을 선택하게 하고 난 후에 다시 선택하게 하는 과정을 거친다.

내담자의 대안이 부적절해 보이는 경우 적합한 상담자의 책략 4가지를 설명하시오.

모범답안

(1) **상담자의 견해**는 자기 자신의 편견이나 부정적 경험의 결과가 아니라 **내담자의 상황을 토대로 한 것이어야 한다.**

(2) 자신의 판단이 잘못될 수도 있다는 것을 염두에 두고 어떤 경우에서든 **내담자를 특정 방향으로 가도록 설득할 권리가 없다는 것을 명심한다.**

(3) **객관적 증거나 논리에서 추출한 것에 대해서만 대화**를 해야 하며, 자신의 감정을 토대로 이야기하지 말아야 한다.

(4) **최종 의사결정은 내담자의 몫이라는 것을 확실히** 하고, 상담자는 내담자가 어떤 선택을 하든 이를 지지한다.

제12장

직업상담 슈퍼비전

직업상담 슈퍼비전 준비하기

1. 직업상담 슈퍼비전을 시작하기 전에 슈퍼바이저로서의 자신을 점검할 수 있다.
2. 슈퍼바이저로서의 자기점검 결과에 따라 자신이 도움을 줄 수 있는 슈퍼바이지의 범위를 파악할 수 있다.
3. 효과적인 직업상담 슈퍼비전을 위해 제반 환경과 도구, 시스템 등을 점검하여 준비할 수 있다.
4. 직업상담 슈퍼비전을 진행하기 위해 슈퍼바이지가 사전에 준비하여 제출해야 할 내용을 정리하여 슈퍼바이지에게 안내할 수 있다.

01 직업상담 슈퍼비전의 개요

(1) 슈퍼비전의 정의

① 슈퍼비전(supervision)은 직업상담 영역에서 그 분야에 경험이 많은 감독자가 경험이 적은 전문가가 수행한 방법, 내용 등에 대하여 지도하고 감독하는 개입 일체를 의미한다.

② 라틴어의 'super(위에서)'와 'videre(지켜보다)'의 합성어에서 유래한 슈퍼비전은 임상에서 '위에서 관찰한다, 살핀다'는 뜻으로 개념화되었고, 다른 사람이 하는 일에 대한 책임을 갖고 지켜보는 감독자(overseer)의 일이라는 의미가 내포되어 있다.

③ 슈퍼바이저는 슈퍼바이지를 평가하여 이들이 수행하는 전문적 서비스의 질을 감독하고, 이들의 직업상담 역량을 지속적으로 강화시키며, 직업상담의 윤리적 입장을 지속할 수 있도록 촉구하는 역할을 한다.

④ 이 분야에 입문하는 사람들에게 문지기(gatekeeper) 역할을 한다.

(2) 슈퍼바이저의 유형

구분	특징
호의적 유형	평등하고 협력적인 방법으로서, 슈퍼바이저가 슈퍼바이지에게 친절하며, 개방적이고 지지적인 태도를 보이는 유형 예 친근하고, 융통성이 있으며, 믿어 주고, 따뜻하며, 개방적이고 긍정적이며, 지지적인 태도

구분	특징
대인 민감적 유형	관계 지향적인 접근으로서 슈퍼바이지에 초점을 두고, 이들의 감정과 문제를 지각하여 치료적·반응적 방식으로 슈퍼바이지가 새롭고 창의적인 관심을 가지도록 하는 유형 예 사려 깊고, 헌신적이고, 정성을 들이고, 창의적이면서 직관력이 있고, 역량이 있으며, 치료적 관계
과업 지향적 유형	주로 내용과 과업 중심으로 접근하며, 슈퍼비전의 목표를 분명히 하고, 이에 적합한 실제적이고 체계적이며 구체적인 방안을 제시하며, 구조화된 형식의 유형 예 초점이 분명하고, 목표지향적이며, 철저하고, 구조화되며, 명백하고, 실제적이며, 구체적인 형태

(3) 슈퍼바이저의 역할 4가지

구분	특징
교사	슈퍼바이지의 강점을 발견하고 자기 이해를 촉진하며, 실용적 가치를 전파하고 전문적 성장을 도움으로써 **상담가로서의 지식과 기술의 발전을 돕는다.**
상담자	슈퍼바이지가 수행한 상담에 대한 **사례의 자문을 실시하고 점검하며, 상담의 목표를 달성할 수 있도록 일을 지도하고 감독한다.** 또 새로운 상담원에게 교육을 실시하거나 지도한다.
코치	슈퍼바이지의 **사기를 돋우고**, 강점을 평가하며, 임상적 접근을 다각화로 할 수 있도록 촉진하고, 초보 상담자에게 **지지적 역할을 제공한다.**
멘토	슈퍼바이지에게 역할로서 롤모델링하고, 전문적인 성장을 촉진시키며, **정체성 확립을 돕고, 미래 슈퍼바이저를 양성하는 역할을 한다.**

(4) 슈퍼바이저의 역할 5가지

구분	특징
교사	**슈퍼비전을 통해** 가설 설정, 사례 개념화, 개입방법의 선택과 적용, 상담목표 설정과 전략 수립 등을 **토의하고 가르칠 수 있다.**
자문가	상담 사례나 기법 등에 대한 슈퍼바이지의 **다양한 질문 및 조언 요구에 대응하여 적절한 자문을 제공**할 수 있다.
치료자	슈퍼바이지의 **개인적 문제**(역전이를 알아차리지 **못하는 등**)로 인해 상담과정 수행에 영향을 받는 경우, 슈퍼바이저는 **치료자의 역할을 수행**할 수 있다.
평가자	슈퍼바이지의 발달 수준, 장점과 약점, 개인적인 문제 보유 여부 등 **상담전문가로서의 자격 및 수행을 평가**할 수 있다.
멘토	슈퍼바이지는 **슈퍼바이저를 모델 삼아** 비슷한 수준으로 발전하고자 하는 기대를 가질 수 있으며, 슈퍼바이저는 **멘토로서 역할을 수행**할 수 있다.

(5) 슈퍼바이저의 다중 역할

구분	내용
지도자 vs. 감독자	• 슈퍼바이저와 슈퍼바이지가 한 기관에서 근무하는 상황인 경우, 슈퍼바이저는 슈퍼바이지를 감독해야 하기도 하고, 지도하며 가르치기도 해야 한다. • 슈퍼바이저는 슈퍼바이지의 상담과정을 점검하고 평가하여 교육하고 지도하는 지도자의 역할뿐 아니라, 내담자에 대한 기록 관리를 비롯한 행정적 업무를 규정대로 잘하고 있는지 관리, 감독하는 감독자의 역할을 수행한다.
치료자 vs. 사례연구자	• 슈퍼바이지가 내담자의 호소를 알아차리지 못하는 원인이 주로 슈퍼바이지 개인의 문제에서 비롯된다고 판단되는 경우 슈퍼바이저는 치료자로서의 역할을 수행한다. • 동시에 사례개념화와 같은 고도의 지적인 과정을 통해 내담자 사례분석을 하는 등 사례연구자의 역할을 수행한다.
단회성 슈퍼비전에서 발생하는 다중 역할	• 주로 슈퍼바이저를 초빙하여 소집단 슈퍼비전이나 사례 발표회를 개최하는 경우에 주로 발생한다. • 단회성 슈퍼비전은 슈퍼바이지의 요구가 제한된 시간에 다루어져야 하기 때문에 슈퍼바이저는 평가자, 멘토, 치료자, 사례연구자 등 다중 역할을 수행하도록 요구받는다.

(6) 슈퍼비전 관계 형성을 위한 준비

① **슈퍼비전 방법 선택** : 슈퍼바이지의 성격, 경력, 보유 지식, 수행 직무내용, 수행 직무기술 발전 가능성 등을 분석하고 슈퍼바이지에게 제공할 슈퍼비전의 가설을 설정한다. 슈퍼바이지에게 그동안의 직무수행내용 및 사용한 기법, 슈퍼비전의 요구도 등을 작성하도록 하고, 분석된 내용을 함께 고려하여 설정된 가설을 수정·보완한다.

> ▶ 슈퍼바이지들이 좋았던 경험으로 진술하는 슈퍼비전 방법 (Allen, 1986)
>
> 1) 직접적인 피드백
> 2) 내담자를 이해할 수 있는 개념적 틀 제시
> 3) 실수를 학습의 기회로 환영하는 면
> 4) 상담기법을 가르치고 새로운 아이디어와 기법 활용을 격려하는 것
> 5) 잦은 칭찬과 격려
> 6) 개방적인 피드백
> 7) 읽을 것 추천
> 8) 상담자의 발달적 이슈와 관련된 탐색을 격려하는 것

② **슈퍼바이저의 특성 고려** : 서로 위계적이고 종속적인 관계로의 발전은 슈퍼바이저의 개인적 특성에 의하므로 자신의 성격에 대하여 명확한 이해를 가져야 한다. 슈퍼바이저의 세계관, 이론적 정향, 스타일-역할, 전략-초점, 형식 기법 등을 고려한다.

③ **슈퍼바이저의 스타일 점검** : 슈퍼바이저의 스타일은 슈퍼바이저가 슈퍼바이지를 대하고 슈퍼비전을 진행하는 독특한 방식을 말한다. 목소리의 성량과 음질, 얼굴 표정, 자세, 제스처, 질문에 대한 반응 방식, 제공하는 해설, 회기의 조직과 구조, 사용하는 예들과 이론, 제안의 내용, 제안하는 방법 등을 점검한다.

(7) 슈퍼바이저의 자기 점검을 위한 질문들

① 나는 상담자로서 어떤 교육을 받아왔는가?

② 어떤 유형의 내담자에게 가장 효과적이었나? 버겁거나 효과적이지 않았던 내담자들은 어떠한 특성을 가진 사람들이었나?

③ 나는 교사, 상담자, 자문가 등 어떤 역할에 대한 경험이 많은가? 경험이 적었던 역할은 무엇인가?

④ 어떤 상담 접근법에서 효과적이며 편안하게 슈퍼비전을 받았는가? 그것은 어떤 요인 때문이었는가?

⑤ 내가 선호하는 슈퍼비전 양식은? 그 이유는? 그런 방법으로 슈퍼비전 하는 슈퍼바이저는 누구였는가? 다른 슈퍼비전 양식을 가진 슈퍼바이저는 어떤 사람들이었나? 이들 사이에는 어떤 차이가 있는가?

⑥ 슈퍼바이지로서의 경험에서 효율적이었던 개입법으로 생각되는 것은 무엇이었나? 당시 나의 정서적·인지적·행동적 반응은 어떠했나? 슈퍼비전에서 나는 이 개입법을 언제 사용할 수 있겠는가?

⑦ 나는 슈퍼비전과 슈퍼바이저에 대해 어떤 기대를 가졌었는가? 시간이 지나며 그 기대는 어떻게 변했나? 나와 같은 기대를 가진 슈퍼바이지는 누가 있었고 다른 기대를 가졌던 슈퍼바이지를 기억해 본다면 그들은 어떠한 기대를 가졌었나? 이들의 차이는 무엇인가?

(8) 이상적인 슈퍼바이저의 공통점 (Carifio & Hess, 1987)

① 피드백을 체계적으로 한다. 객관성 있고 정확하며, 일관성 있는 피드백은 주관적인 요인에 영향받은 피드백보다 더 신뢰할 수 있다.

② 중요한 사건이 일어난 직후에 피드백을 한다.

③ 피드백이 긍정적이든 부정적이든 명백하고 구체적인 준거를 기초로 제시하고 분명하게 이해된다.

④ 양방적인 의사소통으로 대화가 되기 때문에 슈퍼바이지가 능동적으로 참여하여 제안이 만들어진다.

(9) 슈퍼바이지에게 해로운 슈퍼비전 유형

① 슈퍼바이지가 사용하는 특정 기법을 제한하는 것
② 슈퍼바이지에게 충분한 방향과 지시를 제공하지 않는 것
③ 슈퍼바이지에게 차갑고 무관심하며 심지어는 적대적이고 초연해 보이는 접근
④ 슈퍼바이지를 내담자로 다루며 치료하려는 스타일 등

(10) 슈퍼비전 신청서에 포함될 항목들

① **슈퍼바이지 관련** : 주요 인적사항, 상담경력, 상담분야, 교육 및 훈련경험, 주된 접근방법과 기법
② **슈퍼비전 요청사항 관련** : 슈퍼비전 신청 목적, 슈퍼비전 요청 내용, 희망하는 슈퍼비전 방식과 기간

(11) 슈퍼비전 사례 준비를 위해 도움이 되는 지침들

① 내담자의 현재 문제를 간단히 설명하라.
② 회기에서의 목표에 대해 기술하라.
③ 회기에서의 역동성을 설명하라.
④ 내담자의 배경을 포함하여 회기 중 알게 된 중요한 정보들을 설명하라.
⑤ 회기 중 논의된 주요 문제들을 요약하라.
⑥ 현재 문제와 관련된 발달적, 문화적 정보를 설명하라.
⑦ 내담자의 문제에 대해 처음 가졌던 개념적인 해석을 기술하라.
⑧ 현재의 문제에 대한 개념적 해석의 변화(또는 확대)를 설명하라.
⑨ 진단 기준에 의거해 진단들을 나열하라.
⑩ 내담자에 대한 첫 치료 계획을 기술하라.
⑪ 치료 계획의 변화(또는 확대)를 설명하라.
⑫ 치료 계획을 바탕으로 한 다음 회기의 목표를 기술하라.
   ㉠ 이 회기에서 목표가 어느 정도 달성되었는가?
   ㉡ 이 사례에서 윤리적 염려가 되는 내용이 있는가?
⑬ 회기에 대한 개인적인 성찰을 공유하라.
⑭ 슈퍼바이저에게 조언을 구하고자 하는 구체적인 질문들을 기술하라.

직업상담 슈퍼비전 논점 파악하기

출제기준▶

1. 슈퍼바이지와 존중과 신뢰의 상호협력적 관계를 형성할 수 있다.
2. 슈퍼바이지의 요구사항을 점검하고 슈퍼비전의 목적과 필요성에 대해 협의할 수 있다.
3. 직업상담 슈퍼비전을 통해 다루고 싶은 슈퍼바이지의 특별한 요구가 무엇인지 확인하고 논점을 구체화할 수 있다.
4. 슈퍼비전의 주요 목적과 논점, 슈퍼바이지의 전문적인 성장을 위해 적절한 슈퍼비전의 목표를 설정할 수 있다.

01 슈퍼바이지의 발달 수준과 논점

(1) 슈퍼바이지의 발달단계와 수준 (Stoltenberg & Delworth, 1987)

① 상담가 통합발달모형(IDM : Integrated Develcpmental Model)에서는 **상담가의 자율성과 동기, 자기 자각·타인 자각의 3가지 요소를 주요 구조로 삼아 발달단계를 제시하였다.**
② 상담가가 의존 단계, 의존-자율 갈등 단계, 조건적인 의존 단계, 그리고 대선배 상담가 단계로 성장한다고 보았다.

구분	내용
1수준 의존 단계	• 상담가는 상담 경험이 없기 때문어 상담의 기본적 기술인 공감, 반영, 명료화 등이 훈련되어야 한다. • **상담가는 의존적이라 슈퍼바이저의 지시와 충고를 듣고 싶어하며, 불안하기 때문에 자신이 내담자에게 미치는 영향에 대해 통찰이 없다.** • 상담가의 불안을 통제하기 위하여 **충분히 구조화된 환경 안에서 자율성을 격려하는 환경이 적합하다.** • 슈퍼바이저는 상담가가 원하는 지시, 해석, 지지, 알아차리기 훈련, 솔선수범 등을 사용한다.
2수준 의존-자율 간의 갈등 단계	• 상담가는 자신의 등기와 행동에 더해 통찰하려고 노력한다. • **상담 기술이 습득되고, 선택할 대안들이 많아짐에 따라 자신감이 느는 한편, 상담에 대한 책임감 증가에 부담을 갖는다.** • 슈퍼바이저 모방에 만족하지 않고 나름대로 새로운 시도를 한다. • 슈퍼비전은 덜 구조화하며 상당히 자율성을 부여하는 환경이 적합하다. • 슈퍼바이저는 1수준보다 지시를 줄이고 양가감정을 명료화하며 모델을 더많이 보여야 한다.

구분	내용
3수준 조건적인 의존 단계	• 상담가는 상담가로서의 정체감과 전문인으로서의 자신감이 증진된다. • 자신의 의존적 욕구, 신경증적 동기에 대한 통찰이 는다. • 상담 기술을 맹목적으로 사용하지 않고 융통성 있게 사용한다. • **상담가는 상당히 자율적이기 때문에 슈퍼비전은 상담가에 의해 제공된 구조를 따른다.** • **슈퍼바이저와 동료적인 관계로 되어 가며 실제적인 사례를 함께 나눈다.** • 상담가와 슈퍼바이저는 슈퍼비전을 통해 서로 지지와 통찰을 얻는다.
4수준 대선배 상담가 단계	• **자신의 개인적 한계점을 이해하고, 스스로 상담할 수 있는 단계이다.** • 자신의 가치, 개인적 특징, 능력에 대한 이해가 증가하고 자신의 가치관 안에 전문인으로서의 정체감을 효과적으로 통합한다. • **이 시기의 슈퍼비전 관계는 동료관계이므로, 슈퍼비전이 별로 중요하지 않다.**

(2) 상담자의 발달 수준에 따른 슈퍼비전의 논점들 (심흥섭, 1998)

① **상담대화기술**
  ㉠ 대화를 이끌어 나가는 기본적인 의사소통기술(경청, 요약, 반영, 구체화, 질문, 공감)로써 개입기술과 구분된다.
  ㉡ **내담자가 말로 표현하는 내용을 정확하게 알아듣고 이해하는 것이며**, 내담자에게 상담자의 의사를 효과적으로 표현하는 것이다.
  ㉢ 내담자의 비언어적 표현(얼굴 표정, 시선, 자세, 동작)의 특징을 관찰하고, 억양, 목소리 변화를 감지하는 것이다.

② **사례 이해**
  ㉠ **내담자의 호소 논점, 상담받고자 하는 이유를 파악하는 것이다.**
  ㉡ 내담자의 핵심 문제, 결점, 강점, 사회적·심리적 자원에 대한 평가를 포함한다.
  ㉢ 내담자의 감정양식, 표현양식, 대응양식, 대인관계양식을 파악하고, 내담자의 기능 상태, 문제를 지속시키는 내·외적 역동, 스트레스원(stressor)을 파악하는 것이다.
  ㉣ 내담자 문제와 역동을 이해하고, 이를 이론적 틀에 근거해서 파악하는 것이다.

③ **알아차리기**
  ㉠ **내담자 말의 내용뿐만 아니라 의미(핵심 메시지)까지 이해하는 것이다.**
  ㉡ 내담자의 내부에서 일어나는 감정, 생각, 의도, 의문, 기타 감각 등을 알아차리는 능력, 상담자의 내부에서 일어나는 감정, 생각, 의도, 의문, 기타 감각 등을 알아차리는 능력, 내담자 – 상담자 사이에 일어나는 상호작용 과정을 보고, 그 의미를 이해하는 것이다.
  ㉢ 내담자 비언어적 표현의 특징이 의미하는 바를 아는 것이다.

④ **상담계획 (목표, 전략, 개입 등)**
  ㉠ 사례 이해에 기초하여 **합리적인 상담목표를 세우고 이를 합의하는 것이다.**
  ㉡ 상담목표에 맞는 **체계적인 상담 계획을 수립하고, 목표에 적합한 상담방법을 선택하는 것이다.**

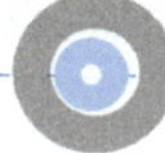

　ⓒ 내담자의 변화를 촉진시키고, 증폭시키고자 하는 상담자의 의도가 담긴 대화를 포함한다.
　ⓔ 각종 처치 및 개입기술(해석, 직면, 빈 의자 기법 등)이 이에 해당한다.
⑤ **상담자의 태도**
　ⓐ **내담자를 한 인간으로 존중하고, 내담자를 사랑하고 수용하는 태도**를 말한다.
　ⓑ 인간에 대한 긍정적인 시각, 융통성 있는 태도도 이에 포함된다.
　ⓒ 상담자 자신에 대한 객관적이고 폭넓은 이해, 상담자로서의 자신감, 가치판단 보류, 내담자에 대한 인내심, 윤리적인 태도, 상담에 대한 신념 등도 이 영역에 해당한다.

02 감정노동과 소진

(1) 감정노동 강도의 결정요인

① **감정표현의 빈도** : 상호작용 빈도
② **표현 규범에 대한 주의성** : 표현 규범에 대한 주의성이 클수록 더 많은 감정노동 필요
③ **감정의 다양성** : 감정표현을 자주 바꾸어야 하는 경우 더 많은 감정노동 수반
④ **감정적 부조화** : 실제로 느끼는 감정과 조직에서 요구하는 감정표현이 충돌할 때 발생

> ▶ 소진 (burn out)
> 감정적인 요구가 큰 상황에 장기간 노출됨으로써 나타나는 신체적, 감정적, 정서적 탈진상태를 말한다. 특히 사람들을 직접 대하는 서비스 종사자들에게 생길 수 있으며 감정적 탈진, 비인격화 그리고 개인적 성취의 저하로 나타난다.

(2) 감정노동 근로자의 보호

① 감정노동이 심해지면 근로자들은 감정의 부조화로 우울, 적응장애, 정신적 탈진상태에 빠질 수 있고, 신체적으로도 고혈압, 심장질환 등의 질병으로 이환될 수 있다.
② 근로자들의 직무만족도가 떨어지고 이직의 원인이 되기도 한다.
③ 감정노동을 하는 근로자의 직무 스트레스 예방과 관리를 위하여 사업주, 보건관리자 및 관리감독자는 근로자의 일상관리, 평상시와 다른 근로자에 대한 조기 발견과 조기 대응, 휴직한 근로자의 직장복귀를 지원해야 한다.
④ 「산업안전보건법」에 따라 사업주는 고객응대 근로자의 **건강장해를 예방**하기 위해 업무의 일시적 중단 또는 전환 등 조치를 취해야 한다.

(3) 감정노동 근로자의 스트레스 관리

① 감정노동이 직무 스트레스의 중요한 요인이라는 인식을 한다.
② 안전·보건교육에 감정노동에 관한 내용을 포함한다.
③ **감정노동 자체를 완화시키는 방안을 마련**한다. (적정 고객 수, 친절교육 등의 영향 고려, 직무순환, 서비스에 대한 기준 마련, 휴식 공간 제공)
④ 고객과의 갈등이 발생할 때 근본적인 원인을 해결할 수 있도록 한다.
⑤ 적정 서비스를 제공할 수 있도록 한다.

(4) 상담자 개인 차원에서의 관리

① 자신의 감정을 다스리는 방법을 습득한다.
② **감정노동으로 인한 스트레스 증상 완화법**을 활용한다.
　㉠ **근육이완법** : 근육에 주의를 집중시켜 불필요한 긴장을 해소하는 단계적인 훈련이다.
　㉡ **복식호흡** : 양손을 아랫배에 대고 천천히 숨을 들이마시고 내쉰다.
　㉢ **긍정적으로 생각하기** : 자신이 해야 할 일을 즐겁게 열심히 하도록 긍정적인 생각을 갖는다.
　㉣ **자신의 감정 털어놓기** : 화를 마음에 쌓아 두지 않고 글을 쓰거나 해서 자기감정을 표출한다.
　㉤ **자기주장 훈련** : 다른 사람을 비난하거나 불쾌하게 만들지 않으면서 자신의 욕구, 생각, 감정 등을 명확히 주장하는 방법을 훈련한다.
　㉥ **생활습관 개선** : 규칙적으로 운동하고 올바른 식습관을 유지한다.
③ 힘들 때, 어려움을 나눌 수 있는 상사나 동료를 만든다.
④ 효율적 의사소통방법을 익힌다.
⑤ 규칙적 운동, 규칙적 식생활 등 긍정적이고 올바른 생활습관을 갖는다.
⑥ 동호회 활동이나 봉사활동 등을 통해 심리적으로 재충전할 수 있는 기회를 갖는다.

03 직업상담 슈퍼비전 논점 파악하기

(1) 직업상담 슈퍼비전 논점 파악하기

① 슈퍼바이지의 발달 수준을 평가한다.
② 슈퍼바이지의 욕구를 확인하고, 슈퍼비전에 대한 기대를 점검한다.
③ 슈퍼바이저와 슈퍼바이지의 기대를 조정하고 논점을 구체화한다.

(2) 슈퍼바이지 평가에서 고려해야 할 요소 (Bernard & Goodyear, 2009)

① 슈퍼바이저는 슈퍼비전 관계가 동등한 관계가 아니라는 점을 명심해야 한다. 슈퍼바이지

는 슈퍼비전에서 상처받기 쉬운, 취약한 입장이라는 점을 슈퍼바이저는 인식하고 있어야 한다.

② 슈퍼바이저는 자신의 임상적 역할뿐만 아니라 관리자로서의 역할도 분명하게 언급할 필요가 있다.

③ 슈퍼바이지의 기대와 역할의 명료성 또한 필수적이다.

④ 평가 과정은 슈퍼바이지에게 미리 자세히 설명되어야 한다. 슈퍼비전 관계의 예상기간, 슈퍼비전에서 선호하는 방법과 이 방법들이 어떻게 이용될지, 슈퍼바이지의 발달을 평가할 때 고려할 추가적인 요인들, 사례 발표 횟수, 그리고 어떻게 평가가 수행되고 이용될 것인지 등과 같은 평가 과정과 절차상의 다양한 주제들을 포함해야 한다.

⑤ 슈퍼바이지의 방어적 태도는 상담 슈퍼비전 내에서 공개적으로 탐색되어야 한다.

⑥ 슈퍼비전에서 나타날 수 있는 개인차도 공개적으로 탐색되어야 한다. 문화적인 차이, 선호하는 상담이론, 슈퍼바이저와 슈퍼바이지의 역량 등 다양한 방면에서 개인차가 나타날 수 있다.

⑦ 슈퍼비전에서 평가는 상호적이고 연속적인 과정이어야 한다. 즉, 슈퍼비전과 슈퍼바이저에 대한 슈퍼바이지의 평가는 슈퍼비전 과정에 수용되고, 동시에 슈퍼비전과 슈퍼바이저에 대한 슈퍼바이저의 평가 역시 슈퍼비전 과정에 포함되어야 한다. 따라서 슈퍼바이지와 슈퍼바이저 모두 슈퍼비전 내용을 결정하는 데 적극적으로 관여해야 한다.

⑧ 슈퍼비전 평가는 슈퍼비전 전체 과정의 구조화 속에서 계획적으로 이루어져야 한다.

⑨ 슈퍼바이지에 대한 성급한 평가는 피해야 한다. 슈퍼바이저는 슈퍼바이지를 서로 비교하여 우열을 따지기보다는 슈퍼비전 과정을 통해 배워야 하는 기준에 부합하고 개별 슈퍼바이지가 자신의 역량을 최대한 발휘하도록 도와야 한다. 이를 위해서 도전적이면서도 활기차고 협력적인 슈퍼비전 분위기가 조성되도록 해야 한다.

⑩ 슈퍼바이저는 슈퍼바이지의 전문가로서의 성장을 파악할 수 있어야 한다. 이를 위해서 슈퍼비전 과정에서 슈퍼바이지의 피드백을 요구하고, 받은 피드백을 슈퍼비전 과정에 반영하는 것이 필요하다.

⑪ 슈퍼바이저는 슈퍼비전에 관련된 모든 상호관계를 주시해야 한다. 관계가 너무 가까워지거나 멀어지면 좋은 평가를 하기 어렵다

(3) 슈퍼바이지가 일반적으로 슈퍼비전에서 요구하는 상담기술 요인

① **상담 기법**
　㉠ **사례 개념화** : 내담자 사례 이해 및 문제 평가와 목표 및 전략 수립 등에 관한 것
　㉡ **면접 기술** : 접수 면접 기술, 상담 대화 기술 등 상담을 이끌어가는 기술
　㉢ **처치 개입 기술** : 내담자에 대한 치료적 개입을 의미
　㉣ **알아차림** : 내담자 말의 내용과 의미, 내담자와 상담자 내부에서 일어나는 감정, 생각, 의도 둘 간의 상호작용 과정에 대한 이해

② **상담자 개인 발달**
  ㉠ 상담자 개인의 문제 다루기
  ㉡ 전이와 역전이 다루기
  ㉢ 내담자와 상담자의 저항과 방어 등

(4) 직업상담 슈퍼비전 논점 구체화를 위한 질문

① 슈퍼바이지가 통합되고 정확한 이론적 배경을 가지고 있는가?
② 내담자 특성별·직업적 논점별 관련 이론들을 활용할 수 있는가?
③ 진단 평가 능력이 전문적인가?
④ 진단 평가 도구 선택에 기준이 맞는 것인가?
⑤ 진단 평가 해석을 내담자 특성과 검사점수에 적합하게 보고할 수 있는가?
⑥ 상담 진행 시 특정 사례에 사용된 기법과 개입방법에 대하여 설명할 수 있는가?
⑦ 직업정보 수집과 분석 과정에서 보완하여야 할 방법이 있는가?
⑧ 자신이 개입한 것이 바람직하지 못한 결과를 낳았는지 이해하고 있는가?
⑨ 슈퍼바이지가 향후 보강해야 할 능력이 있다면 무엇인가?
⑩ 윤리적 지침에 대하여 정확히 이해하고 실천하려고 노력하였는가?
⑪ 자신의 능력과 한계에 대하여 충분히 이해하고 있는가?

직업상담 슈퍼비전 구조화하기

출제기준▶
1. 슈퍼바이지의 상담기술과 발달수준을 평가하고 적합한 슈퍼비전의 목표를 합의할 수 있다.
2. 슈퍼바이저와 슈퍼바이지의 역할과 책임을 논의하고 구체화할 수 있다.
3. 슈퍼비전 방법과 절차, 평가에 관한 전반적인 사항을 논의하여 구체화할 수 있다.
4. 슈퍼바이저와 슈퍼바이지가 서로 동의한 내용을 확인하여 약정서(계약서)를 작성할 수 있다.

01 슈퍼비전 목표 설정

(1) 슈퍼바이지 발달 관련 슈퍼비전의 목표 (Haynes, Corey & Moulton, 2006)

① 상담이론, 방법, 실무에 대한 지식 갖추기
② 다양한 내담자와 작업할 수 있는 상담방법의 조용 능력 기르기
③ 진단과 개입방법에 대한 폭넓은 이해 능력 기르기
④ 자신의 능력적 한계를 알고 자문과 슈퍼비전 요구하기
⑤ 공감, 존중과 진솔성의 기본적 상담기술 발달시키기
⑥ 개인의 문제가 어떻게 상담에 영향을 주고, 이러한 문제들이 내담자에게 어떠한 영향을 주는지 지각하기
⑦ 어떤 내담자와 작업하기가 쉽고, 어떤 내담자와는 더 어려운지, 그리고 그 이유가 무엇인지 탐색하기
⑧ 내담자들의 저항을 알아차리고, 그것에 대해 어떻게 작업해야 하는지 알기
⑨ 관련된 윤리 조항 알기
⑩ 상담에서 경험하는 윤리적 문제에 대한 올바른 판단과 분명한 의사결정모형 발달시키기
⑪ 임상실습에 영향을 미치는 법적 측면에 대해 자각하기
⑫ 다문화적 문제가 상담과정에 어떤 영향을 미치는지, 그리고 내담자와 동료들 간의 문화적 차이에 대해 어떻게 작업해야 하는지에 대해 알기
⑬ 상담실무과정에서 자신에 대한 확신 발달시키기
⑭ 상담자로서 자신의 개인적 역할을 검토하는 능력 발달시키기
⑮ 실수 위험이 있더라도 도전하고, 이런 점에 대해 슈퍼비전에서 다루기

⑯ 자기 자신의 상담 스타일을 발달시키려고 노력하기
⑰ 스스로 자신을 평가하는 방법 개발하기

(2) 슈퍼비전 발달 단계에 따른 슈퍼비전 목표

① **초기 단계 슈퍼비전의 목표** : 슈퍼비전 관계를 발전시키고, 슈퍼바이지의 능력을 평가하며, 초기 경험을 교육하고 점검하는 것 등을 목표로 설정한다.
② **중간 단계 슈퍼비전의 목표** : 의존적 실무에서 독립적 실무로의 전환 등을 목표로 설정한다. 슈퍼바이지의 모험적·도전적 욕구와 슈퍼바이저의 신중함으로 인해 슈퍼비전 관계에서 갈등이 나타날 수 있다.
③ **종결 단계 슈퍼비전의 목표** : 슈퍼바이지의 독립성을 키우고 독립적인 전문가로서 일할 수 있도록 준비시키는 것 등을 목표로 설정한다.

(3) 직업상담 슈퍼비전 구성요소와 슈퍼비전 목표

구성요소	목표
슈퍼비전 관계	탄탄한 슈퍼비전 작업동맹을 위한 슈퍼바이지와 슈퍼바이저와의 관계를 형성하기
상담 기술	효과적인 직업상담을 위한 필수적인 상담자 역량의 개발
사례 개념화	내담자의 직업 문제를 이해하기 위해 진로발달이론을 사용하고 상담 개입 계획 세우기
평가 기술	흥미, 가치관, 적성, 성격, 자기개념 등과 같은 진로 관련 요소들을 평가하기 위한 심리검사의 활용
개인적 문제와 진로 문제의 적절한 조화	진로발달은 개인적 성격 특성에 의해 영향을 받는다는 것을 인식하고 직업상담에서 이러한 요인들을 다룰 수 있는 능력을 키우기
발달 단계별 진로 문제 다루기	진로발달은 전 생애 과정 동안 이루어진다는 사실을 인정하고 발달적으로 나이에 적합한 상담 개입을 할 수 있는 능력 키우기
직업정보와 자료	진로 관련 정보를 제공하는 책, 관련 종사자와 인터넷 활용과 같은 기본적인 진로 관련 정보를 사용할 수 있는 지식과 능력을 갖추기
구직활동 전략	내담자의 직업 관련 행동을 증진시키기 위한 다양한 방법에 대해 익히기
윤리	진로상담에 적합한 윤리강령에 대한 지식과 윤리강령에 따르기

※ 출처 : 최윤정 (2012)

02 슈퍼비전의 구조화와 계약

(1) 슈퍼비전 구조화 방법

① **슈퍼비전 초기면담에서 주요 과제는 슈퍼바이지와 관계를 형성하고, 계약을 맺고 슈퍼바이지를 평가하는 것이다.**
② 슈퍼바이저와 슈퍼바이지는 자신들에 대한 기본 정보를 교환하여 관계 맺기에 노력한다.

③ 슈퍼비전의 구조화를 위해 다음의 사항들을 논의하여 명료화한다.

　㉠ 얼마나 자주, 어느 정도의 시간으로, 어디서 만날 것인가?

　㉡ 녹음 자료, 동영상 자료, 기록 등은 무엇을 사용할 것인가? 매번 같은 내담자로 할 것인가?

　㉢ 어떻게 내담자에게 비밀을 보장할 것인가? 수퍼바이지는 어떻게 녹음 자료를 준비할 것인가? 녹음된 자료를 모두 사용할 것인가? 일부만 발췌할 것인가?

　㉣ 어떤 구조와 순서로 진행할 것인가? 내담자에 대한 요약으로 시작할 것인가? 상담자의 질문으로 시작할 것인가? 사례연구로 할 것인가?

　㉤ 자살 시도와 같은 위기를 어떻게 다룰 것인가? 위기 시 슈퍼바이저가 나와 접촉할 수 있는 방법은? 만약 연결되지 않을 때에는 어떻게 대응할 것인가?

　㉥ 슈퍼바이지를 어떤 기준으로 어떻게 평가할 것인가? 평가도구로 할 것인가? 장점과 보완해야 할 점을 기술하도록 할 것인가? 표준화된 평가지에 점검하도록 할 것인가?

　㉦ 슈퍼바이지는 어떤 유형의 내담자와 상담할 것인가?

　㉧ 슈퍼바이저는 슈퍼바이지가 상담하는 기관을 방문하고 관찰할 것인가?

(2) 직업상담 슈퍼비전 구조화 수행 요령 (수행 Tip)

① 슈퍼비전의 방법을 결정하고 구체적인 방법을 목록화하여 체계적으로 구조화한다.
② 슈퍼비전의 핵심은 슈퍼비전 관계 발달이므로 슈퍼바이지의 발달 수준과 슈퍼비전 작업동맹을 고려하여 구조화하고 슈퍼비전 목표를 설정한다.
③ 구조화 및 계약 설정의 과정에서 슈퍼바이저나 슈퍼바이지의 어느 한쪽의 의견이 일방적으로 반영되지 않도록 유의하고 구조화의 과정이 너무 수용적이거나 너무 강압적이 되지 않도록 한다.

(3) 슈퍼비전 계약서에 포함되어야 할 정보

① **시간적 요소** : 슈퍼비전의 횟수, 회기의 길이, 그리고 슈퍼비전 경험의 지속기간 등
② **교육 구조** : 교육을 향상시키기 위해 사용할 수 있는 시청각 기술이나, 병행 치료, 필수 독서 분량 등 슈퍼비전과 함께하는 교육에 대한 내용
③ **슈퍼비전 구조** : 슈퍼비전 양식(개인 슈퍼비전, 집단 슈퍼비전, 또는 혼합), 슈퍼바이저의 교체에 대한 정보 등
④ **기관 규칙 준수** : 업무시간, 복장 규정, 전화번호와 전자메일 공유에 관한 기관의 규칙, 문서 보존과 같은 항목, 슈퍼바이지와 슈퍼바이저 모두를 보호하기 위한 기관 한계의 투명성 등
⑤ **특수 조건** : 현장의 독특한 요구사항, 기관에서 슈퍼바이지에게 습득하기를 요청하는 지식과 기술, 전문성, 특정한 평가도구에 대한 사용 등

직업상담 슈퍼비전 실행하기

1. 축어록, 녹화, 녹음 등 사전에 준비된 자료에 따라 상담과정을 점검하고 사례를 개념화할 수 있다.
2. 사례개념화에 따른 슈퍼바이지의 의견과 느낌을 점검하고 슈퍼바이지의 반응을 고려하여 적절한 개입을 할 수 있다.
3. 슈퍼바이지의 학습목표, 경험수준, 발달적 문제, 학습양식, 슈퍼비전의 목표 등을 고려하여 직업상담 슈퍼비전의 개입방법을 결정하고 수정할 수 있다.
4. 슈퍼바이지가 직업상담윤리를 준수하여 상담을 실시하였는지 점검할 수 있다.
5. 슈퍼바이지와 함께 슈퍼비전 과정과 내용을 요약정리하고 그 결과를 기록할 수 있다.

01 직업상담 슈퍼비전 실행

(1) 사례 개념화의 이해

① **사례 개념화의 의미**

- ㉠ 슈퍼비전에 필요한 **상담 사례 보고서 작성을 위해서는 사례 개념화를 할 수 있어야 한다.**
- ㉡ 사례 개념화는 녹화, 녹음 등으로 기록된 상담의 과정과 내용을 점검하여 **상담자가 이해한 내담자의 논점, 상담목표의 설정과 전략, 개입방법 등에 대해 이론적 근거에 따라 틀을 정리하는 것**이다.
- ㉢ 사례 개념화는 내담자의 인지적·행동적·정서적·대인관계적 측면을 통합하여 포괄적으로 이해하고 상담목표와 상담 계획을 수립하는 것이다.
- ㉣ 심리검사, 면접과 행동 관찰, 내담자의 가족이나 관계자로부터 얻은 정보 등을 통합하여 내담자에 대한 가설적 모형을 수립하는 것이다.
- ㉤ 즉, 사례 개념화란 **내담자에 대한 문제, 문제의 원인과 배경 등 전체적인 가설적 틀을 세우는 것**을 말한다.

② **사례 개념화의 특성**

- ㉠ 내담자에 대한 가설 세우기이며, 가설의 타당성을 검증하는 과정이다.
- ㉡ 초기의 가설은 상담이 진행되는 과정에서 얻어진 새로운 정보에 따라 수정될 수 있으며, 상담자는 가설의 타당성 여부를 검토하기 위해 내담자의 반응, 추가로 확인되는 정보들, 슈퍼바이저와의 논의 등 다양한 방법들을 활용해야 한다.

(2) 상담 사례 보고서 작성

① **상담 사례 보고서의 의미**

    ㉠ 상담자가 상담한 내용을 다른 상담전문가가 쉽게 이해할 수 있도록 하는 소통의 수단이다.

    ㉡ 사례 개념화한 내용을 보고서의 양식에 따라 작성하는 일은 상담자가 자신의 상담 경험을 반추하면서 배우고 점검하는 활동이다.

    ㉢ 상담자는 상담 사례를 형식에 맞추어 보고할 수 있는 역량을 갖추어야 하며, 상담 사례 보고서는 전문가와 비전문가를 구분히 주는 하나의 수단이라고도 할 수 있다.

② **상담 사례 보고서에 포함되는 내용**

    ㉠ 내담자에 대한 기본 정보

    ㉡ 내담자 문제의 이해

    ㉢ 상담목표와 상담전략

    ㉣ 회기별 상담 내용의 요약

    ㉤ 내담자의 심리검사 결과 등

02 슈퍼비전의 개입방법과 전략

(1) 슈퍼비전 방법

구분	의미	장점	단점
개인 슈퍼비전	1:1로 슈퍼바이저와 상담자가 직접 대면하여 진행	상담자의 개인적인 필요와 상황에 맞춰 세밀한 피드백 제공	슈퍼바이저의 시간과 자원이 많이 필요
집단 슈퍼비전	여러 상담자들이 모여서 함끼 피드백을 받는 방식으로, 사례 발표 및 피드백을 통해 다양한 관점 제공	다양한 관점과 피드백을 통해 학습과 대리학습의 기회 제공	비밀 보장의 염려와 상담자의 개별적 필요에 대한 세밀한 피드백이 부족할 수 있음
동료 슈퍼비전	동료 상담자들끼리 서로의 상담 과정과 문제에 대해 피드백을 주고받는 방법	실무에서의 경험을 바탕으로 실제적인 피드백 제공	전문 슈퍼바이저의 지도가 부재할 수 있음
자기 슈퍼비전 (self-supervision)	상담자가 자신의 상담 내용을 스스로 검토하고 반성하는 과정으로, 상담 기록이나 녹음을 분석하여 스스로 피드백을 제공하고 개선 방안을 모색하는 자기 성찰 방법	스스로의 상담 능력을 객관적으로 평가할 수 있는 능력을 배양할 수 있고, 언제 어디서든 실행 가능하여 시간과 비용 절감	자기 판단의 객관성 결여 가능성 존재 초보 상담자의 경우 효과가 낮고, 일정 수준의 경험과 자기 성찰 능력 요구

(2) 슈퍼비전 개입방법 및 전략

① **자기 보고와 녹음(녹화) 자료 활용**
  ㉠ 상담 장면에서의 지각과 수행에 대한 **슈퍼바이지의 자기보고만으로는 객관적 관찰과 진술에 한계가 있다.**
  ㉡ 슈퍼바이지의 자기 보고와 실제 상담의 차이를 명료하게 하는 방법으로 슈퍼바이저는 **녹음, 녹화, 직접 관찰 등의 방법을 사용한다.**
  ㉢ 슈퍼바이지로 하여금 슈퍼비전 목표와 관련된 부분, 상담자로서 혼동스러웠던 부분, 내담자가 저항했던 부분, 효율적으로 개입했던 부분 등을 사전에 선정해 오도록 요청할 수 있다.
  ㉣ 상담 전 과정을 개관해 보기 위하여 회기 중 초반부, 중반부, 종결 부분을 선정해 검토할 수도 있다.

② **대인관계 과정 회상 (IPR : Interpersonal Process Recall)**
  ㉠ IPR 방법은 **상담 중의 생각, 느낌을 회상하게 하는 방법**이다.
  ㉡ 상담 장면을 회상하여 표현하지 못한 생각, 느낌, 지각 등을 자각하게 하는 경험은 상담자의 자각 수준을 높여주고 상담자로서 자신을 이해하는 데 도움이 된다.
  ㉢ 내담자, 상담자와 내담자의 상호작용에 대한 이해를 높이는 데에도 효과적이다.

③ **사례 자문**
  ㉠ **슈퍼바이지의 사례에 대한 논의를 포함하며, 가장 일반적인 슈퍼비전 개입 방식이다.**
  ㉡ 보통 대화로 진행되며, 슈퍼바이지가 **상담 사례와 관련된 중요한 내용들을 사례 보고서 형식으로 정리해 와서 말로 설명**한다.
  ㉢ 사례 보고서에 포함되어야 할 사항으로는 일반적인 내용(내담자의 인적 사항과 가족 사항, 내방 경위, 호소 문제와 주요 심리검사 결과 등) 외에도 내담자에 대한 상담자의 평가, 상담자의 상담목표와 전략, 상담자가 슈퍼비전에서 도움받고 싶은 점 등 다양하다.

④ **직접 관찰**
  ㉠ 슈퍼바이지의 **상담 장면을 직접 관찰할 수 있는 다양한 방법을 의미**한다.
  ㉡ 일반적인 것은 슈퍼바이저나 슈퍼바이저를 포함한 관찰팀이 슈퍼바이지가 상담하는 장면을 일방경(one-way glass)이나 비디오 화면을 통해 직접 관찰하는 방식이다.
  ㉢ 상담을 진행하는 방에 슈퍼바이저가 직접 들어가서 관찰하는 방식도 있다.
  ㉣ 직접 관찰하는 경우, 슈퍼비전 방식에 대해 **슈퍼바이지는 내담자에게 미리 알리고 반드시 동의를 구해야 한다.**

(3) 슈퍼바이지 수준별 개입방법

구분	내용
초심상담자	• 슈퍼비전 관계를 위해 **지지와 반영 기법 사용** • 기본적인 대화 기술과 사례에 대한 이해에 대한 슈퍼비전
숙련상담자	• 감정과 행동의 차이나 슈퍼바이지의 **실제 상담과 효율적 상담의 차이를 직면시키는 기법 사용** • 동료로서 지식을 공유하고 독립적으로 기능할 수 있도록 슈퍼비전
고도로 숙련된 상담자	• 특정 내담자의 **공동 치료자로 참여**하여 슈퍼바이저 관찰 • 다양한 슈퍼비전 스타일을 경험하여 자신의 상담에 통합할 수 있도록 슈퍼비전

(4) 슈퍼바이저의 반응 (Falender & Shafranske, 2004)

구분	내용
반영적 피드백	• 내가 ～라고 이야기할 때 무슨 생각을 하고 어떻게 느꼈는지 궁금하군요. • 슈퍼바이지와 내담자의 관계가 어떻게 느껴지는지 궁금합니다.
통합적 피드백	• 어떤 선택을 하고 있습니까? • 기회가 이미 지났을 때 당신은 무슨 생각을 하나요?
중립적 피드백	• ～에 대해 아는 것이 흥미롭군요. • ～에 대해 좀 더 설명해 주세요.
강화적 피드백	• 자료를 통합하는 능력과 기술이 눈에 띄게 확장되었네요. • 내담자의 말을 정확하게 요약하고 반영하는군요. • 지난번에 당신이 유사한 감정을 느꼈을 때 어떻게 대처했는지 생각해 보세요. • 불안에 대한 당신의 경험이 이러한 상황에서 어떻게 접근할 것인지에 대해 어떤 전망을 제공하는지 기억하세요. • 당신은 내담자에게 적절한 검사를 사용하고 있네요.
분석적 피드백	• 앞으로 몇 회기 동안 반응의 패턴을 살펴봅시다. • 과거 당신이 경험했던 것과 이번 일이 유사한 점이 있다면 무엇일까요?
반응적 피드백	• 당신은 어떻게 진행했는지 궁금한 것 같군요. • 퇴사를 당한 것에 대해 내담자가 화냈을 때 당신은 어땠나요?
교정적 피드백	• 당신이 사용할 수 있는 대안을 미리 탐색하는 것은 도움이 될 것입니다. • 내담자가 종결할 것이라고 말했을 떠 당황했고, 내담자와 종결에 대해 제대로 이야기하지 못했다는 점이 걱정이 되는군요. 왜 그런 일이 있어났다고 생각하나요?
평가적 피드백	• 긍정적 평가 : 당신의 개입은 이번 회기에 매우 효과적으로 작동했군요. • 부정적 평가 : 당신은 내담자가 표현하는 정서를 계속 무시하고 있네요. 내담자의 정서 표현에 집중하는 것이 앞으로 증요한 목표입니다.

(5) 슈퍼비전 수준별 전략 (Rosenberg, 1997, 1998)

초급 슈퍼비전 전략	교사 기능	전략 1. 관찰된 상담 회기의 상호작용을 평가한다. 전략 2. 슈퍼바이지에게 **내담자에 관한 가설을 제공**하도록 한다. 전략 3. 적절한 개입방법을 확인한다. 전략 4. **개입 기법을 가르치거나, 시범을 보이거나, 모델 역할**을 한다. 전략 5. 구체적인 전략과 개입방법 이면의 근거를 설명한다. 전략 6. 상담 회기에서 **중요한 사건들을 해석**한다.
	상담자 기능	전략 7. 상담 회기 동안 **슈퍼바이지의 감정을 탐색**한다. 전략 8. 슈퍼비전 회기 동안 슈퍼바이지의 감정을 탐색한다. 전략 9. 구체적인 기법이나 개입방법에 관한 슈퍼바이지의 감정을 탐색한다. 전략 10. 상담 회기에서 자신감, 불안에 대한 **슈퍼바이지의 자기탐색을 격려**한다. 전략 11. 슈퍼바이지가 개인 역량과 성장을 위한 영역을 설정하는 것을 돕는다. 전략 12. 슈퍼바이지에게 **자신의 정동(情動, 감정의 움직임)과 방어를 처리할 수 있는 기회를 제공**한다.
	자문가 기능	전략 13. 슈퍼바이지용 **대안적 개입방법이나 사례 개념화를 제공**한다. 전략 14. 슈퍼바이지가 전략과 개입방법에 대해 브레인스토밍하도록 격려한다. 전략 15. 슈퍼바이지가 **내담자의 문제와 동기에 대해 논의하도록 격려**한다. 전략 16. 슈퍼비전 회기 중 슈퍼바이지의 욕구 충족을 추구하고 시도한다. 전략 17. 슈퍼바이지가 슈퍼비전 회기를 구조화하게 한다.
고급 슈퍼비전 전략		전략 18. **변화이론에 대한 슈퍼바이지의 탐색을 격려**한다. 전략 19. 슈퍼바이지의 사례 개념화를 돕는다. 　　a. 내담자의 이야기를 경청하고 대인 패턴을 탐색한다. 　　b. 내담자의 문제에서 사회적·역사적 맥락을 탐색한다. 　　c. 내담자의 강점과 자원을 평가한다. 　　d. 가설을 설정한다. 　　e. 목표를 설정하고, 접근법을 선택하며, 계약을 체결한다. 전략 20. 내담자에 대한 이해를 촉진하기 위해 슈퍼바이지의 감정을 탐색한다. 전략 21. 슈퍼바이지가 내담자와의 행동에서 단서를 확인, 사용하도록 격려한다. 전략 22. 한 회기 내에서 **슈퍼바이지의 의도를 탐색**한다. 전략 23. **발달상의 도전거리를 제시**한다. 전략 24. 슈퍼바이지·내담자의 경계 문제를 탐색한다. 전략 25. 내담자를 다루기 위한 **적절한 전략을 모델링할 수 있도록 평행 과정을 사용**한다.

(6) 직업상담 사례 슈퍼비전 실시하기

① 사례 개념화의 적절성 검토

　㉠ 논점 파악을 위해 내담자의 정보를 종합적으로 검토하였는가?

　㉡ 논점 진단과 상담목표 설정 시 공식적인 이론에 기반을 두었는가?

　㉢ 내담자의 논점, 상담목표, 상담전략과 개입기법 등이 일관된 맥락에서 구조화되었는가?

② **상담 개입 적절성 검토**
　㉠ 슈퍼비전은 내담자의 복지 향상과 슈퍼바이지의 전문성 발달을 목적으로 한다는 점에서 슈퍼바이저는 슈퍼바이지가 상담을 잘 진행하고 있는지 지도하고 감독해야 할 책임이 있다.
　㉡ 정보수집, 검사 선택과 해석, 사례 개념화의 적절성, 상담관계 등에서의 개입을 점검한다.

③ **내담자 관련 정보수집 과정과 내용에 대한 검토**
　㉠ 배경 정보, 직업 이력, 현재 처한 상황 등에 대한 정보수집이 적절하였는가?
　㉡ 추가적으로 탐색해야 할 정보가 있는가?

④ **검사 선택 및 해석**
　㉠ 어떤 목적에서 이러한 검사를 실시하였는가?
　㉡ 내담자에게 실시한 검사가 적절하였는가?
　㉢ 검사 결과의 제시 및 해석이 정확하고 효과적인가?
　㉣ 검사 결과는 내담자에게 어떻게 전달되었는가?
　㉤ 검사 결과는 이후 상담에 어떻게 반영되었는가?

⑤ **사례 개념화 및 상담목표와 상담전략의 적절성 검토**
　㉠ 사례 개념화는 적절하였는가?
　㉡ 상담목표는 적절하였는가?
　㉢ 슈퍼바이지는 선택한 이론에 따라 사례 개념화를 잘하였는가?
　㉣ 사례 개념화와 상담목표는 일관성이 있는가?
　㉤ 상담목표는 구체적이고 달성 가능한 목표인가?
　㉥ 상담전략은 목표와 일관성 있게 제시되었는가?
　㉦ 상담전략들은 각각 얼마나 효과적이었는가?

⑥ **상담자와 내담자의 관계에 대한 점검**
　㉠ 내담자와의 친밀교감 형성이 적절한가?
　㉡ 내담자와의 친밀교감 형성에 영향을 미치는 요인은 무엇인가?
　㉢ (관계 형성이 어려운 경우) 내담자와의 친밀교감 형성을 향상시키기 위해 무엇을 시도해 볼 수 있는가?

⑦ **전체 회기에 대한 종합 평가**
　㉠ 현재까지 진행된 상담이 사례 개념화 및 목표에 비추어 효과적인가?
　㉡ 현재까지 진행된 상담에 대한 내담자의 평가는 어떠한가?
　㉢ 현재까지 진행된 상담에 대한 슈퍼바이지 자신의 평가는 어떠한가?

⑧ **슈퍼바이지의 질문과 다 해결되지 못한 욕구 다루기**
　㉠ 이 사례를 진행하면서 슈퍼바이지는 무엇을 배웠는가?
　㉡ 이 사례를 진행하면서 슈퍼바이지가 가장 잘한 점이 무엇인가?

ⓒ 이 사례를 진행하면서 슈퍼바이지가 가장 어려웠던 점이 무엇인가?

ⓓ 이 사례를 진행하면서 슈퍼바이지가 가장 아쉬웠던 점이 무엇인가?

(7) 효과적인 슈퍼비전의 원리와 개입 전략 (박재황 등, 1996)

① 슈퍼바이지의 기대와 요구를 탐색하고, 이를 충족시키도록 노력한다.

② 슈퍼바이지와 슈퍼바이저는 슈퍼비전 목표를 합의하여 결정한다.

③ 내담자의 주 호소 문제, 상담 동기, 문제 원인, 상황적 배경 등에 대해 슈퍼바이지가 가설을 세우도록 격려한다.

④ 슈퍼바이지가 상담전략과 개입방법에 대해 가능한 여러 가지 대안을 탐색한다.

⑤ 가설에 맞는 적절한 상담 개입방법을 슈퍼바이지가 스스로 찾도록 돕는다.

⑥ 상담시간 중 슈퍼바이지 반응에 대해 슈퍼바이지의 의도를 탐색하도록 한다.

⑦ 내담자의 행동과 슈퍼바이지 자신의 행동에 나타난 단서를 인식하고, 이를 활용하는 능력을 개발하도록 돕는다.

⑧ 상담 회기 중에 나타난 슈퍼바이지와 내담자의 상호작용을 평가한다.

⑨ 슈퍼바이저가 슈퍼바이지에게 대안적인 개입방법과 사례에 대한 이론적 이해를 제시한다.

⑩ 슈퍼바이지가 이론적인 틀에서 사례를 이해하도록 돕는다.

⑪ 슈퍼바이지가 내담자의 변화에 대해 이론적인 틀을 가지도록 돕는다.

⑫ 특정한 상담전략이나 개입방법을 함께 논의하고, 필요한 경우 슈퍼바이저가 보충 설명하거나 직접적인 대안을 제시한다.

⑬ 슈퍼바이지에게 적절한 개입 기술을 교육하고 시연한다.

⑭ 슈퍼바이지가 상담시간 중에 보인 행동과 슈퍼바이지가 추구하는 이론이 어느 정도 일치하는지 평가한다.

⑮ 슈퍼바이지가 표현한 생각과 행동을 긍정적인 쪽으로 재구성하고, 슈퍼바이저가 생각을 덧붙여서 이야기한다.

⑯ 슈퍼바이지가 내담자와의 관계에서 느끼는 어려움을 탐색하고 표현하도록 돕는다.

⑰ 상담 회기 중에 일어난 중요한 사건을 해석하고 슈퍼바이지에게 일어난 감정을 탐색한다.

⑱ 슈퍼바이지가 슈퍼비전 회기 중에 슈퍼바이지에게 일어난 감정을 탐색한다.

⑲ 특정한 상담 기법이나 개입 전략에 대한 슈퍼바이지의 감정을 탐색한다.

⑳ 슈퍼바이지가 자신의 감정과 방어기제에 대해 탐색하고, 자신의 감정 반응을 표현할 수 있는 기회를 제공한다.

㉑ 앞으로의 상담 회기에 대해 슈퍼바이지가 느끼는 자신감이나 걱정에 대해 탐색하도록 돕는다.

㉒ 슈퍼바이지가 이미 습득한 상담기술 영역과 앞으로 보강해야 할 영역을 인식하도록 돕는다.

㉓ 슈퍼바이지와 내담자 관계에서 경계 문제를 탐색한다.

㉔ 내담자를 대하는 적절한 전략을 실연하는 데 있어서 평행 현상을 활용한다.

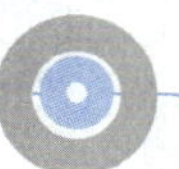

직업상담 슈퍼비전 평가하기

출제기준▶

1. 슈퍼비전의 매 회기를 종결하며 슈퍼바이지와 소감을 나누고 피드백을 통해 회기별 평가를 실시할 수 있다.
2. 슈퍼비전 참여 전·후의 변화와 슈퍼비전 목표달성 여부에 대해 슈퍼바이지의 지각과 느낌을 확인하고 슈퍼비전에 대한 종합적인 평가를 실시할 수 있다.
3. 슈퍼비전 종결 시 슈퍼바이저로서 이론적 접근방법의 선택, 슈퍼바이지와의 관계, 개입의 적절성, 개선사항 등을 점검하고 자기평가를 실시할 수 있다.

01 슈퍼비전 종결 및 평가

(1) 슈퍼비전 종결의 주요 요소

① **종결 시 다룰 수 있는 주제들**
   ㉠ 슈퍼바이지의 종결과 이별에 대한 감정을 다룬다.
   ㉡ 슈퍼비전에서 학습한 것을 정리한다.
   ㉢ 학습한 것을 실제 상담에 적용하고 앞으로 남은 과제를 점검한다.
   ㉣ 이번 슈퍼비전에 참여한 것의 개인적인 의미는 무엇인지 점검한다.
   ㉤ 슈퍼바이지가 슈퍼비전에서 학습한 것을 이해하고 통합하고 정리하여 자신의 것으로 만들 수 있도록 돕는 것이 필요하다.

② **슈퍼비전 종합평가**
   ㉠ 슈퍼비전 매 회기에 지속적으로 이루어지는 형성평가와, 종결과 같은 특정 시기에 평가 도구나 문서를 통해 이루어지는 종합평가로 구분할 수 있다.
   ㉡ 슈퍼바이지 노력과 슈퍼비전 만족도 등에 대한 평가도 중요하지만, 슈퍼바이지 개인의 성장이나 슈퍼비전 관계에 대해 긍정적으로 기여할 수 있도록 하는 것도 중요하다.
   ㉢ 슈퍼바이저와 슈퍼바이지 사이의 갈등을 줄이기 위해서는 상담 슈퍼비전 초기에 전반적인 평가 과정에 대한 구조화와 슈퍼바이저와 슈퍼바이지 사이에 합의가 필요하다.

(2) 슈퍼비전 평가 단계

① **1단계 – 슈퍼비전 목표 및 목적 설정의 타당성** : 슈퍼바이지에게 필요한 슈퍼비전을 확인하며 목표와 목적을 설정하고 계획을 수립하였는지를 평가한다.

② **2단계 - 슈퍼바이지의 슈퍼비전 요구도에 의한 구조화** : 슈퍼바이지와 면담하여 진단평가, 직업상담, 직업정보 가공, 교육 지도 등에서 발생하는 슈퍼비전의 요구도를 파악하며, 슈퍼비전의 구조를 구상하였는지 평가한다.

③ **3단계 - 슈퍼비전 진행** : 슈퍼비전의 구조와 적절한 슈퍼비전 항목에 따라 슈퍼비전을 실시하였는지 평가한다.

④ **4단계 - 슈퍼바이지의 만족도 조사** : 슈퍼비전이 끝나고 슈퍼바이지에게 만족도를 질문하거나 기술하도록 하고, 그 결과에 대하여 응답해준다.

⑤ **5단계 - 슈퍼비전 결과 보고서 작성** : 슈퍼비전의 각 항목에 의거하여 평가 보고서를 작성한다.

(3) 슈퍼비전 평가의 목적

① 슈퍼바이저의 성장

② 슈퍼비전 관계의 발달

③ 슈퍼비전의 효과적 수행에 대한 점검

02 직업상담 윤리 슈퍼비전

(1) 직업상담 윤리 슈퍼비전의 필요성

① 직업윤리는 어떤 직업에서도 요구되는 행동 규범인 직업 일반의 윤리와 특정한 직업이 사회의 역할 분담적 입장에서 가져야 할 행동 규준인 특수 직업의 윤리가 있다.

② 직업을 어떻게 선택했느냐에 따라 생애주기가 변화하므로 인간에 대한 윤리에 입각하여 상담이 제공되어야 한다.

③ 슈퍼바이저는 슈퍼비전을 통해 **슈퍼바이지의 윤리적 인식과 태도 등에 대해서도 평가**하여야 한다.

(2) 직업상담 윤리 슈퍼비전

① **인간 존중과 내담자 권리** : 어떤 경우라도 내담자가 인간으로서의 가치를 존중받아야 하며, 상담 내용이 보호받아야 하는 원칙을 슈퍼바이지가 정확히 인식하고 있는지에 대하여 평가한다.

② **내담자에 대한 책임**

㉠ 내담자의 호소문제를 해결하고 상담을 종결하는 것이 슈퍼바이지의 임무이다.

㉡ 상담 회기가 지나도 나아지지 않거나, 내담자와의 관계에서 오해의 소지가 있거나, 슈퍼바이지의 영역 밖이라면 다른 전문가에게 의뢰하거나 적절한 기관으로 안내하여야 한다.

㉢ 슈퍼바이저는 내담자 호소와 슈퍼바이지의 태도에 대하여 슈퍼비전을 한다.

③ **비밀의 보장**

㉠ 내담자의 정보는 개인 식별이 가능한 정보를 보호하여야 하며, 정보의 파기에 대하여 구체적인 방법을 세워야 한다.

㉡ 자신이나 타인, 혹은 사회에 심각한 위해를 가할 상황이 분명하면 상담자는 적절한 절차를 거쳐 정보를 공개할 수 있지만, 내담자의 위험을 최소화하여야 한다.

㉢ 상담의 전 과정에서 이러한 문제들이 지켜졌는지 슈퍼바이저는 점검한다.

④ **유인, 유도, 속임수**

㉠ 슈퍼바이지가 내담자의 동의 없이 직업 심리검사를 실시하거나, 과도한 상담 효과를 제시하거나 하는 등의 유인, 유도가 있었는지 슈퍼바이저는 점검해야 한다.

㉡ 내담자에게 점점 상담 효과가 나타난다는 속이기(deception)는 사용이 필요할 수도 있지만, 반드시 필요했는지에 대한 슈퍼바이저의 점검이 필요하다.

제1절   직업상담 슈퍼비전 준비하기

01 다음 괄호 안에 들어갈 단어를 쓰시오.

> (   )은/는 직업상담 영역에서 그 분야에 경험이 많은 감독자가 경험이 적은 전문가가 수행한 방법, 내용 등에 대하여 지도하고 감독하는 개입 일체를 의미한다.

모범답안

슈퍼비전

★★
02 다음은 슈퍼바이저의 유형에 대한 설명이다. 각 설명에 맞는 유형 명칭을 쓰시오.
(1) (   ) : 관계 지향적인 접근으로서 슈퍼바이지에 초점을 두고, 이들의 감정과 문제를 지각하여 치료적 · 반응적 방식으로 슈퍼바이지가 새롭고 창의적인 관심을 가지도록 하는 유형이다.
(2) (   ) : 주로 내용과 과업 중심으로 접근하며, 슈퍼비전의 목표를 분명히 하고, 이에 적합한 실제적이고 체계적이며 구체적인 방안을 제시하며, 구조화된 형식의 유형이다.
(3) (   ) : 평등하고 협력적인 방법으로 슈퍼바이저가 친절하며, 개방적이고 지지적인 태도를 보이는 유형이다.

'23 직업상담사 1급 과정평가형

모범답안

(1) 대인 민감적 유형
(2) 과업 지향적 유형
(3) 호의적 유형

[슈퍼바이저의 3가지 유형]

구분	내용
호의적 유형	평등하고 협력적인 방법으로서, 슈퍼바이저가 슈퍼바이지에게 친절하며, 개방적이고 지지적인 태도를 보이는 유형 예 친근하고, 융통성이 있으며, 믿어 주고, 따뜻하며, 개방적이고 긍정적이며, 지지적인 태도
대인 민감적 유형	관계 지향적인 접근으로서 슈퍼바이지에 초점을 두고, 이들의 감정과 문제를 지각하여 치료적·반응적 방식으로 슈퍼바이지가 새롭고 창의적인 관심을 가지도록 하는 유형 예 사려 깊고, 헌신적이고, 정성을 들이고, 창의적이면서 직관력이 있고, 역량이 있으며, 치료적 관계
과업 지향적 유형	주로 내용과 과업 중심으로 접근하며, 슈퍼비전의 목표를 분명히 하고, 이에 적합한 실제적이고 체계적이며 구체적인 방안을 제시하며, 구조화된 형식의 유형 예 초점이 분명하고, 목표지향적이며, 철저하고, 구조화되며, 명백하고, 실제적이며, 구체적인 형태

03 슈퍼바이저의 대표적인 역할 4가지를 쓰시오.

모범답안

(1) **교사** : 슈퍼바이지의 강점을 발견하고 자기 이해를 촉진하며, 실용적 가치를 전파하고 전문적 성장을 도움으로써 **상담가로서의 지식과 기술의 발전을 돕는다.**

(2) **상담자** : 슈퍼바이지가 수행한 상담에 대한 **사례의 자문을 실시하고 점검하며, 상담의 목표를 달성할 수 있도록 일을 지도하고 감독한다.** 또 새로운 상담원에게 교육을 실시하거나 지도한다.

(3) **코치** : 슈퍼바이지의 **사기를 돋우고,** 강점을 평가하며, 임상적 접근을 다각화로 할 수 있도록 촉진하고, 초보 상담자에게 **지지적 역할을 제공한다.**

(4) **멘토** : 슈퍼바이지에게 역할로서 롤모델링하고, 전문적인 성장을 촉진시키며, **정체성 확립을 돕고, 미래 슈퍼바이저를 양성하는 역할을 한다.**

★★
04 슈퍼바이저의 역할 5가지를 쓰고 설명하시오.

'23 직업상담사 1급 과정평가형

모범답안

(1) **교사** : 슈퍼비전을 통해 가설 설정, 사례 개념화, 개입방법의 선택과 적용, 상담목표 설정과 전략 수립 등을 **토의하고 가르칠 수 있다.**

(2) **자문가** : 상담 사례나 기법 등에 대한 슈퍼바이지의 **다양한 질문 및 조언 요구에 대응하여 적절한 자문을 제공**할 수 있다.

(3) **치료자** : **슈퍼바이지의 개인적 문제**(역전이를 알아차리지 못하는 등)로 인해 상담과정 수행에 영향을 받는 경우, 슈퍼바이저는 **치료자의 역할을 수행**할 수 있다.

(4) **평가자** : 슈퍼바이지의 발달 수준, 장점과 약점, 개인적인 문제 보유 여부 등 **상담전문가로서의 자격 및 수행을 평가**할 수 있다.

(5) **멘토** : 슈퍼바이지는 **슈퍼바이저를 모델 삼아 비슷한 수준으로 발전**하고자 하는 기대를 가질 수 있으며, 슈퍼바이저는 멘토로서 역할을 수행할 수 있다.

05 슈퍼바이저의 다중 역할의 예를 3가지 쓰고 기술하시오.

모범답안

(1) **지도자 대 감독자** : 슈퍼바이저가 한 기관에서 근무하는 경우, 슈퍼바이저는 **슈퍼바이지를 감독해야 하기도 하고, 지도하며 가르치기도 해야** 한다.

(2) **치료자 대 사례연구자** : 슈퍼바이지가 개인적인 문제로 내담자의 호소를 알아차리지 못하는 경우 슈퍼바이저는 **슈퍼바이지에게 치료자로서의 역할을 수행하기도 하고, 동시에 내담자의 사례분석을 하는 사례연구자의 역할을 수행**한다.

(3) **단회성 슈퍼비전에서 발생하는 다중 역할** : 사례 발표회를 개최하는 경우 슈퍼바이지의 요구가 제한된 시간에 다루어져야 하기 때문에 슈퍼바이저는 **평가자, 멘토, 치료자, 사례연구자 등 다중 역할을 수행하도록 요구받는다.**

06 직업상담 슈퍼비전을 실시하기에 앞서 슈퍼비전 관계형성을 위해 직업상담 슈퍼비전 준비 단계에서 고려해야 할 사항을 3가지 쓰시오.

모범답안

(1) **슈퍼비전 방법 선택** : 슈퍼바이지의 성격, 경력, 보유 지식, 수행 직무내용, 수행 직무기술 발전 가능성 등을 분석하고 **슈퍼바이지에게 제공할 슈퍼비전의 가설을 설정**한다.

(2) **슈퍼바이저의 특성 고려** : **슈퍼바이저의 세계관, 이론적 정향**, 스타일 – 역할, 전략 – 초점, 형식 기법 **등을 고려**한다.

(3) **슈퍼바이저의 스타일 점검** : 슈퍼바이저의 스타일은 **슈퍼바이저가 슈퍼바이지를 대하고 슈퍼비전을 진행하는 독특한 방식을 점검**한다.

07 알렌(Allen, 1986)이 제시한 슈퍼바이지들이 좋았던 경험으로 진술하는 슈퍼비전 방법 8가지를 제시하시오.

모범답안

(1) **직접적인 피드백**
(2) 내담자를 이해할 수 있는 **개념적 틀 제시**
(3) **실수를 학습의 기회로 환영**하는 면
(4) **상담기법을 가르치고** 새로운 아이디어와 **기법 활용을 격려**하는 것
(5) 잦은 **칭찬과 격려**
(6) **개방적인 피드백**
(7) **읽을 것 추천**
(8) **상담자의 발달적 이슈와 관련된 탐색을 격려**하는 것

08 슈퍼비전 관계 형성을 위한 준비 중 첫 번째로 슈퍼비전의 방법을 선택할 때의 설명이다. 알맞게 채우시오.

> 슈퍼바이지에게 그동안의 (　　 ㉠ 　　) 및 (　　 ㉡ 　　), (　　 ㉢ 　　) 등을 작성하도록 하고, 분석된 내용을 함께 고려하여 설정된 가설을 수정·보완한다.

모범답안

(1) ㉠ : **직무수행내용**
(2) ㉡ : **사용한 기법**
(3) ㉢ : **슈퍼비전의 요구도**

09 슈퍼바이저로서 자신의 전문성 및 역량의 범위와 수준을 점검할 때의 질문 예시 중 5가지를 제시하시오.

모범답안

(1) 나는 **상담자로서 어떤 교육을 받아왔는가?**
(2) **어떤 유형의 내담자에게 가장 효과적이었나?** 버겁거나 효과적이지 않았던 내담자들은 어떠한 특성을 가진 사람들이었나?
(3) 나는 교사, 상담자, 자문가 등 **어떤 역할에 대한 경험이 많은가?** 경험이 적었던 역할은 무엇인가?

(4) **어떤 상담 접근법에서 효과적이며 편안하게 슈퍼비전을 받았는가?** 그것은 어떤 요인 때문이었는가?

(5) **내가 선호하는 슈퍼비전 양식은?** 그 이유는? 그런 방법으로 슈퍼비전 하는 슈퍼바이저는 누구였는가? 다른 슈퍼비전 양식을 가진 슈퍼바이저는 어떤 사람들이었나? 이들 사이에는 어떤 차이가 있는가?

(6) 슈퍼바이지로서의 경험에서 효율적이었던 개입법으로 생각되는 것은 무엇이었나? 당시 나의 정서적·인지적·행동적 반응은 어떠했나? 슈퍼비전에서 나는 이 개입법을 언제 사용할 수 있겠는가?

(7) 나는 슈퍼비전과 슈퍼바이저에 대해 어떤 기대를 가졌었는가? 시간이 지나며 그 기대는 어떻게 변했나? 나와 같은 기대를 가진 슈퍼바이지는 누가 있었고 다른 기대를 가졌던 슈퍼바이지를 기억해 본다면 그들은 어떠한 기대를 가졌었나? 이들의 차이는 무엇인가?

★★ 10 이상적인 슈퍼바이저들의 공통점 4가지를 서술하시오.

모범답안

(1) **피드백을 체계적으로 한다.** 객관성 있고 정확하며, 일관성 있는 피드백은 주관적인 요인에 영향받은 피드백보다 더 신뢰할 수 있다.

(2) **중요한 사건이 일어난 직후에 피드백을 한다.**

(3) **피드백이 긍정적이든 부정적이든 명백하고 구체적인 준거를 기초로 제시**하고 분명하게 이해된다.

(4) **양방적인 의사소통**으로 대화가 되기 때문에 슈퍼바이지가 능동적으로 참여하여 제안이 만들어진다.

★ 11 직업상담 슈퍼비전에서 슈퍼바이지에게 해로운 슈퍼비전 유형의 예를 5가지 쓰시오.

모범답안

(1) 슈퍼바이지가 사용하는 **특정 기법을 제한**하는 것

(2) 슈퍼바이지에게 **충분한 방향과 지시를 제공하지 않는 것**

(3) 슈퍼바이지에게 차갑고 무관심하며 심지어는 **적대적이고 초연해 보이는 접근**

(4) **슈퍼바이지를 내담자로 다루며 치료**하려는 스타일 등

직업상담 슈퍼비전 사례 준비를 위해 도움이 되는 지침들 중 5가지를 쓰시오.

모범답안

(1) **내담자의 현재 문제를 간단히 설명**하라.

(2) **회기에서의 목표에 대해 기술**하라.

(3) **회기에서의 역동성을 설명**하라.

(4) 내담자의 배경을 포함하여 **회기 중 알게 된 중요한 정보들을 설명**하라.

(5) **회기 중 논의된 주요 문제들을 요약**하라.

(6) 현재 문제와 관련된 발달적, 문화적 정보를 설명하라.

(7) 내담자의 문제에 대해 처음 가졌던 개념적인 해석을 기술하라.

(8) 현재의 문제에 대한 개념적 해석의 변화(또는 확대)를 설명하라.

(9) 진단 기준에 의거해 진단들을 나열하라.

(10) 내담자에 대한 첫 치료 계획을 기술하라.

제2절 **직업상담 슈퍼비전 논점 파악하기**

13

스톨텐버그와 델워스(Stoltenberg & Delworth, 1987)의 상담자 통합적 발달모델(IDM)에서 제시한 상담가의 각 수준에 맞는 발달단계의 명칭을 알맞게 쓰시오.

- 1수준 : (　　　　　　　(1)　　　　　　　)
- 2수준 : (　　　　　　　(2)　　　　　　　)
- 3수준 : (　　　　　　　(3)　　　　　　　)
- 4수준 : (　　　　　　　(4)　　　　　　　)

모범답안

(1) 의존 단계

(2) 의존-자율 간의 갈등 단계

(3) 조건적인 의존 단계

(4) 대선배 상담가 단계

[스톨텐버그와 델워스(Stoltenberg & De worth, 1987)의 상담자 통합적 발달모델(IDM)의 발달단계와 수준]

(1) **1수준 – 의존 단계** : 상담가는 의존적이라 슈퍼바이저의 지시와 충고를 듣고 싶어하며, 불안하기 때문에 자신이 내담자에게 미치는 영향에 대해 통찰이 없다.

(2) **2수준 – 의존-자율 간의 갈등 단계** : 상담 기술이 습득되고, 선택할 대안들이 많아짐에 따라 자신감이 느는 한편, 상담에 대한 책임감 증가가 부담을 갖는다.

(3) **3수준 – 조건적인 의존 단계** : 상담가는 상당히 자율적이기 때문에 슈퍼비전은 상담가에 의해 제공된 구조를 따른다.

(4) **4수준 – 대선배 상담가 단계** : 자신의 개인적 한계점을 이해하고, 스스로 상담할 수 있는 단계이다.

★★★
14

스톨텐버그와 델워스(Stoltenberg & Delworth, 1987)의 상담자 통합 발달모형(IDM: Integrated Developmental Model)은 세 가지 요소를 주요 구조로 삼아 상담가의 성장 단계를 제시하였다. 그러한 단계를 구분하는 기준 3가지를 쓰시오.

'25 직업상담사 1급 검정형

모범답안

(1) 자율성
(2) 동기
(3) 자기 자각 · 타인 자각

★★
15

우리나라의 슈퍼바이저들이 제시한 상담자 발달수준에 따른 슈퍼비전 논점 5가지를 제시하시오.

모범답안

(1) 상담대화기술
(2) 사례 이해
(3) 알아차리기
(4) 상담계획
(5) 상담자의 태도

[상담자의 발달수준에 따른 슈퍼비전 논점 5가지(심흥섭, 1998)]

(1) **상담대화기술** : 대화를 이끌어 나가는 기본적인 의사소통기술(경청, 요약, 반영, 구체화, 질문, 공감)로써 개입기술과 구분된다. 내담자가 말로 표현하는 내용을 정확하게 알아듣고 이해하는 것이며, 내담자에게 상담자의 의사를 효과적으로 표현하는 것이다.

(2) **사례 이해** : 내담자의 호소 논점, 상담받고자 하는 이유를 파악하는 것이다.

(3) **알아차리기** : 내담자 말의 내용뿐만 아니라 의미(핵심 메시지)까지 이해하는 것이다.

(4) **상담계획** : 사례 이해에 기초하여 합리적인 상담목표를 세우고 이를 합의하는 것이다.

(5) **상담자의 태도** : 내담자를 한 인간으로 존중하고, 내담자를 사랑하고 수용하는 태도를 말한다.

---

16 직업상담은 대부분 감정노동을 요하는 직무로 구성되어 있다. 직업상담자의 소진을 예방하고 관리하기 위해서 알아야 할 감정노동 강도의 결정요인 4가지를 쓰시오.

모범답안

(1) 감정표현의 빈도
(2) 표현 규범에 대한 주의성
(3) 감정의 다양성
(4) 감정적 부조화

[감정노동 강도의 결정요인 4가지]

(1) **감정표현의 빈도** : 상호작용 빈도
(2) **표현 규범에 대한 주의성** : 표현 규범에 대한 주의성이 클수록 더 많은 감정노동 필요
(3) **감정의 다양성** : 감정표현을 자주 바꾸어야 하는 경우 더 많은 감정노동 수반
(4) **감정적 부조화** : 실제로 느끼는 감정과 조직에서 요구하는 감정표현이 충돌할 때 발생

---

17 감정노동 근로자의 스트레스 관리 방법 5가지를 설명하시오.

모범답안

(1) **감정노동이 직무 스트레스의 중요한 요인이라는 인식**을 한다.
(2) 안전·보건교육에 감정노동에 관한 내용을 포함한다.
(3) **감정노동 자체를 완화시키는 방안을 마련**한다.
(4) 고객과의 **갈등이 발생할 때 근본적인 원인을 해결**할 수 있도록 한다.
(5) **적정 서비스를 제공**할 수 있도록 한다.

★ 18 감정노동 근로자의 보호와 스트레스 관리로서 감정노동 자체를 완화시키는 방안의 5가지 측면을 쓰시오.

모범답안

(1) 적정 고객 수
(2) 친절교육 등의 영향 고려
(3) 직무순환
(4) 서비스에 대한 기준 마련
(5) 휴식 공간 제공

19 상담자 개인 차원에서의 감정노동으로 인한 스트레스 증상 완화법을 6가지 쓰시오.

모범답안

(1) 근육이완법
(2) 복식호흡
(3) 긍정적으로 생각하기
(4) 자신의 감정 털어놓기
(5) 자기주장 훈련
(6) 생활습관 개선

★ 20 버나드와 굿이어(Bernard & Goodyear, 2009)가 제안한 슈퍼바이지 평가에서 고려해야 할 요소 5가지를 서술하시오.

모범답안

(1) 슈퍼바이저는 **슈퍼비전 관계가 동등한 관계가 아니라는 점**을 명심해야 한다.
(2) 슈퍼바이저는 자신의 **임상적 역할뿐만 아니라 관리자로서의 역할**도 분명하게 언급할 필요가 있다.
(3) **슈퍼바이지의 기대와 역할의 명료성** 또한 필수적이다.
(4) **평가 과정은 슈퍼바이지에게 미리 자세히 설명**되어야 한다.
(5) **슈퍼바이지의 방어적 태도는 상담 슈퍼비전 내에서 공개적으로 탐색**되어야 한다.

21 직업상담 슈퍼비전에서 슈퍼바이지가 일반적으로 슈퍼비전에서 요구하는 상담기술 요인 중 상담기법 관련 측면의 요인을 4가지 쓰고 설명하시오.

모범답안

(1) **사례 개념화** : 내담자 **사례 이해 및 문제 평가와 목표 및 전략 수립** 등에 관한 것
(2) **면접 기술** : 접수 면접 기술, 상담 대화 기술 등 **상담을 이끌어가는 기술**
(3) **처치 개입 기술** : 내담자에 대한 **치료적 개입**을 의미
(4) **알아차림** : 내담자 말의 내용과 의미, 내담자와 상담자 내부에서 일어나는 감정, 생각, 의도 둘 간의 상호작용 과정에 대한 이해

22 직업상담 슈퍼비전에서 슈퍼바이지가 일반적으로 슈퍼비전에서 요구하는 상담기술 요인 중 상담자 개인적 이슈 관련 측면의 예를 3가지 쓰시오.

모범답안

(1) 상담자 **개인의 문제 다루기**
(2) **전이와 역전이 다루기**
(3) 내담자와 상담자의 **저항과 방어** 등

23 직업상담 슈퍼비전의 논점을 구체화할 때, 사용할 수 있는 질문들의 예를 5가지 쓰시오.

모범답안

(1) 슈퍼바이지가 **통합되고 정확한 이론적 배경을 가지고 있는가?**
(2) 내담자 특성별·직업적 **논점별 관련 이론들을 활용할 수 있는가?**
(3) **진단 평가 능력이 전문적인가?**
(4) **진단 평가 도구 선택에 기준이 맞는 것인가?**
(5) 진단 평가 해석을 내담자 **특성과 검사점수에 적합하게 보고할 수 있는가?**
(6) 상담 진행 시 특정 사례에 사용된 기법과 개입방법에 대하여 설명할 수 있는가?
(7) 직업정보 수집과 분석 과정에서 보완하여야 할 방법이 있는가?
(8) 자신이 개입한 것이 바람직하지 못한 결과를 낳았는지 이해하고 있는가?
(9) 슈퍼바이지가 향후 보강해야 할 능력이 있다면 무엇인가?
(10) 윤리적 지침에 대하여 정확히 이해하고 실천하려고 노력하였는가?
(11) 자신의 능력과 한계에 대하여 충분히 이해하고 있는가?

24 헤인즈, 코레이와 멀톤(Haynes, Corey & Moulton, 2006)이 제시한 슈퍼바이지가 기대하는 개인적, 전문적 발달에 관련된 슈퍼비전의 목표를 5가지 제시하시오.

모범답안

(1) **상담이론, 방법, 실무에 대한 지식 갖추기**
(2) 다양한 내담자와 작업할 수 있는 **상담방법의 적용 능력 기르기**
(3) **진단과 개입방법에 대한 폭넓은 이해** 능력 기트기
(4) 자신의 **능력적 한계를 알고 자문과 슈퍼비전 요구하기**
(5) 공감, 존중과 진솔성의 **기본적 상담 기술 발달시키기**
(6) 개인의 문제가 어떻게 상담에 영향을 주고, 이러한 문제들이 내담자에게 어떠한 영향을 주는지 지각하기
(7) 어떤 내담자와 작업하기가 쉽고, 어떤 내담자와는 더 어려운지, 그리고 그 이유가 무엇인지 탐색하기
(8) 내담자들의 저항을 알아차리고, 그것어 대해 어떻게 작업해야 하는지 알기
(9) 관련된 윤리 조항 알기
(10) 상담에서 경험하는 윤리적 문제에 대한 올바른 판단과 분명한 의사결정 모형 발달시키기

25 슈퍼비전 발달 단계에 따른 슈퍼비전 목표를 초기, 중간, 종결 단계로 나누어 설명하시오.

모범답안

(1) 초기 단계 : **슈퍼비전 관계를 발전**시키고, **슈퍼바이지의 능력을 평가**하며, **초기 경험을 교육하고 점검**하는 것 등을 목표로 설정한다.
(2) 중간 단계 : **의존적 실무에서 독립적 실무로의 전환** 등을 목표로 설정한다. 슈퍼바이지의 모험적·도전적 욕구와 슈퍼바이저의 신중합으로 인해 슈퍼비전 관계에서 갈등이 나타날 수 있다.
(3) 종결 단계 : 슈퍼바이지의 독립섬을 키우고 **독립적인 전문가로서 일할 수 있도록 준비시키는 것** 등을 목표로 설정한다.

26

다음에 제시된 직업상담 슈퍼비전 구성요소에 따른 슈퍼비전 목표 관련 표에서 빈칸에 알맞은 구성요소를 쓰시오.

구성요소	목표
㉠	효과적인 직업상담을 위한 필수적인 상담자 역량의 개발
㉡	내담자의 직업 문제를 이해하기 위해 진로발달이론을 사용하고 상담 개입 계획 세우기
㉢	흥미, 가치관, 적성, 성격, 자기개념 등과 같은 진로 관련 요소들을 평가하기 위한 심리검사의 활용
㉣	진로발달은 개인적 성격 특성에 의해 영향을 받는다는 것을 인식하고 직업상담에서 이러한 요인들을 다룰 수 있는 능력을 키우기
㉤	내담자의 직업 관련 행동을 증진시키기 위한 다양한 방법에 대해 익히기

모범답안

㉠ : 상담 기술
㉡ : 사례 개념화
㉢ : 평가 기술
㉣ : 개인적 문제와 진로문제의 적절한 조화
㉤ : 구직활동 전략

★★
27

슈퍼비전 계약에 포함되어야 하는 정보를 5가지 제시하시오.

'23 직업상담사 1급 과정평가형

모범답안

(1) 시간적 요소
(2) 교육 구조
(3) 슈퍼비전 구조
(4) 기관 규칙 준수
(5) 특수 조건

➕ Plus Check

[슈퍼비전 계약서에 포함되어야 할 정보 5가지]
(1) **시간적 요소** : 슈퍼비전의 횟수, 회기의 길이, 그리고 슈퍼비전 경험의 지속기간 등
(2) **교육 구조** : 교육을 향상시키기 위해 사용할 수 있는 시청각 기술이나, 병행 치료, 필수 독서 분량 등 슈퍼비전과 함께하는 교육에 대한 내용
(3) **슈퍼비전 구조** : 슈퍼비전 양식(개인 슈퍼비전, 집단 슈퍼비전, 또는 혼합), 슈퍼바이저의 교체에 대한 정보 등

(4) **기관 규칙 준수** : 업무시간, 복장 규정, 전화번호와 전자메일 공유에 관한 기관의 규칙, 문서 보존과 같은 항목, 슈퍼바이지와 슈퍼바이저 모드를 보호하기 위한 기관 한계의 투명성 등

(5) **특수 조건** : 현장의 독특한 요구사항, 기관에서 슈퍼바이지에게 습득하기를 요청하는 지식과 기술, 전문성, 특정한 평가도구에 대한 사용 등

제4절 직업상담 슈퍼비전 실행하기

28

상담 사례 보고서의 양식은 기관이나 이론적 접근방법 등에 따라 차이가 있지만 대체로 4가지 내용이 포함된다. 포함되는 내용 4가지를 쓰시오.

모범답안

(1) **내담자에 대한 기본 정보**
(2) **내담자 문제의 이해**
(3) **상담목표와 상담전략**
(4) **회기별 상담 내용의 요약**
(5) 내담자의 심리검사 결과 등

29

다음의 슈퍼비전 개입에 관한 설명의 빈칸을 알맞게 채우시오.

> 상담 중의 생각, 느낌을 회상하게 하는 (   ) 방법도 상담 기술을 숙련하고 내담자에게 도움을 주는 데 효과적이다. 상담 장면을 회상하여 표현하지 못한 생각, 느낌, 지각 등을 자각케 하는 경험은 상담자의 자각 수준을 높여주고 상담자로서 자신을 이해하는 데 도움이 된다. 뿐만 아니라 내담자, 상담자와 내담자의 상호작용에 대한 이해를 높이는 데에도 효과적이다.

모범답안

대인관계 과정 회상 (IPR : Interpersonal Process Recall)

30

직업상담 슈퍼비전 개입방법 4가지를 쓰고 각 개입방법의 특징을 기술하시오.

모범답안

(1) **자기 보고와 녹음(녹화) 자료 활용** : 슈퍼바이지의 **자기 보고와 실제 상담의 차이를 명료하게 하기 위해 녹음, 녹화 등의 방법을 함께 사용**하는 방법이다.

(2) **대인관계 과정 회상 (IPR : Interpersonal Process Recall)** : 상담 중의 생각, 느낌을 회상하게 하는 방법이다.

(3) **사례 자문** : 보통 대화로 진행되며, 슈퍼바이지가 **상담 사례와 관련된 중요한 내용들을 사례 보고서 형식으로 정리해 와서 말로 설명**한다.

(4) **직접 관찰** : 슈퍼바이지의 상담 장면을 직접 관찰할 수 있는 다양한 방법을 의미한다.

---

31 슈퍼바이지 수준별 개입방법을 3가지 수준으로 나누어 설명하시오.

모범답안

(1) **초심상담자** : 슈퍼비전 관계를 위해 **지지와 반영 기법 사용** / 기본적인 대화 기술과 사례에 대한 이해에 대한 슈퍼비전

(2) **숙련상담자** : 감정과 행동의 차이나 슈퍼바이지의 **실제 상담과 효율적 상담의 차이를 직면시키는 기법 사용** / 동료로서 지식을 공유하고 독립적으로 기능할 수 있도록 슈퍼비전

(3) **고도로 숙련된 상담자** : 특정 내담자의 **공동 치료자로 참여하여 슈퍼바이저 관찰** / 다양한 슈퍼비전 스타일을 경험하여 자신의 상담에 통합할 수 있도록 슈퍼비전

★
32 직업상담 사례 개념화의 적절성 검토를 위한 질문 3가지를 쓰시오.

모범답안

(1) 논점 파악을 위해 **내담자의 정보를 종합적으로 검토**하였는가?

(2) 논점 진단과 상담목표 설정 시 **공식적인 이론에 기반**을 두었는가?

(3) 내담자의 **논점, 상담목표, 상담전략과 개입 기법 등이 일관된 맥락에서 구조화**되었는가?

---

33 직업상담 슈퍼비전을 실시할 때 검사 선택 및 해석에 대해 검토되어야 하는 내용을 5가지 쓰시오.

모범답안

(1) **어떤 목적에서 이러한 검사를 실시**하였는가?

(2) 내담자에게 **실시한 검사가 적절**하였는가?

(3) 검사 **결과의 제시 및 해석이 정확하고 효과적**인가?

(4) 검사 **결과는 내담자에게 어떻게 전달**되었는가?

(5) **검사 결과는 이후 상담에 어떻게 반영**되었는가?

★34 효과적인 슈퍼비전의 원리와 개입전략 5가지를 기술하시오.

모범답안

(1) **슈퍼바이지의 기대와 요구를 탐색하고, 이를 충족**시키도록 노력한다.
(2) 슈퍼바이지와 슈퍼바이저는 **슈퍼비전 목표를 합의하여 결정**한다.
(3) 내담자의 주 호소 문제, 상담 동기, 문제 원인, 상황적 배경 등에 대해 **슈퍼바이지가 가설을 세우도록 격려**한다.
(4) 슈퍼바이지가 **상담전략과 개입방법에 대해 가능한 여러 가지 대안을 탐색**한다.
(5) 가설에 맞는 **적절한 상담 개입방법을 슈퍼바이지가 스스로 찾도록** 돕는다.
(6) 상담시간 중 슈퍼바이지 반응에 대해 슈퍼바이지의 의도를 탐색하도록 한다.
(7) 내담자의 행동과 슈퍼바이지 자신의 행동에 나타난 단서를 인식하고, 이를 활용하는 능력을 개발하도록 돕는다.
(8) 상담 회기 중에 나타난 슈퍼바이지와 내담자의 상호작용을 평가한다.
(9) 슈퍼바이저가 슈퍼바이지에게 대안적인 개입방법과 사례에 대한 이론적 이해를 제시한다.
(10) 슈퍼바이지가 이론적인 틀에서 사례를 이해하도록 돕는다.

제5절 직업상담 슈퍼비전 평가하기

35 슈퍼비전 종결 시 다룰 수 있는 주제들 4가지를 서술하시오.

모범답안

(1) 슈퍼바이지의 **종결과 이별에 대한 감정**을 다룬다.
(2) 슈퍼비전에서 **학습한 것을 정리**한다.
(3) 학습한 것을 **실제 상담에 적용하고 앞으로 남은 과제를 점검**한다.
(4) 이번 **슈퍼비전에 참여한 것의 개인적인 의미는 무엇인지 점검**한다.

➕ Plus Check

슈퍼비전을 종결할 때에는 슈퍼바이지의 종결과 이별에 대한 감정을 다루고, 슈퍼비전에서 학습한 것을 정리하며, 이를 실제 상담에 적용하고 앞으로 남은 과제를 점검하는 것이다. 구체적으로 이번 슈퍼비전에서 배운 것은 무엇인지, 아직 남아 있는 학습 과제는 무엇인지, 이번 슈퍼비전에 참여한 것의 개인적인 의미는 무엇인지, 이러한 내용에 더해 슈퍼바이지가 슈퍼비전에서 학습한 것을 이해하고 통합하고 정리하여 자신의 것으로 만들 수 있도록 돕는 것이 필요하다.

★
36 슈퍼비전 평가의 5단계를 설명하시오.

모범답안

(1) 1단계 – **슈퍼비전 목표 및 목적 설정의 타당성** : 슈퍼바이지에게 필요한 슈퍼비전을 확인하며 **목표와 목적을 설정하고 계획을 수립하였는지를 평가**한다.
(2) 2단계 – **슈퍼바이지의 슈퍼비전 요구도에 의한 구조화** : 슈퍼바이지와 면담하여 진단평가, 직업상담, 직업정보 가공, 교육 지도 등에서 발생하는 **슈퍼비전의 요구도를 파악하며, 슈퍼비전의 구조를 구상하였는지 평가**한다.
(3) 3단계 – **슈퍼비전 진행** : 슈퍼비전의 구조와 **적절한 슈퍼비전 항목에 따라 슈퍼비전을 실시하였는지 평가**한다.
(4) 4단계 – **슈퍼바이지의 만족도 조사** : 슈퍼비전이 끝나고 **슈퍼바이지에게 만족도를 질문하거나 기술하도록 하고, 그 결과에 대하여 응답**해준다.
(5) 5단계 – **슈퍼비전 결과 보고서 작성** : 슈퍼비전의 **각 항목에 의거하여 평가 보고서를 작성**한다.

★
37 슈퍼비전 평가의 목적 3가지를 쓰시오.

모범답안

(1) **슈퍼바이저의 성장**
(2) **슈퍼비전 관계의 발달**
(3) **슈퍼비전의 효과적 수행에 대한 점검**

★
38 직업상담 윤리 슈퍼비전의 내용 4가지를 설명하시오.

모범답안

(1) **인간 존중과 내담자 권리** : 어떤 경우라도 **내담자가 인간으로서의 가치를 존중받아야 하며, 상담 내용이 보호받아야 하는 원칙**을 슈퍼바이지가 정확히 인식하고 있는지에 대하여 평가한다.
(2) **내담자에 대한 책임** : **내담자의 호소문제를 해결하고 상담을 종결**하는 것이 슈퍼바이지의 임무이다.
(3) **비밀의 보장** : 내담자의 정보는 **개인 식별이 가능한 정보를 보호**하여야 하며, 정보의 파기에 대하여 구체적인 방법을 세워야 한다.
(4) **유인, 유도, 속임수** : 슈퍼바이지가 내담자의 **동의 없이 직업 심리검사를 실시하거나, 과도한 상담 효과를 제시**하거나 하는 등의 유인, 유도가 있었는지 슈퍼바이저는 점검해야 한다.

제13장

직업정보 가공

직업정보 요구도 분석하기

출제기준▶
1. 직업정보격차, 직업정보매체 이해력(literacy), 진로발달수준 등 대상자의 특성을 파악할 수 있다.
2. 대상자의 직업정보의 동기와 필요 단계를 파악할 수 있다.
3. 대상자의 직업정보 관련 특성을 분석하여 직업정보 요구도를 정리할 수 있다.

01 대상자 특성 파악

(1) 직업정보격차

① **직업정보격차의 문제**
  ㉠ 정보격차의 문제는 직업정보라는 구체적인 정보에 국한해서 직업과 관련된 다양한 의사결정의 순간에 필요한 정보들을 접근하고 활용하는 데 격차를 만들어낸다.
  ㉡ 직업선택의 인식, 내담자의 직업 관련 다양한 특성 평가, 적합 직무의 범위 구체화, 도전가능한 직업에 대한 정보수집, 직업 선택 결정, 선택 직업을 얻기 위한 구체적 실행단계 등 직업정보가 필요한 모든 과정에 해당될 수 있으며, 노인 등 생애주기의 특정한 시기에 더욱 두드러지게 드러날 수 있다.
  ㉢ 직업정보는 다른 정보와 비교하여 경제적·사회적 지위를 획득하게 하고 사회적 역할과 관련이 크므로 정보격차로 인한 부정적인 영향력은 더욱 클 수 있다.

② **직업정보격차의 주대상**
  ㉠ 직업정보의 격차는 장애인, 노인, 결혼이민여성, 북한이탈주민 등 취업에 취약한 계층들에게 주로 드러나며, 사회적 지위와 계층과 지역에 따라 다양한 양상으로 나타난다.
  ㉡ ICT 발전 이전에는 직업정보에 접근하는 방법이 한정되어 있어 자원이 있는 대상에게만 정보가 제공되었다.

③ **ICT 시대의 직업정보격차**
  ㉠ 직업정보를 활용하는 것에 문제가 없는지 더 나아가 그 직업정보를 종합적으로 해석하고 통합하는 역량을 살피는 것이 더 필요한 시대라고 할 수 있다.
  ㉡ 내담자가 다양하고 많은 직업정보에 접근할 수 있을지라도 필요한 정보를 찾아 합리적 인지체계를 가지고 선별하고 처리하는 능력이 중요하다.

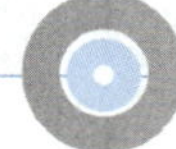

ⓒ 내담자가 정보를 찾아 이를 제대로 판단하는 체계(framework)를 가지고 있지 않다면, 정보는 선별적으로 수집되거나 왜곡되게 이해될 가능성이 높다.

(2) 직업정보 문해력 (vocational information literacy)

① **정보 문해력**

　㉠ 정보 문해력이란 정보활용능력을 나타내는 용어로서 정보가 필요한 때를 인식하고 이 정보를 효과적으로 찾아내고 평가하며 사용할 줄 알도록 개인에 요구되는 일련의 능력을 말한다.

　㉡ 정보 문해력은 오늘날과 같이 기술적 변화가 빠르게 이루어지고 정보자원 자체가 양적으로 팽창하는 환경에서는 더욱 그 중요성이 강조되고 있다. 이러한 상황은 학습환경이나 작업환경, 심지어는 개인의 일상생활에 이르기까지 예외 없이 적용되는 점에 주목할 필요가 있다.

② **미국의 정보 문해력 역량 기준 5가지** (ACRL : Association of College and Research Libraries, 2000)

역량 기준	내용
기준 1	필요한 정보의 특성과 범위를 결정하는 역량
기준 2	필요한 정보에 효과적이며 효율적으로 접근하는 역량
기준 3	정보와 정보원을 비판적으로 평가하고 선택한 정보를 자신의 지식 기반 및 가치체계에 통합하는 역량
기준 4	구체적인 목적을 이루기 위해 정보를 효과적으로 사용하는 역량
기준 5	정보 이용과 관련된 경제적·법적·사회적 문제를 이해하고, 윤리적·법적 기준에 적합하게 정보에 접근하고 사용하는 역량

③ **대상자의 직업정보 문해력 수준 평가**

　㉠ 대상자가 필요한 직업정보의 특성과 범위를 결정할 수 있는 역량

　㉡ 필요한 **직업정보에 효과적이고 전략적으로 접근하는 역량**

　㉢ 획득한 **직업정보와 직업정보원을 비판적으로 평가하고 선택한 직업정보를 자신의 가치와 지식체계(framework)에 통합하는 역량**

　㉣ 구체적 목표를 이루기 위한 **직업정보를 필요한 과정에 효과적으로 사용하는 역량**

　㉤ 직업정보를 둘러싼 **법적·경제적·사회적 문제를 이해하고 직업윤리적 기준에 적합하게 직업정보에 접근하고 사용하는 역량**

(1) 대상자의 생애주기에 따른 단계 (Sharf, 2016)

① **아동기**

㉠ **아동기의 진로발달**
- 수퍼(Super, 1990, 1994)는 아동의 계획 세우기, 진로의사결정, 시간조망을 포함하여 자신에 대한 개념을 어떻게 발달시키는지를 보여주는 모델을 개발하였다.
- 아동의 기본적 동기는 호기심이며 탐색을 통해 충족되며, 탐색은 지속적인 진로활동으로 정보의 습득으로 이어진다.
- 아동이 진로의사결정을 하기 위해서는 자기발달과 함께 시간조망이 이루어져야 함을 강조하였다.
- 아동의 자기개념은 탐색행동에서 비롯되는데, 이는 직업정보의 습득, 주요 인물의 모방, 흥미의 발달로 이어진다.

㉡ **아동기 직업정보의 역할**
- 아동기의 인지발달을 고려하여 주어지는 직업정보는 **구체적이고 분명해야 하며, 직업에 대한 학습은 그들에게 부담을 주지 않는 범위 안에서 작은 단위로 이루어져야 한다.**
- 제공되는 직업정보에는 **성적 편견이 없어야 하며 여성적 직업과 남성적 직업의 경계를 허물도록 도와야 한다.**
- 아동기에는 주로 학교 프로그램을 통해 전달되는 경우가 많으며, 이 프로그램의 활동은 가족과 가정에 초점을 두고 체험활동이나 놀이, 관찰을 통해서 가능하다. 활동을 구성할 때는 **아동의 학습단계와 정보처리 능력에 맞게 구성하는 것이 바람직하다.**

② **청소년기**

㉠ **청소년기의 진로발달**
- 청소년기는 진로선택을 염두에 두고 교육적으로 전념하는 단계로 추상적 사고를 할 수 있게 되어 문제를 해결하고 계획을 세우는 능력이 발달하고 진로계획을 크게 촉진시킨다.
- 동시에 정체성과 역할 혼미라는 과정을 거치므로 가치체계가 성립되는 중요한 과정이며 자신의 역량을 평가할 수 있는 능력이 생긴다.
- 청소년기에는 자신의 진로성숙을 구성하게 되는데, 직업선택의 지향성, 선호직업에 대한 정보와 계획수립, 직업선호의 일관성, 특성의 구체화, 현명한 직업선호 등을 포함한다.

ⓛ 청소년기 직업정보의 역할
- 청소년들이 가진 적성과 흥미, 개인의 다른 특징을 기술하기 위해 **자기개념을 직업세계에 연결해주는 작업이 중요하다.**
- 직업정체성을 발달시키는 과정이 중요하므로, 개인은 환경으로부터 얻은 정보를 점차 자기개념과 정체성에 통합시키기 위해 노력해야 한다.
- 청소년의 **직업정체성 발달을 고려하면서 적절하게 직업정보를 제공하는 방식을 찾아야 한다.** 예를 들어 직업정체성 유실 상태에서는 직업에 대한 정보를 획득할 수 있지만, 이 정보를 자기에 대한 인식에 통합하지 못한다.
- 청소년의 **진로성숙과 직업정체성에 맞는 적절한 직업정보의 제공을 통해 청소년기의 진로발달 과제를 이루도록 돕는다.**

③ 성인진입기

㉠ 성인진입기의 진로발달
- 성인진입기는 일련의 경제와 사회문화적 변화 등을 반영하면서 청소년기에서 성인기로 넘어가는 단계를 하나의 독립적인 단계로 강조되기 시작했다.
- 부모 세대와는 달리 더 길고 광범위한 교육기간과 안정된 고용이 어려워진 가운데 이 기간을 청소년기에서 성인기로 넘어가는 자연스러운 과정으로 보기에는 이 시기만의 주어진 과제와 진로발달의 특성이 존재한다.
- 여전히 끝나지 않는 정체성 탐구를 위해 사랑과 일에서 다양한 삶의 선택, 사랑 일 및 거주지의 불안정성, 다른 사람들에 대한 의무가 아닌 자기 자신에게 초점을 맞춰 집중, 사춘기와 성인이 아닌 전환의 시기로 중간에 낀 느낌을 가지며, 그러면서도 미래에 대한 가능성을 가지고 낙관적으로 생각한다.

㉡ 성인진입기 직업정보의 역할
- 성인진입기의 사람들은 자신이 하고 싶은 일이 무엇인지 명확히 하기 위한 단계로 실질적인 직업활동이 구체화되어야 한다.
- 직업적 능력과 현실적 가능성을 고려해야 하는 단계로 막연한 직업정보가 아니라 실제 어떤 직무를 어떤 직업환경과 조직문화 안에서 펼칠 것인가 등 **직무 중심의 구체적이고 실질적인 정보가 필요하다.**
- 정체성, 관계와 역할에 대한 고민 등 심리적 지원도 함께 이루어져야 하며, 이 시기에 갖게 되는 불안감을 낮추고, **미래 가능성에 대한 낙관적 태도를 심어주는 것이 바람직하다.**
- 이 시기 개인들은 그들이 가진 문화적 배경과 경험, 맺고 있는 인간관계 등의 차이로 **진로발달 단계와 수준이 다를 수 있음을 고려하여 적절한 직업정보를 기획해야 한다.**

④ 성인기

　㉠ 성인기의 진로발달
- 성인기는 다양한 진로전환과 위기들을 경험하게 되는데, 이는 직업적 논점 이외에도 개인의 다양한 생애역할을 수행하면서 겪게 되는 다양한 사건들과도 연관이 높다.
- 슐로스버그(Schlossberg, 2009)는 개인이 경험하는 진로사건을 비규범적인 사건, 규범적 역할전환, 지속되는 직장문제의 세 영역으로 분류하였고, 성공적 진로전환을 위해 상황, 자기, 지지, 전략 등을 분석하는 것의 중요성을 강조하였다.

　㉡ 성인기 직업정보의 역할
- 성인기는 다양한 생애역할 변화와 실직, 진로전환, 은퇴 등을 경험하게 된다. 성인들이 어떤 사건이나 경험이든지 예측하지 못하고 준비되지 않은 상황에서 낯설고 당황스러운 경험이기에 대부분은 전환과정에 잘 적응하는 것이 필요하다.
- 진로위기와 전환은 비예측적이고 비자발적일 때 가장 어려움이 클 수 있으며, 이 과정은 누구에게나 많은 에너지와 시간을 소모하게 한다. **충격과 부정적인 정서적 영향에 적절하게 대처하도록 도우면서 성인들이 다시 진로목표를 세우고 건설적인 구직전략을 개발하도록 도와야 한다.**
- 진로전환이 이전 직무와는 완전 다른 도전인지 여부에 따라 혹은 진로전환이 오랫동안의 진로단절 이후에 복귀하는지에 따라 **필요한 직업정보는 다르게 구성되어야 한다.**

직업정보 가공 기획하기

출제기준▶

1. 내담자의 요구도 분석에 따라 직업정보 내용과 범위 및 매체선택 등 계획을 수립할 수 있다.
2. 직업정보에 필요한 예산과 인력 등을 고려할 수 있다.
3. 직업정보의 필요성, 계획, 예산과 인력 등을 반영한 직업정보기획서를 작성할 수 있다.

01 직업정보 가공을 위한 대상자의 특성 분석

(1) 대상자의 특성 조사방법

① **문헌자료조사** : 대상자와 관련된 다양한 연구보고서, 학술지, 논문뿐만 아니라 관련 대상을 특화하여 지원하는 공공기관과 민간기관의 홈페이지를 방문하여 웹에 게시된 자료들도 모두 수집하고 여기서 공통적으로 발견되는 특성과 논점을 정리한다.

② **설문조사** : 직업정보를 제공할 대상들에게 필요한 문항으로 구성된 설문지를 구성하여 관련 기관의 협조를 얻거나 해당 기관 대상 이용자들에게 배포하여 설문지를 수거한다. 대상에 따라서 설문지를 보여주면서 하나하나 설명이 필요한 경우도 있다.

③ **면담법** : 해당 대상자에 대한 문헌자료가 거의 없거나 부족한 경우, 최근 자료가 없는 경우 대상에 대한 심층적 이해와 직업정보와 관련해서 직접적 요구를 들을 수 있는 측면에서 좋은 방법이다. 면담 시 내담자의 동의를 얻어 녹음하는 것이 좋으며, 구조화된 질문지를 가지고 면담을 할 것을 권한다.

④ **관찰법** : 대상자의 이해를 돕기 위해 관련 대상들이 자주 이용하는 단체, 기관, 모임 등에 참여하여 관찰하면 그들의 행동 특성 등의 이해를 하는 데 도움이 된다. 관련 모임에 직접 참여하여 관찰을 통해 정보를 얻기 위해서는 참여관찰의 목적과 결과의 활용 취지를 잘 설명하고 양해와 동의를 얻어 이루어져야 한다.

⑤ **델파이 기법** : 해당 대상자를 만나 상담하거나 교육하는 기관이나 단체, 지원센터 등의 현장실무전문가와 관련 대상의 연구를 많이 진행한 연구자 등으로 전문가 위원회를 구성한다. 델파이는 주로 3~4회에 걸쳐 진행되며, 위원구성원들과 접촉하지 않고 연구문제에 대한 개방형 질문에 대한 답을 수집한다.

(2) 대상자 특성 분석 시 고려사항

① 대상자의 특성을 조사하는 데 가장 적합한 방법을 선택하여 자료를 수집한다.
② 문헌조사는 필수적으로 포함되며 이를 토대로 부족한 부분을 보충할 다른 현실적 조사방법을 몇 가지 더 추가하여 수행한다.
③ 조사된 내용 중에서 상반된 자료는 없는지, 문제가 되는 논점이 없는지 검토한다.
④ 수집된 자료 중에서 대상자의 직업심리 및 직업행동에 대한 영향을 미치는 특성들을 분석하고 정리한다.

02 직업정보 가공 기획서 구성

(1) 기획서 항목별 구성 내용

① **문제의 제기 및 필요성**
  ㉠ **직업정보 가공의 필요성과 문제를 제기하는 과정**으로 실제 기존 연구자료를 토대로 논리적으로 필요성을 제기하는 과정이다.
  ㉡ 관련 통계자료, 고용 패널, 대상 관련 연구물을 통해 고용과 취업 현황은 어떤지, 취업에 어떤 어려움이 있는지, 그들이 인식하는 진로장벽은 무엇인지, 그 과정에서 직업정보의 역할은 무엇인지 등을 설득력 있게 제시한다.

② **직업정보 가공의 목적**
  ㉠ 앞서 제기된 직업가공의 필요성에 기반하여 가공을 통해 대상자의 특성과 상황을 고려할 때 **직업정보 가공을 통해 이루고자 하는 것이 무엇인지 제시**한다.
  ㉡ 앞서 제시한 문제를 해결하고 궁극적으로는 대상자가 당면하고 있는 직업적 논점을 개선하려는 구체적인 목적을 담는다.

③ **직업정보 대상의 특성**
  ㉠ **직업정보 대상은 직업정보를 직접 제공받는 개인이나 집단**으로서 이 가공 결과물을 활용하려는 사람이나 기관과 일치할 수도 일치하지 않을 수도 있다.
  ㉡ 예를 들어 실제 발달장애인에게 필요한 직업정보를 분석하고 가공해야 하지만, 실제 이 가공된 직업정보를 활용하고 제공하는 주체는 장애인복지기관의 직업상담가일 수 있다. 이 항목에서 파악해야 하는 대상은 발달장애인이며 이들의 특성을 조사하기 위해 그들의 취업률과 실업률, 고용형태, 취업직종, 근속기간 등이 분석되어야 한다. 뿐만 아니라 이들의 진로장벽, 구직활동의 어려움, 취업욕구 등이 중요한 특성으로 파악되어야 한다.

④ **활용할 직업정보의 내용 및 범위**
  ㉠ 실제 어느 직업정보가 어떤 항목과 내용을 담고 있는지 대략적인 이해를 바탕으로 일차적으로 **검토해야 하는 자료의 범위를 좁히고, 그 안에서 어떤 내용까지 담을 것인지 판단**하는 것이 필요하다.

ⓛ 활용할 직업정보는 정확한 근거로 만든, 믿을 수 있는 것이어야 하며 계속 업데이트가 되어 최신성을 유지하고 있는지 검토해야 한다.

⑤ **매체 선택 이유 및 특성**

㉠ 매체의 종류와 특성을 잘 이해한 이후 **대상자의 특성에 가장 적절한 매체를 선택하고 그 근거를 담는다.**

ⓛ 대상의 특성을 고려하여 매체별 장단점을 비교하고, 기존에 같은 직업정보를 활용했으나 매체 선택에 문제가 없었는지 검토해 본다. 또한 이미 가공되어 개발되었으나 제공이나 유통과정의 문제로 활용이 안 된 것은 아닌지 확인한다.

⑥ **직업정보 가공 및 설계과정**

㉠ 직업정보가 **가공되는 과정 단계를 설정하여 구체적으로 기술해주는 내용을 포함**한다.

ⓛ 직업정보가 가공되는 과정은 여러 가지 단계를 거쳐 이루어지는 경우가 많다. 그 전체적인 설계과정을 투명하게 보여주어야 사용자 입장에서는 본 결과물에 대한 신뢰감을 가지고 사용이 가능하다.

㉢ 사용자가 추가적으로 직업정보를 보완할 때도 그 과정을 익혀 새롭게 업데이트되는 정보 가공이 가능해진다. 또 이 항목을 통해 많은 정보들이 어떤 기준과 유형으로 간소화되었는지 알 수 있다.

〈 직업정보 가공 및 설계 과정 예시 〉

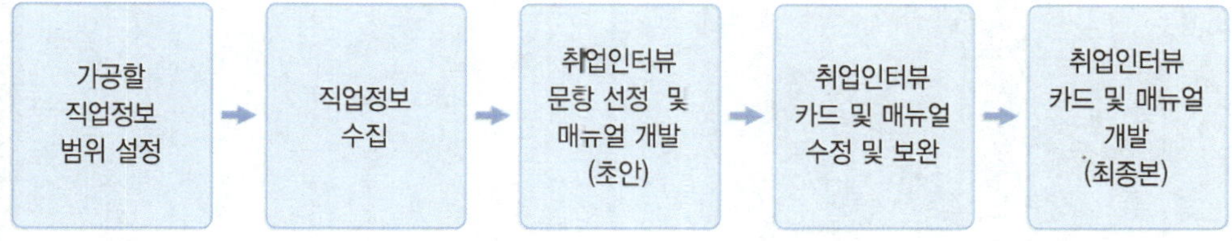

⑦ **추진 일정 및 예산**

㉠ 직업정보 **가공에 예상되는 구체적인 일정과 필요한 예산을 보여주는 것**으로 진행하면서 변경되기도 하지만 기획단계에서 구체적인 일정을 가지고 시작해야 계획에 맞게 순차적으로 일이 진행되는 장점이 있다.

ⓛ 예산 부분은 기관 내에 책정된 예산으로 진행되는 경우도 혹은 외부기관의 심사를 거쳐 예산지원을 받는 경우도 있다.

㉢ 외부기관에 제안작업을 통해 펀딩을 요청하는 거라면 외부기관이 원하는 예산서에 맞춰 작성해야 한다.

⑧ **활용방안 및 기대효과**

㉠ 가공된 산물이 **어떻게 활용될지에 대한 구체적 방안과 이를 통해 기대하는 효과**를 담는다.

ⓛ 활용방안은 이를 구체적으로 어떤 단계에서 보급하고 사용할 것인지의 여부인데 집단상담 프로그램, 직업전시관, 일대일 상담 등 어떤 단계와 환경에서 사용할지를 미리 조사하여 예측하는 것이다.

ⓒ 어떤 기관에 누구를 대상으로 홍보할 것인지 세부 홍보안이 제시되기도 한다. 특히 외부 기관에 제안을 통해 펀딩을 받는 거라면 실효성이 있는 활용방안과 기대효과는 근거를 가지고 설득력 있게 제시되어야 한다.

직업정보 가공 실행하기

1. 직업정보기획서에 따라 매체 특성을 고려하여 직업정보를 할 수 있다.
2. 대상자의 가독성과 사용성을 고려하여 직업정보를 할 수 있다.
3. 직업정보의 활용과 제공방식을 고려하여 범위를 조정할 수 있다.
4. 확인된 정보에 따라 직업정보를 재구성할 수 있다.

01 직업정보 매체의 의미

(1) 정보매체의 개념

① 정보매체는 포괄적인 개념으로, 정보와 지식을 담는 그릇 혹은 정보전달의 수단이며 매개체이다.
② 일반적으로 특정 정보를 인간에게 전달하는 수단으로서의 의미를 가진다.
③ 인류의 발전에 따라 가장 원시적인 공기에서 오늘날 광고판과 물질적인 형태가 없는 웹사이트, SNS 등의 형태로 진화하였다.

(2) 정보매체의 특성 (이병기, 2017)

① 정보매체에 따라 수록할 수 있는 기호가 달라진다.
② 정보매체가 수록할 수 있는 기호에 의해 전달의 강도가 달라진다.
③ 정보매체에 따라 수록할 수 있는 정보의 양이 달라진다.
④ 정보매체에 따라 정보의 전달 속도가 달라진다.
⑤ 정보매체에 따라 정보 수용자의 인지 체계가 달라진다.
⑥ 정보매체에 따라서 보편성의 정도가 달라진다.
⑦ 휴대 이동 및 이용의 편리성과 경제성이 달라진다.

(3) 직업정보 매체의 중요성

① 직업정보를 누구에게 왜 어떤 목적으로 어떤 맥락에서 전달하는가에 따라 정보전달의 매체는 달라져야 한다.

② 정보매체에 따라 기호, 전달의 강도, 정보의 양, 정보전달 속도, 정보 수용자의 인지 체계, 보편성, 휴대 이동 및 이용의 편리성과 경제성 등이 달라질 수 있다.

③ 직업정보의 특성과 직업정보를 제공받는 대상의 특성을 정확하게 파악해야 가장 최적의 매체 선택이 가능하다.

02 직업정보 매체의 종류와 장·단점

(1) 인쇄자료

① **의미**

㉠ 직업전망서, 직업사전 등 정부의 관련 보고서를 포함하여 직무분석 자료와 직업 관련 다양한 책과 논문 등이 여기에 해당한다.

㉡ 정보전달의 전산화, 시청각 자료의 증대, 웹 기반의 자료화 등의 영향을 받아 인쇄물의 중요도가 줄어들고 있는 것은 사실이다.

② **특성**

㉠ ICT 기술이 발전되기 이전부터 사람들에게 친숙한 매체로 특별한 툴이 없어도 열람이 가능하며 비교적 간편하게 사용이 가능하다.

㉡ 특히 정보기기에 익숙하지 않은 대상들이 사용하기에 어려움이 없어 진로발달의 여러 단계에 있는 모든 사람들의 접근이 용이하다는 장점이 있다.

㉢ 평면적이고 일방적이라 직업정보를 수동적으로 수용하고, 학생들에게는 동기유발을 통한 효율적인 전달에 어려움이 있다.

(2) 영상자료

① **의미**

㉠ 그림, 사진, 텔레비전, 영화 등 영상으로 표현된 모든 영상물을 포함하는 것으로 정지된 영상인 화상자료와 동영상으로 구분할 수 있다.

㉡ 고용률과 실업률 등 직업 관련 통계수치에 대한 도표, 조사된 유망직업 등을 상징적으로 그래픽화한 그림 등은 화상자료에 해당된다.

㉢ 워크넷에서 제공하는 미래직업(4차 산업 분야), 취업의 전설(NCS 기반 구직기술), 취업 동영상(청년층, 진로단절여성, 중장년층) 등이 동영상 자료에 포함된다.

㉣ 동영상 자료는 영상물에 맞는 콘텐츠 내용을 구성하고 관련 촬영도구와 기술이 있어야 질 높은 자료를 만들 수 있다.

㉤ 고성능의 카메라 기능이 탑재된 스마트폰과 노트북의 대중화로 인해 누구나 손쉽게 동영상을 찍을 수 있다.

② **특성**

- ㉠ 질 높은 콘텐츠와 스토리를 가지고 제작된 동영상은 세대를 걸쳐 사람들에게 관심과 집중을 이끌어낼 수 있는 장점이 있다.
- ㉡ 직업 관련 콘텐츠를 동영상으로 제작하기 위해서는 매체에 맞는 콘텐츠와 스토리 구성이 필요하며, 모든 직업정보 전달에 적합하다고 볼 수는 없다.
- ㉢ 전체 내용을 다 보지 않고 일부 내용을 선택적으로 시청함으로써 원래의 취지나 의도와는 달리 왜곡되게 전달될 위험도 고려해야 한다.

(3) 전자자료

① **의미**

- ㉠ 컴퓨터에 의해 운영되고 저장되는 자료의 총칭으로서 프로그램 파일과 데이터 파일을 의미한다.
- ㉡ 자료의 디지털화로 기본적으로 컴퓨터 통신기술에 의해서 처리되고 재생된다. 전자자료에는 학술 데이터베이스, 전자저널(e-Journal), 전자책(e-Book), 멀티미디어 자료 등이 있다.

② **특성**

- ㉠ 전자자료의 특성은 다른 자료에 비해 검색이 용이하며, 전달성과 편리성이 높고, 한 번 제작된 이후에는 반복적으로 사용 가능하여 경제적이다.
- ㉡ 전자자료는 PC, 스마트폰 등을 통해 볼 수 있으므로, 정보통신기술에 익숙하지 않은 사람들에게는 접근성이 떨어질 수 있는 단점이 있다.

(4) 직업 프로그램

① **의미**

- ㉠ 직업 프로그램은 크게 오프라인과 온라인 형태로 운영될 수 있는데, 전자는 우리가 알고 있는 다양한 직업교육을 포함한 프로그램 형태로 강의실, 강당 등 특정한 교육 공간에서 이루어지는 것이다.
- ㉡ 직접 대면으로 이루어지는 다양한 직업 프로그램은 프로그램 운영자가 참여자들과 직접 소통하며 즉각적인 반응과 피드백을 반영하여 프로그램을 운영할 수 있고, 참여자들의 역동과 현장에서의 시너지 등으로 효과적이다.
- ㉢ 온라인 형태는 사이버진로교육센터, 진로정보망커리어넷 등 공공 영역뿐만 아니라 사적 영역에서도 만든 다양한 온라인 직업 프로그램들이 웹 기반과 모바일 기반으로 운영되고 있다.

② **특성**

    ㉠ 온라인 형태의 프로그램은 초기 구축비용과 유지비용이 높고 다른 직업정보 자료에 비해 직업 관련 검사, 직업정보 제공, 직업탐색, 직업설계 및 실행 등 서로 다른 요소들을 한꺼번에 제공받을 수 있다는 장점이 있다.

    ㉡ 특히 대면으로 이루어지는 직업 프로그램들이 직접 운영이 어려운 시기에 온라인을 통해 다양한 진로활동에 참여하고, 이를 통해 직업정보를 자연스럽게 얻을 수 있다.

    ㉢ 최근에는 모바일 기반의 직업 프로그램들이 게임과 놀이의 형태로 제작되어 친근하게 언제 어디서나 접근이 가능한 장점이 있다.

(5) 직업체험

① **의미**

    ㉠ 잡월드, 각 지역의 직업체험센터(지자체 운영) 등의 공공 직업체험시설과 사기업에서 만든 직업체험을 위한 공간들이 있다.

    ㉡ 직업체험 규모와 방식에 따라 필요한 인적 및 물적 자원이 다를 수 있지만, 다른 직업정보 매체에 비해 구축과정에 많은 비용이 필요하다.

    ㉢ 대체로 많은 예산과 체험관 기획 및 시공 관련 전문인력 등의 많은 자원이 필요하며, 관련 기관의 협조와 시간이 소요될 가능성을 고려해야 한다.

② **특성**

    ㉠ 직업체험은 참여하는 사람들이 직업정보에 적극적으로 접근할 수 있고, 항공기조종사, 경호원, 의사, 소방관 등 다양한 직업을 대상의 눈높이에 맞게 실제 재현된 직업현장에서 다양한 직무를 경험할 수 있는 장점이 있다.

    ㉡ 어린이들의 경우는 놀이의 형태로 직업을 경험함으로써 미래의 꿈에 대한 흥미와 긍정적 직업관을 줄 수 있는 장점이 있다.

    ㉢ 특정 직업의 모든 직무를 체험할 수 없으므로 일부의 단면만을 보여주는 것이라 실제 직업에 비해 더 긍정적으로 혹은 더 부정적으로 그려질 가능성이 있다.

(6) 직무경험

① **의미** : 관련 직무의 시간제 근무, 산학연계 현장실습, 인턴 등이 포함되며 직무에 대해 현장에 가장 가까운 지식과 경험을 얻을 수 있는 좋은 방법이다.

② **특성**

    ㉠ 조직문화, 직무경험, 업무체계, 근무환경, 사람들과의 관계 등을 총체적으로 인식할 수 있고, 이후 취업 시에 관련 경력으로 인정받을 수 있다.

ⓒ 실제 관련 직무를 경험할 수 있는 회사와 기관에서 실제 실습생이나 인턴생을 받아서 관리·감독하고 관련 훈련프로그램을 제공해야 가능한 일이다.

ⓒ 실습생과 인턴생을 지원함으로써 기업이나 기관에서도 받을 수 있는 혜택과 장점을 함께 기획하여 시너지를 줄 수 있는 방안을 강구해야 한다.

03 직업정보 가공 실행

(1) 직업정보 이용자 고려

① 직업정보를 필요로 하는 대상자들이 바로 볼 수 있도록 직업정보를 가공할 수 있고, 내담자라 부를 수 있는 개인들을 위해 직업상담가, 교사, 직업상담 프로그램 개발자, 훈련교사, HRD 담당자, 학부모 등이 가공된 직업정보의 이용자가 될 수 있다.

② 직업정보 가공 목적에는 직업정보의 대상이 되는 내담자가 주 고려대상이지만, 실제 이를 이용하는 사람이 어떤 장면에서 어떤 취지로 활용할 것인지에 대한 이용자의 의도 또한 포함되어야 한다.

③ 내담자에게 가장 적절한 정보를 효율적인 방법으로 전달하기 위해 가공을 하는 과정을 거친다는 것을 고려한다면, 설계단계부터 가공된 직업정보를 어떻게 활용할 것인지에 대한 구체적 방안을 마련하는 것이 필요하다.

④ 이는 가공된 직업정보의 이용자가 제대로 활용할 수 있도록 돕는 구체적 방안을 염두에 두고 설계해야 함을 의미한다.

(2) 활용할 직업정보 선택 및 범위 확정

① 다양한 직업정보를 꼼꼼하게 살펴본 후 어떤 직업정보를 사용할지 선택한다.

② 한 기관의 한 직업정보만으로도 충분할 수 있지만, 대부분의 경우는 여러 기관들의 다양한 정보를 선별하여 그 직업정보의 콘텐츠 중에 어느 범위까지를 포함할지 결정해야 한다.

③ 직업정보 콘텐츠의 범위를 결정할 때는 직업정보의 깊이나 질뿐만 아니라 양도 고려해야 하고, 가공과정에서는 콘텐츠 순서가 바뀌거나 일부가 요약될 수 있다.

④ 같은 주제로 분류될 수 있는 직업정보를 통합하는 과정을 거칠 수도 있다.

⑤ 활용할 직업정보를 명시하고 그 직업정보에서 활용한 범위를 구체화하여 하나의 샘플을 만들어서 동일한 방식으로 가공하는 것이 필요하다.

(3) 직업정보 가공 시 유의할 점

① **가독성의 중요성**

  ㉠ **가독성의 의미**
  - 넓은 의미의 가독성은 독자가 언어기호를 시각적으로 파악하기 쉬운 정도를 일컫는 개념인 '식별성(legibility)'과 '가득성(readability)' 두 가지 의미를 포함한다.

- 좁은 의미의 가독성과 식별성 모두 텍스트가 읽기 쉬운 정도를 의미하며, 가독성에는 언어·텍스트와 독자가 관련되어 있고, 시각적 식별성은 텍스트의 물리적 측면, 즉 글씨의 크기, 글씨체, 색깔, 인쇄면·화면의 레이아웃, 배경색 등과 관련이 있으며, 독자가 이를 시각적으로 처리하기 쉬운 정보를 나타낸다.

ⓒ **가독성의 범위**

- 인쇄물의 경우 텍스트와 배경색, 폰트, 사진과 일러스트와의 조화, 여백, 줄 간격 등도 가독성에 영향을 줄 수 있다.
- 인터넷 환경이라면 웹사이트의 구성과 화면 배치, 메뉴의 위치 및 크기, 광고의 과다 노출, 서비스 지원 브라우저, 로딩 속도 등도 포함된다.
- 만화라면 컷에서 컷으로 이동하는 독자의 시선처리를 미리 예측하여 적절한 위치에 말풍선을 넣어야 하고, 그림에 맞는 대사를 읽을 수 있도록 배치하는 것도 중요하다.
- 직업정보를 웹툰 형식으로 제공한다면 웹의 환경을 잘 반영하여 어느 환경에서 보더라도 한 화면에 보일 수 있어야 하며, 각 화면에서 대사와 이미지가 잘 전달될 수 있도록 하는 것도 가독성에 포함된다.

ⓒ **직업정보와 가독성**

- 직업정보 가독성은 글자와 관련된 타이포그래피뿐만 아니라 본문 편집 양식의 난이도와도 관계된다.
- 어휘와 관련해서는 직업정보를 읽은 이용자들의 읽기와 이해수준을 고려하여 만들어져야 하는데, 많은 직업정보들이 어려운 전문용어로 쓰여 있어 대학교육 이상의 읽기 능력을 요구하는 경향이 있다.
- 인쇄물이라면 글자 형태, 글자 크기, 글줄 길이, 줄 간격, 여백, 삽화 등에 영향을 받으며, 인터넷을 통해 제공되는 정보의 양이 늘면서 인터넷 환경에 대한 이해를 갖는 것도 필요하다.
- 인터넷상에서 이용자는 인쇄물에 비해 꼼꼼하게 모든 텍스트를 읽지 않기 때문에 콘텐츠의 양을 조절하고, 주의를 강하게 이끌 수 있는 콘텐츠의 질과 표현방식도 중요하다.
- 특히 영상물이라면 영상 자체의 질과 재생시간, 로딩속도 등도 고려해야 하고, 필요한 경우 자막이 적절하게 제시됐는지도 고려해야 한다.

② **사용성의 중요성**

㉠ **사용성의 의미**

- 인쇄물 중심의 직업정보에서 인터넷과 모바일 매체를 활용한 직업정보들이 확대되고 미래사회는 스마트폰을 통해 직업정보를 얻는 것이 가장 보편화될 것이다. 이러한 웹과 모바일 환경에 적합한 사용성을 고려하는 것이 필요하다.
- 웹에서는 특히 UI(user interface) 설계 측면에서 메뉴바의 위치, 사이트 사용의 편의성, 사이트의 로딩 속도, 한 화면에 전달되는 콘텐츠의 양, 화면인쇄의 편의성, 가장 최하단 메뉴에 도달하는 경로, 이용자가 사이트 내에서 길을 잃지 않도록 하는 등의 사용성을 고려해야 한다.

     ○ 직업정보와 사용성
- 모바일 환경에서 애플리케이션의 형태로 직업정보를 전달하고자 한다면 고려해야 하는 사용성은 접근성, 직접성, 효율성, 친밀성, 피드백, 유연성, 오류 수용성, 정보 제공성, 예측성, 단순성, 사용자 조작, 가시성 등을 포함한다.
- 사용성의 핵심 개념은 이용자와 콘텐츠의 특성과 기능 등을 고려하며 다르게 구성할 수 있다. 예를 들어 모바일 직업흥미검사라면 검사의 목적과 방법을 정확하게 전달하고 쉽게 접근하여 검사할 수 있고, 검사과정에서 속도가 느리거나 오류가 없으며, 검사 결과가 이해하기 쉽게 전달될 수 있어야 한다.

③ **직업 콘텐츠의 객관성과 정확성**

     ㉠ 가공 시에 사용하는 콘텐츠는 특정 직업에 대한 특성과 장·단점이 편견 없이 제공되어야 한다.

     ㉡ 가공자의 의견이나 의미가 부여되지 않은 객관적인 콘텐츠를 제시해야 하며, 이해를 돕기 위한 그림이 특정 직업에 대한 기존의 고정관념을 강화하는 방향으로 제시되어서는 안 된다. 예를 들어 과학자라는 직업을 소개할 때 남성의 이미지를 넣는다면 과학자는 남성의 직업이라는 고정관념을 강화할 위험이 있다.

     ㉢ 사용되는 콘텐츠가 최신의 자료인지 확인하고 객관성을 잃은 정보나 어투는 삼가는 것이 필요하다.

     ㉣ 가공 과정에서라도 사용한 직업 콘텐츠가 최신의 자료로 업데이트된다면 그 콘텐츠는 최신의 것으로 바꾸어야 하며, 특히 통계자료라면 가공과정에서 누락되거나 실수로 변경된 것이 있는지 확인한다.

04 직업정보 활용에 따른 재구성

(1) 직업의사결정 단계별 직업정보의 활용

① **1단계 – 직업선택을 인식하는 단계** : 모든 가능성을 다 열어놓는 진로선택의 과정에서 막연하게 직업정보를 탐색하던 과정보다 좀 더 실질적이고 현실적인 직업정보가 필요하다.

② **2단계 – 내담자의 직업 관련 다양한 특성 평가 단계** : 직업정보는 내담자가 직업을 선택하는 데 있어 자신을 정확하게 분석하고 이해하도록 지원할 수 있어야 한다.

③ **3단계 – 적합 직무의 범위 구체화 단계** : 2단계의 다양한 검사 결과를 토대로 적합한 직업으로 추천된 직업목록에서 공통된 직무를 좁혀내는 것이 필요하다.

④ **4단계 – 도전 가능한 직업에 대한 정보수집 단계** : 적합 직무 범위에 해당하는 직업의 하는 일, 교육·자격·훈련, 임금, 직업만족도, 전망, 능력, 지식, 환경 등의 직업정보가 필요하다.

⑤ **5단계 – 직업선택 결정 단계** : 다른 단계에서 제공되는 직업정보가 포함될 수 있으며, 특히 진로의사결정 과정에서 빠질 수 있는 함정들게 대한 정보가 필요하다.

⑥ **6단계 – 선택 직업을 얻기 위한 구체적 실행 단계** : 채용정보, 자격 관련 정보, 직업훈련 정보, 진학정보 등이 필요하다.

(2) 직업의사결정 과정에서 빠질 수 있는 의사결정 함정의 종류 (안윤정 외, 2017)

① **시간 지연의 함정** : 일시적인 불편함을 회피하고자 의사결정을 지속적으로 미루는 유형으로 더 이상 매력적인 대안을 만들어낼 수 없을 때까지 불편한 의사결정을 계속해서 미루느라 의사결정의 주기가 길다.

② **악화의 함정** : 아닌 것을 알면서도 멈추지 못해서 늘 후회하는 유형으로 행동에 대한 보상이 점점 줄어들거나 행동에 대한 처벌이 점점 증가할 때 발생한다. 마약, 게임 중독 등이 대표적이다.

③ **무지의 함정** : 추측을 근거로 자신이 보고 싶은 정보만을 취사선택해서 의사결정을 성급하게 내리는 유형으로 행동에 대한 부정적인 결과가 처음부터 이행되지 않거나 예견되지 않는다. 한 가지를 보고 열 가지의 결정을 내리는 성급한 결론을 내릴 수 있으므로 자신의 생각을 뒷받침할 만한 확실한 증거 없이 결정하지 않도록 한다.

④ **투자의 함정** : 시간, 돈, 자원 등의 사전지출로 인하여 다른 선택을 하지 못하는 유형으로 버티는 것만이 능사가 아니라 일보 전진을 위한 일보 후퇴가 필요하다.

⑤ **무선택의 함정** : 할까 말까 하는 고민에서는 안 하는 것을, 이것과 저것 중에서 선택하는 고민에서는 아무것도 선택하지 않는 유형으로 선택하지 않으면 마음이 편하다는 착각에 안주할 수 있다.

⑥ **몰이사냥의 함정** : 여러 사람들의 압박 속에 시간이 부족하여 충분한 의사결정의 과정 없이 궁지에 몰려 선택하는 유형으로 중요한 결정일수록 선택을 잘못해 제대로 된 의사결정의 과정 없이 벼랑 끝에 선 선택일 가능성이 있다.

(3) 직업정보 제공 과정

① **직업정보 제공 시 고려할 점**
   ㉠ 직업정보는 이용자의 구미에 맞도록 제공되어야 한다. 막대한 재원과 노력 등을 들여 최신의 정보시스템을 가동한다 하더라도 이용자가 불편을 느끼거나 보완자료를 요구하거나 무관심을 나타낸다면 수고와 노력이 허사가 된다.
   ㉡ 직업정보는 자칫하면 너무 전문적이어서 그 내용을 이해하기 쉽지 않은 경향이 있다. 따라서 이용자가 즐겁게 정보를 대할 수 있는 형태로 제공하는 것이 가장 바람직하다.
   ㉢ 직업정보의 제공에서는 기술 수준으로 정보를 얼마나 정확히 전달할 수 있는가, 정보의 표현양식이 얼마나 정확하게 바라는 의미를 전달할 것인가, 이러한 정보가 인간행동의 동기부여 수단으로 얼마나 적합한가 등의 수준이 고려되어야 한다.

가공 결과 품질 검증하기

출제기준 ▶
1. 대상자에게 사전검사를 통해 가독성과 사용성 등에 문제가 없는지 확인할 수 있다.
2. 전문가의 자문과 평가를 통해 산출물을 점검할 수 있다.
3. 가공된 직업정보의 최신성과 신뢰성에 문제가 없는지 점검할 수 있다.
4. 점검 결과를 통합하여 수정·보완할 수 있다.

01 직업정보 가공 결과 품질 점검 기준

(1) 사용성 평가 기준

① **국제표준기구의 기준**

㉠ **안내**
- 사용성 평가(Usability Testing ; UT)는 사용자의 관점에서 제품, 서비스, 시스템의 사용성을 평가하고 개선하는 과정이다.
- 제품을 사용자가 사용하여 원하는 목적을 달성하는 데 얼마나 효과적이며, 효율적이며, 사용맥락에 만족이 되는지를 표하는 개념으로 설명된다.

㉡ **속성**
- 국제표준기구(ISO : international organization of standardization)의 ISO 9241에 따르면 **사용성의 속성은 크게 3가지로 표현되는데 효과성, 효율성, 만족도 등이다.**
- **효과성**은 사용자의 사용을 위한 수행을 통해 **원하는 요구달성의 완성도와 정확도를** 기준으로 판단하며, 일반적으로 성공 및 실패율을 기준으로 한다.
- **효율성**은 사용자의 요구달성을 위해 사용을 위한 **수행에 소용되는 자원의 효율성**으로 물리적 시간과 이해도나 학습도가 요구되는 노력을 포함한다.
- **만족도**는 사용자의 사용경험에 대한 **즐겁고 유쾌하고 사용하기 좋은 주관적 만족도로** 정서적 느낌으로 판단한다.

② **제품수행 프로그램 평가모델 기준 (PPP : Product Performance Program)**

구분	항목	요소
원칙1	공평한 사용에 대한 배려	평등한 사용, 차별의 배제, 선택 폭의 제공, 불안감의 배제, 폭넓은 호감

구분	항목	요소
원칙2	사용상의 유연성 확보	사용에 대한 자유도, 좌우 손잡이 수용, 정확도에 대한 관용, 작업하는 속도의 자유도, 사용하는 환경에 대한 배려
원칙3	간단하고 직관적 사용	복잡함에 대한 배제, 직감과의 일치, 언어에 관계없는 이해, 조작순서의 명확함, 조작방법과 반응, 오감의 활용
원칙4	정보전달에 대한 배려	복수전달 수준의 활용, 인지에 대한 선택 폭 확보, 정보의 정리, 파악하기 쉬운 구조, 보조수단 및 환경에 대한 배려
원칙5	사고와 오조작의 방지	사고를 방지하는 구조, 위험요소의 격리, 사고의 예방, 경고시스템의 준비, 실수나 사고에 대한 배려, 현상복귀를 위한 방법, 모든 안전성에 대한 배려
원칙6	육체적 부담의 최소화	쾌적한 사용 자세, 적당한 힘으로 제어, 무의미한 반복동작의 배제, 신체에 대한 부담의 경감, 지각에 대한 부담의 경감
원칙7	적당한 크기와 공간의 확보	중요한 구성요소의 인지, 적절한 배치, 다양한 체격에 대응, 보조장치 및 간병인에 대한 배려, 적당한 형태나 크기
부칙1	내구성과 경제성의 배려	내구성의 확보, 적정한 가격, 제조비용 절감, 운영비용 절감, 유지성
부칙2	품질과 심미성의 추구	친근하고 편안한 아름다움, 실용성과 기능미의 양립, 높은 품질, 소재를 살린 가공과 제조, 좋은 사용감의 제공
부칙3	인체와 환경에 대한 배려	청결한 사용, 인체에 안전함, 자연환경에 안전함, 재생·재사용의 추진, 병용에 의한 위험성의 배제, 자원과 에너지 절약, 환경문제와 공해의 회피

③ 닐슨(Nielsen)의 10가지 휴리스틱 사용성 평가 기준 (송현수, 2016)

항목	요소
시스템 상태의 가시성	시스템은 항상 사용자에게 합리적인 시기에 적절한 방법을 통해 무엇이 진행 중인지 알려주어야 함.
실제 세상과 시스템의 일치	시스템은 시스템 중심의 용어가 아니라 사용자에게 친숙한 단어, 문구, 콘셉트를 통해 사용자의 언어를 말해야 함.
사용자 장악력과 탈출	사용자는 종종 실수로 시스템의 기능을 선택하며 이어지는 다른 질문들 없이 그 상황을 바로 빠져나갈 수 있는 길을 원함. 실행취소와 재실행을 제공함.
일관성과 표준	사용자가 다른 용어들이 같은 것을 의미하는지 고민하게 해서는 안되며 일반적인 관례는 지켜야 함.
오류방지	좋은 에러 메시지보다 그것의 발생을 처음부터 막는 것이 바람직함.
요청보다 재인지	오브젝트, 행동, 위치의 시각화, 사용자가 하나의 질문사항에서 다른 질문사항으로 정보를 기억하도록 해서는 안 됨. 시스템 사용에 관한 지침들은 시각화하거나 혹은 적절한 어느 때라도 쉽게 파악할 수 있어야 함.
유연성과 효율성	촉진 요소들은 종종 숙련된 사용자들의 인터랙션을 더욱 빠르게 하며, 시스템은 초보 사용자나 숙련된 사용자 모두를 만족시켜 줄 수 있음. 사용자가 빈번한 조작을 자신에게 맞출 수 있도록 해야 함.
미적이고 단순한 디자인	대화창은 관련이 없거나 거의 필요하지 않은 정보를 담고 있어서는 안 됨. 모든 필요하지 않은 요소들은 필요한 요소들의 상대적 가시성을 떨어뜨림.

항목	요소
오류 복구	에러 메시지는 쉬운 언어로 표현되어야 하며 문제점을 정확하게 예측하고 발전적인 해결책을 제시해야 함.
도움말과 참고문헌	시스템이 사용설명서 없이 사용이 가능하다면 바람직하겠지만 도움기능과 사용설명서를 제공하는 것은 갍은 경우에 필요함. 그런 정보는 찾기 쉬워야 하며, 사용자의 업무에 초점을 맞추어야 하고 수행할 단계를 구체적으로 보여주며, 또 너무 많아서는 안 됨.

(2) 사용성 평가 기준과 직업정보 가공물

① **적용가능한 사용성의 평가 기준**

ㄱ **두마스와 레디쉬**(Dumas & Redish, 2004)는 사용성을 사용자가 제품을 사용하여 직무를 빠르고 쉽게 완수하는 것에 의미를 두고, 다음과 같은 네 가지 기준을 제시하였다.

ㄴ 사용성이란 **사용자에게 초점을 맞춘다.**

ㄷ 사용자는 **제품을 사용하여 생산성을 높이고자** 한다.

ㄹ 사용자는 제품을 통해 **과제를 완수하고자** 한다.

ㅁ 제품이 **사용하기 쉬운지는 사용자가 결정**한다.

② **직업정보 가공물에 사용성 평가 기준 활용**

ㄱ 앞서 제시한 사용성 평가 기준을 활용하여 직업정보 가공의 목적과 대상의 특성을 반영하여 새로운 기준 척도를 마련하는 것이 필요하다.

ㄴ 이 평가 기준은 직업정보 가공물에만 국한된 사용성이 아니라 웹사이트, 앱, 전자제품, 상품 등을 모두 포함하며 디자인의 세부적인 항목들을 고려한 것이다.

ㄷ 평가기준에 대한 결정은 직업정보요구도 분석, 가공기획, 가공실행 전 과정을 잘 이해하고 있고 관련 평가 경험이 있는 전문가의 자문을 얻어 평가지표 및 가이드 라인을 개발하는 것이 좋다.

★★ 01 다음에서 설명하고 있는 것은?

> 이는 정보활용능력을 나타내는 용어로서 정보가 필요한 때를 인식하고 이 정보를 효과적으로 찾아내고 평가하며 사용할 줄 알도록 개인에 요구되는 일련의 능력을 말한다. 오늘날과 같이 기술적 변화가 빠르게 이루어지고 정보자원 자체가 양적으로 팽창하는 환경에서는 더욱 그 중요성이 강조되고 있다.

모범답안

정보 문해력 (information literacy)

★★ 02 미국의 ACRL(Association of College and Research Libraries)에서 제시하는 정보 문해력 역량 기준 5가지를 설명하시오.

'23 직업상담사 1급 과정평가형

모범답안

(1) **기준 1 : 필요한 정보의 특성과 범위를 결정**하는 역량
(2) **기준 2 : 필요한 정보에 효과적이며 효율적으로 접근**하는 역량
(3) **기준 3 : 정보와 정보원을 비판적으로 평가하고 선택한 정보를 자신의 지식 기반 및 가치체계에 통합**하는 역량
(4) **기준 4 : 구체적인 목적을 이루기 위해 정보를 효과적으로 사용**하는 역량
(5) **기준 5 : 정보 이용과 관련된 경제적·법적·사회적 문제를 이해하고, 윤리적·법적 기준에 적합하게 정보에 접근하고 사용**하는 역량

★
03 직업상담 대상자의 생애주기에 따른 4단계와 각 단계에서 직업정보의 역할을 2가지씩 기술하시오.

(1) **아동기**
① 아동기의 **인지발달을 고려하여 주어지는 직업정보는 구체적이고 분명해야** 하며, 직업에 대한 학습은 그들에게 부담을 주지 않는 범위 안에서 작은 단위로 이루어져야 한다.
② 제공되는 직업정보에는 성적 편견이 없어야 하며 **여성적 직업과 남성적 직업의 경계를 허물도록 도와야** 한다.

(2) **청소년기**
① 청소년들이 가진 적성과 흥미, 개인의 다른 특징을 기술하기 위해 **자기개념을 직업세계에 연결**해주는 작업이 중요하다.
② 청소년의 진로성숙과 직업정체성에 맞는 **적절한 직업정보의 제공을 통해 청소년기의 진로발달 과제를 이루도록** 돕는다.

(3) **성인진입기**
① 직업적 능력과 현실적 가능성을 고려해야 하는 단계로 막연한 직업정보가 아니라 실제 어떤 직무를 어떤 직업환경과 조직문화 안에서 펼칠 것인가 등 **직무 중심의 구체적이고 실질적인 정보가 필요**하다.
② 정체성, 관계와 역할에 대한 고민 등 심리적 지원도 함께 이루어져야 하며, 이 시기에 갖게 되는 불안감을 낮추고, **미래 가능성에 대한 낙관적 태도를 심어주는 것이 바람직**하다.

(4) **성인기**
① 진로위기와 전환 상황에서 충격과 **부정적인 정서적 영향에 적절하게 대처하도록 도우면서 성인들이 다시 진로목표를 세우고 건설적인 구직전략을 개발하도록** 도와야 한다.
② 진로전환이 이전 직무와는 완전 다른 도전인지 여부에 따라 혹은 진로전환이 오랫동안의 진로단절 이후에 복귀하는지에 따라 **필요한 직업정보는 개인의 상황에 따라 다르게 구성되어야** 한다.

제2절 **직업정보 가공 기획하기**

★
04 직업정보 가공을 위해 대상자의 특성을 조사하는 방법 5가지를 쓰시오.

(1) **문헌자료조사**

(2) 설문조사

(3) 면담법

(4) 관찰법

(5) 델파이 기법

➕ Plus Check

[대상자의 특성 조사방법]

(1) **문헌자료조사** : 대상자와 관련된 다양한 연구보고서, 학술지, 논문뿐만 아니라 관련 대상을 특화하여 지원하는 공공기관과 민간기관의 홈페이지를 방문하여 웹에 게시된 자료들도 모두 수집하고 여기서 공통적으로 발견되는 특성과 논점을 정리한다.

(2) **설문조사** : 직업정보를 제공할 대상들에게 필요한 문항으로 구성된 설문지를 구성하여 관련 기관의 협조를 얻거나 해당 기관 대상 이용자들에게 배포하여 설문지를 수거한다. 대상에 따라서 설문지를 보여주면서 하나하나 설명이 필요한 경우도 있다.

(3) **면담법** : 해당 대상자에 대한 문헌자료가 거의 없거나 부족한 경우, 최근 자료가 없는 경우 대상에 대한 심층적 이해와 직업정보와 관련해서 직접적 요구를 들을 수 있는 측면에서 좋은 방법이다. 면담 시 내담자의 동의를 얻어 녹음하는 것이 좋으며, 구조화된 질문지를 가지고 면담을 할 것을 권한다.

(4) **관찰법** : 대상자의 이해를 돕기 위해 관련 대상들이 자주 이용하는 단체, 기관, 모임 등에 참여하여 관찰하면 그들의 행동 특성 등의 이해를 하는 데 도움이 된다. 관련 모임에 직접 참여하여 관찰을 통해 정보를 얻기 위해서는 참여관찰의 목적과 결과의 활용 취지를 잘 설명하고 양해와 동의를 얻어 이루어져야 한다.

(5) **델파이 기법** : 해당 대상자를 만나 상담하며 교육하는 기관이나 단체, 지원센터 등의 현장실무전문가와 관련 대상의 연구를 많이 진행한 연구자 등으로 전문가 위원회를 구성한다. 델파이는 주로 3~4회에 걸쳐 진행되며, 위원구성원들과 접촉하지 않고 연구문제에 대한 개방형 질문에 대한 답을 수집한다.

---

05 직업정보 가공을 위해 대상자의 특성 분석 시 고려사항 4가지를 설명하시오.

모범답안

(1) 대상자의 특성을 조사하는 데 **가장 적합한 방법을 선택하여 자료를 수집**한다.

(2) 문헌조사는 필수적으로 포함되며 이를 토대로 부족한 부분을 **보충할 다른 현실적 조사방법을 몇 가지 더 추가하여 수행**한다.

(3) 조사된 내용 중에서 **상반된 자료는 없는지, 문제가 되는 논점이 없는지 검토**한다.

(4) 수집된 자료 중에서 **대상자의 직업심리 및 직업행동에 대한 영향을 미치는 특성들을 분석**하고 정리한다.

06 직업정보 가공 기획서의 항목별 구성 내용 8가지를 쓰시오.

(1) 문제의 제기 및 필요성
(2) 직업정보 가공의 목적
(3) 직업정보 대상의 특성
(4) 활용할 직업정보의 내용 및 범위
(5) 매체 선택 이유 및 특성
(6) 직업정보 가공 및 설계과정
(7) 추진 일정 및 예산
(8) 활용방안 및 기대효과

07 다음은 직업정보 가공 설계과정을 단계별로 설명한 것이다. 순서대로 바르게 나열하시오.

> ㉠ 가공할 직업정보 범위 설정
> ㉡ 취업인터뷰 문항 선정 및 매뉴얼 개발
> ㉢ 직업정보 수집
> ㉣ 취업인터뷰 카드 및 매뉴얼 수정 보완
> ㉤ 취업인터뷰 카드 및 매뉴얼 개발(최종본)

'23 직업상담사 1급 과정평가형

모범답안

㉠ – ㉢ – ㉡ – ㉣ – ㉤

➕ Plus Check

〈 직업정보 가공 및 설계과정 예시 〉

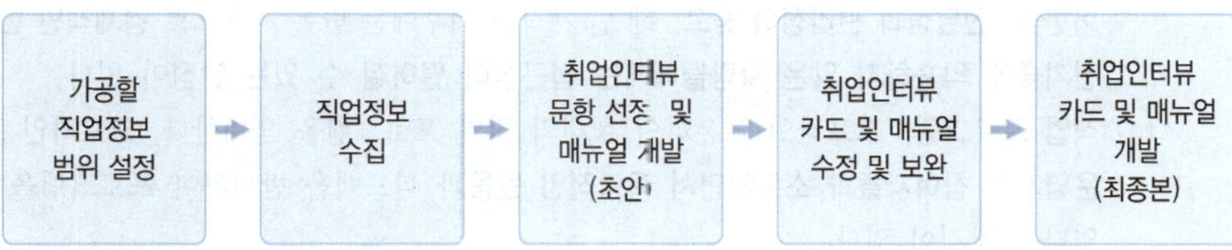

08 정보매체의 특성 7가지를 쓰시오.

모범답안

(1) 정보매체에 따라 **수록할 수 있는 기호가** 달라진다.
(2) 정보매체가 수록할 수 있는 **기호에 의해 전달의 강도가 달라진다.**
(3) 정보매체에 따라 **수록할 수 있는 정보의 양이** 달라진다.
(4) 정보매체에 따라 **정보의 전달 속도가** 달라진다.
(5) 정보매체에 따라 **정보 수용자의 인지 체계가** 달라진다.
(6) 정보매체에 따라서 **보편성의 정도가** 달라진다.
(7) **휴대 이동 및 이용의 편리성과 경제성이** 달라진다.

09 직업정보 매체의 종류 6가지와 각 매체의 특징을 서술하시오.

모범답안

(1) **인쇄자료** : 직업 관련 다양한 책과 논문이 이에 해당한다. **정보기기에 익숙하지 않은 대상들이 사용하기에 용이**하다는 장점이 있는 반면, **정보를 수동적으로 수용하고 동기유발을 통한 효율적인 전달에 어려움**이 있다.
(2) **영상자료** : 영상으로 표현된 모든 영상물을 포함하여 화상자료와 동영상으로 구분된다. 스마트폰과 노트북의 대중화로 **누구나 손쉽게 이용 및 영상 제작이 가능하나** 전체 내용을 다 보지 않고 **일부 내용을 선택적으로 시청함으로써** 원래의 취지나 의도와는 달리 **왜곡되게 전달될 위험도 고려**해야 한다.
(3) **전자자료** : 컴퓨터로 운영되고 저장되는 자료의 총칭으로 프로그램 파일과 데이터 파일을 의미한다. **전달성과 편리성이 높고,** 한 번 제작된 이후에는 반복 사용으로 **경제적인 반면, 정보통신기술에 익숙하지 않은 사람들에게는 접근성이 떨어질 수 있는 단점**이 있다.
(4) **직업 프로그램** : 오프라인과 온라인 형태의 직업 프로그램을 의미한다. **오프라인 프로그램은 운영자가 참여자들과 소통하면서 즉각적인 반응과 피드백을 반영하여 프로그램을 운영할 수** 있다는 장점이 있다.
(5) **직업체험** : 공공 직업체험시설과 사기업에서 만든 직업체험을 위한 공간들이 있다. 특정 직업의 모든 직무를 체험할 수 없으므로 **일부의 단면만을 보여주는 것이라** 실제 직업에 비해 더 **긍정적으로 혹은 더 부정적으로 그려질 가능성**이 있다.

(6) **직무경험** : 직무에 대해 현장에 가장 가까운 지식과 경험을 얻을 수 있는 좋은 방법이다. 해당 **직무에 대해 총체적으로 인식할 수 있고, 이후 취업 시에 관련 경력으로 인정받을 수 있는 장점**이 있으나, 실제 관련 직무를 경험할 수 있는 **회사와 기관에서** 실제 실습생이나 인턴생을 받아서 관리·감독하고 **관련 훈련프로그램을 제공해야 가능한** 일이다.

10 직업정보 가공 시 유의할 점 3가지를 쓰시오.

모범답안

(1) **가독성의 중요성**
(2) **사용성의 중요성**
(3) **직업 콘텐츠의 객관성과 정확성**

★ 11 직업의사결정 단계에서 수집되어야 할 정보 중 의사결정 함정의 종류 6가지를 쓰고 간략히 설명하시오.

모범답안

(1) **시간 지연의 함정** : 일시적인 **불편함을 회피하고자 의사결정을 지속적으로 미루는 유형**으로 더 이상 매력적인 대안을 만들어낼 수 없을 때까지 불편한 의사결정을 계속해서 미루느라 의사결정의 주기가 길다.

(2) **악화의 함정** : 아닌 것을 **알면서도 멈추지 못해서 늘 후회하는 유형**으로 행동에 대한 보상이 점점 줄어들거나 행동에 대한 처벌이 점점 증가할 때 발생한다.

(3) **무지의 함정** : 추측을 근거로 **자신이 보고 싶은 정보만을 취사선택해서 의사결정을 성급하게 내리는 유형**으로 행동에 대한 부정적인 결과가 처음부터 이행되지 않거나 예견되지 않는다.

(4) **투자의 함정** : 시간, 돈, 자원 등의 사전지출로 **인하여 다른 선택을 하지 못하는 유형**으로 버티는 것만이 능사가 아니라 일보 전진을 위한 일보 후퇴가 필요하다.

(5) **무선택의 함정** : 할까 말까 하는 고민에서는 안 하는 것을, 이것과 저것 중에서 선택하는 고민에서는 아무것도 선택하지 않는 유형으로 **선택하지 않으면 마음이 편하다는 착각에 안주**할 수 있다.

(6) **몰이사냥의 함정** : 여러 사람들의 압박 속에 시간이 부족하여 **충분한 의사결정의 과정 없이 궁지에 몰려 선택하는 유형**으로 중요한 결정일수록 선택을 잘못해 제대로 된 의사결정의 과정 없이 벼랑 끝에 선 선택일 가능성이 있다.

12 직업정보 제공 시 고려할 점 3가지를 서술하시오.

모범답안

(1) 직업정보는 **이용자의 구미에 맞도록 제공**되어야 한다.
(2) 직업정보는 너무 전문적이기보다 **이용자가 즐겁게 정보를 대할 수 있는 형태로 제공**하는 것이 가장 바람직하다.
(3) 직업정보의 제공에서는 **기술 수준이 고려되어야** 한다.

제4절 가공 결과 품질 검증하기

13 직업정보 가공 결과 품질 점검을 위한 제품수행 프로그램(PPP : Product Performance Program) 평가기준의 7원칙과 3부칙을 쓰시오.

모범답안

(1) 원칙1 **공평한 사용에 대한 배려**
(2) 원칙2 **사용상의 유연성 확보**
(3) 원칙3 **간단하고 직관적 사용**
(4) 원칙4 **정보전달에 대한 배려**
(5) 원칙5 **사고와 오조작의 방지**
(6) 원칙6 **육체적 부담의 최소화**
(7) 원칙7 **적당한 크기와 공간의 확보**
(8) 부칙1 **내구성과 경제성의 배려**
(9) 부칙2 **품질과 심미성의 추구**
(10) 부칙3 **인체와 환경에 대한 배려**

14 닐슨(Nielsen)의 10가지 휴리스틱 사용성 평가 기준을 모두 쓰시오.

모범답안

(1) **시스템 상태의 가시성**
(2) **실제 세상과 시스템의 일치**
(3) **사용자 장악력과 탈출**
(4) **일관성과 표준**

(5) 오류방지

(6) 요청보다 재인지

(7) 유연성과 효율성

(8) 미적이고 단순한 디자인

(9) 오류 복구

(10) 도움말과 참고문헌

15 두마스와 레디쉬(Dumas & Redish, 2004)가 제시한 직업정보 가공물에 적용가능한 사용성의 평가 기준 4가지를 서술하시오.

모범답안

(1) 사용성이란 **사용자에게 초점**을 맞춘다.

(2) 사용자는 **제품을 사용하여 생산성을 높이고자** 한다.

(3) 사용자는 제품을 통해 **과제를 완수하고자** 한다.

(4) 제품이 **사용하기 쉬운지는 사용자가 결정**한다.

제14장

취업지원 행사운영

행사범위 결정하기

출제기준▶
1. 행사 주최의 취업지원 요구를 분석하여 행사의 목적을 명확히 할 수 있다
2. 취업지원 대상자의 특성, 행동방식, 요구에 따라 행사내용을 결정할 수 있다.
3. 행사 참가 기업과 강사 등 섭외 범위를 결정할 수 있다.
4. 행사 기획 관련 법규, 규제, 정책을 조사하고 분석할 수 있다.
5. 정보수집과 분석한 결과를 통하여 행사계획을 위한 범위를 결정할 수 있다.

01 행사내용 결정

(1) 행사의 정의

① 일반적으로 정부기관이나 기업에서 특정한 목적을 가지고 조직적으로 시행하는 여러 가지 의식을 말한다.
② 주최자에 따라 관공서 행사, 기업 행사, 학교 행사, 단체 행사, 협회 행사 등이 있다.
③ 직업상담 서비스 분야의 **대표적인 행사로는 취업 박람회, 취업 캠프, 잡페스티벌, 취업설명회, 구인구직 만남의 날, 동아리, 워크숍, 세미나, 컨퍼런스 등**이 있다.
④ 4차 산업혁명과 맞물려 직업상담 서비스 분야의 행사도 언택트, 온라인, 온택트와 같은 형식으로 진화 중이다.

(2) 행사의 의의

① **국가나 지방자치단체**
   ㉠ 고용률과 취업률을 높이는 효과가 있다.
   ㉡ 주최하는 국가 및 지방자치단체의 이미지 제고와 같은 긍정적 효과가 있다.
   ㉢ 지역경제 활성화에 도움이 된다.
   ㉣ 일자리 창출 효과가 있다.
   ㉤ 위탁기관 및 기업으로부터 전문성을 확보한다.
② **위탁기관 및 기업**
   ㉠ 위탁기관 및 기업의 수익 창출을 돕는다.

ⓒ 주관기관이나 기업에 홍보 효과가 있다.

ⓔ 기업의 전문성을 높인다.

③ **개인** : 진로 및 취업 관련 정보를 수집하고 현장 면접을 통해 취업에 성공하는 장이 된다.

(3) 행사의 분류

① 취업 관련 행사는 박람회, 엑스포(EXPO : exposition), 페스티벌(festival), 페어(fair) 등의 이름으로 개최되고 있다.

② 구인기업의 홍보와 채용, 관련 기관 및 정책 홍보, 취업 컨설팅 및 이벤트 등이 이루어지는 박람회가 대표적이다.

③ 구직역량을 강화할 목적으로 1박 2일 또는 2박 3일 동안 행해지는 취업(진로)캠프가 있다.

④ 잡콘서트(Job concert)는 일반적으로 성공한 분들이나 선배의 특강을 들은 후 자유롭게 질의와 응답을 하는 형식을 말한다.

(4) 행사 계획 시 유의사항

① 실현 가능해야 한다.

② 세부사항 계획 시에는 전체적인 전략에서 벗어나지 않아야 한다.

③ 행사 계획은 한 번 확정했다고 끝이 아니라 지속적으로 조정하고, 수정하는 과정이다.

④ 행사는 종합예술과 같아 다양한 분야 전문가들과의 협업의 과정이므로 전문가 의견을 존중한다.

(5) 행사 계획 전 분석

① **인구통계학적 특성과 사회통계학적 분석** : 행사 대상자의 여러 특성은 인구통계학적 변수(나이, 성별 등)와 사회통계학적 변수(학력, 진로 단절, 전직 등)에 의해 결정된다.

② **행사 주최/주관 분석** : 행사의 주최자와 주관자가 동일한 경우는 행사전담팀을 구성하고, 외부에 위탁하는 경우에는 발주기관의 요구사항을 정확히 전달하는 것이 중요하다.

③ **참가 동기 분석** : 전년도 행사 참가자의 참여 동기를 분석하여 주 대상자의 요구도를 파악한다.

④ **참여자의 체류시간 분석** : 참여자가 어떤 기업 부스와 프로그램에 많이 머무는지, 행사장 체류시간은 어떻게 되는지 분석하여 각 부스 면적과 동선 계획 등에 반영한다.

⑤ **참여자의 지역 분석** : 참가자의 지역적 분포를 분석하여 행사 장소를 결정하거나 홍보전략에 참조한다.

⑥ **행사 개최 시기 분석** : 대상자 및 지역, 구인기업 상황 등에 따라 채용 시기가 달라질 수 있으므로 적절한 시기에 개최할 수 있도록 한다.

(1) 협업체계 관리

① 취업지원 행사기획을 위해서는 협업체계의 관리가 중요하다.
② 전략적 행사범위를 수립하고 운영하기 위해서는 이해관계자와의 협업이 필요하다.
③ 협업체계는 고객지향의 조직과 성과를 내기 위한 능력을 향상시키는 강력한 도구이다.
④ 참가기업 발굴과 강사 섭외 등에 유용하다.

(2) 나라장터

① 우리나라의 대표적인 전자조달 브랜드인 '국가종합전자조달시스템(나라장터, KONEPS : Korea ON-line e-Procurement System)'을 말한다.
② 조달업무 전 과정을 온라인으로 처리하는 선진 전자조달시스템으로 모든 공공기관의 입찰 정보가 공고되고, 1회 등록으로 어느 기관 입찰에나 참가할 수 있는 공공조달 단일창구 역할을 수행한다.

(3) 행사범위

① **대상에 따른 분류**
　㉠ **다중 대상** : 불특정 다수의 일반 대중
　㉡ **제대 군인** : 전역 예정이거나 전역자
　㉢ **청소년 대상** : 특성화고 학생, 일반고 학생, 대학생 등
　㉣ **여성 대상** : 진로단절여성, 여대생 등
　㉤ **중장년 대상** : 40대~60대
　㉥ **노인 대상** : 60세 이상
② **지역 및 장소에 따른 분류**
　㉠ **장소에 따른 분류** : 실내(참여 인원 제한), 실외(많은 인원 참여 가능)
　㉡ **지역에 따른 분류** : 국내(중앙 및 지방 행사), 해외(해외 행사 참가형)
　㉢ **규모에 따른 분류** : 광역시 및 지자체 단위, 전국 단위, 국제 행사
　㉣ **내용에 따른 분류** : 박람회, 캠프, 세미나, 워크숍 등

(4) 행사 시기 결정 시 고려사항

① 행사개최 시의 날씨, 기후, 계절 동향
② 행사 대상자의 개최 시기 동향 분석(시험기간, 주말 여부)
③ 국내외적으로 행사에 영향을 줄 만한 정치, 경제적 동향
④ 행사장소 사용이 용이한 시점

⑤ 충분한 행사 준비기간 확보(홍보기간 및 물적, 인적자원 확보)
⑥ 경쟁관계 행사 개최 동향
⑦ 협업 기관 동향

(5) 행사 개최 장소 선정 시 고려사항

① 누구나 찾기 쉬운 지명도가 있는 장소
② 개최 장소 주변 환경
③ 행사장 안전성
④ 행사 동선 계획과 사고 예방에 주의
⑤ 장소 이용료 및 인허가 상황
⑥ 교통의 편리성 (접근성 용이)
⑦ 주차시설 확보 여부
⑧ 대상자와 친밀도가 있는 장소 (학교, 체육관, 복지관 등)
⑨ 행사장 외 편의시설 상태

행사 계획하기

출제기준▶

1. 분석 결과에 따라 구체적 행사의 계획 및 목표를 설정할 수 있다.
2. 목표에 따라 행사 내용을 구성할 수 있다.
3. 행사 기획에 따라 조직과 인력운영 계획을 편성할 수 있다.
4. 행사 기획에 따라 예산, 일정, 홍보 전략 등 계획할 수 있다.

01 목표설정 및 내용구성

(1) 행사목표

① **행사의 일반적 목적**
  - ㉠ 국민이나 지역 주민의 니즈 충족
  - ㉡ 애국심과 애향심 발로
  - ㉢ 주최 지역의 정체성 확립
  - ㉣ 지역주민의 연대의식 고취
  - ㉤ 정보취득과 정보교류 확대
  - ㉥ 지역의 경쟁력 강화
  - ㉦ 취업률, 고용률 향상
  - ㉧ 지역 발전에 이바지

② **행사 콘셉트 (concept)**
  - ㉠ 행사 계획단계에서 콘셉트의 설정은 궁극적으로 행사의 목표와 목적을 결정하는 데 중요한 역할을 한다.
  - ㉡ 행사 지역의 지역적 특성과 참여자의 욕구를 고려한 행사는 참여자에게 의미 있는 경험을 제공하고 참가자를 유인하여 목표 달성을 가능하게 한다.

③ **행사 유형별 행사 목표**

유형	목표
취업박람회	• 구인기업과 구직자의 현장 면접을 통한 취업 지원 • 예비구직자의 취업서류 및 면접 체험 • 직업훈련기관 및 고용서비스 기관들의 정보 제공 • 구직자들에게 취업정보 제공 • 구직자들의 구직역량 향상 • 기업홍보

유형	목표
잡콘서트	• 멘토를 통한 자존감 및 자기효능감 상승 • 할 수 있다는 자신감 • 질의응답을 통한 궁금증 해소
취업(진로) 캠프	• 취업역량 강화 • 자기탐색
워크숍	• 취업역량 강화 • 자기탐색
컨퍼런스	• 취업역량 강화 • 자기탐색
기업탐방 (현장학습)	• 현장경험을 통한 기업 및 직무이해

(2) 행사내용 구성

① **구인 구직 만남의 날**
- ㉠ 소규모로 진행하는 박람회이다.
- ㉡ 부대행사를 거의 하지 않고 구인기업과 구직자의 면접에 초점을 맞추어 취업촉진을 지원하는 행사이다.
- ㉢ 최근에는 대규모 박람회보다 구인구직 만남의 날을 지정하여 정례화하는 추세이다.

② **채용설명회**
- ㉠ 최신 산업동향과 고용동향, 지역의 고용특성 등에 대한 정보를 제공한다.
- ㉡ 기업 인사 담당자로 하여금 직접 해당 기업의 인재상, 인재채용 기준 등의 정보를 제공함으로써 구직자에게 중장기적 취업준비를 지원한다.

③ **직종설명회** : 직종 개요, 전망, 인력수급, 직종 평균임금, 관련 자격증 등 직종별로 세부적이며 종합적인 정보를 제공하는 행사이다.

02 조직 및 인력운영 계획

(1) 행사조직 구성

① **단순운영 조직** (simple organization)
- ㉠ 소규모로 진행하는 행사에 가장 많이 적용되는 형태이다.
- ㉡ 소수의 인원으로 탄력적으로 운영할 수 있는 장점이 있지만, 조직 구성원 1인이 다양한 업무를 소화해야 하기 때문에 전문성이 떨어지는 단점이 있다.

② **네트워크 조직** (network organization)
- ㉠ 필요한 업무를 아웃소싱(outsourcing)을 통해 외부 위탁하거나 전략적 제휴 등을 통해 외부 전문가에게 맡기는 조직을 말한다.
- ㉡ 관 주도형 행사가 많은 취업행사에서 가장 많이 이용하는 조직구성이다.

ⓒ 특화된 외부업체를 활용하여 전문성을 충분히 이용할 수 있고, 소수의 인원으로도 가능하며, 예산 절감 효과를 거둘 수 있다는 장점이 있다.

ⓔ 계약 이행과정에서 업체와의 갈등이 발생할 수 있으며, 관리를 철저히 하지 않으면 네트워크 파트너에게 정보가 유출될 수 있다는 단점이 있다.

③ **기능조직** (functional organization)

ⓐ 전문성과 창의성을 극대화할 수 있으며 기능의 세분화를 통하여 단순한 조직에서 복잡한 조직으로의 변화가 용이하다.

ⓑ 테일러(Taylor)가 직계조직의 단점을 보완하기 위해 제안한 조직으로 전문화, 기능화 원리가 잘 이루어져 대규모의 취업박람회를 운영하는 데 적합하다.

④ **프로그램 중심 조직** (program-based organization)

ⓐ 프로그램 간의 관련성이 적으며 프로그램이 독립된 장소에서 산발적으로 개최되는 경우에 적합하다.

ⓑ 게츠(Getz)는 보안안전, 커뮤니케이션, 기술지원 등 기본적 요소들이 매트릭스(matrix)처럼 얽혀있는 구조를 가진다고 하였다.

ⓒ 아무리 독립적으로 운영된다고 해도 전체의 흐름을 파악하고 관리하는 책임자는 필요하다.

⑤ **프로젝트팀 조직** (project team organization)

ⓐ 국가적 행사인 대규모 엑스포, 박람회, 올림픽 등에 대응하기 위하여 임시적으로 구성하는 조직이다.

ⓑ 후퍼다인(Huffadine, 1993)은 프로젝트팀 조직을 상하를 강조하는 계급적 조직이 아니라 수평적 조직이라고 하였다.

ⓒ 숙련된 전문가들이 배치되고 많은 자원봉사자들을 필요로 한다.

03 예산, 일정, 홍보 계획

(1) 예산 계획을 위한 5단계 (Matthews, 2012)

① **1단계 – 비용 추적 시스템 개발단계** : 계속 변경되는 예산 계획을 위해 효과적인 시스템 필요

② **2단계 – 항목별 지출리스트 작성** : 인건비, 행사비, 시설비, 홍보비, 추진운영비 등 리스트 작성

③ **3단계 – 항목별 실제 비용 산출** : 항목별 실비를 산출하기 위해 업체로부터 견적을 받고 실제 비용 산출

④ **4단계 – 비용 산정과 업데이트** : 누락된 예산에 대한 지속적인 검토를 통해 변동사항을 반영

⑤ **5단계 – 추가 비용 처리** : 예기치 못한 상황에 따른 추가예산 확보와 미처 포함하지 못한 비용 추가

(2) 예산절감 계획

① **홍보비용** : 보도자료 제공, 칼럼, 인터뷰 등과 같은 방법과 입소문 효과로 비용을 절감할 수 있다.
② **행사에 필요한 협력업체** : 행사의 성수기, 비수기 구분 또는 프로그램 상호연관성 등을 활용하여 비용을 절감할 수 있다.
③ **현물협찬** : MOU 체결 유관기관과의 협업, 제품홍보를 필요로 하는 기업으로부터 현물을 제공받아 예산을 절감할 수 있다.

(3) 행사 홍보

① **개요**
  ㉠ 홍보활동을 시작하기에 앞서 홍보의 기본방침을 설정한다.
  ㉡ 구직자들의 많은 참여를 목표로 사전에 충분한 홍보기간을 확보하고 단계별 전략을 실시한다.
  ㉢ 구직자 참여뿐 아니라 구인기업 참여 또한 행사의 성공 여부를 가늠하는 중요한 요소이다.

② **단계별 홍보 전략**
  ㉠ 1단계 - **홍보 계획 수립 및 준비** : 매체별 홍브, 홍보 인쇄물 제작 및 계획의 수립, 보도자료 작성 및 배부
  ㉡ 2단계 - **홍보 집행 및 전개** : 매체 집행계획 수립 및 부문별 집행, 다중 이용시설 및 장소에 홍보물 비치
  ㉢ 3단계 - **홍보 확산 및 참여 확대** : 미집행분 집중 집행, 각종 관련 단체, 대상자에게 본격적인 모객을 위한 홍보 총력 시기
  ㉣ 4단계 - **사후관리 및 평가 단계** : 행사 결과 보도자료 배부, 지속적 관리 및 유지

③ **CI (Corporate Identity)**
  ㉠ 자기동일성, 주체성, 독자성 등의 의미를 가지며, 내부적으로는 동일한 브랜드 이미지로 동질화하고 외부적으로는 다른 브랜드와 차별화하는 개념이다.
  ㉡ CI의 기능

구분	내용
내부적 이점	• **기업 구성원의 사기를 높이고 동기를 유발** • 종업원의 이직률 감소 • **제품 및 서비스 질 향상** • **우수 인재 채용 용이** • 구성원 간의 통합 증진

구분	내용
재무적 이점	• **기업의 안정성을 유도하여 주식 가격 상승** • 기업합병 및 주식 취득 용이 • **경쟁기업 공격으로부터 보호**
마케팅 이점	• **기업 및 브랜드에 대한 긍정적 태도 상승** • 이해관계자 친밀감 유도 • 광고 및 홍보 효율성 상승 • 기업의 신시장 진입 용이 • **브랜드 로얄티 증가**

     © **CI의 구성** : 시각 이미지 통일(VI ; visual identity), 행동양식 통일(BI ; behavioral identity), 심리 통일(MI ; mind identity)

④ **BI (Brand Identity)**

     ⊙ 다른 상품(서비스)와 구별되는 가치를 지닌 것으로 기업 또는 상품(서비스)의 정체성이다.

     © 상품의 특징을 디자인해 대외경쟁력 강화 및 차별화를 꾀하는 브랜드 이미지 통일화 작업이다.

     © 공공영역에서도 행사, 제도 프로그램의 특성을 나타내는 다(多)브랜드 추세에 발맞춘 홍보전략의 하나로 BI를 도입한다.

(4) 효율적인 홍보 전략

① 홈페이지 개설

② 블로그 개설

③ 플래카드 설치

④ 포스터 부착 및 전단지 배부

⑤ **보도자료** : TV, 신문, 잡지 등 보도화

⑥ **유관기관 공문 발송** : 협조 의뢰

⑦ 사전 경진대회 등 활용

행사 홍보하기

출제기준▶

1. 홍보매체 및 대행업체를 선정할 수 있다.
2. 매체별 특성에 따라 홍보 초안 및 문안을 작성할 수 있다.
3. 매체 특성과 참여자 대상별 선호 매체에 따라 홍보를 실행할 수 있다.
4. 참가 안내 발송 대상 데이터베이스를 취합하고 분류할 수 있다.

01 홍보대행업체 선정

(1) 홍보의 개념

① 홍보란 **개방적 의사소통 구조를 가지고 있는 공공과의 관계**(PR : public relations)를 의미한다.
② 넓은 의미로는 마케팅에 대응하는 개념으로 사용되지만 협의로는 언론 관련 대응을 의미하는 퍼블리시티(publicity)의 의미로 사용한다.
③ 광고는 직접적으로 행사를 알리는 방법으로 비용을 지불한다.
④ 홍보는 직접적인 비용 지출을 적게 하는 것으르 신뢰성이 높은 특징이 있으며, 행사를 기사화하여 신문, 방송과 같은 언론에 노출시키는 것을 말한다.
⑤ 홍보 종류는 뉴스 릴리스(news release), 기자회견, 인터뷰(interview), 기자간담회 등이 있다.

구분	내용
뉴스 릴리스 (news release)	언론 보도를 위한 자료의 작성과 제공
인터뷰 (interview)	전달하고자 하는 정보가 매우 중요하고 홍보 효과를 극대화할 때 사용
기자회견	행사의 중요 이슈를 기곤장 또는 관련 부서 책임자가 직접 설명
기자간담회	정보를 제공하면서 긍정적 기사를 유도하거나 언론과의 우호적 관계 유지를 위해 실시

(2) 홍보 방법

① **인쇄매체**

　⊙ **신문** : 특정 또는 불특정한 사람들에게 다양한 소식, 정보, 지식, 광고 등을 널리 신속하게 알리는 정기간행물

　ⓛ **잡지** : 일정 제호를 가지고 연속적으로 다양한 내용을 다루는 정기간행물

　ⓒ **기타 인쇄매체** : 팸플릿(pamphlet), 카탈로그(catalogs), 브로슈어(brochure), 서큘러(circulars), 브로마이드(bromide) 등

구분	내용
팸플릿	정보를 알리기 위한 소책자
카탈로그	여러 상품을 한꺼번에 홍보
브로슈어	팸플릿과 유사하지만 상품보다는 주로 업무소개에 주력
서큘러	신문용지와 같은 질 낮은 용지에 인쇄
브로마이드	단면에 컬러로 인쇄하여 한 장으로 판매상품 모두를 소개하고 주로 절반을 접어 사용

② **옥외광고**

　⊙ 공중에서 항상 또는 일정 기간 계속 노출되어 자유로이 통행하는 장소에서 볼 수 있는 것

　ⓛ 옥외매체를 이용하여 통행인이 잦은 일정 공간을 점유하여 불특정 다수에게 노출하는 광고

　ⓒ 유동 인구가 많은 곳에 배치하여 가시적 효과를 누리는 방법으로 투자대비 효과가 크지만 지속성이 요구됨.

　ⓔ 현수막, 홍보(광고)탑, 교통광고(지하철광고, 버스광고, 택시광고, 공항광고) 등

③ **방송광고**

　⊙ 방송매체를 이용한 광고로 TV, 라디오 등이 가장 일반적

　ⓛ 최근 유선TV, 유튜브, 개인방송 등 매체의 다양화

　ⓒ 즉시성, 동시성, 효과성이 뛰어나나 비용이 높음.

④ **인터넷광고**

　⊙ 인터넷을 활용한 광고를 의미

　ⓛ 행사 홈페이지를 활용한 홍보 활동과 배너광고, 검색광고 등

　ⓒ 전기통신기술의 발달과 새로운 인터넷 서비스 등장, 그리고 젊은 층의 선호도에 따라 빠른 속도로 진화

　ⓔ 다양한 형태와 쌍방향 커뮤니케이션, 시간과 공간 확장, 광고 내용 변경의 용이성, 상대적으로 저렴한 비용 등이 장점

　ⓜ 배너광고, 검색광고, 메일광고, 스플래시 스크린(splash screen), 스폿 리싱(spot leasing), URL(uniform resource locator) 등

구분	내용
배너광고	인터넷에서 가장 일반적이고 유용한 광고 중 하나로 웹사이트 광고주 사이트와 링크를 설정한 화면 게시
검색광고	특정 단어를 검색창에 입력할 때 뜨는 광고
메일광고	메일 매거진(mail magazine)에 광고주 웹사이트 게재
스플래시 스크린 (splash screen)	애플리케이션이 로딩되기 전 일시적으로 나타나게 하는 광고
스폿 리싱 (spot leasing)	홈페이지 내 일부 공간을 임대해 사용
URL (uniform resource locator)	웹 페이지 위치를 나타내는 주소로 네트워크를 이용하는 곳은 어디든지 필요 정보와 자원 등 위치를 나티낼 수 있음.
채팅 룸 (chatting rooms)	컴퓨터 통신망 안어서 사용자가 자유롭게 대화를 나누는 곳

⑤ **거리홍보**

　㉠ 전단지 및 준비물품 배포로 1 : 1로 홍보 가능

　㉡ 지구력, 인내심이 필요

⑥ **DM (Direct Mail)**

　㉠ 비교적 적은 예산으로 효과적인 홍보 효과

　㉡ 읽혀질 가능성이 크고, 자유성, 융통성, 즉시성, 효율성이 높음.

　㉢ 적절한 타이밍을 고려하여 발송

⑦ **바이럴 마케팅 (viral marketing)**

　㉠ 인적 네트워크를 통하여 정보를 전달하는 방식

　㉡ 입소문 마케팅, 버즈 마케팅(buzz marketing), 구전 마케팅(word of mouth)이라 불림.

(3) 홍보매체별 장단점

구분	장점	단점
TV	• 넓은 범위 • 시청자 선별성 • **비용 대비 효율성** • **친밀감 및 호감 부여** • 다각적 커뮤니케이션 가능(영향력 증가) • 통일성과 보편성 제공	• **고 비용** • **짧은 광고 시간(자세한 정보 제공 불가능)** • 짧은 회피 현상 • 광고 혼잡도 높음 • 광고 규제 심화 • 낮은 융통성

구분	장점	단점
라디오	• **청취자 계층 선별성** • 병행성과 수용성 높음 • **지역 밀착형 광고 가능** • 상대적 낮은 비용 • 접근 용이 • 높은 빈도수 • 광고 제작의 유연성과 융통성 • 상상력 자극(TV와 연계 이미지 전이 가능)	• 짧은 노출 시간(일회성) • 광고 혼잡도 • 백그라운드 매체 가능성 • **소리에 의존한 한계** • 낮은 주목도 • 낮은 도달률 • **정보 제공의 한계성**
신문	• **기록성, 보존성** • 융통성, 편리성 • **지역성**	• **짧은 수명** • **낮은 품질** • 수용자 세분화 어려움 • 광고 혼잡도 높음 • 표현의 한계 • 주목도 저하
잡지	• 수용자 선별성 높음 • **쿠폰 등 프로모션과 연동 가능** • **자세하고 심층적 정보 제공 가능** • 미디어 믹스 용이(다양성) • 긴 수명 • 높은 회독 및 재독 • 컬러의 질이 높음(표현성 좋음)	• 긴 광고 집행 준비기간 • **정보의 즉시성 부족** • 낮은 도달률 • **수용자에 의한 스킵이 용이** • 고비용 • 광고 혼잡도 높음
옥외 광고	• **큰 광고의 크기** • **높은 빈도수** • 브랜드 인지도 상승 • **미디어 믹스 시 보조매체 용이** • 주의를 끌기 쉬움	• **짧은 노출 시간** • **효과 측정의 어려움** • 환경적 문제에 대한 비판
온라인	• 수용자 선별성 • **쌍방향 커뮤니케이션** • 정보의 양 • 다양한 크리에이티브 창출 가능 • 저렴한 비용 • **다양한 광고 효과 측정 가능**	• 개인정보 문제 • **제한된 도달 범위** • 낮은 노출 비율 • 표준화된 광고 효과 측정 방법 부재 • **광고 회피 현상**
모바일	• **즉시성** • 다양한 크리에이티브 창출 가능 • **다양한 형태로 제공 가능**	• **작은 화면** • 개인정보 문제 • 기기에 따른 한계

(4) 홍보매체 선정 시 고려사항

① **타깃 선정** : 홍보매체를 선정할 때 기초가 되는 것은 타깃 선정이다.

② **홍보 시기 결정** : 홍보가 결정되면 언제 할 것이며 기간은 얼마나 할 것인지 결정한다.

③ **홍보 지역 결정** : 홍보를 어느 곳에 할 것인가에 대한 결정이다.

④ **홍보매체 결정** : 매체 유형별 장단점을 비교하여 어떤 매체를 활용할 것인가 결정한다.

⑤ **예산 확인** : 홍보매체에 투입되는 예산이 예산 범위 안에 있는지 확인한다.

(5) 홍보대행업체 선정하기

① **행사 예산 확인 후 협찬, 후원 등을 확보한다.**
  ㉠ 행사 소요예산 확인
  ㉡ 기관의 지출 가능한 예산 확보
  ㉢ 협찬, 후원 등 부족한 예산 확보

② **홍보매체 목표를 설정한다.**
  ㉠ 타깃 대상 설정
  ㉡ 지역 목표 설정
  ㉢ 시기 목표 설정

③ **예산, 행사성격 등을 고려하여 홍보매체 전략을 설정한다.**
  ㉠ 예산 범위 내 홍보매체 결정
  ㉡ 행사 대상자 특성에 따라 홍보매체 결정
  ㉢ 온라인, 오프라인 등 홍보매체의 특성에 따른 결정
  ㉣ 싱글 미디엄(single medium) 사용 혹은 미디어 믹스(media mix) 전략 사용 결정
  ㉤ 홍보매체별 장단점 파악
  ㉥ 미디어 믹스(media mix) 스케줄링(scheduling) 결정

④ **홍보매체가 결정되면 홍보대행업체를 결정한다.**
  ㉠ 견적의뢰서 작성
  ㉡ 매체별 홍보대행업체 목록 작성
  ㉢ 3개 이상 업체에 견적 의뢰
  ㉣ 견적서 비교 분석
  ㉤ 우선 협상 대상자 선정
  ㉥ 제안서와 가격 등 평가하여 홍보대행업체 확정
  ㉦ 결정된 홍보대행업체와 계약 체결

(6) 온라인 홍보의 특징

① 여과 과정 없이 직접적으로 홍보 대상자에게 메시지 전달이 가능하다.

② 실시간으로 쌍방향 커뮤니케이션이 가능하다.

③ 시간과 공간의 제약 없이 홍보가 가능하다.

④ 타깃을 설정하여 홍보의 선택과 집중을 할 수 있다.

⑤ 제공하는 홍보 내용의 변경을 실시간으로 할 수 있다.

⑥ 자발적이며 주도적인 정보 접근이 이루어지므로 합리적 의사결정이 가능하다.

⑦ 홍보 효과를 실시간으로 측정 가능하다.

(7) 오프라인 마케팅과 온라인 마케팅 비교

구분	오프라인 마케팅	온라인 마케팅
시간	제약조건이 있음, **특정 시간에만 가능함**	제약조건이 없음, **언제든 가능**
비용	**비용이 많이 발생** 많은 곳을 홍보할수록 비용 부담이 큼	**비용이 적게 발생** 공간에 상관없이 일정 비용 발생
공간	홍보 시 **특정 영역에서만 효과**	**공간에 제약받지 않고 홍보** 가능
형태	**전단지, 플래카드, 거리 이벤트**	**포털광고, 바이럴 마케팅**

행사 운영하기

출제기준▶

1. 행사 진행을 위한 물품/기자재의 체크리스트를 만들고 준비할 수 있다.
2. 사전 리허설을 통하여 진행상의 문제점을 다악하여 대처할 수 있다.
3. 각 프로그램의 운영시간을 조절하여 계획된 일정대로 운영할 수 있다.
4. 현장 상황에 따라 발생하는 요구사항과 돌발상황에 대처할 수 있다.

01 체크리스트 작성

(1) 행사운영을 위한 주요 시설, 물품, 기자재

① 무대/시스템
② 부스
③ 음향
④ 기념품
⑤ 배부 홍보물

02 사전 리허설 (rehearsal) 실시

(1) 리허설 단계

구분	내용
1단계 - 기술 리허설	장비 설치를 끝낸 후 담당 언지니어와 총감독이 이상 유무를 확인하는 것
2단계 - 사전 리허설	행사에 참여하는 스태프와 출연자, 엔지니어 등이 총감독과 동선 및 흐름을 맞춰 보는 것
3단계 - 최종 리허설	실제 행사와 동일하게 진행하는 리허설

(2) 리허설의 종류

구분	내용
리딩 리허설 (reading rehearsal)	작가와 연출자가 참여 대본을 읽어봄으로써 연출 의지를 출연진, 스태프에게 인 지시키는 것

구분	내용
드레스 리허설 (dress rehearsal)	실제 본 공연이나 방송에서 사용되는 화장, 의상, 조명, 음향 등 모든 조건을 완비하고 실제와 동일하게 실시하는 것
카메라 리허설 (camera rehearsal)	실제 촬영을 하듯이 카메라 위치, 동선에 따른 카메라 위치, 기술문제 등을 점검하는 것
런 스루 리허설 (run through rehearsal)	카메라를 작동하지 않은 상태에서 실제와 같이 마지막으로 진행하는 것

(3) 리허설 체크 사항

① **시설/장비 테스트** : 부스, 구조물 등의 설치와 기자재의 기능검사
② **소프트 테스트** : 행사 BGM, 특수효과, 연상 등 행사에 사용될 소프트웨어 검사
③ **스태프/출연자 역할 테스트** : 주최, 주관기관 담당자, 유관기관 담당자, 총연출자, 출연자, 스태프, 자원봉사자 등이 참여하여 행사 당일 역할에 대하여 사전 연습
④ **운영시간** : 전체 행사시간 확인과 각 프로그램별 큐시트에 맞는 진행 소요시간, 행사 프로그램 운영 시 지체될 수 있는 프로그램 확인

(4) 리허설 평가 회의

① 행사 전체적 흐름과 부분 간의 조화 및 협업 확인
② 발생할 수 있는 사고 방지 대책 확인
③ 모든 출연자 참석 여부 및 역할 분담 확인
④ 개막식 참여 VIP 및 의전 확인
⑤ 계획서 일정 및 시간별 운영 가능 여부 확인
⑥ 사기 진작 및 성공 결의 다지기

03 행사 운영

(1) 위기관리

① 위기란 행사가 잘못된 방향으로 흐르는 것을 의미한다.
② 위기관리란 행사의 잠재적인 손해나 문제점을 파악하고 그 영향을 진단한 후 예방하거나 최소화시키는 과정이다.
③ 연쇄적 반응을 막기 위해 각 단계별 위기관리가 중요하다.
④ 미래인력연구원(2008)은 행사의 잠재적 손해나 문제점을 예방하고, 피해의 최소화를 위하여 위기관리 과정을 완화, 준비, 대응, 복구의 4단계로 구분하였다.

(2) 벨롱기(Belrlonghi, 1990)의 위기 대응방법

① 행사 취소
② 위험 요소 제거
③ 위험 요소 축소
④ 대안 선택
⑤ 위험 분산 및 이전

(3) 위기 종류 및 대책

구분		대책
날씨	우천	사전 일기예보 확인, 야외행사 시 안전, 감전사고 대비
	태풍/돌풍	시설물 안전 점검
	화재	비상구 개발과 비상시 동선 확보, 소방차 출입로 확보, 긴급상황 시 안내방송 실시, 부상자 후송 대책
	혼잡	주차관리 요원 배치, 인포메이션 운영, 현장 내 참여자 과밀상태 파악, 다른 부스 등 분산 안내, 질서유지 안내요원 배치, 동선 확보 및 유지, 안내 표시, 행사종합보험 가입
	정전	정전 안내방송, 예비발전기 가동
	노점상/잡상인	경찰 및 행정기관 협조
	경비	시설물, 물품경비, 경호경비, 질서유지, 분실사고 예방 등 전문경비업체 계약
	위생	행사 스태프 식사, 식수 위생관리, 행사장 내 방역(열 체크기, 소독제 배치)
	환자	환자 발생 시 긴급후송(소방서, 보건소 협조 구급차량 대기), 가까운 병원 동선 확보
	행사 방해	음주자 등 행사업무 방해자 발생 시 1차 보안요원, 2차 경찰과 협조 문제해결
	경험부족 스태프	사전교육 및 리허설 실시, 전문가 의뢰

(4) 위기 대응 전략

① **부인전략** : 사건이나 위기사항이 행사와 무관하다고 주장하거나 사고를 은폐하는 전략
② **책임회피 전략** : 위기 상황을 벗어나기 우하여 도발, 불가피성, 사고, 좋은 의도 등으로 책임을 회피하는 전략
③ **사건의 공격성 축소 전략** : 비난은 인정하나 입지 강화, 최소화, 차별화, 초월, 공격자 공격, 보상 등의 방법으로 사건의 심각성을 심각하기 인정하지 않고 축소하는 전략
④ **교정행위** : 위기 상황에 대한 비난을 인정하고 차후 재발 방지 노력을 약속하는 전략
⑤ **사과** : 책임을 모두 인정하고 사과하며 나아가 피해보상에 대한 책임도 지는 전략

행사 평가하기

출제기준▶
1. 행사 운영 회의를 통한 행사 진행상의 결과를 분석할 수 있다.
2. 행사 참여자의 특성과 만족도를 측정하고 분석할 수 있다.
3. 분석된 내용을 중심으로 성공요인과 개선방안들을 도출할 수 있다.
4. 결과보고서를 작성하여 차기 행사를 위한 자료로 활용할 수 있다.

01 행사결과 분석

(1) 행사 평가회의 개최

① 행사결과 분석을 위하여 각각의 분야 전문가와 기관이 서로 협력하여 평가회의를 개최한다.
② 행사는 통합적으로 집약되어 수행되는 특성이 있기 때문에 정성적 평가의 어려움이 있다.
③ 취업행사는 개최하는 것이 목표가 아니라 행사의 목적과 목표 달성을 위한 수단이다.
④ 평가회의는 행사실행 과정을 관찰하고 측정, 모니터링하는 과정이다.
⑤ 행사결과 분석에 있어서 중요한 것은 목표와 효과의 관련성이다.

(2) 행사기획 효과성 분석방법

구분	내용
다이렉트 효과	행사 참여자 수, 참가기업 수, 면접자 수, 취업자 수 등으로 측정
퍼블리시티 효과	홍보매체를 통한 효과로 매스미디어의 노출 빈도를 파악하여 측정
커뮤니케이션 효과	행사 주최자의 지명도, 행사의 주제, 콘셉트를 분석
인센티브 효과	협업기관, 협력업체와의 관계 개선 및 직원 상호 간의 결속 여부 등을 분석
직접 파급효과	행사를 인지하고 참여했던 사람들의 구전효과를 파악하여 분석
간접 파급효과	정치, 경제, 지역 등 매우 복잡하고 다양한 영역에서 평가작업이 요구되는데 효과 측정이 매우 어려움.

(3) 행사 만족도 분석

① 행사장 방문자를 대상으로 참가에 대한 실태와 효과를 분석하여 채용박람회 원래의 목적을 달성하기 위한 정책적 시사점을 도출한다.

② 행사 만족도 조사 주요 구성 항목

구분	주요 조사 항목
행사 참여 속성 및 동기	정보습득 경로, 행사 참여 동기
행사환경 만족도	장소 접근 편의성, 홍보, 편의시설, 행사 안내 만족도
성과 측정 및 개선방안	행사 완성도, 공적 지원 타당성, 재방문 의사, 행사 추천 의사, 전반적 만족도, 개선 의견
기본질문 (응답자 속성)	성별, 연령, 거주지, 참여 목적 등

02 행사결과 분석

(1) 행사 결과보고서 내용

① 종합보고(executive summary) 작성
② 행사보고서에 사진과 그래프 추가
③ 홍보 성과 정리
④ 행사목적 서술
⑤ 예산과 결산
⑥ 정량적 평가 (성과를 통계로 확인)
⑦ 정성적 평가 (행사 관계자 및 참여자 의견 기록)

제1절 행사범위 결정하기

01 행사의 의의를 국가나 지방자치단체, 위탁기관 및 기업, 개인으로 나누어 각각 설명하시오.

모범답안

(1) **국가나 지방자치단체**
 ① **고용률과 취업률을 높이는 효과**가 있다.
 ② 주최하는 **국가 및 지방자치단체의 이미지 제고**와 같은 긍정적 효과가 있다.
 ③ **지역경제 활성화**에 도움이 된다.
 ④ 일자리 창출 효과가 있다.
 ⑤ 위탁기관 및 기업으로부터 전문성을 확보한다.
(2) **위탁기관 및 기업**
 ① **위탁기관 및 기업의 수익 창출**을 돕는다.
 ② **주관기관이나 기업의 홍보 효과**가 있다.
 ③ **기업의 전문성을 향상**시킨다.
(3) **개인**
 진로 및 취업 관련 **정보를 수집**하고 현장 면접을 통해 **취업에 성공**하는 장이 된다.

02 행사를 계획하기에 앞서 분석해야 하는 내용 6가지를 쓰시오.

모범답안

(1) **인구통계학적 특성과 사회통계학적 분석**
(2) 행사 **주최/주관 분석**
(3) **참가 동기 분석**
(4) 참여자의 **체류시간 분석**
(5) 참여자의 **지역 분석**
(6) 행사 **개최 시기 분석**

[행사 계획 전 분석]

(1) **인구통계학적 특성과 사회통계학적 분석** : 행사 대상자의 여러 특성은 인구통계학적 변수(나이, 성별 등)와 사회통계학적 변수(학력, 진로 단절, 전직 등)에 의해 결정된다.

(2) **행사 주최/주관 분석** : 행사의 주최자와 주관자가 동일한 경우는 행사전담팀을 구성하고, 외부에 위탁하는 경우에는 발주기관의 요구사항을 정확히 전달하는 것이 중요하다.

(3) **참가 동기 분석** : 전년도 행사 참가자의 참여 동기를 분석하여 주 대상자의 요구도를 파악한다.

(4) **참여자의 체류시간 분석** : 참여자가 어떤 기업 부스와 프로그램에 많이 머무는지, 행사장 체류시간은 어떻게 되는지 분석하여 각 부스 면적과 동선 계획 등에 반영한다.

(5) **참여자의 지역 분석** : 참가자의 지역적 분포를 분석하여 행사 장소를 결정하거나 홍보전략에 참조한다.

(6) **행사 개최 시기 분석** : 대상자 및 지역, 구인기업 상황 등에 따라 채용 시기가 달라질 수 있으므로 적절한 시기에 개최할 수 있도록 한다.

03 행사범위를 결정할 때 대상 구분에 따라 달라질 수 있다. 이때 대상에 따른 분류 6가지의 경우를 쓰고 간략히 설명하시오.

모범답안

(1) **다중 대상** : 불특정 다수의 일반 대중
(2) **제대 군인** : 전역 예정이거나 전역자
(3) **청소년 대상** : 특성화고 학생, 일반고 학생, 대학생 등
(4) **여성 대상** : 진로단절여성, 여대생 등
(5) **중장년 대상** : 40대~60대
(6) **노인 대상** : 60세 이상

★04 행사 개최 장소 선정 시 고려사항을 5가지 쓰시오.

'23 직업상담사 1급 과정평가형

모범답안

(1) 누구나 찾기 쉬운 **지명도가 있는 장소**
(2) 개최 장소 **주변 환경**
(3) 행사장 **안전성**
(4) 행사 **동선 계획과 사고 예방**에 주의
(5) 장소 **이용료 및 인허가** 상황
(6) 교통의 편리성 (접근성 용이)

(7) 주차시설 확보 여부

(8) 대상자와 친밀도가 있는 장소 (학교, 체육관, 복지관 등)

(9) 행사장 외 편의시설 상태

05 취업지원 행사의 일반적인 목적 8가지를 쓰시오.

모범답안

(1) 국민이나 **지역 주민의 니즈 충족**

(2) **애국심과 애향심** 발로

(3) 주최 **지역의 정체성 확립**

(4) 지역 **주민의 연대의식 고취**

(5) **정보취득과 정보교류** 확대

(6) **지역의 경쟁력 강화**

(7) **취업률, 고용률 향상**

(8) **지역 발전**에 이바지

06 행사 유형별 행사 목표를 나타낸 표이다. 빈칸에 알맞은 행사명을 작성하시오. (단, 3~5는 순서 무관)

구분	목표
((1))	- 구인기업과 구직자의 현장면접을 통한 취업 지원 - 예비구직자의 취업서류 및 면접 체험 - 직업훈련기관 및 고용서비스 기관들의 정보 제공 - 구직자들에게 취업정보 제공 - 구직자들의 구직역량 향상 - 기업홍보
((2))	- 멘토를 통한 자기자존감 및 자기효능감 상승 - 할 수 있다는 자신감 - 질의응답을 통한 궁금증 해소
((3)) ((4)) ((5))	- 취업역량 강화 - 자기탐색
((6))	현장경험을 통한 기업 및 직무이해

(1) **취업박람회**

(2) **잡콘서트**

(3) **취업(진로) 캠프**

(4) **워크숍**

(5) **컨퍼런스**

(6) **기업탐방** (현장학습)

★
07 행사조직 구성의 5가지 종류를 쓰고 간략히 설경하시오.

'23 직업상담사 1급 과정평가형 / '25, '24 직업상담사 2급 과정평가형

(1) **단순운영 조직** : 소수의 인원으로 탄력적으로 운영하는 조직이다.

(2) **네트워크 조직** : 외부 위탁하거나 전략적 제휴 등을 통해 **외부 전문가에게 맡기는 조직**이다.

(3) **기능조직** : 기능적으로 세분화하여 전문성과 창의성을 극대화하는 조직이다.

(4) **프로그램 중심 조직** : 프로그램이 독립된 장소에서 산발적으로 개최되는 경우에 **프로그램별로 독립적으로 운영되는 조직**이다.

(5) **프로젝트팀 조직** : 대규모 행사에 대응하기 위하여 임시적으로 구성하는 조직이다.

08 매튜(Matthews, 2012)가 제시한 예산 계획에 필요한 5단계를 쓰시오.

(1) 1단계 - **비용 추적 시스템 개발단계**

(2) 2단계 - **항목별 지출리스트 작성**

(3) 3단계 - **항목별 실제 비용 산출**

(4) 4단계 - **비용 산정과 업데이트**

(5) 5단계 - **추가 비용 처리**

➕ Plus Check

[예산 계획을 위한 5단계]

(1) 1단계 - **비용 추적 시스템 개발단계** : 계속 변경되는 예산 계획을 위해 효과적인 시스템 필요

(2) 2단계 - **항목별 지출리스트 작성** : 인건비, 행사비, 시설비, 홍보비, 추진운영비 등 리스트 작성

(3) 3단계 - **항목별 실제 비용 산출** : 항목별 실비를 산출하기 위해 업체로부터 견적을 받고 실제 비용 산출

(4) 4단계 - **비용 산정과 업데이트** : 누락된 예산에 대한 지속적인 검토를 통해 변동사항을 반영

(5) 5단계 - **추가 비용 처리** : 예기치 못한 상황에 따른 추가예산 확보와 미처 포함하지 못한 비용 추가

09 행사 예산을 절감할 수 있는 방법 3가지를 쓰고 설명하시오.

모범답안

(1) **홍보비용** : 보도자료 제공, 칼럼, 인터뷰 등과 같은 방법과 **입소문 효과로 비용을 절감**할 수 있다.
(2) **행사에 필요한 협력업체** : 행사의 성수기, 비수기 구분 또는 **프로그램 상호연관성 등을 활용하여 비용을 절감**할 수 있다.
(3) **현물협찬** : MOU 체결 **유관기관과의 협업, 제품 홍보를 필요로 하는 기업으로부터 현물을 제공받아 예산을 절감**할 수 있다.

10 CI(corporate identity)의 기능 중 마케팅 이점 5가지를 쓰시오.

모범답안

(1) **기업 및 브랜드에 대한 긍정적 태도 상승**
(2) **이해관계자 친밀감 유도**
(3) 광고 및 **홍보 효율성 상승**
(4) 기업의 **신시장 진입 용이**
(5) **브랜드 로얄티 증가**

11 CI(Corporate identity)의 3가지 구성 요소를 쓰시오.

모범답안

(1) **시각 이미지 통일** (VI ; visual identity)
(2) **행동양식 통일** (BI ; behavioral identity)
(3) **심리 통일** (MI ; mind identity)

12 행사 홍보를 위한 효율적인 홍보 전략의 방법을 5가지 제시하시오.

모범답안

(1) **홈페이지** 개설
(2) **블로그** 개설

(3) **플래카드** 설치

(4) **포스터** 부착 **및 전단지** 배부

(5) **보도자료** : TV, 신문, 잡지 등 보도화

(6) 유관기관 공문 발송 : 협조 의뢰

(7) 사전 경진대회 등 활용

13　홍보의 대표적인 종류 4가지를 쓰고 간략하게 설명하시오.

모범답안

(1) **뉴스 릴리스** (news release) : **언론 보도**를 위한 자료의 작성과 제공

(2) **인터뷰** (interview) : 전달하고자 하는 정보가 매우 중요하고 **홍보 효과를 극대화할 때 사용**

(3) **기자회견** : 행사의 중요 이슈를 **기관장 또는 관련 부서 책임자가 직접 설명**

(4) **기자간담회** : 정보를 제공하면서 **긍정적 기사를 유도하거나 언론과의 우호적 관계 유지를 위해** 실시

★14　인터넷광고 방법 6가지를 쓰시오.

모범답안

(1) **배너**광고

(2) **검색**광고

(3) **메일**광고

(4) **스플래시 스크린** (splash screen)

(5) **스폿 리싱** (spot leasing)

(6) **URL** (uniform resource locator)

➕ Plus Check

[인터넷광고의 종류]

구분	내용
배너광고	인터넷에서 가장 일반적이고 유용한 광고 중 하나로 웹사이트 광고주 사이트와 링크를 설정한 화면 게시

구분	내용
검색광고	특정 단어를 검색창에 입력할 때 뜨는 광고
메일광고	메일 매거진(mail magazine)에 광고주 웹사이트 게재
스플래시 스크린 (splash screen)	애플리케이션이 로딩되기 전 일시적으로 나타나게 하는 광고
스폿 리싱 (spot leasing)	홈페이지 내 일부 공간을 임대해 사용
URL (uniform resource locator)	웹 페이지 위치를 나타내는 주소로 네트워크를 이용하는 곳은 어디든지 필요 정보와 자원 등 위치를 나타낼 수 있음.
채팅 룸 (chatting rooms)	컴퓨터 통신망 안에서 사용자가 자유롭게 대화를 나누는 곳

15 다음은 무엇에 대한 설명인가?

> • 인적 네트워크를 통하여 정보를 전달하는 방식
> • 입소문 마케팅, 버즈 마케팅(buzz marketing), 구전 마케팅(word of mouth)이라 불림.

모범답안

바이럴 마케팅 (viral marketing)

16 다음에 제시된 홍보매체의 장점을 2가지씩 쓰시오.

(1) TV
  •
  •

(2) 옥외광고
  •
  •

(3) 온라인
  •
  •

(4) 모바일
  •
  •

(1) TV : 비용 대비 효율성, 친밀감 및 호감 부여
(2) 옥외광고 : 큰 광고의 크기, 높은 빈도수
(3) 온라인 : 쌍방향 커뮤니케이션, 정보의 양
(4) 모바일 : 즉시성, 다양한 형태로 제공 가능

17 행사 진행을 위한 홍보매체를 선정할 때 고려해야 할 5가지 사항을 쓰시오.

(1) 타깃 선정
(2) 홍보 시기 결정
(3) 홍보 지역 결정
(4) 홍보매체 결정
(5) 예산 확인

➕ Plus Check

[홍보매체 선정 시 고려사항]
(1) **타깃 선정** : 홍보매체를 선정할 때 기초가 되는 것은 타깃 선정이다.
(2) **홍보 시기 결정** : 홍보가 결정되면 언제 할 것이며 기간은 얼마나 할 것인지 결정한다.
(3) **홍보 지역 결정** : 홍보를 어느 곳에 할 것인가에 대한 결정이다.
(4) **홍보매체 결정** : 매체 유형별 장단점을 비교하여 어떤 매체를 활용할 것인가 결정한다.
(5) **예산 확인** : 홍보매체에 투입되는 계산이 예산 밖위 안에 있는지 확인한다.

18 온라인 홍보의 특징을 5가지 기술하시오.

(1) **여과 과정 없이 직접적으로 홍보 대상자에게 메시지 전달**이 가능하다.
(2) **실시간으로 쌍방향 커뮤니케이션**이 가능하다.
(3) **시간과 공간의 제약 없이 홍보**가 가능하다.
(4) 타깃을 설정하여 **홍보의 선택과 집중**을 할 수 있다.
(5) 제공하는 **홍보 내용의 변경을 실시간으로** 할 수 있다.
(6) 자발적이며 주도적인 정보 접근이 이루어지므르 합리적 의사결정이 가능하다.
(7) 홍보 효과를 실시간으로 측정 가능하다.

19 오프라인 마케팅과 온라인 마케팅을 시간, 비용, 공간, 형태 측면에서 비교하시오.

'24 직업상담사 2급 과정평가형

모범답안

(1) 시간 : **오프라인 마케팅은 특정 시간에만 가능**하나 **온라인 마케팅은 언제든 가능**하다.
(2) 비용 : **오프라인 마케팅은 비용이 많이 발생**하나 **온라인 마케팅은 공간에 상관없이 일정 비용이 발생하여 적게 발생**한다.
(3) 공간 : **오프라인 마케팅은 특정 영역에서만 효과가 있지만 온라인 마케팅은 공간에 제약받지 않고 홍보가 가능**하다.
(4) 형태 : **오프라인 마케팅은 전단지, 플래카드, 거리 이벤트** 방법을 사용하고, **온라인 마케팅은 포털광고, 바이럴 마케팅**을 주로 사용한다.

➕ Plus Check

[오프라인 마케팅과 온라인 마케팅 비교]

구분	오프라인 마케팅	온라인 마케팅
시간	제약조건이 있음, **특정 시간에만 가능함**	제약조건이 없음, **언제든 가능**
비용	**비용이 많이 발생** 많은 곳을 홍보할수록 비용 부담이 큼	**비용이 적게 발생** 공간에 상관없이 일정 비용 발생
공간	홍보 시 **특정 영역에서만 효과**	**공간에 제약받지 않고 홍보** 가능
형태	**전단지, 플래카드, 거리 이벤트**	**포털광고, 바이럴 마케팅**

제4절 행사 운영하기

20 리허설의 3단계를 쓰고 설명하시오.

모범답안

(1) **1단계 - 기술 리허설** : 장비 설치를 끝낸 후 담당 **엔지니어와 총감독이 이상 유무를 확인**하는 것
(2) **2단계 - 사전 리허설** : 행사에 참여하는 **스태프와 출연자, 엔지니어 등이 총감독과 동선 및 흐름을 맞춰보는 것**
(3) **3단계 - 최종 리허설** : 실제 **행사와 동일하게 진행**하는 리허설

★★
21 리허설의 종류 4가지를 쓰고 설명하시오.

모범답안

(1) **리딩 리허설** (reading rehearsal) : 작가와 연출자가 참여 **대본을 읽어봄으로써 연출 의지를 출연진, 스태프에게 인지시키는 것**

(2) **드레스 리허설** (dress rehearsal) : 실제 본 공연이나 방송에서 사용되는 화장, 의상, 조명, 음향 등 **모든 조건을 완비하고 실제와 동일하게 실시**하는 것

(3) **카메라 리허설** (camera rehearsal) : 실제 촬영을 하듯이 카메라 위치, 동선에 따른 **카메라 위치, 기술문제 등을 점검**하는 것

(4) **런 스루 리허설** (run through rehearsal) : **카메라를 작동하지 않은 상태에서 실제와 같이 마지막으로 진행**하는 것

22 리허설의 체크 사항 4가지를 쓰시오.

모범답안

(1) **시설/장비 테스트**
(2) **소프트 테스트**
(3) **스태프/출연자 역할 테스트**
(4) **운영시간**

➕ Plus Check

[리허설 체크 사항]

(1) **시설/장비 테스트** : 부스, 구조물 등의 설치와 기자재의 기능검사
(2) **소프트 테스트** : 행사 BGM, 특수효과, 연상 등 행사에 사용될 소프트웨어 검사
(3) **스태프/출연자 역할 테스트** : 주최, 주관기관 담당자, 유관기관 담당자, 총연출자, 출연자, 스태프, 자원봉사자 등이 참여하여 행사 당일 역할에 대하여 사전 연습
(4) **운영시간** : 전체 행사시간 확인과 각 프로그램별 큐시트에 맞는 진행 소요시간, 행사 프로그램 운영 시 지체될 수 있는 프로그램 확인

23 리허설 평가 회의의 내용 6가지를 쓰시오.

모범답안

(1) 행사 **전체적 흐름과 부분 간의 조화** 및 협업 확인
(2) 발생할 수 있는 **사고 방지 대책** 확인
(3) 모든 **출연자 참석 여부 및 역할 분담** 확인
(4) 개막식 **참여 VIP 및 의전** 확인
(5) 계획서 **일정 및 시간별 운영 가능 여부 확인**
(6) **사기 진작** 및 성공 결의 다지기

★24 벨롱기(Belrlonghi, 1990)의 위기 대응방법 5가지를 쓰시오.

모범답안

(1) **행사 취소**
(2) **위험 요소 제거**
(3) **위험 요소 축소**
(4) **대안 선택**
(5) **위험 분산 및 이전**

★★25 행사를 운영할 때 발생할 수 있는 위기의 종류 5가지와 그 대책을 쓰시오.

'25 직업상담사 2급 과정평가형

모범답안

(1) **우천** : 야외행사 시 안전, **감전사고 대비**
(2) **태풍/돌풍 : 시설물 안전 점검**
(3) **화재** : 비상구 개발과 **비상시 동선 확보**, 긴급상황 시 안내방송
(4) **혼잡 : 주차관리 요원 배치**, 인포메이션 운영
(5) **정전** : 안내방송, **예비발전기 가동**

➕ Plus Check

[위기 종류 및 대책]

구분		대책
날씨	우천	사전 일기예보 확인, 야외행사 시 안전, 감전사고 대비
	태풍/돌풍	시설물 안전 점검
화재		비상구 개발과 비상시 동선 확보, 소방차 출입로 확보, 긴급상황 시 안내방송 실시, 부상자 후송 대책
혼잡		주차관리 요원 배치, 인포메이션 운영, 현장 내 참여자 과밀상태 파악, 다른 부스 등 분산 안내, 질서유지 안내요원 배치, 동선 확보 및 유지, 안내 표시, 행사종합보험 가입
정전		정전 안내방송, 여비발전기 가동
노점상/잡상인		경찰 및 행정기관 협조
경비		시설물, 물품경비, 경호경비, 질서유지, 분실사고 예방 등 전문경비업체 계약
위생		행사 스태프 식사, 식수 위생관리, 행사장 내 방역(열 체크기, 소독제 배치)
환자		환자 발생 시 긴급후송(소방서, 보건소 협조 구급차량 대기), 가까운 병원 동선 확보
행사 방해		음주자 등 행사업무 방허자 발생 시 1차 보안요원, 2차 경찰과 협조 문제해결
경험부족 스태프		사전교육 및 리허설 실시, 전문기 의뢰

★ 26 행사운영에서 위기 상황으로 외부의 비난과 참겨자들의 불만사항 발생 시 어떻게 대응할 수 있는지 5가지 전략을 제시하시오.

모범답안

(1) **부인전략** : 사건이나 위기 상황이 행사와 무관하다고 주장하거나 **사고를 은폐**하는 전략
(2) **책임회피 전략** : 위기 상황을 벗어나기 위하여 **도발, 불가피성, 사고, 좋은 의도 등으로 책임을 회피**하는 전략
(3) **사건의 공격성 축소 전략** : 비난은 인정하나 입지 강화, 최소화, 차별화, 초월, 공격자 공격, 보상 등의 방법으로 **사건의 심각성을 심각하게 인정하지 않고 축소**하는 전략
(4) **교정행위** : 위기 상황에 대한 **비난을 인정하고 차후 재발 방지 노력을 약속**하는 전략
(5) **사과** : 책임을 **모두 인정하고 사과**하며 나아가 **피해보상에 대한 책임**도 지는 전략

★★
27　행사기획의 효과성 분석방법 6가지를 쓰고 설명하시오.

'25, '24 직업상담사 2급 과정평가형

모범답안

(1) **다이렉트 효과** : 행사 **참여자 수, 참가기업 수, 면접자 수, 취업자 수** 등으로 **측정**
(2) **퍼블리시티 효과** : **홍보매체를 통한 효과**로 매스미디어의 노출 빈도를 파악하여 측정
(3) **커뮤니케이션 효과** : 행사 **주최자의 지명도, 행사의 주제, 콘셉트를 분석**
(4) **인센티브 효과** : 협업기관, **협력업체와의 관계 개선 및 직원 상호 간의 결속 여부** 등을 분석
(5) **직접 파급효과** : 행사를 인지하고 참여했던 **사람들의 구전효과를** 파악하여 분석
(6) **간접 파급효과** : 정치, 경제, 지역 등 매우 **복잡하고 다양한 영역에서 평가**작업이 요구되는데
　　　　　　　　　효과 측정이 매우 어려움.

28　행사의 결과보고서에 포함되어야 하는 내용 7가지를 제시하시오.

모범답안

(1) **종합보고**(executive summary) 작성
(2) 행사보고서에 **사진과 그래프** 추가
(3) **홍보 성과** 정리
(4) **행사목적** 서술
(5) **예산과 결산**
(6) **정량적 평가** (성과를 통계로 확인)
(7) **정성적 평가** (행사 관계자 및 참여자 의견 기록)

부록

최신 기출복원문제

2025년 직업상담사 1급 실기 기출복원문제

★★
01 동기강화상담 (MI)의 상담기법의 주요 원리 3가지를 쓰시오.

'25 직업상담사 1급 검정형

모범답안

(1) 공감표현
(2) 불일치감 만들기
(3) 저항과 함께 구르기
(4) 자기효능감 지지하기

★★★
02 한국형 웩슬러 성인용 지능검사에서 작업기억지표 (WMI)와 처리속도지표 (PSI)의 소검사를 3가지씩 쓰시오.

'25 직업상담사 1급 검정형

모범답안

(1) **작업기억지표** (WMI)
   핵심 - **숫자, 산수**
   보충 - **순서화**
(2) **처리속도지표** (PSI)
   핵심 - **동형찾기, 기호쓰기**
   보충 - **지우기**

[K-WAIS-IV 지표와 소검사의 구성 (핵심 소검사 10개, 보충 소검사 5개)]

구분	전체 지능지수 FSIQ (Full Scale Intelligence Quotient)			
	일반능력지표 (GAI) (General Ability Index)		인지효능지표 (CPI) (Cognitive Proficiency Index)	
	언어이해지표 (VCI) (Verbal Comprehension Index)	지각추리지표 (PRI) (Perceptual Reasoning Index)	작업기억지표 (WMI) (Working Memory Index)	처리속도지표 (PSI) (Processing Speed Index)
핵심 소검사	공통성, 어휘, 상식	토막짜기* 행렬추리, 퍼즐*	숫자, 산수*	동형찾기* 기호쓰기*
보충 소검사	이해	무게비교* 빠진곳찾기*	순서화	지우기*

* 표시된 소검사는 시간제한이 있음.

★★
03 발달 규준 3가지를 쓰고 설명하시오.

'25 직업상담사 1급 검정형 / '25, '12 직업사담사 2급 검정형

모범답안

(1) **연령규준** : 개인의 점수를 **규준집단**에 있는 사람들의 연령에 비교해서 몇 살에 해당되는지를 해석할 수 있게 하는 방법
(2) **학년규준** : 주로 성취검사에서 이용하기 위해 **학년별** 평균이나 중앙치를 이용해서 규준을 제작하는 방법
(3) **서열규준** : 개인 점수의 발달수준을 **집단 내 서열적 위치**에 초점을 두어 순위나 상대적 위치로 나타내는 규준

★★★
04 Yost가 제안한 직업대안 평가기법 5가지를 쓰고 설명하시오.

'25 직업상담사 1급 검정형

모범답안

(1) **원하는 성과 연습** : 각 직업에 대해 그 **직업들**이 원하는 성과를 제공할 가능성을 **추정**한다.
(2) **찬반 연습** : 각 **직업들**의 장·단기적 장단점을 **생각**하도록 계획하는 것이다.
(3) **대차대조표 연습** : 각 **직업들**에 대해 범주별로 긍정적, 부정적 **효과**를 **제시**하도록 한다.

(4) **확률추정 연습** : 내담자가 **예상한 결과들이 실제로 얼마나 일어날 것인지를 추정**해보도록 만든 것이다.

(5) **미래를 내다보는 연습** : 앞으로 미래에 다른 위치에 있을 **어느 한 직업의 결과를 짐작해보는 창의적인 방법**이다.

★★★
05 내담자의 흥미를 사정하는 목적 5가지를 쓰시오.

'25 직업상담사 1급 검정형 / '22, '18, '15, '12 직업상담사 2급 검정형

모범답안

(1) **자기인식 발전**시키기

(2) **직업대안 규명**하기

(3) **여가 선호와 직업 선호 구별**하기

(4) **직업 및 교육상 불만족의 원인 규명**하기

(5) **직업탐색 구체화**하기

★★★
06 수퍼의 C-DAC 모형의 평가의 4단계를 쓰시오.

'25, '24~'14 직업상담사 1급 검정형

모범답안

(1) 1단계 – 내담자의 생애구조와 직업적 역할의 중요성에 대한 평가 단계

(2) 2단계 – 진로발달 수준과 자원 평가 단계

(3) 3단계 – 직업적 정체성 평가 단계

(4) 4단계 – 직업적 자아개념과 생애주제에 대한 평가 단계

★★★
07 직업선호도검사 L형의 생활사검사의 하위 요인 7가지를 쓰시오.

'25 직업상담사 1급 검정형

모범답안

(1) **대인관계지향**

(2) **독립심**

(3) **가족친화**

(4) **야망**

(5) **학업성취**

(6) **예술성**

(7) **운동선호**

(8) 종교성

(9) 직무만족

➕ Plus Check

[생활사검사의 9가지 요인]

구분	내용
대인관계지향	사람들과 어울려 지내는 것을 편안하고 즐겁게 여기는 정도
독립심	자기문제를 스스로 허결하는 정도
가족친화	성장기 때 가족의 심리적 지지와 관심 정도
야망	자신에게 사회적 부와 명예가 얼마나 중요한지 정도
학업성취	학창시절의 학업성적 정도
예술성	예술적인 자질, 경험 및 관심 정도
운동선호	운동에 관한 선호와 능력 정드
종교성	생활 속에서 종교의 중요성 정도
직무만족	과거 또는 현재의 직무에 대한 만족 정도

★★★
08 사회학습진로이론의 진로발달과 선택의 결정 요인 4가지를 쓰고 설명하시오.

'25, '24, '23, '22, '21, '19 직업상담사 1급 검정형 / '22, '18, '14, '12, '10 직업상담사 2급 검정형

모범답안

(1) **유전적 요인과 특별한 능력** : 부모로부터 물려받거나 타고난 개인의 특성에 해당하는 것으로, 신체적인 외모, 특정 질병에 걸릴 소인, 그리그 그 밖의 기질을 포함한다.

(2) **환경적 조건과 사건** : 개인이 속한 사회의 다양한 여건을 말한다.

(3) **학습경험** : 개인은 이전에 겪었던 **학습경험의 결과로 어떤 진로에 대해 선호경향성을 갖게 된다.**

(4) **과제접근기술** : 개인이 어떤 당면한 문제를 성취하기 위해 동원하는 **기술**을 말한다.

※ 암기 Tip : 유 – 환 – 학 – 과

★★★
09 MMPI-2의 타당도 척도 중 문항 내용과 무관한 응답을 평가하는 척도 3가지를 쓰고 설명하시오.

'25 직업상담사 1급 검정형

(1) **무응답 척도** (? 척도) : 무응답 척도는 대답을 누락했거나 '그렇다' 또는 '아니다' 모두에 응답한 **문항의 수**이다.
(2) **무선반응 비일관성 척도** (VRIN 척도) : 전형적으로 문항의 내용을 제대로 읽지 않고 응답했거나 문항에 완전히 혹은 대부분 **무선적으로 응답한** 사람들을 구별해 내기 위한 것이다.
(3) **고정반응 비일관성 척도** (TRIN 척도) : 문항 내용과 상관없이 무분별하게 '그렇다'로 응답하거나 '아니다'로 응답하는 **고정반응 경향** 때문에 비일관적인 반응을 보인 사람들을 탐지하기 위한 것이다.

★★★ 10

초기면담 시 내담자에게 도움이 되는 언어적, 비언어적 행동을 각각 3가지씩 쓰시오.

'25 직업상담사 1급 검정형 / '21, '15 직업상담사 2급 검정형

(1) 언어적 행동 : ① **이해 가능한 언어** 사용, ② **적절한 해석**, ③ **언어적 강화 사용**
(2) 비언어적 행동 : ① **내담자와 유사한 톤** 사용, ② **기분 좋은 눈 접촉**, ③ **가끔 미소** 지음

➕ Plus Check

[도움이 되는 면담 행동]

언어적 행동	비언어적 행동
• 이해 가능한 언어 사용	• 내담자와 유사한 언어의 톤
• 적절한 해석	• 기분 좋은 눈의 접촉 유지
• 언어적 강화 사용	• 가끔 고개 끄덕임
• 내담자에 대한 적절한 호칭 사용	• 가끔 미소를 지음
• 적절한 정보제공	• 가끔 손짓을 함
• 가끔 유머 사용	• 이야기의 부드러움
• 비판단적	• 내담자에게 몸을 기울임

★★★ 11

Stoltenberg와 Delworth의 상담자 통합적 발달모델에서 발달단계 기준 3가지를 쓰시오.

'25 직업상담사 1급 검정형

(1) **자율성**
(2) **동기**
(3) **자기 자각 · 타인 자각**

[스톨텐버그와 델워스(Stoltenberg & Delworth, 1987)의 상담자 통합적 발달모델(IDM)의 발달단계와 수준]
통합발달모형(IDM)에서는 상담가의 자율성과 동기, 자기 자각·타인 자각의 3가지 요소를 주요 구조로 삼아 발달단계를 제시하였다.
(1) **1수준 – 의존 단계** : 상담가는 의존적이라 슈퍼바이저의 지시와 충고를 듣고 싶어하며, 불안하기 때문에 자신이 내담자에게 미치는 영향어 대해 통찰이 없다.
(2) **2수준 – 의존-자율 간의 갈등 단계** : 상담 기술이 습득되고, 선택할 대안들이 많아짐에 따라 자신감이 느는 한편, 상담에 대한 책임감 증가에 부담을 갖는다.
(3) **3수준 – 조건적인 의존 단계** : 상담가는 상당히 자율적이기 때문에 슈퍼비전은 상담가에 의해 제공된 구조를 따른다.
(4) **4수준 – 대선배 상담가 단계** : 자신의 개인적 한계점을 이해하고, 스스로 상담할 수 있는 단계이다.

★★★
12 직무분석 방법의 하나인 데이컴법의 가정과 전계 3가지를 쓰시오.

'25 직업상담사 1급 검정형

모범답안

(1) **전문적인 작업자**는 다른 누구보다도 그 직무에 대하여 잘 기술할 수 있다.
(2) 한 가지 직무는 해당 직업에 종사하고 있는 **숙련된 사람이 수행하는 작업명칭들로 충분히 기술**될 수 있다.
(3) 모든 작업에는 **그 작업을 올바르게 수행하는 더 필요한 관계 지식과 태도**가 있다.

★★★
13 한국표준산업분류(KSIC)의 산업분류 기준 3가지를 쓰시오.

'25 직업상담사 1급 검정형 / '25, '24, '22, '19, '17, '12, '11, '09, '08, '07 직업상담사 2급 검정형 / '24 직업상담사 2급 과정평가형

모범답안

(1) **산출물**(생산된 재화 또는 제공된 서비스)**의 특성**
(2) **투입물의 특성** : 원재료, 생산 공정, 생산기술 및 시설 등
(3) **생산활동의 일반적인 결합형태**

※ 암기 Tip : 산 – 투 – 생

★★★
14 생애진로사정의 4가지 구조를 쓰고 설명하시오.

'25 직업상담사 1급 검정형 / '24, '20, '19, '17, '11, '10, '09 직업상담사 2급 검정형

(1) **진로사정** : 내담자의 **일경험, 교육 또는 훈련과정과 관련하여 가장 좋았던 것과 싫었던 것**에 대해 **질문**하며, 여가와 우정관계 등에 대해 사정한다.

(2) **전형적인 하루** : 내담자가 생활을 어떻게 조직하는지를 기술하도록 하여, **의존적인지 독립적인지 또는 자발적인지 체계적인지 파악**하도록 돕는다.

(3) **강점과 장애** : 내담자가 **스스로 생각하는 주요 강점 및 장애**에 대해 질문한다.

(4) **요약** : 내담자 **스스로 자신에 대해 알게 된 내용을 요약**해 보도록 함으로써 자기인식을 증진시킨다.

※ 암기 Tip : 진 – 전 – 강 – 요

★★★
15

한국표준직업분류에서 정의하는 직능, 직능수준, 직능유형을 각각 설명하시오.

(1) **직능** : 주어진 **직무의 업무와 과업을 수행하는 능력**을 말한다.

(2) **직능수준** : **직무수행 능력의 높낮이**를 말한다.

(3) **직능유형** : **직무수행에 요구되는 지식 분야**, 도구 및 장비, 원재료, **생산된 재화와 서비스의 종류와 관련**된다.

★★★
16

직업훈련의 실시방법에 따른 분류는 아래와 같이 나눌 수 있다. 각각을 설명하시오.
(1) 집체훈련 :
(2) 현장훈련 :
(3) 원격훈련 :
(4) 혼합훈련 :

(1) **집체훈련** : 직업능력개발훈련을 실시하기 위하여 설치한 **훈련전용시설 그 밖에 훈련을 실시하기에 적합한 시설**(산업체의 생산시설 및 근무장소를 제외한다.)에서 **실시**하는 방법

(2) **현장훈련** : **산업체의 생산시설 또는 근무 장소에서 실시**하는 방법

(3) **원격훈련** : **정보통신매체 등을 이용하여 원격지에 있는 근로자에게 실시**하는 방법

(4) **혼합훈련** : **집체훈련, 현장훈련, 원격훈련을 2개 이상 병행하여 실시**하는 방법

★★★ 17

노동수요의 탄력성을 결정하는 요인 4가지를 작성하시오.

'23 직업상담사 1급 과정평가형 / '25, '23, '21, '19, '16, '10, '09, '07, '06, '05 직업상담사 2급 검정형

모범답안

(1) 기업의 생산물 시장에 있어서 **생산물의 수요탄력성**에 의해 영향을 받는다.

(2) 기업의 노동수요에 대한 탄력성은 **총비용에서 차지하는 노동비용의 비율**에 의해서도 영향을 받는다.

(3) **노동과 자본의 대체 가능성**에 의해 영향을 받는다.

(4) 노동을 대체할 수 있는 **자본 또는 다른 생산요소의 공급탄력성**에 의해 영향을 받는다.

★★★ 18

다음의 표를 보고 산업별 1인당 부가가치생산액을 구하시오.

구분	부가가치생산액	취업자 수
1차 산업	50억원	2,000명
2차 산업	80억원	2,500명
3차 산업	90억원	3,000명

'25 직업상담사 1급 검정형

모범답안

1인당 부가가치(생산)액 : 부가가치(생산)액 ÷ 취업자 수

1차 산업 1인당 부가가치생산액 : 50억원 ÷ 2,000 = 250만원

2차 산업 1인당 부가가치생산액 : 80억원 ÷ 2,500 = 320만원

3차 산업 1인당 부가가치생산액 : 90억원 ÷ 3,000 = 300만원

➕ Plus Check

산업별 1인당 부가가치(생산)액은 각 산업별 근로자의 1인당 노동생산성을 나타내는 지표로서 활용되며, 따라서 해당 문제의 결과값을 활용하면 현재 노동시장의 근로자 1인당 노동생산성은 2차 산업이 가장 높고, 다음으로 3차 산업이 높으며 마지막으로 1차 산업의 노동생산성이 가장 낮다고 분석할 수 있다.

[참고 문헌 및 사이트]

- 교육부(2021). 「심층직업상담」. 한국직업능력연구원
- 교육부(2021). 「전직역량분석」. 한국직업능력연구원
- 교육부(2021). 「전직목표설정」. 한국직업능력연구원
- 교육부(2021). 「직업상담 진단」. 한국직업능력연구원
- 교육부(2021). 「직업상담 슈퍼비전」. 한국직업능력연구원
- 교육부(2021). 「직업상담 초기면담」. 한국직업능력연구원
- 교육부(2021). 「직업정보 가공」. 한국직업능력연구원
- 교육부(2021). 「직업정보 분석」. 한국직업능력연구원
- 교육부(2021). 「직업훈련상담」. 한국직업능력연구원
- 교육부(2021). 「진로상담」. 한국직업능력연구원
- 교육부(2021). 「변화동기지원」. 한국직업능력연구원
- 교육부(2021). 「생애설계지원」. 한국직업능력연구원
- 교육부(2021). 「취업상담」. 한국직업능력연구원
- 교육부(2021). 「취업지원행사운영」. 한국직업능력연구원
- 김계현, 김봉환(1995). 진로 미결정에 관한 연구 동향과 향후 연구과제. 한국심리학회지 : 상담 및 심리치료. 7(1). 20-43.
- 김미경(2013). 전문대학생 진로탄력성 척도 개발. 경북대학교대학원 박사학위논문.
- 김병숙(2007). 「직업정보론」. 시그마프레스
- 김병숙(2005). 「직업심리학 핸드북」. 시그마프레스
- 김병숙(2007). 「직업심리학」. 시그마프레스
- 김병숙(2008). 「직업상담심리학」. 시그마프레스
- 김병숙(2009). 「인간과 직업 I」. 시그마프레스
- 김병숙, 김수정, 안윤정(2009). 실업자의 심리적, 신체적 반응 단계별 주요 증후군 분석. 진로교육연구. 22(1). 93-112.
- 김봉환(2019). 「진로상담의 이론과 실제」. 학지사
- 김봉환 외 10인 공저(2010). 「진로상담이론」. 학지사
- 김봉환 외 12인 공저(2018). 「진로상담(2판)」. 학지사
- 김중진, 박상철, 이윤선(2009). 직업별 정성적 전망 및 고용 변동 요인분석 : 2008-2018. 한국고용정보원.
- 김창대(2002). 몰입이론을 적용한 진로상담 모형. 청소년상담연구. 10(1). pp.5-30.
- 김충기, 김병숙(1997). 「진로상담 기술과 기법」. 현민시스템
- 김환, 이장호(2006). 상담면접의 기초. 학지사
- 박상철(2008). 직업선택 의사결정 단계에서의 직업정보 활용. e-고용이슈, 2008(14). 4.
- 박재황(1996). 청소년 상담 슈퍼비전. 청소년대화의광장
- 박혜영(2009). 청소년의 진로결정에서 청소년의 타인 관여 요청 방식과 부모의 관여 방식에 관한 연구. 석사학위논문. 이화여자대학교 교육대학원.
- 송현수(2016). 고령자의 스마트폰 사용성 향상을 위한 단계별 인터페이스모델 연구. 경기대학교 박사학위논문
- 심흥섭(1998). 상담자 발달 수준 평가에 관한 연구. 숙명여자대학교 박사학위논문.
- 안윤정(2010). 직무관리 특성, 조직문화, 수행평가가 작업자의 개인작인신념에 미치는 영향. 경기대학교 박사학위논문.
- 안윤정, 전미경, 심태은, 이송이, 임윤서(2017). 「나의 삶, 나의 비전」. 정민사
- 유영권 외(2018). 「상담 슈퍼비전의 이론과 실제」. 학지사
- 이병기(2017). 「학교도서관 중심의 정보매체와 교수매체론」. 조은글터
- 이시현(2024). 「직업상담사 1급 2차 실기 완벽대비」. 성안당
- 이우경, 이원혜(2012). 「심리평가의 최신 흐름」. 학지사
- 이지은(2017). 진로상담 사례 개념화 요소 목록 개발. 한국기술교육대학교 박사학위논문.
- 이현림 외 3인 공저(2003). 「현대진로상담」. 학지사
- 이희영(2003). 「진로성숙과 상담」. 학지사
- 임은미 외 10인 공저(2017). 「진로진학상담 기법의 이론과 실제」. 사회평론아카데미
- 장계영(2009). 대학생 진로적응성 척도 개발. 숙명여자대학교 박사학위논문.
- 최윤정(2012). 진로상담 슈퍼비전 구성요소에 관한 고찰. 상담학연구, 13(2), 455~477.
- 최윤정 외 8인 공저(2014). 「진로상담과 연구를 위한 진로상담 척도 핸드북」. 학지사
- 최정인(2006). 진로결정, 자기효능감, 진로상담 태도, 진로상담에 대한 기대와 상담성과 간의 관계 모형. 홍익대학교 박사학위논문.
- 황윤경(1996). 청소년 또래 집단의 지각된 사회적 지지와 심리사회적 성숙도와의 관계. 석사학위논문. 이화여자대학교 교육대학원.
- Bernard, J. M. & Goodyear, R. K.(2008). 상담슈퍼비전의 기초[*Fundamentals of clinical supervision(3rd ed)*]. 유영권, 방기연(역). 시그마프레스
- Bloch, D. P. (1989). From career information to career. Journal of Career Development, 16(2), 119-118.
- Falender, C. A. & Shafranske, E. P.(2015). 임상 슈퍼비전-단계별 효과적인 슈퍼비전이란 무엇인가[*Clinical supervision : A Competency-Based Approach*]. 유미숙, 전성희, 정윤경(역). 학지사(원전은 2004에 출판)
- Norman C. G, Mary J. H, Joseph A. J(2010). 진로상담의 실제[*Career Counseling : Process, Issues, and Techniques*]. 김봉환(역). 학지사(원전은 2003에 출판)
- Nicholas Ladany, Loretta J. Bradley(2013). 상담 슈퍼비전[*Counselor Supervision(4rd ed)*]. 안유숙, 이정선, 은인애, 류경숙, 최주희(역). 학지사(원전은 2010에 출판)
- Sharf, R. S. (2016). 진로상담 : 아동기에서부터 성인기까지 진로발달의 적용[*Applying Career Development Theory to Counseling*]. 김진숙, 김정미, 서영숙(역). 박학사
- Zunker, V. G.(2004). 커리어 상담 : 생애 설계의 응용 개념[*Career Counseling : Applied concepts of life planning*]. 김완석, 김선희(역). 시그마프레스(원전은 1993에 출판)
- 고용24 www.work24.go.kr
- 법제처 www.moleg.go.kr
- 통계청 https://kostat.go.kr/ansk/
- 한국고용정보원 www.keis.or.kr

[저자 약력]

■ 이 시 현

前 사람중심 진로심리상담센터 대표
現 송파구청 일자리위원회 여성일자리 전문위원
現 직업상담사 1급 및 2급 강사 / 직업상담학·직업심리학·직업정보론
現 직업상담실무, 진로상담이론과 직업심리검사실무, MBTI와 자기 이해, 구직스킬 강사
　　(구로·서대문 여성인력개발센터, 삼성금융경력컨설팅센터, 한국직업상담협회, 경기대학교 등 강의)

학력

한국기술교육대학교 테크노인력개발전문대학원 박사수료(진로 및 직업상담 전공)
가톨릭대학교 상담심리대학원 상담심리학 석사(조직상담 전공)

경력 및 자격

직업·심리상담 및 강의 경력 18년
前 인크루트(주) 커리어코칭파트 파트장
前 (주)커리어넷 경력개발연구소 선임연구원
前 여성인력개발센터 총괄 팀장
前 서울상담심리연구소 성인상담팀 인턴상담원
前 인천청소년종합상담센터 청소년 사이버상담원
고용노동부 직업능력개발훈련교사(직업상담서비스) / 직업상담사 1급·2급
에니어그램일반강사 / STRONG커리어전문가 / MBTI일반강사 / 진로상담사 1급
(사)한국상담심리학회 상담심리사 / (사)한국교류분석상담학회 고류분석상담사

저서 및 연구개발

논문 : 진로 전환기 중년여성의 진로구성 상담 사례연구, 상담학연구 : 사례 및 실제(2023)
직업상담사 1급 2차 실기 완벽대비, 성안당(2025)
직업상담사 1급 1차 필기 완벽대비, 성안당(2025)
직업상담사 2급 2차 실기 완벽대비, 성안당(2024)
직업상담사 2급 1차 필기 기출문제로 합격하기, 성안당(2023)
구로여성인력개발센터 [이직준비교실] 프로그램 및 교자 개발(2021)
직업상담사 1급 2차 실기 완벽대비, 성안당(2021)
직업상담사 1급 1차 필기 기출문제로 합격하기, 성안당(2020)
(주)커리어넷 경기여성뉴딜 집단진로 프로그램 개발 및 커리어북 집필(2009)
여성인력개발센터 집단진로 프로그램 개발(2007)

직업상담사 1급
2차 실기 완벽대비

2025. 7. 16. 초 판 1쇄 발행
2026. 2. 25. 1차 개정증보 1판 1쇄 발행

지은이 | 이시현
펴낸이 | 이종춘
펴낸곳 | **BM** ㈜도서출판 **성안당**

주소 | 04032 서울시 마포구 양화로 127 첨단빌딩 3층(출판기획 R&D 센터)
　　　 10881 경기도 파주시 문발로 112 파주 출판 문화도시(제작 및 물류)

전화 | 02) 3142-0036
　　　 031) 950-6300
팩스 | 031) 955-0510
등록 | 1973. 2. 1. 제406-2005-000046호
출판사 홈페이지 | www.cyber.co.kr
ISBN | 978-89-315-1378-3 (13320)
정가 | **40,000원**

이 책을 만든 사람들

기획 | 최옥현
진행 | 김원갑
교정·교열 | 김원갑
전산편집 | 송은정
표지 디자인 | 임흥순, 박원석
홍보 | 김계향, 임진성, 김주승, 최정민
국제부 | 이선민, 조혜란
마케팅 | 구본철, 차정욱, 오영일, 나진호, 강호묵
마케팅 지원 | 장상범
제작 | 김유석

■ 도서 A/S 안내

성안당에서 발행하는 모든 도서는 저자와 출판사, 그리고 독자가 함께 만들어 나갑니다.
좋은 책을 펴내기 위해 많은 노력을 기울이고 있습니다. 혹시라도 내용상의 오류나 오탈자 등이 발견되면 "좋은 책은 나라의 보배"로서 우리 모두가 함께 만들어 간다는 마음으로 연락주시기 바랍니다. 수정 보완하여 더 나은 책이 되도록 최선을 다하겠습니다.
성안당은 늘 독자 여러분들의 소중한 의견을 기다리고 있습니다. 좋은 의견을 보내주시는 분께는 성안당 쇼핑몰의 포인트(3,000포인트)를 적립해 드립니다.

잘못 만들어진 책이나 부록 등이 파손된 경우에는 교환해 드립니다.